알아두면 유익한

사회복지제도의
정보와 실제

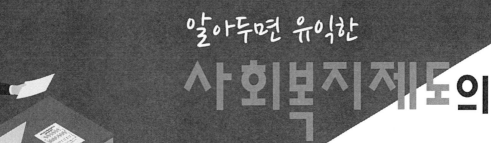

편저 : 김 종 석

다문화 가족제도

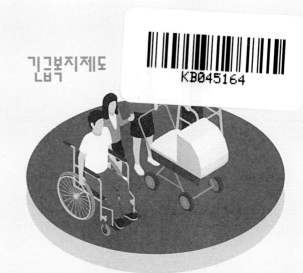

긴급복지제도

노인복지제도

기초생활보장제도

법문 북스

알아두면 유익한

사회복지제도의
정보와 실제

편저 : 김 종 석

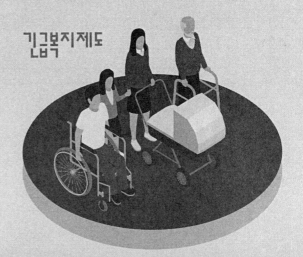

법문 북스

┃ 머리말 ┃

'요람에서 무덤까지'라는 말은 제2차 세계대전 후에 영국에서 사회보장 제도를 완벽하게 실시할 것을 주장하며 내세운 말입니다. 사람이 태어나면서부터 죽을 때까지 최소한의 생활을 국가가 보장하겠다는 뜻입니다. 이 말은 현재 세계 모든 선진국들의 국가사회보장제를 실시하면서 목표로 두고 있는 하나의 이상이 되었습니다. 복지국가일수록 국민이 어떤 어려움에 처하더라도 기본적인 생활을 해 나갈 수 있도록 여러 가지 제도를 마련해 놓고 있습니다.

복지(福祉,welfare)란 사전적인 의미로 '행복한 삶'을 말합니다. 보통 국가가 국민 전체의 삶의 기준을 높여 행복 증진을 위해 직접적인 정책을 실시하는 것을 뜻합니다. 복지제도가 잘 정착되고 있는 나라를 복지국가라고 합니다. 현대의 복지 개념은 서구권에서 들여온 것이지만 복지에 대한 개념은 고대부터 존재했습니다. 한국사에서는 고구려 을파소의 진대법이 있었고, 신라 유리 이사금은 사회적 약자를 구휼하는 체계를 만들어 초기 국가 성장의 요인이 되었습니다.

우리나라에서는 2000년대 들어 유럽권의 복지 정책이 알려지고 양극화 문제가 심화되자 복지가 사회적 화두로 떠오르기도 되었고, 특히 GDP 대비 복지예산 OECD 순위가 다른 나라보다도 매우 낮다는게 알려지면서 복지 강화를 주장하는 이들도 많이 늘고 민심이 복지에 관심을 기울이자 정부에서도 복지 정책을 더욱 강화하고 있습니다.

이 책에서는 긴급복지지원제도와 1인 가구가 급증함에 따라 1인 가구에 대한 복지정보 및 지원제도, 노후 생활의 질을 향상시키기 위해 알고 있으면 유익한 노인복지에 관한 정보, 기초생활보장제도를 이용할 수 있는 수급권자의 선정기준과 보장내용, 보장절차 및 취약계층에 대한 보호방법 등에 대해 자세히 살펴보고, 기초생활보장제도를 좀 더 쉽게 이용할 수 있는 복지제도 안내 및 점점 증가하고 있는 다문화가족과 한부모가족에게 지원되는 복지제도에 관해 궁금해 하는 국민들이 알아두면 유용한 법령정보를 제공하고 있습니다.

이러한 자료들은 대법원의 최신 판결례, 보건복지부의 복지로, 법제처의 생활법령 등을 참고하였으며, 이를 종합적으로 정리·분석하여 일목요연하게 편집하였습니다. 여기에 수록된 사례들은 개인의 법률문제 해결에 도움을 주고자 게재하였음으로 참고자료로 활용하시기 바랍니다.

이 책이 다양하고 신청절차가 복잡한 복지제도를 잘 몰라서 혜택을 제대로 받지 못하고 있는 분이나 또 이들에게 복지제도에 관해서 조언을 하고자 하는 실무자에게 큰 도움이 되리라 믿으며, 열악한 출판시장임에도 불구하고 흔쾌히 출간에 응해 주신 법문북스 김현호 대표에게 감사를 드립니다.

2020. 1.
편저자 드림

목 차

제1장 긴급복지지원이란 어떤 제도인가요?

제2장 긴급복지지원대상자는 어떻게 선정하나요?

제3장 긴급지원대상자는 어떻게 관리하나요?

제4장 1인 가구에는 어떤 복지가 지원되나요?

제5장 노인은 어떤 복지혜택을 받을 수 있나요?

제6장 기초생활보장제도는 어떤 사람이 이용할 수 있나요?

제7장 다문화가족에게는 어떤 복지혜택이 있나요?

제8장 한부모가족에게는 어떤 복지혜택이 있나요?

부록 관련법령

제1장

긴급복지지원이란 어떤 제도인가요?

제1장 긴급복지지원이란 어떤 제도인가요?

1. 긴급지원의 개념 등

1-1. 긴급지원의 개념

① '긴급지원'이란 생계곤란 등의 위기상황에 처하여 도움이 필요한 사람 또는 그와 생계 및 주거를 같이 하고 있는 가구 구성원에게 「긴급복지지원법」에 따라 일시적으로 신속하게 지원하는 것을 말합니다(「긴급복지지원법」 제1조).

② '긴급지원대상자'란 위기상황에 처한 사람으로서 「긴급복지지원법」에 따른 지원이 긴급하게 필요한 사람입니다(「긴급복지지원법」 제5조).

1-2. 위기상황의 이유

'위기상황'이란 본인 또는 그와 생계 및 주거를 같이 하고 있는 가구 구성원이 다음 어느 하나에 해당하는 이유로 생계유지 등이 어렵게 된 것을 말합니다(「긴급복지지원법」 제2조).

1. 주소득자가 사망, 가출, 행방불명, 구금시설에 수용되는 등의 사유로 소득을 상실한 경우(「긴급복지지원법」 제2조제1호)

2. 중한 질병 또는 부상을 당한 경우(「긴급복지지원법」 제2조제2호)

3. 가구구성원으로부터 방임 또는 유기되거나 학대 등을 당한 경우(「긴급복지지원법」 제2조제3호)

4. 가정폭력을 당해 가구구성원과 함께 원만한 가정생활을 하기 곤란하거나 가구구성원으로부터 성폭력을 당한 경우(「긴급복지지원법」 제2조제4호)

5. 화재 또는 자연재해 등으로 인해 거주하는 주택 또는 건물에서 생활하기 곤란하게 된 경우(「긴급복지지원법」 제2조제5호)

6. 주소득자 또는 부소득자(副所得者)의 휴업, 폐업 또는 사업장의 화재 등으로 인하여 실질적인 영업이 곤란하게 된 경우(「긴급복지지원법」 제2조제6호)

7. 주소득자 또는 부소득자의 실직으로 소득을 상실한 경우(「긴급복지지원법」 제2조제7호)

8. 다음의 기준에 따라 지방자치단체의 조례로 정한 사유가 발생한 경우(「긴급복지지원법」 제2조제8호 및 「긴급복지지원법 시행규칙」 제1조의2)

- 가구원의 보호, 양육, 간호 등의 사유로 소득활동이 미미한 경우

- 「국민기초생활 보장법」에 따른 급여가 중지된 경우

- 「국민기초생활 보장법」에 따라 급여를 신청하였으나 급여의 실시 여부와 내용이 결정되기 전이거나 수급자로 결정되지 아니한 경우
- 수도, 가스 등의 공급이 그 사용료의 체납으로 인하여 상당한 기간 동안 중단된 경우
- 사회보험료, 주택임차료 등이 상당한 기간 동안 체납된 경우
- 그 밖에 위에 준하는 사유가 있는 경우
9. 그 밖에 다음의 사유가 발생한 경우(「긴급복지지원법」 제2조제9호 및 「위기상황으로 인정하는 사유」)
- 주소득자와 이혼한 경우
- 단전된 경우(소전기 제한기 부설 포함)
- 주소득자 또는 부소득자(가구별 1명 한정)의 휴업, 폐업, 사업장의 화재 등 실질적인 영업 곤란으로 가구의 생계유지 등이 곤란하여 다음의 요건을 모두 충족한 경우
  ✓ 가구구성원 중 주소득자가 「부가가치세법」에 따른 간이과세자로서 1년 이상의 영업을 지속한 후 휴·폐업신고를 한 경우(간이과세자가 아닌 사업자로서 공급가액이 4800만원 이하도 포함)
  ✓ 긴급지원 신청일 기준 휴·폐업신고일이 1개월이 경과하고 12개월 이내인 경우
  ✓ 부소득자의 휴폐업 또는 사업장의 화재 등 실질적인 영업 곤란 전 소득이 가구구성원 수에 따른 긴급지원 생계지원 금액 이상인 경우
- 주소득자 또는 부소득자(가구별 1명 한정)의 실직으로 가구의 생계유지 등이 곤란하여 다음의 요건을 모두 충족하는 경우
  ✓ 가구원중 주소득자가 실직했으나 「고용보험법」상 실업급여를 받지 못 하거나 또는 실업급여가 종료 되었으나 계속적인 실직 상태로 생활이 어려운 경우
  ✓ 긴급지원 신청일 기준 실직한 날이 1개월 경과 12개월 이내이고, 실직 전 3개월 이상 근로한 경우
  ✓ 1개월간 소정근로시간이 「고용보험법」 제10조제2호 및 「고용보험법시행령」 제3조제1항에서 정한 적용제외 근로자 기준의 근로시간 이상인 경우
  ✓ 부소득자의 실직 전 소득이 가구구성원 수에 따른 긴급지원 생계지원 금액 이상인 경우
 - 교정시설에서 출소한 자가 생계가 곤란하고 다음의 요건을 모두 충족하는 경우
  ✓ 가족이 없거나, 가족과의 관계가 단절된 경우 또는 가족이 미성년인 자녀, 65세 이상인 자, 장애의 정도가 심한 장애인으로만 구성되는 경우
  ✓ 구금기간이 1개월 이상으로서 긴급지원 신청일 기준 6개월 이내 출소한 경우
- 가족으로부터 방임·유기 또는 생계유지의 곤란 등으로 노숙을 하는 경우로 다음의 요건을 모두 충족하는 경우

      ✔ 노숙인 시설 및 노숙인 종합지원센터에서 노숙인을 사정하여 시·군·구청장에 긴급지
        원대상자로 신청한 경우
      ✔ 노숙을 한 기간이 6개월 미만일 때
   – 겨울철 복지사각지대 발굴 대상자로서 관련 부서로부터 생계가 어렵다고 추천을
    받은 경우
   – 통합사례관리 대상자로서 관련 부서로부터 생계가 어렵다고 추천을 받은 경우
   – 자살한 자의 유족, 자살을 시도한 자 또는 그의 가족인 자살 고위험군으로서 자
    살예방센터, 정신건강복지센터 또는 보건소 등으로부터 생계가 어렵다고 추천을
    받은 경우

2. 긴급지원의 종류

2-1. 생계지원

① 위기상황으로 인하여 생계유지가 곤란한 사람은 식료품비·의복비 등 생계유지에
   필요한 비용 또는 현물지원을 받을 수 있습니다(「긴급복지지원법」 제9조제1항제1호
   가목).

② 생계지원 금액은 가구 구성원 4인 기준 1,636,900원이며, 3개월간 매월 단위로 지
   원됩니다.

③ 3개월의 지원에도 불구하고 위기상황이 계속되는 경우에는 긴급지원심의위원회에
   의한 심의를 거쳐 추가로 3개월 지원이 가능합니다.

④ 긴급지원대상자가 거동이 불편하여 금융기관을 이용하기 어렵거나, 직접 물품을 구
   매하기 곤란한 경우 등 현금으로 지원하는 것이 적당하지 않은 경우에는 현물을
   지원할 수 있습니다.

2-2. 의료지원

① 중한 질병 또는 부상으로 인하여 발생한 의료비를 감당하기 곤란한 사람(지원 요청
   후 사망한 사람 포함, 동일 상병 기지원자 제외)은 각종 검사 및 치료 등 의료서
   비스 지원을 받을 수 있습니다(「긴급복지지원법」 제9조제1항제1호나목).

② 국민기초생활보장수급자는 원칙적으로 긴급지원대상자가 될 수 없습니다. 다만, 예
   외적으로 수술 또는 중환자실·응급실 이용 등 긴급한 사유로 의료비를 감당하기
   어려운 경우에 의료지원이 가능합니다.

③ 의료지원 대상자에게는 300만원의 범위에서 의료기관 등이 긴급지원대상자에게 제공한 의료서비스 비용 중 약제비, 본인부담금 및 비급여 항목에 대해 지원하며, 1회 지원을 원칙으로 하고 있습니다. 다만, 1회 지원 후에도 위기상황이 계속되는 경우에는 긴급지원심의위원회의 심의를 거쳐 1회 추가지원이 가능합니다.

④ 비급여 입원료와 비급여 식대 항목에 대해서는 지원하지 않습니다.

⑤ 급여화된 상급병실 이용의 경우 시·군·구청장이 진단서 등을 통해 불가피한 이용을 인정한 경우에 한해 최대 5일의 범위에서 선별급여 형태로 지원합니다(2019년 1월 1일 이후 결정 건부터 적용함).

2-3. 주거지원

① 위기사유의 발생으로 임시거소 제공 또는 주거비 지원이 필요하다고 인정되는 사람은 임시거소 제공 또는 이에 해당하는 비용을 지원받을 수 있습니다(「긴급복지지원법」 제9조제1항제1호다목).

② 주거비 지원은 중소도시 가구 구성원 3~4인 기준 422,900원이며, 3개월간 지원이 가능합니다.

③ 3개월의 지원에도 불구하고 위기상황이 계속되는 경우에는 긴급지원심의회의 심의를 거쳐 추가로 9개월간 지원이 가능합니다.

2-4. 사회복지시설 이용지원

① 위기사유의 발생으로 사회복지시설에서 제공하는 서비스가 필요하다고 인정되는 사람은 사회복지시설 입소 또는 이용 서비스 제공이나 이에 필요한 지원을 받을 수 있습니다(「긴급복지지원법」 제9조제1항제1호라목).

② 위기상황의 발생으로 사회복지시설에서 제공하는 서비스가 필요한 사람은 3개월간 서비스를 제공받을 수 있습니다.

③ 3개월의 지원에도 불구하고 위기상황이 계속되는 경우에는 긴급지원심의위원회의 심의를 거쳐 추가로 3개월의 지원이 가능합니다.

2-5. 교육지원

① 긴급지원 주급여를 받는 가구 중 초·중·고등학생으로 학비 지원이 필요하다고 인정되는 사람은 수업료, 입학금, 학교운영지원비 및 학용품비 등 필요한 비용을 지원받을 수 있습니다(「긴급복지지원법」 제9조제1항제1호마목).

② 해당 분기의 학비를 완납한 가구도 지원이 가능하며, 긴급지원대상자로서 국가 또

는 지방자치단체 등으로부터 다른 교육지원을 받고 있는 사람은 지원대상에서 제외됩니다.

③ 교육비지원은 다음 구분에 따라 이루어지며, 분기단위로 1회 지원을 원칙으로 합니다. 다만 특별한 사유가 있는 경우 추가지원이 가능합니다.

1. 초등학생: 221,600원
2. 중학생: 352,700원
3. 고등학생: 432,200원 및 수업료·입학금

2-6. 그 밖의 지원

긴급지원(주 급여)을 받는 가구 중 그 밖의 지원이 필요하다고 인정되는 사람에게는 연료비나 그 밖의 위기상황의 극복에 필요한 비용 또는 현물을 지원받을 수 있습니다(「긴급복지지원법」 제9조제1항제1호바목).

1. 동절기(10~3월) 연료비: 98,000원
2. 가구 구성원의 출산(출산 예정도 포함)한 경우 해산비: 600,000원(추가 출생영아 1인당 600,000원 추가 지급, 쌍둥이 출산 시 1,200,000원 지급)
3. 가구 구성원의 사망의 경우 장제비: 750,000원
4. 단전이 된 경우(손전류, 제한기 부설 포함) 전기요금: 500,000원 이내

2-7. 민간기관 단체 연계지원 등

① 위기사유가 발생한 사람은 사회복지공동모금회, 대한적십자사 등의 사회복지지관 및 단체와 연계하여 지원받을 수 있습니다(「긴급복지지원법」 제9조제1항제2호가목).

② 또한, 상담이나 정보제공 등 그 밖의 지원을 받을 수 있습니다(「긴급복지지원법」 제9조제1항제2호나목).

3. 긴급지원의 기본원칙

3-1. 선지원 후처리 원칙

① 시장·군수·구청장은 지원요청 또는 신고를 받거나 위기상황에 처한 사람을 찾아낸 경우에는 지체 없이 긴급지원담당공무원에게 긴급지원대상자의 거주지 등을 방문하여 위기상황을 확인하도록 해야 합니다(「긴급복지지원법」 제8조제1항).

② 시장·군수·구청장은 현장 확인 결과 위기상황의 발생이 확인된 사람에 대해서는

지체 없이 지원의 종류 및 내용을 결정하여 지원을 해야 합니다. 이 경우 긴급지원대상자에게 신속히 지원할 필요가 있다고 판단되는 경우 긴급지원담당공무원에게 우선 필요한 지원을 하도록 할 수 있습니다(「긴급복지지원법」 제8조제3항).

3-2. 단기 지원 원칙

① 긴급지원은 1개월간의 생계유지 등에 필요한 지원으로 합니다. 다만, 시장(「제주특별자치도 설치 및 국제자유도시 조성을 위한 특별법」 제11조제2항에 따른 행정시장을 포함)·군수·구청장(자치구의 구청장을 말함)이 긴급지원대상자의 위기상황이 계속된다고 판단하는 경우에는 1개월씩 두 번의 범위에서 기간이 연장될 수 있습니다(「긴급복지지원법」 제10조제1항).

② 지원이 종료되면 동일 사유로 다시 지원받을 수 없습니다. 다만, 지원이 종료된 때로부터 2년이 경과한 후에는 동일한 사유로 다시 지원할 수 있습니다.

3-3. 다른 법률 지원 우선의 원칙

① 「재해구호법」, 「국민기초생활보장법」, 「의료급여법」, 「사회복지사업법」, 「가정폭력방지 및 피해자보호 등에 관한 법률」, 「성폭력방지 및 피해자보호 등에 관한 법률」 및 「사회복지공동모금회법」 등 다른 법률에 따라 긴급지원의 내용과 동일한 내용의 구호·보호나 지원을 받고 있는 경우에는 「긴급복지지원법」에 따른 긴급지원이 제외됩니다(「긴급복지지원법」 제3조제2항).

② 긴급지원 요청이나 신고를 받은 시장·군수·구청장은 가구특성 및 생활실태 등을 고려하여 긴급지원보다는 국민기초생활보장, 의료급여 및 시설보호 등 다른 법률에 의한 지원을 받는 것이 적합하다고 판단되는 경우에는 해당 지원을 받을 수 있도록 연계하고 있습니다.

③ 다만, 긴급지원 신청자의 위기상황을 고려하여 다른 법률에 의한 지원결정이 완료되기 전까지 우선 긴급지원 가능합니다.

3-4. 가구 단위 지원의 원칙

① 가구단위로 산정하여 지원하는 것을 원칙으로 합니다.

② 가정폭력·성폭력 또는 학대 등으로 위기상황에 처한 사람에 대해서는 폭력 또는 학대를 당한 사람 및 그와 함께 보호를 받아야 하는 사람을 하나의 가구로 봅니다.

③ 다만, 의료지원, 교육지원 등의 경우에는 필요한 가구 구성원에 한해서 지원합니다(개인 단위 지원).

4. 국가 및 지방자치단체의 책무

4-1. 국가 및 지방자치단체의 책무

① 국가 및 지방자치단체는 위기상황에 처한 사람을 찾아내어 최대한 신속하게 필요한 지원을 하도록 노력해야 하며, 긴급지원의 지원대상 및 소득 또는 재산 기준, 지원 종류·내용·절차와 그 밖에 필요한 사항 등 긴급지원사업에 관해 적극적으로 안내해야 합니다(「긴급복지지원법」 제4조제1항).

② 국가 및 지방자치단체는 「긴급복지지원법」에 따른 지원 후에도 위기상황이 해소되지 않아 계속 지원이 필요한 것으로 판단되는 사람에게 다른 법률에 따른 구호·보호 또는 지원을 받을 수 있도록 노력해야 합니다(「긴급복지지원법」 제4조제2항).

③ 국가 및 지방자치단체는 구호·보호 또는 지원이 어렵다고 판단되는 경우에는 민간 기관·단체와의 연계를 통하여 구호·보호 또는 지원을 받을 수 있도록 노력해야 합니다(「긴급복지지원법」 제4조제3항).

④ 보건복지부장관은 위기상황에 처한 자에게 상담·정보제공 및 유관기관·단체 등과의 연계서비스를 제공하기 위해 담당 기구를 설치·운영할 수 있습니다(「긴급복지지원법」 제11조제1항).

⑤ 시장·군수·구청장은 긴급지원사업을 원활하게 수행하기 위해 「사회복지사업법」 제7조의2에 따른 지역사회복지협의체를 통하여 사회복지·보건의료 관련 기관·단체 간의 연계·협력을 강화해야 합니다(「긴급복지지원법」 제11조제3항).

4-2. 위기상황의 발굴

① 국가 및 지방자치단체는 위기상황에 처한 사람에 대한 발굴조사를 연 1회 이상 정기적으로 실시해야 합니다(「긴급복지지원법」 제7조의2제1항).

② 국가 및 지방자치단체는 정기 발굴조사 또는 수시 발굴조사를 위해 필요한 경우 관계 기관·법인·단체 등의 장에게 자료의 제출, 위기상황에 처한 사람의 거주지 등 현장조사 시 소속 직원의 동행 등 협조를 요청할 수 있습니다. 이 경우 관계 기관·법인·단체 등의 장은 정당한 사유가 없으면 이에 따라야 합니다(「긴급복지지원법」 제7조의2제2항).

③ 국가 및 지방자치단체는 위기상황에 처한 사람에 대한 발굴체계의 운영실태를 정기적으로 점검하고 개선방안을 수립해야 합니다(「긴급복지지원법」 제7조의2제3항).

■ 화재사고로 모든 것을 잃었습니다. "긴급지원"이라는 것이 있다던데 어떤 경우에 받을 수 있나요?

Q 화재사고로 모든 것을 잃었습니다. "긴급지원"이라는 것이 있다던데 어떤 경우에 받을 수 있나요?

A 국가는 생계곤란 등의 위기상황에 처하여 도움이 필요한 사람 또는 그와 생계 및 주거를 같이 하고 있는 가구 구성원에게 「긴급복지지원법」에 따라 일시적으로 신속하게 지원합니다.

◇ 긴급지원을 위한 위기상황의 사유

① 주소득자(主所得者)가 사망, 가출, 행방불명, 구금시설에 수용되는 등의 사유로 소득을 상실한 경우

② 중한 질병 또는 부상을 당한 경우

③ 가구 구성원으로부터 버려지거나 학대 등을 당한 경우

④ 가정폭력을 당하여 가구 구성원과 함께 원만한 가정생활이 곤란하거나 가구 구성원으로부터 성폭력을 당한 경우

⑤ 화재 또는 자연재해 등으로 인해 거주하는 주택 또는 건물에서 생활하기 곤란하게 된 경우

⑥ 주소득자 또는 부소득자(副所得者)의 휴업, 폐업 또는 사업장의 화재 등으로 인하여 실질적인 영업이 곤란하게 된 경우

⑦ 주소득자 또는 부소득자의 실직으로 소득을 상실한 경우

⑧ 가구원의 보호, 양육, 간호 등의 사유로 소득활동이 미미한 경우 등 자방 자치단체의 조례로 정한 사유가 발생한 경우

⑨ 그 밖에 「위기상황으로 인정하는 사유」에서 정하는 사유가 발생한 경우

Q 긴급지원은 어떠한 방법으로 지원해주는 것인가요?

A 긴급지원에는 금전이나 현물로 지원하는 생계지원, 의료지원, 주거지원, 사회복지시설 이용지원, 교육지원 등이 있으며, 그 밖에 민간기관이나 단체에서 연계로 상담이나 정보제공 등의 지원도 하고 있습니다.

◇ 금전 또는 현물지원

① 생계지원: 식료품비, 의복비 등 1개월 생계유지비

② 의료지원: 각종 검사, 치료 등 의료서비스 지원(본인 부담금 및 비급여 항목)

③ 주거지원: 국가·지방자체단체 소유 임시거소 또는 타인 소유의 임시거소 3개월 제공

④ 사회복지시설 이용지원: 사회복지시설 입소 또는 이용서비스 3개월 제공

⑤ 교육지원: 초·중·고등학생의 수업료, 입학금, 학교운영지원비 및 학용품비 등 필요한 비용을 분기 단위로 해당 분기분 1회 지원

⑥ 그 밖의 위기사유 발생으로 생계유지가 곤란한 가구에 대해 난방비, 해산비, 장제비, 전기요금 등을 지원

◇ 민간기관·단체 연계지원 등

사회복지공동모금회, 대한적십자사 등 민간의 긴급지원프로그램으로 연계하거나 상담·정보제공 등 그 밖의 지원

법령해설

■ 질의

[1] 같은 상병(傷病: 다치거나 병듦)인지는 어떻게 판단하며, 1년이 경과해야 한다는 것은 언제부터 언제까지를 기준으로 한 것인가?

[2] 같은 상병이 아닌 경우에는 언제 다시 지원할 수 있는가?

■ 회답

〔1〕 같은 상병이란 주상병명이 일치하는 것을 말하며, 1년이 경과해야 한다는 것은 지원종료일 즉 퇴원일로부터 다음 지원 신청일까지 1년이 경과해야 함을 뜻합니다(주상병명의 예시: 심장질환, 간질환, 대뇌혈관질환, 당뇨병).

〔2〕 같은 상병이 아닌 경우에는 지원 종료 후 재지원 제한 기간은 없으나 상시적인 지원이 되어서는 안 됩니다.

5. 긴급지원의 절차

5-1. 긴급지원의 절차

긴급지원 절차는 다음과 같습니다.

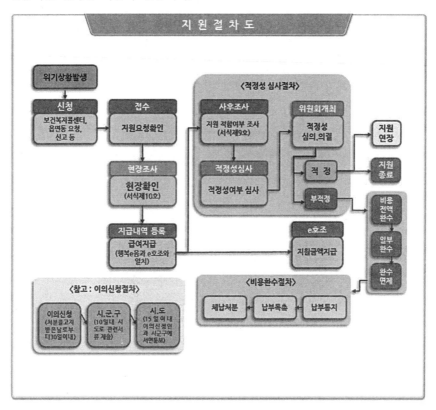

5-2. 지원요청 및 신고

5-2-1. 지원요청 및 신고자

① 긴급지원대상자와 친족, 그 밖의 관계인은 구술 또는 서면 등으로 관할 시장(「제주특별자치도 설치 및 국제자유도시 조성을 위한 특별법」 제11조제2항에 따른 행정시장을 포함. 이하 같음)·군수·구청장(자치구의 구청장을 말함. 이하 같음)에게 「긴급복지지원법」에 따른 지원을 요청할 수 있습니다(「긴급복지지원법」 제7조제1항).

② 누구든지 긴급지원대상자를 발견한 경우에는 관할 시장·군수·구청장에게 그 사실을 신고해야 합니다(「긴급복지지원법」 제7조제2항).

5-2-2. 신고의무자

다음의 어느 하나에 해당하는 자는 진료·상담 등 직무수행 과정에서 긴급지원대상자가 있음을 알게 된 경우 관할 시장·군수·구청장에게 이를 신고하고, 긴급지원대상자가 신속하게 지원을 받을 수 있도록 노력해야 합니다(「긴급복지지원법」제7조제3항 및 「긴급복지지원법 시행규칙」제2조의2).

1. 「의료법」에 따른 의료기관의 종사자
2. 「유아교육법」, 「초·중등교육법」 또는 「고등교육법」에 따른 교원, 직원, 산학겸임교사, 강사
3. 「사회복지사업법」에 따른 사회복지시설의 종사자
4. 「국가공무원법」 또는 「지방공무원법」에 따른 공무원
5. 「장애인활동 지원에 관한 법률」제20조에 따른 활동지원기관의 장 및 그 종사자와 「장애인활동 지원에 관한 법률」제26조에 따른 활동지원인력
6. 「학원의 설립·운영 및 과외교습에 관한 법률」제6조에 따른 학원의 운영자·강사·직원 및 같은 법 제14조에 따른 교습소의 교습자·직원
7. 「건강가정기본법」제35조에 따른 건강가정지원센터의 장과 그 종사자
8. 「청소년 기본법」제3조제6호에 따른 청소년시설 및 같은 조 제8호에 따른 청소년단체의 장과 그 종사자
9. 「청소년 보호법」제35조에 따른 청소년 보호·재활센터의 장과 그 종사자
10. 「평생교육법」제2조에 따른 평생교육기관의 장과 그 종사자
11. 「지방자치법」제4조의2제4항에 따른 행정리의 이장 및 같은 조 제5항에 따른 행정동의 하부조직으로 두는 통의 통장
12. 「별정우체국법」에 따른 별정우체국의 직원
13. 동·리의 새마을지도자 및 부녀회장

5-3. 현장 확인

시장·군수·구청장은 지원요청 또는 신고가 있거나 위기상황에 처한 자를 찾아낸 경우에는 지체 없이 담당 공무원이 긴급지원대상자의 거주지 등을 방문하여 위기상황에 대해 확인하도록 해야 합니다(「긴급복지지원법」제8조제1항).

5-4. 지원결정 및 실시

① 시장·군수·구청장은 위기상황을 확인하기 위해 필요한 경우 관할 경찰관서, 소방관서 등 관계 행정기관의 장에게 협조를 요청할 수 있습니다. 이 경우 관계 행정

기관의 장은 정당한 사유가 없는 한 이에 따라야 합니다(『긴급복지지원법』 제8조제2항).

② 시장·군수·구청장은 현장 확인 결과 위기상황의 발생이 확인된 사람에 대해서는 지체 없이 지원의 종류 및 내용을 결정하여 지원을 해야 합니다(『긴급복지지원법』 제8조제3항 전단).

③ 이 경우 긴급지원대상자에게 신속히 지원할 필요가 있다고 판단되는 경우 시장·군수·구청장은 긴급지원담당공무원에게 우선 필요한 지원을 하도록 할 수 있습니다(『긴급복지지원법』 제8조제3항 후단).

④ 현장을 확인하는 긴급지원 담당공무원은 권한을 표시하는 증표 및 조사기간, 조사범위, 조사담당자, 관계 법령, 제출자료, 그 밖에 해당 현장조사와 관련하여 필요한 사항 등이 기재된 현장조사서를 지니고 이를 관계인에게 보여야 합니다(『긴급복지지원법』 제8조제4항 및 『긴급복지지원법 시행규칙』 제2조의3).

5-5. 사후조사

① 시장·군수·구청장은 지원을 받았거나 받고 있는 긴급지원대상자에 대해 긴급지원이 다음의 기준에 적정한지를 조사해야 합니다(『긴급복지지원법』 제13조제1항 및 『긴급복지지원법 시행령』 제7조제2항).

　1. 소득이 『국민기초생활 보장법』 제2조제11호에 따른 기준 중위소득의 100분의 75 이하일 것

　2. 재산의 합계액이 대도시 188,000천원, 중소도시 118,000천원, 농어촌 101,000천원 이하일 것

② 시장·군수·구청장은 조사를 위해 금융·국세·지방세·건강보험·국민연금 및 고용보험 등 관련 전산망을 이용하려는 경우에는 해당 법률이 정하는 바에 따라 관계 기관의 장에게 협조를 요청할 수 있습니다. 이 경우 관계 기관의 장은 정당한 사유가 없는 한 이에 따라야 합니다(『긴급복지지원법』 제13조제2항).

③ 긴급지원사업을 담당하는 공무원 또는 공무원이었던 자는 조사를 통해 얻은 정보와 자료를 『긴급복지지원법』이 정한 지원 목적 외 다른 용도로 사용하거나 다른 사람 또는 기관에 제공해서는 안 됩니다(『긴급복지지원법』 제13조제7항).

④ 이를 위반한 자는 3년 이하의 징역 또는 3천만원 이하의 벌금에 처해집니다(『긴급복지지원법』 제19조).

5-6. 긴급지원의 적정성 심사

① 긴급지원심의위원회는 시장·군수·구청장이 한 사후조사결과를 참고하여 긴급지원의 적정성을 심사합니다(「긴급복지지원법」 제14조제1항).

② 긴급지원심의위원회는 긴급지원대상자가 「국민기초생활 보장법」 또는 「의료급여법」에 따른 수급권자로 결정된 경우에는 심사를 하지 않을 수 있습니다(「긴급복지지원법」 제14조제2항).

③ 시장·군수·구청장은 긴급지원의 적정성 심사결과 긴급지원대상자에 대한 지원이 적정하지 아니한 것으로 결정된 경우에도 담당 공무원의 고의 또는 중대한 과실이 없는 한 이를 이유로 담당 공무원에 대해 불리한 처분이나 대우를 해서는 안 됩니다(「긴급복지지원법」 제14조제3항).

5-7. 지원연장

① 생계지원·주거지원·사회복지시설 이용 지원 및 그 밖의 지원은 1개월간 지원합니다. 다만 시장·군수·구청장이 긴급지원대상자의 위기상황이 계속된다고 판단하는 경우에는 1개월씩 두 번의 범위에서 기간을 연장할 수 있습니다(「긴급복지지원법」 제10조제1항).

② 시장·군수·구청장은 긴급지원대상자에 대한 지원기간을 연장하려는 때에는 지원기간이 종료되기 3일 전까지 연장여부를 결정해야 하고, 지원연장을 결정한 때에는 지원연장기간 및 지원내용 그 밖에 지원에 관하여 필요한 사항을 긴급지원대상자에게 지체 없이 통지해야 합니다(「긴급복지지원법」 제10조제1항 단서 및 「긴급복지지원법 시행규칙」 제3조).

5-8. 긴급지원의 추가연장

① 시장·군수·구청장은 지원연장 후 긴급지원대상자의 위기상황이 계속되어 추가적으로 지원하기 위해서는 긴급지원심의위원회의 심의를 거쳐 지원을 연장할 수 있습니다(「긴급복지지원법」 제10조제3항 전단).

② 시장·군수·구청장은 위기상황이 계속되는 긴급지원대상자에 대해 지원연장이 필요한 사유, 지원연장기간 및 지원내용 등을 기재하여 긴급지원심의위원회의 심의에 부쳐야 합니다(「긴급복지지원법」 제10조제3항, 제12조 및 「긴급복지지원법 시행규칙」 제4조제1항).

③ 긴급지원심의위원회는 심의를 요청한 긴급지원대상자의 지원연장 여부에 대하여 지원기간이 종료되기 3일 전까지 심의를 마쳐야 합니다(「긴급복지지원법 시행규칙」

제4조제2항).

④ 시장·군수·구청장은 지원연장을 하기로 결정한 긴급지원대상자에게 지원연장 기간
및 지원 내용 그 밖에 지원에 관하여 필요한 사항을 지체 없이 알려야 합니다(「긴
급복지지원법 시행규칙」 제4조제3항).

5-9. 지원중단 또는 비용환수

① 시장·군수·구청장은 심사결과거짓 그 밖의 부정한 방법으로 지원을 받은 것으로
결정된 사람에게는 긴급지원심의위원회의 결정에 따라 지체 없이 지원을 중단하고
지원한 비용의 전부 또는 일부를 반환하게 해야 합니다(「긴급복지지원법」 제15조제
1항).

② 시장·군수·구청장은 심사결과 긴급지원이 적정하지 않은 것으로 결정된 자에게는
지원을 중단하고 지원한 비용의 전부 또는 일부를 반환하게 할 수 있습니다(「긴급
복지지원법」 제15조제2항).

③ 시장·군수·구청장은 지원기준을 초과하여 지원받은 자에게는 그 초과 지원 상당분
을 반환하게 할 수 있습니다(「긴급복지지원법」 제15조제3항).

④ 시장·군수·구청장은 반환명령에 따르지 않는 자에게는 지방세 체납처분의 예에 따
라 이를 징수합니다(「긴급복지지원법」 제15조제4항).

5-10. 긴급지원수급계좌

① 긴급지원대상자에게 지급하는 금전(이하 "긴급지원금"이라 함)을 긴급지원대상자 명
의의 지정된 계좌(이하 "긴급지원수급계좌"라 함)로 받으려는 사람은 긴급지원수급
계좌 입금 신청서에 계좌번호가 표시된 예금통장 사본을 첨부해 관할 시장·군수·
구청장에게 신청합니다(「긴급복지지원법 시행령」 제7조의2제1항 및 「긴급복지지원법
시행규칙」 별지 서식).

[서식 예] 긴급지원수급계좌 입금 신청서

긴급지원수급계좌 입금 신청서				
접수번호	접수일자		처리기간	즉시
신청인 (지원대상자)	성 명		생년월일	
	주 소		(전화:)	
긴급지원 수급계좌	금융기관		예금주	
	계좌번호			
「긴급복지지원법 시행령」 제7조의2제1항 및 같은 법 시행규칙 제9조제2항에 따라 긴급지원금을 긴급지원수급계좌로 지급하여 줄 것을 신청합니다. 년 월 일 신청인: (서명 또는 인) **시장·군수·구청장** 귀하				
첨부서류	계좌번호가 표시된 긴급지원대상자 명의의 예금통장 사본 1부			

② 시장·군수·구청장은 긴급지원대상자의 신청이 있는 경우에는 긴급지원금을 긴급지원수급계좌로 입금해야 합니다(「긴급복지지원법」 제9조의2제1항 본문).

③ 다만, 정보통신장애나 긴급지원대상자가 금융회사나 우편관서가 없는 지역에 거주하여 긴급지원금을 긴급지원수급계좌로 이체할 수 없을 때에는 긴급지원대상자에게 직접 현금으로 지급할 수 있습니다(「긴급복지지원법」 제9조의2제1항, 「긴급복지지원법 시행령」 제7조의2제2항·제3항).

④ 긴급지원수급계좌가 개설된 금융기관은 긴급지원금만이 긴급지원수급계좌에 입금되도록 하고, 이를 관리해야 합니다(「긴급복지지원법」 제9조의2제2항).

Q 긴급지원은 어떠한 절차로 진행되나요?

A 긴급지원은 ① 지원요청 및 신고, ② 현장확인, ③ 지원결정 및 실시, ④ 사후조사, ⑤ 적정성 심사, ⑥ 지원중단 또는 환수의 절차로 진행됩니다.

◇ 지원요청 및 신고

긴급지원대상자와 친족 그 밖의 관계인은 말 또는 서면 등으로 관할 시·군·구청에 지원을 요청할 수 있으며, 누구든지 긴급지원대상자를 발견한 경우에는 관할 시·군·구청에 그 사실을 신고해야 합니다.

◇ 현장확인 및 지원결정

① 시장·군수·구청장은 지원요청 또는 신고가 있거나 위기상황에 처한 자를 찾아낸 경우 이를 확인하여 지체 없이 지원의 종류 및 내용을 결정하여 지원을 해야 합니다.

② 긴급지원은 1개월 지원을 원칙으로 하지만, 긴급지원대상자의 위기상황이 계속된다고 판단하는 경우에는 1개월씩 2번의 범위에서 기간을 연장할 수 있습니다.

③ 시장·군수·구청장은 지원연장 후 긴급지원대상자의 위기상황이 계속되어 추가적으로 지원하기 위해서는 긴급지원심의위원회의 심의를 거쳐 지원을 연장할 수 있습니다.

◇ 사후조사 및 적정성 심사

① 시장·군수·구청장은 지원을 받았거나 받고 있는 긴급지원대상자에 대해 긴급지원이 기준에 적정한지를 조사해야 합니다.

② 긴급지원심의위원회는 시장·군수·구청장이 한 사후조사결과를 참고하여 긴급지원의 적정성을 심사합니다.

◇ 지원중단 및 비용반환

시장·군수·구청장은 심사결과 거짓이나 그 밖의 부정한 방법으로 지원을 받은 것으로 결정되거나, 긴급지원이 적정하지 않은 것으로 결정되면 긴급지원심의위원회의 결정에 따라 지체 없이 지원을 중단하고 지원한 비용의 전부 또는 일부를 반환하게 해야 합니다.

■ **질의**

[1] 지원요청자의 거주지와 입원 중인 의료기관의 소재지가 다른 경우에 긴급지원기관은?

[2] 실거주지와 주민등록상 거주지가 다른 경우에 긴급지원기관은?

[3] 지원요청자의 실거주지와 주민등록상 거주지가 다른 자가 병원에 통원 치료하는 경우 긴급지원기관은?

■ **회답**

[1] 긴급지원요청자의 거주지 관할 시·군·구가 지원합니다.

[2] 긴급지원요청자의 실거주지 관할 시·군·구가 지원합니다.

[3] 병원을 다니기 위해 실거주지에 잠시 머무르는 경우에는 주민등록상 거주지 관할 시·군·구가 지원합니다.

■ 긴급지원제도의 지원절차 및 신청방법은 무엇인가요?

Q 긴급지원제도의 지원절차 및 신청방법은 무엇인가요?

A 긴급지원제도는 타제도와는 달리 "선지원후조사"를 원칙으로 하고 있습니다. 위기상황에 처한 대상자의 지원요청이 있는 경우 긴급지원담당자의 현장확인, 상담 등을 통해 위기상황으로 지원의 필요성이 인정되면 우선 지원을 실시하고 나중에 소득, 재산 등을 조사하고 있습니다.

① 지원요청 및 신고 : 긴급지원 대상자나 이를 발견한 사람은 시·군·구청, 보건복지부콜센터(☎129)에 별도의 서류없이 지원요청 또는 신고(콜센터에 신고접수 시 주소지의 시·군·구로 자동 이관됨)

② 시·군·구 긴급지원 담당 공무원의 현장확인 : 지원요청을 받은 담당 공무원은 지체없이 현장확인, 상담을 통해 상황 파악(현장확인 단계에서 위기상황에 대한 사실관계 확인을 위해 대상자 상황에 따른 관련 서류(진단서, 휴·폐업사실확인서, 금융정보제공동의서 등) 제출)

③ 지원결정 및 실시 : 위기상황에 따라 생계, 의료, 주거지원 등 결정 및 비용지급 실시

④ 사후조사 : 선지원된 지원의 적정성을 판단하기 위해 소득, 재산조사 실시

⑤ 적정성 심사 : 대상자의 위기상황, 소득, 재산조사 결과를 종합하여 지원 적정, 추가지원 또는 환수 결정

긴급복지지원대상자는
어떻게 선정하나요?

제2장 긴급복지지원대상자는 어떻게 선정하나요?

1. 긴급지원대상자 선정

1-1. 긴급지원대상자

긴급지원대상자는 위기상황에 처하여 「긴급복지지원법」에 따른 지원이 긴급하게 필요한 사람입니다(「긴급복지지원법」 제5조).

1-2. 긴급지원대상자의 선정기준

1-2-1. 긴급지원대상자의 선정기준

본인 또는 본인과 생계 및 주거를 같이 하고 있는 가구 구성원은 위기상황이 발생하여 생계유지 등이 어렵게 된 경우 긴급지원대상자로 선정될 수 있습니다.

1-2-2. 외국인에 대한 특례

국내에 체류하고 있는 외국인 중 다음의 어느 하나에 해당하는 사람이 긴급지원대상자(「긴급복지지원법」 제5조)에 해당하는 경우에는 긴급지원을 받을 수 있습니다(「긴급복지지원법」 제5조의2 및 「긴급복지지원법 시행령」 제1조의2).

1. 대한민국 국민과 혼인 중인 사람
2. 대한민국 국민이 배우자와 이혼하거나 그 배우자가 사망한 사람으로서 대한민국 국적을 가진 직계존비속을 돌보고 있는 사람
3. 「난민법」 제2조제2호에 따른 난민으로 인정된 사람
4. 본인의 귀책사유 없이 화재, 범죄, 천재지변으로 피해를 입은 사람
5. 그 밖에 보건복지부장관이 긴급한 지원이 필요하다고 인정하는 사람

1-2-3. 위기상황의 종류

① 주소득자(主所得者)가 사망, 가출, 행방불명, 구금시설에 수용되는 등의 사유로 소득을 상실한 경우(「긴급복지지원법」 제2조제1호)

② 중한 질병 또는 부상을 당한 경우(「긴급복지지원법」 제2조제2호)

③ 가구구성원으로부터 방임(放任)·유기(遺棄)되거나 학대(虐待) 등을 당한 경우(「긴급복지지원법」 제2조제3호)

④ 가정폭력을 당하여 가구구성원과 함께 원만한 가정생활이 곤란하거나 가구구성원으로부터 성폭력을 당한 경우(「긴급복지지원법」 제2조제4호)

⑤ 화재 또는 자연재해 등으로 거주하는 주택 또는 건물에서 생활하기 곤란하게 된 경우(「긴급복지지원법」 제2조제5호)

⑥ 주소득자 또는 부소득자(副所得者)의 휴업, 폐업 또는 사업장의 화재 등으로 인하여 실질적인 영업이 곤란하게 된 경우(「긴급복지지원법」 제2조제6호)

⑦ 주소득자 또는 부소득자의 실직으로 소득을 상실한 경우(「긴급복지지원법」 제2조제7호)

⑧ 다음의 기준에 따라 지방자치단체의 조례로 정한 사유가 발생한 경우(「긴급복지지원법」 제2조제8호)

1. 가구원의 보호, 양육, 간호 등의 사유로 소득활동이 미미한 경우
2. 「국민기초생활 보장법」에 따른 급여가 중지된 경우
3. 「국민기초생활 보장법」에 따라 급여를 신청하였으나 급여의 실시 여부와 내용이 결정되기 전이거나 수급자로 결정되지 않은 경우
4. 수도, 가스 등의 공급이 그 사용료의 체납으로 인해 상당한 기간 동안 중단된 경우
5. 사회보험료, 주택임차료 등이 상당한 기간 동안 체납된 경우
6. 그 밖에 위에 준하는 사유가 있는 경우

⑨ 그 밖의 사유가 발생한 경우[「긴급복지지원법」 제2조제9호 및 「위기상황으로 인정하는 사유」(보건복지부고시 제2019-126호, 2019. 7. 1. 발령·시행)]

1. 주소득자와 이혼한 경우
2. 단전된 경우(소전기 제한기 부설 포함)
3. 주소득자 또는 부소득자(가구별 1명 한정)의 휴업, 폐업, 사업장의 화재 등 실질적인 영업 곤란으로 가구의 생계유지 등이 곤란한 경우
4. 주소득자 또는 부소득자(가구별 1명 한정)의 실직으로 가구의 생계유지 등이 곤란한 경우
5. 교정시설에서 출소한 자가 생계가 곤란한 경우
6. 가족으로부터 방임·유기 또는 생계유지의 곤란 등으로 노숙을 하는 경우
7. 겨울철 복지사각지대 발굴 대상자로서 관련 부서로부터 생계가 어렵다고 추천을 받은 경우
8. 통합사례관리 대상자로서 관련 부서로부터 생계가 어렵다고 추천을 받은 경우
9. 자살한 자의 유족, 자살을 시도한 자 또는 그의 가족인 자살 고위험군으로서 자살예방센터, 정신건강복지센터 또는 보건소 등으로부터 생계가 어렵다고 추천을 받은 경우

1-3. 긴급지원기관

① 「긴급복지지원법」에 따른 지원은 긴급지원대상자의 거주지를 관할하는 시장(「제주특별자치도 설치 및 국제자유도시 조성을 위한 특별법」 제11조제2항에 따른 행정시장을 포함)·군수·구청장(자치구의 구청장을 말함. 이하 같음)이 합니다. 다만, 긴급지원대상자의 거주지가 분명하지 아니한 경우에는 지원요청 또는 신고를 받은 시장·군수·구청장이 합니다(「긴급복지지원법」 제6조제1항).

② 거주지가 분명하지 않은 자에 대한 지원요청 또는 신고가 특정지역에 집중되는 경우 지원요청 또는 신고를 받은 시장·군수·구청장은 관할특별시장·광역시장·도지사·특별자치도지사에게 긴급지원기관의 조정을 요청할 수 있습니다(「긴급복지지원법」 제6조제2항).

③ 시장·군수·구청장은 긴급지원사업을 수행하기 위해 담당 공무원을 지정해야 하며, 긴급지원담당공무원은 긴급지원사업을 포함한 복지 관련 교육훈련을 받은 사람으로 해야 합니다(「긴급복지지원법」 제6조제3항).

2. 금전·현물 등의 직접 지원

2-1. 생계지원

2-1-1. 생계지원의 개념

"생계지원"이란 긴급지원대상자가 시장(「제주특별자치도 설치 및 국제자유도시 조성을 위한 특별법」 제11조제2항에 따른 행정시장을 포함. 이하 같음)·군수·구청장(자치구의 구청장을 말함. 이하 같음)으로부터 식료품비·의복비 등 생계유지에 필요한 비용 또는 현물지원을 받는 것으로 「국민기초생활 보장법」 제6조에 따른 최저생계비를 최소한 1개월간 100% 현금 또는 현물로 지원받는 것을 말합니다(「긴급복지지원법」 제9조제1항제1호가목 및 「긴급복지지원법 시행령」 제2조제1항).

2-1-2. 지원내용

① 금전 또는 현물 등으로 지원받습니다(「긴급복지지원법」 제9조제1항제1호).

② 긴급지원대상자는 가구 구성원의 수 등에 따라 보건복지부장관이 정하여 고시하는 기준에 따른 금액을 지급받을 수 있습니다. 다만, 긴급지원대상자가 거동이 불편하여 물품구매가 곤란한 경우 등 현금을 지급하는 것이 적절하지 않다고 판단되는 경우에는 이에 상당하는 현물을 지급할 수 있습니다(「긴급복지지원법 시행령」 제2조제2항).

③ 시장·군수·구청장은 현금을 지급하는 경우 해당 금액을 금융기관 또는 체신관서의 긴급지원대상자 계좌에 입금해야 합니다. 다만, 긴급지원대상자가 금융기관 또는 체신관서가 없는 지역에 거주하는 등 부득이한 사유가 있는 경우에는 해당 금액을 현금으로 긴급지원대상자에게 직접 지급할 수 있습니다(「긴급복지지원법 시행령」 제2조제3항).

2-1-3. 생계지원의 한도

① 생계지원은 기준중위소득의 100분의 40을 한도로 합니다(「긴급복지지원법」 제9조제2항 후단).

② 기준 중위소득이란 보건복지부장관이 급여의 기준 등에 활용하기 위하여 중앙생활보장위원회의 심의·의결을 거쳐 고시하는 국민 가구소득의 중위값을 말합니다(「국민기초생활 보장법」 제2조제11호).

③ 기준 중위소득은 다음과 같습니다[「2019년 기준 중위소득 및 생계·의료급여 선정기준과 최저보장수준」(보건복지부 고시 제2018-144호, 2018. 7. 24. 발령, 2019. 1. 1. 시행) 1.].

구분	1인가구	2인가구	3인가구	4인가구	5인가구	6인가구	7인가구
금액 (원/월)	1,707,008원	2,906,528원	3,760,032원	4,613,536원	5,467,040원	6,320,544원	7,174,048원

④ 8인이상 가구의 기준 중위소득: 1인 증가시마다 853,504원씩 증가(8인가구: 8,027,552원)

2-1-4. 지원기간

① 생계지원은 1개월간 지원합니다. 다만, 시장·군수·구청장이 긴급지원대상자의 위기상황이 계속된다고 판단하는 경우에는 1개월씩 두 번의 범위에서 기간을 연장할 수 있습니다(「긴급복지지원법」 제10조제1항).

② 시장·군수·구청장은 1개월의 연장 지원에도 불구하고 위기상황이 계속되는 경우에는 긴급지원심의위원회의 심의를 거쳐 추가 지원할 수 있습니다. 이 경우 지원기간을 합하여 총 6개월을 초과할 수 없습니다(「긴급복지지원법」 제10조제3항).

2-1-5. 압류 등의 금지

① 「긴급복지지원법」에 따라 긴급지원대상자에게 지급되는 금전 또는 현물은 압류할 수 없습니다(「긴급복지지원법」 제18조제1항).

② 긴급지원수급계좌의 긴급지원금과 이에 관한 채권은 압류할 수 없습니다(「긴급복지지원법」 제18조제2항).

③ 긴급지원대상자는 「긴급복지지원법」에 따라 지급되는 금전 또는 현물을 생계유지 등의 목적 외 다른 용도로 사용하기 위해 양도하거나 담보로 제공할 수 없습니다 (「긴급복지지원법」 제18조제3항).

2-2. 의료지원

2-2-1. 의료지원 및 대상자

긴급지원대상자로서 중한 질병 또는 부상으로 의료비를 감당하기 곤란한 사람(지원 요청 후 사망한 사람 포함)는 의료지원을 받을 수 있습니다(「긴급복지지원법」 제9조제1항제1호나목 및 「긴급복지지원법 시행령」 제3조제1항).

2-2-2. 지원방법

① 긴급지원대상자는 다음의 어느 하나에 해당하는 의료기관 또는 약국에서 검사 및 치료 등의 의료서비스를 제공받을 수 있습니다(「긴급복지지원법 시행령」 제3조제2항).

    1. 「의료법」에 따라 개설된 의료기관

    2. 「지방의료원의 설립 및 운영에 관한 법률」에 따라 설치된 지방의료원

    3. 「지역보건법」에 따라 설립된 보건소·보건의료원 및 보건지소

    4. 「농어촌 등 보건의료를 위한 특별조치법」에 따라 설치된 보건진료소

    5. 「약사법」에 따라 등록된 약국

② 시장(「제주특별자치도 설치 및 국제자유도시 조성을 위한 특별법」 제11조제2항에 따른 행정시장을 포함)·군수·자치구의 구청장은 「국민건강보험법」 및 「의료급여법」에 따른 본인부담금 등을 고려하여 보건복지부장관이 정하여 고시하는 금액의 범위에서 의료서비스 제공에 소요되는 금액을 해당 의료서비스를 제공한 의료기관 등에게 지급해야 합니다(「긴급복지지원법 시행령」 제3조제3항).

③ 300만원의 범위에서 지원합니다.

2-2-3. 지원 횟수

① 의료지원은 위기상황의 원인이 되는 질병 또는 부상을 검사·치료하기 위한 범위에서 1회 실시합니다(「긴급복지지원법」 제10조제2항).

② 1회의 의료지원에도 불구하고 위기상황이 계속되는 경우에는 긴급지원심의위원회의 심의를 거쳐 1회의 추가 지원을 받을 수 있습니다(「긴급복지지원법」 제10조제3항 전단).

③ 지원횟수는 총 2회를 초과할 수 없습니다(「긴급복지지원법」 제10조제3항 후단).

법령해설 - 보건소지원 사업과의 관계

■ **질의**

[1] 보건소 지원 대상이 되는 경우 접수 하지 않고 보건소에 연계해야 하는가?

[2] 보건소에서 이미 지원받은 금액만을 확인하고 현재 입원으로 지원받을 수 있는 금액은 고려하지 않아도 되는지?

■ **회답**

[1] 암환자, 희귀난치성 질환자의 경우에도 접수를 하고 긴급지원담당자는 의료비 발생 정도를 파악하여 암환자(소아·성인)의료비지원, 희귀난치성 질환자 의료비지원사업에 따른 연간 지원한도에서 의료비가 발생되는 경우에는 보건소에서 지원받을 수 있도록 안내합니다.

암환자(소아·성인) 의료비지원, 희귀난치성 질환자 의료비지원사업에 따른 연간 지원한도액을 초과하여 의료비가 발생되는 경우에는 초과되는 금액에 대해 긴급지원을 실시하고 지원한도액 부분은 보건소에서 지원받을 수 있도록 안내합니다.

※ 예시) 암환자 의료비지원 대상이 되는 자(수급자)가 긴급지원을 신청하여 신청접수 하였는데 퇴원 시에 의료비가 급여 20만원, 비급여 300만원 청구되었다면 이 환자는 보건소에서 급여 20만원과 비급여 100만원은 지원받을 수 있으므로 긴급지원 상한액 300만원 중 보건소지원액 120만원을 제외한 180만원을 지원하면 됩니다.

※ 보건소 지원금액: 의료급여는 지원개시일부터 연간 220만원(본인 본인부담금 120만원, 비급여 100만원), 3년간 660만원까지 지원 가능합니다. 건강보험은 확진일로부터 연간 200만원(급여 본인부담금 200만원), 3년간 600만원까지 지원이 가능합니다.

[2] 보건소로부터 지원개시일(의료급여) 또는 확진일(건강보험)부터 이미 지원받은 금액과 현재 입원으로 보건소에서 지원받을 수 있는 상한액을 포함하여 300만원을 초과하지 않는 범위에서 지원합니다.

■ **질의**

[1] 수급자는 수술이나 중환자실을 이용하는 경우에만 지원 가능한가?

[2] 차상위 의료급여환자는 기초생활보장 수급자와 달리 수술이나 중환자실 이용 등이 아니어도 지원가능한가?

■ **회답**

〔1〕 수술이나 중환자실을 이용할 만큼 질병의 정도가 심하여 의료비가 많이 나오는 경우에 지원하라는 뜻으로 수술을 하지 않고 중환자실을 이용하지 않더라도 단기간에 의료비가 많이 발생하는 시술을 한 경우에도 지원 가능합니다.

〔2〕 차상위 의료급여환자도 의료급여의 혜택을 받고 있으므로 기초생활보장수급자와 같이 수술이나 중환자실 이용 등의 경우만 지원 결정해야 합니다.

2-3. 주거지원

2-3-1. 지원내용

① 긴급지원대상자로서 시장(「제주특별자치도 설치 및 국제자유도시 조성을 위한 특별법」 제11조제2항에 따른 행정시장을 포함. 이하 같음)·군수·구청장으로(자치구의 구청장을 말함. 이하 같음)부터 임시거소의 제공 또는 주거비 지원이 필요하다고 인정되는 자는 임시거소를 제공받을 수 있습니다. 다만, 임시거소를 제공하는 것이 곤란한 경우에는 거소확보에 소요되는 비용을 지급받을 수 있습니다(「긴급복지지원법 시행령」 제4조제2항).

② 시장·군수·구청장은 임시거소 중 국가 또는 지방자치단체 소유가 아닌 임시거소를 제공하는 경우에는 지역 등을 고려하여 보건복지부장관이 정하여 고시하는 기준에 따라 임시거소의 제공에 소요되는 비용을 해당 임시거소의 소유자 또는 관리자에게 지급해야 합니다(「긴급복지지원법 시행령」 제4조제3항).

③ 주거지원의 한도액은 다음과 같이 지역별 가구구성원 수에 따라 다릅니다.

(원/월)

가구 구성원 수	1 ~ 2명	3 ~ 4명	5 ~ 6명
대 도 시	387,200	643,200	848,600
중 소 도 시	290,300	422,900	557,400
농 어 촌	183,400	243,200	320,300

※ 가구 구성원이 7명 이상이면 1명 증가할 때마다 대도시 102,300원, 중소도시 67,000원, 농어촌 38,300원씩 추가 지급

2-3-2. 지원기간

① 주거지원은 1개월간 지원합니다. 다만, 시장·군수·구청장이 긴급지원대상자의 위기상황이 계속된다고 판단하는 경우에는1개월씩 두 번의 범위에서 기간을 연장할 수 있습니다(「긴급복지지원법」 제10조제1항).

② 시장·군수·구청장은 1개월씩 두 번의 연장 지원에도 불구하고 위기상황이 계속되는 경우에는 긴급지원심의위원회의 심의를 거쳐 추가 지원할 수 있습니다. 그 지원기간을 합하여 총 12개월을 초과할 수 없습니다(「긴급복지지원법」 제10조제3항).

2-3-3. 압류 등의 금지

① 「긴급복지지원법」에 따라 긴급지원대상자에게 지급되는 금전 또는 현물은 압류할 수 없습니다(「긴급복지지원법」 제18조제1항).

② 긴급지원수급계좌의 긴급지원금과 이에 관한 채권은 압류할 수 없습니다(「긴급복지지원법」 제18조제2항).

③ 긴급지원대상자는 「긴급복지지원법」에 따라 지급되는 금전 또는 현물을 생계유지 등의 목적 외 다른 용도로 사용하기 위해 양도하거나 담보로 제공할 수 없습니다 (「긴급복지지원법」 제18조제3항).

■ 보장시설이란 무엇입니까?

Q 보장시설이란 무엇입니까?

A ① 기초생활보장의 급여는 수급자의 주거에서 행하는 것이 원칙이며, 다만, 수급자가 주거가 없거나 숙식을 제공하는 시설에서 생활하기를 원하는 경우에는 보장기관이 해당 수급자에 대한 급여지급 업무를 사회복지사업법에 의한 사회복지시설에 위탁할 수 있게 되어 있는 데, 이와 같이 급여지급 업무를 위탁받은 시설을 보장시설이라고 합니다.

② 국민기초생활보장법에서는 보건복지부장관과 시·도지사는 수급자를 각각 국가 또는 당해 지방자치단체가 운영하는 보장시설에 입소하게 하거나 다른 보장시설에 위탁하여 급여를 행할 수 있도록 하고 있습니다.(법 제19조제2항)

③ 보장시설의 범위는 국민기초생활보장법 제32조, 시행령 제38조에 명시되어

있습니다.
2-4. 사회복지시설의 이용지원
2-4-1. 지원대상자
긴급지원대상자로서 위기상황 중 어느 하나(「긴급복지지원법」 제2조)에 해당하여 사회복지시설에서 제공하는 서비스가 필요하다고 인정되는 사람은 사회복지시설에 입소하거나 그 서비스를 제공받거나 또는 이에 필요한 비용을 지원 받을 수 있습니다(「긴급복지지원법」 제9조제1항제1호라목 및 「긴급복지지원법 시행령」 제5조제1항).

2-4-2. 지원방법
① 시장(「제주특별자치도 설치 및 국제자유도시 조성을 위한 특별법」 제11조제2항에 따른 행정시장을 포함. 이하 같음)·군수·구청장(자치구의 구청장을 말함. 이하 같음)은 사회복지시설 이용지원을 할 때 관할 사회복지시설의 장에게 지원을 요청할 수 있습니다(「긴급복지지원법」 제9조제3항 전단).

② 시장·군수·구청장은 긴급지원대상자가 사회복지시설에 입소하거나 사회복지시설을 이용하게 하고, 시설 입소자 수 또는 이용자 수 등을 고려하여 보건복지부장관이 정하여 고시하는 금액의 범위에서 사회복지시설의 입소 또는 이용에 소요되는 비용을 해당 사회복지시설을 운영하는 자에게 지급해야 합니다. 다만, 사회복지시설을 운영하는 자에게 지급하는 것이 적절하지 않다고 판단되는 경우에는 사회복지시설의 이용에 소요되는 금액을 긴급지원대상자에게 지급할 수 있습니다(「긴급복지지원법 시행령」 제5조제2항).

2-4-3. 지원기준
사회복지시설 이용지원의 기준은 다음과 같습니다.

단위 (원/월)

입소자 수	1명	2명	3명	4명	5명	6명
지원금액	535,900	914,200	1,182,900	1,450,500	1,719,200	1,987,700

※ 입소자가 7명 이상이면 1명 증가할 때마다 278,000원씩 추가 지급사회복지시설의 이용지원의 기준

2-4-4. 지원기간
① 지원요청을 받은 사회복지시설의 장은 정당한 사유가 없는 한 해당 시설의 입소기

준에 불구하고 긴급지원대상자가 1개월의 기간 해당 시설을 이용할 수 있도록 조치해야 합니다. 다만, 시장·군수·구청장이 긴급지원대상자의 위기상황이 계속된다고 판단하는 경우에는 1개월씩 두 번의 범위에서 기간을 연장할 수 있습니다(「긴급복지지원법」 제9조제3항 후단 및 제10조제1항).

② 시장·군수·구청장은 1개월씩 두 번의 연장 지원에도 불구하고 위기상황이 계속되는 경우에는 긴급지원심의위원회의 심의를 거쳐 추가 지원할 수 있습니다. 지원기간을 모두 합하여 총 6개월을 초과할 수 없습니다(「긴급복지지원법」 제10조제3항).

2-4-5. 압류 등의 금지

① 「긴급복지지원법」에 따라 긴급지원대상자에게 지급되는 금전 또는 현물은 압류할 수 없습니다(「긴급복지지원법」 제18조제1항).

② 긴급지원수급계좌의 긴급지원금과 이에 관한 채권은 압류할 수 없습니다(「긴급복지지원법」 제18조제2항).

③ 긴급지원대상자는 「긴급복지지원법」에 따라 지급되는 금전 또는 현물을 생계유지 등의 목적 외 다른 용도로 사용하기 위해 양도하거나 담보로 제공할 수 없습니다(「긴급복지지원법」 제18조제3항).

2-5. 교육지원

2-5-1. 교육지원의 개념

'교육지원'이란 시장(「제주특별자치도 설치 및 국제자유도시 조성을 위한 특별법」 제11조제2항에 따른 행정시장을 포함. 이하 같음)·군수·구청장(자치구의 구청장을 말함. 이하 같음)이 초·중·고등학생의 수업료, 입학금, 학교운영지원비 및 학용품비 등 필요한 비용을 지원하는 것을 말합니다(「긴급복지지원법」 제6조 및 제9조).

2-5-2. 지원대상자

① 긴급지원대상자로서 다음의 어느 하나에 해당하는 학교 또는 시설에 입학하거나 재학 중인 사람 중 위기상황에 해당하는 사유(「긴급복지지원법」 제2조)로 교육비 지원이 필요하다고 인정되는 사람은 교육지원을 받을 수 있습니다(「긴급복지지원법」 제9조제1항제1호마목 및 「긴급복지지원법 시행령」 제5조의2제1항).

　1. 초등학교·공민학교(「초·중등교육법」 제2조제1호)

　2. 중학교·고등공민학교(「초·중등교육법」 제2조제2호)

　3. 고등학교·고등기술학교(「초·중등교육법」 제2조제3호)

4. 특수학교(초등학교·중학교·고등학교 과정만 해당, 「초·중등교육법」 제2조 제4호)

5. 각종학교로서 위의 1.부터 3.까지의 학교와 유사한 학교(「초·중등교육법」제2조제5호)

6. 학교형태의 평생교육시설(초등학교·중학교·고등학교의 학력이 인정되는 시설만 해당, 「평생교육법」 제31조)

② 「재해구호법」, 「국민기초생활 보장법」, 「의료급여법」, 「사회복지사업법」, 「가정폭력방지 및 피해자보호 등에 관한 법률」, 「성폭력방지 및 피해자보호 등에 관한 법률」 등 다른 법률에 따라 「긴급복지지원법」에 따른 지원 내용과 동일한 내용의 구호·보호 또는 지원을 받고 있는 경우에는 「긴급복지지원법」에 따른 지원을 하지 않습니다(「긴급복지지원법」 제3조제2항).

③ 국가 또는 지방자치단체 등으로부터 교육지원을 받고 있는 사람은 지원대상에서 제외됩니다.

2-5-3. 지원금액

지원금액은 다음과 같습니다.

(원/분기)

구분	초등학생	중학생	고등학생
지원금액	221,600	352,700	432,200원 및 수업료(해당 학교장이 고지한 금액)·입학금(해당 학교장이 고지한 금액)

2-5-4. 지원기간

① 시장·군수·구청장은 학비를 지원하는 경우 1년을 4분기로 나누어 분기에 따라 신청일이 속하는 해당 분기분을 지급해야 합니다(「긴급복지지원법 시행령」 제5조의2 제5항 및 「긴급복지지원법 시행규칙」 제2조의5).

1. 제1분기: 3월 1일 부터 5월 31일까지

2. 제2분기: 6월 1일 부터 8월 31일까지

3. 제3분기: 9월 1일 부터 11월 30일까지

4. 제4분기: 12월 1일 부터 그 다음해의 2월 말일까지

② 지원은 한 번 실시하며, 그럼에도 불구하고 위기상황이 계속되는 경우 긴급지원심의위원회의 심의를 거쳐 연장할 수 있으며, 최초의 지원횟수를 합하여 총 네 번을 초과해서는 안 됩니다(「긴급복지지원법」 제10조제2항·제3항).

2-5-4. 금전이나 물품으로 지원

① 교육지원은 금전이나 물품으로 지급받을 수 있습니다(「긴급복지지원법 시행령」 제5조의2제2항).

② 금전을 지급받는 경우에 긴급지원대상자는 해당 금액을 금융기관이나 체신관서에 개설된 본인의 계좌를 통해 받을 수 있습니다. 다만, 긴급지원대상자가 금융기관이나 체신관서가 없는 지역에 거주하는 등 부득이한 사유가 있는 경우에는 해당 금액을 현금으로 직접 지급받을 수 있습니다(「긴급복지지원법 시행령」 제5조의2제3항).

③ 교육지원은 금전으로 지급받는 것이 원칙이지만, 교육지원의 목적을 달성하기 위하여 부득이한 경우에는 시장·군수·구청장이 직접 수업료 등을 납부하거나 학용품 등을 현물로 지급받을 수 있습니다(「긴급복지지원법 시행령」 제5조의2제4항).

2-5-5. 압류 등의 금지

① 「긴급복지지원법」에 따라 긴급지원대상자에게 지급되는 금전 또는 현물은 압류할 수 없습니다(「긴급복지지원법」 제18조제1항).

② 긴급지원수급계좌의 긴급지원금과 이에 관한 채권은 압류할 수 없습니다(「긴급복지지원법」 제18조제2항).

③ 긴급지원대상자는 「긴급복지지원법」에 따라 지급되는 금전 또는 현물을 생계유지 등의 목적 외 다른 용도로 사용하기 위해 양도하거나 담보로 제공할 수 없습니다(「긴급복지지원법」 제18조제3항).

2-6. 난방비 등 지원

2-6-1. 지원대상자

긴급지원(주급여)을 받는 가구 중 그 밖의 지원이 필요하다고 인정되는 사람입니다.

2-6-2. 지원내용

① 난방비 등 그 밖의 지원의 종류는 연료비·해산비·장제비 및 전기요금 등 입니다(「긴급복지지원법 시행령」 제6조제1항).

② 긴급지원대상자는 시장(「제주특별자치도 설치 및 국제자유도시 조성을 위한 특별법」 제11조제2항에 따른 행정시장을 포함. 이하 같음)·군수·구청장(자치구의 구청장을 말함. 이하 같음)이 보건복지부장관이 정하여 고시하는 금액의 범위에서 지원금을 긴급지원대상자에게 지급해야 합니다. 다만, 지원의 성격상 현금을 지급하는 것이 적절하지 않다고 판단되는 경우에는 긴급지원대상자에게 현물을 제공할 수 있습니다(「긴급복지지원법 시행령」 제6조제2항).

2-6-3. 지원의 종류

지원의 종류는 다음과 같습니다.

1. 동절기(10월 ~ 3월) 연료비 지원
2. 해산비: 조산(助産) 및 분만 후의 필요한 조치와 보호를 위한 지원
3. 장제비: 장례에 소요되는 비용, 긴급지원대상자가 사망한 경우 사체의 검안·운반·화장 또는 매장 그 밖의 장제조치를 행하는데 필요한 비용
4. 전기요금: 긴급지원 주급여(생계·주거) 대상자의 연체된 전기요금(재공급수수료 포함). 다만, 다음의 어느 하나에 해당하는 경우에는 전기요금 지원대상에서 제외됩니다.
   - 비주택용, 공업용, 소매상 용도의 전기를 사용하는 경우
   - 1가구 최대 50만원 이상 연체자(다만, 50만원 이상 연체자가 전기요금 일부를 납부하고 50만원 미만의 고지서를 제출하는 경우에는 지원 가능)

2-6-4. 지원의 기준

지원기준은 다음과 같습니다.

(원/월)

지원 종류	연료비	해산비	장제비	전기 요금
지원 금액(원/월)	98,000	600,000	750,000	500,000 이내

※ 「산업재해보상보험법」 제71조 등 다른 법률에 따라 장제비를 지급받은 자는 그 금액을 차감하여 지급받습니다.

2-6-5. 지원기간

① 연료비 지원은 1개월간 지원합니다. 다만, 시장·군수·구청장이 긴급지원대상자의 위기상황이 계속된다고 판단하는 경우에는 1개월씩 두 번의 범위에서 기간을 연장할 수 있습니다(「긴급복지지원법」 제10조제1항).
② 시장·군수·구청장은 연장 지원에도 불구하고 위기상황이 계속되는 경우 긴급지원심의위원회의 심의를 거쳐 추가 지원할 수 있습니다. 지원기간을 합하여 총 6개월의 범위에서 지원을 연장할 수 있습니다(「긴급복지지원법」 제10조제3항).
③ 장제비·해산비·전기요금은 1회 지원합니다.

2-6-6. 지원절차

① 연료비

원칙적으로 연료비는 대상자 명의의 금융기관 등 계좌로 입금되며, 주급여 지원이 종료되면 연료비 지원도 함께 종료됩니다. 또한, 주급여가 계속 지원되더라도 동절기(10월~3월)가 끝나면 연료비 지원이 종료됩니다.

현물제공 시 연료를 제공한 자는 해당 비용을 서식에 따라 시장·군수·구청장에게 청구 → 시장·군수·구청장은 지체 없이 해당 비용을 연료를 제공한 사람에게 지급합니다.

② 장제비

긴급지원대상자는 서식에 따라 장제비지원신청서를 시장·군수·구청장에게 제출 → 시장·군수·구청장은 지체 없이 장제비를 긴급지원대상자에게 지급합니다.

③ 해산비

긴급지원대상자는 서식에 따라 해산비지원신청서를 시장·군수·구청장에게 제출 → 시장·군수·구청장은 지체 없이 해산비를 긴급지원대상자에게 지급합니다. 사산의 경우 의사·한의사 또는 조산사의 사실확인서나 사산의 사실을 증명할 수 있는 이웃 주민의 확인서를 첨부하여 신청해야 합니다.

④ 전기요금

긴급지원대상자는 서식에 따라 전기요금지원신청서(전기요금 고지서 첨부)를 시장·군수·구청장에게 제출 → 시장·군수·구청장은 지체 없이 전기요금을 고지서 발급기관에 지급합니다.

2-6-7. 압류 등의 금지

① 「긴급복지지원법」에 따라 긴급지원대상자에게 지급되는 금전 또는 현물은 압류할 수 없습니다(「긴급복지지원법」 제18조제1항).

② 긴급지원수급계좌의 긴급지원금과 이에 관한 채권은 압류할 수 없습니다(「긴급복지지원법」 제18조제2항).

③ 긴급지원대상자는 「긴급복지지원법」에 따라 지급되는 금전 또는 현물을 생계유지 등의 목적 외 다른 용도로 사용하기 위해 양도하거나 담보로 제공할 수 없습니다(「긴급복지지원법」 제18조제3항).

3. 민간기관 등을 통한 연계 지원

3-1. 민간기관·단체와의 연계 등의 지원

① 「대한적십자사 조직법」에 따른 대한적십자사, 「사회복지공동모금회법」에 따른 사회복지공동모금회 등의 사회복지기관·단체로 연계하여 지원합니다(「긴급복지지원법」 제9조제1항제2호가목).

② 상담·정보제공 등 그 밖의 지원을 합니다(「긴급복지지원법」 제9조제1항제2호나목).

③ 담당 공무원 또는 보건복지부 콜센터를 통해 상담을 하고 정보를 제공받을 수 있습니다.

3-2. 긴급지원 후 민간기관·단체와의 연계를 통한 지원

국가 및 지방자치단체는 「긴급복지지원법」에 따른 지원 후에도 위기상황이 해소되지 않아 계속 지원이 필요한 것으로 판단되는 사람이 다른 법률에 따른 구호·보호 또는 지원을 받을 수 있도록 노력을 해야 하며, 이것이 어렵다고 판단되는 경우에는 민간기관·단체와의 연계를 통해 구호·보호 또는 지원을 받을 수 있도록 노력해야 합니다(「긴급복지지원법」 제4조제2항·제3항).

긴급지원대상자는 어떻게 관리하나요?

제3장 긴급지원대상자는 어떻게 관리하나요?

1. 사후조사

1-1. 사후조사

① 시장(「제주특별자치도 설치 및 국제자유도시 조성을 위한 특별법」 제11조제2항에 따른 행정시장을 포함. 이하 같음)·군수·구청장(자치구의 구청장을 말함. 이하 같음)은 지원을 받았거나 받고 있는 긴급지원대상자에 대해 다음의 기준에 따라 긴급지원이 적정한지를 조사해야 합니다(「긴급복지지원법」 제13조제1항 및 「긴급복지지원법 시행령」 제7조제2항).

   1. 소득이 「국민기초생활 보장법」 제2조제11호에 따른 기준 중위소득의 100분의 75 이하일 것

   2. 재산의 합계액이 대도시 188,000천원, 중소도시 118,000천원, 농어촌 101,000천원 이하일 것

② 시장·군수·구청장은 조사를 위해 금융·국세·지방세·건강보험·국민연금 및 고용보험 등 관련 전산망을 이용하려는 경우에 해당 법률이 정하는 바에 따라 관계 기관의 장에게 협조를 요청할 수 있습니다. 이 경우 관계 기관의 장은 정당한 사유가 없는 한 이에 따라야 합니다(「긴급복지지원법」 제13조제2항).

③ 긴급지원사업을 담당하는 공무원 또는 공무원이었던 자는 조사를 통해 얻은 정보와 자료를 「긴급복지지원법」이 정한 지원 목적 외 다른 용도로 사용하거나 다른 사람 또는 기관에 제공해서는 안 됩니다(「긴급복지지원법」 제13조제7항).

④ 이를 위반한 사람은 3년 이하의 징역 또는 3천만원 이하의 벌금에 처해집니다(「긴급복지지원법」 제19조).

1-2. 사후조사의 시기 및 기준

1-2-1. 사후조사의 시기

시장·군수·구청장은 지원 결정일부터 1개월 이내에 사후조사를 완료해야 합니다. 다만, 사후조사 중 금융에 관한 조사의 경우에는 그러하지 않습니다(「긴급복지지원법」 제13조제1항 및 「긴급복지지원법 시행령」 제7조제1항).

1-2-2. 사후조사의 기준

① 소득이 「국민기초생활 보장법」 제2조제11호에 따른 기준 중위소득의 100분의 75 이하일 것(「긴급복지지원법」 제13조제1항 및 「긴급복지지원법 시행령」 제7조제2항제1호)

② 기준 중위소득은 「통계법」 제27조에 따라 통계청이 공표하는 통계자료의 가구 경상소득(근로소득, 사업소득, 재산소득, 이전소득을 합산한 소득을 말함)의 중간값에 최근 가구소득 평균 증가율, 가구규모에 따른 소득수준의 차이 등을 반영하여 가구규모별로 산정합니다(「국민기초생활 보장법」 제6조의2제1항).

③ 2019년 기준 중위소득은 다음과 같습니다.

구분	1인가구	2인가구	3인가구	4인가구	5인가구	6인가구	7인가구
금액 (원/월)	1,707,008	2,906,528	3,760,032	4,613,536	5,467,040	6,320,544	7,174,048

※ 8인이상 가구의 기준 중위소득: 1인 증가시마다 853,504원씩 증가(8인가구: 8,027,552원)

④ 재산의 합계액이 다음의 금액 이하일 것

지역 구분	대도시	중소도시	농어촌
재산의 합계액	188,000천원	118,000천원	101,000천원

1-2-3. 소득의 범위

① 근로소득

1. 근로의 제공으로 얻는 소득입니다(「긴급복지지원법 시행규칙」 제7조제 1항제1호 본문).

2. 「소득세법」에 따라 비과세되는 근로소득은 제외하되, 다음의 급여는 근로소득에 포함합니다(「긴급복지지원법 시행규칙」 제7조제1항제1호 단서).

– 생산직 및 그 관련 직에 종사하는 근로자로서 급여 수준 및 직종 등을 고려하여 근로자가 연장근로·야간근로 또는 휴일근로를 하여 받는 급여(「소득세법」 제12조제3호더목)

– 국외 또는 「남북교류협력에 관한 법률」에 따른 북한지역(이하 '국외 등'이라 함)에서 근로를 제공(원양어업 선박 또는 국외등을 항행하는 선박이나 항공기에서 근로를 제공하는 것을 포함)하고 받는 보수 중 월 100만원[원양어업 선박, 국외 등을 항행하는 선박 또는 국외 등의 건설현장 등에서 근로(설계 및 감리업무를 포함)를 제공하고 받는 보수의 경우에는 월 300만원] 이내의 금액

(「소득세법 시행령」 제16조제1항제1호)

② 사업소득(「긴급복지지원법 시행규칙」 제7조제1항제2호)

   1. 농업소득: 경종업(耕種業), 과수·원예업, 양잠업, 종묘업, 특수작물생산 업, 가축의 사육업, 종축업 또는 부화업과 이에 부수하는 업무에서 얻는 소득

   2. 임업소득: 영림업·임산물생산업 또는 야생조수 사육업과 이에 부수하는 업무에서 얻는 소득

   3. 어업소득: 어업과 이에 부수하는 업무에서 얻는 소득

   4. 그 밖의 사업소득: 도매업·소매업·제조업 그 밖의 사업에서 얻는 소득

③ 재산소득(「긴급복지지원법 시행규칙」 제7조제1항제3호)

   1. 임대소득: 부동산·동산·권리 그 밖의 재산의 대여로 발생하는 소득

   2. 이자소득: 예금·주식·채권의 이자와 배당 또는 할인에 따라서 발생하는 소득

   3. 연금소득: 「소득세법」 제20조의3제1항제2호에 따라 발생하는 연금과 「보험업법」 제4조제1항제1호나목에 따라 발생하는 연금보험(퇴직보험 포함)에서 발생하는 소득

④ 그 밖의 소득(「긴급복지지원법 시행규칙」 제7조제1항제4호)

  정기적으로 지급되는 각종 수당, 연금, 급여, 보조금 및 그 밖의 금품

⑤ 다음의 어느 하나에 해당하는 금품은 이를 소득으로 보지 않습니다(「긴급복지지원법 시행규칙」 제7조제2항).

   1. 퇴직금·현상금·보상금 등 정기적으로 지급되는 것으로 볼 수 없는 금품

   2. 보육·교육 그 밖에 이와 유사한 성질의 서비스 이용을 전제로 제공받는 보육료·학자금 그 밖에 이와 유사한 금품

1-2-4. 재산의 범위

① 일반재산(「긴급복지지원법 시행령」 제7조제2항제2호 및 「긴급복지지원법 시행규칙」 제8조제1항제1호)

   1. 토지·건축물 및 주택(「지방세법」 제104조제1호부터 제3호까지). 다만, 종중재산·마을공동재산 그 밖에 이에 준하는 공동의 목적으로 사용하는 재산은 제외

   2. 선박 및 항공기(「지방세법」 제104조제4호 및 제5호)

   3. 자동차(「지방세법」 제124조)

   4. 주택·상가 등에 대한 임차보증금(전세금 포함)

   5. 100만원 이상의 가축, 종묘(種苗) 등 100만원 이상의 동산(장애인 재활보조기구 등 보건복지부장관이 정하는 동산은 제외) 및 입목(「지방세법」 제6조제11호)

6. 회원권(「지방세법」 제6조제14호부터 제17호까지)

7. 조합원입주권(「소득세법」 제89조제2항)

8. 건물이 완성되는 때에 그 건물과 이에 부수되는 토지를 취득할 수 있는 권리(조합원입주권은 제외)

9. 어업권(「지방세법」 제6조제13호)

② 금융재산(「긴급복지지원법 시행규칙」 제8조제1항제2호)

1. 현금 또는 수표, 어음, 주식 및 국·공채 등 유가증권

2. 예금·적금·부금 및 수익증권 등

③ 주택청약종합저축(「주택법」 제56조)과 보험(「보험업법」 제4조제1항 각 호)

④ 재산의 가액(價額)은 조사일을 기준으로 다음의 구분에 따른 방법에 따라 산정한 가액으로 합니다. 다만, 재산의 가액을 산정하기 어려운 경우에는 해당 재산의 종류 및 거래상환 등을 고려하여 보건복지부장관이 정하는 바에 따라 산정한 가액으로 합니다(「긴급복지지원법 시행규칙」 제8조제3항).

1. 토지, 건축물 및 주택: 시가표준액(「지방세법」 제10조제2항 단서) 등을 고려하여 보건복지부장관이 정하는 가액

2. 선박 및 항공기: 시가표준액(「지방세법」 제10조제2항 단서) 등을 고려하여 보건복지부장관이 정하는 가액

3. 자동차: 차종·정원·적재정량·제조연도별 제조가격(수입하는 경우는 수입가격) 및 거래가격 등을 참작하여 보건복지부장관이 정하는 가액

4. 주택·상가 등에 대한 임차보증금(전세금을 포함): 임대차 계약서상의 보증금 및 전세금

5. 100만원 이상의 가축, 종묘 등 동산: 동산은 조사일 현재의 시가, 입목은 시가표준액(「지방세법 시행령」 제4조제1항제5호)

6. 회원권: 시가표준액(「지방세법 시행령」 제4조제1항제9호)

7. 조합원입주권: 다음 구분에 따른 금액

 ⓐ 청산금을 납부한 경우: 관리처분계획(「도시 및 주거환경정비법」 제74조)에 따라 정해진 가격(이하 '기존건물평가액'이라 함)과 납부한 청산금을 합한 금액

 ⓑ 청산금을 지급받은 경우: 기존건물평가액에서 지급받은 청산금을 차감한 금액

8. 건물이 완성되는 때에 그 건물과 그에 딸린 토지를 취득할 수 있는 권리(위 7.에 따른 조합원입주권은 제외): 조사일 현재까지 납입한 금액

9. 어업권: 시가표준액(「지방세법 시행령」 제4조제1항제8호)

10. 금융재산: 금융재산별 가액(「긴급복지지원법 시행령」 제1조의3제1항 및 제3항)

⑤ 임대보증금 및 금융기관 융자금 그 밖에 보건복지부장관이 정하여 고시하는 부채는 재산액수에서 차감합니다(「긴급복지지원법 시행규칙」제8조제2항).

법령용어해설

※ **부채**

부채란 금융기관 대출금, 금융기관 외 대출금 등으로 차용된 금액 중 미상환액을 말합니다.

(원칙)

① 공적자료를 통해 조회된 부채는 성격을 구분하지 않고 조회결과대로 적용하며, 공적자료 외의 부채는 객관적인 증빙이 있거나 용도를 확인하여 사용처가 명백히 입증된 경우에 전액 공제합니다.

② 사채의 경우에는 공증을 받은 서류, 매월 이자지급 통장 사본 등 객관적으로 인정될 수 있는 범위에서 예외적으로 인정이 가능합니다.

(부채 인정 시 유의사항)

① 금융기관 또는 금융기관 외의 융자금, 공증된 사채 등으로 주택매입, 전세자금, 생계유지를 위한 사업자금이나 의료비, 학비 등에 사용한 것이 명백한 경우에는 그 차용한 금액 중 미상환액을 부채로 인정합니다.

② 부채를 얻어 타인에게 다시 빌려주는 등 생계유지를 위한 목적으로 사용하지 않은 경우, 사용처를 구체적으로 입증하지 못하는 경우 또는 재산가액을 줄이고자 고의적으로 얻은 부채는 차감하지 않습니다.

③ 임대보증금의 전부나 일부를 주택구입 자금 부채상환 등으로 이미 지출한 것으로 입증되고 남은 잔액은 금융재산으로 보유하고 있는 경우 금융재산으로 산정하고, 지출한 것으로 입증된 금액은 부채로 처리합니다.

④ 임대보증금 전액을 금융재산으로 보유하고 있는 경우 금융재산으로 산정함과 동시에 부채로 처리합니다.

⑤ 임대보증금 사용처를 입증하지 못한 경우 임대보증금으로 산정함과 동시에 임대보증금 상환액으로 처리됩니다.

⑥ 임대보증금 전액을 잔금으로 상환한 경우 부채로 처리됩니다.

⑦ 다음과 같은 경우 부채로 인정되지 않습니다.

1. 연대보증인으로 표기된 경우(신청인이 주채무자인 경우에만 인정됨)
2. 저당권·질권이 설정된 경우의 담보 설정액(실제대출금을 부채로 인정함)
3. 한도대출(일명, 마이너스 대출)
4. 카드론(신용카드회사에서 제공하는 단기간의 신용대출) 및 단기간(1년 이내)의 어음할인에 의한 대출

1-3. 긴급지원의 적정성 심사 기관

① 다음의 사항을 심의·의결하기 위해 시·군·구에 긴급지원심의위원회를 둡니다(「긴급복지지원법」 제12조제1항).

　1. 긴급지원연장 결정(「긴급복지지원법」 제10조제3항)

　2. 긴급지원의 적정성 심사(「긴급복지지원법」 제14조제1항)

　3. 긴급지원의 중단 또는 지원비용의 환수 결정(「긴급복지지원법」 제15조제 1항)

　4. 그 밖에 긴급지원심의위원회의 위원장이 부치는 사항

② 긴급지원심의위원회는 시장·군수·구청장이 한 사후조사 결과를 참고하여 긴급지원의 적정성을 심사합니다(「긴급복지지원법」 제14조제1항).

③ 긴급지원심의위원회는 긴급지원대상자가 「국민기초생활 보장법」 또는 「의료급여법」에 따라서 수급권자로 결정된 경우에는 긴급지원의 적정성 심사를 하지 않을 수 있습니다(「긴급복지지원법」 제14조제2항).

④ 시장·군수·구청장은 긴급지원의 적정성 심사결과 긴급지원대상자에 대한 지원이 적정하지 않은 것으로 결정된 경우에도 담당 공무원의 고의 또는 중대한 과실이 없는 한 이를 이유로 그 공무원에 대하여 불리한 처분이나 대우를 해서는 안 됩니다(「긴급복지지원법」 제14조제3항).

1-4. 적정성 심사절차

적정성 심사절차는 다음과 같습니다.

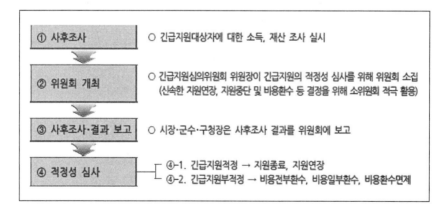

2. 지원연장 및 지원중단

2-1. 긴급지원의 연장

2-1-1. 지원연장

생계지원·주거지원·사회복지시설 이용 지원, 교육지원 및 그 밖의 지원은 1개월간 지원합니다. 다만, 시장(「제주특별자치도 설치 및 국제자유도시 조성을 위한 특별법」 제11조제2항에 따른 행정시장을 포함. 이하 같음)·군수·구청장(자치구의 구청장을 말함. 이하 같음)이 긴급지원대상자의 위기상황이 계속된다고 판단되는 경우에는 1개월씩 두 번의 범위에서 기간을 연장할 수 있습니다(「긴급복지지원법」 제10조제1항).

2-1-2. 지원연장 결정

시장·군수·구청장은 긴급지원대상자에 대한 지원기간을 연장하려는 경우에는 지원기간이 끝나기 3일 전까지 연장 여부를 결정해야 하고, 지원연장을 결정한 때에는 지원연장 기간 및 지원 내용 그 밖에 지원에 관하여 필요한 사항을 긴급지원대상자에게 지체 없이 알려야 합니다(「긴급복지지원법」 제10조제1항 단서 및 「긴급복지지원법 시행규칙」 제3조).

2-2. 긴급지원의 추가연장

① 시장·군수·구청장은 지원연장 후 긴급지원대상자의 위기상황이 계속되어 추가적으로 지원하기 위해서는 긴급지원심의위원회의 심의를 거쳐 지원을 연장할 수 있습니다(「긴급복지지원법」 제10조제3항 전단).

② 시장·군수·구청장은 위기상황이 계속되는 긴급지원대상자에 대해 지원연장이 필요한 사유, 지원연장기간 및 지원내용 등을 적어 긴급지원심의위원회의 심의에 부쳐야 합니다(「긴급복지지원법」 제10조제3항 전단 및 「긴급복지지원법 시행규칙」 제4조제1항).

③ 긴급지원심의위원회는 심의를 요청한 긴급지원대상자의 지원연장에 대해 지원기간이 종료되기 3일 전까지 심의를 마쳐야 합니다(「긴급복지지원법 시행규칙」 제4조제2항).

④ 시장·군수·구청장은 지원연장을 하기로 결정한 긴급지원대상자에게 지원연장 기간 및 지원 내용 그 밖에 지원에 관하여 필요한 사항을 지체 없이 통지해야 합니다(「긴급복지지원법 시행규칙」 제4조제3항).

2-3. 연장의 기간

2-3-1. 연장의 기간

① 생계지원·사회복지시설의 지원, 주거지원 및 그 밖의 지원 긴급지원의 기간은 1개월입니다(「긴급복지지원법」 제10조제1항 본문).

② 시장·군수·구청장이 긴급지원대상자의 위기상황이 계속된다고 판단하는 경우에는 1개월씩 두 번의 범위에서 기간을 연장할 수 있습니다(「긴급복지지원법」 제10조제1항 단서).

③ 1개월의 연장 지원에도 불구하고 위기상황이 계속되는 경우에는 긴급지원심의위원회의 심의를 거쳐 추가 지원할 수 있습니다(「긴급복지지원법」 제10조제3항 전단).

④ 지원기간은 전부 합하여 총 6개월을 초과해서는 안 됩니다. 다만 주거지원의 경우에는 12개월을 초과해서는 안됩니다(「긴급복지지원법」 제10조제3항 후단).

2-3-2. 의료지원 및 교육지원

① 의료지원은 위기상황의 원인이 되는 질병 또는 부상을 검사·치료하기 위한 범위에서 1회 실시하며, 교육지원도 1회 실시합니다(「긴급복지지원법」 제10조제2항).

② 1회의 의료지원에도 불구하고 위기상황이 계속되는 경우에는 긴급지원심의위원회의 심의를 거쳐 추가 지원할 수 있습니다(「긴급복지지원법」 제10조제3항 전단).

③ 지원 횟수를 합하여 의료지원은 총 2회를 초과할 수 없으며, 교육지원은 총4회를 초과할 수 없습니다(「긴급복지지원법」 제10조제3항 후단).

■ 수급자로 보호를 받다가 보장이 중지된 경우 다시 수급신청을 할 수 있나요?

Q 수급자로 보호를 받다가 보장이 중지되었는데 다시 수급신청을 할 수 있나요?

A ① 보장기관은 수급자가 수급자에 대한 급여의 전부 또는 일부가 필요없게 된 때 또는 수급자가 급여의 전부 또는 일부를 거부한 때에 보장을 중지할 수 있으며, ② 수급자의 생활수준이 수급자 선정기준을 초과한 때, 부양능력 있는 부양의무자의 부양사실이 확인된 경우, 교정시설입소 및 군 입대 등 가구원의 변동이 발생하였을 때에는 보장이 중지될 수 있습니다. ③ 위의 사유로 보장이 중지된 수급권자의 소득·재산의 변동, 부양의무자의 부양능력 상실 등으로 다시 보호가 필요한 경우에는 주소지 관할 읍면동에 수급자 신청을 하실 수 있으며, 보장기관은 소득·재산조사, 부양의무자 조사를 통해 자격여부를 확인하여 수급자로 보장결정을 할 수 있습니다.

2-4. 지원중단 및 비용환수

2-4-1. 거짓 그 밖의 부정한 방법으로 지원을 받은 경우

시장(「제주특별자치도 설치 및 국제자유도시 조성을 위한 특별법」 제11조제2항에 따른 행정시장을 포함. 이하 같음)·군수·구청장(자치구의 구청장을 말함. 이하 같음)은 긴급지원의 적정성 심사결과 거짓 그 밖의 부정한 방법으로 지원을 받은 것으로 결정된 사람에게는 긴급지원심의위원회의 결정에 따라 지체 없이 지원을 중단하고 지원한 비용의 전부 또는 일부를 반환하게 해야 합니다(「긴급복지지원법」 제15조제1항).

2-4-2. 긴급지원이 적정하지 않은 경우

시장·군수·구청장은 긴급지원의 적정성 심사결과 긴급지원이 적정하지 않은 것으로 결정된 사람에게는 지원을 중단하고 지원한 비용의 전부 또는 일부를 반환하게 할 수 있습니다(「긴급복지지원법」 제15조제2항).

2-4-3. 지원기준을 초과하여 지원받은 자의 경우

시장·군수·구청장은 지원기준을 초과하여 지원받은 사람에게는 그 초과 지원 상당분을 반환하게 할 수 있습니다(「긴급복지지원법」 제15조제3항).

2-5. 비용환수절차

비용환수 절차는 다음과 같습니다.

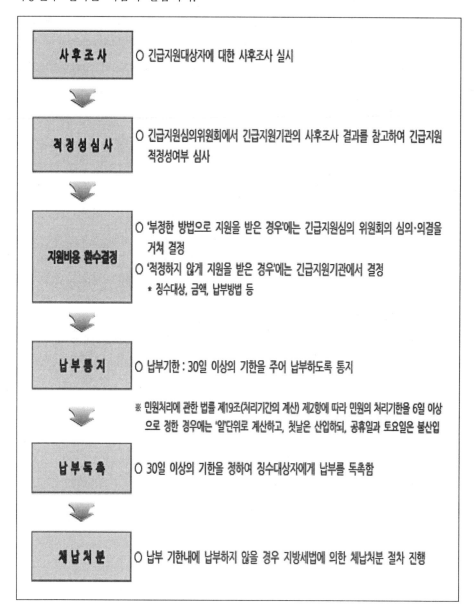

2-6. 징수

시장·군수·구청장은 반환명령에 따르지 않는 사람에게는 지방세 체납처분의 예에 따라 이를 징수합니다(「긴급복지지원법」 제15조제4항).

3. 사후연계

3-1. 국가 및 지방자치단체의 책무

3-1-1. 국가 및 지방자치단체의 책무

① 국가 및 지방자치단체는 위기상황에 처한 사람을 찾아내어 최대한 신속하게 필요한 지원을 하도록 노력해야 하며, 긴급지원의 지원대상 및 소득 또는 재산 기준, 지원 종류·내용·절차와 그 밖에 필요한 사항 등 긴급지원사업에 관해 적극적으로 안내해야 합니다(「긴급복지지원법」 제4조제1항).

② 국가 및 지방자치단체는 「긴급복지지원법」에 따른 지원 후에도 위기상황이 해소되지 않아 계속 지원이 필요한 것으로 판단되는 사람에게 다른 법률에 따른 구호·보호 또는 지원을 받을 수 있도록 노력해야 합니다(「긴급복지지원법」 제4조제2항).

③ 국가 및 지방자치단체는 구호·보호 또는 지원이 어렵다고 판단되는 경우에는 민간 기관·단체와의 연계를 통하여 구호·보호 또는 지원을 받을 수 있도록 노력해야 합니다(「긴급복지지원법」 제4조제3항).

3-1-2. 위기상황의 발굴

① 국가 및 지방자치단체는 위기상황에 처한 사람에 대한 발굴조사를 연 1회 이상 정기적으로 실시해야 합니다(「긴급복지지원법」 제7조의2제1항).

② 국가 및 지방자치단체는 위기상황의 정기 발굴조사 또는 수시 발굴조사를 위해 필요한 경우 관계 기관·법인·단체 등의 장에게 자료의 제출, 위기상황에 처한 사람의 거주지 등 현장조사 시 소속 직원의 동행 등 협조를 요청할 수 있습니다(「긴급복지지원법」 제7조의2제2항).

③ 국가 및 지방자치단체는 위기상황에 처한 사람에 대한 발굴체계의 운영실태를 정기적으로 점검하고 개선방안을 수립해야 합니다(「긴급복지지원법」 제7조의2제3항).

3-2. 국민기초생활보장제도 등 기존 공공부조제도로의 연계

① 시장(「제주특별자치도 설치 및 국제자유도시 조성을 위한 특별법」 제11조제2항에 따른 행정시장을 포함. 이하 같음)·군수·자치구의 구청장은 긴급지원대상자가 긴급지원을 받았거나 또는 받고 있는 중이라도 국민기초생활보장 수급선정조건에 충족한다고 판단되는 경우에 국민기초생활보장 수급 신청을 하도록 하거나, 직권으로 수급 신청을 해야 합니다.

② 긴급지원을 받고 있는 중에 「국민기초생활 보장법」의 수급자로 선정되면 긴급지원은 중단됨을 원칙으로 합니다(「긴급복지지원법」 제3조제2항).

■ **긴급지원을 받았지만 생활이 나아지지 않는 경우 다른 지원을 받을 수 있나요?**

Q 긴급지원을 받았지만 생활이 나아지지 않아요. 다른 지원을 받을 수 있나요?

A 긴급지원을 받았거나 또는 받고 있는 중이라도 국민기초생활보장 수급선정조건에 충족하면 국민기초생활보장 수급 신청을 할 수 있으며, 시장·군수·구청장이 직권으로 수급 신청을 하기도 합니다.

◇ 공공부조제도로의 연계

① 시장·군수·구청장은 긴급지원대상자가 긴급지원을 받았거나 또는 받고 있는 중이라도 국민기초생활보장 수급선정조건에 충족한다고 판단되는 경우에 국민기초생활보장 수급 신청을 하도록 하거나, 직권으로 수급 신청을 해야 합니다.

② 다만, 긴급지원을 받고 있는 중에 「국민기초생활 보장법」의 수급자로 선정되면 긴급지원은 원칙적으로 중단됩니다.

3-3. 이의신청 등

3-3-1. 이의신청 방법

① 비용의 반환명령에 이의가 있는 사람은 그 처분을 고지받은 날부터 30일 이내에 해당 시장(「제주특별자치도 설치 및 국제자유도시 조성을 위한 특별법」 제11조제2항에 따른 행정시장을 포함. 이하 같음)·군수·구청장(자치구의 구청장을 말함. 이하 같음)을 거쳐 특별시장·광역시장·도지사(이하 "시·도지사"라 함)에게 서면으로 이의신청 할 수 있습니다(「긴급복지지원법」 제16조제1항).

② 시·도지사는 이의신청을 받은 때에는 15일 이내에 이를 검토하여 처분이 위법·부당하다고 인정되는 경우에는 그 밖의 필요한 조치를 취할 수 있습니다(「긴급복지지원법」 제16조제2항).

3-3-2. 시장·군수·구청장의 이의신청 처리

① 이의신청을 접수한 시장·군수·구청장은 10일 이내에 이의신청에 대한 의견서와 관계 서류를 첨부하여 시·도지사에게 보내야 합니다.

② 다만, 다음의 경우에는 관계 서류를 첨부하여 보낼 필요가 없습니다.

1. 이의신청 접수 후 10일 이내에 신청인이 신청취하를 한 경우

2. 긴급지원기관이 신청에 이유가 있다고 인정하여 신청취지에 따르는 처분이나 확인

을 하고 신청인에 통지하여 이의신청취하동의서를 받은 경우(이 경우 신청인에 대
한 그 통지는 새로운 처분으로 봄)

3-3-3. 시·도지사의 이의신청에 대한 처분

① 이의신청서를 받은 시·도지사는 필요한 경우 지체 없이 소속 관계공무원으로 하여
금 현장조사를 하도록 하고 현장조사서를 작성하게 해야 합니다.

② 소속 관계공무원은 현장조사 시, 사전에 방문 목적을 설명하고 필요한 증빙서류
등을 준비하도록 안내해야 합니다.

③ 이의신청서를 받은 때로부터 15일 이내에 시정 그 밖에 필요한 조치를 해야 합니다.

④ 이의신청의 대상보다 신청인에게 불이익한 처분을 하지 못합니다.

⑤ 이의신청에 대한 처분 등의 통지서에는 그 내용과 이유를 명시해야 합니다.

⑥ 처분 등을 한 때에는 지체 없이 이의신청인과 해당 시장·군수·구청장에게 서면으
로 통지해야 합니다.

3-4. 불이익처분에 대한 구제절차

① 긴급복지지원 신청 등을 한 후 그 선정결과에 대해 이의가 있는 사람은 행정심판
을 청구하거나 행정소송을 제기할 수 있습니다(「행정심판법」 제23조 및 「행정소송
법」 제18조 참조).

② 대상처분 예시

1. 지원신청 거부
2. 지원연장신청 거부
3. 긴급지원금 반환 명령 등

■ **수급자 신청을 하였는데 보장부적합 판정을 받았을 경우 이의신청을 하려고 하는데 어떻게 하는지요?**

Q 수급자 신청을 하였는데 보장부적합 판정을 받았습니다. 이의신청을 하려고 하는데 어떻게 하는지 알려주시기 바랍니다.

A ① 수급자나 급여 또는 급여변경의 신청을 한 자는 그 결정의 통지를 받은 날부터 60일 이내에 시장·군수·구청장의 처분에 대하여 이의가 있는 경우에는 당해 보장기관을 거쳐 시·도지사에게 서면 또는 구두로 이의를 신청할 수 있습니다. 이 경우 구두로 이의신청을 접수한 보장기관의 공무원은 이의신청서를 작성할 수 있도록 협조하여야 합니다. 이의신청을 접수한 시장·군수·구청장은 10일 이내에 이의신청에 대한 의견서와 관계서류를 첨부하여 시·도지사에게 송부하여 이의신청을 처리합니다.

② 시도지사는 이의신청에 대한 처분 등은 송부받은 때로부터 30일 이내에 각하 또는 기각하거나, 처분을 변경 또는 취소하거나 기타 필요한 급여를 명하여야 하며, 시·도지사의 처분에 대하여 다시 이의가 있을 경우 통지를 받은 날로부터 60일 이내에 시·도지사를 거쳐 보건복지부장관에게 이의신청을 할 수 있음을 알려드립니다.

■ 화재사고로 모든 것을 잃었습니다. "긴급지원"이라는 것이 있다던데 어떤 경우에 받을 수 있나요?

Q 화재사고로 모든 것을 잃었습니다. "긴급지원"이라는 것이 있다던데 어떤 경우에 받을 수 있나요?

A 국가는 생계곤란 등의 위기상황에 처하여 도움이 필요한 사람 또는 그와 생계 및 주거를 같이 하고 있는 가구 구성원에게 「긴급복지지원법」에 따라 일시적으로 신속하게 지원합니다.

◇ 긴급지원을 위한 위기상황의 사유

① 주소득자(主所得者)가 사망, 가출, 행방불명, 구금시설에 수용되는 등의 사유로 소득을 상실한 경우

② 중한 질병 또는 부상을 당한 경우

③ 가구 구성원으로부터 버려지거나 학대 등을 당한 경우

④ 가정폭력을 당하여 가구 구성원과 함께 원만한 가정생활이 곤란하거나 가구 구성원으로부터 성폭력을 당한 경우

⑤ 화재 또는 자연재해 등으로 인해 거주하는 주택 또는 건물에서 생활하기 곤란하게 된 경우

⑥ 주소득자 또는 부소득자(副所得者)의 휴업, 폐업 또는 사업장의 화재 등으로 인하여 실질적인 영업이 곤란하게 된 경우

⑦ 주소득자 또는 부소득자의 실직으로 소득을 상실한 경우

⑧ 가구원의 보호, 양육, 간호 등의 사유로 소득활동이 미미한 경우 등 자방자치단체의 조례로 정한 사유가 발생한 경우

⑨ 그 밖에 「위기상황으로 인정하는 사유」에서 정하는 사유가 발생한 경우

Q 긴급지원은 어떠한 방법으로 지원해주는 것인가요?

A 긴급지원에는 금전이나 현물로 지원하는 생계지원, 의료지원, 주거지원, 사회복지시설 이용지원, 교육지원 등이 있으며, 그 밖에 민간기관이나 단체에서 연계로 상담이나 정보제공 등의 지원도 하고 있습니다.

◇ 금전 또는 현물지원

① 생계지원: 식료품비, 의복비 등 1개월 생계유지비

② 의료지원: 각종 검사, 치료 등 의료서비스 지원(본인 부담금 및 비급여 항목)

③ 주거지원: 국가·지방자치단체 소유 임시거소 또는 타인 소유의 임시거소 3개월 제공

④ 사회복지시설 이용지원: 사회복지시설 입소 또는 이용서비스 3개월 제공

⑤ 교육지원: 초·중·고등학생의 수업료, 입학금, 학교운영지원비 및 학용품비 등 필요한 비용을 분기 단위로 해당 분기분 1회 지원

⑥ 그 밖의 위기사유 발생으로 생계유지가 곤란한 가구에 대해 난방비, 해산비, 장제비, 전기요금 등을 지원

◇ 민간기관·단체 연계지원 등

사회복지공동모금회, 대한적십자사 등 민간의 긴급지원프로그램으로 연계하거나 상담·정보제공 등 그 밖의 지원

Q 긴급지원은 어떠한 절차로 진행되나요?

A 긴급지원은 ① 지원요청 및 신고, ② 현장확인, ③ 지원결정 및 실시, ④ 사후조사, ⑤ 적정성 심사, ⑥ 지원중단 또는 환수의 절차로 진행됩니다.

◇ 지원요청 및 신고

긴급지원대상자와 친족 그 밖의 관계인은 말 또는 서면 등으로 관할 시·군·구청에 지원을 요청할 수 있으며, 누구든지 긴급지원대상자를 발견한 경우에는 관할 시·군·구청에 그 사실을 신고해야 합니다.

◇ 현장확인 및 지원결정

① 시장·군수·구청장은 지원요청 또는 신고가 있거나 위기상황에 처한 자를 찾아낸 경우 이를 확인하여 지체 없이 지원의 종류 및 내용을 결정하여 지원을 해야 합니다.

② 긴급지원은 1개월 지원을 원칙으로 하지만, 긴급지원대상자의 위기상황이 계속된다고 판단하는 경우에는 1개월씩 2번의 범위에서 기간을 연장할 수 있습니다.

③ 시장·군수·구청장은 지원연장 후 긴급지원대상자의 위기상황이 계속되어 추가적으로 지원하기 위해서는 긴급지원심의위원회의 심의를 거쳐 지원을 연장할 수 있습니다.

◇ 사후조사 및 적정성 심사

① 시장·군수·구청장은 지원을 받았거나 받고 있는 긴급지원대상자에 대해 긴급지원이 기준에 적정한지를 조사해야 합니다.

② 긴급지원심의위원회는 시장·군수·구청장이 한 사후조사결과를 참고하여 긴급지원의 적정성을 심사합니다.

◇ 지원중단 및 비용반환

시장·군수·구청장은 심사결과 거짓이나 그 밖의 부정한 방법으로 지원을 받은 것으로 결정되거나, 긴급지원이 적정하지 않은 것으로 결정되면 긴급지원심의위원회의 결정에 따라 지체 없이 지원을 중단하고 지원한 비용의 전부 또는 일부를 반환하게 해야 합니다.

■ 긴급지원을 받았지만 생활이 나아지지 않아요. 다른 지원을 받을 수 있나요?

Q 긴급지원을 받았지만 생활이 나아지지 않아요. 다른 지원을 받을 수 있나요?

A 긴급지원을 받았거나 또는 받고 있는 중이라도 국민기초생활보장 수급선정조건에 충족하면 국민기초생활보장 수급 신청을 할 수 있으며, 시장·군수·구청장이 직권으로 수급 신청을 하기도 합니다.

◇ 공공부조제도로의 연계

① 시장·군수·구청장은 긴급지원대상자가 긴급지원을 받았거나 또는 받고 있는 중이라도 국민기초생활보장 수급선정조건에 충족한다고 판단되는 경우에 국민기초생활보장 수급 신청을 하도록 하거나, 직권으로 수급 신청을 해야 합니다.

② 다만, 긴급지원을 받고 있는 중에 「국민기초생활 보장법」의 수급자로 선정되면 긴급지원은 원칙적으로 중단됩니다.

1인 가구에는 어떤 복지가
지원되나요?

제4장 1인 가구에는 어떤 복지가 지원되나요?

1. 1인 가구

1-1. 1인 가구의 의의

① 현재 우리나라의 1인 가구의 수가 500만에 이르며 국내 1인 가구 비중은 1990년 9% 에서 2010년 23.9%로 크게 늘어 대한민국 네 가구 중 한 가구가 1인 가구입니다.

② 이에 따라 급증하고 있는 1인 가구의 유형별·세대별 주거, 안전, 건강, 재정, 여가 등과 관련한 법령 정보 및 지원정책 등을 소개합니다.

1-2. 1인 가구 지원

1-2-1. 주거 지원

① 한국토지주택공사 및 SH공사는 행복주택, 원룸형 임대주택, 청년협동조합 공공주택, 희망하우징, 두레주택, 대학생 전세임대 등 1인 가구를 위한 주택을 공급·지원하고 있습니다.

② 정부는 무주택 서민층의 주거안정을 위해 국민주택기금으로 전세자금 및 보금자리 마련에 필요한 자금을 대출해 주고 있습니다.

③ 독립적인 주거생활을 하는 데 지장이 없는 60세 이상의 사람은 노인복지주택에 입소할 수 있습니다.

1-2-2. 안전 지원

① "성범죄자 알림e"는 해당 읍, 면, 동을 검색해 지역별로 거주하는 성범죄자의 신상정보(성명, 사진, 나이, 주소 및 실제 거주시, 신체정보 등)뿐만 아니라 성범죄 예방과 피해자 지원 안내 정보를 제공하고 있습니다.

② 저녁취약시간(평일 밤 10시 ~ 새벽 2시)에 여성과 학생의 안전한 귀가를 위해 여성·학생 안전귀가 지원 서비스를 제공하고 있습니다.

③ 1인 가구 여성들이 많이 거주하고 있는 다가구·다세대 주택가와 원룸촌을 중심으로 무인택배보관함을 운영하고 있어 낯선 사람을 직접 대면하지 않고 택배를 받을 수 있습니다.

④ 위급한 상황에서 휴대폰, 스마트폰을 이용한 신고를 통해 신속하게 112신고 센터(또는 보호자)에 긴급상황과 신고자 위치정보를 제공하는 'SOS 국민안심 서비스'가 있습니다.

⑤ 서울시는 24시 편의점을 '여성 안심지킴이 집'으로 지정하여 여성이 위급한 상황에
는 편의점으로 긴급 대피할 수 있도록 지원하고 있습니다.

1-2-3. 건강검진 등 지원

① 국민건강보험공단은 국민건강보험 가입자 및 피부양자의 질병을 조기에 발견하고
그에 따른 요양급여를 하기 위하여 건강검진의 기회를 무료로 지원(2년에 1회)하
고 있습니다.

② 홀로 사는 노인의 생활실태 및 복지욕구를 파악하고 정기적인 안전확인, 보건·복
지서비스 연계 및 조정, 생활교육 등을 제공하여 독거노인에 대한 종합적인 사회
안전망을 구축하기 위해 노인돌봄기본서비스를 제공하고 있습니다.

1-2-4. 재정 지원

① 집을 소유하고 있지만 소득이 부족한 어르신들이 매달 안정적인 수입을 받으실 수
있도록 집을 담보로 맡기고 평생 동안 생활비를 받는 주택담보노후연금을 이용할
수 있습니다.

② 고용노동부는 여성 일자리(여성새로일하기센터, 여성인재아카데미 등 운영), 청년 일
자리(청년취업아카데미, 취업인턴제, 창직인턴제 등 운영), 노인 일자리(고령자 고용
정보센터, 노인일자리사업, 고령자 고용연장 지원 등 운영)를 지원하고 있습니다.

③ 정부는 "기초생활보장제도"를 통해 생활이 어려운 사람에게 필요한 급여를 실시해
이들의 최저생활을 보장하고 자활을 돕고 있습니다.

④ 고령이나 노인성 질병 등의 사유로 일상생활을 혼자서 수행하기 어려운 노인 등에
게 신체활동 또는 가사활동 지원 등의 장기요양급여를 제공하고 있습니다.

1-2-5. 여가 지원

65세 또는 60세 이상의 노인들이 여가를 즐기고 친목도모·취미생활 등을 할 수
있는 시설로 노인복지관, 경로당 및 노인교실을 운영하고 있습니다.

2. 주거지원

2-1. 주택 유형 선택

2-1-1. 분양

① 민간분양

민간분양은 국가기관이나 공기업이 아닌 민간기업인 주택건설사업자가 주택을 건설해 분양하는 것을 말하는데, 각 건설사 홈페이지나 포털 사이트 등에서 분양 여부를 확인할 수 있습니다.

② 공공분양

공공분양은 국민주택기금으로부터 자금을 지원받아 85제곱미터 이하인 주택을 건설하거나 개량해 국가기관 또는 공사 등이 분양하는 것을 말하는데, 한국토지주택공사에서 보급하는 보금자리주택과 서울시 SH공사에서 보급하는 주택분양 등이 있습니다.

2-1-2. 분양 시 유의사항

① 분양계약과 다르게 지어진 경우

ⓐ 분양을 받은 아파트에 입주한 후에 분양계약과 다른 부분이 있는 경우에는 먼저 분양계약서의 내용을 확인해야 합니다.

ⓑ 분양계약서의 내용 외에 분양공고, 카탈로그, 모델하우스 및 분양광고 등의 내용도 경우에 따라서는 분양계약의 내용으로 인정될 수 있습니다.

ⓒ 아파트가 분양계약의 내용과 다르게 지어진 경우 분양계약자는 계약을 해제하거나 그 사업주체로부터 대금감액, 손해배상을 받을 수 있습니다(「민법」 제574조 및 제572조제1항).

② 분양광고가 허위·과장광고인 경우

ⓐ 아파트 분양광고가 허위·과장된 내용일 경우 사기에 의한 의사표시로써 분양계약을 취소할 수 있습니다(「민법」 제110조제1항).

ⓑ 계약을 취소한 경우에는 처음부터 무효이므로, 이미 지급한 대금을 반환받을 수 있습니다(「민법」 제141조).

2-2. 매매

2-2-1. 매매

"부동산 매매"란 토지와 그 정착물을 뜻하는 부동산의 매도인과 매수인이 그 소유권의 변동을 목적으로 하는 매매계약을 체결·이행하고 소유권이전등기를 행하는 것을 말합니다.

2-2-2. 매매 시 유의사항

① 중개보수 확인하기

ⓐ 주택의 중개에 대한 보수는 매매·교환의 경우에는 거래금액의 0.9% 이내, 임대차 등의 경우에는 거래금액의 0.8% 이내에서 각 시·도의 조례로 정하고 있으며, 주택 외의 중개 대상물의 중개에 대한 보수는 거래금액의 0.9% 이내에서 중개의뢰인과 개업공인중개사가 서로 협의해 결정합니다(「공인중개사법」 제32조제4항 및 「공인중개사법 시행규칙」 제20조 제1항).

ⓑ 개업공인중개사는 어떤 명목으로도 정해진 중개보수나 실비를 초과하는 금품을 받을 수 없습니다(「공인중개사법」 제33조제3호).

② 부동산 거래 신고하기

ⓐ "부동산 거래 신고제도"란 부동산 매매계약을 체결한 후 실거래가격 보다 낮게 계약서를 작성하는 이중계약의 관행을 없애고 부동산 거래를 투명하게 하기 위해 실제 거래가격 등을 신고하게 하는 제도를 말합니다(「부동산 거래신고에 관한 법률」 제3조제1항 참조).

ⓑ 다음의 어느 하나에 해당하는 사람은 부동산 매매계약을 체결한 후 부동산거래계약 신고서를 부동산 소재지의 관할 시장·군수 또는 구청장에게 제출해 신고하거나 국토교통부 부동산거래관리시스템을 통해 신고해야 합니다(「부동산 거래신고에 관한 법률」 제3조제1항·제2항 및 「부동산 거래신고에 관한 법률 시행규칙」 별지 제1호 서식).

1) 직거래인 경우 : 매수인 및 매도인(공동으로 신고)

2) 중개거래인 경우 : 부동산 매매계약을 중개하고 계약서를 작성·교부한 중개업자

ⓒ 부동산 거래 신고는 거래계약의 체결일부터 60일 이내에 해야 합니다(「부동산 거래신고에 관한 법률」 제3조제1항 및 제2항).

③ 등기하기

ⓐ 부동산의 매매계약을 한 후 잔금을 지급하고 소유권 이전등기에 필요한 서류를 받아 완전히 계약이 성립된 날로부터 60일 이내에 소유권 이전등기를 신청해야 합니다(「부동산등기 특별조치법」 제2조제1항 본문).

ⓑ 신청인 또는 그 대리인이 등기소에 출석해 등기신청을 하거나 대한민국 법원 인터넷등기소를 이용해 신청할 수 있습니다.

④ 세금납부하기

ⓐ 부동산을 구입한 경우 취득세, 지방교육세 및 농어촌특별세 등의 세금을 내야 합니다.

> ※ 취득세이란?
>
> 부동산의 취득에 대하여 부동산 소재지의 특별시·광역시·도에서 부과하는 지방세를 말합니다(「지방세기본법」 제8조 및 「지방세법」 제3조, 제7조제1항, 제8조제1항제1호).
>
> ※ "지방교육세"란 지방교육의 질적 향상에 필요한 지방교육재정의 확충에 소요되는 재원을 확보하기 위해「지방세법」에 따라 취득세를 내야 하는 사람에게 함께 부과되는 세금을 말합니다(「지방세법」 제149조 및 제150조제1호).
>
> ※ "농어촌특별세"란 농어업의 경쟁력강화와 농어촌산업기반시설의 확충 및 농어촌지역 개발사업에 필요한 재원을 확보하기 위해 「지방세법」에 따라 취득세를 내야 하는 사람에게 함께 부과되는 세금을 말합니다(「농어촌특별세법」 제1조 및 제3조제5호).

ⓑ 취득세, 지방교육세 및 농어촌특별세는 취득세납부고지서에 모두 함께 기재됩니다.

ⓒ 취득세, 지방교육세 및 농어촌특별세는 시, 군, 구청 세무과를 방문해 취득세납부고지서를 발부받아 은행에서 납부하면 됩니다.

2-3. 경매

2-3-1. 경매

① 경매란 물건을 팔고자 하는 사람(매도인)이 물건을 사고자 하는 다수의 사람(매수희망인)에게 매수의 청약을 실시해서 그 중 가장 높은 가격으로 청약을 한 사람에게 물건을 매도하는 형태의 거래를 말합니다.

② 경매 부동산에 대한 정보는 법원게시판, 관보·공보 또는 신문이나 전자통신매체를 통해 수집할 수 있으며, 보다 상세한 사항은 법원에 비치된 매각물건명세서, 현황조사보고서 및 평가서 사본이나 인터넷 법원경매공고란에서 확인할 수 있습니다.

2-3-2. 경매를 할 경우 주의사항

① 권리관계 확인하기

ⓐ 경매를 받았는데 주택에 살고 있던 사람이 나가지 않겠다고 하거나(예를 들어, 유치권을 가진 사람), 전세권이 등기되어 있다는 사실을 알지 못하는 등 예상하지 못한 손해를 볼 수도 있습니다.

ⓑ 이런 위험들은 법원에 비치되어 있는 감정평가서만으로는 확인이 안 되므로 반드시 현장을 방문해서 확인해야 하며, 부동산등기부, 건축물대장, 토지대장 등을 모두 비교해 보고

정확한 권리관계를 파악한 후에 입찰을 해야 예방할 수 있습니다.

ⓒ 권리관계는 부동산 등기사항증명서를 발급받아 〈을구〉를 보면 소유권 이외에 저당권, 전세권, 지역권, 지상권 등에 관한 사항이 기재되어 있어 쉽게 확인할 수 있으니 꼭 확인해야 합니다.

※ 을구 보는 법

- 부동산등기기록의 을구는 다음과 같이 구성되어 있습니다.

【 을　구 】			(소유권 이외의 권리에 관한 사항)	
순위번호	등기목적	접　수	등기원인	권리자 및 기타사항
1	근저당권설정	2002년 4월 2일 제5845호	2002년 4월 1일 설정계약	채권최고액 금 200,000,000원 채무자 홍길동 　서울시 종로구 수송동 00-0 근저당권자 김갑남 XXXXXX-XXXXXXX 　서울시 종로구 원남동 0
2	전세권설정	2002년 6월 14일 제11854호	2002년 6월 12일 설정계약	전세금 100,000,000원 존속기간 2004년 6월 12일 전세권자 이을녀 XXXXXX-XXXXXXX 　서울시 종로구 수송동 000-00

· 순위번호: 등기한 순서대로 표시합니다. 이 란에 기재된 순위번호에 의해 갑구의 권리들 사이에 우선순위가 정해집니다.

· 등기목적: 등기의 내용을 알 수 있습니다.

· 접수: 등기신청서를 접수한 날짜와 신청서를 접수하면서 부여받은 접수번호를 알 수 있습니다.

· 등기원인: 등기의 원인 및 원인일자를 알 수 있습니다.

· 권리자 및 기타사항: 부동산의 권리자 등을 알 수 있습니다.

---

② 소유권방어를 위한 조치

ⓐ 법원의 매각허가결정이 선고된 이후 매각대금을 지급하기 전까지의 기간 동안 채무자, 소유자 또는 점유자가 해당 부동산을 훼손하는 등 가치를 감소시키는 행위를 하는 경우에 매수인은 그 부동산의 가치를 보존하기 위해 법원에 부동산 관리명령을 신청할 수 있습니다.

ⓑ "관리명령"이란 매수인 또는 채권자가 법원에 신청해서 매각허가가 결정된 뒤 인도할 때까지 관리인에게 부동산의 관리를 맡기는 것을 말합니다(「민사집행법」 제136조제2항).

ⓒ 매수인이 소유권을 취득했음에도 불구하고 채무자, 이전 소유자 또는 점유자가 해당 부동산에 대한 점유 등을 계속하고 있다면 예기치 못한 손해를 볼 수 있습니다. 이런 경우에 매수인은 법원에 부동산 인도명령을 신청하거나 명도소송을 제기해서 채무자·전소유자 또는 점유자로부터 그 부동산을 회복할 수 있습니다(「민사집행법」 제136조제1항 본문 참조).

■ 이사를 다니다 지쳐 내 집을 마련하려고 부동산 매매계약을 한 경우에는 부동산 거래 신고를 해야 한다고 하던데 어디에 신고해야 하나요?

Q 이사를 다니다 지쳐 내 집을 마련하려고 부동산 매매계약을 한 경우에는 부동산 거래 신고를 해야 한다고 하던데 어디에 신고해야 하나요?

A 매도인과 매수인은 매매계약의 체결일 60일 이내 매매대상 부동산 소재지의 관할 시장·군수 또는 구청장에게 신고하거나 국토교통부 부동산거래관리시스템 통해 부동산거래 신고를 해야 합니다. 부동산 중개업체를 통해 매매계약을 체결한 경우에는 부동산 중개업체가 신고를 해야 합니다.

◇ 부동산 거래 신고제도

① "부동산 거래 신고제도"란 부동산 또는 부동산을 취득할 수 있는 권리의 매매계약을 체결한 경우 실거래가격 보다 낮게 계약서를 작성하는 이중계약의 관행을 없애고 부동산 거래를 투명하게 하기 위해 실제 거래가격 등 일정한 사항을 신고하게 하는 제도를 말합니다.

② 다음의 어느 하나에 해당하는 사람은 부동산 매매계약을 체결한 후 부동산 거래계약 신고서를 부동산 소재지의 관할 시장·군수 또는 구청장에게 제출해 신고하거나 국토교통부 부동산거래관리시스템을 통해 신고해야 합니다.

1. 직거래인 경우 : 매수인 및 매도인(공동으로 신고)
2. 중개거래인 경우 : 부동산 매매계약을 중개하고 계약서를 작성·교부한 중개업자

③ 부동산 거래 신고는 거래계약의 체결일부터 60일 이내에 해야 합니다.

(관련판례)

상가나 아파트의 분양광고의 내용은 청약의 유인으로서의 성질을 갖는 데 불과한 것이 일반적이라 할 수 있다. 그런데 선분양·후시공의 방식으로 분양되는 대규모 아파트단지의 거래 사례에 있어서 분양계약서에는 동·호수·평형·입주예정일·대금지급방법과 시기 정도만이 기재되어 있고 분양계약의 목적물인 아파트 및 그 부대시설의 외형·재질·구조 및 실내장식 등에 관하여 구체적인 내용이 기재되어 있지 않은 경우가 있는바, 분양계약의 목적물인 아파트에 관한 외형·재질 등이 제대로 특정되지 않은 상태에서 체결된 분양계약은 그 자체로서 완결된 것이라고 보기 어렵다 할 것이므로, 비록 분양광고의 내용, 모델하우스의 조건 또는 그 무렵 분양회사가 수분양자에게 행한 설명 등이 비록 청약의 유인에 불과하다 할지라도 그러한 광고 내용이나 조건 또는 설명 중 구체적 거래조건, 즉 아파트의 외형·재질 등에 관한 것으로서 사회통념에 비추어 수분양자가 분양자에게 계약 내용으로서 이행을 청구할 수 있다고 보이는 사항에 관한 한 수분양자들은 이를 신뢰하고 분양계

약을 체결하는 것이고 분양자들도 이를 알고 있었다고 보아야 할 것이므로, 분양계약 시에 달리 이의를 유보하였다는 등의 특단의 사정이 없는 한, 분양자와 수분양자 사이에 이를 분양계약의 내용으로 하기로 하는 묵시적 합의가 있었다고 봄이 상당하다(대법원 2007. 6. 1. 선고 2005다5812 판결).

(관련판례)

주택건설사업주체의 입주자모집공고는 주택공급계약의 청약 그 자체라고는 할 수 없지만, 그 분양공고는 대량의 주택공급거래에서 불특정 다수의 수요자에게 주택공급계약의 내용을 일률적으로 미리 알리고 그 내용에 따른 주택공급청약을 하게 한 후 추첨을 거쳐 당첨자와 사이에 정형화된 주택공급계약을 체결하기 위한 절차로서, 사업주체로서는 당첨자와의 분양계약 체결 시에 특단의 사정이 없는 한 입주자모집공고와 같은 내용의 계약을 체결하게 되고, 한편 구 「주택공급에 관한 규칙」(1989. 3. 29. 건설부령 제447호로 개정되기 전의 것)은 사업주체가 작성하는 주택공급계약서에는 분양가격과 납부시기, 공급되는 주택면적(전용면적 및 공용면적)과 대지면적 등을 반드시 포함시키도록 규정하고 있으며, 아파트 분양계약서상 공유대지의 증가나 감소가 있을 경우 그에 대한 대금청구를 할 수 없다는 조항을 두고 있다면 이는 계약상의 일정한 공유대지면적을 전제하지 않고는 성립될 수 없는 조항이므로, 비록 아파트 분양계약서상의 공유대지 표기란이 공란이었다 하더라도 분양계약자들과 주택건설사업자는 해당 아파트에 대한 분양계약을 체결함에 있어서 공유대지면적에 관하여는 분양공고의 내용을 계약내용의 일부로 흡수시키기로 하는 묵시적인 합의가 있었다고 볼 것이다(대법원 1996. 12. 10. 선고 94다56098 판결).

3. 전세·월세

3-1. 타인 주택 이용 형태

3-1-1. 전세권

"전세권"이란 전세금을 지급하고 타인의 부동산을 점유하여 그 부동산의 용도에 좇아 사용·수익하며, 그 부동산 전부에 대해 후순위권리자 기타 채권자보다 전세금을 우선변제를 받을 수 있는 권리를 말합니다(「민법」 제303조).

3-1-2. 임대차

① "임대차"란 당사자 일방이 상대방에게 목적물을 사용, 수익하게 할 것을 약정하고 상대방이 이에 대해 차임을 지급할 것을 약정을 말하는데, 흔히 「민법」에 따른 전세권 설정등기 없이 행하는 일반적인 형태인 전세계약 및 월세계약이 여기에 포함됩니다(「민법」 제618조 참조).

② 특히, 주거용건물의 전부 또는 일부의 임대차를 주택임대차라고 하여 우리 법은 「주택임대차보호법」에 따라 임차인에 대하여 특별한 보호를 하고 있습니다(「주택임대차보호법」 제2조).

3-2. 타인 주택의 이용 시 유의사항

3-2-1. 계약 시 유의사항

① 계약 당사자 확인

ⓐ 주택임대차계약을 체결하려는 임차인은 반드시 계약상대방이 임차주택 등기부상의 소유자나 소유자의 대리인임을 확인하고 임대차계약을 체결해야 합니다.

ⓑ 주택의 소유자나 소유자의 대리인이 아닌 전대인(임차인)과 전대차계약을 체결하려는 경우에는 임대인의 동의 여부를 확인해야 합니다.

② 등기부의 확인 등

ⓐ 임대차계약 전 부동산등기부를 확인하고 부동산 소유자가 누구인지, 계약자가 집주인과 일치하는지를 확인해야 합니다.

ⓑ 계약 만료 후 임차보증금의 원활한 회수를 위하여 목적 부동산의 권리관계를 반드시 확인해야 합니다.

3-2-2. 임차료

① 차임의 지급

임차인은 임차주택의 사용·수익의 대가로 임대인에게 차임을 지급해야 합니다(「민법」 제618조).

② 차임의 연체와 해지

ⓐ 임대인은 임차인이 차임을 2회 이상 연체한 경우에는 임대차계약을 해지할 수 있습니다 (「민법」 제640조).

ⓑ 위 규정을 위반하는 약정으로서 임차인에게 불리한 것은 무효로 됩니다(「민법」 제652조).

3-2-3. 임차인의 월세 소득공제받기

① 소득공제의 대상은 다음의 요건을 갖추어야 합니다(「조세특례제한법」 제95조의2제1항).

1. 국민주택규모의 주택을 임차해 월세를 지급하고 있을 것

2. 과세기간 종료일(12월 31일) 현재 무주택 세대주일 것

3. 해당 과세기간의 총급여액이 7천만원 이하인 근로소득이 있는 근로자일 것

② 공제금액

ⓐ 과세기간 종료일 현재 주택을 소유하지 않은 세대의 세대주(세대주가 별도의 공제를 받지 않는 경우에는 세대의 구성원을 말함)로서 해당 과세기간의 총급여액이 7천만원 이하인 근로자(해당 과세기간에 종합소득과세표준을 계산할 때 합산하는 종합소득금액이 6천만원을 초과하는 사람 제외)가 월세액을 지급하는 경우에는 그 금액의 10%[해당 과세기간의 총급여액이 5천500만원 이하인 근로소득이 있는 근로자(해당 과세기간에 종합소득과세표준을 계산할 때 합산하는 종합소득금액이 4천만원을 초과하는 사람은 제외)의 경우에는 12%]에 해당하는 금액을 해당 과세기간의 종합소득산출세액에서 공제합니다(「조세특례제한법」 제95조의2제1항 본문).

ⓑ 다만, 해당 월세액이 750만원을 초과하는 경우 그 초과하는 금액은 없는 것으로 합니다 (「조세특례제한법」 제95조의2제1항 단서).

ⓒ 월세에 대한 공제는 해당 거주자가 대통령령으로 정하는 바에 따라 신청한 경우에 적용됩니다(「조세특례제한법」 제95조의2제2항).

■ 주택 월세에 대해 현금영수증을 받으려고 합니다. 임대사업자가 아닌 경우에도 현금영수증을 발급할 수 있나요? 임대인의 동의도 필요한가요?

Q 월세를 내고 살고 있는데 주택 월세에 대해 현금영수증을 받으려고 합니다. 임대사업자가 아닌 경우에도 현금영수증을 발급할 수 있나요? 임대인의 동의도 필요한가요?

A 아닙니다. 임대사업자가 아닌 임대인에 대한 현금영수증 발급도 가능합니다. 또한 임대인의 동의도 필요하지 않습니다.

주택 월세에 대해 현금영수증을 받는 방법은 2가지가 있습니다.

① 인터넷으로 신고하는 방법 : 국세청 홈페이지(www.nts.go.kr), 전자민원, 탈세신고센터, 현금영수증 발급거부·미가맹점과의 거래 등 신고 화면에서 현금거래 확인신청 신고서를 작성하고 임대차계약서를 스캔·첨부해 제출하면 됩니다.

② 우편이나 방문해서 신고하는 방법 : 현금거래 확인신청 신고서를 작성하고 임대차계약서 사본을 첨부해 가까운 세무관서에 제출하면 됩니다.

3-2-4. 보증금의 회수

① 임차권등기명령 신청

ⓐ 임대차가 끝난 후 보증금이 반환되지 않은 경우 임차인은 임차주택의 소재지를 관할하는 지방법원·지방법원지원 또는 시·군 법원에 임차권등기명령을 신청할 수 있습니다(「주택임대차보호법」 제3조의3제1항).

ⓑ "임차권등기명령제도"란 법원의 집행명령에 따른 등기를 마치면 임차인에게 대항력 및 우선변제권을 유지하게 하면서 임차주택에서 자유롭게 이사할 수 있게 하는 제도입니다.

② 소액임차인의 우선변제권

소액임차인은 비록 확정일자가 늦어 선순위로 변제를 받지 못하는 경우라도 임차주택에 대하여 선순위담보권자의 경매신청 등기 전에 대항력을 갖춘 경우에는 보증금 중 일정액을 다른 담보물권자보다 우선하여 변제받을 권리가 있습니다(「주택임대차보호법」 제3조제1항 및 제8조제1항).

3-2-5. 비용의 회수

① 유익비상환청구

임차인은 유익비(임대차관계로 임차주택을 사용·수익하던 중 그 객관적 가치를 증가시키기 위해 투입한 비용)를 지출한 경우 임대차 종료 시에 임대인에게 그 비용의 상환을 청구할 수 있습니다.

② 부속물매수청구권

임차인이 임차주택의 사용의 편익을 위하여 임대인의 동의를 얻어 그 주택에 부속한 물건이 있거나 임대인으로부터 매수한 부속물이 있는 때에는 임대차의 종료 시에 임대인에게 그 부속물의 매수를 청구할 수 있습니다(「민법」 제646조).

③ 장기수선충당금의 반환 청구

임차인이 아파트 등 공동주택을 사용·수익하는 동안에 납부한 장기수선충당금은 임대차 종료하는 때에 그 공동주택의 소유자에게 반환을 청구하여 돌려받을 수 있습니다.

Q 아이의 장애를 조기에 확인할 수 있는 방법이 궁금합니다.

A 시·도교육감(교육장)은 장애의 조기발견을 위해 관할 구역 어린이집·유치원 및 학교의 영유아 또는 학생을 대상으로 수시로 선별검사를 해야 합니다. 또한, 보호자 등은 장애를 가지고 있거나 장애를 가지고 있다고 의심되는 영유아 및 학생에 대해 진단·평가를 하고자 할 때에는 시·도교육감(교육장)에게 의뢰해야 합니다.

◇ 시·도교육감(교육장)의 영유아에 대한 장애 선별검사

① 시·도교육감(교육장)은 영유아의 장애 및 장애 가능성을 조기에 발견하기 위해 매년 1회 이상 지역주민과 관련 기관을 대상으로 홍보를 실시하고, 해당 지역 내 보건소와 병원 또는 의원(醫院)에서 선별검사를 무상으로 실시해야 합니다.

② 시·도교육감(교육장)은 장애의 조기발견을 위해 관할 구역의 어린이집·유치원 및 학교의 영유아 또는 학생을 대상으로 수시로 선별검사를 해야 합니다.

③ 시·도교육감(교육장)은 선별검사를 한 결과 장애가 의심되는 영유아 등을 발견한 경우에는 병원 또는 의원에서 영유아 등에 대한 장애 진단을 받도록 보호자에게 안내하고 상담을 해야 합니다.

◇ 보호자 등의 영유아 및 학생에 대한 장애 진단·평가의뢰

① 보호자 또는 각급학교의 장은 장애를 가지고 있거나 장애를 가지고 있다고 의심되는 영유아 및 학생을 발견하여 진단·평가를 의뢰하고자 하는 경우에는 진단·평가의뢰서를 작성하여 시·도교육감(교육장)에게 제출해야 합니다.

② 다만, 각급학교의 장이 진단·평가를 의뢰하는 경우에는 보호자의 사전 동의를 받아야 합니다.

③ 시·도교육감(교육장)은 진단·평가를 의뢰받은 경우 즉시 특수교육지원센터에 회부하여 진단·평가를 실시하고, 그 진단·평가의 결과를 해당 영유아 및 학생의 보호자에게 통보해야 합니다.

4. 주거지원

4-1. 주택공급 지원

4-1-1. 1인 가구를 위한 임대주택 지원

① 행복주택

ⓐ "행복주택"이란 사회초년생·대학생·독신자 등 1인 가구의 주거불안 해소를 위하여 대중
교통이 편리하고 직주근접이 가능한 부지를 활용하여 저렴하게 공급하는 새로운 공공임
대주택입니다.

ⓑ 공급대상

공급물량 중 80% 이상을 사회초년생, 대학생, 신혼부부 등 젊고 사회활동이 왕성한 계층
에 우선 공급합니다.

② 원룸형 임대주택(서울)

SH공사는 원룸형 주택을 건설하거나 매입해 저소득 1인 가구에게 임대하는 원룸
임대주택사업을 시행하고 있습니다.

– 신청자격

ⓐ 일반공급

1) 입주 신청일 현재 1인단독가구 무주택 세대주

2) 1순위: 도시근로자 월평균소득액의 50%이하 소득자

3) 2순위: 도시근로자 월평균소득액의 70%이하 소득자

ⓑ 우선공급

1) 입주자 모집일 현재 만 20세~40세미만의 중소제조업체 청년근로자(임원 제외)로써
중소제조업체에 6개월이상 근무한 자

2) 1순위, 2순위 기준은 위 일반공급기준과 동일함

3) 중소제조업체 기준 : 상시근로자수 300인미만 또는 자본금 80억이하의 중소제조업체
에 종사하는 근로자

4) 기초생활수급자인 자

③ 청년협동조합 공공주택(서울)

ⓐ 협동조합형 공공주택은 함께 어울려 살아가는 삶을 지향하는 청년 1인가구의 주거공간으
로 입주자들이 자발적으로 공동체를 형성하고 서로 돕고 의지하는 삶을 살아가는 것을
목적으로 합니다.

ⓑ 입주자들은 협동조합을 구성하여 주택을 유지·관리하고, 주택 내 공유공간을 활용하여 공
동체 유지 및 지역사회 활성화에 필요한 활동을 할 수 있습니다.

ⓒ 입주대상

자립 기반이 취약한 청년을 위해 제공되는 공공주택으로 만 19세 이상 만 35세 미만인
청년 1인 가구(대학생제외)를 입주 대상으로 합니다.

④ 희망하우징(서울)

   ⓐ "희망하우징"은 서울특별시 SH공사에서 매입, 건설한 다가구·다세대주택 및 원룸을 대학생 1인 가구에게 공급하는 주거시설입니다.

   ⓑ 신청자격

     입주자모집공고일 현재 서울시 소재 대학교(전문대포함. 지방캠퍼스 불가)에 재학중인 학생으로서 아래 신청자격 중 어느 하나에 해당하는 자

     1) 본인이 수급자이거나 수급자 자녀

     2) 아동복지시설 퇴거자

     3) 차상위계층 자녀: 차상위계층확인서를 발급 받을 수 있는 자

     4) 다가구 : 도시근로자 가구당 월평균소득 50% 이하 세대의 자녀

     5) 일부 지역 : 도시근로자 가구당 월평균소득 70% 이하 세대의 자녀

⑤ 두레주택(서울)

   ⓐ "두레주택"이란 주방 및 거실 등 주택의 일부를 건물 내 이웃 세대와 공유하면서 더불어 살아가는 분위기를 조성하여 지역공동체 활성화에 기여하고, 1인 가구 비율이 급격히 증가하는 세태에 맞추어 공공에서 주거환경관리사업 구역 내에 공급하는 새로운 유형의 수요자 맞춤형 임대주택(셰어하우스형 임대주택)입니다.

   ⓑ "셰어하우스"란 입주자의 거주공간과 생활공간을 분리한 형태로 취사, 휴식 등의 생활이 공동공간에서 이루어지도록 계획해 보다 공간을 효율적으로 사용하도록 한 주택유형을 말합니다.

4-1-2. 대학생 전세임대

① '대학생 전세임대'란 대학생 1인 가구의 주거안정을 위하여 입주대상자로 선정된 학생이 거주할 주택을 물색하면 LH에서 주택소유자와 전세계약을 체결한 후 재임대하는 사업입니다.

② 신청자격

   모집공고일 현재 타 시·군 출신 대학생

     1) (1순위) 기초생활수급자가구의 대학생

     2) (1순위) 보호대상 한부모 가족 가구의 대학생

     3) (1순위) 아동복지시설 퇴소자인 대학생

     4) (2순위) 당해 세대의 월평균소득이 전년도 도시근로자 가구당 월평균소 득의 50% 이하인 가구의 대학생

     5) (2순위) 장애인등록증 교부자 중 당해 세대의 월평균소득이 전년도 도시 근로자 가구당 월평균소득 이하인 가구의 대학생

     6) (3순위) 1순위 또는 2순위에 해당하지 않는 대학생

4-2. 주거자금 대출

4-2-1. 전세자금 대출

정부는 무주택 서민층의 주거안정을 위해 주택도시기금을 활용하여 다음의 전세 자금을 대출해 주고 있습니다.

1. 버팀목전세자금
2. 주거안정월세자금
3. 부도임대주택 퇴거자 전세자금

4-2-2. 구입자금 대출

정부는 무주택 서민층의 주거안정을 위해 주택도시기금으로 보금자리 마련에 필 요한 다음의 자금을 대출해 주고 있습니다.

1. 내집마련디딤돌대출
2. 수익공유형모기지
3. 손익공유형모기지
4. 주거안정주택구입자금
5. 오피스텔구입자금

■ 주택도시기금을 통해 시중금리보다 낮은 금리로 주택구입자금을 대출받을 수 있다고 하던데 어떤 상품이 있나요?

Q 집을 사고 싶은데 자금이 부족해 대출을 알아보고 있습니다. 주택도시기금을 통해 시중금리보다 낮은 금리로 주택구입자금을 대출받을 수 있다고 하던데 어떤 상품이 있나요?

A 주택구입자금대출상품으로는 내집마련디딤돌 대출, 수익공유형모기지, 손익공유형모기지, 주거안정주택구입자금, 오피스텔구입자금 대출이 있습니다. 각 상품별로 지원대상자, 대출대상주택, 대출가능금액, 대출금리 등이 다르므로 상품별 이용조건 등을 꼼꼼히 알아보셔야 합니다.

◇ 구입자금 대출

① 정부는 무주택 서민층의 주거안정을 위해 주택도시기금으로 보금자리 마련에 필요한 자금을 지원해 주고 있습니다.

② 주택도시기금을 활용한 대출의 종류는 다음과 같습니다.

1. 내집마련 디딤돌 대출
2. 수익공유형모기지
3. 손익공유형모기지
4. 주거안정주택구입자금
5. 오피스텔구입자금

4-3. 노년 1인 가구 지원

4-3-1. 노인복지주택

① 입소대상자 및 입소비용

ⓐ 노인복지주택의 입소대상자와 입소비용은 다음과 같습니다(「노인복지법」 제33조의2제1항 본문, 「노인복지법 시행규칙」 제14조제1항제2호 및 제15조의2제4호).

입소대상자	입소비용
단독취사 등 독립된 주거생활을 하는 데 지장이 없는 60세 이상인 사람	입소자 본인 전부 부담

ⓑ 노인복지주택을 임차한 사람은 해당 노인주거시설을 입소자격자가 아닌 사람에게 다시 임대할 수 없습니다(「노인복지법」 제33조의2제3항).

ⓒ 입소자격자가 아닌 사람에게 임대한 사람은 1년 이하의 징역 또는 1천만원 이하의 벌금에 처해집니다(「노인복지법」 제56조의2).

② 입소절차

ⓐ 노인복지주택에 들어가려는 사람은 임대 또는 분양계약에 따릅니다(「노인복지법 시행규칙」 제15조제6항 전단).

ⓑ 이 경우 임대 또는 분양계약 신청자가 해당 시설의 정원을 초과하는 때에는 다음의 순위에 따르되, 동순위자가 있는 때에는 신청순위에 따라 결정합니다(「노인복지법 시행규칙」 제15조제6항 후단).

1) 부양의무자가 없는 사람

2) 「주민등록법」상 연령이 많은 사람

3) 배우자와 함께 입소하는 사람

4) 19세 미만의 자녀·손자녀와 함께 입소하는 자

4-3-2. 주거약자 주택개조비용 지원

국가 및 지방자치단체는 다음의 어느 하나에 해당하는 사람이 주거약자의 활동능력에 적합하도록 주택(임대용 주택을 포함)을 개조하기 위해 필요한 비용의 지원을 신청하는 경우에는 개조비용을 지원할 수 있습니다(「장애인·고령자 등 주거약자 지원에 관한 법률」제15조제1항).

1. 주거약자

2. 주거약자가 세대원으로 있는 세대주

3. 1. 또는 2.의 사람에게 임대할 목적으로 주택을 개조하고자 하는 임대인

4-3-3. 주거급여의 지급

① 주거급여 지급대상자의 범위

주거급여는 주거 안정이 필요한 기초생활보장수급자(이하 "수급자"라 함)에게 지급됩니다(「국민기초생활 보장법」 제11조제1항 참조).

② 주거급여액

주거급여액으로 수급자의 주거 안정에 필요한 임차료, 수선유지비 등이 지급됩니다(「국민기초생활 보장법」 제11조제1항).

4-5. 이사를 하는 경우 유의사항

4-5-1. 이사방법 결정하기

① 이사업체를 선택하기 전에 우선 어떤 방법으로 이사할지를 결정합니다. 대표적인 이사방법에는 일반이사, 포장이사 및 보관이사가 있습니다.

구분	내용
일반이사	이사하려는 사람이 이사화물의 포장과 정리를 맡고 이사업체는 이사화물의 운송만을 맡아서 하는 이사
포장이사	이사하려는 사람이 이사화물의 포장과 정리를 이사업체에게 의뢰하여 이사업체가 이사화물의 포장, 운송, 정리를 모두 맡아서 하는 이사
보관이사	일반이사 또는 포장이사를 하는 경우에 이사업체가 고객의 의뢰에 따라 이사화물을 일정 기간 보관한 후에 인도하는 이사

4-5-2. 이사비용 결정하기

① 이사비용은 운송거리, 이사물량, 작업조건, 부대서비스의 형태에 따라 결정됩니다. 또한 이사날짜에 따라 높게 책정되거나 낮게 책정되기도 합니다.

② 또한 위와 같은 기본적인 조건 외에도 특수 이송품(고가의 골동품, 대형금고 등), 부피, 층수, 작업여건, 이송거리(차량진입이 불가능한 골목)등에 따라 달리 책정되므로 정확한 비용을 알기 위해서는 이사업체의 방문견적을 받아 산출하는 것이 가장 좋습니다.

4-5-3. 허가받은 이사업체인지 확인하기

① 허가받은 이사업체는 허가 기준에 따라 500만원 이상의 피해배상 이행보증보험에 가입하고 있어 이삿짐피해가 발생했을 때 배상을 받기가 쉽지만, 무허가 업체의

경우 사업자의 사업규모, 서비스의 질적 차이를 떠나 이삿짐의 파손, 분실, 도난 등의 피해발생 시 그 책임 소재를 규명하기 어려워 피해보상을 받기 어려울 수 있기 때문입니다.

② 이사업체의 허가 유무를 확인하기 위해 이삿짐 견적 또는 계약 시 관련 근거서류 (운송주선사업 허가증 사본) 제시를 요구할 수 있으며, 전국화물자동차운송주선사업연합회 홈페이지를 방문하거나 해당지역 화물운송주선협회에 문의하여 허가받은 업체인지 확인할 수 있습니다.

4-5-4. 서비스조건 비교하기

이사업체는 이사방법과 이사비용에 따라 2 ~ 3개 업체의 견적을 받아 견적내용, 금액, 이사내용에 대한 서비스조건 등을 꼼꼼히 비교 분석한 후 선택하면 됩니다.

4-5-5. 이사업체와 계약하기

이사업체와 계약을 하는 경우 이사화물 약관의 내용을 파악하고 계약서를 작성해야 합니다.

4-5-6. 이사비용 지불하기

① 이사업체는 계약서를 고객에게 교부할 때 계약금으로 운임 등의 합계액의 10%에 해당하는 금액을 청구할 수 있습니다.

② 이미 지급한 계약금을 제외한 잔금은 이사방법에 따라 다음의 시점에 지급하면 됩니다.

구분	내용
일반이사	고객이 이사화물의 전부의 인도를 확인한 때
포장이사	이사화물의 전부의 정리를 확인한 때
보관이사	고객이 이사화물의 전부의 인도를 확인한 때 또는 이사화물의 전부의 정리를 확인한 때

4-6. 이사업체 관련 분쟁해결

4-6-1. 분쟁예방

① 계약조건 변경이나 계약불이행으로 인한 분쟁이 일어나는 것을 막기 위해서는 이사업체와 검인계약서를 작성해 1부씩 보관해야 합니다.

② 이사업체의 피해보상 이행보증금 또는 보증보험 가입 여부를 확인합니다.

③ 귀중품은 반드시 이사 전에 본인이 보관합니다. 특히 귀중품의 파손 등으로 인한 분쟁을 막기 위해서는 이사 전에 작업자와 함께 기존에 파손되어 있는 물품을 확인하는 것이 좋습니다.

④ 이사작업 전에 파손 및 훼손되어 있는 물품을 확인하고 그러한 우려가 있는 품목은 따로 지정해야 합니다.

4-6-2. 분쟁 발생 시 해결방법

이사 관련 분쟁은 서로 원만히 합의하여 해결하는 것이 가장 좋지만, 합의가 이루어지지 않을 경우에는 소비자단체 등을 통한 해결, 한국소비자원을 통한 해결 및 법원을 통한 해결 등 다양한 방법으로 해결할 수 있습니다.

4-6-3. 이사갈 때 대형쓰레기 처리 방법

① 대형생활폐기물의 경우 재활용이 가능한 경우와 재활용이 불가능한 경우로 나눌 수 있습니다.

② 재활용이 가능한 물품은 재활용센터에 연락하면 무상으로 수거해 가며, 원형 보존된 TV, 냉장고, 세탁기, 에어컨 등 1m 이상 가전제품 또한 무상으로 수거 가능합니다.

③ 재활용이 힘든 품목들은 가까운 주민센터 혹은 구청 홈페이지에서 배출신고 및 수수료를 납부해 처리하면 됩니다.

5. 안전

5-1. 1인 가구의 안전

5-1-1. 이웃간 비상벨 설치

① 이웃간 비상벨은 2~3개 가정에 서로 비상벨로 연결하여 범인이 침입할 경우 감지기가 자동 작동되거나 비상 버튼을 누름으로써 이웃집에 경보음이 울리면 이웃에서 경찰에 신고함과 동시에 이웃 주민들이 합세하여 범인을 검거할 수 있습니다.

② 3만원 내외의 비상벨 설치비를 지불해야 합니다.

5-1-2. 성범죄자 알림e 서비스

① 성범죄자 알림e는 해당 읍, 면, 동을 검색해 지역별로 거주하는 성범죄자의 신상정보(성명, 사진, 나이, 주소 및 실제 거주시, 신체정보 등)뿐만 아니라 성범죄 예방과 피해자 지원 안내 정보를 제공하고 있습니다.

② 성범죄자 알림e 서비스

ⓐ 열람할 수 있는 정보

성범죄자의 성명, 나이, 사진, 신체정보, 주민주소 및 실제거주지(도로명 및 건물번호), 성범죄요지, 성폭력범죄전과, 전자장치부착여부

ⓑ 정보 열람절차

사용자 인증(휴대폰, 주민번호, 공공인증서, I-PIN) → 성범죄자 찾아보기 → 성범죄자 신상정보 열람(미성년자도 열람 가능)

5-1-3. 안전귀가 지원 서비스

① 서울시 등은 저녁취약시간(평일 밤 10시 ~ 새벽 2시)에 여성과 학생의 안전한 귀가를 위한 여성·학생 안전귀가 지원 서비스를 제공하고 있습니다.

② 지원 내용

ⓐ 밤 10시부터 새벽 1시까지 집까지 귀가동행지원

지역	실행 자치구	이용방법
서울특별시 (여성안심귀가 스카우트)	2014년 4월부터 전 자치구 시행	지하철역·버스정류장 도착 30분 전에 ☎120 다산콜센터 또는 해당 구청 상황실로 전화하여 신청
대구 남구 (안심 귀가 서비스)	대구남구 자율방범대장 (☎ 010-2501-8076)	지하철 1호선 교대역에서 신청자 거주지까지 대명 2동 자율방범대 문의신청
안산시 (안심귀가 동행서비스)	안산시 (☎ 031-481-2222)	서비스 이용 20분전 시청당직실 신청
영주시 (심야 안심귀가 동행 서비스)	영주시 (☎ 054-639-6222)	서비스 이용 20분전 시청당직실 (자정까지) 및 인근 지구대·파출소 (자정부터 01시까지) 신청
순창군 (안심 귀가 지원서비스)	순창군 (☎ 063-650-1225)	해당 지역 읍·면 자율방범대에 문의 신청

〈출처 : 성범죄자알림e 포털-안전정보-안전귀가 지원 서비스〉

ⓑ 서울시 여성안심귀가 스카우트 서비스 이용방법

  1) 지하철역·버스정류장 도착 30분 전에 120 다산콜센터로 전화

  2) 거주 자치구 구청 상황실로 바로 연결

  3) 신청자와 만날 2인1조 스카우트 이름 정보 확인

  4) 약속된 장소에 도착 후 스카우트 신분증 확인

  5) 신분확인 후 집 앞까지 안심하게 귀가

5-1-4. 여성안심택배 서비스

① 서울시 여성안심택배는 낯선 사람을 직접 대면하지 않고 거주지 인근지역에 설치된 무인택배보관함을 통해 택배를 받는 서비스입니다.

② 주로 1인 가구 여성들이 많이 거주하고 있는 다가구·다세대 주택가와 원룸촌을 중심으로 서비스를 제공하고 있습니다.

③ 여성안심택배 서비스 이용방법

  – 택배 신청시 여성안심택배가 설치된 보관함을 물품수령 장소로 지정

- 지정된 안심택배보관함에 물품이 배송되면, 해당 물품의 배송 일시와 인증번호를 수령자의 휴대폰으로 문자 전송
- 본인의 휴대폰 번호와 전송받은 인증번호를 입력한 뒤 보관함을 열어 물품 수령
- 물품보관 시간이 48시간을 초과하게 되면 하루당 1000원씩 과금

④ 주변 여성안심택배 서비스와 물품수령 장소 주소 등은 〈서울특별시청 홈페이지 (www.seoul.go.kr)−여성·가족 분야 〉에서 확인할 수 있습니다.

5-2. 긴급상황 시 대처방법

5-2-1. SOS 국민안심 서비스

① 'SOS 국민안심 서비스'는 위급한 상황에서 휴대폰, 스마트폰을 이용한 신고를 통해 신속하게 112신고 센터(또는 보호자)에 긴급상황과 신고자 위치정보를 제공해 범인 검거와 신고자 구조가 가능한 시스템입니다.

② 긴급상황에는 앱 긴급 신고하기 또는 단축번호를 눌러 112에 신고합니다.

구분	서비스 이용대상	가입 절차	이용방법
112 긴급 신고앱	스마트폰을 가지고 있는 미성년자 및 여성	안드로이드 마켓 또는 앱스토어에서 '여성·아동용 112긴급신고 앱'을 다운로드하여 설치 앱에서 본인 인증후 가입	위급상황시 앱 긴급 신고 하기를 눌러 112 신고
원터치 SOS	휴대폰 또는 스마트폰을 가지고 있는 미성년자 및 여성	신분증을 지참하고 가까운 지구대·파출소에 방문하여 가입 신청서 작성·제출	가입 후 112를 단축번호로 저장, 위급상황시 단축 번호를 눌러 신고

〈출처 : 성범죄자알림e 포털−안전정보−국가 안심 서비스 〉

5-2-2. 여성안심지킴이집

① 서울시는 여성의 안전을 지켜주는 안심지킴이집을 운영합니다. 24시 편의점을 '여성 안심지킴이 집'으로 지정해 여성이 위급한 상황이 발생하면 편의점으로 긴급 대피할 수 있습니다.

② 안심지킴이집은 112 핫라인 시스템이 구축되어 있어, 신속하게 경찰에 신고가 가능하며, 지역에 따라 안심귀가 스카우트도 지원 가능합니다.

5-2-3. 여성안심지킴이 집 긴급지원 시스템

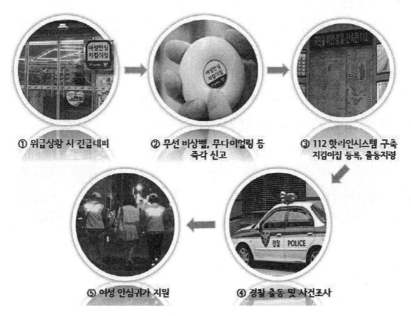

① 위급상황 시 긴급대피 → ② 무선 비상벨, 무다이얼링 등 즉각 신고 → ③ 112 핫라인시스템 구축 지킴이집 등록, 출동지령

⑤ 여성 안심귀가 지원 ← ④ 경찰 출동 및 사건조사

① 운영시간: 24시간
② 운영장소: CU, GS25, 7-ELEVEN, MINISTOP, C-SPACE(구로구 21곳)
③ 운영내용 : 안전대피, 경찰신고, 안심귀가 지원
④ 확인방법 : 편의점 입구 우측 간판 확인

6. 건강검진 등 지원받기

6-1. 일반건강검진

① 국민건강보험공단(이하 "공단"이라 함)은 건강보험 가입자 및 피부양자의 질병을 조기에 발견하고 그에 따른 요양급여를 하기 위해 건강검진을 실시합니다(「국민건강보험법」 제52조제1항).

② 건강검진은 「건강검진기본법」 제14조에 따라 지정된 건강검진기관(이하 "검진기관"이라 함)에서 실시합니다(「국민건강보험법」 제52조제2항 및 「국민건강보험법 시행령」 제25조제2항).

6-2. 일반건강검진 대상자

① 일반건강검진을 받을 수 있는 사람은 다음과 같습니다(「국민건강보험법 시행령」 제25조제3항제1호).

  1. 직장가입자

  2. 세대주인 지역가입자

  3. 40세 이상인 지역가입자

  4. 40세 이상인 피부양자

  5. 의료급여수급권자 중 만19세부터 만39세 및 만41세부터 만64세까지 세대주 및 만41세부터 만64세까지의 세대원

② 만 40세, 만 66세는 생애전환기건강진단 대상자로 일반건강검진 및 암검진 대상에서는 제외됩니다. 생애전환기건강진단에 대한 자세한 내용은 국민건강보험공단 건강검진 생애전환기건강진단 안내에서 확인 가능합니다.

6-3. 일반건강검진의 실시

① 건강검진은 2년마다 1회 이상 실시하되, 사무직에 종사하지 않는 직장가입자에 대하여는 1년에 1회 실시합니다(「국민건강보험법」 제52조제2항 및 「국민건강보험법 시행령」 제25조제1항 본문).

② 일반건강검진 비용은 공단이 전액 부담합니다.

6-4. 노인건강검진 받기
6-4-1. 건강진단 받기

① 65세 이상의 노인은 2년에 1회 이상 국·공립병원, 보건소 또는 노인전문병원, 요

양기관 및 의료급여기관에서 건강진단을 받을 수 있습니다(「노인복지법」 제27조제1항 전단, 「노인복지법 시행령」 제20조 및 「노인복지법 시행규칙」 제8조).

② 건강진단을 받으려면 다음에 해당하는 사람이어야 합니다.

③ 시·군·구 관할 구역에 거주하는 65세 이상 의료급여 수급권자 중 노인건강진단 희망자. 다만, 전년도 수검자 중 건강한 사람 및 아래의 대상자는 제외됩니다.

1. 건강보험 가입자의 경우 '국민건강보험공단'의 건강검진 수검 가능
2. 의료급여 수급권자는 66세가 되는 해에 생애전환기 건강검진 수검 가능
3. 그 밖에 보건소장이 노인건강진단이 필요하다고 인정하는 노인

6-4-2. 눈 건강검진 받기

60세 이상의 노인은 안질환을 조기에 발견하고 적기에 치료하여, 노인들의 실명 예방 및 일상생활이 가능하도록 무료로 눈 정밀 검진을 받을 수 있습니다.

6-4-3. 개안(開眼)수술비 지원받기

① 다음에 해당하는 노인은 개안수술비를 지원받고, 본인 및 가족의 의료비 부담을 덜 수 있습니다.

1. 60세 이상 노인
2. 다음의 수술대상 질환자
   - 백내장 : 안과 전문의에 의한 백내장 진단을 받고 해당 눈 시력이 0.3이하인 환자
   - 망막질환 : 안과전문의에 의한 당뇨성 망막병증, 망막박리, 그 밖에 망막질환의 진단을 받고 수술이 필요하다고 인정받은 환자
   - 녹내장 등 기타 안질환 : 안과전문의에 의한 진단을 받고 수술이 필요하다고 인정받은 환자
3. 기준 중위소득 60% 이하인 경우

6-5. 치매검진·의료비 지원받기

6-5-1. 치매검진 비용 지원

① 치매검진을 받는 사람 중 「의료급여법」에 따른 의료급여수급자 및 건강보험가입자 및 피부양자 중에서 소득과 재산 등을 기준으로 일정 기준 이하인 사람은 치매검진 비용의 전부 또는 일부를 지원받습니다(「치매관리법」 제11조제4항 및 「치매관리법 시행령」 제9조).

② "치매"란 퇴행성 뇌질환 또는 뇌혈관계 질환 등으로 인하여 기억력, 언어능력, 지남력(指南力), 판단력 및 수행능력 등의 기능이 저하됨으로써 일상생활에서 지장을 초래하는 후천적인 다발성 장애를 말합니다(「치매관리법」제2조제1호).

6-5-2. 치매환자 의료비 지원받기

① 국가와 지방자치단체는 치매환자의 경제적 부담능력을 고려하여 치매 치료 및 진단에 드는 비용을 지원할 수 있습니다(「치매관리법」제12조제1항).

② 다음의 어느 하나에 해당하는 사람 중에서 소득과 재산 등이 전국가구 평균소득의 120% 이하인 사람은 의료비를 지원받을 수 있습니다[「치매관리법」제12조, 「치매관리법 시행령」제10조제1항].

　1. 건강보험가입자 및 피부양자 중 치매환자(「국민건강보험법」제5조)

　2. 의료급여수급권자 중 치매환자(「의료급여법」제3조)

③ 치매 치료를 위한 진료비와 진료시 처방받은 약제비에 대한 보험급여분 중 본인부담금에 대해 월 3만원(연간 36만원) 한도 내에서 지원받습니다.

6-6. 노인돌봄기본서비스

6-6-1. 노인 1인 가구에 대한 지원

국가 또는 지방자치단체는 홀로 사는 노인에 대해 방문요과 돌봄 등의 서비스와 안전확인 등의 보호조치를 취해야 합니다(「노인복지법」제27조의2제1항).

6-6-2. 독거노인 보호서비스

① "노인돌봄기본서비스"란 홀로 사는 노인의 생활실태 및 복지욕구를 파악하고 정기적인 안전확인, 보건·복지서비스 연계 및 조정, 생활교육 등을 제공하여 독거노인에 대한 종합적인 사회안전망을 구축하기 위한 서비스를 말합니다.

② 노인돌봄기본서비스 대상자로 선정된 독거노인은 무료로 서비스를 이용할 수 있습니다.

6-6-3. 서비스 대상자

주민등록상 동거자 유무에 상관없이 실제 혼자 살고 있는 65세 이상의 노인으로 다음에 해당하는 사람은 노인돌봄기본서비스를 받을 수 있습니다.

　1. 일상적 위험에 매우 취약하여 정기적인 안전 확인이 필요한 경우

　2. 소득, 건강, 주거, 사회적 접촉 등의 수준이 열악하여 노인관련 보건복지서비

스 지원이 필요한 경우

3. 안전확인이 필요한 대상은 아니지만 정기적인 생활상황 점검 및 사회적 접촉 기회 제공이 필요한 경우

6-6-4. 서비스 내용

노인돌봄서비스에서 제공하고 있는 서비스의 종류는 다음과 같습니다.

① 안전확인 서비스

1. 독거노인 1인에 대해 직접확인(방문) 주1회 이상, 간접확인(전화) 주2회 이상 실시

2. 시·군·구 및 수행기관은 기상·재난특보 발생에 대비하여 종합 보호대책을 마련하여 안전확인 강화 및 기상·재난특보 발령 시 일일 안전확인 실시

3. 대상자의 건강상태, 환경변화 및 욕구파악 등 안전확인 실시

② 서비스 연계 및 조정

1. 독거노인의 정보와 직접 방문 등을 통해 대상자의 욕구를 파악하여 개인별 서비스 계획 수립

2. 정부지원 사업 및 지역사회 민간복지 자원을 적극 발굴하여 서비스 연계계획 수립

③ 생활교육

1. 생활교육이 필요한 독거노인 수, 지역 특성을 고려하여 독거노인 생활교육 계획 수립

2. 교육내용 : 장수노트, 치매예방교육, 기상특보 대책방안교육 등 적극 활용

3. 민간자원 등을 동원하여 다양한 생활교육 프로그램 구성

Q 저희 형제들은 모두 출가하고 어머니 혼자 사시는데 모시고 살 형편이 아니라, 늘 잘 계시는지 염려됩니다. 혹시 저희 어머니와 같은 독거노인을 도와주는 제도가 있나요?

A 주민등록상 동거자 유무에 상관없이 실제 혼자 살고 있는 65세 이상의 노인은 정기적인 안전확인, 보건·복지서비스 연계 및 조정, 생활교육, 단기 가사·활동지원 서비스 등을 제공하는 노인돌봄기본서비스를 무료로 이용할 수 있습니다.

◇ 노인돌봄기본서비스란?

"노인돌봄기본서비스"란 홀로 살고 있는 65세 이상의 노인에게 정기적인 안전확인, 보건·복지서비스 연계 및 조정, 생활교육 등을 제공하여 독거노인에 대한 종합적인 사회안전망을 구축하기 위한 서비스를 말합니다.

◇ 서비스 대상자

주민등록상 동거자 유무에 상관없이 실제 혼자 살고 있는 65세 이상의 노인으로 다음에 해당하는 사람은 노인돌봄기본서비스를 받을 수 있습니다.

1. 일상적 위험에 매우 취약하여 정기적인 안전 확인이 필요한 경우
2. 소득, 건강, 주거, 사회적 접촉 등의 수준이 열악하여 노인관련 보건복지서비스 지원이 필요한 경우
3. 안전확인이 필요한 대상은 아니지만 정기적인 생활상황 점검 및 사회적 접촉기회 제공이 필요한 경우

◇ 서비스 이용

매년 1월 ~ 2월에는 독거노인 현황조사, 서비스 대상자 선정 및 서비스 신청, 대상자 승인 및 노인돌보미 배정이 이루어지며, 서비스는 매년 1월 ~ 12월을 기준으로 제공됩니다.

7. 재정지원받기

7-1. 노후 대비하기

7-1-1. 국민연금

① "국민연금"이란 소득활동을 할 때 소득의 일부를 꾸준히 보험료로 납부하고 노령, 장애 또는 사망 등으로 소득활동이 중단된 경우 본인이나 유족이 연금을 지급받음으로써 장기적인 소득보장이 가능하도록 보험의 원리에 따라 운영되는 사회보험의 일종입니다(「국민연금법」 제1조).

② 18세 이상 60세 미만인 자는 의무적으로 가입해야 합니다(「국민연금법」 제6조 본문).

③ 보험료를 10년 이상 납부해야 하며 60세 이상(소득이 없을 경우는 55세)부터 연금을 받을 수 있습니다(「국민연금법」 제61조).

④ 다만, 출생년도에 따라 지급시기가 다른데 1953년 이전 출생자는 60세부터, 53년에서 56년 출생자는 61세부터, 57년에서 60년 출생자는 62세부터, 61년에서 64년 출생자는 63세부터, 65년에서 68년 출생자는 64세부터, 69년 이후 출생자는 65세부터 받게 됩니다.

⑤ 국민연금만으로 노후대비가 부족한 경우 퇴직연금이나 별도의 개인연금 가입을 통해 충분한 노후소득의 보장이 필요합니다.

7-1-2. 퇴직연금제도

① "퇴직연금제도"란 기업이 근로자의 노후소득보장과 생활안정을 위해 근로자 재직기간 중 사용자가 퇴직금 지급재원을 외부의 금융기관에 적립하고, 이를 사용자(기업) 또는 근로자의 지시에 따라 운용하여 근로자 퇴직시 연금 또는 일시금으로 지급하도록 하는 기업복지제도입니다.

② 퇴직연금제도에는 확정급여형퇴직연금제도, 확정기여형퇴직연금제도 및 개인형퇴직연금제도가 있습니다(「근로자퇴직급여 보장법」 제2조제7호).

③ "확정급여형퇴직연금제도"란 근로자가 받을 급여의 수준이 사전에 결정되어 있는 퇴직연금제도를 말합니다(「근로자퇴직급여 보장법」 제2조제8호).

④ "확정기여형퇴직연금제도"란 급여의 지급을 위해 사용자가 부담하여야 할 부담금의 수준이 사전에 결정되어 있는 퇴직연금제도를 말합니다(「근로자퇴직급여 보장법」 제2조제9호).

⑤ "개인형퇴직연금제도"란 가입자의 선택에 따라 가입자가 납입한 일시금이나 사용자 또는 가입자가 납입한 부담금을 적립·운용하기 위해 설정한 퇴직연금제도로서

급여의 수준이나 부담금의 수준이 확정되지 않은 퇴직연금제도를 말합니다(「근로자 퇴직급여 보장법」 제2조제10호).

⑥ 퇴직연금은 기업(회사)의 상황, 연령, 이직가능성, 연봉제 등을 고려하여 잘 선택해야 합니다.

7-1-3. 개인연금

① "개인연금"은 본인 희망에 따라 가입하는 사적연금(노령연금)으로 국민연금·퇴직금 제도 등을 보완하여 노후생활을 대비한 저축상품의 일종입니다.

② 종류는 취급기관(은행, 보험회사, 증권회사)에 따라 크게 보험형, 신탁형, 펀드형이 있습니다.

③ 개인연금은 대부분의 기관에서 취급하고 있으므로 수익률, 연금지급방식, 부대서비스 등 제반 계약조건을 비교한 후 선택하는 것이 바람직합니다.

7-1-4. 주택연금

① "주택담보노후연금"이란 주택연금 또는 역모기지론을 말합니다. 집을 소유하고 있지만 소득이 부족한 어르신들이 매달 안정적인 수입을 받으실 수 있도록 집을 담보로 맡기고 평생 동안 생활비를 받는 제도입니다.

② "주택담보노후연금보증"이란 주택소유자가 주택에 저당권을 설정하고 금융기관으로부터 주택담보노후연금을 대출받음으로써 부담하는 금전채무를 한국주택금융공사가 「한국주택금융공사법」 제59조의2에 따른 주택담보노후연금보증 계정의 부담으로 보증하는 제도를 말합니다(「한국주택금융공사법」 제2조제8호의2 전단).

③ 주택담보노후연금보증의 대상

ⓐ 주택담보노후연금보증은 보증신청일 현재 60세 이상인 주택소유자 또는 주택소유자의 배우자가 이용할 수 있습니다(「한국주택금융공사법」 제2조제8호의2 후단 및 「한국주택금융공사법 시행령」 제3조의2제2항).

ⓑ 한국주택금융공사로부터 보증서를 발급받으면 금융기관에 가서 대출신청 및 대출계약을 체결하고 주택담보노후연금을 받을 수 있습니다.

■ 집을 담보로 잡고 매달 연금을 주는 주택연금이라는 제도가 있다고 들었습니다. 어떤 사람들이 이용할 수 있나요?

Q 집을 담보로 잡고 매달 연금을 주는 주택연금이라는 제도가 있다고 들었습니다. 어떤 사람들이 이용할 수 있나요?

A 주택담보노후연금제도는 만 60세 이상인 1세대 1주택 소유자가 이용할 수 있습니다. 대상주택은 시가 9억원 이하여야 하며, 주택에는 경매신청, 압류, 가압류, 가처분, 가등기, 저당권 설정, 또는 전세권 설정, 임대차 계약 등이 되어 있지 않아야 합니다.

주택담보노후연금은 일반주택담보대출보다 금리도 낮고(변동금리 적용, 3개월 CD 금리 + 1.1%) 한국주택금융공사가 보증하는 상품이기 때문에 연금지급이 중단될 위험이 없는 등 많은 장점을 가진 제도입니다.

■ 집을 담보로 맡기고 노후생활비를 받을 수 있는 제도가 있다고 하던데, 어떤 사람이 이용할 수 있나요?

Q 저는 현재 59세이고 1인 가구라 노후가 많이 걱정되는데요. 집을 담보로 맡기고 노후생활비를 받을 수 있는 제도가 있다고 하던데, 어떤 사람이 이용할 수 있나요?

A 주택담보노후연금 제도를 이용할 수 있습니다. 주택담보노후연금제도는 만 60세 이상인 1세대 1주택 소유자가 이용할 수 있습니다. 대상주택은 시가 9억원 이하여야 하며, 주택에는 경매신청, 압류, 가압류, 가처분, 가등기, 저당권 설정, 전세권 설정, 임대차 계약 등이 되어 있지 않아야 합니다.

◇ "주택담보노후연금"이란

① 주택담보노후연금은 "주택연금" 또는 "역모기지론"이라고도 하는데, 이 제도는 집을 소유하고 있지만 소득이 부족한 어르신들이 매달 안정적인 수입을 받으실 수 있도록 집을 담보로 맡기고 평생 동안 생활비를 받는 제도입니다.

② 주택담보노후연금은 일반주택담보대출보다 금리도 낮고(변동금리 적용, 3개월 CD 금리 + 1.1%) 한국주택금융공사가 보증하는 상품이기 때문에 연금지급이 중단될 위험이 없는 등 많은 장점을 가진 제도입니다.

◇ 주택담보노후연금 이용자격

① 주택담보노후연금제도는 만 60세 이상(부부 공동으로 주택 소유 시 연장자
가 만 60세 이상)인 1세대 1주택 소유자가 이용할 수 있습니다.

② 대상주택은 시가 9억원 이하여야 하며, 주택에는 경매신청, 압류, 가압류,
가처분, 가등기, 저당권 설정, 전세권 설정, 임대차 계약 등이 되어 있지
않아야 합니다.

7-2. 고용 지원

7-2-1. 여성 일자리 지원

① 여성새로일하기센터('새일센터')

여성새로일하기센터는 경력단절 여성들의 숨어있는 능력을 개발하고 여성의 안정적
인 취업을 위하여 직업상담, 직업교육, 취업지원, 복지지원 사업 등 종합 취업지원
서비스를 제공합니다.

1. 기업수요에 맞고 다양한 대상(고학력여성, 결혼이민여성, 장애여성 등)의 특성
을 고려한 맞춤형 취업지원 프로그램 운영

2. 직업훈련을 위한 기자재 지원 및 현장훈련 프로그램(인턴기회제공 및 정규직
취업지원 등) 제공

② 여성인재아카데미

ⓐ 여성인재아카데미는 여성의 사회·경제참여 확대를 추진하고 미래 여성인재를 양성하는
사업입니다.

ⓑ 사업대상은 다음과 같습니다.

− 조직 내 경력개발 지원제도가 상대적으로 부족한 민간기업 여성중간관리자, 공공기관 여
성중간관리자, 전문직 여성, 그 밖의 여성리더

− 여성인재아카데미는 사전진단 » 교육프로그램 운영 » 사후 관리 (네트워크/멘토링)을 연계하
는 지속적인 역량개발 프로세스를 제공하여 우수 여성인력을 핵심리더로 양성하고 있습니다.

7-2-2. 청년 일자리 지원 - 청년취업아카데미

① 청년취업아카데미는 기업 또는 사업주단체가 직접 산업현장에서 필요한 직업능력
및 인력 등을 반영하고 청년 미취업자에게 대학과 일반고교 등과 협력하여 연수과
정 또는 창조적 역량 인재과정착장과)을 실시한 후 취업 또는 창작·창업활동과 연
계되는 사업입니다.

② 청년취업아카데미는 연수과정과 창직과정으로 진행됩니다.

  ⓐ 연수과정

    – 기업 및 사업주단체가 직접 산업현장에서 요구하는 맞춤형 교육과정을 제공하여 청년고용 창출을 지원하는 프로그램입니다.

    – 연수과정은 지역특화 인재양성, 대·중소기업협력, 신성장동력 인재양성, 인문사회계열 특화 모델 등을 운영합니다.

  ⓑ 창직과정

    – 문화·예술·콘텐츠 분야에서 청년이 도전적이고 창의적인 활동을 통해 개인의 직업 능력을 향상시키고 사회적으로 새로운 일자리를 창출할 수 있도록 지원하는 프로그램입니다.

7-3. 노인 일자리 지원

7-3-1. 고령자 고용정보센터

① 고용노동부장관 및 특별시장·광역시장·도지사·특별자치도지사는 고령자의 직업지도와 취업알선 등의 업무를 효율적으로 수행하기 위해 필요한 지역에 고령자 고용정보센터를 운영할 수 있습니다(「고용상 연령차별금지 및 고령자고용촉진에 관한 법률」 제10조제1항).

② "고령자"란 55세 이상인 사람을 말합니다(「고용상 연령차별금지 및 고령자고용촉진에 관한 법률」 제2조제1호 및 「고용상 연령차별금지 및 고령자고용촉진에 관한 법률 시행령」 제2조제1항).

③ 현재 「고용상 연령차별금지 및 고령자고용촉진에 관한 법률」에 따른 고령자 고용정보센터는 실제로 운영되고 있지는 않고, '고용센터'에서 고령자에 대한 취업알선 및 정보제공 등의 업무를 하고 있습니다.

7-3-2. 노인일자리사업

① 국가와 지방자치단체는 노인의 특성에 맞는 노인일자리를 창출·보급하여, 노인의 소득 창출 및 사회참여의 기회를 제공하기 위해 노인일자리사업을 시행하고 있습니다(「노인복지법」 제23조, 제23조의2 및 「저출산·고령사회기본법」 제11조제2항).

② "노인일자리사업"은 제2차 저출산·고령사회 기본계획에 따라 만 65세 이상의 신체노동이 가능한 사람(사업종류 및 운영행태에 따라 만 60세 ~ 64세인 사람)을 대상으로 노인일자리를 창출·보급하여, 소득 창출 및 사회참여의 기회를 제공하기 위한 사업입니다.

③ 사업 유형은 공공분야와 민간분야로 나뉘며, 구체적인 일자리 예시는 다음과 같습니다.

유형		일자리 예시
공공분야	공익형	거리·자연환경지킴이, 교통안전, 방범순찰 등
	교육형	숲생태·문화재해설사, 예절·서예·한자강사 등
	복지형	노(老)-노(老)케어, 노인주거개선, 독거노인보호, 보육도우미 등
민간분야	시장형	택배, 세탁방, 밑반찬판매, 재활용품점, 농산물판매 등
	인력파견형	시험감독관, 주유원, 주례사, 가사도우미, 건물관리 등
	창업모델형	실버카페, 휴게소, 떡 등 식품제조 판매업 등

④ 이에 따라 한국노인인력개발원, 한국시니어클럽 및 대한노인회는 노인일자리전담기
관으로 지정되어 노인일자리사업을 수행하면서 고령자의 인력 개발 및 취업알선
등의 업무를 하고 있습니다(「노인복지법」 제23조의2 및 「노인복지법 시행령」 제17
조의4).

7-3-3. 고령자 고용연장 지원

상시 사용하는 근로자 수가 300명 미만인 사업의 사업주가 다음의 어느 하나에
해당하는 요건을 갖추면 고령자 고용연장 지원금을 지급받을 수 있습니다(「고용보
험법」 제23조 및 「고용보험법 시행령」 제25조제1항).

구분	지급 요건
정년 폐지 및 정년 연장	정년을 폐지하거나, 기존에 정한 정년을 60세 이상으로 1년 이상 연장할 것 ※ 정년 폐지 또는 정년 연장 전 3년 이내에 해당 사업장의 정년을 폐지하고 정년을 새로 설정하거나, 기존에 정한 정년을 단축한 경우 제외
정년퇴직자 재고용	정년을 55세 이상으로 정한 사업장의 사업주에게 고용되어 18개월 이상을 계속 근무한 후 정년에 이른 자를 퇴직시키지 않거나 정년퇴직 후 3개월 이내에 고용하고 재고용 전 3개월, 재고용 후 6개월 동안 근로자를 고용조정으로 이직시키지 않을 것 ※ 1년 미만의 기간을 정하여 재고용하거나 재고용 전 3년 이내에 그 사업장의 정년을 단축한 경우 제외

■ 정년퇴직 후 재취업을 위해서 노력하고 있는데 쉽지가 않습니다. 어떻게 하면 일자리를 구할 수 있을까요?

Q 정년퇴직 후 재취업을 위해서 노력하고 있는데 쉽지가 않습니다. 어떻게 하면 일자리를 구할 수 있을까요?

A 65세 이상의 노인은 정부에서 시행하고 있는 노인일자리사업에 참여하여 소득창출 및 사회참여의 기회를 제공받을 수 있습니다. 가까운 시·구청 또는 한국노인인력개발원, 시니어클럽, 대한노인회에서 일자리 관련 정보를 얻을 수 있습니다.

◇ 노인일자리사업의 유형

① 노인일자리사업은 공익형, 복지형, 교육형, 시장형, 인력파견형 사업으로 구분됩니다.

② 구체적으로는 스쿨존 교통지원사업, 지역사회 환경개선보호사업, 주정차질서 계도지원사업, 숲생태 해설사, 문화재 해설사, 거동불편노인 돌봄지원사업, 주거환경 개선지원사업 또는 문화복지 지원사업 등의 일을 할 수 있습니다.

◇ 참여대상

노인일자리사업은 65세 이상의 노인으로 공익형 및 복지형 사업은 기초노령연금 수급권자만 참여할 수 있고, 교육형·시장형 및 인력파견형 사업은 참여자 선발기준에 따라 선발됩니다.

◇ 참여대상 제외자

다음과 같은 사람들은 노인일자리사업에 참여할 수 없습니다.

1. 「국민기초생활 보장법」에 따른 수급자(의료급여 2종 수급권자는 제외함)
2. 정부부처 및 지방자치단체에서 추진 중인 일자리사업 참여자
3. 국민건강보험 직장가입자(인력파견형사업은 제외함)
4. 장기요양보험 등급판정자
5. 전년도 노인일자리사업 부적격 참여자

7-4. 저소득층 지원

7-4-1. 기초생활보장제도

"기초생활보장제도"는 생활이 어려운 사람에게 필요한 급여를 실시해 이들의 최저 생활을 보장하고 자활을 돕고자 실시되는 제도를 말합니다(「국민기초생활 보장법」 제1조).

7-4-2. 생계급여 선정기준

① 수급권자는 부양의무자가 없거나, 부양의무자가 있어도 부양능력이 없거나 부양을 받을 수 없는 사람으로서 그 소득인정액이 「국민기초생활 보장법」 제20조제2항에 따른 중앙생활보장위원회의 심의·의결을 거쳐 결정하는 금액 이하인 사람으로 합니다. 이 경우 생계급여 선정기준은 기준 중위소득의 100분의 30 이상으로 합니다(「국민기초생활 보장법」제8조제2항).

② 기준 중위소득은 다음과 같습니다.

(원/월)

구분	1인 가구	2인 가구	3인 가구	4인 가구	5인 가구	6인 가구	7인가구
금액	1,707,008	2,906,528	3,760,032	4,613,536	5,467,040	6,320,544	7,174,048

※ 8인이상 가구의 기준 중위소득 : 1인 증가시마다 853,504원씩 증가(8인가구 : 8,027,552원)

③ "부양의무자"란 수급권자를 부양할 책임이 있는 사람으로서 수급권자의 1촌 직계혈족 및 그 배우자를 말합니다. 다만, 사망한 1촌의 직계혈족의 배우자는 제외합니다(「국민기초생활 보장법」제2조제5호).

④ "소득인정액"이란 보장기관이 급여의 결정 및 실시 등에 사용하기 위하여 산출한 개별가구의소득평가액과 재산의 소득환산액을 합산한 금액을 말합니다(「국민기초생활 보장법」제2조제9호).

⑤ "기준 중위소득"이란 보건복지부장관이 급여의 기준 등에 활용하기 위하여 「국민기초생활 보장법」 제20조제2항에 따른 중앙생활보장위원회의 심의·의결을 거쳐 고시하는 국민 가구소득의 중위값을 말합니다(「국민기초생활 보장법」제2조제11호).

7-4-3. 감면 받기

수급자는 주민세, TV 수신료, 자동차검사수수료, 주민등록증 발급 수수료 등을 면제받고, 상·하수도 요금, 전화요금, 전기요금, 자동차보험료 등을 감면받을 수 있습니다.

7-4-4. 급여 지원받기

기초생활보장 대상자는 다음과 같은 지원을 받을 수 있습니다.

① 수급자의 일상생활에 기본적으로 필요한 의복비, 음식물비 및 연료비 등 생계급여가 지급됩니다(「국민기초생활 보장법」 제8조제1항).

② 수급자의 주거 안정에 필요한 임차료, 수선유지비 등 주거급여가 지급됩니다(「국민기초생활 보장법」 제11조제1항).

③ 학교나 시설에 입학해 입학금, 수업료, 학용품비, 그 밖의 수급품 등이 필요한 수급자에게 교육급여가 지급됩니다(「국민기초생활 보장법」 제12조제1항).

④ 생계급여, 주거급여 및 의료급여 중 하나 이상의 급여를 받는 수급자가 조산을 하거나 분만하기 전후로 조치와 보호가 필요한 경우에는 해산급여가 지급됩니다(「국민기초생활 보장법」 제13조제1항).

⑤ 생계급여, 주거급여 및 의료급여 중 하나 이상의 급여를 받는 수급자가 사망한 경우 사체의 검안(檢案)·운반·화장 또는 매장, 그 밖의 장제조치가 필요한 경우 장제급여가 지급됩니다(「국민기초생활 보장법」 제14조제1항).

⑥ 자활을 위해 도움이 필요한 수급자에게 자활급여가 지급됩니다(「국민기초생활 보장법」 제15조제1항 참조).

7-4-5. 희망·내일키움통장

① 국가 및 지방자치단체는 수급자 및 차상위자가 자활에 필요한 자산을 형성할 수 있도록 재정적인 지원을 할 수 있습니다(「국민기초생활 보장법」 제18조의4제1항).

② 「희망·내일키움통장」을 통한 지원

 ⓐ 희망·내일키움통장이란 일하는 수급가구 및 비수급 근로빈곤층의 자활을 위한 자금으로써 목돈 마련을 할 수 있도록 돕는 제도입니다.

 ⓑ 희망키움통장과 내일키움통장은 공통적으로 본인이 매월 일정하게 저축한 금액에 정부와 지자체가 지원금을 추가로 지원하여 자립을 위한 목돈을 마련할 수 있도록 지원해 줍니다.

③ 지원대상 및 지원내용

 ⓐ 희망키움통장Ⅰ

 - 소득인정액이 기준 중위소득 40% 이하인 일하는 수급 가구(생계·의료급여 수급가구)중 가구 전체의 총 근로(사업)소득이 기준 중위소득의 40%의 60% 이상인 가구

 - 본인저축액 + 근로소득장려금(정부지원금)

 ⓑ 희망키움통장Ⅱ

 - 가구 전체의 소득인정액이 기준 중위소득 50% 이하인 주거·교육수급 가구 및 차상위 계층가구이면서, 가입일 현재 근로활동을 하고 있는 가구

– 본인저축액 + 근로소득장려금(정부지원금)

ⓒ 내일키움통장

– 최근 자활근로사업단에 3개월이상 성실 참여중인 자

– 본인저축액 + 내일키움장려금 + 내일키움수익금(차등지원)

7-4-6. 차상위계층에 대한 지원

① 차상위계층

"차상위계층"이란 수급권자에 해당하지 않는 계층으로서 소득인정액이 기준 중위소
득의 100분의 50 이하인 사람을 말합니다(「국민기초생활 보장법」제2조제10호 및
「국민기초생활 보장법 시행령」 제3조).

② 차상위계층에 대한 근로기회 확대

차상위자 중 근로능력이 있는 사람에 대해서는 자활사업 등에 참여할 수 있는 기
회를 적극 부여합니다(「국민기초생활 보장법 시행령」 제5조의5제1항 참조).

③ 차상위계층에 대한 자산형성지원사업 확대

수급권자에 해당하지 않는 계층으로서 소득인정액이 기준 중위소득의 100분의 50
이하로서 최근 1년 중 근로활동을 한 사실이 있는 가구는 차상위 자산형성지원사
업인 희망키움통장(Ⅱ)에 가입할 수 있습니다.

■ 차상위계층으로 선정되면 어떤 지원을 받을 수 있나요?

Q 차상위계층으로 선정되면 어떤 지원을 받을 수 있나요?

A 차상위계층은 수급권자에 해당하지 않는 계층으로서 기준 중위소득의 100분의
50 이하인 사람을 말합니다.

법정 차상위계층으로는 ① 차상위 본인부담 경감대상자, ② 차상위 자활 대상자,
③ 차상위 장애수당 및 장애인연금 차상위 부가급여 대상자, ④ 한부모 가족지
원 (여성가족부 지원) 대상자가 있습니다.

법정 차상위계층으로 선정이 되면 정부양곡지원, 중고교생 학비·급식비·방과후수
강권지원, 대학생 기회균형 선발제도 이용, 대학교 장학금지원, 이동통신요금 할
인, 전기·가스요금 할인, 문화·여행바우처 및 각종 정부제공 일자리 사업 등을(예
산의 한도 내에서) 이용할 수 있습니다.

7-4-7. 기초연금제도

① 기초연금

노인이 후손의 양육과 국가 및 사회의 발전에 이바지하여 온 점을 고려하여 생활이 어려운 노인에게 생활안전을 지원하고 복지를 증진하기 위해 기초연금(이하 "연금"이라 함)을 지급합니다(「기초연금법」 제1조).

② 기초연금지급 대상자

65세 이상인 본인 및 배우자의 소득인정액이 137만원(단독가구) 또는 219.2만원(부부가구) 이하인 노인은 기초연금을 받을 수 있습니다(「기초연금법」 제3조제1항, 「기초연금법 시행령」 제4조제1항).

③ 지원

2019년도 기준연금액은 25만3천7백50원입니다.

일부 어르신들은 국민연금액 또는 소득 수준, 부부 2인 수급 여부 등을 고려하여 기초연금액보다 적은 연금을 받을 수 있습니다.

7-4-8. 노인장기요양보험

① 노인장기요양보험

"노인장기요양보험"이란 고령이나 노인성 질병 등의 사유로 일상생활을 혼자서 수행하기 어려운 노인 등에게 신체활동 또는 가사활동 지원 등의 장기요양급여를 제공하는 사회보장제도를 말합니다(「노인장기요양보험법」 제1조 참조).

② 장기요양급여

"장기요양급여"란 고령이나 노인성 질병 등의 사유로 6개월 이상 동안 혼자서 일상생활을 수행하기 어렵다고 인정되는 노인 등에게 신체활동·가사활동의 지원 또는 간병 등의 서비스나 이에 갈음하여 지급하는 현금 등을 말합니다(「노인장기요양보험법」 제2조제2호).

③ 장기요양급여의 종류

장기요양급여에는 재가급여, 시설급여, 특별현금급여가 있습니다(「노인장기요양보험법」 제23조제1항).

■ 희망키움통장에 가입할 수 있는 지원 대상이 확대되었다고 하는데요. 차상위계층도 가입할 수 있나요?

Q 희망키움통장에 가입할 수 있는 지원 대상이 확대되었다고 하는데요. 차상위계층도 가입할 수 있나요?

A 국가 및 지방자치단체가 자산형성지원을 위한 일환으로 "희망키움통장"제도를 시행하고 있습니다. 이는 본인이 저축한 금액에 근로소득장려금과 민간매칭금을 지원해 서민의 목돈 마련을 돕는 자립지원 제도로 2014년 7월부터 '희망키움통장'의 지원 대상이 확대되어 차상위계층도 가입이 가능합니다.

◇ 가입 대상

① 소득인정액이 기준 중위소득 40% 이하인 일하는 생계··의료수급 가구 중 신청당시 가구 전체의 총 근로사업소득이 기준 중위소득의 40%의 60% 이상인 가구

② 가구 전체의 소득인정액이 기준 중위소득 50% 이하인 주거·교육수급 가구 및 차상위 계층 가구이면서, 가입일 현재 근로활동을 하고 있는 가구

◇ 지원 내용

① 일하는 생계·의료수급 가구(희망키움통장Ⅰ)가 매월 10만원을 저축할 때, 정부지원금 월 평균 36만원 3년 만기 탈수급 시 평균 1,700만원의 적립금을 지원 받을 수 있습니다.

② 주거·교육급여 수급 가구 및 차상위계층으로서 현재 근로활동을 하고 있는 가구(희망키움통장Ⅱ)가 매월 10만원을 저축할 때, 정부지원금 월10만원을 지원하며, 3년 유지 및 사용용도 증빙 시 평균 720만원의 적립금을 지원 받을 수 있습니다.

8. 재정안전을 위한 유의사항

8-1. 금전거래 시 유의사항

8-1-1. 채무자·채권자의 신분 확인

① 채무자·채권자의 신상(주민등록번호, 전화번호, 주소 등)을 정확하게 파악해야 합니다.

② 채무자가 대리인을 내세운 경우, 예를 들어 부인이 남편 명의로 돈을 빌리는 경우에는 본인에게 채무부담의 의사를 확인해야 하고, 대리인의 신상과 위임장을 확인해야 합니다.

③ 채권자가 「대부업 등의 등록 및 금융이용자 보호에 관한 법률」에 따른 등록을 하지 않은 미등록 대부업자인 경우에는 「대부업 등의 등록 및 금융이용자 보호에 관한 법률」에 따른 각종 규제를 받게 됩니다.

8-1-2. 차용증 작성

금전소비대차계약의 기본사항인 원금, 이자, 변제기일, 변제장소, 기한이익의 상실 등을 차용증에 정확하게 작성해야 합니다.

8-1-3. 차용증 공증

① 차용증은 차용증의 증거능력을 확보하고 보관을 확실하게 하기 위해 공증하는 것이 좋습니다.

② 공증은 계약서를 인증하는 방식으로 이루어질 수도 있고, 계약서를 공정증서로 작성하는 방식으로 이루어질 수도 있습니다.

8-1-4. 채무자의 변제자력이 부족한 경우 담보 얻기

채무자의 변제자력(辨濟資力)이 부족한 경우 보증 또는 연대보증과 같은 인적담보나 저당권설정 등의 물적담보를 얻는 것이 좋습니다.

8-1-5 변제 시 영수증을 작성하여 일정기간 보관

① 채권자에게 채무를 전부변제하거나 또는 일부변제를 하는 경우 그 사항에 관해 영수증을 작성해 두어야 합니다(「민법」 제474조 참조).

② 영수증은 채권의 이중변제를 막기 위해 소멸시효기간 동안 보관해야 하는데, 통상의 경우 민사채권은 10년간 행사하지 않으면 소멸시효가 완성됩니다(「민법」 제162조 제1항).

8-2. 보증계약체결 시 유의사항

부득이 보증을 서야 한다면 다음의 사항에 유의해야 합니다.

① 채무자의 직업, 재산상태, 사업을 하는 경우 업종이나 발전가능성 등을 확인해야 합니다.

② 보증기간을 확인해야 합니다. 채무자의 직업이나 재산상태가 현재는 좋더라도 보증기간이 길어지면 그 변동가능성이 커지므로 가급적 보증기간은 짧을수록 좋습니다.

③ 보증계약은 본인이 직접 체결하고 가급적 인감과 신분증을 다른 사람에게 맡겨서 대신 보증계약을 체결하도록 하는 일이 없도록 해야 합니다.

④ 보증계약서를 작성할 경우 보증의 종류 및 책임범위를 확인해야 합니다.

⑤ 보증계약서를 작성할 때는 본인도 모르는 사이에 계약서의 내용이 바뀔 수 있으므로 보증액수, 보증기간, 주채무자 등 주요 내용은 반드시 자필로 적고 공란을 남겨두지 않는 것이 바람직합니다.

⑥ 추후에 분쟁이 생길 가능성에 대비하여 보증계약서 사본을 보관해 두셔야 합니다.

⑦ 보증 관련 궁금한 사항이 있거나 분쟁이 발생한 경우 상담 및 법률구조에 관한 도움을 받아 볼 수 있는 기관을 미리 알아두시는 것이 좋습니다.

⑧ 보증 관련 상담 및 법률구조에 관한 도움을 다음의 기관에서 받아 볼 수 있습니다.

상담기관	연락처
대한법률구조공단	전화: 국번 없이 132 팩스: 02)3482-6556
대한변호사협회 법률구조재단	전화: 02)3476-6515 팩스: 02)3476-2771 이메일: aid@legalaid.or.kr

8-3. 전자금융범죄 피해를 예방하기 위한 요령

8-3-1. 전자금융범죄

① 최근 인터넷, 휴대폰 등 전기통신 수단을 이용하여 피싱, 스미싱, 파밍, 메모리해킹 등과 같은 전자금융을 통한 사기범죄가 빈번하게 발생하고 있으며, 그 수법 또한 점점 지능화되고 있는 실정입니다.

② 이와 같은 금융사기의 피해자가 소송절차를 거치지 않고 피해금을 신속히 돌려받을 수 있도록 「전기통신금융사기 피해 방지 및 피해금 환급에 관한 특별법」을 제정·시행하고 있으며, 「전자금융거래법」과 「형법」을 적용하여 전자금융범죄에 대해 처벌하고 있습니다.

8-3-2. 피싱(Phishing)이란

① '개인정보(Private data)를 낚는다(Fishing)'라는 의미의 합성어로, 전화·문자·메신저·가짜사이트 등 전기통신수단을 이용하여 피해자를 기망·공갈함으로써 이용자의 개인정보나 금융정보를 빼낸 후, 금품을 갈취하는 사기 수법을 말합니다.

② 피싱 피해 예방요령

- 예금통장·현금(체크)카드 등의 양도·양수 등의 행위를 하지 않습니다.
- 유출된 금융거래정보는 즉시 해지·폐기 처분합니다.
- 현금지급기로 유인할 경우 절대 응하면 안됩니다.
- 전화, 문자메시지 등의 내용 진위여부를 반드시 확인해야 합니다.
- 보이스피싱으로 카드론 대출사기 피해가 우려되는 경우에는해당 카드사에 카드론 이용 거절 신청을 합니다.
- 홈페이지 주소가 "net / co.cc" 등으로 끝나는 경우에는 피싱사이트일 가능성이 높으므로 주의해야 합니다.

8-3-3. 스미싱(Smishing)이란

① 문자메시지(SMS)와 피싱(Phishing)의 합성어로, '무료쿠폰 제공', '돌잔치 초대장', '모바일청첩장' 등을 내용으로 하는 문자메시지에 포함된 인터넷 주소를 클릭하면 악성프로그램이 스마트폰에 설치되어 피해자가 모르는 사이에 소액결제가 이루어지거나, 최근에는 피해자 스마트폰에 저장된 주소록 연락처, 사진(주민등록증·보안카드 사본), 공인인증서, 개인정보 등까지 탈취하여 더 큰 금융범죄로 이어지고 있습니다.

② 스미싱 피해 예방요령

- 휴대폰 소액결제를 자주 사용하지 않으면, 이동통신사 인터넷 홈페이지나 고객센터를 통해 이용한도를 최소를 줄이거나 소액결제를 차단합니다.
- 출처가 확인되지 않은 문자메시지의 인터넷주소는 클릭하지 않고, 지인에게서 온 문자메시지라도 인터넷주소가 포함된 경우에는 클릭 전에 확인전화를 하는 것이 좋습니다.
- 미확인 앱(App)이 함부로 설치되지 않도록 스마트폰의 보안설정을 강화합니다.
- 스마트폰의 보안설정 강화방법 : 환경설정 〉 보안 〉 디바이스 관리 〉 '알 수 없는 출처'에 체크가 되어 있다면 체크를 해제합니다.
- 스마트폰용 백신프로그램을 설치하고 주기적으로 업데이트합니다.

* 이동통신사 백신프로그램

  SKT 'T가드', KT '스미싱 차단', LGU+ '고객센터 2.0'
* 보안업체 백신프로그램

  이스트소프트 '알약 모바일', 하우리 'Smishing Defender', 잉카인터넷 '뭐야 이 문
  자', 안랩 '안전한 문자'등
* 한국인터넷진흥원(KISA) '폰키퍼'

– T스토어 · 올레마켓 · LGU+앱스토어 등 공인된 오픈마켓을 통해 앱(App)을
  설치합니다.

8-3-4. 파밍(Pharming)이란

파밍(Pharming)은 피싱(Phishing)과 조작(Farming)의 합성어로, 악성프로그램
에 감염된 PC를 조작하여 정상 사이트에 접속하더라도 가짜 사이트로 접속을 유
도하여 금융거래정보를 빼낸 후 금전적인 피해를 입히는 사기 수법을 말합니다.

8-3-5. 메모리해킹이란

① 메모리해킹은 파밍(Pharming)보다 더 교묘한 수법으로, 피해자 PC 메모리에 상
  주한 악성프로그램으로 인해 정상 사이트에 접속한 상태에서도 금융거래정보를 빼
  낸 후, 금전을 부당 인출하는 사기 수법을 말합니다.

② 파밍 및 메모리해킹 피해 예방요령

– 이용자들은 정상적인 인터넷뱅킹 절차에 따라 이체가 완료되면 그 즉시거래내
  역을 조회하여 소비자가 입력한 수취계좌 및 금액으로 이체가 되었는지 확인
  해야 합니다.
– 백신프로그램을 항상 최신버전으로 유지하고 악성프로그램 탐지 및 제거를 생
  활화합니다.
– 무료 다운로드 등 출처가 불분명한 파일은 다운로드를 받지 않습니다.
– 컴퓨터 · 이메일 등에 공인인증서, 보안카드 사진, 비밀번호 등을 저장하지 않습
  니다.

8-4. 현명한 소비하기

8-4-1. 인터넷을 통해 물건 구입 시 주의사항

① 믿을 수 있는 쇼핑몰 선택하기

인터넷으로 상품을 구매하거나 서비스 계약을 맺는 경우 상품이나 계약 상대방을

눈으로 확인하지 않고 거래가 이루어지므로 신뢰할 수 있는 업체를 이용하는 것이 중요합니다.

② 공인기관의 인증마크를 획득한 업체 선택하기

- eTrust, i-Safe, 공정거래위원회의 표준약관을 사용하는지를 확인하기.
- 개인정보보호 정책을 공시하고 보안 시스템을 갖췄는지 살펴보기(「정보통신망 이용촉진 및 정보보호 등에 관한 법률」제27조의2 및 제28조 참조).
- 홈페이지 하단에 사업자의 상호명, 대표자명, 사업자 등록번호, 주소, 연락처 등을 제대로 올렸는지 확인하기(「전자상거래 등에서의 소비자보호에 관한 법률」제10조제1항).

③ 게시판을 확인하기

게시판에 올리는 소비자 의견은 쇼핑몰의 장점과 단점을 파악하는데 유용할 뿐만 아니라 구매하는데도 도움이 되므로 소비자의 질문에 충실하게 답변하는지, 상품의 품질이나 반품, 배송 등에 대한 불만은 없는지 꼼꼼히 확인한 후 구매하는 것이 좋습니다.

④ 사기사이트인지 확인하기

메일이나 가격비교사이트 등을 통해 제품을 할인판매 한다고 광고하고는 대금만 받고 배송을 해주지 않거나 사이트 자체를 폐쇄한 후 사라지는 사기사이트들이 많기 때문에 항상 주의해야 합니다.

■ 사기사이트인지 확인할 수 있는 방법이 있나요?

Q 사기사이트인지 확인할 수 있는 방법이 있나요?

A ① 아래와 같은 경우 사기사이트로 봅니다.

- 스팸메일을 이용해 시중에서 구할 수 없는 좋은 조건으로 할인, 대박세일 등을 한다고 광고하는 경우
- 사업자정보나 연락처가 없거나 휴대전화번호만 기재되어 있는 경우
- 쪽지나 가격비교사이트를 이용해 낮은 가격을 제시하고 현금결제만 유도하는 경우
- 게시판에 배송관련 소비자 불만이 많고, 업체와 전화 연결이 안 되는 경우
- 서울소재 쇼핑몰 중 서울시 전자상거래센터 쇼핑몰정보에서 상호, 도메인, 대표자기 조회되지 않는 경우

② 〈서울특별시 전자상거래센터, 쇼핑몰 정보〉에서는 서울시에 신고된 인터넷 쇼핑몰에 관한 정보와 평가내용을 제공하고 있습니다. 상품을 구매하기 전 쇼핑몰이 믿을만한 곳인지 이곳에서 확인해보세요.

③ 조심한다고 했는데도, 사기를 당한 것을 알았다면 〈서울특별시 전자상거래센터, 소비자상담, 사기사이트신고〉에 신고하세요.

8-4-2. "에스크로제도"를 이용해 결제하기

① 에스크로(ESCROW, 결제대금예치)제도란?

"에스크로(ESCROW, 결제대금예치제도)"란 소비자가 원하는 경우 구매의 안전을 위해 제품 등을 받을 때까지 은행과 같은 제3자에게 그 결제대금을 예치하도록 하는 제도를 말합니다(「전자상거래 등에서의 소비자보호에 관한 법률」 제13조제2항제10호).

② 에스크로제도 이용하기

ⓐ 에스크로제도는 인터넷쇼핑몰의 모든 거래에 적용되는 것이 아니라, 상품을 발송하기 전에 미리 상품 대금을 지급받는 선불식 판매를 하는 경우에 적용됩니다(규제「전자상거래 등에서의 소비자보호에 관한 법률」 제24조제2항 참조).

ⓑ 특히 신용카드보다는 현금을 사용하는 경우나 중고물품을 인터넷을 통해 구매하는 경우에는 에스크로제도가 유용합니다.

ⓒ 문제가 발생하면 신용카드의 경우 지급을 정지시키면 되지만 현금은 결제 즉시 판매자에게 지급되기 때문에 소비자는 불안할 수밖에 없습니다. 이럴 때 유용한 제도가 에스크로제도인데 상품을 사면서 대금을 결제하되 은행 등의 에스크로 사업자가 결제대금을 가지고 있다가 상품배송이 완료된 후 대금을 지급하도록 합니다.

ⓓ 개인 간에 중고물품을 거래할 때도 사기를 당하지 않으려면 직접 만나서 물품을 확인한 후 대금을 건네거나 그럴 수 있는 상황이 되지 않는다면 반드시 에스크로 제도를 이용하는 것이 좋습니다.

■ 해외구매대행 쇼핑몰에서 구매를 했는데 물품이 배송되지 않았어요. 어떻게 해야 하나요?

Q 커피머신을 구입하려고 인터넷에서 찾아보다가 저렴한 가격에 판매하는 해외구매대행 쇼핑몰이 있어서 현금으로 결제를 하고 며칠 뒤에 배송한다는 메일을 받았습니다. 그런데 며칠을 기다려도 오지를 않아 다시 확인하니 쇼핑몰 자체가 사라졌어요. 어떻게 해야 하나요?

A 현금으로 결제할 때 에스크로 제도를 이용했나요? 이용했다면 은행 등의 에스크로 사업자에게 연락을 해서 대금을 돌려받을 수 있지만 그렇지 않다면 다른 방법을 찾아보아야 합니다.

먼저 〈 서울특별시 전자상거래센터, 쇼핑몰 정보〉에서 믿을 수 있는 쇼핑몰인지 확인하고, 만약 쇼핑몰에 대한 정보를 찾을 수 없다면 〈 서울특별시 전자상거래센터, 소비자상담, 사기사이트신고〉에 신고하거나 〈 한국소비자원, 소비자상담센터 〉에 상담신청을 해 보는 것이 좋습니다. 그곳에서 쇼핑몰과 연락을 취하고 현재 정확히 어떤 상황인지 확인을 받을 수 있습니다.

그 후에도 아무런 연락이 오지 않을 경우에는 사이버 경찰청 사이버테러대응센터나 경찰서를 직접 방문해 사기로 신고를 하면 경찰서에서 수사를 한 후 진행상황을 알려 줍니다.

8-5. 물품주문 취소 및 반품시 유의사항
8-5-1. 주문 취소 및 반품할 수 있는 기간

① 인터넷에서 물품을 주문한 후 7일 이내에는 주문을 취소하거나 반품을 할 수 있습니다(「전자상거래 등에서의 소비자보호에 관한 법률」 제17조제1항).

② 하지만, 다음의 어느 하나에 해당하는 경우에는 주문 취소 및 반품을 할 수 없습니다(「전자상거래 등에서의 소비자보호에 관한 법률」 제17조제2항 및 「전자상거래 등에서의 소비자보호에 관한 법률 시행령」 제21조).

1. 소비자의 잘못으로 물건이 멸실(물건의 기능을 할 수 없을 정도로 전부 파괴된 상태)되거나 훼손된 경우. 다만, 내용물을 확인하기 위해 포장을 훼손한 경우에는 취소나 반품이 가능합니다.

2. 소비자가 사용해서 물건의 가치가 뚜렷하게 떨어진 경우

3. 시간이 지나 다시 판매하기 곤란할 정도로 물건의 가치가 뚜렷하게 떨어진 경우

4. 복제가 가능한 물건의 포장을 훼손한 경우

5. 용역 또는 디지털콘텐츠의 제공이 개시된 경우(다만, 가분적 용역 또는 가분적 디지털콘텐츠로 구성된 계약의 경우에는 제공이 개시되지 않은 부분에 대하여는 그렇지 않음)

6. 사전에 해당거래에 대하여 주문 취소 및 반품이 되지 않는다는 사실을 별도로 고지하고 소비자의 서면(전자문서를 포함)에 의한 동의를 받은 경우

8-5-2. 소비자에게 불리한 규정의 효력

소비자에게 불리한 규정(주문 취소나 반품 금지 등)이 포함된 구매계약은 효력이 없습니다(「전자상거래 등에서의 소비자보호에 관한 법률」 제35조).

8-5-3. 환불

① 환불요청을 하면 소비자는 이미 받은 물건을 반환해야 합니다(「전자상거래 등에서의 소비자보호에 관한 법률」 제18조제1항 본문).

② 다만, 이미 공급받은 재화등이 용역 또는 디지털콘텐츠인 경우에는 그렇지 않습니다(「전자상거래 등에서의 소비자보호에 관한 법률」 제18조제1항 단서).

③ 판매자는 다음의 어느 하나에 해당하는 날부터 3일 이내에 대금을 환불해야 하고, 대금 환급을 지연한 경우에는 지연기간동안 지연이자를 지급해야 합니다(「전자상거래 등에서의 소비자보호에 관한 법률」 제18조제2항).

1. 통신판매업자가 재화를 공급한 경우에는 재화를 반환받은 날

2. 통신판매업자가 용역 또는 디지털콘텐츠를 공급한 경우에는 청약철회 등을 한 날

3. 통신판매업자가 재화등을 공급하지 않은 경우에는 청약철회 등을 한 날

8-5-4. 배송료의 부담

① 소비자의 단순 변심 등으로 반품을 하는 경우 물건의 반환에 필요한 비용은 소비자가 부담해야 합니다(「전자상거래 등에서의 소비자보호에 관한 법률」 제18조제9항).

② 물건에 하자가 있거나 잘못 배송되는 등 판매자의 잘못으로 반품을 하는 경우 물건의 반환에 필요한 비용은 판매자가 부담합니다(「전자상거래 등에서의 소비자보호에 관한 법률」 제18조제10항).

8-6. 반품 관련 분쟁 발생 시 대처방법

8-6-1. 분쟁조정기관에 조정신청하기

① 한국소비자원은 소비자에게 발생한 피해를 구제받을 수 있도록 도와주는 기구로서 (「소비자기본법」 제55조제1항), 소비자와 판매자 사이에서 발생한 분쟁은 「소비자분쟁해결기준」(공정거래위원회고시 제2018-2호, 2018. 2. 28. 발령·시행)에 따라 해결이 됩니다(「소비자기본법」 제16조제2항).

② 물품의 반품과 관련한 분쟁의 처리기준은 물품에 따라 다릅니다. 분쟁이 발생한 경우 해당 물품에 따라 「소비자분쟁해결기준」을 확인하고 그에 따라 해결기준을 생각하면 됩니다.

8-6-2. 민사소송 제기하기

한국소비자원을 통해서도 분쟁이 해결되지 않은 경우에는 민사소송을 통해 해결을 할 수 있습니다.

9. 여가즐기기

9-1. 봉사활동하기

9-1-1. 봉사활동

① 자원봉사 참가대상

모든 국민은 나이, 성별, 장애, 지역, 학력 등 사회적 배경에 관계없이 누구든지 자원봉사활동에 참여할 수 있습니다(「자원봉사활동 기본법」 제2조제3호).

② 자원봉사센터란

"자원봉사센터"란 자원봉사활동 개발·장려·연계·협력 등의 사업을 하기 위해 법령과 조례 등에 따라 설치된 기관·법인·단체 등을 말합니다(「자원봉사활동 기본법」 제3조제4호).

③ 자원봉사센터 등에 등록

ⓐ 자원봉사는 개인이 자기 책임으로 임의로 할 수 있으나 보다 효율적인 자원봉사를 위하여 자원봉사자는 본인이 원하는 자원봉사센터 등에 신청하는 절차가 필요합니다.

ⓑ 자원봉사센터 등에 등록하려면 인터넷으로 자원봉사센터 등의 홈페이지에서 회원으로 등록하거나, FAX·전화[☎ 1365(전국 자원봉사센터) 또는 ☎ 1688-1090(전국 사회복지협의회) 등] 또는 자원봉사센터 등에 직접 방문하여 등록할 수 있습니다.

ⓒ 1365로 통화 시 유선전화는 국번없이 1365, 휴대전화나 시외전화는 지역번호와 1365를 누르면 자원봉사센터와 연결됩니다.

9-1-2. 자원봉사활동에 대한 지원

① 자원봉사자 및 단체의 활동에 대한 필요경비 지원

서울특별시장은 자원봉사자 및 단체의 활동에 대해 자원봉사활동의 취지를 훼손하지 않는 범위에서 필요경비를 지원할 수 있습니다(「서울특별시 자원봉사활동 지원 조례」 제10조의2제1항).

② 국·공유재산의 사용

국가와 지방자치단체는 「국유재산법」 또는 「공유재산 및 물품 관리법」에도 불구하고 자원봉사활동의 진흥을 위해 자원봉사단체 및 자원봉사센터가 다음의 어느 하나에 해당하는 특정 사업을 수행하기 위해 국유·공유 재산이 필요하다고 인정하면 이를 무상으로 대여하거나 사용하게 할 수 있습니다(「자원봉사활동 기본법」 제16조 및 「자원봉사활동 기본법 시행령」 제12조제1항).

1. 국제행사에 관한 사업
2. 재난복구 및 구호에 관한 사업

3. 그 밖에 국가 및 지방자치단체가 자원봉사활동의 진흥을 위해 필요하다고 인정하는 사업. 이 경우 국·공유재산을 사무실 용도로 대여·사용하거나 1년 이상의 기간을 대여·사용하게 할 수 없습니다.

9-2. 반려동물과 생활하기

9-2-1. 반려동물이란

① 반려(伴侶)동물이란 사람과 더불어 살아가며 사랑을 주고받는 가족이라는 의미에서 반려동물이라고 합니다.

② 반려동물(companion animal)이라는 용어는 1983년 10월 오스트리아 빈에서 열린 '인간과 동물의 관계에 관한 국제 심포지움'에서 "애완동물"이란 말 대신 사용하기로 제안해서 미국, 유럽, 일본 등 대부분의 국가에서 사용되고 있습니다.

9-2-2. 데려올 때 유의사항

① 애견센터 등 동물판매업소에서 구입 시 유의사항

ⓐ 동물판매업소에서 동물을 구입할 때는 사후에 문제가 발생할 것에 대비해 계약서를 받아야 하며, 특히 개, 고양이, 토끼, 페럿, 기니피그, 햄스터를 살 때는 그 동물판매업소가 동물판매업 등록이 되어 있는 곳인지 확인하는 것이 중요합니다.

ⓑ 동물판매업 등록을 한 동물판매업자만 개를 판매할 수 있도록 하고 있으며, 이들에게는 일정한 준수의무가 부과되기 때문에 동물판매업 등록이 된 곳에서 사는 것이 나중에 분쟁이 발생했을 때 훨씬 대처하기 쉬울 수 있습니다(「동물보호법」제32조, 제33조, 「동물보호법 시행규칙」 제35조 및 제36조).

② 일반가정집에서 분양 시 유의사항

일반가정집에서 분양받는 경우에는 반려동물이 예방접종을 했는지 여부를 확인해서 예방접종을 하지 않았다면 종합백신(DHPPL), 광견병 등 예방접종을 실시하는 것이 좋습니다.

③ 동물보호센터(유기동물보호소)에서 분양 시 유의사항

ⓐ 도로·공원 등 공공장소에서 구조된 반려동물은 동물보호센터에서 보호되는데, 보호조치된 후 일정기간이 지나도 소유자 등을 알 수 없는 반려동물은 그 소유권이 지방자치단체로 이전되므로 일반인이 분양받을 수 있습니다(「동물보호법」 제21조).

ⓑ 동물보호센터에서 반려동물을 분양받으려면 해당 지방자치단체의 조례에서 정하는 일정한 자격요건을 갖추어야 하는데(「동물보호법」 제21조제3항), 그 자격요건은 각 시·군·구청에서 확인할 수 있습니다.

ⓒ 동물보호센터에서 분양 받는 경우 무료나 비교적 저렴한 비용으로 반려동물을 데려올 수

있으나, 대부분 유기된 경험이 있는 반려동물이기 때문에 건강상태가 좋지 않거나 일시적으로 사람을 경계할 수 있으므로 분양을 받을 때 유의해야 합니다.

④ 반려동물을 외국에서 데리고 오는 경우 유의사항

ⓐ 외국에서 반려동물을 데리고 국내로 들어올 경우에는 상대국의 검역증명서(개·고양이의 경우: 마이크로칩을 이식하여 개체확인이 되고 광견병 중화항체가가 0.5IU/㎖임을 기재)가 있어야 합니다.

ⓑ 입국 즉시 여행자휴대품신고서에 동물 휴대 유무를 기록해서 세관검사대를 통과하기 전에 여행자휴대품신고서와 위 구비서류를 검역관에게 제출해야 합니다(「가축전염병 예방법」 제36조제1항 단서, 「가축전염병 예방법 시행규칙」 제38조).

ⓒ 여행자휴대품으로서 동물반입에 관한 신고가 있으면 검역관이 그 반입동물에 대해 서류검사와 임상검사 등의 검역을 실시하며, 이 검역에 합격한 동물은 국내에 들어오게 됩니다.

9-2-3. 기를 때 유의사항

① 반려동물의 사육·관리에 필요한 기본적 사항

반려동물을 기르기로 결정하고 분양받았다면, 반려동물을 잘 돌봐서 그 생명과 안전을 보호하는 한편, 자신의 반려동물로 인해 다른 사람이 피해를 입지 않도록 주의해야 합니다.

② 동물등록

ⓐ 등록대상동물의 소유자는 동물의 보호와 유실·유기방지 등을 위하여 시장·군수·구청장(자치구의 구청장을 말함)·특별자치시장(이하 '시장·군수·구청장'이라 함)에게 등록대상동물을 등록해야 합니다(「동물보호법」 제12조제1항 본문).

ⓑ 등록대상동물'이란 동물의 보호, 유실·유기방지, 질병의 관리, 공중위생상의 위해 방지 등을 위하여 등록이 필요하다고 인정하는 다음 어느 하나에 해당하는 월령(月齡) 3개월 이상인 개를 말합니다(「동물보호법」 제2조제2호 및 「동물보호법 시행령」 제3조).

1) 주택·준주택에서 기르는 개
2) 주택·준주택 외의 장소에서 반려(伴侶) 목적으로 기르는 개

③ 반려동물 관리 책임

반려동물이 사람의 다리를 물어 상처를 내는 등 다른 사람에게 손해를 끼쳤다면 치료비 등 그 손해를 배상해 주어야 합니다(「민법」 제750조 및 「민법」 제759조 전단). 이 때 손해를 배상해야 하는 책임자는 반려동물의 소유자뿐만 아니라 소유자를 위해 사육·관리 또는 보호에 종사한 사람도 해당됩니다(「민법」 제759조제2항).

④ 아파트에서 반려동물과 생활하기

반려동물을 기를 수 있는지 여부는 아파트마다 다를 수 있습니다. 따라서 아파트의 관리사무소 등을 통해 해당 아파트의 「공동주택관리규약」을 확인해 보시기 바랍

니다(「공동주택관리법」 제18조제2항).

⑤ 외출시 주의 사항

ⓐ 반려동물을 데리고 외출했을 때 배설물(소변의 경우에는 공동주택의 엘리베이터·계단 등 건물 내부의 공용공간 및 평상·의자 등 사람이 눕거나 앉을 수 있는 기구 위의 것으로 한정)이 생기면 이를 즉시 수거해야 합니다. 그렇지 않으면 「경범죄 처벌법」에 따라 10만 원 이하의 벌금, 구류 또는 과료에 처해지거나, 5만원의 범칙금을 부과받게 됩니다(「동물 보호법」 제13조제2항, 「경범죄 처벌법」 제3조제1항제12호 및 제6조제1항, 「경범죄 처벌법 시행령」 별표).

ⓑ 특히, 반려용 개를 바깥으로 데리고 나갈 경우에는 인식표를 부착하고 안전조치 등을 해 야 하며, 준수하지 않을 경우 「동물보호법」에 따라 과태료를 부과받게 됩니다(「동물보호 법」 제13조제2항, 「동물보호법 시행규칙」 제11조 및 제12조).

ⓒ 반려동물의 대중장소 입장여부는 각 업소마다 다를 수 있으니, 가려는 업소에 전화문의 등을 통해서 확인해 보시기 바랍니다.

⑥ 예방접종 실시하기 등

동물의 질병으로 인한 공중위생상의 위해를 방지하기 위해 특별시·광역시·도 또 는 특별자치도는 조례로써 동물의 소유자와 소유자를 위하여 동물의 사육·관리 또 는 보호에 종사하는 사람에게 반려견에 대해 예방접종을 실시하게 하거나 특정 지 역 또는 장소에서의 사육이나 출입을 제한하는 등의 의무를 부과할 수 있는데(「동 물보호법」 제13조제3항), 이 경우 해당 시·도에 거주하는 소유자 등은 예방접종을 실시하는 등 해당 조치를 따라야 합니다.

9-3. 장례치를 때 유의사항

9-3-1. 동물등록 말소신고

동물등록이 되어 있는 반려동물이 죽은 경우에는 다음의 서류를 갖추어서 반려동 물이 죽은 날부터 30일 이내에 동물등록 말소신고를 해야 합니다(「동물보호법」 제12조제2항제2호, 「동물보호법 시행규칙」 제9조제1항제4호 및 제2항).

1. 동물등록 변경신고서(「동물보호법 시행규칙」 별지 제1호서식)

2. 등록동물의 폐사 증명 서류

9-3-2. 임의매립·임의소각 금지

동물의 사체는 「폐기물관리법」에 따라 허가 또는 승인받거나 신고된 폐기물처리시 설에서만 소각·매립할 수 있으며, 폐기물처리시설이 아닌 곳에 소각·매립해서는 안 됩니다(「폐기물관리법」 제8조제2항).

9-3-3. 사체처리하기

① 반려동물이 동물병원에서 죽은 경우에는 의료폐기물로 분류되어 동물병원에서 자체적으로 처리되거나 폐기물처리업자 또는 폐기물처리시설 설치·운영자 등에게 위탁해서 처리됩니다(「폐기물관리법」 제2조제4호·제5호, 「폐기물관리법」 제18조제1항).

② 반려동물이 동물병원 외의 장소에서 죽은 경우에는 생활폐기물로 분류되어, 해당 지방자치단체의 조례에서 정하는 바에 따라 생활쓰레기봉투 등에 넣어 배출하면 생활폐기물 처리업자가 처리하게 됩니다.

③ 반려동물의 소유자가 원할 경우 병원으로부터 동물의 사체를 「동물보호법」 제33조제1항에 따른 동물장묘업의 등록을 한 자가 설치·운영하는 동물장묘시설에서 처리할 수 있습니다.

9-3-4. 장례 및 납골

반려동물의 장례와 납골 역시 동물장묘업자에게 위탁할 수 있습니다(「동물보호법 시행규칙」 제36조).

9-4. 여가복지시설 이용하기

① 노인여가복지시설 이용하기

"노인여가복지시설"은 노인들이 여가를 즐기고 친목도모·취미생활 등을 할 수 있는 시설을 말합니다.

② 노인여가복지시설의 종류

노인여가복지시설의 종류는 다음과 같습니다(「노인복지법」 제36조제1항).

1. 노인복지관 : 노인의 교양·취미생활 및 사회참여활동 등에 대한 각종 정보와 서비스를 제공하고, 건강증진 및 질병예방과 소득보장·재가복지, 그 밖에 노인의 복지증진에 필요한 서비스를 제공함을 목적으로 하는 시설

2. 경로당 : 지역노인들이 자율적으로 친목도모·취미활동·공동작업장 운영 및 각종 정보교환과 기타 여가활동을 할 수 있도록 하는 장소를 제공함을 목적으로 하는 시설

3. 노인교실 : 노인들에 대하여 사회활동 참여욕구를 충족시키기 위해 건전한 취미생활·노인건강유지·소득보장, 그 밖에 일상생활과 관련한 학습프로그램을 제공함을 목적으로 하는 시설

③ 이용대상자

ⓐ 노인여가복지시설의 이용대상자는 다음과 같습니다(「노인복지법」 제36조제2항 및 「노인복

지법 시행규칙」 제24조제1항).

　　1) 노인복지관 및 노인교실 : 60세 이상의 사람

　　2) 경로당 : 65세 이상의 사람

　ⓑ 위의 규정에도 불구하고 노인복지관 및 노인교실 이용대상자의 배우자는 60세 미만인 때에도 이용대상자와 함께 이용할 수 있습니다(「노인복지법 시행규칙」 제24조제2항).

④ 이용비용 및 이용절차

　노인여가복지시설의 이용은 시설별 운영규정이 정하는 바에 따릅니다(「노인복지법 시행규칙」 제24조제3항).

노인은 어떤 복지혜택을
받을 수 있나요?

제5장 노인은 어떤 복지혜택을 받을 수 있나요?

1. 노인복지란?

1-1. 노인이란?

① 노인복지의 대상이 되는 "노인"은 일반적으로 65세 이상(지원사업에 따라 60세 이상)이 되는 사람을 말합니다.

② 장기요양급여를 받을 수 있는 노인은 고령이나 노인성 질병 등의 사유로 일상생활을 혼자서 하기 어려운 사람 즉, 65세 이상의 노인 또는 65세 미만의 사람으로서 치매·뇌혈관성질환 등 노인성 질병을 가진 사람을 말합니다(「노인장기요양보험법」제1조 및 제2조제1호).

1-2. 노인복지는 편안하고 안전한 노후 생활을 지원합니다.

1-2-1. 노인복지의 기본 방향

① 노인은 후손의 양육과 국가 및 사회의 발전에 기여하여 온 사람으로서 존경받으며 건전하고 안정된 생활을 보장받고, 그 능력에 따라 적당한 일에 종사하고 사회적 활동에 참여할 기회를 보장 받습니다(「노인복지법」제2조제1항 및 제2항).

② 또한, 보건복지부장관은 노인의 보건 및 복지에 관한 실태조사를 3년마다 실시하고 그 결과를 공표해야 합니다(「노인복지법」제5조제1항).

③ 노인에 대한 사회적 관심과 공경의식을 높이기 위해 매년 10월 2일을 노인의 날, 매년 10월을 경로의 달로 합니다(「노인복지법」제6조제1항 및 「노인복지법 시행령」제11조).

④ 부모에 대한 효사상을 높이기 위해 매년 5월 8일을 어버이날로 합니다(「노인복지법」제6조제2항).

⑤ 범국민적으로 노인학대에 대한 인식을 높이고 관심을 유도하기 위해 매년 6월 15일을 노인학대예방의 날로 하고, 국가와 지방자치단체는 노인학대예방의 날의 취지에 맞는 행사와 홍보를 실시하도록 노력해야 합니다(「노인복지법」제6조제4항).

⑥ 국가와 지방자치단체는 노인복지에 관해 주거·보건·소득·여가 및 안전·권익보호 등의 분야로 나누어 매년 「노인보건복지 사업안내」, 「기초연금 사업안내」등을 발표하고 있습니다.

1-2-2. 상담 및 노인복지시설의 입소

① 보건복지부장관, 특별시장·광역시장·특별자치시장·도지사·특별자치도지사(이하 "시·도지사"라 함), 시장·군수·구청장(자치구의 구청장을 말함. 이하 같음)은 노인 복지를 위해 필요하다고 인정되는 때에는 다음의 조치를 해야 합니다(「노인복지법」 제28조제1항).

   1. 65세 이상의 자 또는 그를 보호하고 있는 자를 관계 공무원 또는 노인복지상 담원이 상담·지도하는 것

   2. 65세 이상의 자로서 신체적·정신적·경제적 이유 또는 환경상의 이유로 거택 에서 보호받기가 곤란한 자를 노인주거복지시설 또는 재가노인복지시설에 입 소시키거나 입소를 위탁하는 것

   3. 65세 이상의 자로서 신체 또는 정신상의 현저한 결함으로 인해 항상 보호를 필요로 하고 경제적 이유로 거택에서 보호받기가 곤란한 자를 노인의료복지시 설에 입소시키거나 입소를 위탁하는 것

② 보건복지부장관, 시·도지사 또는 시장·군수·구청장은 65세 미만의 자에 대하여도 그 노쇠현상이 현저하여 특별히 보호할 필요가 있다고 인정할 때에는 위와 같은 조치를 할 수 있습니다(「노인복지법」 제28조제2항).

③ 보건복지부장관, 시·도지사 또는 시장·군수·구청장은 입소한 노인이 사망한 경우 에 그 자에 대한 장례를 할 자가 없을 때에는 그 장례를 하거나 해당 시설의 장으 로 하여금 그 장례를 하게 할 수 있습니다(「노인복지법」 제28조제3항).

1-3. 노인은 다음과 같은 복지 혜택을 받을 수 있습니다.

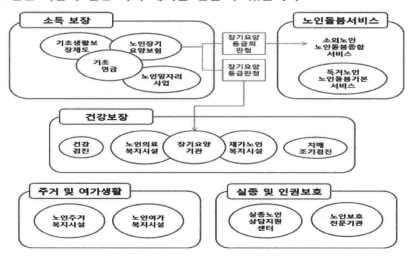

1-3-1. 경제적 도움 받기

① 노후생활의 안정을 위해 생활이 어려운 노인은 「기초연금법」에 따라 매월 일정액의 연금을 받을 수 있습니다.

② 고령이나 노인성 질병(치매, 중풍 등) 등으로 일상생활을 혼자서 하기 어려운 노인은 「노인장기요양보험법」에 따라 장기요양급여를 받을 수 있습니다.

③ 일정 소득액 이하로 생활이 어려운 노인은 「국민기초생활보장법」에 따라 기초생활수급자로 선정되어 급여를 받을 수 있습니다.

1-3-2. 일자리 구하기

일자리를 구해 돈을 벌고 싶은 노인은 정부에서 운영하는 노인일자리사업을 통해 일자리를 구하는 데 도움을 받을 수 있습니다.

1-3-3. 노인복지시설 이용하기

노인이 이용할 수 있는 노인복지시설의 종류는 다음과 같습니다(「노인복지법」 제31조).

1. 노인주거복지시설 : 양로시설, 노인공동생활가정, 노인복지주택
2. 노인의료복지시설 : 노인요양시설, 노인요양공동생활가정
3. 노인여가복지시설 : 노인복지관, 경로당, 노인교실
4. 재가노인복지시설 : 방문요양서비스, 주·야간보호서비스, 단기보호서비스, 방문 목욕서비스, 재가노인지원서비스 등을 제공하는 시설
5. 노인보호전문기관 : 중앙노인보호전문기관, 지역노인보호전문기관
6. 노인일자리지원기관 : 지역사회 등에서 노인일자리의 개발·지원, 창업·육성 및 노인에 의한 재화의 생산·판매 등을 직접 담당하는 기관(「노인복지법」 제23조의2제1항제2호)
7. 학대피해노인 전용쉼터

1-3-4. 노인돌봄서비스 이용하기

홀로 사는 노인은 노인돌봄기본서비스를 받을 수 있고, 장기요양등급 외 A, B판정자로 다른 복지서비스 혜택을 받지 못하는 사람은 노인돌봄종합서비스를 받을 수 있습니다.

1-3-5. 건강검진 받기

① 65세 이상의 노인은 건강검진을 통해 자신의 건강을 지키고 조기치료를 통해 건강한 노후 생활을 보낼 수 있습니다(「노인복지법」제27조).

② 노인성 질병 중에 하나인 치매를 조기에 발견하고 관리할 수 있도록 치매검진을 받을 수 있으며, 치매로 치료를 받는 노인은 의료비를 지원받을 수 있습니다(「치매관리법」제6조 및 제12조).

1-3-6. 노인학대 예방

누구든지 65세 이상의 노인에 대하여 신체적·정신적·성적 폭력 및 경제적 착취 또는 가혹행위를 하거나 유기(遺棄) 또는 방임(放任) 등 노인학대 행위를 해서는 안 됩니다(「노인복지법」제39조의9).

1-3-7. 실종노인 신고의무

누구든지 실종노인을 발견했을 때에는 경찰관서 또는 지방자치단체의 장에게 신고해야 합니다(「노인복지법」제39조의10).

2. 경제적 도움받기

2-1. 기초연금을 신청하세요.

2-1-1. 기초연금이란?

노인이 후손의 양육과 국가 및 사회의 발전에 이바지하여 온 점을 고려하여 생활이 어려운 노인에게 생활안정을 지원하고 복지를 증진하기 위해 기초연금(이하 "연금"이라 함)을 지급합니다(「기초연금법」제1조).

2-1-2. 기초연금지급 대상자

① 65세 이상인 본인 및 배우자의 소득인정액이 137만원(단독가구) 또는 219.2만원(부부가구) 이하인 노인은 기초연금을 받을 수 있습니다.

② 소득인정액이란?

ⓐ '소득인정액'이란 본인 및 배우자의 소득평가액과 재산의 소득환산액을 합산한 금액을 말합니다(「기초연금법」제2조제4호)

ⓑ 소득인정액의 산출기초가 되는 소득의 범위는 다음과 같습니다. (「기초연금법」제2조제4호 및 「기초연금법 시행령」제2조제1항)

1) 근로소득: 「소득세법」제20조제1항에 따른 근로소득. 다만, 「소득세법」제12조제3호에

따라 비과세되는 근로소득은 제외하되, 다음의 급여는 근로소득에 포함합니다.

- 「소득세법」 제12조제3호더목에 따라 비과세되는 급여
- 「소득세법 시행령」 제16조제1항제1호에 따라 비과세되는 급여

2) 사업소득: 「소득세법」 제19조에 따른 사업소득

3) 재산소득

- 이자소득: 「소득세법」 제16조제1항에 따른 이자소득
- 연금소득: 「소득세법」 제20조의3제1항제2호 및 제3호에 따른 연금 및 소득과 「보험업법」 제4조제1항제1호나목에 따른 연금보험에서 발생하는 소득

4) 공적이전소득: 「국민연금법」, 「공무원연금법」, 「공무원 재해보상법」, 「군인연금법」, 「별정우체국법」, 「사립학교교직원 연금법」, 「산업재해보상보험법」, 「국민연금과 직역연금의 연계에 관한 법률」, 「북한이탈주민의 보호 및 정착지원에 관한 법률」, 「독립유공자예우에 관한 법률」, 「국가유공자 등 예우 및 지원에 관한 법률」, 「고엽제후유의증 등 환자 지원 및 단체설립에 관한 법률」, 「참전유공자 예우 및 단체설립에 관한 법률」과 그 밖에 보건복지부장관이 정하여 고시하는 법령에 따라 정기적으로 지급되는 각종수당·연금·급여나 그 밖의 금품. 다만, 다음의 수당은 제외합니다.

- 생활조정수당(「독립유공자예우에 관한 법률」 제14조)
- 생활조정수당, 간호수당 및 무공영예수당(「국가유공자 등 예우 및 지원에 관한 법률」 제14조, 제15조 및 제16조의2)
- 참전명예수당(「참전유공자 예우 및 단체설립에 관한 법률」 제6조)

ⓒ 소득인정액의 산출기초가 되는 재산의 범위는 다음과 같습니다(「기초연금법」 제2조제4호 및 「기초연금법 시행령」 제3조제1항)

* 일반재산

1. 입목
2. 어업권
3. 회원권
4. 조합원입주권
5. 토지, 건축물 및 주택(「지방세법」 제104조제1호부터 제3호까지). 다만, 종중재산, 마을 공동재산과 그 밖에 이에 준하는 공동의 목적으로 사용하는 재산은 제외합니다.
6. 주택·상가·건물 등에 대한 임차보증금(전세금을 포함)
7. 건물이 완성되는 때에 그 건물과 이에 부수되는 토지를 취득할 수 있는 권리(4.에 따른 조합원입주권은 제외)
8. 항공기 및 선박
9. 자동차(「지방세법」 제124조). 다만, 다음의 자동차는 제외합니다.

- 「국가유공자 등 예우 및 지원에 관한 법률」에 따라 상이등급 판정을 받은 국가유공자 등이 소유한 자동차

－「장애인복지법」에 따라 등록한 장애인이 소유한 자동차

－「지방세특례제한법」제4조제1항에 따라 과세하지 아니하는 자동차 중 보건복지부장관이 정하여 고시하는 기준에 해당하는 자동차

＊ 금융재산

1) 금융자산

2) 보험상품

3) 1. 및 2.에 해당하는 재산 중 2011년 7월 1일 이후 다른 사람에게 증여한 재산 또는 처분한 재산(재산을 처분한 금액으로 다른 재산의 구입, 부채의 상환, 의료비의 지급 등 본인 및 배우자를 위하여 소비한 사실이 입증된 경우는 제외)

■ 국민연금을 받고 있으면 기초연금을 받지 못하나요?

Q 국민연금을 받고 있으면 기초연금을 받지 못하나요?

A 국민연금을 받고 있다고 해서 기초연금을 받지 못하는 것은 아닙니다. 기초연금의 소득인정액 요건 등을 충족하면 기초연금을 받을 수 있고, 국민연금액과 국민연금 가입기간이 반영된 국민연금 소득재분배급여(A급여) 등에 따라 기초연금액을 결정합니다.

■ 65세 기초생활보장 수급자인데, 기초연금을 받을 수 있나요?

Q 65세 기초생활보장 수급자인데, 기초연금을 받을 수 있나요?

A 네, 기초생활보장 수급자도 기초연금을 받을 수 있습니다.

다만, 기초연금 지급액을 소득으로 인정하기 때문에 기초생활보장 급여에 영향을 미칠 수도 있습니다. 기초생활보장제도는 '최후의 사회 안전망'으로

본인의 소득과 재산, 부양의무자의 지원, 기초연금을 포함한 여러 지원제도에도 불구하고 소득인정액이 최저생계비에 미달할 경우에, 그 차액을 지원해드리는 제도이기 때문입니다.

2-2. 기초연금을 신청하세요.

2-2-1. 연금의 신청

기초연금을 지급받으려는 사람 또는 그 친족, 그 밖의 관계인은 특별자치시장·특별자치도지사·시장·군수·구청장에게 기초연금의 지급을 신청할 수 있습니다(「기초연금법」 제10조제1항, 「기초연금법 시행규칙」 제6조).

■ 기초연금을 받고 싶은데요. 제 아들이 저를 대신해서 신청해도 되나요?

Q 기초연금을 받고 싶은데요. 제 아들이 저를 대신해서 신청해도 되나요?

A 네, 가능합니다. 본인이 직접 신청하시는 것이 원칙이나, 불가피할 경우 배우자나 자녀, 형제·자매, 친족, 사회복지시설장이 대리 신청할 수 있습니다. 대리인이 신청할 경우 본인 신분증 이외에 대리인의 신분증·위임장을 지참하셔야 합니다.
* 위임장 서식은 읍·면사무소 및 동 주민센터, 국민연금공단 지사에 구비되어 있으며, 보건복지부 기초연금 홈페이지에서도 다운로드하실 수 있습니다.

2-2-2. 제출서류

기초연금의 지급을 신청하려는 사람은 다음의 서류를 특별자치시장·특별자치도지사·시장·군수·구청장(자치구의 구청장을 말함)에게 제출하여야 합니다.

1. 연금지급신청서
2. 소득·재산신고서
3. 금융정보·신용정보 또는 보험정보의 제공 동의서면(배우자의 동의서면을 포함)
4. 기초연금을 지급받으려는 사람의 신분을 확인할 수 있는 서류(사본을 포함함. 주민등록증, 자동차운전면허증, 장애인등록증, 여권 등)
5. 위임장 및 대리인의 인적사항을 확인할 수 있는 서류(사본을 포함함. 주민등록증, 자동차운전면허증, 장애인등록증, 여권 등) : 대리인이 신청하는 경우에만 해당

[서식 예] 기초연금 수급희망 이력관리 신청서

접수번호		접수일	처리기간 별도 안내
본 인	성명		주민등록번호
	전화번호(자택)		휴대전화번호
	주소		
배우자	성명		주민등록번호
	전화번호(자택)		휴대전화번호
	주소		

위의 사람은 「기초연금법 시행령」 제13조의2제2항 및 같은 법 시행규칙 제7조제4항에 따라 기초연금 수급희망자로서 기초연금 수급권자의 범위에 포함될 가능성을 확인받기 위한 기초연금 수급희망 이력관리를 신청합니다.

년   월   일

신청인   본인   (서명 또는 날인)

배우자   (서명 또는 날인)

특별자치시장·특별자치도지사·시장·군수·구청장 귀하

유의사항

1. 아래 유의사항을 듣고 확인한 경우에는 오른쪽 [ ] 란에 ∨ 표시와 서명 또는 날인을 해주시기 바랍니다.

   가. 이력관리는 수급 가능 여부를 예측하여 신청을 안내해드리기 위한 것입니다. 이력관리를 통해 안내된 이력조사 결과는 전산자료로 조회된 공적자료 위주로 적용된 결과이므로 실제 신청조사 결과와 다를 수 있으며, 기초연금 수급을 위해서는 별도의 사회복지서비스 및 급여제공 신청을 하셔야 합니다.   [   ]

   (서명 또는

   나. 이력관리에 따른 조사는 수시로 이루어지는 개별조사가 아닌 원칙적으로 연 1회 이루어지는 일괄조사입니다.   날인)

2. 이 신청서의 유효기간은 신청서 제출일부터 5년입니다. 다만, 신청서를 제출한 이후 기초연금 수급권이 발생한 경우에는 그 날부터 신청서의 유효기간이 만료된 것으로 봅니다.

소득, 재산 및 금융정보·신용정보·보험정보 제공 동의서

본인은 이 건 업무처리와 관련하여 「기초연금법 시행령」 제15조제1항제3호, 제2항제3호에 따른 이력조사의 경우에는 소득조사, 재산조사 및 금융정보·신용정보·보험정보 제공 동의서를 추가로 제출하지 아니하여도 보건복지부장관·특별자치시장·특별자치도지사·시장·군수·구청장(관련 법에 따른 위탁업무수행 기관장 포함)에게 소득정보, 재산정보 및 금융정보·신용정보·보험정보를 제공하는 것에 동의합니다. 또한, 「기초연금법 시행령」 제16조제1호 및 제2호에 따른 공통서식(소득·재산 신고서 및 금융정보등 제공 동의서)의 정보를 활용함에 동의합니다.

수급희망자   본인   (서명 또는 날인)

배우자   (서명 또는 날인)

[서식 예] 금융정보 등(금융·신용·보험정보) 제공 동의서

1. 지원대상자 가구 세대주 인적사항

관 계	성 명	주민등록번호 (외국인등록번호 등)
		―

2. 금융정보 등 제공 동의자(지원대상자 또는 부양의무자)

※ 유의사항 : 인감으로 동의할 경우 인감증명서 제출이 필요합니다. 동의자가 미성년자인 경우 친권자 등 보호자의 자필 한글정자 서명 또는 무인(인감 포함)으로 대신합니다.

세대주와의 관 계	동의자 성 명	주민등록번호 (외국인등록번호 등)	금융정보 등의 제공을 동의함 1),2) (한글정자 서명 또는 무인.인감)	금융정보 등의 제공 사실을 동의자에게 통보하지 아니함에 동의함3) (한글정자 서명 또는 무인.인감)
		―		
		―		

1) 지원대상자 선정 및 확인조사에 필요한 금융재산조사를 위하여 금융기관 등이 지원대상자 또는 부양의무자의 금융정보 등을 보건복지부장관.국토교통부장관.교육부장관.여성가족부장관.특별자치시장·특별자치도지사.시장.군수.구청장.특별시교육감.광역시교육감.특별자치시교육감.도교육감.특별자치도교육감(관련법에 따른 위탁업무수행 기관장 포함, 이하 '보건복지부장관 등' 이라 한다)에게 제공하는 것에 동의합니다.

2) 보건복지부장관 등이 별지 제1호서식 구비서류로 제출된 통장계좌번호의 진위 여부 확인을 요청하는 경우 금융기관 등이 계좌 명의자의 성명.주민등록번호,계좌번호를 제공하는 것에 동의합니다.

3) 금융기관이 금융정보등을 보건복지부장관 등에게 제공한 사실을 동의자에게 통보하지 아니하는 데에 동의합니다.(만일 동의하지 않으면, 금융기관 등이 금융정보 등의 제공사실을 정보제공 동의자 개인에게 우편으로 송부하게 됩니다. 단, 기초연금의 경우는 별첨서식「금융정보 등 제공 사실 통보요구서」를 추가로 제출하여야만 통보됩니다.)

3. 금융정보 등의 제공 범위, 대상 금융기관 등의 명칭 : 뒷면 참조

4. 금융정보 등의 제공 동의 유효기간 : 동의서 제출 후 신청 서비스 자격 결정 전(기초연금 및 장애인연금 수급희망 이력관리 신청자는 이력관리 신청서의 유효기간)까지, 자격 취득한 경우에는 자격상실 전 까지

5. 정보제공 목적 : 「사회보장급여의 이용·제공 및 수급권자 발굴에 관한 법률」, 「국민기초생활보장법」, 「기초연금법」, 「장애인연금법」, 「긴급복지지원법」, 「청소년복지 지원법」, 「한부모가족지원법」, 「장애인복지법」, 「개발제한구역의 지정 및 관리에 관한 특별조치법」, 「아이돌봄지원법」, 「장애아동복지지원법」, 「초·중등교육법」, 「의료급여법」, 「주거급여법」에 따른 복지대상자 선정.확인조사 지원 및 별지 제1호 서식 구비서류로 제출된 통장계좌번호의 진위 여부 확인

        년 월 일

금융기관장·신용정보집중기관장 귀하

2-2-3. 결정내용 통지

신청인은 특별자치시장·특별자치도지사·시장·군수·구청장이 연금지급신청서를 접수한 날부터 30일 이내에 결정 결과를 통지받습니다. 다만, 소득·재산 등의 조사에 시일을 필요로 하는 특별한 사유가 있는 경우에는 그 사유를 명시하여 접수한 날부터 60일 이내에 통지할 수 있습니다(「기초연금법」제13조, 「기초연금법 시행규칙」제8조제1항).

■ 기초연금은 언제부터 신청할 수 있나요?

Q 기초연금은 언제부터 신청할 수 있나요?

A 2014년 7월 1일부터 신청 가능합니다.
만65세 미만이신 분들은 만65세 생일이 속하는 달의 1개월 전부터 신청 가능합니다.

2-3. 변동사항이 있으면 신고하세요.

2-3-1. 변동신고

기초연금 수급자는 다음의 어느 하나에 해당하는 경우에는 30일 이내에 그 사실을 특별자치시장·특별자치도지사·시장·군수·구청장에게 신고해야 합니다. 다만, 수급자가 사망한 경우에는 「가족관계의 등록 등에 관한 법률」제85조에 따른 신고의무자가 특별자치시장·특별자치도지사·시장·군수·구청장에게 신고해야 합니다(「기초연금법」제18조제1항, 「기초연금법 시행규칙」제12조제1항).

1. 지급 정지의 사유가 소멸한 경우
2. 기초연금 수급권 상실의 사유가 있는 경우
3. 기초연금 수급자 또는 그 배우자의 소득·재산의 변동이 발생한 경우
4. 기초연금 수급자가 결혼 또는 이혼을 하거나 그 배우자가 사망한 경우
5. 기초연금의 지급계좌 변경
6. 「국민연금법」에 따른 자격 및 국민연금으로 지급받는 금액의 변동

② "기초연금 수급자"란 「기초연금법」에 따라 기초연금을 지급받고 있는 사람을 말합니다(「기초연금법」제2조제3호).

2-3-2. 제출서류

수급자는 변경신고를 하려면 다음의 서류를 제출해야 합니다(『기초연금법 시행령』 제19조제1항 및 『기초연금법 시행규칙』 제12조제3항).

1. 변경신고서
2. 변경 내용을 확인할 수 있는 서류
3. 기초연금 수급자의 인적사항을 확인할 수 있는 서류(주민등록증, 자동차운전면허증, 장애인등록증, 여권 등)
4. 위임장 및 대리인의 인적사항을 확인할 수 있는 서류(주민등록증, 자동차운전면허증, 장애인등록증, 여권 등) : 대리인이 신청하는 경우에만 해당

2-3-3. 결정내용 통지

신청인은 특별자치시장·특별자치도지사·시장·군수·구청장이 변경신고서를 접수한 날부터 30일 이내에 결정 결과를 통지받습니다. 다만, 변경된 소득·재산 등의 조사에 시일을 필요로 하는 특별한 사유가 있는 경우에는 그 사유를 명시하여 접수한 날부터 60일 이내에 통지할 수 있습니다(『기초연금법 시행규칙』 제8조제1항).

■ 국민연금과 기초연금을 같이 받을 수 있나요?

Q 저는 올해 65세가 되었어요. 정부에서 우리 같은 노인들을 위해 기초연금을 주고 있다고 해서 신청하려고 하는데, 제가 지금 국민연금을 받고 있거든요. 국민연금과 기초연금을 같이 받을 수 있나요?

A 네. 국민연금을 받고 있는 중이더라도 기초연금을 받을 수 있습니다. 기초연금의 소득인정액 요건 등을 충족하면 기초연금을 받을 수 있고, 국민연금액과 국민연금 가입기간이 반영된 국민연금 소득재분배급여(A급여) 등에 따라 기초연금액을 결정합니다.

◇ 기초연금 지급대상자

65세 이상으로 본인 및 배우자(사실상의 배우자 포함)의 소득인정액이 137만원(단독가구) 또는 219.2만원(부부가구) 이하인 노인은 기초연금을 받을 수 있습니다.

◇ 기초연금 신청

연금을 신청하려는 사람 또는 그 친족, 그 밖의 관계인은 특별자치시장·특별자

치도지사·시장·군수·구청장에게 기초연금의 지급을 신청할 수 있습니다.

1. 연금지급신청서
2. 소득·재산 신고서
3. 금융정보 등(금융·신용·보험정보) 제공동의서(본인 및 배우자)
4. 연금을 신청하려는 사람의 신분을 확인할 수 있는 서류(사본을 포함함. 주민등록증, 자동차운전면허증, 장애인등록증, 여권 등)
5. 위임장 및 대리인의 인적사항을 확인할 수 있는 서류(사본을 포함함. 주민등록증, 자동차운전면허증, 장애인등록증, 여권, 학생증 등) : 신청을 대리하는 경우에만 해당

2-4. 내가 받을 수 있는 연금액은?

2-4-1. 연금액은 이렇게 결정돼요.

① 기초연금액은 기준연금액과 국민연금 급여액 등을 고려하여 산정합니다(「기초연금법」 제5조제1항).

② 2019년도 기준연금액은 25만3천7백5십원입니다.

③ 수급권자 중 다음의 어느 하나에 해당하는 사람에게 지급하는 기초연금액은 기준연금액으로 합니다(「기초연금법」 제5조제7항 및 「기초연금법 시행령」 제9조).

　1. 「기초연금법」 제5조제4항 또는 제6항에 해당하지 않는 사람

　2. 「기초연금법」 제5조제4항 또는 제6항에 해당하는 사람으로서 다음의 어느 하나에 해당하는 사람

　– 「국민연금법」 제56조제1항에 따라 국민연금 지급이 정지된 노령연금 수급권자 및 분할연금 수급권자

　– 「장애인연금법」 제4조에 따른 수급권자

　– 「국민기초생활 보장법」 제2조제2호에 따른 수급권자

　– 「국민연금법」 제13조제1항에 따라 임의계속가입 중인 사람

　– 「국민연금법」 제64조제1항에 따른 분할연금 수급권을 취득한 후 해당급여를 청구하지 않은 사람

　– 「국민연금과 직역연금의 연계에 관한 법률」 제18조제2항제1호나목에 따라 유족연금 수급권을 선택한 연계노령연금 수급권자

④ 수급권자 중 노령연금 수급권자 또는 분할연금 수급권자 및 국민연금 수급권자(이하 "국민연금 수급권자"라 함)에게 지급하는 기초연금액은 1.에서 2.의 금액을 뺀

금액(그 뺀 후의 금액이 0보다 작은 경우에는 0으로 함)에 3.의 금액을 더한 금액
으로 합니다(「기초연금법」 제5조제4항 및 제5항).

1. 기준연금액(저소득 기초연금 수급자의 경우 「기초연금법」 제5조의2에 따른 기
   준연금액을 말함)
2. 국민연금 수급권자가 받을 수 있는 연금의 금액 중 「국민연금법」 제51조제1항제
   1호의 금액을 기초로 산정한 금액(「국민연금법」 제51조제2항에 따라 매년 조정
   한 금액을 말하며, 이하 "소득재분배급여금액"이라 함)에 3분의 2를 곱한 금액
3. 부가연금액: 기준연금액의 2분의 1에 해당하는 금액

⑤ 소득재분배급여금액의 산정방법은 다음과 같습니다.

1. 소득재분배급여금액은 다음 산식에 따라 산정합니다.

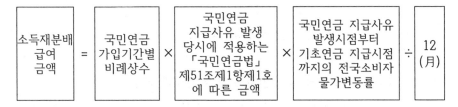

2. 제1호의 산식 중 국민연금 가입기간별 비례상수는 다음 각 목의 구분에 따릅
   니다.
   가. 1988년부터 1998년까지: 1천분의 2천400
   나. 1999년부터 2007년까지: 1천분의 1천800
   다. 2008년부터 2027년까지: 법률 제8541호 국민연금법 전부개정법률 부칙
       제20조 각 호에 따른 연도별 비율
   라. 2028년 이후: 1천분의 1천200
3. 제1호의 산식 중 국민연금 지급사유 발생 당시에 적용하는 「국민연금법」 제51
   조제1항제1호에 따른 금액은 다음 각 목의 구분에 따른 금액으로 합니다.
   가. 2001년 2월 이전 국민연금 지급사유 발생: 연금수급 전년도의 평균소득월
       액. 다만, 2000년 3월부터 2001년 2월까지 국민연금 지급사유가 발생한
       국민연금 수급권자에 대해서는 1,271,595원을 적용합니다.
   나. 2001년 3월 이후 국민연금 지급사유 발생 : 「국민연금법」 제51조제1항제1호
       에 따라 산정한 금액. 다만, 2001년 3월부터 2002년 2월까지 국민연금 지
       급사유가 발생한 국민연금 수급권자에 대해서는 1,271,595원을 적용합니다.
4. 제7조제2항에 따라 소득재분배급여금액을 산정할 때에는 같은 항 각 호의 구

분에 따른 금액을 제1호의 산식 중 국민연금 지급사유 발생 당시에 적용하는 「국민연금법」 제51조제1항제1호에 따른 금액으로 봅니다.

⑥ 수급권자 중 「국민연금과 직역연금의 연계에 관한 법률」 제10조에 따른 연계노령연금 수급권자에게는 1.의 금액에서 2.의 금액을 뺀 금액(그 뺀 후의 금액이 0보다 작은 경우에는 0으로 함)에 3.의 금액을 더한 금액을 지급합니다(「기초연금법」 제5조제6항).

   1. 기준연금액

   2. 가.와 나.의 금액을 합한 금액에 3분의 2를 곱한 금액

      가. 소득재분배급여금액

      나. 「국민연금과 직역연금의 연계에 관한 법률」 제12조에 따른 연계퇴직연금액에 2분의 1을 곱한 금액

   3. 부가연금액: 기준연금액의 2분의 1에 해당하는 금액

2-4-2. 저소득 기초연금 수급권자의 기초연금액 산정

65세 이상인 사람 중 소득인정액이 100분의 20 이하인 사람에게 적용하는 기준연금액은 30만원으로 합니다(「기초연금법」 제5조의2제1항).

2-4-3. 연금액 감액

① 본인과 그 배우자가 모두 기초연금 수급권자인 경우에는 각각의 기초연금액에서 기초연금액의 100분의 20에 해당하는 금액을 감액합니다(「기초연금법」 제8조제1항).

② 소득인정액과 기초연금액을 합산한 금액이 선정기준액 이상인 경우에는 선정기준액을 초과하는 금액의 범위에서 기초연금액의 일부를 감액할 수 있습니다(「기초연금법」 제8조제2항, 제4항 및 「기초연금법 시행령」 제11조제1항).

   1. 선정기준액에서 소득인정액을 뺀 금액이 기준연금액의 100분의 10이하인 경우: 기준연금액의 100분의 10에 해당하는 금액

   2. 선정기준액에서 소득인정액을 뺀 금액이 기준연금액의 100분의 10을 넘는 경우: 선정기준액에서 소득인정액을 뺀 금액

③ "소득인정액"이란 본인 및 배우자의 소득평가액과 재산의 소득환산액을 합산한 금액을 말합니다(「기초연금법」 제2조제4호).

④ "선정기준액"이란 연금 지급대상자의 선정기준이 되는 일정 금액을 말하며, 2019년 선정기준액은 배우자가 없는 노인가구의 경우 월 소득인정액 137만원, 배우자

가 있는 노인가구의 경우 월 소득인정액 219.2만원입니다.

⑤ 본인 및 배우자가 모두 기초연금 수급권자로서 본인 및 배우자의 소득인정액과 「기초연금법」 제8조제1항에 따라 감액한 본인 및 배우자의 기초연금액을 더한 금액이 선정기준액을 넘는 본인 및 배우자에 대해서는 「기초연금법」 제8조제1항에 따라 감액한 본인 및 배우자의 기초연금액을 합산한 금액을 상한으로 다음의 구분에 따른 금액을 지급합니다(「기초연금법 시행령」 제11조제2항).

1. 선정기준액에서 소득인정액을 뺀 금액이 100분의 20이하인 경우: 기준연금액의 100분의 20에 해당하는 금액

2. 선정기준액에서 소득인정액을 뺀 금액이 기준연금액의 100분의 20을 넘는 경우: 선정기준액에서 소득인정액을 뺀 금액

해설

※ 소득역전 방지 감액

① 만약 소득인정액이 120만원인 어르신이 250,000원의 기초연금을 받으신다면, 기초연금을 못 받으시는 소득인정액이 137만원인 어르신보다 오히려 소득이 많아지게 됩니다.

② 이렇게 기초연금 수급으로 인해 발생할 수 있는 불공평성 문제를 해결하기 위해, 소득인정액과 기초연금 산정액을 합한 금액이 선정기준액 이상인 경우 기초연금액의 일부를 감액합니다.

⑥ 저소득 기초연금 수급자의 소득인정액과 기초연금액(「기초연금법」 제8조제1항이 적용되는 경우에는 그 감액분이 반영된 금액을 말함)을 합산한 금액이 저소득자 선정기준액과 기준연금액(「기초연금법」 제5조의2에 해당하지 않는 기초연금 수급권자의 기준연금액을 말함)을 합산한 금액 이상인 경우에는 저소득 기초연금 수급권자의 기초연금액에서 그 초과분을 뺀 금액을 지급합니다(「기초연금법」 제8조제3항 및 제4항, 「기초연금법 시행령」 제11조제3항).

⑦ 위에도 불구하고 본인 및 배우자가 모두 저소득 기초연금 수급권자로서 본인 및 배우자의 소득인정액과 「기초연금법」 제8조제1항에 따라 감액한 본인 및 배우자의 기초연금액을 합산한 금액을 모두 더한 금액이 저소득자 선정기준액과 「기초연금법」 제5조의2에 해당하지 않는 기초연금 수급권자의 기준연금액에 100분의 160을 곱한 금액을 더한 금액을 초과하는 경우에는 해당 본인 배우자의 기초연금액을 합산한 금액에서 그 초과분을 뺀 금액을 지급합니다(「기초연금법 시행령」 제11조제4항).

2-4-4. 연금의 지급

① 수급권자는 연금의 지급을 신청한 날이 속하는 달부터 수급권을 상실한 날이 속하는 달까지 매월 정기적으로 지급받습니다(「기초연금법」 제14조제1항).

② 연금은 매월 25일(지급일이 토요일·공휴일인 경우에는 그 전날에 지급)에 금융기관 또는 우편관서의 수급자 명의의 계좌(부부가 모두 수급자인 경우로서 배우자 일방이 지정하는 계좌를 포함)에 입금하는 방법으로 지급됩니다(「기초연금법 시행규칙」 제9조제1항).

2-5. 미지급 연금을 신청하세요.

2-5-1. 미지급 연금 신청

수급자가 사망한 경우 수급자에게 아직 지급되지 않은 연금이 있을 때에는 미지급 연금을 청구할 수 있습니다(「기초연금법」 제15조제1항).

2-5-2. 신청자격

① 미지급 연금은 수급자의 사망당시 생계를 같이 한 부양의무자(배우자와 직계혈족 및 그 배우자를 말함)가 신청합니다(「기초연금법」 제15조제1항 전단).

② 미지급 연금의 지급을 청구할 수 있는 부양의무자의 지급 청구순위는 배우자, 자녀와 그 배우자, 부모, 손자녀와 그 배우자의 순으로 합니다(「기초연금법」 제15조제1항 및 「기초연금법 시행령」 제17조제5항).

2-5-3. 제출서류

① 미지급 연금을 받으려는 사람은 사망한 수급자의 주소지를 관할하는 특별자치시장·특별자치도지사·시장·군수·구청장에게 다음의 서류를 제출해야 합니다(「기초연금법」 제15조제2항 및 「기초연금법 시행령」 제17조제1항).

1. 미지급연금지급청구서(「기초연금법 시행규칙」 별지 제3호서식)
2. 수급자의 사망사실을 입증할 수 있는 서류
3. 미지급 연금의 지급을 청구할 수 있는 부양의무자의 지급 청구순위와 부양의무자임을 확인할 수 있는 서류
4. 미지급 연금을 받으려는 사람의 인적사항을 확인할 수 있는 서류(사본을 포함함. 주민등록증, 자동차운전면허증, 장애인등록증, 여권 등)
5. 위임장 및 대리인의 인적사항을 확인할 수 있는 서류(사본을 포함함. 주민등록증, 자동차운전면허증, 장애인등록증, 여권 등) : 대리인이 청구하는 경우에만 해당

[서식 예] 미지급 기초연금 지급청구서

※ 뒤쪽의 작성방법을 읽고 작성하여 주시기 바라며, [ ]에는 해당되는 곳에 ∨표를 합니다.   (앞쪽)

접수번호	접수일	처 리 기 간 7일

청구인 (대표자)	성명		주민등록번호
	주소		전화번호
	인정기준 지급순위 [ ] 배우자 : 1순위 [ ] 자녀(배우자 포함) : 2순위 [ ] 부모 : 3순위 [ ] 손자녀(배우자 포함) : 4순위		동순위자 ( )명
	지급받고자 하는 금융기관	계좌번호	

미지급 기초연금 내역	사망자		주민등록번호
	전화번호(자택)		휴대전화
	주소		
	사망일	청구액	미지급 기간 ( )개월 [년 월 ~ 년 월]

동순위 수급권자	번호	성명	주민등록번호	대표자 선정	
				선정일자	서명 또는 인
	①				
	②				
	③				
	④				

대리인	성명			주민등록번호
	전화번호	휴대전화	관계	
	주소			

「기초연금법」 제15조제1항 및 같은 법 시행령 제17조제1항에 따라 위와 같이 미지급 기초연금을 청구합니다.   년   월   일
청구인   (서명 또는 인)

특별자치시장·특별자치도지사·시장·군수·구청장 귀하

제출서류	1. 기초연금 수급자의 사망사실을 입증할 수 있는 서류 1부 2. 뒤쪽 작성방법 3.의 사실을 확인할 수 있는 서류 3. 청구인의 인적사항을 확인할 수 있는 서류 4. 위임장 및 대리인의 인적사항을 확인할 수 있는 서류(청구를 대리하는 경 우에만 해당합니다)
업무담당자 확인사항	1. 인정기준 부합 여부 : [ ] 부합 [ ] 미부합 2. 지급순위 : [ ] 1순위 [ ] 2순위 [ ]3순위 [ ] 4순위 3. 동순위자 : ( ) 4. 기타 :

2-5-4. 결정내용 통지

미지급 기초연금의 지급 청구를 받은 특별자치시장·특별자치도지사·시장·군수·구청장은 미지급 기초연금 지급 청구서를 접수한 날부터 7일 이내에 미지급 기초연금의 지급 여부를 청구인에게 통지해야 합니다(「기초연금법 시행령」 제17조제3항).

2-6. 이의가 있으면 신청하세요.

2-6-1. 이의신청

① 기초연금 지급의 결정이나 그 밖에 「기초연금법」에 따른 처분에 이의가 있는 사람은 특별자치시장·특별자치도지사·시장·군수·구청장에게 이의신청을 할 수 있습니다(「기초연금법」 제22조제1항).

② 이의신청은 그 처분이 있음을 안 날부터 90일 이내에 서면으로 해야 합니다. 다만, 정당한 사유로 인하여 그 기간 이내에 이의신청을 할 수 없었음을 증명한 때에는 그 사유가 소멸한 때부터 60일 이내에 이의신청을 할 수 있습니다(「기초연금법」 제22조제2항).

2-6-2. 제출서류

이의신청을 하려는 사람은 다음의 서류를 주소지를 관할하는 특별자치시장·특별자치도지사·시장·군수·구청장에게 제출해야 합니다(「기초연금법」 제22조제3항 및 「기초연금법 시행규칙」 제14조제1항).

1. 이의신청서
2. 이의신청의 내용을 확인할 수 있는 서류
3. 이의신청을 하려는 사람의 인적사항을 확인할 수 있는 서류(사본을 포함함. 주민등록증, 자동차운전면허증, 장애인등록증, 여권 등)
4. 위임장(「기초연금법 시행규칙」 별지 제1호서식) 및 대리인의 인적사항을 확인할 수 있는 서류(사본을 포함함. 주민등록증, 자동차운전면허증, 장애인등록증, 여권 등) : 대리인이 신청하는 경우에만 해당

이 의 신 청 서					처리기간 별도안내
신 청 인	성 명		주 민 등 록 번 호 (외국인등록번호)		
	주 소			(전화번호 :)	
대 리 신 청 인	성 명		주 민 등 록 번 호 (외국인등록번호 등)		신청인과 의 관계
	주 소			(전화번호 :)	
처 분 내 용		☐ 선정 ☐ 보장변경/중지/정지/상실 ☐ 환수 ☐ 기타			
처 분 이 있 음 을 안 연 월 일		년 월 일			
처분통지를 받은 경우 통 지 를 받 은 연 월 일		년 월 일			
처 분 의 내 용 또 는 통 지 된 사 항					
이의신청 취지 및 사유					

「사회보장급여의 이용·제공 및 수급권자 발굴에 관한 법률」제17조,「국민기초생활 보장법」제38조,「한부모가족지원법」제28조,「긴급복지지원법」제16조,「기초연금법」제22조,「장애인복지법」제84조,「장애인활동 지원에 관한 법률」제36조,「의료급여법」제30조제1항,「장애인연금법」제18조,「장애아동복지지원법」제38조,「아동수당법」제19조,「사회서비스 이용 및 이용권 관리에 관한 법률」제12조제1항 및「민원사무처리에 관한 법률」제18조에 따라 위와 같이 이의신청을 합니다.

년   월   일

신청인   (서명 또는 인)

특별자치시장.특별자치도지사.시장·군수·구청장·교육감 귀하

안 내	1. 기초생활보장 및 차상위계층 확인서 발급의 경우 시장·군수·구청장(교육급여의 경우 시·도교육감)이 이의신청을 접수한 날로부터 10일 이내에 이의신청에 대한 의견서와 관계서류를 첨부하여 시.도지사(특별자치시장.특별자치도지사 및 시.도교육감)의 처분에 대한 이의신청은 특별자치시장.특별자치도지사 및 시.도교육감)에게 송부합니다. 다만, ① 기초연금 결정에 대한 이의신청은 접수한 날로부터 30일 이내(단, 특별한 사유가 있는 경우에는 60일이내), ② 의료급여 수급권자의 자격, 의료급여 및 급여비용에 대한 이의신청은 60일 이내(30일 범위 내 연장가능), ③ 한부모가족지원 및 장애인복지 관련 이의신청의 경우에는 30일 이내, ④ 장애인연금 결정 등에 대한 이의신청은 15일 이내(단, 정당한 사유로 인하여 이의신청을 할 수 없음을 증명한 때에는 그 사유가 소멸한 때부터 60일 이내), ⑤ 장애인활동지원은 접수한 날로부터 60일 이내(30일 범위 내 연장가능), ⑥ 장애아동가족지원, 장애아가족양육지원 결정 등에 대한 이의신청은 15일 이내(단,특별한 사유가 있는 경우에는 60일이내), ⑦ 발달장애인 주간활동지원, 방과후돌봄 지원 결정 등에 대한 이의신청은 접수한 날로부터 60일이내, ⑧ 영유아보육지원은 접수한 날로부터 30일 이내, ⑨ 아동수당지원은 접수한 날로부터 30일(단,특별한 사유가 있는 경우에는 60일이내)이내, ⑩ 사회서비스이용권 발급 관련 이의신청은 접수한 날로부터 15일 이내 결정통지 처리합니다. 2. 기초생활보장 및 차상위계층 확인서 발급의 경우 시·도지사는 시·군·구청장으로부터 이의신청서를 받았을 때(특별자치시장.특별자치도지사 및 시.도교육감의 경우에는 직접 이의신청을 받았을 때를 말한다) 30일 이내에 처리합니다. 다만, 긴급복지지원 관련 이의신청의 경우 시·도지사는 시·군·구청장으로부터 이의신청을 송부 받은 날로부터 15일 이내에 처리합니다. 3. 다른 법률에 규정이 없는 경우「사회보장급여의 이용.제공 및 수급권자 발굴에 관한 법률」제17조에 의해 처분을 받은 날로부터 90일 이내에 처분을 결정한 보장기관의 장에게 이의신청을 할 수 있으며, 이의 신청을 받은 보장기관의 장은 접수한 날부터 10일이내에 처리합니다.	
구 비 서 류	1. 이의신청의 내용을 확인할 수 있는 서류 1부 2. 신청인의 인적사항을 확인할 수 있는 서류 3. 위임장 및 대리인의 인적사항을 확인할 수 있는 서류(기초연금관련 이의신청을 대리하는 경우에만 해당합니다)	수수료 없음

2-6-3. 결정내용 통지

신청인은 이의신청을 접수한 날부터 30일 이내에 특별자치시장·특별자치도지사·시장·군수·구청장의 이의신청 각하 또는 기각, 취소 또는 변경에 대한 결과를 통지받습니다. 다만, 소득·재산 등의 조사에 시일이 걸리는 등 특별한 사유가 있는 경우에는 그 사유를 명시하여 접수한 날부터 60일 이내에 결정·통지를 받을 수 있습니다(「기초연금법 시행규칙」 제14조제2항).

2-7. 부당하게 받은 연금은 돌려주세요

① 기초연금을 받은 사람이 다음의 어느 하나에 해당하는 경우에는 지급받은 기초연금액을 일시에 전액 반환해야 합니다. 이 경우 1.에 해당하는 경우에는 지급한 기초연금액에 3년 만기 정기예금 이자율을 적용하여 계산한 이자를 붙여 반환해야 합니다(「기초연금법」 제19조제1항, 「기초연금법 시행령」 제21조제1항 및 제2항).

　1. 거짓이나 그 밖의 부정한 방법으로 기초연금을 받은 경우

　2. 기초연금의 지급이 정지된 기간에 대하여 기초연금이 지급된 경우

　3. 그 밖의 사유로 기초연금이 잘못 지급된 경우

② 특별자치시장·특별자치도지사·시장·군수·구청장은 환수할 기초연금액의 환수 대상자에게 지급할 기초연금액이 있는 경우 그 지급할 기초연금액을 환수할 기초연금액과 상계(相計)할 수 있습니다(「기초연금법」 제19조제2항).

③ 부당이득금을 납부하지 않을 때에는 지방세 체납처분의 예에 따라 징수됩니다(「기초연금법」 제20조제3항).

④ 다만, 부당이득을 환수할 권리와 수급권자의 권리는 5년간 행사하지 않으면 시효의 완성으로 소멸됩니다(「기초연금법」 제23조).

2-8. 연금의 지급이 정지될 수 있어요

다음의 어느 하나의 경우에 해당하면 그 사유가 발생한 날이 속하는 달의 다음 달부터 그 사유가 소멸한 날이 속하는 달까지는 기초연금을 지급 받지 못합니다(「기초연금법」 제16조제1항 및 「기초연금법 시행령」 제18조).

　1. 수급자가 금고 이상의 형을 선고받고 교정시설 또는 치료감호시설에 수용되어 있는 경우

　2. 수급자가 행방불명되거나 실종되는 등 사망한 것으로 추정되는 경우

　- 수급자가 행방불명, 실종 또는 가출 등으로 경찰서 등 관계 행정기관에 신고가 접수된 날부터 보건복지부장관이 정하는 기간까지 생사를 확인할 수 없는 경

우에는 그 기간이 만료한 때에 사망한 것으로 추정

3. 수급자의 국외 체류기간이 60일 이상 지속되는 경우

– 이 경우 국외 체류 60일이 되는 날을 지급 정지의 사유가 발생한 날로 봅니다.

4. 수급자가 「주민등록법」 제20조제6항에 따라 거주불명자로 등록된 경우 다만, 수급자의 실제 거주지를 알 수 있는 경우에는 그렇지 않습니다.

2-9. 수급권이 사라질 수도 있어요

수급권자는 다음의 어느 하나에 해당하게 된 때에 기초연금 수급권을 상실합니다 (「기초연금법」 제17조).

1. 사망한 때

2. 국적을 상실하거나 국외로 이주한 때

3. 기초연금 수급권자에 해당하지 않게 된 때

3. 장기요양급여받기

3-1. 장기요양보험에 가입하세요

3-1-1. 노인장기요양보험이란?

① "노인장기요양보험"이란 고령이나 노인성 질병 등의 사유로 일상생활을 혼자서 수행하기 어려운 노인 등에게 신체활동 또는 가사활동 지원 등의 장기요양급여를 제공하는 사회보장제도를 말합니다(「노인장기요양보험법」 제1조 참조).

② "노인 등"이란 65세 이상의 노인 또는 65세 미만의 사람으로서 치매·뇌혈관성질환 등 노인성 질병(「노인장기요양보험법 시행령」 별표 1)을 가진 사람을 말합니다 (「노인장기요양보험법」 제2조제1호 및 「노인장기요양보험법 시행령」 제2조).

노인성 질병의 종류

구분	질병명	질병코드
한국표준 질병·사 인분류	가. 알츠하이머병에서의 치매	F00*
	나. 혈관성 치매	F01
	다. 달리 분류된 기타 질환에서의 치매	F02*
	라. 상세불명의 치매	F03
	마. 알츠하이머병	G30

	바. 지주막하출혈	I60
	사. 뇌내출혈	I61
	아. 기타 비외상성 두개내출혈	I62
	자. 뇌경색증	I63
	차. 출혈 또는 경색증으로 명시되지 않은 뇌졸중	I64
	카. 뇌경색증을 유발하지 않은 뇌전동맥의 폐쇄 및 협착	I65
	타. 뇌경색증을 유발하지 않은 대뇌동맥의 폐쇄 및 협착	I66
	파. 기타 뇌혈관질환	I67
	하. 달리 분류된 질환에서의 뇌혈관장애	I68*
	거. 뇌혈관질환의 후유증	I69
	너. 파킨슨병	G20
	더. 이차성 파킨슨증	G21
	러. 달리 분류된 질환에서의 파킨슨증	G22*
	머. 기저핵의 기타 퇴행성 질환	G23
	버. 중풍후유증	U23.4
	서. 진전(震顫)	R25.1

*비고
1. 질병명 및 질병코드는 「통계법」 제22조에 따라 고시된 한국표준질병·사인분류에 따른다.
2. 진전은 보건복지부장관이 정하여 고시하는 범위로 한다.

3-1-2. 장기요양급여란?

"장기요양급여"란 고령이나 노인성 질병 등의 사유로 6개월 이상 동안 혼자서 일상생활을 수행하기 어렵다고 인정되는 노인 등에게 신체활동·가사활동의 지원 또는 간병 등의 서비스나 이에 갈음하여 지급하는 현금 등을 말합니다(「노인장기요양보험법」 제2조제2호).

3-1-3. 장기요양보험의 가입

장기요양보험의 가입자(이하 "장기요양보험가입자"라 함)는 「국민건강보험법」 제5조 및 제109조에 따른 가입자를 말합니다(「노인장기요양보험법」 제7조제3항).

■ 국민건강보험과 장기요양보험은 따로 가입해야 하는 건가요?

Q 장기요양급여를 받으려면 장기요양보험에 가입해야 한다고 하던데요. 그럼, 장기요양보험은 국민건강보험과는 상관없이 별도로 가입해야 하는 건가요?

A ① 국민건강보험 가입자는 장기요양보험의 가입자가 됩니다(「노인장기요양보험법」 제7조제3항). 즉, 장기요양보험만 별도로 가입할 수 있는 것이 아니라, 국민건강보험에 가입하게 되면 동시에 장기요양보험에도 강제로 가입되어 모든 국민건강보험 가입자는 장기요양보험 가입자가 되는 것이지요.

② 그래서 장기요양보험료도 '건강보험료 × 장기요양보험료율'로 산정하여 국민건강보험료와 통합하여 납부하면 돼요(「노인장기요양보험법」 제8조제1항 및 제9조제1항).

③ 위 규정에도 불구하고 다음의 어느 하나에 해당하는 외국인은 장기요양보험가입자 제외를 신청할 수 있습니다(「노인장기요양보험법」 제7조제4항 및 「노인장기요양보험법 시행령」 제3조의2).

1. 「외국인근로자의 고용 등에 관한 법률」에 따른 외국인근로자로서 「국민건강보험법」 제109조제2항에 따라 직장가입자가 된 외국인

2. 「출입국관리법」 제10조에 따라 산업연수활동을 할 수 있는 체류자격을 가지고 지정된 사업체에서 연수하고 있는 외국인으로서 「국민건강보험법」 제109조제2항에 따라 직장가입자가 된 외국인

3-2. 장기요양급여의 종류는?

장기요양급여에는 재가급여, 시설급여, 특별현금급여가 있습니다(「노인장기요양보험법」 제23조제1항).

3-2-1. 재가급여

재가급여의 종류는 다음과 같습니다(「노인장기요양보험법」 제23조제1항제1호, 「노인장기요양보험법 시행령」 제9조 및 「노인장기요양보험법 시행규칙」 제11조).

1. 방문요양 : 장기요양요원이 수급자의 가정 등을 방문하여 신체활동 및 가사활동 등을 지원하는 장기요양급여

 - "장기요양요원"이란 장기요양기관에 소속되어 노인 등의 신체활동 또는 가사활동 지원 등의 업무를 수행하는 사람을 말합니다(「노인장기요양보험법」 제2조제5호).

 - "장기요양기관"이란 「노인장기요양보험법」에 따라 지정을 받은 기관 또는 「노인장기요양보험법」에 따라 지정의제된 재가장기요양기관으로서 장기요양급여를 제공하는 기관을 말합니다(「노인장기요양보험법」 제2조제4호).

2. 방문목욕 : 장기요양요원이 목욕설비를 갖춘 장비를 이용하여 수급자의 가정 등을 방문하여 목욕을 제공하는 장기요양급여

3. 방문간호 : 장기요양요원인 간호사 등이 의사, 한의사 또는 치과의사의 지시서에 따라 수급자의 가정 등을 방문하여 간호, 진료의 보조, 요양에 관한 상담 또는 구강위생 등을 제공하는 장기요양급여

4. 주·야간보호 : 수급자를 하루 중 일정한 시간 동안 장기요양기관에 보호하여 신체활동 지원 및 심신기능의 유지·향상을 위한 교육·훈련 등을 제공하는 장기요양급여

5. 단기보호 : 수급자를 월 9일 이내(2017년 12월 31일 이전에 지정을 받은 장기요양기관 또는 설치 신고를 한 재가장기요양기관에서 단기보호 급여를 받는 경우에는 월 15일 이내)에서 일정 기간 동안 장기요양기관에 보호하여 신체활동 지원 및 심신기능의 유지·향상을 위한 교육·훈련 등을 제공하는 장기요양급여

6 그 밖의 재가급여 : 수급자의 일상생활·신체활동 지원 및 인지기능의 유지·향상에 필요한 용구를 제공하거나 가정을 방문하여 재활에 관한 지원 등을 제공하는 장기요양급여로서 「복지용구 급여범위 및 급여기준 등에 관한 고시」(보건복지부고시 제2019-174호, 2019. 7. 31. 발령·시행)에서 정하는 것을 제공하거나 대여해 주는 것

3-2-2. 시설급여

시설급여는 장기요양기관에 장기간 입소한 수급자에게 신체활동 지원 및 심신기능의 유지·향상을 위한 교육·훈련 등을 제공하는 장기요양급여를 말합니다(「노인장기요양보험법」 제23조제1항제2호).

3-2-3. 특별현금급여

특별현금급여의 종류는 다음과 같습니다(「노인장기요양보험법」 제23조제1항제3호).

1. 가족요양비 : 국민건강보험공단(이하 '공단'이라 함)은 다음의 어느 하나에 해당하는 수급자가 가족 등으로부터 방문요양에 상당한 장기요양급여를 받은 경우 해당 수급자에게 가족요양비를 지급할 수 있습니다(「노인장기요양보험법」 제24조제1항).
   - 섬·벽지 등 장기요양기관이 현저히 부족한 지역으로서 「가족요양비 지급 및 의사소견서 제출 제외대상 섬·벽지지역 고시」(보건복지부고시 제 2019-213 호, 2019. 10. 1. 발령·시행)에 따른 지역에 거주하는 사람
   - 천재지변이나 그 밖에 이와 유사한 사유로 인하여 장기요양기관이 제공하는 장기요양급여를 이용하기가 어렵다고 보건복지부장관이 인정하는 사람
   - 신체·정신 또는 성격 등 다음의 어느 하나에 해당하는 사유로 인해 가족 등으로부터 장기요양을 받아야 하는 사람
     가. 「감염병의 예방 및 관리에 관한 법률」에 따른 감염병환자로서 감염의 위험성이 있는 경우
     나. 「장애인복지법」 제32조에 따라 등록한 장애인 중 「노인장기요양보험법 시행령」 별표 1에 따른 정신장애인인 경우
     다. 신체적 변형 등의 사유로 대인과의 접촉을 기피하는 경우
2. 특례요양비 : 공단은 수급자가 장기요양기관이 아닌 노인요양시설 등의 기관 또는 시설에서 재가급여 또는 시설급여에 상당한 장기요양급여를 받은 경우 장기요양급여비용의 일부를 해당 수급자에게 특례요양비로 지급할 수 있습니다(「노인장기요양보험법」 제25조제1항).
3. 요양병원간병비 : 공단은 수급자가 요양병원(「정신건강증진 및 정신질환자 복지서비스 지원에 관한 법률」 제3조제5호에 따른 정신의료기관 중 정신병원, 「장애인복지법」 제58조제1항제4호에 따른 의료재활시설로서 「의료법」 제3조의2의 요건을 갖춘 의료기관을 포함함)에 입원한 때 장기요양에 사용되는 비용의 일부를 요양병원간병비로 지급할 수 있습니다(「노인장기요양보험법」 제26조제1

항 및 「의료법」 제3조제2항제3호라목).

3-3. 장기요양기관을 이용하세요

3-3-1. 장기요양기관이란?

"장기요양기관"이란 장기요양기관으로 지정을 받은 기관 또는 지정의제된 재가장기요양기관으로서 장기요양급여를 제공하는 기관을 말합니다(「노인장기요양보험법」 제2조제4호).

3-3-2. 장기요양기관의 종류

① 장기요양급여를 제공할 수 있는 장기요양기관의 종류 및 기준은 다음과 같습니다(「노인장기요양보험법」 제23조제2항 및 「노인장기요양보험법 시행령」 제10조).

1. 재가급여를 제공할 수 있는 장기요양기관
   - 「노인복지법」 제38조에 따른 재가노인복지시설로서 「노인장기요양보험법」 제31조에 따라 지정받은 장기요양기관
   - 「노인장기요양보험법」 제32조에 따라 설치한 재가장기요양기관

2. 시설급여를 제공할 수 있는 장기요양기관
   - 「노인복지법」 제34조제1항제1호에 따른 노인요양시설로서 「노인장기요양보험법」 제31조에 따라 지정받은 장기요양기관
   - 「노인복지법」 제34조제1항제2호에 따른 노인요양공동생활가정으로서 「노인장기요양보험법」 제31조에 따라 지정받은 장기요양기관

② 내가 이용할 수 있는 장기요양기관을 찾아보려면 <국민건강보험 노인장기요양보험-알람·자료실-장기요양기관 검색>에서 확인할 수 있습니다.

3-4. 장기요양급여 중 본인부담금이 있어요

3-4-1. 본인일부부담금

① 재가 및 시설 급여비용은 다음과 같이 수급자가 일부 부담합니다(「노인장기요양보험법」 제40조제1항 본문).

1. 재가급여 : 해당 장기요양급여비용의 100분의 15
2. 시설급여 : 해당 장기요양급여비용의 100분의 20

② 다만, 수급자 중 「의료급여법」 제3조제1항제1호에 따른 수급자는 부담하지 않습니다(「노인장기요양보험법」 제40조제1항 단서).

③ 다음의 어느 하나에 해당하는 사람에 대해서는 본인일부부담금의 100분의 60의

범위에서 보건복지부장관이 정하는 바에 따라 차등하여 감경할 수 있습니다(「노인장기요양보험법」 제40조제3항).

1. 의료급여 수급권자(「의료급여법」 제3조제1항제2호부터 제9호)

2. 「장기요양 본인부담금 감경에 관한 고시」(보건복지부 고시 제2019-18호, 2019. 1. 29. 발령, 2019. 2. 1. 시행)에서 해당하는 사람(다만, 도서·벽지·농어촌 등의 지역에 거주하는 자에 대하여 따로 금액을 정할 수 있음).

3. 천재지변 또는 재난에 준하는 사유에 해당되어 보건복지부장관이 정하여 고시하는 지역에 거주하고 피해정도가 일정 기준에 이르는 생계곤란자

4. 본인일부부담금을 감면받으려는 사람은 다음의 서류를 장기요양기관에 제출해야 합니다(「노인장기요양보험법 시행규칙」 제35조제1항 본문).

- 「의료급여법」 제3조제1항제1호에 따른 의료급여를 받는 사람: 「국민기초생활 보장법 시행규칙」 제40조에 따른 수급자증명서와 「의료급여법 시행규칙」 제12조제1항에 따른 의료급여증 또는 의료급여증명서

- 「의료급여법」 제3조제1항제1호 외의 규정에 따른 의료급여를 받는 사람: 「의료급여법 시행규칙」 제12조제1항에 따른 의료급여증 또는 의료급여증명서

- 「장기요양 본인부담금 감경에 관한 고시」와 천재지변 또는 재난에 준하는 사유에 해당되어 보건복지부장관이 정하여 고시하는 지역에 거주하고 피해정도가 일정 기준에 이르는 생계곤란자 : 감경자임을 확인할 수 있는 서류

④ 다만, 긴급한 사정이 있거나 그 밖에 부득이한 사유가 있는 경우에는 장기요양급여를 신청한 날부터 7일(공휴일은 제외함) 이내에 제출할 수 있습니다(「노인장기요양보험법 시행규칙」 제35조제1항 단서).

3-4-2. 본인전부부담금

다음의 장기요양급여에 대한 비용은 수급자 본인이 전부 부담합니다(「노인장기요양보험법」 제40조제2항).

1. 「노인장기요양보험법」에 따른 급여의 범위 및 대상에 포함되지 않는 장기요양급여

2. 수급자가 장기요양인정서(「노인장기요양보험법 시행규칙」 별지 제6호서식)에 기재된 장기요양급여의 종류 및 내용과 다르게 선택하여 장기요양급여를 받은 경우 그 차액

3. 장기요양급여의 월 한도액을 초과하는 장기요양급여

Q 몇 년 전에 중풍에 걸려 지금은 오른쪽 손발을 자유롭게 사용할 수 없는 상태에요. 혼자 일상적인 생활을 하는 것도 불편하지만 특히, 목욕하는 것이 가장 힘들어요. 시설에 도움을 받고 싶은데 지원받을 수 있는 방법이 있을까요?

A 네. 노인장기요양보험제도를 통해 방문목욕 서비스를 제공하는 재가급여를 받을 수 있습니다. 장기요양인정 신청을 하여 장기요양등급을 받은 후, 방문목욕 서비스를 받아보세요.

◇ 장기요양급여란?

① 고령이나 노인성 질병 등의 사유로 6개월 이상 동안 혼자서 일상생활을 수행하기 어렵다고 인정되는 노인 등에게 신체활동·가사활동의 지원 또는 간병 등의 서비스나 이에 갈음하여 지급하는 현금 등을 말합니다.

② 장기요양급여를 받을 수 있는 사람은 65세 이상의 노인 또는 65세 미만의 사람으로서 치매·뇌혈관성질환 등 노인성 질병을 가진 사람을 말합니다.

◇ 장기요양보험의 가입

① 장기요양보험의 가입자는 「국민건강보험법」 제5조 및 제109조에 따른 가입자를 말하며, 국민건강보험 가입자는 곧 장기요양보험의 가입자가 됩니다. 따라서 장기요양보험만 별도로 가입할 수 있는 것이 아니라, 국민건강보험에 가입하게 되면 동시에 장기요양보험에도 강제로 가입되어 모든 국민건강보험 가입자는 장기요양보험 가입자가 된답니다.

② 장기요양보험료는 '건강보험료 × 장기요양보험료율'로 산정하여 국민건강보험료와 통합하여 납부하면 됩니다.

◇ 장기요양급여의 종류

① 장기요양급여에는 재가급여, 시설급여, 특별현금급여가 있습니다.

② 특히, 재가급여의 종류는 방문요양, 방문목욕, 방문간호, 주·야간보호, 단기보호 등이 있습니다.

3-5. 장기요양인정을 받아야 해요

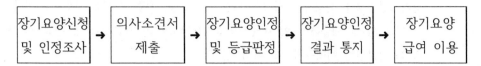

장기요양신청 및 인정조사	→	의사소견서 제출	→	장기요양인정 및 등급판정	→	장기요양인정 결과 통지	→	장기요양 급여 이용

장기요양급여는 6개월 이상 동안 혼자서 일상생활을 수행하기 어렵다고 인정되는 사람 중에서 장기요양등급판정에 따라 장기요양급여를 받을 수 있는 사람(이하 "수급권자"라 함)으로 판정받는 절차가 필요한데 이를 "장기요양인정"이라고 하며, 수급자는 장기요양등급에 따른 월 한도액 내에서 장기요양급여를 이용할 수 있습니다 (「노인장기요양보험법」 제2조제2호, 제15조 및 제28조 참조).

3-6. 장기요양인정을 신청하세요

3-6-1. 신청자격

장기요양인정을 신청할 수 있는 사람은 노인 등으로서 다음의 어느 하나에 해당하는 자격을 갖추어야 합니다(「노인장기요양보험법」 제12조).

1. 장기요양보험가입자 또는 그 피부양자
2. 의료급여수급권자(「의료급여법」 제3조제1항)

■ 장기요양인정을 대신 신청할 수 없나요?

Q 저는 혼자서는 아무 것도 할 수 없는 상태입니다. 그래서 직접 장기요양인정 신청을 할 수 없을 것 같아요. 서울에 살고 있는 제 아들이 대신 신청해도 될까요?

A 장기요양급여를 받으려는 사람 또는 수급자가 신체적·정신적인 사유로 장기요양인정의 신청, 장기요양인정의 갱신신청 또는 장기요양등급의 변경신청 등을 직접 할 수 없을 때에는 다음에 해당하는 사람이 대신하여 신청할 수 있어요(「노인장기요양보험법」 제22조 및 「노인장기요양보험법 시행규칙」 제10조).

1. 본인의 가족이나 친족, 그 밖의 이해관계인 : 대리인의 신분증
2. 「사회복지사업법」에 따른 사회복지전담공무원(본인 또는 가족의 동의를 받아야 함) : 공무원임을 증명하는 신분증
3. 시장·군수·구청장이 지정하는 사람 : 대리인 지정서(「노인장기요양보험법 시행규칙」별지 제9호서식)

3-6-2. 제출서류

장기요양인정을 신청하는 사람은 다음의 서류를 해당 국민건강보험공단(이하 "공단"이라 함)에 제출해야 합니다(「노인장기요양보험법」 제13조제1항 본문 및 「노인장기요양보험법 시행규칙」 제2조제1항).

1. 장기요양인정신청서(「노인장기요양보험법 시행규칙」 별지 제1호의2서식)
2. 의사 또는 한의사의 소견서(이하 "의사소견서"라 함, 「노인장기요양보험법 시행규칙」 별지 제2호서식)

3-6-3. 의사소견서 제출 기한

의사소견서는 공단이 장기요양등급판정위원회에 자료를 제출하기 전까지 제출할 수 있습니다(「노인장기요양보험법」 제13조제1항 단서 및 「노인장기요양보험법 시행규칙」 제2조제2항 본문). 다만, 신청인이 65세 미만인 사람으로서 신청시에 의사소견서를 제출하지 않는 경우에는 노인성 질병(「노인장기요양보험법 시행령」 제2조)을 확인할 수 있는 진단서 등의 증명서류를 장기요양인정신청서에 첨부해야 합니다(「노인장기요양보험법 시행규칙」 제2조제2항 단서).

3-6-4. 의사소견서 제출 제외자

① 다음에 해당하는 사람은 의사소견서를 제출하지 않아도 됩니다(「노인장기요양보험법」 제13조제2항, 「노인장기요양보험법 시행령」 제6조 및 「노인장기요양보험법 시행규칙」 제3조).

1. 신청인의 심신상태나 거동상태 등이 현저하게 불편한 사람으로서 「거동불편자에 해당하는 자」(보건복지부 고시 제2016-166호, 2016. 8. 30. 발령·시행)에 해당하는 사람
2. 「가족요양비 지급 및 의사소견서 제출 제외대상 섬·벽지지역 고시」(보건복지부 고시 제2019-213호, 2019. 10. 1. 발령·시행)에 따른 지역에 거주하는 사람

② 신청인은 장기요양인정을 신청할 때 의사소견서를 첨부하지 않은 경우에 다음의 구분에 따라 공단으로부터 필요한 조치를 통보받습니다(「노인장기요양보험법 시행규칙」 제2조제3항).

1. 위의 의사소견서 제출 제외자에 해당하는 사람 : 의사소견서를 제출하지 않아도 됨을 통보받습니다.
2. 위 1.에 해당하지 않는 사람

가. 최초로 장기요양인정을 신청하는 사람이나 장기요양인정의 갱신신청을 하는 사람 : 의

사소견서 발급의뢰서(「노인장기요양보험법 시행규칙」 별지 제3호서식)를 발급받습니다.

나. 위 가.에 해당하지 않는 사람 : 의사소견서 발급비용을 전액 본인이 부담해야 함을 통보받습니다.

③ 의사소견서 발급의뢰서(「노인장기요양보험법 시행규칙」 별지 제3호서식)를 받은 사람은 그 발급의뢰서를 의료기관(「지역보건법」에 따른 보건소·보건의료원 및 보건지소를 포함함)에 제출하고, 의사소견서를 의료기관으로부터 발급받아 공단에 제출해야 합니다(「노인장기요양보험법 시행규칙」 제2조제4항).

3-6-5. 의사소견서 발급비용

① 발급의뢰서를 통해 의사소견서를 발급받는 경우 그 발급비용은 다음과 같이 부담합니다(「노인장기요양보험법 시행규칙」 제4조제2항).

1. 65세 이상의 노인이나 65세 미만의 사람으로서 노인성 질병을 가진 사람 : 100분의 20은 본인, 100분의 80은 공단이 부담

2. 「의료급여법」 제3조제1항제1호에 따른 의료급여를 받는 사람 : 지방자치단체가 부담

3. 「의료급여법」 제3조제1항제1호 외의 규정에 따른 의료급여를 받는 사람 : 100분의 10은 본인이, 100분의 90은 국가와 지방자치단체가 각각 부담

4. 「장기요양 본인부담금 감경에 관한 고시」(보건복지부 고시 제2019-18호, 2019. 1. 29. 발령, 2019. 2. 1. 시행)에 해당하는 사람과 천재지변 또는 재난에 준하는 사유에 해당되어 보건복지부장관이 정하여 고시하는 지역에 거주하고 피해정도가 일정 기준에 이르는 생계곤란자 : 100분의 10은 본인, 100분의 90은 공단이 부담

② 신청인이 의사소견서 발급의뢰서 없이 의사소견서를 발급받은 경우 그 발급비용은 전액 본인이 부담합니다. 다만, 신청인이 다음의 어느 하나에 해당하는 경우에는 위의 규정에 따라 본인이 부담하는 금액을 제외한 나머지 금액을 공단에 청구할 수 있습니다(「노인장기요양보험법 시행규칙」 제4조제3항).

1. 장기요양급여를 받을 사람(이하 '수급자'라 함)으로 결정되거나 장기요양등급이 변경된 경우

2. 최초로 장기요양인정을 신청하거나 장기요양인정의 갱신을 신청한 경우

3-7. 장기요양등급판정을 받아야 해요

3-7-1. 장기요양인정 신청에 대한 조사

신청인은 장기요양인정신청서를 접수한 후에 공단의 소속 직원으로부터 다음의 사항을 조사받습니다(「노인장기요양보험법」 제14조제1항 본문).

1. 신청인의 심신상태
2. 신청인에게 필요한 장기요양급여의 종류 및 내용
3. 그 밖에 장기요양에 관하여 필요한 사항

3-7-2. 등급판정

① 조사가 완료되면 신청인은 장기요양등급판정위원회(이하 '등급판정위원회'라 함)로부터 장기요양인정 신청자격요건을 충족하고 6개월 이상 동안 혼자서 일상생활을 수행하기 어렵다고 인정되는 경우 심신상태 및 장기요양이 필요한 정도 등 다음의 등급판정기준에 따라 수급자로 판정을 받습니다(「노인장기요양보험법」 제15조제2항 및 「노인장기요양보험법 시행령」 제7조제1항).

1. 장기요양 1등급 : 심신의 기능상태 장애로 일상생활에서 전적으로 다른 사람의 도움이 필요한 사람으로서 장기요양인정 점수가 95점 이상인 사람
2. 장기요양 2등급 : 심신의 기능상태 장애로 일상생활에서 상당 부분 다른 사람의 도움이 필요한 사람으로서 장기요양인정 점수가 75점 이상 95점 미만인 사람
3. 장기요양 3등급 : 심신의 기능상태 장애로 일상생활에서 부분적으로 다른 사람의 도움이 필요한 사람으로서 장기요양인정 점수가 60점 이상 75점 미만인 사람
4. 장기요양 4등급 : 심신의 기능상태 장애로 일상생활에서 일정부분 다른 사람의 도움이 필요한 사람으로서 장기요양인정 점수가 51점 이상 60점 미만인 사람
5. 장기요양 5등급 : 치매(「노인장기요양보험법 시행령」 제2조에 따른 노인성 질병에 해당하는 치매로 한정)환자로서 장기요양인정 점수가 45점 이상 51점 미만인 사람
6. 장기요양 인지지원등급 : 치매(노인성 질병에 해당하는 치매로 한정)환자로서 장기요양인정 점수가 45점 미만인 자

② 등급판정위원회는 신청인이 신청서를 제출한 날부터 30일 이내에 장기요양등급판정을 완료해야 합니다. 다만, 신청인에 대한 정밀조사가 필요한 경우 등 기간 이내에 등급판정을 완료할 수 없는 부득이한 사유가 있는 경우 30일 이내의 범위에서 이를 연장할 수 있습니다(「노인장기요양보험법」 제16조제1항).

3-7-3. 장기요양인정 결과 통지

① 신청인은 등급판정위원회가 장기요양인정 및 등급판정의 심의를 완료한 경우 지체 없이 다음의 사항이 포함된 장기요양인정서(「노인장기요양보험법 시행규칙」 별지 제6호서식)를 받습니다(「노인장기요양보험법」 제17조제1항 및 「노인장기요양보험법 시행규칙」 제6조제1항).

1. 장기요양등급
2. 장기요양급여의 종류 및 내용
3. 장기요양인정의 유효기간
4. 등급판정위원회의 의견
5. 특별현금급여수급계좌의 이용에 관한 사항

② 신청인은 장기요양인정서와 함께 장기요양급여를 원활히 이용할 수 있도록 장기요양급여의 월 한도액 범위 안에서 작성된 표준장기요양이용계획서(「노인장기요양보험법 시행규칙」 별지 제7호서식)를 받습니다(「노인장기요양보험법」 제17조제3항).

■ 장기요양등급을 받지 못하면 어떻게 하나요?

Q 저는 현재 혼자 일상적인 생활을 할 수 없는 상태인데요. 장기요양인정을 신청했지만 등급판정을 받지 못했어요. 앞으로 어떻게 생활해야 할지 막막합니다. 저는 어떻게 해야 하나요?

A 장기요양인정을 신청하여 장기요양급여를 받으려면 1 ~ 5등급을 받아야 해요. 하지만 장기요양수급자에 선정되지는 못했지만 일상적인 생활에 어려움이 있는 사람들이 많아요. 그래서 정부에서는 장기요양등급 제외자 중 등급 외 A 또는 등급 외 B를 받은 사람들에게 장기요양급여를 대신하여 관련 서비스를 제공하는 "노인돌봄종합서비스"를 시행하고 있어요. 장기요양등급을 받지 못했더라도 노인돌봄종합서비스를 신청하여 도움의 손길을 받아보세요.

3-8. 장기요양인정은 이렇게 유지돼요

3-8-1. 장기요양인정 유효기간

① 장기요양인정의 유효기간은 1년이고, 장기요양인정의 갱신 결과 직전 등급과 같은 등급으로 판정된 경우에는 그 갱신된 장기요양인정의 유효기간은 다음의 구분에 따릅니다(「노인장기요양보험법」 제19조제1항 및 「노인장기요양보험법 시행령」 제8조 제1항).

　　1. 장기요양 1등급의 경우: 4년

　　2. 장기요양 2등급 또는 4등급까지의 경우: 3년

　　3. 장기요양 5등급 및 인지지원등급의 경우: 2년

② 장기요양인정의 유효기간은 장기요양인정서가 수급자에게 도달한 날부터 산정합니다(「노인장기요양보험법 시행규칙」 제7조 본문).

③ 위에도 불구하고 공단이 업무 수행 과정에서 해당 수급자의 갱신 의사를 확인한 경우에는 장기요양인정의 갱신을 신청한 것으로 봅니다(「노인장기요양보험법 시행 규칙」 제8조제2항 전단).

④ 이 경우 수급자는 의사소견서를 공단에 제출해야 합니다(「노인장기요양보험법 시행 규칙」 제8조제2항 후단).

3-8-2. 장기요양인정 갱신

① 수급자는 장기요양인정의 유효기간이 만료된 후 장기요양급여를 계속하여 받으려는 경우 공단에 장기요양인정의 갱신을 신청해야 합니다(「노인장기요양보험법」 제 20조제1항).

② 장기요양인정의 갱신 신청은 장기요양인정 유효기간이 끝나기 90일 전부터 30일 전까지의 기간에 장기요양인정 갱신신청서(「노인장기요양보험법 시행규칙」 별지 제1 호의2서식)에 의사소견서를 첨부하여 공단에 제출해야 합니다(「노인장기요양보험법」 제20조제2항 및 「노인장기요양보험법 시행규칙」 제8조제1항).

3-8-3. 장기요양등급의 변경

① 장기요양급여를 받고 있는 수급자는 장기요양등급, 장기요양급여의 종류 또는 내용을 변경(장기요양급여의 종류를 가족요양비로 변경하는 경우는 제외함)하여 장기요양급여를 받으려는 경우 장기요양등급 변경신청서(「노인장기요양보험법 시행규칙」 별지 제1호의2서식)를 공단에 제출해야 합니다(「노인장기요양보험법」 제21조제1항 및 「노인장기요양보험법 시행규칙」 제9조 전단).

② 이 경우 장기요양등급의 변경을 신청하려는 때에는 의사소견서를 첨부하여 제출해야 합니다(「노인장기요양보험법 시행규칙」 제9조 후단).

3-9. 장기요양급여를 받을 수 있어요

3-9-1. 장기요양급여 수급 시기

수급자는 장기요양인정서와 표준장기요양이용계획서가 도달한 날부터 장기요양급여를 받을 수 있습니다(「노인장기요양보험법」 제27조제1항).

■ **장기요양인정서가 아직 도착하지 않았지만, 장기요양급여를 받을 수 없나요?**

Q 저는 지금 혼자 거동하기 불편한 상태예요. 그래서 장기요양급여 수급자로 선정되기 위해 장기요양인정 신청을 한 상태인데요. 혹시 저같은 경우, 미리 장기요양급여를 받을 수는 없나요?

A 수급자는 ① 주거를 같이하는 가족이 없는 경우 또는 ② 주거를 같이하는 가족이 미성년자 또는 65세 이상의 노인 외에는 없는 경우에는 장기요양인정신청서를 제출한 날부터 장기요양인정서가 도달되는 날까지의 기간 중에도 장기요양급여를 받을 수 있습니다(「노인장기요양보험법」 제27조제2항 및 「노인장기요양보험법 시행령」 제13조).

이 경우 장기요양인정신청서를 제출한 날부터 장기요양급여를 받으려면, 장기요양급여 제공시기 예외 적용 신청서(「노인장기요양보험법 시행규칙」 별지 제18호 서식)를 공단에 제출해야 합니다(「노인장기요양보험법 시행규칙」 제21조제1항).

이때, 장기요양인정의 유효기간은 장기요양인정신청서 제출일부터 산정합니다(「노인장기요양보험법 시행규칙」 제7조 단서).

3-9-2. 장기요양급여 월 한도액

① 장기요양급여는 월 한도액 범위 안에서 제공됩니다(「노인장기요양보험법」 제28조제1항 전단).

② 재가급여(복지용구는 제외함)의 월 한도액은 다음과 같습니다(「노인장기요양보험법 시행규칙」 제22조제1항).

등 급	1등급	2등급	3등급	4등급	5등급	인지지원등급
월 한도액	1,456,400원	1,294,600원	1,240,700원	1,142,400원	980,800원	551,800원

③ 시설급여의 월 한도액은 다음에 따른 1일당 급여비용에 월간 일수를 곱하여 산정합니다(「노인장기요양보험법 시행규칙」 제22조제2항).

분 류		금액
노인요양시설	장기요양 1등급	69,150원
	장기요양 2등급	64,170원
	장기요양 3등급 ~ 5등급	59,170원
노인요양공동생활가정	장기요양 1등급	60,590원
	장기요양 2등급	56,220원
	장기요양 3등급 ~ 5등급	51,820원

■ 장기요양급여 수급자로 선정되면 장기요양급여를 현금으로 직접 받는 건가요?

Q 장기요양급여 수급자로 선정되면 장기요양급여를 현금으로 직접 받는 건가요?

A 장기요양급여 수급자는 시설 또는 재가 장기요양기관과 계약을 체결하고 장기요양급여를 이용할 수 있어요. 이때, 장기요양급여는 수급자가 이용한 장기요양기관이 공단에 장기요양급여비용을 청구하면 이를 심사하여 장기요양에 사용된 비용 중 공단부담금(재가 및 시설 급여비용 중 본인일부부담금을 공제한 금액을 말함)을 해당 장기요양기관으로 직접 지급하기 때문에 수급자가 장기요양급여를 직접 지급받은 경우는 특별현금급여에 한합니다.

1. 장기요양인정서와 표준장기요양이용계획서에 따라 수급자와 가족이 자율적으로 장기요양기관을 선택하여 장기요양기관과 급여계약을 체결하면 됩니다.

2. 장기요양기관은 수급자에게 재가급여 또는 시설급여를 제공한 경우 공단에

장기요양급여비용을 청구합니다(「노인장기요양보험법」 제38조제1항).

3. 공단은 장기요양기관으로부터 재가 또는 시설 급여비용의 청구를 받은 경우 이를 심사하여 장기요양에 사용된 비용 중 공단부담금(재가 및 시설급여비용 중 본인일부부담금을 공제한 금액을 말함)을 해당 장기요양기관에 지급하게 됩니다 (「노인장기요양보험법」 제38조제2항).

3-9-3. 장기요양급여 수급 제한

① 장기요양급여를 받고 있거나 받을 수 있는 사람이 다음의 어느 하나에 해당하는 경우 장기요양급여의 수급이 중단되거나 제공받지 못할 수 있습니다(「노인장기요양보험법」 제29조제1항).

  1. 거짓이나 그 밖의 부정한 방법으로 장기요양인정을 받은 경우

  2. 고의로 사고를 발생하도록 하거나 본인의 위법행위에 기인하여 장기요양 인정을 받은 경우

② 장기요양급여를 받고 있는 사람이 정당한 사유 없이 자료의 제출(규제「노인장기요양보험법」 제60조) 또는 보고 및 검사(「노인장기요양보험법」 제61조)에 따른 요구에 응하지 않거나 답변을 거절한 경우 장기요양급여의 전부 또는 일부를 제공받지 못할 수 있습니다(「노인장기요양보험법」 제29조제2항).

3-9-4. 이의가 있으면 신청하세요

① 이의신청

  ⓐ 장기요양인정·장기요양등급·장기요양급여·부당이득·장기요양급여비용 또는 장기요양보험료 등에 관한 공단의 처분에 이의가 있는 사람은 공단에 이의신청을 할 수 있습니다(「노인장기요양보험법」 제55조제1항).

  ⓑ 이의신청은 처분이 있은 날부터 90일 이내에 문서로 해야 합니다(「노인장기요양보험법」 제55조제2항).

② 심사청구

이의신청에 대한 결정에 불복하는 사람은 결정처분을 받은 날부터 90일 이내에 장기요양심판위원회에 심사청구를 할 수 있습니다(「노인장기요양보험법」 제56조제1항).

■ **건강상태가 비슷한데도 장기요양급여를 받지 못하는지 이해할 수 없네요?**

Q 저희 남편은 치매로 3년이 넘게 병원에 다니고 있어요. 그런데 옆집에 살고 있는 할머니는 저희 남편과 비슷한 상태인데도 불구하고 장기요양급여를 받고 있더라고요. 건강상태가 비슷한데도 저희 남편은 왜 장기요양급여를 받지 못하는지 이해할 수 없네요?

A 장기요양급여를 받으려면 장기요양인정을 신청하여 장기요양등급을 받아야만 장기요양급여를 받을 수 있는 자격이 생기게 됩니다. 이때, 장기요양등급은 노인의 전반적인 심신의 기능상태(신체기능, 인지 및 행동변화 영역, 간호처치영역, 재활영역)를 기준으로 '요양이 필요한 정도'에 의해 등급을 판정하게 됩니다. 따라서 겉으로 보기에는 비슷한 건강상태일지라도 객관적인 자료를 근거로 장기요양등급이 다르게 판정되어 장기요양급여를 받지 못하는 경우가 생기기도 합니다.

◇ 장기요양인정 신청자격

　장기요양인정을 신청할 수 있는 사람은 노인 등으로서 ① 장기요양보험가입자·그 피부양자, 또는 ② 의료급여수급권자에 해당하는 자격을 갖추어야 합니다.

◇ 제출서류

　장기요양인정을 신청하는 사람은 ① 장기요양인정신청서, ② 의사 또는 한의사의 소견서를 해당 국민건강보험공단에 제출해야 합니다.

◇ 등급판정

　신청인은 장기요양인정 신청에 따른 조사를 받고, 장기요양등급판정위원회로부터 장기요양인정 신청자격요건을 충족하고 6개월 이상 동안 혼자서 일상생활을 수행하기 어렵다고 인정되는 경우 심신상태 및 장기요양이 필요한 정도 등에 따라 장기요양 1등급 ~ 5등급 또는 장기요양 인지지원등급의 판정을 받습니다.

◇ 이의신청

　장기요양인정·장기요양등급·장기요양급여·부당이득·장기요양급여비용 또는 장기요양보험료 등에 관해 이의가 있는 자는 공단에 이의신청을 할 수 있습니다.

4. 생활비 도움받기

4-1. 기초생활보장제도가 있으니 안심하세요

4-1-1. 기초생활보장제도란?

"기초생활보장제도"란 생활이 어려운 사람의 최저생활을 보장하고 자활을 돕기 위해 필요한 급여를 지급하는 것을 말합니다(「국민기초생활 보장법」 제1조).

4-1-2. 급여의 종류

① 「국민기초생활 보장법」에 따른 급여의 종류는 다음과 같습니다(「국민기초생활 보장법」 제7조제1항).

1. 생계급여 : 수급자에게 의복·음식물 및 연료비와 그 밖의 일상생활에 기본적으로 필요한 금품을 지급하여 그 생계를 유지하게 하는 것입니다(「국민기초생활 보장법」 제8조제1항).

2. 주거급여 : 수급자에게 주거 안정에 필요한 임차료, 수선유지비, 그 밖의 수급품을 지급하는 것입니다(「국민기초생활 보장법」 제11조제1항).

3. 의료급여 : 수급권자의 질병·부상·출산 등에 대한 비용을 의료급여기금에서 전부 또는 일부를 부담하는 것입니다(「국민기초생활 보장법」 제7조제1항, 「의료급여법」 제7조 및 제10조).

4. 교육급여 : 수급자에게 입학금, 수업료, 학용품비, 그 밖의 수급품을 지원하는 것입니다(「국민기초생활 보장법」 제12조제1항 및 「국민기초생활보장법 시행령」 제16조제1항).

5. 해산급여 : 생계급여, 주거급여 및 의료급여 중 하나 이상의 급여를 받는 수급자에게 다음의 급여를 행하는 것입니다(「국민기초생활 보장법」 제13조).
   - 조산(助産)
   - 분만 전과 분만 후의 필요한 조치와 보호

6. 장제급여 : 생계급여, 주거급여 및 주거급여 중 하나 이상의 급여를 받는 수급자가 사망한 경우 사체의 검안(檢案)·운반·화장 또는 매장, 그 밖의 장제조치를 행하는 것입니다(「국민기초생활 보장법」 제14조제1항).

7. 자활급여 : 수급자의 자활을 조성하기 위해 다음의 급여를 행하는 것입니다(「국민기초생활 보장법」 제15조제1항).
   - 자활에 필요한 금품의 지급 또는 대여
   - 자활에 필요한 근로능력의 향상 및 기능습득의 지원
   - 취업알선 등 정보의 제공
   - 자활을 위한 근로기회의 제공

- 자활에 필요한 시설 및 장비의 대여
- 창업교육, 기능훈련 및 기술·경영지도 등 창업지원
- 자활에 필요한 자산형성 지원
- 그 밖에 자활조성을 위한 각종 지원

4-2. 급여를 신청하세요

4-2-1. 수급권자

"수급권자"란 「국민기초생활 보장법」에 따라 급여를 받을 수 있는 자격을 가진 사람을 말합니다(「국민기초생활 보장법」 제2조제1호).

4-2-2. 급여의 신청

① 수급권자와 그 친족, 그 밖의 관계인은 관할 시장·군수·구청장(자치구의 구청장을 말함. 이하 같음)에게 수급권자에 대한 급여를 신청할 수 있습니다. 차상위자가 급여를 신청하려는 경우에도 같습니다(「국민기초생활 보장법」 제21조제1항).

② 사회복지 전담공무원은 급여를 필요로 하는 사람이 누락되지 않도록 하기 위해 관할 지역에 거주하는 수급권자에 대한 급여를 직권으로 신청할 수 있습니다. 이 경우 수급권자의 동의를 구해야 하며 이를 수급권자의 신청으로 볼 수 있습니다(「국민기초생활 보장법」 제21조제2항).

4-2-3. 제출서류

급여를 신청하려는 사람은 다음의 서류를 거주지를 관할하는 특별자치도지사·시장·군수·구청장(주거가 일정하지 않은 경우에는 실제 거주하는 지역을 관할하는 특별자치도지사·시장·군수·구청장을 말함)에게 제출해야 합니다(「국민기초생활 보장법 시행규칙」 제34조제1항).

1. 급여신청서
2. 제적등본(가족관계증명서로 부양의무자를 확인할 수 없는 경우에 한함)
3. 금융정보, 신용정보 또는 보험정보제공 동의서

4-2-4. 조사 및 검진

시장·군수·구청장은 수급자 선정을 위해 사회복지 전담공무원으로 하여금 다음의 사항을 조사하게 하거나 수급권자에게 보장기관이 지정하는 의료기관에서 검진을 받게 할 수 있습니다(「국민기초생활 보장법」 제22조제1항).

1. 부양의무자의 유무 및 부양능력 등 부양의무자와 관련된 사항
2. 수급권자와 부양의무자의 소득·재산에 관한 사항

3. 수급권자의 근로능력, 취업상태, 자활욕구 등 자활지원계획 수립에 필요한 사항

4. 그 밖에 수급권자의 건강상태, 가구 특성 등 생활실태에 관한 사항

4-2-5. 급여 결정 통지

수급권자 또는 신청인은 시장·군수·구청장이 급여 실시 여부와 급여 내용을 결정하면, 신청일부터 30일 이내에 그 결정의 요지, 급여의 종류·방법 및 급여의 개시 시기 등을 서면으로 통지받습니다.

4-2-6. 급여 실시

① 급여실시 및 내용이 결정된 수급자에 대한 급여는 급여의 신청일부터 시작합니다 (「국민 기초생활 보장법」 제27조제1항 본문).

② 다만, 보건복지부장관 또는 소관중앙행정기관의 장이 매년 결정·공표하는 급여의 종류별 수급자 선정기준의 변경으로 매년 1월에 새로이 수급자로 결정되는 사람에 대한 급여는 해당 연도의 1월 1일을 그 급여개시일로 합니다(「국민기초생활 보장법」 제27조제1항 단서).

■ 기초생활보장급여는 언제, 어떻게 지급되나요?

Q 기초생활보장 수급자로 선정되어 생계급여를 받게 되었어요. 생계급여는 언제 어떻게 입금되나요?

A 생계급여는 매월 20일(토요일이거나 공휴일인 경우에는 그 전날로 함)에 금융회사등의 수급자 명의의 지정된 계좌에 입금돼요. 만약, 수급자가 다음의 어느 하나에 해당하는 경우에는 수급자의 배우자, 직계혈족 또는 3촌 이내의 방계혈족 명의 계좌로 입금됩니다(「국민기초생활 보장법」 제9조제2항 본문 및 「국민기초생활 보장법 시행령」 제6조제1항).

1. 성년후견 개시 심판이 확정된 경우

2. 채무불이행으로 금전채권이 압류된 경우

3. 치매 또는 보건복지부장관이 정하는 거동불가의 사유로 본인 명의의 계좌를 개설하기 어려운 경우

■ 기초연금을 받고 있는 사람도 기초생활수급자가 될 수 있나요?

Q 아내와 사별 후, 혼자 어렵게 살고 있는 70세 할아버지입니다. 요즘에는 아픈 곳이 많아져서 더 이상 일도 할 수 없고 점점 생활하는 것이 힘들어집니다. 그래서 자격만 된다면 기초생활보장제도의 도움을 받고 싶은데요. 기초연금을 받고 있는 사람도 기초생활수급자가 될 수 있나요?

A 네. 기초연금과 기초생활보장 급여는 함께 받을 수 있습니다. 기초생활보장제도는 전 국민을 대상으로 하고 기초노령연금은 65세 이상의 노인을 대상으로 한다는 것이 다를 뿐입니다. 다만, 기초연금을 받게 되면 해당 연금액이 소득으로 산정되어 기초생활보장 급여에 영향을 미칠 수도 있습니다.

◇ 기초생활수급자란?

"수급권자"란 「국민기초생활 보장법」에 따라 급여를 받을 수 있는 자격을 가진 사람을 말합니다.

◇ 급여의 종류

기초생활보장제도에 따른 급여의 종류는 생계급여, 주거급여, 의료급여, 교육급여, 해산급여, 장제급여, 자활급여 등이 있습니다.

◇ 급여의 신청

수급권자와 그 친족, 그 밖의 관계인 또는 사회복지 전담공무원은 관할 특별자치도지사·시장·군수·구청장에게 다음의 서류를 제출하여 급여를 신청할 수 있습니다.

1. 급여신청서
2. 제적등본(가족관계증명서로 부양의무자를 확인할 수 없는 경우에 한함)
3. 금융정보, 신용정보 또는 보험정보제공 동의서

4-3. 노인은 다양한 할인을 받을 수 있어요

① 65세 이상의 노인은 국가 또는 지방자치단체의 수송시설 및 고궁·능원·박물관·공원 등의 공공시설을 무료로 또는 그 이용요금을 할인하여 이용할 수 있습니다(「노인복지법」 제26조제1항, 「노인복지법 시행령」 제19조제1항 및 별표 1).

시설의 종류	할인율 (일반요금에 대한 백분율)
1. 철도	
가. 새마을호, 무궁화호 나. 통근열차 다. 수도권전철	100분의 30 100분의 50 100분의 100
2. 도시철도(도시철도 구간안의 국유전기철도를 포함)	100분의 100
3. 고궁	100분의 100
4. 능원	100분의 100
5. 국·공립박물관	100분의 100
6. 국·공립공원	100분의 100
7. 국·공립미술관	100분의 100
8. 국·공립국악원	100분의 50 이상
9. 국가·지방자치단체 또는 국가나 지방자치단체가 출연하거나 경비를 지원하는 법인이 설치·운영하거나 그 운영을 위탁한 공연장	100분의 50

※ 비고
　1. 철도 및 도시철도의 경우에는 운임만 해당합니다.
　2. 공연장의 경우에는 그 공연장의 운영자가 자체기획한 공연의 관람료만 해당합니다.
3. 새마을호의 경우 토요일과 공휴일에는 할인율을 적용하지 않습니다.

② 65세 이상의 사람이 경로우대시설의 이용요금을 할인하여 이용하려는 때에는 해당 시설의 관리자에게 주민등록증 그 밖에 나이를 확인할 수 있는 신분증을 보여주어야 합니다(「노인복지법 시행령」 제19조제2항).

5. 일자리 구하기

5-1. 일자리를 찾아보세요

5-1-1. 노인사회참여 지원

① 국가 또는 지방자치단체는 노인의 사회참여 확대를 위해 노인에게 적합한 직종의 개발과 그 보급을 위한 시책을 강구하며 근로 능력있는 노인에게 일할 기회를 우선적으로 제공하도록 노력해야 합니다(「노인복지법」 제23조제1항).

② 국가 또는 지방자치단체는 노인의 취업의 활성화를 기하기 위해 노인취업알선기관 등 노인복지관계기관에 대해 필요한 지원을 할 수 있습니다(「노인복지법」 제23조제2항).

5-1-2. 생업지원

① 국가, 지방자치단체, 그 밖의 공공단체 중 다음의 기관은 소관 공공시설에 식료품·사무용품·신문 등 일상생활용품의 판매를 위한 매점이나 자동판매기의 설치를 허가 또는 위탁할 때에는 65세 이상 노인의 신청이 있는 경우 이를 우선적으로 반영해야 합니다(「노인복지법」 제25조제1항 및 「노인복지법 시행령」 제18조의2제1항).

  1. 「공공기관의 운영에 관한 법률」 제4조에 따른 공공기관
  2. 「지방공기업법」 제49조에 따른 지방공사 및 「지방공기업법」 제76조에 따른 지방공단
  3. 특별법에 따라 설립된 법인

5-2. 노인일자리사업에 참여하세요

5-2-1. 노인일자리사업이란?

"노인일자리사업"은 일하기를 희망하는 노인에게 맞춤형 일자리를 공급하여 노인에게 소득창출 및 사회참여의 기회를 제공하고 있는 사업을 말합니다.

5-2-2. 노인일자리 유형은?

① 노인일자리사업의 일자리 유형은 다음과 같습니다.

유형		설명	참여자 지위
공익활동		노인이 자기만족과 성취감 향상 및 지역사회 공익 증진을 위해 자발적으로 참여하는 봉사활동	자원봉사
재능나눔 활동		재능을 보유한 노인에게 재능나눔 활동 기회를 부여하여 사회 참여를 통한 노후 성취감 제고, 건강 및 대인관계 개선 유도	
시장형 (취창업)	사회서비스형	취약계층 지원시설 및 돌봄시설 등 사회적 도움이 필요한 영역에 노인인력을 활용하여 필요한 서비스를 제공하는 일자리	근로
	시장형 사업단	참여자 인건비를 일부 보충지원하고 추가 사업소득으로 연중 운영하는 노인 일자리	
	인력파견형 사업단	수요처의 요구에 의해서 일정 교육을 수료하거나 관련된 업무 능력이 있는 자를 해당수요처로 파견하여 근무기간에 대한 일정 임금을 지급받을 수 있는 일자리	
	시니어 인턴십	만 60세 이상의 노인에게 일할 기회를 제공함으로써 노인의 직업능력 강화 및 재취업기회를 촉진	
	고령자 친화 기업	고령자가 경쟁력을 가질 수 있는 적합한 직종에서 다수의 고령자를 고용(최소 30명 이상)하는 기업 설립 지원	
	기업 연계형	기업이 적합한 노인일자리를 창출하고 유지하는데 필요한 직무모델 개발, 설치 구입 및 설치, 4대 보험료 등 간접비용을 지원	

② 시장형사업단

노인에게 적합한 업종 중 소규모 매장 및 전문 직종 사업단 등을 공동으로 운영하여 일자리를 창출하는 사업으로, 일정기간 사업비 또는 참여자 인건비를 일부 보충지원하고추가 사업소득으로 연중 운영하는 노인 일자리

(예: 공동작업형, 제조판매형, 서비스제공형)

③ 사회서비스형

취약계층 지원 시설 및 돌봄시설 등 사회적 도움이 필요한 영역에 노인인력을 활용하여 필요한 서비스를 제공하는 일자리

(예: 아동시설지원, 청소년시설지원, 장애인시설지원, 취약가정시설지원)

④ 공익활동

노인이 자기만족과 성취감 향상 및 지역사회 공익증진을 위해 자발적으로 참여하

는 봉사활동

(예: 노노케어, 취약계층 지원, 공공시설 봉사, 경륜전수 활동)

⑤ 인력파견형사업단

수요처의 요구에 의해서 일정 교육을 수료하거나 관련된 업무능력이 있는 자를 해당 수요처로 연계하여 근무기간에 대한 일정 임금을 지급받을 수 있는 일자리

5-2-3. 참여대상은?

① 65세 이상의 노인 중 다음에 해당하는 사람은 노인일자리사업에 참여할 수 있습니다.

② 공익활동은 만 65세 이상 기초연금 수급권자만 참여할 수 있으며, 시장형사업단 및 인력파견형사업단은 만60세 이상 사업특성 적합자가 참여할 수 있습니다.

■ 기초생활보장 수급자인데, 일자리사업에 참여할 수 있나요?

Q 저는 지금 기초생활보장 수급자로 선정되서 급여를 받고 있는데요. 일을 해서 생활비를 더 벌고 싶어요. 저도 노인일자리사업에 참여하여 일자리를 구할 수 있을까요?

A 노인일자리사업은 65세 이상의 모든 노인이 참여할 수 있는 것은 아니에요. 이 사업에 참여하면 직접 돈을 벌 수 있기 때문에 다른 복지 서비스에 의해 이미 금전적인 도움을 받고 있거나 다른 일자리사업에 참여하고 있는 사람들은 일자리가 꼭 필요한 사람들에게 양보하는 것이 좋겠죠?

따라서 아래와 같은 사람들은 노인일자리사업에 참여신청을 할 수 없답니다.

1. 「국민기초생활 보장법」에 따른 생계급여, 의료급여 수급자
  - 국가유공자, 북한이탈주민 등의 사유로 인한 의료급여 1종은 참여가능
  - 시장형사업단은 의료급여 수급자 중 2종 수급자는 참여가능
2. 국민건강보험 직장가입자(인력파견형사업단 제외)
3. 장기요양보험 등급판정자(1 ~ 5 등급, 인지지원등급)
4. 정부부처 및 지자체에서 추진하는 일자리사업 참여자(노인일자리 및 사회활동 지원사업 포함)

5-2-4. 참여방법은?

노인일자리사업참여를 신청하려는 사람은 사업수행기관에 다음의 서류를 제출해야 합니다.

1. 참여신청서
2. 해당 활동 관련 자격증 사본(해당자에 한함)

5-3. 일자리 정보를 알아보세요

5-3-1. 일자리 상담 및 취업 알선, 취업 전 노인 교육 및 훈련 등

노인의 능력과 적성에 맞는 일자리지원사업을 전문적·체계적으로 수행하기 위한 전담기관은 다음과 같습니다(「노인복지법」 제23조의2제1항).

1. 노인인력개발기관: 노인일자리개발·보급사업, 조사사업, 교육·홍보 및 협력사업, 프로그램인증·평가사업 등을 지원하는 기관
2. 노인일자리지원기관: 지역사회 등에서 노인일자리의 개발·지원, 창업·육성 및 노인에 의한 재화의 생산·판매 등을 직접 담당하는 기관
3. 노인취업알선기관: 노인에게 취업 상담 및 정보를 제공하거나 노인일자리를 알선하는 기관

5-3-2. 한국노인인력개발원

한국노인인력개발원은 노인일자리사업지원, 노인자원봉사사업지원, 인적자원 개발 연구 등을 담당하고 있는 기관입니다.

5-3-3. 시니어클럽

① 시니어클럽은 지역사회 내에서 일정한 시설과 전문 인력을 갖추고 지역의 자원을 활용하여 노인의 일자리를 창출·제공하는 노인일자리전담기관입니다.
② 시니어클럽과 각 지역별 시니어클럽 운영현황에 대한 자세한 내용은 〈한국시니어클럽협회 홈페이지〉에서 확인할 수 있습니다.

5-3-4. 대한노인회

① 대한노인회 취업지원센터는 지역 사회에서 구직을 희망하는 노인의 취업 상담·알선 등을 통해 노인의 소득 보장 및 사회 참여 기회를 확대하기 위한 업무를 담당하고 있습니다.
② 대한노인회 취업지원센터에 대한 자세한 내용은 〈대한노인회 홈페이지〉에서 확인할 수 있습니다.

■ 노인들이 다시 일을 할 수 있다는 모습을 보니 일하고 싶다는 의욕이 생기더군요. 어떻게 하면 일자리를 구할 수 있을까요?

Q 저는 정년퇴직을 하고 노후생활을 즐기고 있는 68세 할아버지입니다. 얼마 전, 동네에 있는 산으로 운동을 다녀왔는데, 그 곳에서 할머니, 할아버지들이 숲생태 해설가로 일하고 계시는 것을 보았어요. 노인들이 다시 일을 할 수 있다는 모습을 보니 저도 일하고 싶다는 의욕이 생기더군요. 어떻게 하면 저도 일자리를 구할 수 있을까요?

A 네. 노인일자리사업에 참여해보세요. 65세 이상의 노인은 정부에서 시행하고 있는 노인일자리사업에 참여하여 소득창출 및 사회참여의 기회를 제공받을 수 있습니다. 노인일자리사업에 참여하여 일자리도 얻고, 일정한 금액의 급여를 받을 수 있습니다. 노인일자리사업에 참여하고 싶으세요? 가까운 시·구청 또는 한국노인인력개발원, 시니어클럽, 대한노인회 등을 통해 관련 정보를 얻을 수 있습니다.

◇ 노인일자리사업의 유형

노인일자리사업은 공익활동, 재능나눔활동, 시장형(사회서비스형, 시장형사업단, 인력파견형 사업단, 시니어 인턴십, 고령자 친화기업, 기업 연계형)으로 구분됩니다.

◇ 참여대상

노인일자리사업은 65세 이상의 노인으로 공익형 및 복지형 사업은 기초노령연금 수급권자만 참여할 수 있고, 교육형·시장형 및 인력파견형 사업은 참여자 선발기준에 따라 선발됩니다.

◇ 참여대상 제외자

다음과 같은 사람들은 노인일자리사업에 참여할 수 없습니다.

1. 「국민기초생활 보장법」에 따른 생계급여, 의료급여 수급자
 - 국가유공자, 북한이탈주민 등의 사유로 인한 의료급여 1종은 참여가능
 - 단, 시장형사업단은 의료급여 2종 수급자 허용
2. 국민건강보험 직장가입자(인력파견형사업은 제외함)
3. 장기요양보험 등급판정자(1 ~5 등급, 인지지원등급)
4. 정부부처 및 지자체에서 추진 중인 일자리사업 참여자(노인 일자리 및 사회활동 지원사업 포함)

5-4. 봉사활동으로 사회참여하기

5-4-1. 노인의 자원봉사 활성화를 위해 지원하고 있어요

① 노인 자원봉사활동 지원

국가 또는 지방자치단체는 노인의 지역봉사 활동 활성화를 위해 노인지역봉사기관 등 노인복지관계기관에 대해 필요한 지원을 할 수 있습니다(「노인복지법」 제23조제2항).

② 노인자원봉사클럽(봉사단) 지원

대한노인회 노인자원봉사지원센터 지역운영본부의 승인을 받은 노인자원봉사클럽은 클럽운영에 필요한 활동 운영비 등을 지원받습니다.

③ 지역봉사지도원 위촉

사회적 신망과 경험이 있는 노인으로서 지역봉사를 희망하는 경우에는 국가 또는 지방자치단체로부터 지역봉사지도원으로 위촉될 수 있습니다(「노인복지법」 제24조 제1항).

5-4-2. 봉사활동에 참여할 수 있는 방법

① 참여 방법

ⓐ 대한노인회 노인자원봉사지원센터 지역본부에 신청하여 자원봉사자 교육 및 상담을 받은 후, 기존의 노인자원봉사클럽에 가입하거나 새로운 클럽을 만들어 이를 통해 봉사활동을 할 수 있습니다.

ⓑ 지역 내 노인복지관에서 주관하는 각종 노인자원봉사 프로그램에 참여하여 봉사활동을 할 수 있습니다.

② 노인자원봉사클럽 만들기

대한노인회 노인자원봉사지원센터지역운영본부의 추천을 받은 노인들이 소정의 교육을 이수한 후에 직접 자원봉사활동을 하려는 노인들을 중심으로 클럽(20여명)을 조직하여, 관할 노인자원봉사센터 지역운영본부로 부터 승인 신청을 받아 새롭게 클럽을 만들 수 있습니다.

6. 복지서비스 이용하기

6-1. 함께모여살기

6-1-1. 노인주거복지시설에 대해 알아볼까요?

① 노인주거복지시설이란?

"노인주거복지시설"은 65세 또는 60세 이상의 일상생활에 지장이 없는 노인이 가정과 같은 주거공간에서 일상생활에 필요한 편의를 제공받을 수 있는 시설을 말합니다.

② 노인주거복지시설의 종류

노인주거복지시설의 종류는 다음과 같습니다(「노인복지법」 제32조제1항).

1. 양로시설 : 노인을 입소시켜 급식과 그 밖에 일상생활에 필요한 편의를 제공함을 목적으로 하는 시설

2. 노인공동생활가정 : 노인들에게 가정과 같은 주거여건과 급식, 그 밖에 일상생활에 필요한 편의를 제공함을 목적으로 하는 시설

3. 노인복지주택 : 노인에게 주거시설을 임대하여 주거의 편의·생활지도·상담 및 안전관리 등 일상생활에 필요한 편의를 제공함을 목적으로 하는 시설

6-1-2. 양로시설 및 노인공동생활가정에 들어가기

① 입소대상자 및 입소비용

ⓐ 양로시설 및 노인공동생활가정의 입소대상자와 입소비용은 다음과 같습니다(「노인복지법」 제32조제2항, 「노인복지법 시행규칙」 제14조제1항제1호 및 제15조의2제1호·제2호·제3호)

입소대상자	입소비용
1. 「국민기초생활 보장법」 제7조제1항제1호에 따른 생계급여 수급자 또는 「국민기초생활 보장법」 제7조제1항제3호에 따른 의료급여 수급자로서 65세 이상의 사람	국가 및 지방자치단체 전액 부담
2. 부양의무자로부터 적절한 부양을 받지 못하는 65세 이상의 사람	국가 및 지방자치단체 전액 부담
3. 본인 및 본인과 생계를 같이 하고 있는 부양의무자의 월소득을 합산한 금액을 가구원수로 나누어 얻은 1인당 월평균 소득액이 통계청장이 「통계법」 제17조제3항에 따라 고시하는 전년도(본인 등에 대한 소득조사일이 속하는 해의 전년도를 말함)의 도시근로자가구 월평균 소득을 전년도의 평균 가구원수로 나누어 얻은 1인당 월평균 소득액이하인 자로서 65세 이상의 사람	입소자 본인 일부 부담
4. 입소자로부터 입소비용의 전부를 수납하여 운영하는 양로시설 또는 노인공동생활가정의 경우는 60세 이상의 사람	입소자 본인 전부 부담

ⓑ 입소대상자의 배우자는 65세 미만인 배우자(위 4.의 경우에는 60세 미만인 배우자)는 해당 입소대상자와 함께 양로시설·노인공동생활가정에 입소할 수 있습니다(「노인복지법 시행규칙」 제14조제2항).

ⓒ 입소대상자의 60세 미만인 배우자 및 위 2.에 따른 입소대상자가 부양을 책임지고 있는 19세 미만의 자녀·손자녀는 해당 입소대상자와 함께 노인복지주택에 입소할 수 있습니다 (「노인복지법 시행규칙」 제14조제3항).

② 입소절차

ⓐ 위 1. 또는 2.에 해당하는 사람이 양로시설 또는 노인공동생활가정에 들어가려는 경우에는 입소신청서에 입소신청사유서 및 관련 증빙자료를 첨부하여 주소지를 관할하는 특별자치시장·특별자치도지사·시장·군수·구청장에게 제출해야 합니다(「노인복지법 시행규칙」 제15조제2항 본문).

ⓑ 다만, 「국민기초생활 보장법」 제7조제1항제1호에 따른 생계급여 수급자 또는 「국민기초생활 보장법」 제7조제1항제3호에 따른 의료급여 수급자는 입소신청사유서 및 관련 증빙자료를 첨부하지 않아도 됩니다(「노인복지법 시행규칙」 제15조제2항 단서).

ⓒ 위 3. 또는 4.에 해당하는 사람이 양로시설 또는 노인공동생활가정에 들어가려는 경우에는 당사자간의 계약에 따릅니다(「노인복지법 시행규칙」 제15조제5항).

③ 입소여부 결정

ⓐ 신청인은 신청을 받은 특별자치시장·특별자치도지사·시장·군수·구청장이 신청일부터 10일 이내에 입소대상자의 건강상태와 부양의무자의 부양능력 등을 심사하여 입소여부와 입소시설을 결정한 후에 이를 통지받습니다(「노인복지법 시행규칙」 제15조제3항).

ⓑ 특히, 위 2.에 해당하는 사람은 특별자치시장·특별자치도지사·시장·군수·구청장이 1년마다 부양의무자의 부양능력 등을 심사하여 입소여부를 재결정받습니다(「노인복지법 시행규칙」 제15조제4항).

6-1-3. 노인복지주택에 들어가기

① 입소대상자 및 입소비용

ⓐ 노인복지주택의 입소대상자와 입소비용은 다음과 같습니다(「노인복지법」 제33조의2제1항 본문, 「노인복지법 시행규칙」 제14조제1항제2호 및 제15조의2제4호).

입소대상자	입소비용
단독취사 등 독립된 주거생활을 하는 데 지장이 없는 60세 이상의 사람	입소자 본인 전부 부담

ⓑ 입소자의 배우자와 입소자격자가 부양을 책임지고 있는 19세 미만의 자녀·손자녀는 함께 입소할 수 있습니다(「노인복지법」 제33조의2제1항 단서).

ⓒ 노인복지주택을 임차한 사람은 해당 노인주거시설을 입소자격자가 아닌 사람에게 다시 임

대할 수 없습니다(「노인복지법」제33조의2제3항).

ⓓ 입소자격자가 아닌 사람에게 임대한 사람은 1년 이하의 징역 또는 1천만원 이하의 벌금에 처해집니다(「노인복지법」제57조제2호).

② 입소절차

ⓐ 노인복지주택에 들어가려는 사람은 임대차계약에 따릅니다(「노인복지법 시행규칙」제15조 제6항 전단).

ⓑ 이 경우 임대차계약 신청자가 해당 시설의 정원을 초과하는 때에는 다음의 순위에 따르되, 같은 순위자가 있는 때에는 신청순위에 따라 결정합니다(「노인복지법 시행규칙」제15 조제6항 후단).

1) 부양의무자가 없는 사람

2) 「주민등록법」상 연령이 많은 사람

3) 배우자와 함께 입소하는 사람

4) 19세 미만의 자녀·손자녀와 함께 입소하는 사람

■ 생활이 어렵지 않더라도 복지시설에 들어가서 생활할 수 있을까요?

Q 저희 부부는 자식들을 전부 결혼시키고 단둘이 사는데요. 둘이 살기에는 지금 살고 있는 집도 좋지만, 조금 더 편리한 시설이 갖춰진 곳에서 같은 또래의 노인들과 함께 모여 살면서 편안한 노후를 보내고 싶어요. 저희 부부처럼 생활이 어렵지 않더라도 복지시설에 들어가서 생활할 수 있을까요?

A 네. 노인주거복지시설에는 생활이 어렵지 않더라도 입소자가 전부 입소비용을 부담하고 들어갈 수 있는 노인공동생활가정이나 노인복지주택이 있습니다.

◇ 노인주거복지시설의 종류

노인주거복지시설의 종류는 다음과 같습니다.

1. 양로시설 : 노인을 입소시켜 급식과 그 밖에 일상생활에 필요한 편의를 제공함을 목적으로 하는 시설

2. 노인공동생활가정 : 노인들에게 가정과 같은 주거여건과 급식, 그 밖에 일상생활에 필요한 편의를 제공함을 목적으로 하는 시설

3. 노인복지주택 : 노인에게 주거시설을 임대하여 주거의 편의·생활지도·상담 및 안전관리 등 일상생활에 필요한 편의를 제공함을 목적으로 하는 시설

◇ 양로시설 및 노인공동생활가정의 입소

① 입소대상자 및 입소비용

입소대상자	입소비용
1. 「국민기초생활 보장법」제7조제1항제1호에 따른 생계급여 수급자 또는 「국민기초생활 보장법」제7조제1항제3호에 따른 의료급여 수급자로서 65세 이상의 사람	국가 및 지방자치단체 전액 부담
2. 부양의무자로부터 적절한 부양을 받지 못하는 65세 이상의 사람	국가 및 지방자치단체 전액 부담
3. 본인 및 본인과 생계를 같이 하고 있는 부양의무자의 월소득을 합산한 금액을 가구원수로 나누어 얻은 1인당 월평균 소득액이 통계청장이 「통계법」제17조제3항에 따라 고시하는 전년도(본인 등에 대한 소득조사일이 속하는 해의 전년도를 말함)의 도시근로자가구 월평균 소득을 전년도의 평균 가구원수로 나누어 얻은 1인당 월평균 소득액이하인 자로서 65세 이상의 사람	입소자 본인 일부 부담
4. 입소자로부터 입소비용의 전부를 수납하여 운영하는 양로시설 또는 노인공동생활가정의 경우는 60세 이상의 사람	입소자 본인 전부 부담

② 입소대상자의 배우자는 65세 미만인 배우자(위 4.의 경우에는 60세 미만인 배우자)는 해당 입소대상자와 함께 양로시설·노인공동생활가정에 입소할 수 있습니다.

③ 입소대상자의 60세 미만인 배우자 및 위 2.에 따른 입소대상자가 부양을 책임지고 있는 19세 미만의 자녀·손자녀는 해당 입소대상자와 함께 노인복지주택에 입소할 수 있습니다.

④ 양로시설 또는 노인공동생활가정에 들어가려면, 입소신청을 하거나 시설과 계약을 하면 됩니다.

◇ 노인복지주택의 입소

① 입소대상자 및 입소비용

단독취사 등 독립된 주거생활을 하는 데 지장이 없는 60세 이상의 사람(입소자의 배우자와 입소자격자가 부양을 책임지고 있는 19세 미만의 자녀·손자녀는 함께 입소할 수 있음) : 입소자 본인 전부 부담

② 노인복지주택에 들어가려는 사람은 임대계약을 하면 됩니다.

6-2. 요양시설 이용하기

6-2-1. 노인의료복지시설에서 건강을 지키세요.

① 노인의료복지시설이란?

"노인의료복지시설"은 노인성질환 등으로 요양을 필요로 하는 65세 이상의 노인이 입소하여 급식·요양 그 밖의 일상생활에 필요한 편의를 제공받는 시설을 말합니다.

② 노인의료복지시설의 종류

노인의료복지시설의 종류는 다음과 같습니다(「노인복지법」 제34조제1항).

1. 노인요양시설 : 치매·중풍 등 노인성질환 등으로 심신에 상당한 장애가 발생하여 도움을 필요로 하는 노인을 입소시켜 급식·요양과 그 밖에 일상생활에 필요한 편의를 제공함을 목적으로 하는 시설

2. 노인요양공동생활가정 : 치매·중풍 등 노인성질환 등으로 심신에 상당한 장애가 발생하여 도움을 필요로 하는 노인에게 가정과 같은 주거여건과 급식·요양, 그 밖에 일상생활에 필요한 편의를 제공함을 목적으로 하는 시설

6-2-2. 노인의료복지시설 들어가기

① 입소대상자 및 입소비용

노인의료복지시설의 입소대상자와 입소비용은 다음과 같습니다.

입소대상자	입소비용
1. 「노인장기요양보험법」 제15조에 따른 수급자	노인장기요양보험법령이 정하는 바에 따름
2. 「국민기초생활 보장법」 제7조제1항제1호에 따른 생계급여 수급자 또는 「국민기초생활 보장법」 제7조제1항제3호에 따른 의료급여 수급자로서 65세 이상의 사람	국가 및 지방자치단체 전액 부담
3. 부양의무자로부터 적절한 부양을 받지 못하는 65세 이상의 사람	국가 및 지방자치단체 전액 부담
4. 입소자로부터 입소비용의 전부를 수납하여 운영하는 노인요양시설 또는 노인요양공동생활가정의 경우는 60세 이상의 사람	입소자 본인 전액 부담

② 입소절차

ⓐ 위 2. 또는 3.에 해당하는 사람이 노인의료복지시설에 들어가려는 경우에는 다음의 서류를 제출해야 합니다(「노인복지법 시행규칙」 제19조제2항).

1) 입소신청서

2) 건강진단서 1부

ⓑ 입소신청사유서 및 관련 증빙자료 각 1부(「국민기초생활 보장법」 제7조제1항제1호에 따른 생계급여 수급자 또는 「국민기초생활 보장법」 제7조제1항제3호에 따른 의료급여 수급자의 경우에는 제외함)

ⓒ 위 1. 또는 4.에 해당하는 사람이 노인의료복지시설에 들어가려는 경우에는 당사자간의 계약(분양계약은 제외함)에 따릅니다(「노인복지법 시행규칙」 제19조제5항).

③ 입소여부 결정

ⓐ 신청인은 신청을 받은 특별자치시장·특별자치도지사·시장·군수·구청장이 신청일부터 10일 이내에 입소대상자의 건강상태와 부양의무자의 부양능력 등을 심사하여 입소여부와 입소시설을 결정한 후에 이를 통지받습니다(「노인복지법 시행규칙」 제19조제3항).

ⓑ 노인의료복지시설에 들어가려는 사람은 국·공립병원, 보건소 또는 건강진단기관이 발행한 건강진단서를 해당 시설의 장에게 제출해야 합니다(「노인복지법 시행규칙」 제19조제8항).

[서식 예] 복지대상자 시설입소(이용) 신청서

복지대상자 시설입소(이용) 신청서						처리기간 10일	
신청인	성 명		주민등록번호 (외국인등록번호)		시설입소(이용) 대상자와의 관계	전화번호	
	주 소					휴대전화	
						전자우편	
시 설 입 소 (이 용) 대상자	01	성 명		주민등록번호 (외국인등록번호)		희망입소 (이용)시설	
		주 소				희망입소 기 간	
	02	성 명		주민등록번호 (외국인등록번호)		희망입소 (이용)시설	
		주 소				희망입소 기 간	
입 소 (이 용) 시 설 안 내	노인복지시설		① 양로시설　　　　　② 노인공동생활가정　　　③ 노인요양시설 ④ 노인요양공동생활가정　⑤ 기타(　　　　　)				
	아동복지시설		① 아동양육시설　　　② 아동일시보호시설　　③ 아동보호치료시설 ④ 자립지원시설　　　⑤ 아동전용시설　　　⑥ 아동상담소 ⑦ 공동생활가정　　　⑧ 기타(　　　　　)				
	장애인 복지시설		① 지체장애인거주시설　　② 시각장애인 거주시설 ③ 청각·언어장애인거주시설　④ 지적장애인거주시설 ⑤ 중증장애인거주시설　　⑥ 장애영유아거주시설 ⑦ 장애인공동생활가정　　⑧ 장애인단기거주시설 ⑨ 장애인직업재활시설　　⑩ 기타(　　　　　)				
	한부모가족 복지시설		①모자가족복지시설(□기본생활지원형□공동생활지원형□자립생활지원형) ②부자가족 복지시설(□기본생활지원형 □공동생활지원형□자립생활지원형) ③ 미혼모자가족 복지시설 (□ 기본생활지원형 □ 공동생활지원형) ④ 일시지원 복지시설				
	여성복지시설		① 성매매피해지원시설 ② 기 타(　　　　)				
	노숙인 복지시설		① 노숙인재활시설　　② 노숙인요양시설　　③ 기 타(　　　)				
	기　　타						
입 소 (이 용) 사 유							
통지방법	□ 전자우편(E-mail)　　□ 문자메시지서비스(SMS)　　□ 서면　　□ 기타(　　　)						

위와 같이 시설입소(이용)를 신청합니다.

년　　　월　　　일

신청인 : _____(서명 또는 인)

특별자치시장·특별자치도지사·시장·군수·구청장 귀하

구비서류	1. 건강진단서 1부(노인요양시설 및 노인요양공동생활가정에 입소하고자하는 경우에 한함) 2. 기타, 관련 증빙자료

6-3. 취미활동하기

6-3-1. 노인여가복지시설에서 여가를 즐기세요

① 노인여가복지시설이란?

"노인여가복지시설"은 65세 또는 60세 이상의 노인들이 여가를 즐기고 친목도모·취미생활 등을 할 수 있는 시설을 말합니다.

② 노인여가복지시설의 종류

노인여가복지시설의 종류는 다음과 같습니다(「노인복지법」 제36조제1항).

1. 노인복지관 : 노인의 교양·취미생활 및 사회참여활동 등에 대한 각종 정보와 서비스를 제공하고, 건강증진 및 질병예방과 소득보장·재가복지, 그 밖에 노인의 복지증진에 필요한 서비스를 제공함을 목적으로 하는 시설

2. 경로당 : 지역노인들이 자율적으로 친목도모·취미활동·공동작업장 운영 및 각종 정보교환과 기타 여가활동을 할 수 있도록 하는 장소를 제공함을 목적으로 하는 시설

3. 노인교실 : 노인들에 대하여 사회활동 참여욕구를 충족시키기 위해 건전한 취미생활·노인건강유지·소득보장, 그 밖에 일상생활과 관련한 학습프로그램을 제공함을 목적으로 하는 시설

6-3-2. 노인여가복지시설 이용하기

① 이용대상자

ⓐ 노인여가복지시설의 이용대상자는 다음과 같습니다(「노인복지법」 제36조제2항 및 「노인복지법 시행규칙」 제24조제1항).

1) 노인복지관 및 노인교실 : 60세 이상의 사람

2) 경로당 : 65세 이상의 사람

ⓑ 위의 규정에도 불구하고 노인복지관 및 노인교실 이용대상자의 배우자는 60세 미만인 때에도 이용대상자와 함께 이용할 수 있습니다. (「노인복지법 시행규칙」 제24조제2항).

② 이용비용 및 이용절차

노인여가복지시설의 이용은 시설별 운영규정이 정하는 바에 따릅니다.

■ **종합사회복지관의 경우 노인교실의 여부를 어떻게 구분하는지요?**

Q 종합사회복지관의 경우 노인교실의 여부를 어떻게 구분하는지에 대해 궁금합니다. 기존의 종합사회복지관은 기본적으로 대부분 노인의 교육프로그램이 있는 것으로 알고 있습니다. 또한 지역주민들의 교육공간으로도 사용되고 있는데 예를 들면 강당, 교육실, 컴퓨터실 이런 공간들이 노인교실로 인정이 되는지 궁금합니다.

A 노인교실은 노인여가복지시설의 하나로서, 노인들에 대하여 사회활동 참여욕구를 충족시키기 위하여 건전한 취미생활·노인건강유지·소득보장 기타 일상생활과 관련한 학습프로그램을 제공하는 것을 목적으로 하는 시설을 말합니다(「노인복지법」 제36조제1항제3호).

노인교실을 설치하고자 하는 경우에는 시장·군수·구청장에게 신고하여야 하고(「노인복지법」 제37조), 노인교실 시설기준에 대하여 「노인복지법 시행규칙」 별표7에서 별도로 규정하고 있습니다. 노인교실은 50명 이상이 이용할 수 있는 시설을 갖추어야 하는데, 노인교실의 시설에는 사무실, 화장실, 강의실, 휴게실이 필요하고 사무실 및 휴게실은 사업에 지장이 없는 범위에서 강의실과 겸용할 수 있습니다(「노인복지법 시행규칙」 제26조제1항 및 별표7).

6-4. 방문요양서비스 받기

6-4-1. 재가노인복지시설에 도움을 요청하세요

① 재가노인복지시설이란?

"재가노인복지시설"은 정신적·신체적인 이유로 독립적인 일상생활을 수행하기 곤란한 65세 또는 60세 이상의 노인과 노인 부양가정에 필요한 각종 서비스를 제공하는 시설을 말합니다.

② 재가노인복지시설의 서비스 종류

재가노인복지시설은 다음의 어느 하나 이상의 서비스를 제공합니다(「노인복지법」 제38조제1항 및 「노인복지법 시행규칙」 제26조의2).

1. 방문요양서비스 : 가정에서 일상생활을 영위하고 있는 노인(이하 '재가노인'이라 함)으로서 신체적·정신적 장애로 어려움을 겪고 있는 노인에게 필요한 각종 편의를 제공하여 지역사회안에서 건전하고 안정된 노후를 영위하도록 하는 서비스

2. 주·야간보호서비스 : 부득이한 사유로 가족의 보호를 받을 수 없는 심신이 허약한 노인과 장애노인을 주간 또는 야간 동안 보호시설에 입소시켜 필요한 각종 편의를 제공하여 이들의 생활안정과 심신기능의 유지·향상을 도모하고, 그 가족의 신체적·정신적 부담을 덜어주기 위한 서비스

3. 단기보호서비스 : 부득이한 사유로 가족의 보호를 받을 수 없어 일시적으로 보호가 필요한 심신이 허약한 노인과 장애노인을 보호시설에 단기간 입소시켜 보호함으로써 노인 및 노인가정의 복지증진을 도모하기 위한 서비스

4. 방문 목욕서비스 : 목욕장비를 갖추고 재가노인을 방문하여 목욕을 제공하는 서비스

5. 재가노인지원서비스 : 재가노인에게 노인생활 및 신상에 관한 상담을 제공하고, 재가노인 및 가족 등 보호자를 교육하며 각종 편의를 제공하여 지역사회 안에서 건전하고 안정된 노후생활을 영위하도록 하는 서비스

6. 방문간호서비스 : 간호사 등이 의사, 한의사 또는 치과의사의 지시서에 따라 재가노인의 가정 등을 방문하여 간호, 진료의 보조, 요양에 관한 상담 또는 구강위생 등을 제공하는 서비스

6-4-2. 재가노인복지시설 이용하기

① 이용대상자 및 이용비용

재가노인복지시설의 이용대상자와 입소비용은 다음과 같습니다(「노인복지법」 제38 조제2항 및 「노인복지법 시행규칙」 제27조의2제1항).

이용대상자	이용비용
1. 「노인장기요양보험법」 제15조에 따른 수급자	노인장기요양보험법령이 정하는 바에 따름
2. 심신이 허약하거나 장애가 있는 65세 이상의 자(이용자로부터 이용비용의 전부를 수납받아 운영하는 시설의 경우에는 60세 이상의 사람으로 함)로서 다음에 해당하는 사람 가. 방문요양서비스 : 1일 중 일정시간 동안 가정에서의 보호가 필요한 사람 나. 주·야간보호서비스 : 주간 또는 야간 동안의 보호가 필요한 사람 다. 단기보호서비스 : 월 1일 이상 15일 이하 단기간의 보호가 필요한 사람 라. 방문 목욕서비스 : 가정에서의 목욕이 필요한 사람 마. 재가노인지원서비스 : 위 가.부터 라.까지의 서비스 이외의 서비스로서 상담·교육 및 각종 지원 서비스가 필요한 사람	1. 생계급여 수급자 또는 의료급여 수급자: 국가 및 지방자치단체 전액 부담 2. 부양의무자로부터 적절한 부양을 받지 못하는 사람 : 국가 및 지방자치단체 전액 부담 3. 위에 해당하지 않는 사람 : 이용자 본인 전액 부담

② 이용절차

재가노인복지시설의 이용은 당사자간 계약에 따릅니다(「노인복지법 시행규칙」 제27조제2항).

6-5. 노인돌봄서비스 받기

6-5-1. 홀로 사는 노인은 특별히 관리하고 있어요

① 홀로 사는 노인에 대한 지원

국가 또는 지방자치단체는 홀로 사는 노인에 대해 방문요양서비스 등의 서비스와 안전확인 등의 보호조치를 취해야 합니다(「노인복지법」 제27조의2제1항).

② 노인돌봄기본서비스란?

ⓐ "노인돌봄기본서비스"란 홀로 사는 노인의 생활실태 및 복지욕구를 파악하고 정기적인 안전확인, 보건·복지서비스 연계 및 조정, 생활교육 등을 제공하여 독거노인에 대한 종합적인 사회안전망을 구축하기 위한 서비스를 말합니다.

ⓑ 노인돌봄기본서비스 대상자로 선정된 독거노인은 무료로 서비스를 이용할 수 있습니다.

③ 서비스 대상자

주민등록상 거주지와 동거자 유무에 상관없이 실제 혼자 살고 있는 65세 이상의 노인으로서 다음의 경우에 해당하는 사람은 노인돌봄기본서비스를 받을 수 있습니다.

1. 일상적 위험에 매우 취약하여 정기적인 안전 확인이 필요한 경우

2. 소득, 건강, 주거, 사회적 접촉 등의 수준이 열악하여 노인관련 보건복지 서비스 지원이 필요한 경우

3. 안전확인이 필요한 대상은 아니지만 정기적인 생활상황 점검 및 사회적 접촉 기회 제공이 필요한 경우

■ 장기요양급여와 노인돌봄기본서비스를 함께 받을 수 있나요?

Q 지금 노인장기요양등급을 판정받고 장기요양급여를 받고 있는데요. 추가로 노인돌봄기본서비스를 받을 수 있나요?

A 노인돌봄기본서비스는 다른 보건복지 서비스의 혜택을 받지 못하는 사람들에게 최소한의 사회 복지 서비스를 제공해 주기 위해 마련된 복지 서비스 중의 하나예요. 그렇기 때문에 아래와 같은 서비스를 받고 있는 사람들은 노인돌봄기본서비스 대상자에서 제외된다는 것! 주의해야겠죠?

1. 노인돌봄종합서비스

2. 노인장기요양보험

3. 장애인 활동지원사업

4. 국가보훈처 보훈섬김이

5. 그 밖에 정부부처·지방자치단체에서 시행하는 사회서비스사업(바우처) 등 정기적으로 방문 전화 등을 실시하여 안전을 확인하거나 이에 준하는 재가 서비스

6-5-2. 노인돌봄기본서비스의 내용은?

① 서비스 내용

노인돌봄기본서비스에서 제공하고 있는 서비스의 종류는 다음과 같습니다.

1. 안전확인

- 말벗서비스, 건강상태 및 생활실태 확인, 정보제공, 기상특보안전확인, 환경변화 및 욕구파악, ICT기술 및 민간자원활용 등의 안전확인 실시

- 독거노인 1인에 대해 직접확인(방문) 주1회 이상, 간접확인(전화) 주2회 이상 실시

- 시·군·구 및 수행기관은 기상·재난특보 발생에 대비하여 종합 보호대책을 마련하여 안전확인 강화 및 기상·재난특보 발령 시 일일 안전확인 실시

2. 서비스 연계

- 종합사정 계획 및 대상자의 수시적인 서비스 사정에 따라 복지자원 발굴 및 연계

- 정부지원 사업 및 지역사회 민간복지 자원을 적극 발굴 및 연계

- 서비스관리자는 서비스 제공주체와 협의하여 서비스 제공여부 및 방식 등을 결정하고 생활관리사에 통보

- 생활관리사는 해당서비스 제공기관과 서비스 지원 대상가구를 연계하고 사후점검 실시

3. 생활교육

- 독거노인의 사회관계망확대 및 정보제공을 위한 프로그램 제공

- 교육내용 : 장수노트, 치매예방교육, 기상특보 대책방안교육 등 적극 활용

- 교육주기 : 생활관리사별 월 1회 이상(1회당 1시간), 독거노인별 분기당 1회 이상

- 교육장소 : 교육과 관련한 제반 사항을 고려하여 주민자치센터, 복지관, 경로

당, 그 밖의 공공장소 등 독거노인이 접근하기 쉬운 장소에서 실시
- 민간자원 등을 동원하여 다양한 생활교육 프로그램 구성

6-5-3. 노인돌봄기본서비스는 이렇게 제공됩니다

① 매년 1월 ~ 2월에는 독거노인 현황조사, 서비스 대상자 선정 및 서비스 신청, 대상자 승인 및 노인돌보미 배정이 이루어지며, 서비스는 매년 1월 ~ 12월을 기준으로 제공됩니다.
② 매년 1월 ~ 2월은 기존 대상자에게 서비스가 제공됩니다.
③ 현황조사
시·군·구청에서 주민등록정보, 읍면동과 통·반장을 통해 확보된 자료 등을 서비스수행기관에 제공하고, 해당 서비스 기관의 관리자는 이를 노인돌보미에게 배정하여 직접 1인 노인가구(독거노인)에 대해 방문조사를 실시합니다.
④ 서비스 대상자 판정 및 서비스 신청
서비스 관리자는 독거노인을 판정기준에 따라 점수화한 후 점수 순서대로 전체 사업대상자 수만큼 서비스 대상자로 판정하고, 해당 대상자는 서비스 신청서를 작성하여 제출합니다.
⑤ 서비스 대상자 승인 및 노인돌보미 배정
시·군·구청에서는 서비스 신청서를 받은 대상자에 대해 제외 대상 서비스 수급여부를 확인하여 대상자로 최종 승인하고, 승인처리 된 대상자들에게 노인돌보미를 배정합니다.
⑥ 서비스 제공
서비스 관리자는 독거노인의 개인별 욕구에 따라 서비스 계획을 수립하고, 이에 따라 서비스 대상자는 해당 서비스를 제공받습니다.

■ 어렵게 살고 있는 독거노인을 도와주는 제도가 있으면 알려주세요

Q 저는 혼자 외롭게 살고 있는 70세의 할아버지입니다. 형편이 어려워 끼니를 제 때 챙기지도 못하고 겨울에는 난방도 제대로 하지 못하고 있어요. 게다가 살고 있는 곳이 너무 외져서 갑자기 몸이라도 아프면 어떻게 해야 되나 눈앞이 깜깜합니다. 저처럼 어렵게 살고 있는 독거노인을 도와주는 제도가 있으면 알려주세요.

A 네. 주민등록상 동거자 유무에 상관없이 실제 혼자 살고 있는 65세 이상의 노인은 정기적인 안전확인, 보건·복지서비스 연계 및 조정, 생활교육, 단기 가사·활동지원 서비스 등을 제공하는 노인돌봄기본서비스를 무료로 이용할 수 있습니다.

◇ 노인돌봄기본서비스란?

  "노인돌봄기본서비스"란 홀로 살고 있는 65세 이상의 노인에게 정기적인 안전확인, 보건·복지서비스 연계 및 조정, 생활교육 등을 제공하여 독거노인에 대한 종합적인 사회안전망을 구축하기 위한 서비스를 말합니다.

◇ 서비스 대상자

  주민등록상 동거자 유무에 상관없이 실제 혼자 살고 있는 65세 이상의 노인으로 다음에 해당하는 사람은 노인돌봄기본서비스를 받을 수 있습니다.

  1. 일상적 위험에 매우 취약하여 정기적인 안전 확인이 필요한 경우
  2. 소득, 건강, 주거, 사회적 접촉 등의 수준이 열악하여 노인관련 보건복지서비스 지원이 필요한 경우
  3. 안전확인이 필요한 대상은 아니지만 정기적인 생활상황 점검 및 사회적 접촉기회 제공이 필요한 경우

◇ 서비스 이용

  매년 1월 ~ 2월에는 독거노인 현황조사, 서비스 대상자 선정 및 서비스 신청, 대상자 승인 및 노인돌보미 배정이 이루어지며, 서비스는 매년 1월 ~ 12월을 기준으로 제공됩니다.

6-5-4. 소외된 노인이 없도록 도와주고 있어요

① 노인돌봄종합서비스란?

  "노인돌봄종합서비스"란 혼자 힘으로 일상생활을 영위하기 어려운 노인에게 가사·활동지원 또는 주간보호서비스를 제공하고 신체·인지 기능이 약화됨을 방지하여 안정된 노후생활 보장 및 가족의 사회·경제적 활동기반을 조성하기 위한 보건복지서비스를 말합니다.

② 서비스 대상자

ⓐ 65세 이상으로 다음에 해당하는 노인은 노인돌봄종합서비스중 방문서비스와 주간보호서비스를 받을 수 있습니다.

1) 노인장기요양등급 외 판정자
 - 노인장기요양 등급 외 A, B 판정자
 - 가구 소득이 전국가구 기준 중위소득 160% 이하

2) 시·군·구청장이 인정하는 사람
 - 장애 1 ~ 3등급 또는 중증질환자
 - 차상위계층 이하

※ '차상위계층'이란 수급권자(「국민기초생활 보장법」제14조의2에 따라 수급권자로 보는 자를 제외)에 해당하지 않는 계층으로서 소득인정액이 기준 중위소득의 100분의 50 이하인 사람을 말합니다(「국민기초생활 보장법」제2조제10호 및 「국민기초생활 보장법 시행령」제3조).

ⓑ 다만, 자격기준에 적합하지 않거나 재가서비스사업의 대상이 아닌 사람 또는 국고사업에 의해 동일한 또는 유사한 재가서비스를 받고 있는 사람은 노인돌봄종합서비스 대상자에서 제외됩니다.

1) 연령, 소득기준, 건강상태(장기요양등급 외 A, B) 등의 자격기준에 적합하지 않은 사람

2) 재가서비스사업의 대상이 아닌 사람
 - 의료기관에 입원 중인 노인
 - 「국민기초생활보장법」제32조에 따른 보장시설 입소자

3) 국고사업에 의해 동일한 또는 유사한 재가서비스를 받고 있는 사람
 - 자활근로에 의한 간병서비스
 - 노인돌봄기본서비스
 - 「노인복지법」에 따른 방문요양 서비스와 「노인복지법 시행규칙」에 따른 재가노인지원 서비스
 - 노인장기요양보험
 - 장애인 활동지원 서비스(활동보조 서비스)
 - 국가보훈처 복지도우미
 - 그 밖에 정부부처·지방자치단체에서 시행하는 사회서비스일자리사업의 가사간병서비스 등 이에 준하는 재가서비스

4) 제공인력의 관계가 친인척인 사람(배우자, 직계 혈족 및 형제·자매, 직계혈족인 배우자, 동거자)

6-5-5. 노인돌봄종합서비스의 내용은?

① 서비스 내용

노인돌봄종합서비스에서 제공하고 있는 서비스의 종류는 다음과 같습니다.

1. 방문서비스(월 27시간 또는 월 36시간)
- 신변·활동지원 : 식사도움, 세면도움, 옷 갈아입히기, 구강관리, 신체기능의 유지, 화장실 이용 도움, 외출 동행, 목욕보조 등
- 가사·일상생활지원 : 취사, 생활필수품 구매, 청소, 세탁 등
2. 주간보호서비스(월 9일 또는 월 12일)
- 기능회복, 급식 및 목욕, 송영서비스

② 바우처 지원액 사용

ⓐ 서비스 대상자는 방문·주간보호서비스의 경우는 27시간 또는 36시간에 해당되는 만큼의 바우처를 지원하고, 단기가사서비스의 경우에는 월 24시간에 해당되는 만큼의 바우처 지원액을 사용할 수 있습니다.

ⓑ 그리고 바우처 지원액을 사용하기 위해서는 매월 일정액의 본인부담금을 납부해야 합니다.

ⓒ 소득수준별 본인부담금은 다음과 같습니다.

서비스 유형 및 기간		기초생활수급자	차상위계층	차상위초과 ~ 110% 미만	110%이상 ~ 140% 미만	140%이상 ~ 160% 이하
방문 (주간)	27시간(9일)	무료	18,000원	41,000원	57,000원	73,000원
	36시간(12일)	8,280원	24,000원	54,000원	77,000원	97,000원
단기 가사	24시간(1개월)	무료	16,000원	36,000원	51,000원	65,000원
	48시간(2개월)	무료	32,000원	72,000원	102,000원	130,000원

6-5-6. 노인돌봄종합서비스를 신청하세요

① 신청자격

서비스를 필요로 하는 본인, 가족 또는 그 밖의 관계인이 신청하거나 사회복지담당공무원이 직권으로 신청할 수 있습니다.

② 제출서류

서비스를 신청하려는 사람은 다음의 서류를 서비스 대상자의 주민등록상 주소지 읍·면·동 주민센터에 제출해야 합니다.

1. 사회보장급여(사회서비스 이용권) 신청(변경)서
2. 개인정보 수집·이용 및 제3자 제공 동의서
3. 서비스 대상자의 건강보험증 사본(해당자에 한함)

4. 가구원의 소득 증명자료(해당자에 한함)

③ 대상자 선정 통지

신청인은 시·군·구 담당자가 신청일로부터 14일 이내에 서비스 대상자를 선정하면 그 결과를 통지받고 서비스 이용방법을 안내받습니다.

6-5-7. 노인돌봄종합서비스 이용 방법에 대해 알아볼까요?

① 서비스 이용 신청

서비스 대상자는 노인돌봄종합서비스이용 안내문 또는 〈보건복지부 사회서비스 전자바우처 홈페이지〉 등을 참고하여 서비스 제공기관을 선택하고, 해당기관에 유선 또는 방문하여 서비스 이용을 신청합니다.

② 방문 상담

서비스 제공기관의 담당자가 서비스 제공 계획수립에 필요한 기본 사항을 파악하기 위해 서비스 대상자의 가정을 방문하여 상담을 합니다.

③ 서비스 제공(이용)계획 수립

서비스 제공기관의 담당자는 서비스 이용자 및 그 가족의 희망, 본인의 기능상태 및 생활상의 문제 등을 종합적으로 고려한 후 이용자에게 제공할 적절한 서비스 내용, 횟수, 일정, 금액 등 구체적인 서비스 실시방안을 포함한 서비스제공계획서를 작성합니다.

④ 서비스 제공(이용) 계약

서비스 이용자는 서비스를 이용하기 위해 서비스 제공기관과 서비스 제공내용, 계약기간, 서비스 비용 및 지급방법 등에 관한 내용을 정하여 계약을 체결합니다.

⑤ 서비스 제공 및 이용료 결제

서비스 제공기관은 서비스 제공계획에 따라 해당 일자에 서비스 대상자의 가정을 방문하여 서비스를 제공하고, 서비스 이용자는 서비스 개시와 종료시점에 휴대용 단말기를 통해 바우처 카드를 이용하여 서비스 이용료를 결제합니다.

⑥ 바우처 카드(국민행복카드)

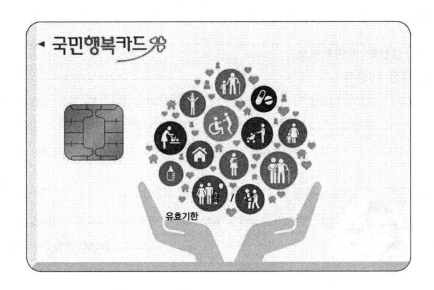

ⓐ "바우처"는 이용 가능한 서비스의 금액이나 수량이 기재된 이용권을 말하는데요. 정부가
   지불을 보증하는 이용권으로서, 보건복지서비스를 구입할 수 있도록 제공된 소득지원의
   한 형태예요.

ⓑ 서비스 대상자가 되면 대상자가 사용할 수 있는 바우처 카드가 제작되어 집으로 직접 배
   달돼요. 서비스 대상자는 서비스를 이용할 때 이 카드를 이용하여 이용대금을 결제하면
   돼요.

7. 건강지키기

7-1. 건강검진을 받아보세요.

7-1-1. 검진 대상자

① 65세 이상의 의료급여 수급권자는 노인건강진단을 2년에 1회 이상 국·공립병원, 보건소 또는 노인전문병원, 요양기관 및 의료급여기관에서 건강진단을 받을 수 있습니다(「노인복지법」 제27조제1항 전단, 「노인복지법 시행령」 제20조 및 「노인복지법 시행규칙」 제8조).

② 건강검진을 받으려면 다음에 해당하는 사람이어야 합니다.

　　1. 시·군·구 관할 구역에 거주하는 65세 이상 의료급여 수급권자 중 노인건강진단 희망자. 다만, 전년도 수검자 중 건강한 사람과 다음의 어느 하나에 해당하는 제외됩니다.

　　　－ 건강보험 가입자의 경우 '국민건강보험공단'의 건강검진 수검 가능
　　　－ 의료급여 수급권자는 66세가 되는 해에 생애전환기 건강검진 수검 가능
　　　－ 그 밖에 보건소장이 노인건강진단이 필요하다고 인정하는 노인

7-1-2. 건강검진 받기

① 보건복지부장관, 특별시장·광역시장·특별자치시장·도지사·특별자치도지사 또는 시장·군수·구청장이 건강진단을 실시하려는 때에는 그 실시기간·실시장소·진단기관 및 대상자의 범위 등을 정하여 건강진단 실시 예정일 14일 전까지 이를 공고해야 합니다(「노인복지법 시행규칙」 제9조제1항).

② 건강진단은 1차 및 2차 진단으로 구분하여 실시하고 있습니다. 다만, 전년도 진단결과 유질환자는 1차 및 2차 건강진단을 동시에 받습니다.

　　1. 1차 건강진단은 1차 건강진단 항목을 대상으로 실시. 다만, 의사의 판단이나 노인이 원하지 않는 경우(체혈 등)에는 생략할 수 있습니다.

　　2. 2차 건강진단은 1차 진단결과 유소견자 및 전년도 진단결과 유질환자에 한하여 해당 질환별로 실시

7-1-3. 검진 후 유질환자 사후관리

① 질환이 발견된 노인은 보건소의 등록관리 및 공공의료기관과의 연계를 통해 방문건강관리 또는 의료서비스를 체계적으로 제공받습니다.

② 성매개감염병 질환이 있는 노인은 보건소에서 무료로 치료를 받을 수 있습니다.

③ 치매가 의심되는 노인은 무료 치매조기검진을 받을 수 있습니다.

④ 치매를 진단받은 경우 보건소의 치매안심센터에 등록되어 치매치료제 복용에 대한 치료비 지원을 받을 수 있습니다.

⑤ 보건소와 연계하여 무료 안검진과 개인수술비 지원을 받을 수 있습니다.

⑥ 치과진료가 필요한 노인은 보건소의 구강보건센터와 연계하여 진료를 받을 수 있습니다.

7-1-4. 눈 건강도 지키세요

① 눈 건강검진 받기

60세 이상의 노인은 안질환을 조기에 발견하고 적기에 치료하여, 노인들의 실명 예방 및 일상생활이 가능하도록 무료로 눈 정밀 검진을 받을 수 있습니다.

해 설

※ 눈 건강검진에 대해 자세히 알려주세요.

1. 검진 신청은 어떻게 하는 건가요?

 ① 노인 안검진 사업은 보건복지부와 함께 (재)한국실명예방재단(www.kfpb.org) 에서 시행하고 있습니다. 매년 1 ~ 2월경에 시·도에서 전국 보건소를 통해 검진 수요조사를 실행하고 희망 지역을 대상으로 일정을 계획하여 검진을 진행하고 있어요.

 ② 단, 1일 검진 예상인원이 최소 100명 이상일 경우 신청이 가능하고, 농어촌 및 안과 접근이 낮은 지역을 우선 순위로 실시하며 환자 개별적 신청을 받지 않고 있으니 주의하세요.

2. 우리 지역에서 무료 눈 검진이 실시된다고 하는데, 아무나 검사를 받을 수 있는 건가요?

 눈 검진은 검진 사업 신청지역에 사는 60세 이상의 어르신이라면 누구나 참여가 가능해요.

3. 검진을 받으러 갈 때 무엇을 준비해야 하나요?

 검진을 받을 때에는 ① 주민등록증(신분증), ② 건강보험카드, ③ 전화번호를 준비해야 해요.

4. 검진할 때, 어떤 검사를 받을 수 있나요?

 안과에서 진행되는 기본적인 검사를 받을 수 있는데요. 정밀 안저검사, 안압검사, 굴절검사, 조절검사, 각막곡률검사 등을 받을 수 있습니다.

5. 검진을 받을 수 있는 시간은 어떻게 되나요?

 검진을 받으려는 당일 접수를 하면 바로 받으실 수 있고, 오전 9시 30분부터 오후 3시까지 검진 접수를 할 수 있어요.

---

② 개안(開眼)수술비 지원받기

다음에 해당하는 노인은 개안수술비를 지원받고, 본인 및 가족의 의료비 부담을 덜 수 있습니다.

1. 60세 이상 노인
2. 다음의 수술대상 질환자
- 백내장 : 안과 전문의에 의한 백내장 진단을 받고 해당 눈 시력이 0.3 이하인 환자
- 망막질환 : 안과전문의에 의한 당뇨성 망막병증, 망막박리, 그 밖에 망막질환의 진단을 받고 수술이 필요하다고 인정받은 환자
- 녹내장 등 그 밖에 안질환 : 안과전문의에 의한 진단을 받고 수술이 필요하다고 인정받은 환자
3. 「국민기초생활 보장법」에 따른 수급자 또는 차상위계층, 「한부모가족지원법」에 따른 지원대상자

해 설

※ 개안수술비 지원제도에 대해 자세히 알려주세요.

1. 수술비 지원 신청은 어떻게 해야 하나요?

수술비 지원 신청 접수는 보건소에서 연중 수시로 받고 있어요.

신청할 때는 ① 노인개안수술비 지원신청서, ② 안과 진료소견서(수술병원의 진단서), ③ 기초생활수급자 및 차상위계층 증명서 1부, 일반 저소득의 경우 주민등록등본 1부, 건강보험증 사본 1부, ④ 건강보험료 납부영수증 1부(최근 3개월분): 모든 서류는 최근 1개월 이내로 발급된 서류를 제출해야 합니다.

수술비 지원 대상자 선정에는 1달 정도의 기간이 소요되며, 지원결정 통보 전에 수술을 받으면 지원을 받을 수 없으므로 대상자 선정 여부를 꼭 확인하세요(한국실명예방재단 사업소개 눈 수술비 지원 자주묻는질문 참조)!

2. 수술비 지원범위는 어떻게 되나요?

지원받을 수 있는 수술비의 범위는 초음파검사비 등의 사전검사비 1회, 수술비, 수술관련 재료비 등 개안수술비 총액 중에서 본인부담액 전액을 지원받을 수 있어요.

3. 수술비는 환자가 직접 받게 되나요?

수술비는 환자가 직접 받는 것이 아니라, 개안수술을 실시한 의료기관이 직접 (재)한국실명예방재단에 청구하면 의료기관의 은행계좌에 바로 입금됩니다.

7-2. 치매도 미리 예방할 수 있어요

7-2-1. 치매검진을 받아보세요

① 치매검진사업

ⓐ 정부에서는 치매관리종합계획을 수립하여 이 계획에 따라 치매를 조기에 발견하기 위한 검진사업을 6개월을 주기로 시행하고 있습니다(「치매관리법」 제6조제1항, 제11조제1항 및 「치매관리법 시행령」 제8조제3항).

ⓑ "치매"란 퇴행성 뇌질환 또는 뇌혈관계 질환 등으로 인하여 기억력, 언어능력, 지남력(指南力), 판단력 및 수행능력 등의 기능이 저하됨으로써 일상생활에서 지장을 초래하는 후천적인 다발성 장애를 말합니다(「치매관리법」 제2조제1호).

ⓒ 이에 따라 치매의 위험이 높은 60세 이상의 노인은 치매검진을 받고 치매를 조기에 발견하고 관리할 수 있습니다.

② 검진 대상자

치매검진사업의 대상자는 다음과 같습니다(「치매관리법」 제11조제2항 및 「치매관리법 시행령」 제8조제2항).

1. 건강보험가입자 및 피부양자(「국민건강보험법」 제5조)

2. 의료급여수급권자(제「의료급여법」 제3조)

7-2-2. 치매의 검진 방법

검진은 치매 가능성이 높은 대상자를 가려내기 위한 선별검사와 치매진단을 위한 정밀검사로 구분되어 실시됩니다(「치매관리법」 제11조제3항, 「치매관리법 시행규칙」 제3조제1항).

7-2-3. 치매예방 등록·관리

① 치매 조기검진을 통해 치매, 치매고위험군, 정상 중 한 가지로 판정을 받거나 전문의료기관에서 이미 치매로 진단을 받은 대상자는 보건소에 설치된 치매상담센터에 등록되어 각 구분에 따라 다음과 같이 관리를 받습니다.

치매 관리 서비스	치매고위험군 관리 서비스	정상 관리 서비스
· 인지건강센터 프로그램 시행 · 방문간호 서비스 · 조호물품 제공 서비스(위생재료 무상공급, 조호기구 무상대여) · 배회가능어르신 인식표(명찰)보급 · 치매관련 정보 제공 · 가족모임(또는 가족교실) · 지역 치매관련 자원연계(의료기관, 복지시설 등 연계) · 치료비 지원(저소득층) · 그 밖에 필요한 서비스	· 정기 정밀검진 서비스 · 인지건강센터 프로그램 시행 · 치매예방 정보제공 서비스 · 치매예방 관련 프로그램 연계 서비스 · 그 밖에 필요한 서비스	· 정기 선별검진 서비스 · 치매예방 정보제공 서비스 · 치매예방 관련 프로그램 연계 서비스 · 그 밖에 필요한 서비스

② 치매안심센터란?

ⓐ "치매안심센터"란 치매예방 및 치매환자 및 그 가족에 대한 종합적인 지원을 위해 시·군·구의 관할 보건소에 설치되어 다음과 같은 업무를 담당하고 있습니다(「치매관리법」 제17조제1항 및 제2항).

1) 치매관련 상담 및 조기검진

2) 치매환자의 등록·관리

3) 치매등록통계사업의 지원

4) 치매의 예방·교육 및 홍보

5) 치매환자를 위한 단기쉼터의 운영

6) 치매환자의 가족지원사업

7) 「노인장기요양보험법」 제22조제2항에 따른 장기요양인정신청 등의 대리

8) 그 밖에 시장·군수·구청장이 치매관리에 필요하다고 인정하는 업무

ⓑ "치매상담전화센터"란 치매예방 및 치매환자 관리 등에 관한 전문적이고 체계적인 상담서비스를 제공하기 위해 설치되어 다음과 같은 업무를 담당하고 있습니다(「치매관리법」 제17조의2제1항 및 제2항).

1. 치매에 관한 정보제공

2. 치매환자의 치료·보호 및 관리에 관한 정보제공

3. 치매환자와 그 가족의 지원에 관한 정보제공

4. 치매환자의 가족에 대한 심리적 상담

5. 그 밖에 보건복지부장관이 필요하다고 인정하는 치매 관련 정보의 제공 및 상담

ⓒ 또한, 분당서울대학교 병원이 국립중앙치매센터로 지정되어 운영되고 있습니다.

7-2-4. 치매검진 비용 지원

치매검진을 받는 사람 중 「의료급여법」에 따른 의료급여수급자 및 건강보험가입자 및 피부양자 중에서 소득과 재산 등을 기준으로 보건복지부장관이 정하여 고시하는 기준 이하인 사람은 치매검진 비용의 전부 또는 일부를 지원받습니다(「치매관리법」 제11조제4항 및 「치매관리법 시행령」 제9조).

7-2-5. 치매환자 의료비 지원받기

① 의료비 지원

ⓐ 국가와 지방자치단체는 치매환자의 경제적 부담능력을 고려하여 치매 치료 및 진단에 드는 비용을 지원할 수 있습니다(「치매관리법」 제12조제1항).

ⓑ "치매환자"란 치매로 인한 임상적 특징이 나타나는 사람으로서 의사 또는 한의사로부터 치매로 진단받은 사람을 말합니다(「치매관리법」 제2조제2호).

② 지원 대상자

다음의 어느 하나에 해당하는 사람 중에서 소득이 기준 중위소득 120% 이하인 사람은 의료비를 지원받을 수 있습니다[『치매관리법』 제12조, 『치매관리법 시행령』 제10조제1항].

1. 건강보험가입자 및 피부양자 중 치매환자(『국민건강보험법』 제5조)
2. 의료급여수급권자 중 치매환자(『의료급여법』 제3조)

③ 지원 한도액

치매 치료를 위한 진료비와 진료시 처방받은 약제비에 대한 보험급여분 중 본인부담금에 대해 월 3만원(연간 36만원) 한도 내에서 지원받습니다.

■ **치매에 걸려 3개월치 약을 한꺼번에 처방받아서 구입한 경우 얼마나 지원받을 수 있나요?**

Q 치매에 걸려셔서 거동이 불편한 할머니를 대신해서 약을 사려고 병원을 방문했더니, 3개월치 약을 한꺼번에 처방해 줬어요. 약값이 총 8만원이 나왔는데, 매월 지원받을 수 있는 의료비 한도가 3만원이니까 이번에 산 약값 8만원 중에서 3만원만 지원받을 수 있는 것인가요?

A 치매치료비 지원 기준을 보면, 처방 개월 수에 따른 약제비와 진료비를 월 한도 내에서 실비로 일괄하여 지급하도록 하고 있습니다.

즉, 3개월 치 약을 8만원에 구입했다면, 3개월 동안 받을 수 있는 지원 상한액은 9만원(3개월 X 월 상한 3만원)으로 9만원의 한도 내에서 3개월치 약을 구입한 실비인 8만원 전부를 일괄하여 지원받을 수 있습니다.

7-2-6. 지원 신청

① 치매환자 의료비를 지원받으려는 사람은 관할 보건소장에게 다음의 서류를 제출하여 지원 신청을 해야 합니다.

    1. 지원신청서

    2. 대상자 본인 명의 입금 통장 사본 1부

    3. 당해연도에 발행된 치매치료제가 포함된 약처방전 또는 약품명이 기재된 약국 영수증

② 의료비 지원 신청을 받은 보건소장은 관계 기관에 의료비 지원 대상자의 소득·재산 등에 관한 자료제출을 요청할 수 있습니다(「치매관리법」 제12조제2항 및 「치매관리법 시행령」 제10조제3항).

7-2-7. 대상자 선정

신청자 중에서 대상자 선정기준에 적합한 사람이 지원대상자로 선정되면 신청일로부터 14일 이내에 그 결과를 통지받습니다.

7-2-8. 지원금 지급

① 지원금은 건강보험공단을 통해 해당 지원금액 한도 내에서 일괄하여 지급받습니다.

② 다만, 지원 대상자가 미지급된 전년도 치매치료관리비를 청구하는 경우에는 보건소에서 지급받습니다.

Q 요즘들어 저희 시아버지께서 손자 이름을 다르게 부르시고, 집을 못 찾아오셔서 저희 가족들이 찾으러 나가는 일이 자주 생기고 있어요. 혹시 치매가 아닌지 걱정이 되는데, 정확한 진단을 받고 치료를 받을 수 있을까요?

A 네. 치매의 위험이 높은 60세 이상의 노인은 치매검진사업에 따라 실시되는 검진을 받아 치매를 조기에 발견하고 관리할 수 있습니다.

치매검진 대상자는 ① 국민건강보험가입자 및 피부양자, ② 의료급여 수급권자로서, 60세 이상 모든 노인을 대상으로 하되 저소득층에 우선권을 부여하고 있습니다.

◇ 치매란?

퇴행성 뇌질환 또는 뇌혈관계 질환 등으로 인하여 기억력, 언어능력, 지남력(指南力), 판단력 및 수행능력 등의 기능이 저하됨으로써 일상생활에서 지장을 초래하는 후천적인 다발성 장애를 말합니다

◇ 검진 대상자

치매검진 대상자는 ① 국민건강보험가입자 및 피부양자, ② 의료급여 수급권자로서, 만 60세 이상 모든 노인을 대상으로 하되 저소득층에 우선권을 부여하고 있습니다.

◇ 치매검진 비용 지원

치매검진을 받는 사람 중 「의료급여법」에 따른 의료급여수급자 및 건강보험가입자는 치매검진 비용의 전부 또는 일부를 지원받습니다.

◇ 치매환자 의료비 지원

① 건강보험가입자 및 피부양자 중 치매환자, ② 의료급여수급권자 중 치매환자로서 소득이 기준 중위소득 120% 이하인 사람은 의료비를 지원받을 수 있으며, 의료비를 지원받으려는 사람은 관할 보건소에 지원 신청을 해야 합니다.

8. 안전한 노후보내기

8-1. 노인학대, 참지 말고 도움을 요청하세요

8-1-1. 노인학대란?

"노인학대"란 노인에 대하여 신체적·정신적·성적 폭력 및 경제적 착취 또는 가혹행위를 하거나 유기(遺棄) 또는 방임(放任)을 하는 것을 말합니다(「노인복지법」 제1조의2제4호).

8-1-2. 노인학대의 유형

① 누구든지 65세 이상의 사람(이하 "노인")에게 다음의 어느 하나에 해당하는 행위를 해서는 안 됩니다(「노인복지법」 제39조의9).

1. 노인의 신체에 폭행을 가하거나 상해를 입히는 행위
2. 노인에게 성적 수치심을 주는 성폭행·성희롱 등의 행위
3. 자신의 보호·감독을 받는 노인을 유기하거나 의식주를 포함한 기본적 보호 및 치료를 소홀히 하는 방임행위
4. 노인에게 구걸을 하게 하거나 노인을 이용하여 구걸하는 행위
5. 노인을 위해 증여 또는 급여된 금품을 그 목적 외의 용도에 사용하는 행위
6. 폭언, 협박, 위협 등으로 노인의 정신건강에 해를 끼치는 정서적 학대행위

② 위의 노인학대 행위를 한 사람은 다음과 같은 처벌을 받습니다(「노인복지법」 제55조의2, 제55조의3제1항제2호 및 제55조의4제1호).

③ 노인의 신체에 상해를 입히는 행위를 한 사람은 7년 이하의 징역 또는 7천만원 이하의 벌금에 처해집니다.

④ 위 1.(폭행에 한함)부터 4.까지에 해당하는 노인학대 행위를 한 사람은 5년 이하의 징역 또는 5천만원 이하의 벌금에 처해집니다.

⑤ 위 5.에 해당하는 노인학대 행위를 한 사람은 3년 이하의 징역 또는 3천만원 이하의 벌금에 처해집니다.

8-1-3. 학대받는 노인을 보면 신고하세요

① 누구든지 노인학대를 알게 된 때에는 노인보호전문기관 또는 수사기관에 신고할 수 있습니다(「노인복지법」 제39조의6제1항).

② 다음의 어느 하나에 해당하는 사람은 그 직무상 65세 이상의 사람에 대한 노인학대를 알게 된 때에는 즉시 노인보호전문기관 또는 수사기관에 신고해야 합니다(「노인복지법」 제39조의6제2항).

1. 의료기관에서 의료업을 행하는 의료인 및 의료기관의 장
2. 방문요양서비스나 안전확인 등의 서비스 종사자, 노인복지시설의 장과 그 종사자 및 노인복지상담원
3. 장애인복지시설에서 장애노인에 대한 상담·치료·훈련 또는 요양을 행하는 사람
4. 가정폭력 관련 상담소의 상담원 및 가정폭력피해자 보호시설의 장과 그 종사자
5. 사회복지 전담 공무원 및 사회복지관, 부랑인 및 노숙인보호를 위한 시설의 장과 그 종사자
6. 장기요양기관 및 재가장기요양기관의 장과 그 종사자
7. 119구급대의 구급대원
8. 건강가정지원센터의 장과 그 종사자
9. 다문화가족지원센터의 장과 그 종사자
10. 성폭력피해상담소 및 성폭력피해자보호시설의 장과 그 종사자
11. 응급구조사
12. 의료기사
13. 국민건강보험공단 소속 요양직 직원
14. 지역보건의료기관의 장과 종사자
15. 노인복지시설 설치 및 관리 업무 담당 공무원

■ 노인학대를 발견하고도 신고하지 않으면 처벌을 받나요?

Q 저는 의사인데요. 허리가 아파서 치료를 받으러 온 할머니의 몸에 여기저기 멍과 상처가 가득하더라고요. 할머니 본인은 새벽에 일어나서 거실로 나오시다가 부딪혀서 생긴 상처라고 하는데, 아무리 봐도 누구한테 맞아서 생긴 상처로 보였어요. 이런 경우 노인학대로 신고를 해야 하나요?

A 65세 이상의 사람에 대한 노인학대 사실을 알게 된 경우에는 누구든지 노인보호전문기관 또는 수시기관에 신고할 수 있어요. 이런 사람들이 신고를 하지 않는다고 처벌을 받지는 않는데요.

하지만 의사, 사회복지공무원, 복지시설 직원 등과 같이 직무를 수행하는 과정에서 노인학대를 발견하기가 용이한 사람들은 노인학대 사실을 알게 된 때에는 즉시 신고를 해야 하는 신고의무자로 정하고 있어요.

이 신고의무자는 노인학대를 발견하면 반드시 신고를 해야 하고 만약, 노인학대를 알고도 신고하지 않으면 500만원 이하의 과태료를 부과받습니다(「노인복지법」 제39조의6제2항 및 제61조의2제1항제2호).

■ 노인학대를 신고하고 싶어도 신분이 노출될까봐 무서워서 못하겠어요

Q 노인학대를 신고하고 싶은데, 괜히 신고했다가 그 가족들이 저를 알게 되면 어떻게 하죠? 불이익을 받을까 무서워서 신고하기가 두려워요.

A 노인학대를 신고한 신고인의 신분은 보장되어야 하며 그 의사에 반하여 신분이 노출되지 않도록 보호하고 있습니다.

신고인의 신분을 보호하지 못해 신원을 노출한 사람은 1년 이하의 징역 또는 1천만원 이하의 벌금에 처해집니다.(「노인복지법」 제57조제4호).

그러므로 아무 걱정하지 말고, 학대로 고통받고 있는 노인을 위해 반드시 신고해주세요. 노인학대 신고는 전국 노인보호전문기관(☎1577-1389)이나 보건복지콜센터(☎129)로 하면 됩니다.

8-1-4. 학대노인에 대한 응급조치의무

① 노인학대 신고를 접수한 노인보호전문기관의 직원이나 사법경찰관리는 지체없이 노인학대의 현장에 출동해야 합니다. 이 경우 노인보호전문기관의 장이나 수사기관의 장은 서로 동행하여 줄 것을 요청할 수 있고, 그 요청을 받은 때에는 정당한 사유가 없으면 소속 직원이나 사법경찰관리를 현장에 동행하도록 해야 합니다(「노인복지법」 제39조의7제1항).

② 출동한 노인보호전문기관의 직원이나 사법경찰관리는 피해자를 보호하기 위해 신고된 현장에 출입하여 관계인에 대하여 조사를 하거나 질문을 할 수 있습니다. 이 경우 노인보호전문기관의 직원은 피해노인의 보호를 위한 범위에서만 조사 또는 질문을 할 수 있습니다(「노인복지법」 제39조의7제2항).

③ 출입, 조사 또는 질문을 하는 노인보호전문기관의 직원이나 사법경찰관리는 그 권한을 표시하는 증표를 지니고 이를 관계인에게 보여줘야 합니다(「노인복지법」 제39조의7제3항).

④ 조사 또는 질문을 하는 노인보호전문기관의 직원이나 사법경찰관리는 피해자·신고자·목격자 등이 자유롭게 진술할 수 있도록 노인학대행위자로부터 분리된 곳에서 조사하는 등 필요한 조치를 해야 합니다(「노인복지법」 제39조의7제4항).

⑤ 현장에 출동한 사람은 학대받은 노인을 노인학대행위자로부터 분리하거나 치료가 필요하다고 인정할 때에는 노인보호전문기관 또는 의료기관에 인도해야 합니다(「노인복지법」 제39조의7제5항).

⑥ 누구든지 정당한 사유 없이 노인학대 현장에 출동한 사람에 대해 현장조사를 거부하거나 업무를 방해해서는 안 됩니다(「노인복지법」 제39조의7제6항).

⑦ 국가 및 지방자치단체는 노인보호전문기관의 장이 학대받은 노인의 보호, 치료 등의 업무를 수행함에 있어서 피해노인, 그 보호자 또는 노인학대행위자에 대한 신분조회 등 필요한 조치의 협조를 요청할 경우 정당한 사유가 없으면 이에 적극 협조해야 합니다(「노인복지법」 제39조의7제7항).

8-1-5. 참지 말고 노인보호전문기관에 도움을 요청하세요.

① 노인보호전문기관이란?

'노인보호전문기관'이란 노인학대를 예방하고 학대받는 노인의 발견·보호·치료 등을 신속히 처리하기 위한 업무를 담당하는 시설을 말하며, 중앙노인보호전문기관과 지역노인보호전문기관이 설치·운영되고 있습니다(「노인복지법」 제39조의5).

② 전국노인보호전문기관 현황

구 분	홈페이지 주소	전화번호
중앙	www.noinboho.or.kr	02)3667-1389
서울남부	www.seoul1389.or.kr	02)3472-1389
서울북부	www.sn1389.or.kr	02)921-1389
서울서부	www.sw1389.or.kr	02)3157-6389
부산동부	www.bs1389.or.kr	051)468-8850
부산서부	1389.bulgukto.or.kr	051)867-9119
대구남부	www.dg1389.or.kr	053)472-1389
대구북부	www.dgn1389.or.kr	053)357-1389
인천	www.ic1389.or.kr	032)426-8792~4
광주	www.gjw.or.kr/kj1389	062)655-4155~7
대전	www.dj1389.or.kr	042)472-1389
울산	www.us1389.or.kr	052)265-1389,0
경기도	http://gepa.co.kr	031)268-1389
경기남부	www.kg1389.or.kr	031)736-1389
경기북부	www.gnnoin.kr	031)821-1461
경기서부	www.ggw1389.or.kr	032)683-1389
강원도	www.1389.or.kr	033)253-1389

강원동부	www.gd1389.or.kr	033)655-1389
강원남부	www.gwn1389.or.kr	033)744-1389
충북	www.cb1389.or.kr	043)259-8120~2
충북북부	www.cbb1389.or.kr	043)846-1380~2
충남	www.cn1389.or.kr	041)534-1389
충남남부	www.cnn1389.or.kr	041)734-1389 041)734-1398
전북	www.jb1389.or.kr	063)273-1389
전북서부	www.jbw1389.or.kr	063)443-1389
전남동부	www.jn1389.or.kr	061)753-1389
전남서부	www.j1389.or.kr	061)281-2391
경북	www.noin1389.or.kr	054)248-1389
경북서북부	www.gbnw1389.or.kr	054)655-1389 054)436-1390
경남서남부	www.gbwn1389.or.kr	054-436-1390
경남	www.gn1389.or.kr	055)222-1389
경남서부	www.gnw1389.co.kr	055)754-1389
제주	www.jejunoin.org	064)757-3400
제주서귀포시	www.sgpnoin.org	064-763-1999

③ 노인보호전문기관에서 하는 일은?

중앙노인보호전문기관은 지역 간의 연계체계를 구축하고 노인학대를 예방하기 위해 다음의 업무를 담당하고 있습니다(「노인복지법」 제39조의5제1항 및 「노인복지법 시행령」 제20조의6).

1. 노인인권보호 관련 정책제안
2. 노인인권보호를 위한 연구 및 프로그램의 개발
3. 노인학대 예방의 홍보, 교육자료의 제작 및 보급
4. 노인보호전문사업 관련 실적 취합, 관리 및 대외자료 제공
5. 지역노인보호전문기관의 관리 및 업무지원
6. 지역노인보호전문기관 상담원의 심화교육
7. 관련 기관 협력체계의 구축 및 교류
8. 노인학대 분쟁사례 조정을 위한 중앙노인학대사례판정위원회 운영

9. 노인인권보호를 위해 보건복지부장관이 위탁하는 사항

④ 지역노인보호전문기관은 학대받는 노인의 발견·보호·치료 등을 신속히 처리하고 노인학대를 예방하기 위해 다음의 업무를 담당하고 있습니다(「노인복지법」 제39조의5제2항 및「노인복지법 시행규칙」 제29조의14).

1. 노인학대 신고전화의 운영 및 사례접수
2. 노인학대 의심사례에 대한 현장조사
3. 피해노인 및 노인학대자에 대한 상담
4. 피해노인가족 관련자와 관련 기관에 대한 상담
5. 상담 및 서비스제공에 따른 기록과 보관
6. 일반인을 대상으로 한 노인학대 예방교육
7. 노인학대행위자를 대상으로 한 재발방지 교육
8. 노인학대사례 판정을 위한 지역노인학대사례판정위원회 운영 및 자체사례회의 운영
9. 피해노인의 의료기관 치료의뢰 및 노인복지시설 입소의뢰
10. 지역사회의 보건복지서비스가 피해노인 등에게 제공될 수 있도록 관련 기관과의 협력체계 구축
11. 노인학대신고의무자 등에 대한 노인학대 예방교육 실시
12. 노인학대 예방을 위한 홍보
13. 노인의 인권 보호, 노인학대 예방 및 방지 등을 위해 보건복지부장관 또는 시·도지사가 위탁한 사업의 수행

8-1-6. 학대피해노인 전용쉼터에서 몸과 마음을 치유하세요

① 학대피해노인 전용쉼터란?

"학대피해노인 전용쉼터"란 노인학대로 피해를 입은 노인(이하 "학대피해노인"이라 함)을 일정기간 보호하고 심신 치유 프로그램을 제공하는 시설로서, 각 지역의 노인보호전문기관에서 운영하고 있습니다(「노인복지법」 제39조의19제1항 참조).

② 서비스 내용

학대피해노인 전용쉼터(이하 "쉼터"라 함)는 학대피해노인을 위해 다음과 같은 서비스를 제공하고 있습니다(「노인복지법」 제39조의19제2항 및 「노인복지법 시행규칙」 제29조의21).

1. 학대피해노인의 보호와 숙식제공 등의 쉼터생활 지원
2. 학대피해노인의 심리적 안정을 위한 전문심리상담 등 치유프로그램 제공

3. 학대피해노인에게 학대로 인한 신체적, 정신적 치료를 위한 기본적인 의료비 지원
4. 학대 재발 방지와 원가정 회복을 위하여 노인학대행위자 등에게 전문상담서비스 제공
5. 상담 및 서비스제공에 따른 기록과 그 보관
6. 노인학대로 인해 피해를 입은 노인의 건강검진 지원

③ 입소대상자

쉼터의 입소 대상은 다음의 어느 하나에 해당하는 경우로서 지역노인보호전문기관의 장이 쉼터에의 입소가 필요하다고 인정하는 사람으로 합니다(「노인복지법」제39조의19제5항 및 「노인복지법 시행규칙」제29조의24제1항).

1. 학대피해노인이 입소를 희망하는 경우
2. 지역노인보호전문기관의 장의 입소 요청에 학대피해노인이 동의(학대피해노인의 의사능력이 불완전하여 노인학대행위자가 아닌 학대피해노인의 보호자 또는 후견인이 입소에 동의하는 경우를 포함)하는 경우

④ 보호기간

쉼터의 입소기간은 4개월 이내로 합니다(「노인복지법 시행규칙」제29조의24제3항 본문). 다만, 재입소하는 경우를 포함하여 연간 총 입소기간은 6개월 이내로 합니다(「노인복지법 시행규칙」제29조의24제3항 단서).

■ 며느리가 돈도 안 벌면서 밥을 많이 먹는다고 구박하거나 병원비와 약값이 많이 든다며 눈치를 주어 너무 괴로워서 살 수가 없는데, 어떻게 해야 하나요?

Q 저는 관절염을 앓고 있어서 거동이 불편한 할머니입니다. 아들 부부와 함께 살고 있는데, 며느리는 제가 그렇게 싫은지 식사를 주지 않는 것은 물론이고, 돈도 안 벌면서 밥을 많이 먹는다고 구박하거나 병원비와 약값이 많이 든다며 눈치를 주네요. 너무 괴로워서 살 수가 없는데, 저는 어떻게 해야 하나요?

A 노인학대를 당하고 계시는군요. 노인학대는 가족 간의 일이라고 생각하여 방치하였다가 그 피해가 더 커지는 특징이 있습니다. 그러므로 노인학대를 당하거나 알게 된 때에는 즉시 중앙노인보호전문기관(☎1577-1389)이나 보건복지콜센터(☎129)에 신고해서 도움을 요청하세요.

◇ 노인학대란?

① 노인에 대하여 신체적·정신적·성적 폭력 및 경제적 착취 또는 가혹행위를 하거나 유기(遺棄) 또는 방임(放任)을 하는 것을 말합니다.

② 누구든지 노인에게 다음의 어느 하나에 해당하는 행위를 해서는 안 됩니다.

1. 노인의 신체에 폭행을 가하거나 상해를 입히는 행위
2. 노인에게 성적 수치심을 주는 성폭행·성희롱 등의 행위
3. 자신의 보호·감독을 받는 노인을 유기하거나 의식주를 포함한 기본적 보호 및 치료를 소홀히 하는 방임행위
4. 노인에게 구걸을 하게 하거나 노인을 이용하여 구걸하는 행위
5. 노인을 위해 증여 또는 급여된 금품을 그 목적 외의 용도에 사용하는 행위
6. 폭언, 협박, 위협 등으로 노인의 정신건강에 해를 끼치는 정서적 학대 행위

◇ 노인학대 행위에 대한 처벌

위의 노인학대 행위를 한 사람은 다음과 같은 처벌을 받습니다.

① 노인의 신체에 상해를 입히는 행위를 한 사람은 7년 이하의 징역 또는 7천만원 이하의 벌금을 부과받습니다.

② 폭행, 성적학대, 유기, 방임 행위를 한 사람은 5년 이하의 징역 또는 5천만원 이하의 벌금을 부과받습니다.

③ 경제적 학대행위를 한 사람은 3년 이하의 징역 또는 3천만원 이하의 벌금을 부과 받습니다.

8-2. 실종된 노인을 찾기 위해 노력하고 있어요

8-2-1. 실종노인에 관한 신고의무

① 누구든지 정당한 사유 없이 사고 또는 치매 등의 사유로 인하여 보호자로부터 이탈된 노인(이하 '실종노인'이라 함)을 경찰관서 또는 지방자치단체의 장에게 신고하지 않고 보호해서는 안 됩니다(「노인복지법」 제39조의10제1항).

② 이를 위반하여 정당한 사유 없이 신고하지 않고 실종노인을 보호한 사람은 5년 이하의 징역 또는 3천만원 이하의 벌금에 처해집니다(「노인복지법」 제55조의4제1의2호).

8-2-2. 신상카드의 제출

① 「노인복지법」 제31조에 따른 노인복지시설(「사회복지사업법」 제2조제4호에 따른 사회복지시설 및 사회복지시설에 준하는 시설로서 인가·신고 등을 하지 않고 노인을 보호하는 시설을 포함. 이하 '보호시설'이라 함)의 장 또는 그 종사자는 그 직무를 수행하면서 실종노인임을 알게 된 때에는 지체 없이 「노인복지법 시행규칙」 별지 제20호의12서식에 따른 신상카드를 작성하여 지방자치단체의 장과 실종노인의 데이터베이스 구축·운영업무를 수행하는 기관의 장에게 제출해야 합니다(「노인복지법」 제39조의10제2항 및 「노인복지법 시행규칙」 제29조의13).

② 노인복지시설의 장 또는 종사자가 직무를 수행하면서 실종노인임을 알고 신상카드를 제출하지 않은 경우에는 75만원 이하의 과태료를 부과받습니다(「노인복지법」 제61조의2제3항제2호, 「노인복지법 시행령」 제27조 및 별표 2).

③ 경찰청장은 실종노인의 조속한 발견과 복귀를 위해 다음의 사항을 시행해야 합니다. 이 경우 2. 및 3.은 치매노인에 한정합니다(「노인복지법」 제39조의10제4항).
1. 실종노인에 대한 신고체계의 구축 및 운영
2. 그 밖에 실종노인의 발견과 복귀를 위해 필요한 사항

8-2-3. 실종노인을 찾기 위한 조사

① 경찰청장, 시·도지사 또는 시장·군수·구청장은 실종노인의 발견을 위해 필요한 때에는 보호시설의 장 또는 그 종사자에게 필요한 보고 또는 자료제출을 명하거나 소속 공무원으로 하여금 보호시설에 출입하여 관계인 또는 노인에 대하여 필요한 조사 또는 질문을 하게 할 수 있습니다(「노인복지법」 제39조의11제2항).

② 위계 또는 위력을 행사하여 관계 공무원의 출입 또는 조사를 거부하거나 방해한 사람은 3년 이하의 징역 또는 3천만원 이하의 벌금에 처해집니다(「노인복지법」 제55조의4제2호).

③ 위에 따른 명령을 위반하여 보고 또는 자료제출을 하지 않거나 거짓으로 보고하거나 거짓 자료를 제출한 경우에는 450만원 이하의 과태료가 부과됩니다(「노인복지법」 제61조의2제1항, 「노인복지법 시행령」 제27조 및 별표 2).

8-2-4. 실종이 염려되는 노인은 인식표를 발급받으세요

① 인식표 발급사업

치매 등으로 인해 실종이 염려되는 노인을 돌보는 가족 또는 본인은 '배회가능 어르신 인식표'를 무료로 발급받을 수 있습니다.

② 인식표는 어떻게 생겼나요?

1. 인식표에는 어르신의 성명, 주소, 보호자 연락처 등을 코드화하여 일련번호를 부여하고 치매안심센터에서 정보를 보관하게 됩니다.
2. 특수재질의 천에 일련번호와 실종노인 발견 시 신고를 위한 관련기관 전화번호(경찰청 실종아동찾기 센터 ☎182, 보건복지부 콜센터 ☎129)를 인쇄하여 인식표를 제작하고, 배회가능 어르신의 의류에 가정용 다리미를 사용하여 간편하게 부착 할 수 있도록 제작되었습니다.
3. 계절별로 외투, 속옷 등에 부착할 수 있도록 1인당 24개 한 세트로 제작하여 배포합니다.

③ 인식표 발급 신청

ⓐ 인식을 배부 받고자 하는 사람은 살고 있는 지역의 보건소나 치매지원센터(서울의 경우에 한함)에 '배회가능 어르신 인식표 신청서'를 제출하여 신청합니다.
ⓑ 신청을 받은 보건소·치매지원센터는 실종노인상담지원센터에 인식표 발급을 의뢰하고, 제작이 완료된 인식표는 다시 보건소·치매지원센터로 발송되어 신청인에게 배부됩니다.

8-2-5. 실종노인이 발생하면 이렇게 해보세요

① 노인 실종시 신고 절차

치매, 기억력 상실, 가족갈등 등으로 실종노인이 발생한 가족은 다음의 절차에 따라 신고를 해야 합니다.

1. 경찰청 〈실종아동찾기센터〉 국번없이 ☎182로 실종신고를 하세요.

2. 보건복지부 위탁기관 〈실종노인상담지원센터〉 ☎031-628-6733에 실종노인을 등록하세요.

② 실종아동찾기센터와 실종노인상담지원센터에서는 주로 무슨 일을 하나요?

1. 실종아동찾기센터에서는 실종노인에 대한 신고체계의 구축 및 운영, 실종노인의 발견을 위한 수색 및 수사, 무연고노인의 데이터베이스 구축을 위한 자료협조 등에 관한 일을 하고 있어요.

2. 실종노인상담지원센터에서는 실종노인 사례 접수·등록 및 가족상담, 실종치매 어르신 가족지원, 사진홍보 및 캠페인 진행, 보호시설 무연고노인의 신상카드 DB구축, 배회가능 어르신 인식표 보급, 실종치매노인을 찾기 위한 유전자 신상정보 DB구축, 실종아동찾기센터와 실종사례 공유 등을 담당하고 있어요.

기초생활보장제도는 어떤 사람이 이용할 수 있나요?

제6장 기초생활보장제도는 어떤 사람이 이용할 수 있나요?

1. 기초생활보장제도 알아보기

1-1. 기초생활보장제도

1-1-1. 기초생활보장제도란?

기초생활보장제도는 생활이 어려운 사람에게 필요한 급여를 실시해 이들의 최저 생활을 보장하고 자활을 돕고자 실시되는 제도를 말합니다(「국민기초생활 보장법」 제1조).

1-1-2. 기초생활보장제도의 대상자

① 기초생활보장제도는 "수급권자"가 그 대상입니다(「국민기초생활 보장법」 제2조제1호).

② "수급권자"란 기초생활보장을 위한 급여를 받을 수 있는 자격을 가진 사람을 말합니다(「국민기초생활 보장법」 제2조제1호).

③ "수급자"란 기초생활보장을 위한 급여를 받는 사람을 말합니다(「국민기초생활 보장법」 제2조제2호).

1-1-3. 기초생활보장제도의 기본단위

① 기초생활보장제도의 기본단위는 "개별가구"입니다(「국민기초생활 보장법」 제2조제8호).

② 기초생활보장을 위한 급여는 개별가구를 단위로 지급하는 것이 원칙입니다(「국민기초생활 보장법」 제4조제3항).

1-1-4. 기초생활보장의 대상이 되는 가구원

① 기초생활보장제도의 기본단위인 "개별가구"에 포함되어 기초생활보장을 받을 수 있는 가구원은 다음과 같습니다(「국민기초생활 보장법 시행령」 제2조제1항).

1. 세대별 주민등록표에 등재(登載)된 사람(동거인 제외)

2. 세대별 주민등록표에는 등재되지 않았으나, 등재된 사람의 배우자(사실상 혼인 관계에 있는 사람 포함)

3. 세대별 주민등록표에는 등재되지 않았으나, 등재된 사람의 미혼 자녀 중 30세 미만인 사람

4. 세대별 주민등록표에는 등재되지 않았으나, 등재된 사람과 생계 및 주거를 같이 하는 사람(등재된 사람 중 생계를 책임지는 사람이 부양의무자인 경우로 한정함)

■ **세대가 분리되어 있는 경우의 기초생활보장의 대상자가 될 수 있나요?**

Q 주민등록상 세대가 분리되어 있지만 동일한 주거지에 부, 모, 부모와 주소를 달리하는 대학생 형, 부모와 주소를 달리하는 급여를 신청한 학생인 제가 같이 생활하고 있습니다. 이런 경우에도 기초생활보장의 대상자가 될 수 있나요?

A 네, 기초생활보장은 개인이 아닌 가구 단위입니다. 세대가 분리되어 있다 하더라도 자녀가 30세 미만의 미혼자녀인 경우에는 보장가구에 포함되어 부모의 주소지에서 보장 신청을 하여 지원을 받을 수 있습니다.

1-2. 기초생활보장 대상자에 대한 지원 및 그 선정기준
1-2-1. 각종 감면제도
수급자는 주민세, TV 수신료, 자동차검사수수료, 주민등록증 발급 수수료 등을 면제받고, 상·하수도 요금, 전화요금, 전기요금, 자동차보험료 등을 감면받을 수 있습니다.

1-2-2. 각종 급여지원
① 생계급여
ⓐ 수급자에게 수급자의 생계를 유지하기 위해 일상생활에 기본적으로 필요한 의복비, 음식물비 및 연료비 등이 포함된 금액이 생계급여로 지급됩니다(「국민기초생활 보장법」 제8조 제1항).
ⓑ 생계급여 수급권자는 부양의무자가 없거나, 부양의무자가 있어도 부양능력이 없거나 부양을 받을 수 없는 사람으로서 그 소득인정액이 생계급여 선정기준(중앙생활보장위원회의 심의·의결을 거쳐 결정하는 금액) 이하인 사람으로 하는데, 생계급여 선정기준은 기준 중위소득의 100분의 30 이상으로 합니다(「국민기초생활 보장법」 제8조제2항).
ⓒ "부양의무자"란 수급권자를 부양할 책임이 있는 사람으로서 수급권자의 1촌 직계혈족 및

그 배우자(사망한 1촌의 직계혈족의 배우자는 제외함)를 말합니다(「국민기초생활 보장법」 제2조제5호).

ⓓ "소득인정액"이란 개별가구의 소득평가액과 재산의 소득환산액을 합산한 금액을 말합니다 (「국민기초생활 보장법」 제2조제9호).

ⓔ 소득인정액은 "개별가구"를 단위로 산정됩니다(「국민기초생활 보장법」 제2조제8호).

ⓕ 소득인정액의 계산방법(「국민기초생활 보장법」 제2조제9호 및 제6조의3)

소득인정액= 소득평가액 + 재산의 소득환산액

소득평가액= [실제소득 - 가구특성별 지출비용 - (근로소득공제 + 그 밖에 추가적인 지출)]

재산의 소득환산액= (재산 - 기본재산액 - 부채) × 소득환산율

ⓖ "기준 중위소득"이란 보건복지부장관이 급여의 기준 등에 활용하기 위하여 중앙생활보장 위원회의 심의·의결을 거쳐 고시하는 국민 가구소득의 중위값을 말합니다(「국민기초생활 보장법」 제2조제11호).

② 주거급여

ⓐ 수급자에게 수급자의 주거 안정에 필요한 임차료, 수선유지비 등이 주거급여로 지급됩니 다(「국민기초생활 보장법」 제11조제1항).

ⓑ 주거급여 수급권자는 소득인정액이 주거급여 선정기준(중앙생활보장위원회의 심의·의결을 거쳐 결정하는 금액) 이하인 사람으로 하는데, 주거급여 선정기준은 기준 중위소득의 100분의 43 이상으로 합니다(「주거급여법」 제5조제1항).

③ 교육급여

ⓐ 수급자에게 입학금, 수업료, 학용품비, 그 밖의 수급품 등이 교육급여로 지급됩니다(「국민 기초생활 보장법」 제12조제1항).

ⓑ 교육급여 수급권자는 부양의무자가 없거나, 부양의무자가 있어도 부양능력이 없거나 부양 을 받을 수 없는 사람으로서 그 소득인정액이 교육급여 선정기준(「국민기초생활 보장법」 제20조제2항에 따른 중앙생활보장위원회의 심의·의결을 거쳐 결정하는 금액) 이하인 사 람으로 하는데, 교육급여 선정기준은 기준 중위소득의 100분의 50 이상으로 합니다(「국 민기초생활 보장법」 제12조제3항).

ⓒ 또한 소득인정액이 교육급여 선정기준 이하인 사람을 교육급여 수급권자로 봅니다(「국민 기초생활 보장법」 제12조의2).

④ 의료급여

ⓐ 수급자에게 건강한 생활을 유지하는 데 필요한 각종 검사 및 치료 등을 하는 비용이 의 료급여로 지급됩니다(「국민기초생활 보장법」 제12조의3제1항).

ⓑ 의료급여 수급권자는 부양의무자가 없거나, 부양의무자가 있어도 부양능력이 없거나 부양 을 받을 수 없는 사람으로서 그 소득인정액이 교육급여 선정기준(「국민기초생활 보장법」

제20조제2항에 따른 중앙생활보장위원회의 심의·의결을 거쳐 결정하는 금액) 이하인 사람으로 하는데, 의료급여 선정기준은 기준 중위소득의 100분의 40 이상으로 합니다(「국민기초생활 보장법」 제12조의3제2항).

⑤ 해산급여

ⓐ 조산을 했거나 분만하기 전후로 조치와 보호가 필요한 수급자에게 해산급여가 지급됩니다 (「국민기초생활 보장법」 제13조제1항).

ⓑ 해산급여 수급권자는 생계급여, 주거급여 및 의료급여 중 하나 이상의 급여를 받는 사람입니다(「국민기초생활 보장법」 제13조제1항).

⑥ 장제급여

ⓐ 수급자가 사망한 경우 사체의 검안(檢案)·운반·화장 또는 매장, 그 밖의 장제조치등 하는 비용이 장제급여로 지급됩니다(「국민기초생활 보장법」 제14조제1항).

ⓑ 장제급여 수급권자는 생계급여, 주거급여 및 의료급여 중 하나 이상의 급여를 받는 사람입니다(「국민기초생활 보장법」 제14조제1항).

⑦ 자활급여

수급자의 자활을 돕기 위해 필요한 각종 비용이 자활급여로 지급됩니다(「국민기초생활 보장법」 제15조제1항).

1-3. 기초생활보장의 신청절차

● 절차도

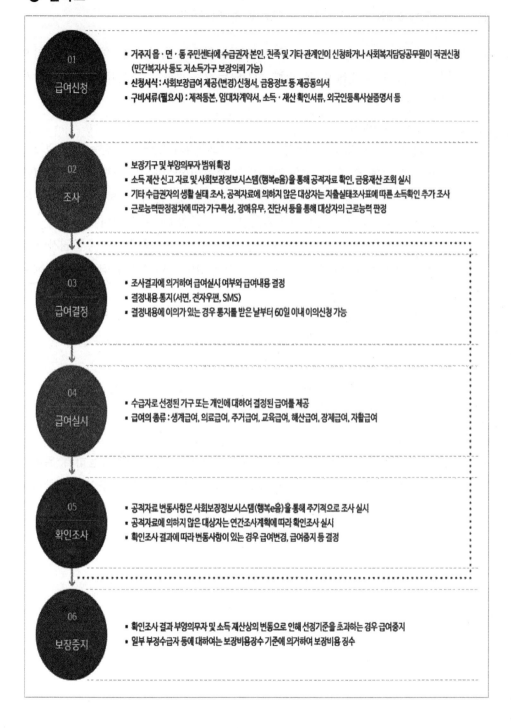

01 급여신청
- 거주지 읍·면·동 주민센터에 수급권자 본인, 친족 및 기타 관계인이 신청하거나 사회복지담당공무원이 직권신청 (민간복지사 등도 저소득가구 보장의뢰 가능)
- 신청서식 : 사회보장급여 제공(변경)신청서, 금융정보 등 제공동의서
- 구비서류(필요시) : 제적등본, 임대차계약서, 소득·재산 확인서류, 외국인등록사실증명서 등

02 조사
- 보장기구 및 부양의무자 범위 확정
- 소득 재산 신고 자료 및 사회보장정보시스템(행복e음)을 통해 공적자료 확인, 금융재산 조회 실시
- 기타 수급권자의 생활 실태 조사, 공적자료에 의하지 않은 대상자는 지출실태조사표에 따른 소득확인 추가 조사
- 근로능력판정절차에 따라 가구특성, 장애유무, 진단서 등을 통해 대상자의 근로능력 판정

03 급여결정
- 조사결과에 의거하여 급여실시 여부와 급여내용 결정
- 결정내용 통지(서면, 전자우편, SMS)
- 결정내용에 이의가 있는 경우 통지를 받은 날부터 60일 이내 이의신청 가능

04 급여실시
- 수급자로 선정된 가구 또는 개인에 대하여 결정된 급여를 제공
- 급여의 종류 : 생계급여, 의료급여, 주거급여, 교육급여, 해산급여, 장제급여, 자활급여

05 확인조사
- 공적자료 변동사항은 사회보장정보시스템(행복e음)을 통해 주기적으로 조사 실시
- 공적자료에 의하지 않은 대상자는 연간조사계획에 따라 확인조사 실시
- 확인조사 결과에 따라 변동사항이 있는 경우 급여변경, 급여중지 등 결정

06 보장중지
- 확인조사 결과 부양의무자 및 소득 재산상의 변동으로 인해 선정기준을 초과하는 경우 급여중지
- 일부 부정수급자 등에 대하여는 보장비용징수 기준에 의거하여 보장비용 징수

■ 기초생활보장제도는 어떤 사람이 이용할 수 있나요?

Q 기초생활보장제도는 어떤 사람이 이용할 수 있나요?

A 기초생활보장제도는 생활이 어려운 사람에게 필요한 급여를 실시해 이들의 최저 생활을 보장하고 자활을 돕기 위해 실시되는 제도로써, "수급권자"가 그 대상자 입니다.

◇ 수급권자의 선정기준

① 수급권자는 부양의무자가 없거나, 부양의무자가 있어도 부양능력이 없거나 부양을 받을 수 없는 사람으로서 그 소득인정액이 각 급여별 선정기준(중 앙생활보장위원회의 심의·의결을 거쳐 결정하는 금액) 이하인 사람으로 하 는데 급여별로 수급권자 선정기준의 기준 중위소득이 다릅니다.

② "부양의무자"란 수급권자를 부양할 책임이 있는 사람으로서 수급권자의 1 촌 직계혈족(부모·아들·딸 등) 및 그 배우자(사망한 1촌의 직계혈족의 배우 자는 제외함)를 말합니다.

③ "소득인정액"이란 개별가구의 소득평가액과 재산의 소득환산액을 합산한 금 액을 말합니다. 즉, 기초생활보장제도의 기본단위는 "개별가구"입니다.

- 소득인정액= 소득평가액 + 재산의 소득환산액
- 소득평가액= [실제소득 - 가구특성별 지출비용 - (근로소득공제 + 그 밖에 추가적인 지출)]
- 재산의 소득환산액= (재산 - 기본재산액 - 부채) × 소득환산율

④ "기준 중위소득"이란 보건복지부장관이 급여의 기준 등에 활용하기 위하여 중앙생활보장위원회의 심의·의결을 거쳐 고시하는 국민 가구소득의 중위값 을 말합니다.

2. 기초생활보상자의 기준

2-1. 급여별 수급권자 선정기준

2-1-1. 생계급여

① 생계급여 수급권자는 부양의무자가 없거나, 부양의무자가 있어도 부양능력이 없거나 부양을 받을 수 없는 사람으로서 그 소득인정액이 생계급여 선정기준[「국민기초생활 보장법」 제20조제2항에 따른 중앙생활보장위원회(이하 "중앙생활보장위원회"라 함)의 심의·의결을 거쳐 결정하는 금액] 이하인 사람으로 하는데, 생계급여 선정기준은 기준 중위소득의 100분의 30 이상으로 합니다(「국민기초생활 보장법」 제8조제2항).

② "부양의무자"란 수급권자를 부양할 책임이 있는 사람으로서 수급권자의 1촌 직계혈족 및 그 배우자(사망한 1촌의 직계혈족의 배우자는 제외함)를 말합니다(「국민기초생활 보장법」 제2조제5호).

③ "소득인정액"이란 개별가구의 소득평가액과 재산의 소득환산액을 합산한 금액을 말합니다(「국민기초생활 보장법」 제2조제9호).

④ 소득인정액은 "개별가구"를 단위로 산정됩니다(「국민기초생활 보장법」 제2조제8호).

⑤ 소득인정액의 계산방법(「국민기초생활 보장법」 제2조제9호 및 제6조의3)

- 소득인정액= 소득평가액 + 재산의 소득환산액

- 소득평가액= [실제소득 - 가구특성별 지출비용 - (근로소득공제 + 그 밖에 추가적인 지출)]

- 재산의 소득환산액= (재산 - 기본재산액 - 부채) × 소득환산율

⑥ "기준 중위소득"이란 보건복지부장관이 급여의 기준 등에 활용하기 위하여 중앙생활보장위원회의 심의·의결을 거쳐 고시하는 국민 가구소득의 중위값을 말합니다(「국민기초생활 보장법」 제2조제11호).

2-1-2. 주거급여

주거급여 수급권자는 소득인정액이 주거급여 선정기준(중앙생활보장위원회의 심의·의결을 거쳐 결정하는 금액) 이하인 사람으로 하는데, 주거급여 선정기준은 기준 중위소득의 100분의 43 이상으로 합니다(「주거급여법」 제5조제1항).

2-1-3. 교육급여

① 교육급여 수급권자는 부양의무자가 없거나, 부양의무자가 있어도 부양능력이 없거

나 부양을 받을 수 없는 사람으로서 그 소득인정액이 교육급여 선정기준(중앙생활보장위원회의 심의·의결을 거쳐 결정하는 금액) 이하인 사람으로 하는데, 교육급여 선정기준은 기준 중위소득의 100분의 50 이상으로 합니다(「국민기초생활 보장법」 제12조제3항).

② 또한 소득인정액이 교육급여 선정기준 이하인 사람을 교육급여 수급권자로 봅니다(「국민기초생활 보장법」 제12조의2).

2-1-4. 의료급여

의료급여 수급권자는 부양의무자가 없거나, 부양의무자가 있어도 부양능력이 없거나 부양을 받을 수 없는 사람으로서 그 소득인정액이 교육급여 선정기준(중앙생활보장위원회의 심의·의결을 거쳐 결정하는 금액) 이하인 사람으로 하는데, 의료급여 선정기준은 기준 중위소득의 100분의 40 이상으로 합니다(「국민기초생활 보장법」 제12조의3제2항).

2-1-5. 해산급여

해산급여 수급권자는 생계급여, 주거급여 및 의료급여 중 하나 이상의 급여를 받는 사람입니다(「국민기초생활 보장법」 제13조제1항).

2-1-6. 장제급여

장제급여 수급권자는 생계급여, 주거급여 및 의료급여 중 하나 이상의 급여를 받는 사람입니다(「국민기초생활 보장법」 제14조제1항).

2-2. 소득평가액 계산하기

2-2-1. 소득인정액 계산의 기준

소득인정액의 계산방법(「국민기초생활 보장법」 제2조제9호 및 제6조의3)

- 소득인정액= 소득평가액 + 재산의 소득환산액
- 소득평가액= [실제소득 - 가구특성별 지출비용 - (근로소득공제 + 그 밖에 추가적인 지출)]

2-2-2. 소득평가액의 계산방법

① 기초생활보장수급자(이하 "수급자"라 함)로 선정될 수 있는지에 대한 소득기준은 신

청자의 가구에 대한 소득평가액입니다(「국민기초생활 보장법」 제6조의3제1항 참조).

② 소득평가액은 실제소득을 조사하되, [실제소득(근로소득 + 사업소득 + 재산소득 + 이전소득) ― 특성에 따른 지출비용 ― (근로활동을 통해 얻은 소득공제액 + 그 밖에 추가적인 지출)]으로 계산합니다(「국민기초생활 보장법」 제6조의3제1항 참조).

2-2-3. 실제소득

실제소득은 다음의 소득을 합산해서 계산합니다(「국민기초생활 보장법 시행령」 제5조제1항).

① 근로소득(다만, 「소득세법」에 따라 비과세되는 근로소득 제외하되 다음에 해당하는 급여는 근로소득에 포함)

- 생산직 및 그 관련직에 종사하는 근로자로서 급여 수준 및 직종 등을 고려해 근로자가 연장시간근로·야간근로 또는 휴일근로로 받는 급여로 비과세되는 급여(「소득세법」 제12조제3호더목)

- 국외 또는 북한지역에서 근로를 제공(원양어업선박 또는 국외 등을 항행하는 선박이나 항공기에서 근로를 제공하는 것 포함)하고 받는 보수 중 월 100만원 이내의 금액으로 비과세되는 급여(「소득세법 시행령」 제16조제1항제1호)

- 다만, 원양어업 선박, 국외 등을 항행하는 선박 또는 국외 등의 건설현장 등에서 근로(감리업무 포함)를 제공하고 받는 보수의 경우에는 월 300만원 이내의 금액으로 비과세되는 급여가 근로소득에 포함됩니다(「소득세법 시행령」 제16조제1항제1호).

② 사업소득

- 농업소득 : 경종업(耕種業), 과수·원예업, 양잠업(養蠶業), 종묘업(種苗業), 특수작물생산업, 가축사육업, 종축업(種畜業) 또는 부화업(孵化業)과 이에 부수하는 업무에서 얻는 소득

- 임업소득 : 영림업·임산물생산업 또는 야생조수사육업과 이에 부수하는 업무에서 얻는 소득

- 어업소득 : 어업과 이에 부수하는 업무에서 얻는 소득

- 그 밖의 사업소득 : 도매업, 소매업, 제조업 그 밖의 사업에서 얻는 소득

③ 재산소득

- 임대소득 : 부동산, 동산, 권리, 그 밖의 재산의 대여로 발생하는 소득

- 이자소득 : 예금·주식·채권의 이자와 배당 또는 할인에 따라 발생하는 소득 중 보건복지부장관이 정하는 금액 이상의 소득

- 연금소득 : 연금 또는 연금소득과 연금보험으로 발생하는 소득

④ 이전소득[차상위계층에 속하는 사람에 대해서는 생활여건 등을 고려하여 「차상위계층의 소득인정액 산정시 적용하는 이전소득의 범위·기본재산액 및 재산의 소득환산율 고시」(보건복지부 고시 제2019-5호, 2019. 1. 7. 발령•시행)에 따라 다음의 이전소득의 범위를 달리할 수 있음]

- 친족 또는 후원자 등으로부터 정기적으로 받는 금품 중 보건복지부장관이 정하는 금액 이상의 금품
- 부양의무자의 차감된 소득에서 부양의무자 기준 중위소득에 해당하는 금액을 뺀 금액의 범위에서 수급권자에게 정기적으로 지원하도록 보건복지부장관이 정하는 금액
- 「국민연금법」, 「기초연금법」, 「공무원연금법」, 「공무원 재해보상법」, 「군인연금법」, 「별정우체국법」, 「사립학교교직원 연금법」, 「고용보험법」, 「산업재해보상보험법」, 「국민연금과 직역연금의 연계에 관한 법률」, 「보훈보상대상자 지원에 관한 법률」, 「독립유공자예우에 관한 법률」, 「국가유공자 등 예우 및 지원에 관한 법률」, 「고엽제후유의증 등 환자지원 및 단체설립에 관한 법률」, 「자동차손해배상 보장법」, 「참전유공자 예우 및 단체설립에 관한 법률」 등에 따라 정기적으로 지급되는 각종 수당·연금·급여 또는 그 밖의 금품

⑤ 실제소득에서 제외되는 금액
 ⓐ 다음에 해당하는 금품은 실제소득 산정에서 제외됩니다(「국민기초생활 보장법 시행령」 제5조제2항).
  - 퇴직금, 현상금, 보상금, 「조세특례제한법」에 따른 근로장려금 및 자녀장려금 등 정기적으로 지급되는 것으로 볼 수 없는 금품
  - 보육·교육 그 밖에 이와 유사한 성질의 서비스 이용을 전제로 제공받는 보육료, 학자금, 그 밖에 이와 유사한 금품
  - 조례에 따라 지방자치단체가 지급하는 금품으로서 보건복지부장관이 정하는 금품
 ⓑ 다음의 경우에는 개별가구의 생활실태 등을 조사하여 확인한 소득을 산정된 실제소득에 더할 수 있습니다(「국민기초생활 보장법 시행령」 제5조제3항 전단).
  - 수급자 또는 수급권자의 소득 관련 자료가 없거나 불명확한 경우
  - 최저임금액 등을 고려할 때 소득 관련 자료의 신뢰성이 없다고 보장기관이 인정하는 경우

2-2-4. 가구 특성에 따른 지출비용
가구 특성에 따른 지출요인을 반영해 실제소득에서 공제되는 비용은 다음과 같습니다(「국민기초생활 보장법 시행령」 제5조의2).
① 「장애인연금법」에 따른 기초급여액 및 부가급여액
② 장애수당, 장애아동수당 및 보호수당

③ 「한부모가족지원법」에 따른 아동양육비

④ 고엽제후유증에 대한 수당(기초급여액 및 부가급여액에 해당하는 금액에 한함)

⑤ 「독립유공자예우에 관한 법률」, 「국가유공자 등 예우 및 지원에 관한 법률」 및 「보훈보상대상자 지원에 관한 법률」에 따른 생활조정수당

⑥ 참전명예수당 중 보건복지부장관이 고시하는 1인 가구 기준 중위소득의 100분의 20 이하에 해당하는 금액

⑦ 만성질환 등의 치료·요양·재활로 인하여 지속적으로 지출하는 의료비

⑧ 장애인이 다음의 시설에서 실시하는 직업재활사업에 참가하여 받은 소득의 100분의 50에 해당하는 금액

　ⓐ 장애인복지시설 중 장애인 지역사회재활시설(장애인복지관만 해당) 및 장애인 직업재활시설

　ⓑ 정신재활 훈련시설(주간재활시설만 해당)

⑨ 수급자가 다음 어느 하나에 해당하는 사업에 참가하여 받은 소득의 100분의 30에 해당하는 금액

　ⓐ 「국민기초생활 보장법」제18조제1항에 따른 자활기업이 실시하는 사업

　ⓑ 「국민기초생활 보장법 시행령」제20조제1항에 따른 자활근로의 대상사업 중 보건복지부장관이 정하는 사업

⑩ 학생·장애인·노인 및 18세 이상 24세 이하인 사람이 얻은 근로소득 및 사업소득에 따른 소득의 100분의 30에 해당하는 금액

⑪ ⑧부터 ⑩까지에 해당하지 않는 소득으로서 근로소득 및 사업소득에 100분의 10의 범위에서 보건복지부장관이 정하는 비율을 곱한 금액

⑫ 그 밖에 개별가구 특성에 따라 추가적인 지출이 필요하다고 인정되어 보건복지부장관이 정하는 금품의 금액

2-2-5. 근로활동을 통해 얻은 소득에 대한 공제액

근로활동을 유인하기 위해 지급하는 자활사업 참여소득이나 자활장려금 중 다음과 같은 일정 비율에 해당하는 금액은 공제해서 소득에 포함시키지 않습니다.

1. 장애인 직업재활사업, 정신질환자 직업재활사업에 참여해 얻은 소득의 50% 공제

2. 25세 이상에 해당하는 초·중·고등학생인 수급권자의 근로 및 사업소득 중 20만원을 공제하고, 나머지 금액에 대해 30% 추가 공제

3. 24세 이하에 해당하는 수급(권)자 및 대학생(야간대생 포함, 휴학, 졸업유예 시 최대 1년까지 근로소득 공제 적용, 군복무기간 미산입)의 근로 및 사업소득 중 40만원 공제하고, 나머지 금액에 대해 30% 추가 공제(다만, 24세이하

아동시설퇴소 및 가정위탁 보호종료아동은 50만원을 공제하고 나머지 금액에 대해 30% 추가 공제 적용)

4. 75세 이상 노인 및 등록장애인 수급(권)자는 20만원을 공제하고 나머지금액에 대해 30% 추가 공제

5. 65세 이상 노인·북한이탈주민, 임신중에 있거나 분만 후 6개월 미만의 여성 및 사회복무요원, 상근예비역의 근로 및 사업소득의 30% 공제 적용(단, 북한이탈주민은 특례보호 기간 중에만 인정되고, 특례기간 종료 시에는 일반수급자에 해당됨)

6. 행정기관 및 공공기관의 행정인턴에 참여하여 얻은 소득의 10% 공제 적용

■ **기초생활보호 대상자로 선정되려면 재산이 하나도 없는데 소득은 어떻게 계산하나요?**

Q 기초생활보호 대상자로 선정되려면 그 소득인정액이 각 급여별 선정기준 이하여야 한다고 하던데요, 저는 재산이 하나도 없는데 소득은 어떻게 계산하나요?

A 기초생활보장 수급권자의 선정기준인 소득인정액은 (소득평가액 + 재산의 소득환산액) 으로 계산합니다. 기초생활보호 대상자는 그 소득인정액이 각 급여별 선정기준(중앙생활보장위원회의 심의·의결을 거쳐 결정하는 금액) 이하인 사람으로 하는데 급여별로 수급권자 선정기준의 기준 중위소득이 다릅니다.

◇ 소득평가액 계산하기
   ◎ 소득평가액 = [실제소득(근로소득 + 사업소득 + 재산소득 + 이전소득) ─ 특성에 따른 지출비용 ─ (근로활동을 통해 얻은 소득공제액 + 그 밖에 추가적인 지출)]으로 계산합니다.
   ◎ 실제소득의 산정
   - 실제소득은 근로소득, 사업소득, 재산소득, 이전소득 등을 합해서 계산합니다.
   - 실제소득에서 제외되는 금품으로는 ① 퇴직금, 현상금, 보상금 등 정기적으로 지급되는 것으로 볼 수 없는 금품, ② 보육·교육 그 밖에 이와 유사한 성질의 서비스 이용을 전제로 제공받는 보육료, 학자금, 그 밖에 이와 유사한 금품, ③ 조례에 따라 지방자치단체가 지급하는 금품으로서 보건복지부장관이 정하는 금품이 있습니다.

◎ 가구 특성에 따른 지출비용

- 가구 특성에 따른 지출요인을 반영해 실제소득에서 일정 비용을 공제해줍니다.

① 「장애인연금법」에 따른 기초급여액 및 부가급여액

② 장애수당, 장애아동수당 및 보호수당

③ 「한부모가족지원법」에 따른 아동양육비

④ 고엽제후유증에 대한 수당(기초급여액 및 부가급여액에 해당하는 금액에 한함)

⑤ 「독립유공자예우에 관한 법률」, 「국가유공자 등 예우 및 지원에 관한 법률」 및 「보훈보상대상자 지원에 관한 법률」에 따른 생활조정수당

⑥ 참전명예수당 중 보건복지부장관이 고시하는 1인 가구 기준 중위소득의 100분의 20 이하에 해당하는 금액

⑦ 만성질환 등의 치료·요양·재활로 인하여 지속적으로 지출하는 의료비

⑧ 장애인이 다음의 시설에서 실시하는 직업재활사업에 참가하여 받은 소득의 100분의 50에 해당하는 금액

　가. 「장애인복지법」에 따른 장애인복지시설 중 장애인 지역사회재활시설(장애인복지관만 해당) 및 장애인 직업재활시설

　나. 「정신건강증진 및 정신질환자 복지서비스 지원에 관한 법률」에 따른 재활훈련시설(주간재활시설만 해당)

⑨ 수급자가 다음 어느 하나에 해당하는 사업에 참가하여 받은 소득의 100분의 30에 해당하는 금액

　가. 「국민기초생활 보장법」제18조제1항에 따른 자활기업이 실시하는 사업

　나. 「국민기초생활 보장법 시행령」제20조제1항에 따른 자활근로의 대상사업 중 보건복지부장관이 정하는 사업

⑩ 학생·장애인·노인 및 18세 이상 24세 이하인 사람이 얻은 근로소득 및 사업소득에 따른 소득의 100분의 30에 해당하는 금액

⑪ ⑧부터 ⑩까지에 해당하지 않는 소득으로서 근로소득 및 사업소득에 100분의 10의 범위에서 보건복지부장관이 정하는 비율을 곱한 금액

⑫ 그 밖에 개별가구 특성에 따라 추가적인 지출이 필요하다고 인정되어 보건복지부장관이 정하는 금품의 금액

◎ 근로활동을 통해 얻은 소득공제액

- 근로활동을 유인하기 위해 지급하는 자활사업 참여소득이나 자활장려금 등의 일정 부분은 소득에 포함시키지 않습니다.

2-3. 재산의 소득환산액 계산하기

2-3-1. 소득인정액 계산의 기준

소득인정액의 계산방법(「국민기초생활 보장법」 제2조제9호, 제6조의3제2항 및 「국민기초생활 보장법 시행령」 제5조의4제1항)

- 소득인정액= 소득평가액 + 재산의 소득환산액
- 재산의 소득환산액= (재산 - 기본재산액 - 부채) × 소득환산율

2-3-2. 재산의 소득환산액 계산방법

① 재산은 소득으로 환산해 기초생활보장수급자(이하 "수급자"라 함)선정의 기초로 사용합니다(「국민기초생활 보장법」 제6조의3제2항 참조).

② 재산을 소득으로 환산하는 방법은 (재산가액 - 기본재산액 - 부채) × 소득환산율입니다(「국민기초생활 보장법」 제6조의3제2항 및 「국민기초생활 보장법 시행령」 제5조의4제1항).

③ 재산을 소득으로 환산하는 방법은 (재산가액 - 기본재산액 - 부채) × 소득환산율입니다(「국민기초생활 보장법」 제6조의3제2항 및 「국민기초생활 보장법 시행령」 제5조의4제1항).

2-3-3. 재산의 범위

다음에 해당하는 재산은 각각 소득환산의 대상이 되고, 별도의 소득환산율로 계산됩니다(「국민기초생활 보장법 시행령」 제5조의3제1항).

① 일반재산

- 토지, 건축물 및 주택(종중재산·마을공동재산 그 밖에 이에 준하는 공동의 목적으로 사용하는 재산 제외)
- 선박 및 항공기
- 주택·상가 등에 대한 임차보증금(전세금 포함)
- 100만원 이상의 가축·종묘(種苗) 등 동산(장애인재활보조기구 등 제외) 및 입목
- 회원권
- 조합원입주권
- 건물이 완성되면 건물과 이에 부수되는 토지를 취득할 수 있는 권리(조합원입주권 제외)
- 어업권

② 금융재산

- 현금 및 금융자산

- 보험상품

③ 자동차

　　장애인 사용 자동차 등 보건복지부장관이 정하여 고시하는 자동차는 제외

④ 위에 기재된 재산 중 재산조사를 하는 날을 기준으로 과거 5년 내에 다른 사람에게 처분한 재산(다만, 재산을 처분한 금액이 이미 산정되었거나 다른 재산의 구입, 부채의 상환, 의료비의 지급 등 개별가구원을 위하여 소비한 사실이 입증된 경우 제외)

⑤ 재산에 포함되지 않는 자동차와 재산에 포함되는 자동차의 구분

재산가액 산정에서 제외되거나 감면되는 자동차

1) 자동차 가격 100% 재산 산정 제외

　◎ 다음에 해당하는 수급(권)자 본인이 직접적 이동수단으로 활용하고 있는 배기량 2000cc 미만의 승용자동차[전기자동차는 중형 승용자동차(길이 4.7미터, 너비 1.7미터, 높이 2.0미터 중 두 개 이하 초과)에 해당하는 것]

　　① 1~3등급 등록장애인인 수급(권)자

　　② 국가유공자 상이등급 1~3급까지의 판정을 받은 수급(권)자

　　③ 보훈보상대상자로 상이등급 1~3급까지의 판정을 받은 수급(권)자

2) 자동차 가격 50% 감면

　◎ 생업용 자동차로서 다음에 해당하는 가구별 1대의 자동차

　　① 일반재산의 소득환산율이 적용되는 생업용 자동차 1대에 대하여 자동차가격의 50%만 재산가액으로 산정

　　② 50%의 감면을 받는 생업용 자동차는 일반재산 환산율을 적용하므로 수급(권)자의 재산이 기본재산액 기준을 초과하는 경우 자동차가격의 50%에 대해서만 월 4.17%의 재산 소득환산액을 적용

일반재산의 "소득환산율"인 월 4.17% 적용 자동차

1) 장애인 사용 자동차로 다음에 해당하는 가구별 1대의 자동차

◎ 배기량 2000cc 미만의 승용자동차[전기자동차는 중형 승용자동차(길이 4.7미터, 너비 1.7미터, 높이 2.0미터 중 두 개 이하 초과)에 해당하는 것]

◎ 승차정원 11인승 이상 15인승 이하의 승합자동차

◎ 10인승이하 승합자동차세를 납부하는 전방조종자동차

◎ 적재적량 1톤 이하의 화물자동차

◎ 장애등급 1 ~ 3급 장애인(국가유공자 상이등급 1~3급 포함)인 수급자 본인의 직접적인 이동수단으로 활용하고 있는 휠체어 탑승설비를 장착하였거나 또는 휠체어를 탄 채 차량에 탑승할 수 있도록 공간 확보를 위하여 개조한 차로서 배기량 2500cc 미만 자동차(스타렉스, 그랜드카니발 등)

2) 자동차가 생계유지를 위한 직접적인 수단이 되는 경우(생업용 자동차) 다음에 해당하는 가구별 1대의 자동차

◎ 배기량 1600cc 미만의 승용자동차[전기자동차는 소형 승용자동차(길이 4.7미터, 너비 1.7미터, 높이 2.0미터이하)에 해당하는 것] 중 다음에 해당하는 차량

◎ 승차정원 11인승 이상 승합자동차, 다만 다음의 차량은 승차정원이 11인승이 아니더라도 승합자동차로 인정

　① 7인승 이상 10인승 이하 전방조종자동차로서 승합자동차세를 납부하고 있는 자동차

　② 경형자동차로서 승차정원이 10명 이하인 전방조종자동차

　③ 그 내부의 특수한 설비로 승차인원이 10명이하로 된 자동차(헌혈, 구급, 장의 등 특수한 목적으로 탑승인원이 줄어든 자동차)

◎ 화물자동차, 등록신고된 12톤 이상 덤프트럭, 콘크리트 믹서트럭

◎ 특수자동차(견인·구난용)

3) 배기량 1600cc 미만의 승용자동차[전기자동차는 소형 승용자동차(길이 4.7미터, 너비 1.7미터, 높이 2.0미터이하)에 해당하는 것] 중 다음에 해당하는 차량

◎ 차령 10년 이상인 자동차(단, 차령 10년 미만이더라도 차량가액이 150만원 미만인 자동차)

◎ 질병·부상 등으로 거동이 곤란한 가구원이 병원치료가 필요하나 건강상태 및 지역적 특성으로 인해 대중교통을 이용이 어려운 상황으로 소유가 불가피한 자동차

4) 불법명의 자동차

◎ 보장기관이 수급(권)자 명의 자동차의 자동차등록원부에 "운행정지명령"이 기재되어 소위 대포차임을 인정한 자동차

◎ 운행정지명령 : 불법명의자동차 소유자가 시·군·구 차량등록사업소, 자동차민

원실 또는 인터넷으로 운행정지를 요청하거나, 불법명의자동차 신고에 따라 운행정지에 동의하는 경우에 시·도 또는 시·군·구청장이 운행정지명령 가능

◎ 보장기관이 다음 두 가지 사항을 확인한 경우에는 일반재산 환산율을 적용하는 자동차로 인정 가능

① 자동차등록원부에 "운행정지명령"이 기재되어야 함

② 정기검사 3회 이상 미필, 의무보험 6개월 이상 미가입, 교통범칙금 50회 이상 미납, 자동차세 6회 이상 미납 중 1가지 이상의 사실이 있음을 확인한 경우

5) 배기량 1000cc 미만의 승합·화물자동차[전기자동차는 경형 승합·화물자동차(길이 3,6미터, 너비 1.6미터, 높이 2.0미터이하)에 해당하는 것] 중 차량 10년 이상인 자동차, 단, 차령 10년 미만이더라도 자동차가액이 150만원 미만인 자동차

6) 이륜자동차 중 배기량 260cc 이하 자동차[전기자동차는 중형 이륜자동차(최고정격출력 15킬로와트 이하)에 해당하는 것]

7) 압류 등으로 폐차, 매매가 불가능한 차량으로서 운행이 불가능한 자동차로 보장기관이 인정한 자동차(교통범칙금, 자동차세 미납 등으로 압류되었으나 실제 운행이 가능한 경우는 예외)

8) "자동차 멸실사실 인정서"가 발급되는 자동차

9) 급여 신청일(또는 기존 수급자의 소명일)로부터 2개월 이내 처분 예정이거나 생업용으로 전환 예정인 자동차(단, 처분 또는 전환되지 않는 경우 일반재산으로 환산하지 않음)

10) 그 밖에 가구특성이나 생활실태 등으로 보아 생계유지가 어려우나 차량으로 인해 보장이 곤란한 가구의 자동차로 시·군·구 생활보장위원회의 심의·의결을 거쳐 일정 기간 동안 일반재산으로 간주하기로 한 경우

⑥ 다음에 해당하는 사람의 재산을 개별가구의 가구원이 사용·수익하는 경우 이 재산은 개별가구의 재산에 포함됩니다(「국민기초생활 보장법 시행령」 제2조제2항제1호부터 제6호까지 및 제5조의3제2항).

1. 현역 군인 등 법률상 의무의 이행을 위해 다른 곳에서 거주하면서 의무이행과 관련해 생계를 보장받고 있는 사람

2. 외국에 최근 6개월간 통산 90일을 초과해 체류하고 있는 사람

3. 교도소, 구치소, 치료감호시설 등에 수용 중인 사람

4. 보장시설(「국민기초생활 보장법」 제32조)에서 급여를 받고 있는 사람

5. 실종선고의 절차가 진행 중인 사람

6. 가출 또는 행방불명의 사유로 경찰서 등 행정관청에 신고된 후 1개월이 지났거나 가출 또는 행방불명 사실을 특별자치시장·특별자치도지사·시장·군수·구청장(자치구의 구청장을 말함)이 확인한 사람

2-3-4. 재산가액의 산정

① 재산의 범위가 정해졌으면 재산가액을 구하는데, 재산가액은 조사일을 기준으로 다음의 방법에 따라 산정합니다(「국민기초생활 보장법 시행령」 제5조의3제3항 본문).

재 산 항 목	산 정 기 준
토지, 건축물, 주택	시가표준액
선박 및 항공기	시가표준액 × 보정계수 (3.5)
임차보증금	임대차 계약서상의 보증금 및 전세금 (주택의 경우 보정계수 0.95)
동산 및 입목	동산 : 조사일 현재 시가(신고가액) 입목 : 시가표준액
회원권	시가표준액
조합원입주권	• 청산금을 납부한 경우: 「도시 및 주거환경정비법」에 따른 관리처분계획 또는 「빈집 및 소규모주택정비에 관한 특례법」의 소규모주택정비사업시행계획에 따라 정해진 가격(이하 "기존건물평가액"이라 함)과 납부한 청산금을 합한 금액 • 청산금을 지급받은 경우: 기존건물평가액에서 지급받은 청산금을 차감한 금액
건물이 완성되는 때에 그 건물과 이에 부수되는 토지를 취득할 수 있는 권리(조합원입주권 제외)	조사일 현재까지 납부한 금액
어업권	시가표준액
금융재산	행복e음(사회복지통합관리망)을 통해 통보된 금융재산별 가액
자동차	보건복지부장관이 정하는 가액(「자동차의 재산가액 산정기준과 재산가액에서 차감하는 기본재산액 및 부채」 참조)
위의 10가지 재산 중 조사일을 기준으로 과거 5년 내에 다른 사람에게 처분한 재산(재산을 처분한 금액이 이미 산정되었거나 다른 재산의 구입, 부채의 상환, 의료비의 지급 등 개별 가구원을 위해 소비한 사실이 입증된 경우는 제외)	재산의 처분일을 기준으로 위의 산정기준에 따라 산정한 가액에서 생활비에 해당하는 금액, 특정 용도로 지출한 금액 등 보건복지부장관이 정하여 고시하는 기준에 해당하는 금액을 뺀 금액

② 주거용 재산(주거용 주택 및 임차보증금)의 인정한도

대도시	중소도시	농어촌
1억원	6,800만원	3,800만원

③ 한도액을 초과하는 주택가액 등은 일반재산으로 산정됩니다.

④ 주거용 재산인 임차보증금인 경우에는 현 임차보증금에 0.95를 곱해 보정된 금액을 임차보증금으로 보아 계산을 하면 됩니다.

⑤ 부양의무자의 재산을 계산할 경우에는 적용 한도 없이 주거용 재산에 해당하는 재산은 모두 주거용 재산으로 인정됩니다.

2-3-5. 기본재산액

① 신청가구의 기초생활 유지에 필요하다고 인정되어 소득환산에서 제외되는 기본재산액은 다음과 같습니다.

지역	대도시	중소도시	농어촌
수급자	5,400만원	3,400만원	2,900만원
부양의무자	22,800만원	13,600만원	10,150만원

② 주거용 재산의 계산방법

중소도시에서 수급(권)자가 8,000만원 주택 보유시, ⓐ 주거용 재산 적용한도인 6,800만원을 초과하는 1,200만원은 일반재산의 환산율을 적용하고, ⓑ 차액 6,800만원 중 3,400만원은 중소도시의 기본재산액으로 차감하며, ⓒ 차액 3,400만원은 주거용 재산 환산율(1.04%)을 적용합니다(순서에 유의).

1. 일반재산 1,200만원 × 4.17% = 500,400원
2. 주거용 재산 (6,800 - 3,400) × 1.04% = 353,600원

2-3-6. 부채

① 소득환산에서 제외되는 부채에는 다음과 같은 것들이 있습니다.

1. 공공기관 대출금
2. 법에 근거한 공제회 대출금
3. 법원에 의해(판결문, 화해조정조서) 확인된 사채

② 부채는 주거용재산, 일반재산, 금융재산의 순서로 차감하고, 자동차가액에서는 차감하지 않습니다.

2-3-7. 소득환산율

재산의 종류별 소득환산율은 다음과 같습니다.

	주거용 재산	일반재산	금융재산	승용차
수급권자	월 1.04%	월 4.17 %	월 6.26 %	월 100 %
부양의무자	월 1.04%	월 4.17 %		

■ 재산환산방법은 어떻게 되나요?

Q 재산의 소득환산은 (재산가액 - 기본재산액 - 부채) × 소득환산율 로 계산하면 된다고 하는데요, 대도시 주거 수급자로 주거용재산 보증금 1억2천만원과 금융 자산 3천만원이 있는 경우의 공제액과 재산별 환산율이 궁금합니다.

A 네, 대도시 주거용재산 한도액 1억을 초과하는 2천만원과 일반재산 3천만원은 일반재산의 소득환산율인 월 4.17%가 적용됩니다. 반면 대도시 주거용재산 한 도액 1억원에서 대도시 기본재산액 5,400만원을 공제하고, 나머지 4,600만원은 주거용재산 소득환산율인 월 1.04%가 적용됩니다.

■ 소득인정액 계산방법은 어떻게 되나요?

Q 저는 4인 가구로 서울에 보증금 8,000만원에 월 30만원 하는 월세에 살며 매월 150만원의 급여를 받고 있습니다. 현재 해약환급금이 200만원인 보험과 1,600cc 중고 자동차(차량가액 500만원)가 있고, 은행에 1,000만원의 대출이 있는 상태 입니다. 소득인정액은 얼마인가요?

A 소득인정액 = (소득평가액 + 재산의 소득환산액)이고, 재산의 소득환산액= (재 산 - 기본재산액 - 부채) × 소득환산율 로 계산합니다.
 ① 소득평가액
  매월 받는 150만원이 소득평가액이 됩니다.
 ② 재산의 소득환산액
 1. 주거용 재산 : 임차보증금 7,600만원(주거용 재산이므로 보정계수를 곱해 8,000×0.95 = 7,600만원이 임차보증금임)

2. [주거용 재산 7,600만원(1억원 이내)-기본공제액 5,400만원-부채 1,000
만원] × 1.04% = 124,800원

3. 금융재산 : 보험 200만원 × 6.26% = 125,200원

4. 자동차 : 500만원 × 100% = 500만원

5. 총 합계 : 5,250,000원

③ 따라서, 소득인정액= 1,500,000원 + 5,250,000원 = 6,750,000원이 됩
니다.

2-4. 기초생활보장 대상자의 선정기준

2-4-1. 부양의무자의 유무

① 생계급여, 교육급여, 의료급여, 해산급여 및 장제급여 등을 지급받으려면 ⓐ 부양
의무자가 없거나, ⓑ 부양의무자가 있어도 부양능력이 없거나 ⓒ 부양을 받을 수
없어야 합니다(「국민기초생활 보장법」 제8조제2항, 제12조제3항, 제12조의3제2항,
제13조제1항, 제14조제1항 및 「주거급여법」 제5조제1항).

② "부양의무자"란 수급권자를 부양할 책임이 있는 사람으로서 수급권자의 1촌 직계혈
족 및 그 배우자(사망한 1촌의 직계혈족의 배우자는 제외)를 말합니다(「국민기초생
활 보장법」 제2조제5호).

2-4-2. 부양의무자가 없는 경우

"부양의무자가 없는 경우"란 다음에 해당하는 사람이 없는 경우입니다(「국민기초
생활 보장법」 제2조제5호).

1. 수급권자의 1촌의 직계혈족(直系血族)(부모, 아들·딸 등)

2. 수급권자의 1촌의 직계혈족의 배우자(며느리, 사위, 계부, 계모 등, 사망한 1
촌의 직계혈족의 배우자는 제외)

2-4-3. 부양의무자가 있어도 부양능력이 없는 경우

① 부양능력 유무의 판정기준

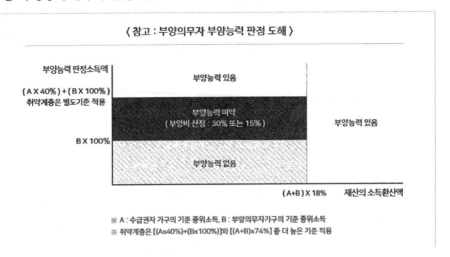

② 부양의무자가 다음 중 어느 하나에 해당하는 경우에는 부양능력이 없다고 봅니다 (「국민기초생활 보장법」 제8조의2제1항 및 「국민기초생활 보장법 시행령」 제5조의6 제1항).

③ 부양의무자가 수급권자인 경우

  1. 실제소득에서 질병, 교육 및 가구특성 등을 고려한 금액을 뺀 부양의무자의 소득(이하 "차감된 소득"이라 함)이 부양의무자 가구의 해당 가구원수의 기준 중위소득의 100분의 40 이하이고, 재산의 소득환산액이 수급권자 및 부양의무자 각각의 기준 중위소득의 100분의 18 미만인 경우.

  2. 부양의무자가 일용근로에 종사하는 사람으로 재산의 소득환산액이 수급권자 및 부양의무자 가구 각각의 기준 중위소득의 100분의 18 미만인 경우

  3. 위 외의 사람으로서 다음에 해당하는 요건을 모두 갖춘 경우

  − 차감된 부양의무자의 소득이 수급권자 기준 중위소득의 100분의 40과 해당 부양의무자 기준 중위소득을 더한 금액 미만인 경우

  − 재산의 소득환산액이 수급권자 및 부양의무자 각각의 기준 중위소득의 100분의 18 미만인 경우

  − 부양의무자의 차감된 소득에서 부양의무자 기준 중위소득에 해당하는 금액을 뺀 금액의 범위에서 보건복지부장관이 정하는 금액을 수급권자에게 정기적으로 지원한 경우

④ 직계존속 또는 「장애인연금법」의 중증장애인인 직계비속을 자신의 주거에서 부양하는 경우로서 자신의 주거는 반드시 본인명의 주거(소유권 및 사용권 포함)여야

하고, 직계존속·비속의 실제소득이 직계존속·비속의 수에 해당하는 기준 중위소득의 100분의 43 이하여야 합니다.

⑤ 그 밖에 질병, 교육, 가구 특성 등으로 인해 부양능력이 없다고 보건복지부장관이 정하는 경우

2-4-4. 부양의무자가 있어도 부양을 받을 수 없는 경우

① 부양의무자가 다음 중 어느 하나에 해당하는 경우에는 부양의무자가 있어도 부양을 받을 수 없는 경우에 해당합니다(「국민기초생활 보장법」 제8조의2제2항).

1. 「병역법」에 따라 징집되거나 소집된 경우

2. 해외이주자에 해당하는 경우

② "해외이주자"란 생업에 종사하기 위해 외국에 이주하는 사람과 그 가족 또는 외국인과의 혼인 및 연고(緣故) 관계로 인해 이주한 사람을 말합니다(「해외이주법」 제2조).

1. 교도소, 구치소, 치료감호시설 등에 수용 중인 사람

2. 보장시설(「국민기초생활 보장법」 제32조)에서 급여를 받고 있는 사람

3. 실종선고 절차가 진행 중인 사람

4. 가출 또는 행방불명으로 경찰서 등 행정관청에 신고된 후 1개월이 지났거나 가출 또는 행방불명 사실을 특별자치시장·특별자치도지사·시장·군수·구청장(자치구의 구청장을 말함)이 확인한 사람

5. 부양을 기피하거나 거부하는 경우

6. 그 밖에 수급권자가 부양을 받을 수 없다고 특별자치도지사·시장·군수·구청장이 확인한 경우(예시: 후천성면역결핍증 감염인 등)

■ 자식이 있는데 기초생활수급자로 선정될 수 있을까요?

Q 가족은 엄마와 저 2명인데 주민등록이 분리되어 있고, 거주도 따로 하고 있습니다. 제가 소득이 있는데 몸이 아프신 어머니께서 수급자로 선정되실 수 있을까요?

A 기초생활수급자의 선정은 수급자 가구를 기준으로 그 소득인정액이 각 급여별 선정기준(「국민기초생활 보장법」제20조제2항에 따른 중앙생활보장위원회의 심의·의결을 거쳐 결정하는 금액) 이하인 사람으로 하는데, 부양의무자의 소득과 재산이 부양능력 기준 요건에 충족되는 경우 수급자로 선정 및 보호가 가능합니다.

부양의무자는 수급권자를 부양할 책임이 있는 자로서 부양의무자의 범위는 수급자의 1촌 이내의 직계혈족(부모, 아들, 딸) 및 배우자(며느리, 사위)입니다. 부양의무자의 부양능력유무 대한 선정기준은 부양의무자가 미혼인지 또는 결혼을 했는지, 아들인지 딸인지 등에 따라 소득이나 재산의 고려사항이 다릅니다.

그러나 어머님께서 수급자로 선정될 수 있는지의 여부는 어머님의 소득과 재산, 근로능력유무 및 부양의무자의 소득과 재산 등을 모두 고려하여 최종적으로 결정되므로 주소지 관할 읍·면·동 주민센터 담당자와 상의하시는 것이 가장 빠른 길입니다.

■ 1인 가구인데 지초생활수급자로 선정될 수 있을까요?

Q 저희 형님은 혼자 살고 계시는데 몸이 아파 일을 하기가 어려워 기초생활수급자를 신청하려고 합니다. 동생인 저는 홀어머니를 모시고 살고 있는데 제 소득이 형님의 수급자선정에 영향을 미칠까요?

A 기초생활수급자는 수급권자 가구의 소득인정액(소득+재산)이 최저생계비 이하이고, 부양의무자의 부양능력 기준 요건이 충족되는 경우 수급자로 선정 및 보호를 받을 수 있습니다.

형님께서 단독세대인 경우 형님만 1인가구로 기초생활수급자를 신청할 수 있으며, 부양의무자는 수급권자의 1촌의 직계혈족(부모, 아들·딸 등) 및 그 배우자(며느리, 사위 등)가 해당됩니다.

따라서 부양의무자는 1촌의 직계혈족 및 그 배우자만 해당하므로 어머님이 부양의무자에 해당되며, 형제·자매는 부양의무자에 해당하지 않기 때문에 동생의 소득과 재산은 고려되지 않습니다.

다만, 부양의무자가 아닌 형제나 친지, 이웃 등으로부터 정기적인 지원을 받고 있는 경우에는 그 지원 금액의 일부를 수급권자의 소득에 포함하므로 수급자격 및 생계급여에 영향을 미칠 수 있습니다.

■ 제가 소득이 있는데 몸이 아프신 어머니께서 기초생활수급자로 선정되실 수 있을까요?

Q 가족은 엄마와 저 2명인데 주민등록이 분리되어 있고, 거주도 따로 하고 있습니다. 제가 소득이 있는데 몸이 아프신 어머니께서 수급자로 선정되실 수 있을까요?

A 기초생활수급자의 선정은 수급자 가구를 기준으로 가구의 소득인정액(소득+재산)이 각 급여별 선정기준(중앙생활보장위원회의 심의·의결을 거쳐 결정하는 금액) 이하이고, 부양의무자의 소득과 재산이 부양능력 기준 요건에 충족되는 경우 수급자로 선정 및 보호가 가능합니다.

◇ 부양의무자의 기준

① 부양의무자는 수급권자를 부양할 책임이 있는 자로서 부양의무자의 범위는 수급자의 1촌 이내의 직계혈족(부모, 아들, 딸 등) 및 배우자(며느리, 사위, 계부, 계모 등, 사망한 1촌의 직계혈족의 배우자는 제외)입니다. 부양의무자의 부양능력유무에 대한 선정기준은 부양의무자가 미혼인지 또는 결혼을 했는지, 아들인지 딸인지 등에 따라 소득이나 재산의 고려사항이 다릅니다.

② 그러나 어머님께서 수급자로 선정될 수 있는지의 여부는 어머님의 소득과 재산, 근로능력유무 및 부양의무자의 소득과 재산 등을 모두 고려하여 최종적으로 결정되므로 주소지 관할 읍·면·동 주민센터 담당자와 상의하시는 것이 가장 빠른 길입니다.

■ 기초생활수급자의 수급급여를 지급받은 계좌가 압류된 경우 어떤 조치를 취할 수 있나요?

Q 甲은 국민기초생활보장법에 따라 생계급여, 의료급여를 지급받고 있는 자입니다. 甲의 채권자 丙은 甲의 乙에대한 예금계좌에 위 생계급여와 의료급여가 입금된 뒤에 이를 압류하였고, 甲은 이를 인출하지 못하고 있습니다. 甲은 어떤 조치를 취할 수 있나요?

A 기초생활수급제도는 공공부조의 측면에서, 생활이 어려운 사람에게 필요한 급여를 실시하여 이들의 최저생활을 보장하고 자활을 돕는 것을 목적으로 합니다. 수급자가 이에 따라 지급받는 수급권 및 수급품은 동법 제35조에 따라 압류가 금지됩니다.

甲의 예금계좌로 지급된 기초연금은 기초연금 수급권 그 자체는 아니라 할 것이지만, 수급품에 해당하여 압류할 수 없습니다. 또한 기초연금법은 공공부조의 성격을 지녀 민사집행법 제246조 제2호에서 말하는 구호사업이나 제3자의 도움으로 계속 받는 수입에 해당하므로 압류가 금지되며, 동조 제2항에 따라 이 금원이 계좌에 이체된 경우라 하더라도, 압류명령은 위 범위에서 취소되어야 할 것입니다.

따라서 甲은 압류금지범위변경신청을 통하여 국민기초생활보장법에 따라 지급받은 생활급여, 의료급여의 범위 내에서 압류를 취소한 뒤, 이를 인출할 수 있을 것입니다.

2-5. 기준 중위소득 계산하기

2-5-1. 기준 중위소득 계산의 기준

기준 중위소득의 계산방법(「국민기초생활 보장법」 제6조의2제1항)

- 기준 중위소득=가구 경상소득의 중간값에 최근 가구소득 평균 증가율, 가구규모에 따른 소득수준의 차이 등을 반영
- 가구 경상소득= 근로소득 + 사업소득 + 재산소득 + 이전소득

2-5-2. 기준 중위소득 계산방법

① "기준 중위소득"이란 중앙생활보장위원회의 심의·의결을 거쳐 고시하는 국민 가구소득의 중위값을 말합니다(「국민기초생활 보장법」 제2제11호).

② 기준 중위소득을 계산하는 방법은 통계청이 공표하는 통계자료의 가구 경상소득(근로소득, 사업소득, 재산소득, 이전소득을 합산한 소득을 말함)의 중간값에 최근 가구소득 평균 증가율, 가구규모에 따른 소득수준의 차이 등을 반영합니다(「국민기초생활 보장법」 제6조의2제1항).

3. 기초생활보장 특례기준

3-1. 특정 계층에 대한 수급자선정 특례

3-1-1. 외국인

① 국내에 체류하고 있는 외국인 중 ⓐ 외국인 등록을 하고, ⓑ 수급자선정기준에 해당하며, ⓒ 다음 중 어느 하나에 해당하는 사람은 기초생활보장수급자(이하 "수급자"라 함)가 될 수 있습니다(「국민기초생활 보장법」 제5조의2 및 「국민기초생활 보장법 시행령」 제4조).

1. 대한민국 국민과 혼인 중인 외국인으로서 본인 또는 대한민국 국적의 배우자가 임신 중인 사람

2. 대한민국 국민과 혼인 중인 외국인으로서 대한민국 국적의 미성년 자녀[계부자(繼父子)·계모자(繼母子) 관계와 양친자(養親子) 관계 포함]를 양육하고 있는 사람

3. 대한민국 국민과 혼인 중인 외국인으로서 배우자의 대한민국 국적인 직계존속과 생계나 주거를 같이 하는 사람

4. 대한민국 국민인 배우자와 이혼하거나 그 배우자가 사망한 사람으로서 대한민국 국적의 미성년 자녀를 양육하고 있는 사람 또는 사망한 배우자의 태아를 임신하고 있는 사람

3-1-2. 북한이탈주민

정착지원시설에서의 보호가 끝난 북한이탈주민 중 생활이 어려운 사람은 특별자치시장·특별자치도지사·시장·군수·구청장(교육급여인 경우에는 특별시·광역시·특별자치시·도·특별자치도의 교육감을 말함)에게 신청을 하면 수급자로 선정될 수 있습니다(「북한이탈주민의 보호 및 정착지원에 관한 법률」 제26조).

3-1-3. 일본군위안부 피해자

일본군위안부 피해자 중 생존자로 생활안정지원대상자로 등록된 사람은 수급자로서 지원을 받게 됩니다(「일제하 일본군위안부 피해자에 대한 생활안정지원 및 기념사업 등에 관한 법률」 제2조제2호 및 제4조).

3-1-4. 에이즈감염인(후천성면역결핍증 환자)

에이즈감염인 중 부양가족의 생계유지가 곤란한 경우 수급자가 될 수 있습니다(「후천성면역결핍증 예방법」 제20조).

3-1-5. 농어업인 가구

농어업인 중 생계유지가 곤란한 경우 수급권자가 될 수 있으며, 농어업인 가구의 특성을 반영해 소득평가액과 재산의 소득환산액을 완화해 적용할 수 있습니다(「농어촌주민의 보건복지 증진을 위한 특별법」 제19조제1항 및 제2항).

■ 외국인도 기초생활보장수급자로 선정될 수 있을까요?

Q 저는 기초생활보장수급자로 노모와 같이 생활하고 있습니다. 외국인 아내가 있는데 아직 대한민국 국적을 취득하지는 않았습니다. 그런데도 수급자로 선정이 가능할까요?

A 네, 외국인이라도 다음 요건에 해당한다면 수급자선정이 가능합니다.

① 대한민국 국민과 혼인 중인 자로서 본인 또는 대한민국 국적의 배우자가 임신 중인 사람

② 대한민국 국민과 혼인 중인 자로서 대한민국 국적의 미성년 자녀(계부(모)자 관계 및 양친자관계를 포함)를 양육하고 있는 사람

③ 배우자의 대한민국 국적인 직계존속과 생계나 주거를 같이하는 사람

④ 대한민국 국민인 배우자와 이혼하거나 그 배우자가 사망한 사람으로서 대한민국 국적의 미성년(만 19세 미만) 자녀를 양육하고 있는 사람 또는 사망한 배우자의 태아를 임신하고 있는 사람

⑤ 「난민법」에 따라 법무부 장관이 난민으로 인정한 사람으로 국내에 체류 중인 외국인(외국인 등록증 및 난민인정증명서를 제출하면 조사·선정)

⑥ 질문하신 경우는 ③에 해당되어 배우자분은 외국인 일지라도 수급자 신청이 가능합니다.

■ 농어업인 가구에 대한 수급자 지원특례는 무엇이 있나요?

Q 저희 집은 농사를 짓고 있는데 갈수록 살림이 어려워 기초생활수급신청을 하려고 합니다. 농어업인 가구에는 어떤 지원 특혜가 있는지 알고 싶어요.

A ① 농어업인 가구가 수급자 지원 신청을 할 경우 소득평가액 산정 시 농어업인 가구의 특성을 반영하여 다음과 같은 지출요인을 추가 인정해 차감해 주고 있습니다.

1. 농지를 1ha 미만으로 소유한 사람이 경영이양소득보조금, 친환경농업소득보조금, 조건 불리지역 소득보조금, 밭농업 직접지불 보조금 및 농업소득 보전 직접지불금(「농지법」 제2조 및 「쌀소득 등의 보전에 관한 법률」 제4조).

2. 농어업인 가구가 부담하는 보육료 중 15만원 이내의 보육시설 이용비용

3. 농어업에 직접 사용하기 위해 금융기관에서 대출받은 대출금의 상환액 중 이자비용의 50%에 해당하는 금액

② 농어업인 가구의 재산의 소득환산액을 산정하는 경우, 경작농지 등 농어업과 직접 관련되는 재산에 대해서는 소득환산기준을 완화해 적용하는데, 생산에 사용되는 농지의 가액과 가축·종묘·농기계 등 농어업에 직접 사용되는 동산의 재산가액을 합한 금액 중 500만원 이내의 금액을 추가로 차감합니다.

③ 수급자가 될 수 있는지 여부는 주소지 관할 읍·면·동 주민센터 담당자와 상의하시기 바랍니다.

3-2. 개인에 대한 수급자선정 특례

3-2-1. 의료급여 특례대상자

실제소득에서 6개월 이상 지속적으로 지출되는 의료비를 공제하면 수급자의 선정요건에 해당하지만, 의료급여 특례 수급자로 선정된 이후에는 의료급여가 지급됨에 따라 본인부담 의료비가 감소하여, 감소된 본인부담 의료비를 적용하면 의료급여 선정기준을 초과하는 가구의 지속적인 의료비 지출이 발생하는 가구원 개인이 대상입니다.

3-2-2. 자활급여 특례대상자

수급자가 자활사업 및 취업성공패키지에 참가하여 발생한 소득으로 인해 소득인정액이 기준 중위소득 40%를 초과하는 사람이 대상입니다.

4. 기초생활보장을 위한 지원제도

4-1. 각종 면제제도

4-1-1. 주민세 비과세

기초생활보장수급자(이하 "수급자"라 함)에게는 개인에게 균등하게 부과되는 주민세가 부과되지 않습니다(「지방세법」제77조제2항).

4-1-2. TV 수신료 면제

수급자가 소지한 수상기에 대해서는 수신료가 면제됩니다(「방송법」제64조 단서 및 「방송법 시행령」제44조제1항제1호).

4-1-3. 자동차검사수수료 면제

수급자가 자동차 정기검사 및 종합검사를 받는 경우 검사 수수료가 면제됩니다.

4-1-4. 주민등록증 발급 수수료 등 면제

수급자가 주민등록표의 열람, 주민등록표 등·초본의 교부, 주민등록증의 재발급을 신청하는 경우에는 수수료가 면제됩니다(「주민등록법 시행규칙」제17조 및 제18조제1항제2호).

4-2. 각종 감면제도

4-2-1. 상·하수도 요금 및 종량제 폐기물 수수료 감면

① 각 지방자치단체의 조례(급수조례, 하수도 사용조례 등, 명칭은 자치단체마다 다를 수 있음)에 따라 수급자의 가구에 부과되는 상수도 및 하수도 요금의 일부 또는 전부가 감면됩니다(「수도법」제38조제4항제3호 및 「수도법 시행령」제53조의2제2항 참조).

② 각 지방자치단체의 조례(폐기물관리조례, 명칭은 자치단체마다 다를 수 있음)에 따라 수급자 가구에 종량제봉투를 무료로 제공하는 방법 등을 통해 종량제 폐기물 수수료가 감면됩니다.

4-2-2. 전화요금 감면

사회복지 증진을 위해 수급자 가구에는 시내·시외 전화서비스, 번호안내서비스, 이동전화서비스, 인터넷전화서비스 등에 사용되는 요금이 감면됩니다(「전기통신사업법 시행령」제2조제2항제3호).

4-2-3. 전기요금 감면

수급자 가구가 사용하는 전기요금에 대해 주택용(생계,교육) 전기요금은 월1만6천원 한도(여름철 2만원), 주택용(주거, 교육)전기요금은 월 1만원 한도(여름철 1만2천원)에서 정액 감면되고, 심야전력은 갑 31.4%, 을 20% 한도에서 감면됩니다.

4-2-4. 자동차보험료 할인

각 손해보험회사들은 서민우대 자동차보험을 출시해 수급자일 경우 자동차보험을 15 ~ 17% 가량 할인하고 있으니, 해당 보험사에 확인하시면 됩니다.

4-2-5. 기초생활보장수급자 감면제도

지원내용	비 고
□ 주민세 비과세(개인균등할 비과세) ㅇ (지원대상) 생계·의료·주거·교육급여 수급자 ㅇ (관련근거)「지방세법」제77조제2항	시·군·구에서 일괄 면제
□ TV수신료 면제(월 수신료 면제) ㅇ (지원대상) 생계·의료급여 수급자(주거·교육급여 수급자는 제외) ㅇ (관련근거)「방송법 시행령」제44조제1항제1호	한국전력공사(국번없이 123) KBS수신료콜센터 (1588-1801)
□ 전기요금 할인 ㅇ (지원대상) - 생계·의료급여 수급자 : 월 16,000원 한도(해당월 전기요금, 7월,8월 하절기 2만원) - 주거·교육급여 수급자 : 월 10,000원 한도(해당월 전기요금, 7월, 8월 하절기 12천원) ㅇ (관련근거) 한국전력공사 기본공급약관시행세칙 제48조제6항	한국전력공사(국번없이 123)
□ 에너지바우처(난방비 지원) * 가구원 수별로 연 145~86천원 지원 ㅇ (지원대상) 소득기준과 가구원 특성기준을 모두 충족 - 소득 : 생계·의료 수급자 -가구원특성 : 수급자(본인) 또는 세대원이 다음 어느 하나에 해당 · 주민등록기준 1953.12.31.이전 출생자 · 주민등록기준 2013.01.01.이후 출생자 ·「장애인복지법」에 따른 등록한 장애인 · 임신 중이거나 분만 후 5개월 미만인 여성 · 중증질환자, 희귀난치질환자(국민건강보험법 시행령 기준) * 지원제외 대상 - 보장시설 수급자 - 가구원 모두가 3개월 이상 장기입원 중인 것이 확인된 수급자 - 한국에너지재단의 '18년 붕유나눔카드를 발급 받은 자(가구) - 한국광해관리공단의 '18년 연탄쿠폰을 발급 받은 자(가구) - '18년 9월 이후, 동절기 연료비를 지급받은 긴급복지지원 대상자 ㅇ (관련근거)「에너지법」제16조의3. ㅇ 한국에너지공단 에너지 바우처 www.energyv.or.kr	읍·면사무소 또는 동주민센터 (안내: 에너지바우처 상담서비스 1600-3190)

지원내용	비 고
□ 도시가스요금 감면 ○ (지원대상) 「국민기초생활 보장법」에 따른 생계·의료·주거·교육급여 수급자, 차상위계층, 「장애인복지법」에 따른 1~3급 장애인, 「국가유공자 등 예우 및 지원에 관한 법률」 및 「5.18 민주유공자 예우에 관한 법률」에 따른 1~3급 상이자, 「독립유공자 예우에 관한 법률」에 의한 독립유공자 또는 수급자, 다자녀가구 ○ (지원내용) 동절기 24~6천원, 비동절기 6.6~1.6천원	읍·면사무소 또는 동주민센터 / 지역 도시가스회사
□ 문화누리카드 이용료 지원 ○ (지원대상) 기초생활수급자, 차상위자활, 차상위본인부담경감, 차상위계층확인서발급, 장애인연금·장애(아동)수당 수급자, 한부모가족 지원대상자, 교육급여 수급자(학생)의 나머지 가구원 ○ (지원내용) 1인 1카드, 1인당 연간 7만원 ○ 문화누리카드 www.mnuri.kr	읍·면사무소 또는 동주민센터 문화누리카드 고객지원센터 (1544-3412)
□ 주민등록증 재발급, 주민등록 등·초본 발급 수수료 면제 ○ (지원대상) 생계·의료·주거·교육급여 수급자 ○ (관련근거) 「주민등록법 시행규칙」 제18조제2호	읍·면사무소 또는 동주민센터
□ 교통안전공단 자동차 검사소(출장검사장 포함)자동차 정기 및 종합검사 수수료 면제 ○ 지원대상 : 생계·의료급여 수급자 ＊ 보장시설수급자, 주거·교육급여 수급자는 제외 ＊ 공동소유 자동차의 경우 수급자 소유지분의 50%이상 ○ 교통안전공단 www.ts2020.kr	교통안전공단(1577-0990)
□ 기타 상수도 및 하수도 요금 감면, 종량제폐기물 수수료 감면 등	지자체별 조례에 따라 지원

구분	장애인·국가유공자	생계·의료급여수급자	주거·교육급여 수급자 및 차상위계층	비고
시내전화	○ 월 통화료 50% 감면	○ 가입비 및 기본료 면제 ○ 시내통화 75도수 면제		
시외전화	○ 월 통화료 50% 감면 (3만원 한도)	○ 시외통화 75도수 면제		
인터넷 전화	○ 월 통화료 50% 감면	○ 가입비 및 기본료 면제 ○ 시내·외통화 150도수 면제		
이동전화	○ 기본료 및 통화료 35% 감면	○ 기본료(26,000원 한도) 면제 및 통화료 50% 감면(총 4.1만원 한도)	○ 기본료 및 통화료 각각 35% 감면(총 3만원 한도)	알뜰폰(MVNO) 사업자 제외
번호안내	○ 114 안내요금 면제	○ 114 안내요금 면제		
초고속 인터넷	○ 월 이용료 30% 감면	○ 월 이용료 30% 감면		
휴대 인터넷	○ 월 이용료 30% 감면	○ 월 이용료 30% 감면		

■ **저희 어머니가 기초생활수급자인데 기초생활수급자 SKT(이동전화) 복지할인 등록방법은 어떤 절차로 해야 되나요?**

Q 저희 어머니가 기초생활수급자인데 기초생활수급자 SKT(이동전화) 복지할인 등록방법은 어떤 절차로 해야 되나요?

A ① 기초생활수급자 복지혜택은 복지요금감면 자격확인(행정안전부 주민서비스 통합 정보시스템을 통해 복지요금감면 자격을 확인하여 등록하는 절차)을 통해 가능하며 기초생활수급자의 재신청도 복지요금감면 자격확인을 통해 처리할 수 있습니다.

※ 등록절차

- SK텔레콤 : 지점/대리점 방문시 : 복지할인등록, 가입비면제, 가입비환불 처리
- 고객센터 : 복지할인등록, 가입비면제만 처리할 수 있음(환불 불가)
- 주민서비스 포털(oklife.go.kr): 복지할인등록, 가입비면제 처리(포털 회원 가입과 공인인증서 로그인 필수)
- 시/군/구/읍/면/동 주민센터 :복지할인등록, 가입비면제 처리(담당 공무원에게 요청)

② 복지요금감면 자격확인이 된 경우는 복지서류증빙이 필요하지 않으며, 자격확인결과는 당일만 유효합니다.

③ 행정안정부을 통한 자격확인이 불가한 경우 기존과 마찬가지로 서류 지참 후 SK텔레콤 지점/대리점에 방문하여 복지할인을 등록하실 수 있습니다.

④ 행정안정부 시스템 점검시간에는 일시적으로 자격확인이 불가할 수 있습니다.

⑤ 주기별 행정안전부 시스템 연동을 통해 자격상실이 확인되는 경우 복지할인 혜택이 삭제될 수 있습니다.

- 기존 2회선 이상(타사포함)의 복지회선을 가지고 있는 고객이 해당 회선의 복지할인 해지시 복지혜택 복구할 수 없습니다.(해지 후 당일취소, 14일 이내 철회재가입, 주민번호정정으로 인한 명의변경, 복지유형 변경/해지, 업무실수 등)

⑥ 사유 : KAIT에서 1인 1회선을 규정하였고 시스템 자체에서도 복구 불가

⑦ SK텔레콤 대리점/지점 방문 시 구비서류는 아래와 같습니다.

- 명의자 본인(미성년자 포함) 본인 신분증
- 법정대리인 법정대리인 신분증, 가족관계증명서류

- 대리인 명의자 신분증, 대리인 신분증
※ 복지할인관련 별도 서류없이 복지요금감면자격확인만으로 처리 가능하며, 확인되지 않을 경우에는 다음 서류 추가 지참
- [수급자증명서, 국민기초생활수급자증명서, 요금감면 전화서비스 신청용수급자증명서(국민기초생활법 2조2호 기재), 자활근로자확인서(주민센터)] 중 택1
※ 신분증이 없는 미성년 명의의 경우 법정대리인 신분증, 가족관계증명서류 추가, 복지할인증명서(자활근로자확인서는 제외)에 미성년자의 주민등록번호(모두 표기), 법정대리인과의 가족관계가 기재되어 있는 경우는 가족관계 확인서류 제외
○ 이것만은 알아두세요.
- 신청일로부터 3개월 내 발급된 증명서만 인정되며, 발급처의 직인확인 필수입니다.
- 자활근로자확인서의 경우 참여구분 체크여부에 따라 기초생활수급자, 차상위계층으로 분류됩니다.(구분에 국민기초생활수급자로 체크된 경우기초생활수급자로, 구분에 차상위자활로 체크된 경우 차상위계층으로 등록)
- 기초생활수급자는 증명서의 제출처 및 용도 구분 없이 인정됩니다.(인터넷 출력본 인정/단, 혜택내용, 발급직인 모두 있어야 가능)
- 기초생활수급자는 복지감면 자격확인 시스템으로 실시간 등록이 가능하므로 예외적(군입대/해외체류)인 경우 적용/인정 불가합니다.
- 외국인도 복지할인 대상자의 경우 전산 등록 가능합니다.(복지요금감면자격확인으로는 처리 불가)
- 개통 후 가입비 환불은 가능하지않습니다. 단, 신규가입일 다음날로부터 14일 이내(D+15일)의 경우만 모든 영업장에서 환불 가능합니다.

4-3. 급여제공

4-3-1. 생계급여 지급대상자의 범위

① 생계급여는 생계급여 수급자의 필요에 따라 전부 또는 일부가 지급됩니다(「국민기초생활 보장법」 제7조제2항 참조).

② 다음의 수급자는 다른 법령에 따라 생계급여를 지원받고 있으므로 가구의 소득인정액이 생계급여 선정기준 이하더라도 생계급여를 지급하지 않습니다.

1. 노숙인 자활시설 및 청소년쉼터 또는 한국법무보호복지공단시설 거주자
2. 하나원에 재원중인 북한이탈주민 등 다른 법령에 따라 국가 또는 지방자치단체 등으로부터 생계를 보장받는 자

4-3-2. 지급대상자의 예외-조건부수급자

① "조건부수급자"란 수급자의 선정요건에는 해당하지 않으나 18세 이상 65세 이하로 근로능력이 있다고 인정되어 자활에 필요한 사업에 참가하는 것을 조건으로 수급자가 되어 생계급여를 지급받는 사람을 말합니다(「국민기초생활 보장법」 제9조제5항 참조).

② 최저생계비와 자활근로에 참여해 받은 소득 등을 고려해 1인당 월소득이 90만원 이하인 사람은 조건부수급자로 선정될 수 있습니다.

4-3-3. 생계급여액의 산정 및 지급

① 생계급여액

생계급여액은 수급자의 생계를 유지하기 위해 일상생활에 기본적으로 필요한 의복비, 음식물비 및 연료비 등이 포함된 금액입니다(「국민기초생활 보장법」 제8조제1항).

② 생계급여액의 산정방법

생계급여액은 생계급여 선정기준에서 가구의 소득인정액을 차감한 금액으로 기준 중위소득의 30%(2019년 기준)에 해당합니다.

- 가구별 생계급여액 = 생계급여 선정기준액 - 가구의 소득인정액

③ 수급자의 소득인정액은 각 가구의 소득과 재산을 확인해 산정되므로 각 가구마다 다르고, 이를 고려해 지급되는 생계급여도 각 가구마다 다릅니다(「국민기초생활 보장법」 제9조제4항).

4-3-4. 급여의 지급방식

생계급여는 금전을 지급하는 것이 원칙이고, 매월 20일에 정기적으로 「금융실명거래 및 비밀보장에 관한 법률」 제2조제1호에 따른 금융회사 등의 수급자 명의의 지정된 계좌에 입금됩니다.

사회보장급여 신청(변경)서

처리기간				별도안내

신청인	성명		주민등록번호 (외국인등록번호)		세대주와의 관계		전화번호	
	주소	(실거주지 주소¹⁾:)				휴대전화		
						전자우편		

가족사항	세대주와의 관계	성 명	주민등록번호 (외국인등록번호 등)	동거여부 (미동거 사유)	학력.재학여 부(학교명/ 학년반)	건강상태 (장애/질병)	취업상태		전화번호 (집/직장)
							직업	직장명	

1. 배우자 관계²⁾ ([ ]법률혼 [ ]사실혼 [ ]사실상 이혼) 2. 외국여권 소지자명³⁾: _____, _____

3. 국외출생자명⁴⁾: _____, _____ 4. 복수국적자명⁵⁾: _____, _____

부양의무자⁶⁾	수급자와의 관계	성 명	주민등록번호 (외국인등록번호)	주 소	가구원수	전화번호
	의					
	의					
	의					
	의					

급여계좌	신청인과의 관계	성 명	금융기관명	계좌번호	비고(사유)⁷⁾

통지방법	[ ] 서면 [ ] 전자우편(E-mail) [ ] 문자메시지서비스(SMS) [ ] 기타 ( )

1) 주민등록상 주소와 실제 거주지의 주소가 다른 경우 실제 거주지의 주소 기재(주거급여 신청자 중 임차가구에 한함)

2),3) 해당자에 한함

4),5) 아동수당, 양육수당 신청대상에 한함

6) 부양의무자 조사 사업 해당자에 한함(부양의무자 : ① 수급권자의 1촌의 직계혈족, ② 수급권자의 1촌의 직계혈족의 배우자, 다만 사망한 1촌의 직계혈족의 배우자는 제외)

7) 동일보장가구원의 계좌가 아닐 경우 사유를 반드시 기재하고, 디딤씨앗계좌(CDA) 또는 압류방지통장이 있는 경우에도 반드시 기재

보장구분	사회보장급여 내용
기초생활보장	[ ]생계급여 [ ]의료급여 [ ]주거급여([ ]자가 [ ]임차[8] [ ]기타[9]) [ ]교육급여
영유아	[ ]양육수당(대상자 이름 :　　　　), ([ ]가정양육수당 [ ]장애아동양육수당 [ ]농어촌양육수당) [ ]종일제 아이돌봄서비스(대상자 이름 :　　　　), [ ]시간제 아이돌봄서비스(대상자 이름 :　　　)
아동수당	[ ]지급대상아동이름: ①　　　　　②　　　　　③　　　　　)
아동 . 청소년	[ ]초.중.고 학생 교육비 지원 ① 방과후학교자유수강권 ② 급식(중식)비 ③ 고교학비지원 ④ 교육정보화지원(PC, 인터넷통신비+유해차단서비스) [PC 신청 여부 : [ ]신청 [ ]미신청] [통신사 [ ]KT [ ]SK브로드밴드 [ ]LG U+ [ ]SK 텔레콤 [ ]기타(　　)] [인터넷 가입(예정)자 성명 :　　, 주민번호 :　　　] * (필수) 본인 관련 정보를 정부, 지방자치단체 및 지정 기관(PC 설치업체, 인터넷통신회사)에 제공 동의[ ]
	[ ]소년 · 소녀가정 보호비 [ ]청소년특별지원([ ]연장신청)
노 인	[ ]기초연금([ ]배우자 동시신청)
장 애 인	[ ]장애인연금([ ]배우자 동시신청 [ ]차상위 부가급여) [ ]장애수당 [ ]장애아가족양육지원 [ ]장애아동수당 [ ]장애인자립자금 대여
한부모 가족	[ ]한부모 가족지원(급여지급, 증명서 발급) [ ]청소년 한부모 자립지원(급여지급, 증명서 발급)
기 타	[ ]차상위계층 확인 [ ]차상위 본인부담경감 [ ]차상위 자활급여 [ ]시설이용.입소 [ ]희망키움통장(Ⅱ) [ ]타법 의료급여[10] (　　　　　) [ ]개발제한구역 거주민 생활비용보조 [ ]사회복지공동모금회 등 서비스 의뢰 및 연계 [ ]다문화가족 방문교육서비스-자녀생활서비스

개인정보 수집 및 활용 동의	확 인 (√체크)
1. 개인정보 활용 목적 　동 신청서를 접수한 **보장기관의 장이「사회보장급여의 이용 · 제공 및 수급권자 발굴에 관한 법률」제7조 및 제19조에 따라** 지원대상자의 선정 및 확인조사 등을 위하여 개인정보를 활용하고자 합니다. **2. 활용할 개인정보와 동의요청 범위** 　인적사항 및 가족관계 확인에 관한 정보, 소득 · 재산 · 근로능력 · 취업상태에 관한 정보, 사회보장급여의 수혜이력에 관한 정보, 그밖에 수급권자를 선정하기 위하여 필요한 정보로서 주민등록전산정보 · 가족관계등록전산정보(기초생활보장은 본인, 배우자, 직계존 · 비속 및 그 배우자 정보, 영유아 및 한부모가족은 본인, 배우자 및 직계비속 정보, 노인 및 장애인은 본인 및 배우자 정보), 금융 · 국세 · 지방세, 토지 · 건물 · 건강보험 · 국민연금 · 고용보험 · 산업재해보상보험 · 출입국 · 병무 · 보훈급여 · 교정　등 자료 또는 정보에 대하여 **정기적으로 관계기관에 요청**하거나 관련 정보통신망(행정정보공동이용 포함)을 통해 **조회 및 적용하는 것에 대하여 동의합니다.** **3. 개인정보 보유 및 파기** 　같은 법 제34조에 따라 5년간 보유하고(지원대상자 보호에 필요한 사회보장정보는 5년을 초과하여 보유할 수 있음), 그 기간이 경과하면 **파기함을 고지합니다.**	[ ]

유 의 사 항	확인 (√체크)
1. 장애인연금의 차상위 부가급여를 신청하여 차상위 자격이 확인되었으나, 위탁 심사결과 장애인연금법 시행령 제2조에 해당되지 않는 등록장애인일 경우, 장애인연금 신청일을 장애수당 신청일로 처리하는데 동의합니다.	[ ]
2. 「사회보장급여의 이용·제공 및 수급권자 발굴에 관한 법률」 및 관계 법률에 따라 허위 또는 기타 부정한 방법으로 급여를 받거나 타인으로 하여금 급여를 받게 한 경우, 급여 지급 사유가 소급하여 소멸한 경우 등에는 보장비용을 지급한 보장기관이 그 비용의 전부 또는 일부를 그 급여를 받은 자 또는 급여를 받게 한 자로부터 환수할 수 있으며, 해당 법률에서 정한 바에 따라 징역, 벌금, 구류 또는 과태료 등의 처분을 받을 수 있습니다.	[ ]
3. 사회보장급여의 제공여부 결정에 필요한 조사를 거부, 방해 또는 기피할 경우 관계 법률에 따라 신청 이 각하되거나 결정이 취소되고, 급여가 정지 또는 중지되거나, 과태료 등이 부과될 수 있습니다.	[ ]
4. 이 신청에 따라 사회보장급여를 제공받으면 거주지, 세대원, 소득·재산상태, 근로능력, 수급이력, 복수 국적발생 등이 변동되었을 때 변동사유를 신고하지 않거나 허위로 신고한 경우 해당 급여는 환수될 수 있 으며, 관계 법률에 따라 형사 처벌 또는 과태료 등의 처분을 받을 수 있습니다.	[ ]
5. 사회보장급여 신청을 위해 작성.제출하신 서류는 반환되지 않습니다.	[ ]
6. 사회복지공동모금회 등 서비스연계를 신청하는 경우, 신청을 대행하고 필요한 경우 관련 정보(성명, 주 소, 연락처, 자격정보 등)를 제공하는 것에 동의합니다.	[ ]
7. 교육급여를 신청한 경우, 초.중.고 학생 교육비 지원을 신청한 것으로 처리하는 것에 동의합니다.	[ ]
8.「국민기초생활 보장법」 제8조의2 제1항 제3호, 같은 법 시행령 제5조의6 제2항 제3호에 따른 부양의무자 기준 미적용 요건이 향후 변경되는 경우(부양의무자 또는 그 가구원의 기초연금.장애인연금 수급권 소 멸·상실 또는 지급 정지, 장애정도 하향조정 등)에는 같은 법에 따른 급여가 정지 또는 중지될 수 있으며, 부양의무자 조사를 위한 서류('금융정보등 제공동의서' 등) 제출이 필요할 수 있습니다.	[ ]
9. 기초생활보장급여를 신청한 경우 차상위계층 지원사업(차상위계층 확인, 차상위 본인부담경감, 차상위 자활급여)을 신청한 것으로 처리하는 것에 동의합니다. 기초생활보장급여를 신청하였으나 조사 결과 부적합한 경우, 기초생활보장급여가 전부 중지된 경우에는 관 련 개인정보를 활용하여 차상위계층 지원사업 지원 여부를 확인하고, 그 결과를 안내 받는 것에 동의합 니다.	[ ]
10. 차상위계층 지원사업 수급 중 소득이나 재산 등이 변동된 경우에는 「국민기초생활보장법」제21조의 제2항에 따라 기초생활보장급여를 신청하는 것에 동의하며, 이 경우 관련 개인정보(수급가구 및 부양 의무자 가구의 정보)를 활용하는 것에 동의합니다.	[ ]

  본인(대리신청인 포함)은 개인정보 활용 동의와 유의사항에 대하여 담당공무원으로부터 안내받 았음을 확인하며, 위와 같이 사회보장급여를 신청합니다.

년   월   일

신청인(대리 신청인)[11] 성명 :   (서명 또는 인)

(배우자 동시신청 시) 배우자 :   (서명 또는 인)

특별자치시장.특별자치도지사.시장.군수.구청장.교육감 귀하

안 내 사 항	

처 리 기 한	- 14일 : 유아학비 - 30일 : 기초생활보장(연장시 60일), 아이돌봄서비스지원(연장시 60일), 기초연금(연장시 60일), 　　　 장애인연금(연장시 60일), 청소년특별지원, 아동수당(연장시 60일), 한부모가족(연장시 60일) - 60일 : 초·중·고 학생 교육비 지원(연장시 90일)

관 계 법 률	보장구분	해당 법률
	기초생활보장	기초생활보장법, 의료급여법, 초.중등교육법, 주거급여법
	영유아	영유아보육법, 아이돌봄지원법
	아동 . 청소년	초.중등교육법, 학교 밖 청소년법, 청소년복지 지원법, 아동수당법
	노인	기초연금법
	장애인	장애인연금법, 장애인복지법, 장애아동복지지원법
	한부모가족	한부모가족지원법
	기타	기초생활보장법, 국민건강보험법, 의료급여법, 개발제한구역법

신청시 구비서식		추가제출서류
기초생활보장, 기초연금, 초·중·고 학생 교육 비, 장애인, 장애인연금, 한부모가족, 기타(타법 의료급여12, 개발제한구 역 생활비용 보조, 6	소득·재산신고서 (별지 제1호의2서식) 금융정보등제공동의서 (별지 제1호의3서식)	1. 신청인(대리신청인)의 신분을 확인할 수 있는 서류(해당자에 한하며, 대리신 　청의 경우에는 위임장 및 대리신청인, 신청인의 신분을 확인할 수 있는 서류) 2. 제적등본(가족관계증명서로 부양의무자를 확인할 수 없는 경우에 한함) 3. 소득.재산 등의 확인에 필요한 서류(임대차 계약서, 급여명세서 등) 4. 건강 진단서(해당자에 한함) 5. 통장계좌번호 사본 1부(해당자에 한함) 6. 수업료 등 납입고지서(학비지원 신청자의 경우에 한함) 　- 1/4분기 : 수업료납입고지서(신입생인 경우 입학금고지서) 　- 2/4분기 이후 : 해당학교 재학조회 또는 당해 분기 납입고지서(신규신청) 　- 학원학습비 및 직원훈련비 등 납입고지서 7. 특별청소년지원 신청의 경우, 선정대상임을 증명하는 서류 또는 그 밖의 　자료(보호자 부재·연락 두절, 학업 중단 등) 8. 청소년한부모자립지원대상자 중 자립촉진수당 신청자 　- 취업훈련확인서, 취업확인서, 검정고시학원등록증빙자료, 재학증명서 또 　는 이와 동등한 효력을 가지는 서류 중 하나이상 제출 9. 노숙인 확인서 등(해당자에 한함) 10. 아이돌봄서비스 신청의 경우 취업증빙 서류 11. 농어촌양육수당 신청의 경우 농어업경영체 등록 확인서 또는 농업인확인서 12. 희망키움통장(Ⅱ) 신청의 경우 별지 제13호서식 희망·내일키움통장 　참여(변경) 신청서 13. 임대차계약서, 사용대차확인서 등 임차가구임을 증빙할 수 있는 서류(주 　거급여 임차수급자에 한함) 14. 복수국적자의 경우, 기본증명서 상세, 가족관계증명서 사본 각 1부 , 외국여권 사 　본1부(외국여권소지자), 국내여권 사본 1부(국내여권소지자) 　단, 외국여권 및 국내여권이 모두 없는 경우 여행증명서 사본 또는 출입국사실증명 　서 15. 복수국적자가 아닌 국외출생자의 경우, 국내여권 사본 1부 　단, 국내여권이 없는 경우 여행증명서 사본 또는 출입국사실증명서
노인, 아동 . 청소년, 기타(차상위본인부 담 경감, 희망키움 통장(Ⅱ))	소득·재산신고서 (별지 제1호의2서식)	

제출하는 곳	관할 시·군·구청(읍·면 사무소 또는 동 주민센터). 단, 기초연금 지급 신청자는 국민연금공단에 제출 가능

12)「의료급여법」제3조제1항제5호부터 제7호, 제9호에 해당하여 의료급여를 받고자 하는 수급권자

복지대상자 요금 감면 (대행)신청서

자 격 구 분	[ ] 기초생활보장수급자 ([ ] 생계 [ ] 의료 [ ] 주거 [ ] 교육) [ ] 차상위계층 [ ] 장애인 [ ] 한부모가족 [ ] 기초연금				

신청인	성명		주민등록번호 (외국인등록번호)		세대주와의 관계		전화번호	
	주소						휴대전화	

감면 서비스	[ ] TV수신료 면제 [ ] 전기요금할인 (고객번호 :) [ ] 휴대전화요금 (통신사 : [ ] KT [ ] SK 텔레콤 [ ] LG 유플러스) [ ] 도시가스요금 (사용계약자명: 도시가스사업자명: 고객번호:) [ ] 지역난방비 (열사용자번호 :)

가구원 추가 기재 (휴대전화 요금할인 신청시)

가족 사항	신청인과의 관계	성 명	주민등록번호 (외국인등록번호 등)	휴대전화 번호	이동통신사
					[ ]KT [ ]SK 텔레콤 [ ]LG 유플러스
					[ ]KT [ ]SK 텔레콤 [ ]LG 유플러스
					[ ]KT [ ]SK 텔레콤 [ ]LG 유플러스
					[ ]KT [ ]SK 텔레콤 [ ]LG 유플러스

유 의 사 항

1. 본인은 시장·군수·구청장이 국가 및 지방자치단체, 기타 관계기관 (한국방송공사, 한국전력공사, 이동통신사, 한국가스공사, 도시가스사업자, 지역난방공사 등)에서 복지대상자에게 제공하는 각종 감면서비스 및 복지자원 연계서비스 등의 신청을 대행하고 개인정보(고유식별정보 포함)를 상기 기관에 제공하는 것에 동의합니다.
   (※제공하는 항목 : 성명, 주민등록번호(외국인등록번호), 주소, 연락처, 자격정보, 고객번호 등)

2. 요금감면 신청을 위해 작성.제출하신 서류는 반환하지 아니합니다.

3. 본 감면 신청과 관련한 결정 또는 서비스 제공에 대해서는 해당 기관에 직접 문의하시기 바랍니다.

   ※ TV 수신료 및 전기요금 : 한국전력공사, 휴대전화요금 : 이동통신사, 도시가스요금 : 도시가스사업자
      지역난방비감면 : 지역난방공사

본인(대리신청인 포함)은 유의사항에 대하여 담당공무원으로부터 안내받았음을 확인하며, 위와 같이 요금 감면 및 복지자원 연계를 (대행)신청합니다.

년   월   일

신청인(대리신청인) :_____(서명 또는 인)

신청인과의 관계 :   (대리신청의 경우)

특별자치시장.특별자치도지사.시장.군수.구청장 귀하

■ **4명 가족의 가장으로 기초생활보장수급자입니다. 4명 가구로 소득인정액을 인정받고 있습니다. 생계급여를 얼마 받을 수 있나요?**

Q 저는 4명 가족의 가장으로 기초생활보장수급자입니다. 4명 가구로 소득인정액 100만원을 인정받고 있습니다. 생계급여를 얼마 받을 수 있나요?

A 4명 가족에 소득인정액 100만원일 경우 생계급여는 1,384,061원(4명 가구의 생계급여 지급기준)- 1,000,000원(소득인정액) = 384,061원을 생계급여로 받을 수 있습니다.

4-3-5. 생계급여의 지급중지요건

① 수급자가 다음 중 어느 하나에 해당하는 경우에는 급여의 전부 또는 일부의 지급이 중지됩니다(「국민기초생활 보장법」 제30조제1항).

1. 수급자에 대한 급여의 전부 또는 일부가 필요 없게 된 경우

2. 수급자가 급여의 전부 또는 일부를 거부한 경우

② 생계급여의 지급이 중지되었다 하더라도 생계급여의 중지가 결정된 날이 속하는 달의 생계급여 금품은 전부 지급됩니다(「국민기초생활 보장법 시행규칙」 제6조제4항 본문).

③ 수급자가 사망하여 생계급여의 지급이 중지되는 경우에도 사망한 사람의 가구에 수급자가 없는 경우를 제외하고 사망한 날이 속하는 달까지 생계급여 금품이 전부 지급됩니다(「국민기초생활 보장법 시행규칙」 제6조제4항).

4-3-6. 조건부수급자에 대한 지급중지요건

① 조건부수급자가 다음 중 어느 하나에 해당하는 경우 생계급여의 지급은 중지됩니다(「국민기초생활 보장법 시행령」 제15조제1항).

1. 조건부수급자가 조건을 이행하지 않는 것이 명백한 경우

2. 조건부수급자가 조건을 이행하지 않는다고 직업안정기관의 장 및 자활사업실 시기관의 장이 통지를 한 경우

4-3-7. 지급중지의 통지

급여의 지급을 중지할 경우에는 그 이유를 구체적으로 밝혀 수급자 및 조건부수

급자에게 통지해야 합니다(「국민기초생활 보장법」 제30조제3항, 제29조제2항 및 「국민기초생활 보장법 시행규칙」 제7조제2항).

4-3-8. 조건부수급자에 대한 급여의 지급중지기간

조건부수급자에 대한 생계급여의 중지기간은 생계급여의 지급 중지를 결정한 날이 속하는 달의 다음 달부터 3개월입니다.

4-3-9. 조건부수급자의 급여 중지액

① 조건부수급자의 가구에 지급되는 급여 중 조건부수급자에 대한 생계급여액만이 중지됩니다.

② 조건불이행자 본인을 뺀 나머지 가구원만을 기준으로 동일 소득인정액에 해당하는 생계급여를 지급합니다.

■ 조건부수급자에 대한 급여 중지액은 어떤 계산방법으로 하나요?

Q 4인 가구인 수급자인데 저 혼자 조건부수급자로서 생계급여(소득인정액 50만원)를 지급받고 있었습니다. 그런데 얼마 전 저에 대해 급여를 중지한다는 연락을 받았습니다. 그럼 이제 얼마를 생계급여로 받을 수 있나요?

A 일반적으로 4명 가구의 생계급여 지급기준액으로 1,384,061원을 생계급여로 받을 수 있습니다.

그런데, 조건부수급자가 이행을 하지 않아 생계급여가 지급되지 않을 경우에는 생계급여는 3명 가구 금액으로 산출합니다.

* 1,128,010 - 500,000 = 628,010원

4-3-10. 생계급여의 재개시기

조건부수급자가 당초 제시된 조건을 이행했다 하더라도 생계급여는 조건을 이행한 달의 다음 달부터 다시 지급됩니다(「국민기초생활 보장법 시행규칙」 제7조제5항).

Q 저는 기초생활보장 조건부수급자입니다 다름이아니라 기초생활보장 조건부수급자는 법률상으로 결정은 한 번에 몇 번씩 받을 수 있는지요?

A 1. 「국민기초생활 보장법」 제9조제5항에 따라 시장·군수·구청장은 「국민기초생활 보장법 시행규칙」 제7조제1항으로 정하는 바에 따라 조건부수급자가 사업에 참가한 달의 다음 달부터 3개월마다 생계급여의 지급 여부 및 급여액을 결정하여야 합니다(「국민기초생활 보장법 시행령」 제15조제1항 본문). 다만, ① 조건부수급자가 조건을 이행하지 않는 것이 명백한 경우, ② 조건부수급자가 조건을 이행하지 않는다고 직업안정기관의 장 및 자활사업실시기관의 장이 통지를 한 경우 중 어느 하나에 해당하는 경우에는 지체 없이 조건부수급자의 생계급여의 지급 여부 및 급여액을 결정해야 합니다(「국민기초생활 보장법 시행령」 제15조제1항 단서). 이에 따라 생계급여의 지급 중지 및 중지 급여액이 결정된 경우, 시장·군수·구청장은 해당 조건부 수급자에게 생계급여의 중지기간, 중지 급여액 및 급여의 재개(再開)에 관한 사항 등을 통지해야 합니다(「국민기초생활 보장법 시행령」 제15조제2항 및 「국민기초생활 보장법 시행규칙」 제7조제2항). 한편, 조건부수급자에 대한 생계급여의 중지기간은 생계급여의 지급 중지를 결정한 날이 속하는 달의 다음 달부터 3개월이며(「국민기초생활 보장법 시행규칙」 제7조제3항), 3개월이 경과한 후에도 조건을 이행하지 않는 경우에는 조건을 이행할 때까지 계속하여 급여가 중지됩니다.

2. 생계급여의 지급중지가 결정된 조건부수급자가 당초 제시된 조건을 이행하는 경우에는 그 조건의 이행을 재개한 달의 다음 달부터 생계급여가 지급됩니다(「국민기초생활 보장법 시행규칙」 제7조제5항). 이 경우, 조건부수급자는 조건 이행의 재개를 읍·면·동에 별도로 통지할 필요는 없습니다.

4-4. 주거급여 알아보기

4-4-1. 주거급여 지급대상자의 범위

① 주거급여는 주거 안정이 필요한 기초생활보장수급자(이하 "수급자"라 함)에게 지급됩니다(「국민기초생활 보장법」 제11조제1항 참조).

② 주거급여의 최저보장수준은 임차급여의 경우 기준임대료로 하고, 수선유지급여의 경우 경보수, 중보수, 대보수 등 보수범위별 수선비용을 기준금액으로 합니다.

③ "기준임대료"란 국가가 국민에게 최저주거기준에 해당하는 주택 임차료 수준을 지원한다는 의미로, 최저주거기준은 국민이 쾌적하고 살기 좋은 생활을 영위하기 위하여 필요한 최소 주거면적, 필수적인 설비의 기준, 구조·성능 및 환경기준 등을 설정한 것입니다.

〈 최저 주거면적 〉

가구원수(인)	표준가구구성	실(방) 구성	총주거면적(㎡)
1	1인가구	1K	14
2	부부	1DK	26
3	부부 + 자녀 1	2DK	36
4	부부 + 자녀 2	3DK	43
5	부부 + 자녀 3	3DK	46
6	노부모 + 부부 + 자녀2	4DK	55

* 실(방) 구성의 숫자는 침실로 활용가능한 방의 개수, K는 부엌, DK는 식사실 겸 부엌을 의미함.

* 기준임대료의 지역 구분: 4개 급지로 구성(1급지 서울, 2급지 – 경기, 인천, 3급지 – 광역시, 세종시, 4급지 – 그 외 지역

4-4-2. 주거급여 수급권자 선정기준

① 주거급여 수급권자

주거급여 수급권자는 소득인정액이 주거급여 선정기준(중앙생활보장위원회의 심의·의결을 거쳐 결정하는 금액) 이하인 사람으로 하는데, 주거급여 선정기준은 기준 중위소득의 100분의 43 이상으로 합니다(「주거급여법」 제5조제1항).

〈2019년도 주거급여 선정기준 및 급여기준〉

(단위 : 원)

구분＼가구	1명 가구	2명 가구	3명 가구	4명 가구	5명 가구	6명 가구	7명 가구
기준 중위소득	1,707,008	2,906,528	3,760,032	4,613,536	5,467,040	6,320,544	7,,174,048
주거급여 선정 및 급여기준	751,084	1,278,872	1,654,414	2,029,956	2,405,498	2,781,039	3,156,580

※ "기준 중위소득"이란 보건복지부장관이 급여의 기준 등에 활용하기 위하여 중앙생활보장위원회의 심의·의결을 거쳐 고시하는 국민 가구소득의 중위값을 말합니다(「국민기초생활 보장법」 제2조제11호).

② 임차급여 수급권자

임차급여 수급권자는 소득인정액이 중위소득 44% 이하인 자 중 타인의 주택 등에 거주하면서 임대차계약 등을 체결하고 실제 임차료를 지불하는 사람으로 합니다.

③ 수선유지급여 수급권자

수선유지급여 수급권자는 소득인정액이 중위소득 44% 이하인 자 중 주택 등을 소유하고 자신이 그 주택 등에 거주하는 사람으로 합니다.

4-4-3. 주거급여액

주거급여액으로 수급자의 주거 안정에 필요한 임차료, 수선유지비, 그 밖의 수급품이 지급됩니다(「국민기초생활 보장법」 제11조제1항).

4-4-4. 임차급여

① 임차급여의 지급 대상

임차급여는 타인의 주택 등에 거주하면서 임대차계약(전대차계약을 포함)을 체결하고 이에 따라 임차료를 지불하고 있는 사람에게 지급합니다.

② 임차급여의 산정 기준

임차급여는 다음과 같이 산정하여 지급합니다.

1. '수급자의 소득인정액≤생계급여 선정기준'(「국민기초생활 보장법」에 따라 정한 생계급여 선정기준을 말함)인 경우 : 기준임대료. 다만, 수급자가 임대차계약서에 따라 실제 지불하는 임차료(이하 "실제임차료"라 함)가 기준임대료보다

적은 경우에는 실제임차료

2. '수급자의 소득인정액〉생계급여 선정기준'인 경우 : 1.와 같이 산정하되, 자기부담분을 차감합니다. 이 경우 자기부담분은 (소득인정액-생계급여 선정기준)의 100분의 30으로 합니다.

3. '수급자의 실제임차료〉주거급여 기준임대료의 5배'인 경우 : 임차급여 1만원을 지급합니다.

③ 실제임차료는 임대차계약서의 월차임(月借賃)과 보증금을 합하여 산정하되, 보증금은 연 4%를 적용하여 월차임으로 환산합니다.

④ 임차급여 산정금액은 월차임분과 보증금분으로 나누어 지급하되, 우선적으로 월차임분에 충당합니다.

■ 보증금 1,000만원, 월차임 10만원인 경우, 실제 임차료는 얼마일까요?

Q 보증금 1,000만원, 월차임 10만원인 경우, 실제 임차료는 얼마일까요?

A [1,000만원 × 0.04/12] + 10만원 = 3.3만원 + 10만원 = 13.3만원
실제 임차료는 13.3만원으로 산출됩니다.

■ 전세가구의 임차급여 산정은 어떻게 하나요?

Q 수원에 거주하는 3인 가구 보증금 3,000만원으로 임대차 계약을 체결한 수급자로 소득 인정액은 115만원이고, 2급지 3인 기준임대료는 27.2만원인 경우 임차급여는 얼마일까요?

A 수급자의 실제임차료 : 100,000원(보증금 3,000만원에 대한 월환산액 100,000원) 100,000원이 기준 임대료 272,000원보다 작으므로, 임차 급여는 실제 임차료 100,000원을 기준으로 산정합니다.
수급자의 소득 인정액 1,150,000원은 생계급여 기준금액(3인 기준) 1,128,010원보다 많으므로, 자기 부담분 6,597원을 실제 임차료 100,000원에서 차감한 93,410원이 임차 급여로 산정: 자기부담분 계산 : 0.3×(1,150,000원 - 1,128,010원) = 0.3×21,990원=6,597원
임차 급여의 지급 : 수급자의 급여계좌에 보증금분 93,410원이 입금됩니다.

⑤ 임대차 계약 변경 등에 대한 급여 지급

ⓐ 수급자가 임대차계약 등이 변경되었음을 신고하였으나 불가피한 사정으로 주택조사에 시일이 걸리는 경우 수급자의 실제임차료가 새로운 임대차계약이 체결된 지역의 기준임대료의 60%인 것으로 간주하여 산정·지급합니다.

ⓑ 주택조사를 통해 임차급여가 과소 또는 과다 지급되었음이 확인된 경우 추가 지급하거나 과다 지급분을 반환하도록 하거나 그 다음 달의 임차급여에서 정산합니다.

4-4-5. 수선유지 급여

① 수선유지 급여의 지급 대상

ⓐ 시장·군수·구청장은 수급자가 거주하는 주택 등에 대하여 구조안전·설비·마감 등 최저주거기준 충족여부를 기준으로 주택노후도를 평가하고, 주택노후도 점수에 따라 경보수, 중보수, 대보수로 보수범위를 구분합니다.

ⓑ 수선은 주택 등의 전용부분에 한정하여 실시합니다.

② 수선유지 급여의 지급 기준

ⓐ "주택 노후도"란 주택의 경과년수가 오래되고 낡아서 주택이 제 성능을 발휘하지 못하는 정도를 말하며, 일반적으로 구조 안전, 설비 상태, 마감 상태 등의 성능을 기준으로 그 정도를 판단합니다.

〈수선유지 급여 지원 금액과 지원 주기〉

구분	경보수	중보수	대보수
지원금액 (주기)	일반: 378만원 (3년) 도서지역: 4,158,000원 (3년)	일반: 702만원 (5년) 도서지역: 7,722,000원(5년)	일반: 1,026만원 (7년) 도서지역: 1,128천원(7년)

구분	보수 범위에 대한 정의	수선 내용
경보수	건물 마감 불량 및 채광, 통풍, 주택 내부 시설 일부 보수	마감재 개선 -도배, 장판 및 창호 교체
중보수	주요 설비 상태의 주요 결함으로 인한 보수	기능 및 설비 개선 -창호, 단열, 난방공사
대보수	지반 및 주요 구조물의 결함으로 인한 보수	구조 및 거주 공간 개선 -지붕, 욕실개량, 주방 개량 공사 등

ⓑ 경·중·대 보수 범위별 수선비용 기준금액은 수급자의 소득인정액에 따라 100~80%까지 차등지원합니다.

〈소득인정액에 따른 차등 지원 기준〉

구분		생계급여 기준 금액 이하	생계급여 기준 금액 초과 - 중위소득 35% 이하	중위소득 35% 초과 - 중위소득 43% 이하
경보수	378만원(3년)			
중보수	702만원(5년)	100% 지원	90% 지원	80% 지원
대보수	1,026만원(7년)			

ⓒ 보수 범위별 수선 주기는 경보수 3년, 중보수 5년, 대보수 7년으로, 각 보수 범위 내 1회 수선이 원칙이며, 시·군·구청장이 추가 수선이 필요하다고 인정하는 긴급보수의 경우 추가 수선이 가능합니다.

ⓓ 수선은 동일 보수범위 및 동일 보장 기관 내에서 주거급여 수급자격 확정 순서가 빠른 가구에 대하여 우선 실시하며, 수급자격 확정순서가 동일한 경우에는 가구원수가 많은 가구, 소득인정액이 낮은 가구의 순으로 정합니다.

4-5. 의료급여 알아보기

4-5-1. 의료급여 지급대상자의 범위

의료급여는 질병·부상·출산 등으로 도움이 필요한 기초생활보장수급자(이하 "수급자"라 함)에게 지급됩니다(「의료급여법」 제7조제1항 참조).

4-5-2. 의료급여 지급대상자의 구분

① 1종 수급권자

다음 중 어느 하나에 해당하는 수급권자는 1종 수급권자에 해당합니다(「의료급여법 시행령」 제3조제2항).

1. 다음 중 어느 하나에 해당하는 사람 또는 근로능력이 없거나 근로가 곤란하다고 인정해 보건복지부장관이 정하는 사람만으로 구성된 세대의 구성원
   - 18세 미만인 사람
   - 65세 이상인 사람
   - 중증장애인(「장애인고용촉진 및 직업재활법」 제2조제2호)
   - 질병·부상 또는 그 후유증으로 치료나 요양이 필요한 사람 중에서 근로능력평

가를 통해 특별자치시장·특별자치도지사·시장·군수·구청장(자치구의구청장을 말함, 이하 "시장·군수·구청장"이라 함)이 근로능력이 없다고 판정한 사람 (「국민기초생활 보장법 시행령」제7조제1항제2호)

- 임신 중에 있거나 분만 후 6개월 미만의 여자
- 「병역법」에 따라 병역의무를 이행 중인 사람

2. 보장시설(「국민기초생활 보장법」제32조)에서 급여를 받고 있는 사람
3. 결핵질환, 희귀난치성 질환 또는 중증질환을 가진 사람
4. 이재민으로서 보건복지부장관이 의료급여가 필요하다고 인정한 사람
5. 의상자 및 의사자 유족으로서 의료급여를 받는 사람
6. 국내에 입양된 18세 미만의 아동
7. 「독립유공자예우에 관한 법률」, 「국가유공자 등 예우 및 지원에 관한 법률」 및 「보훈보상대상자 지원에 관한 법률」의 적용을 받고 있는 사람과 그 가족으로서 국가보훈처장이 의료급여가 필요하다고 요청한 사람 중 보건복지부장관이 의료급여가 필요하다고 인정한 사람
8. 「무형문화재 보전 및 진흥에 관한 법률」에 따라 지정된 국가무형문화재보유자(명예보유자 포함) 및 그 가족으로서 문화재청장이 의료급여가 필요하다고 추천한 사람 중 보건복지부장관이 의료급여가 필요하다고 인정한 사람
9. 「북한이탈주민의 보호 및 정착지원에 관한 법률」의 적용을 받고 있는 사람과 그 가족으로서 보건복지부장관이 의료급여가 필요하다고 인정한 사람
10. 「5·18민주화운동 관련자 보상 등에 관한 법률」에 따라 보상금 등을 받은 사람과 그 가족으로서 보건복지부장관이 의료급여가 필요하다고 인정하는 사람
11. 노숙인 등으로서 보건복지부장관이 의료급여가 필요하다고 인정한 사람
12. 일정한 거소가 없는 사람으로서 경찰관서에서 무연고자로 확인된 수급권자
13. 그 밖에 보건복지부장관이 1종 의료급여가 필요하다고 인정하는 사람

② 2종 수급권자

의료급여 수급권자 중 위의 1.~6.에 해당하지 않거나 보건복지부장관이 2종 의료급여가 필요하다고 인정하는 사람은 2종 수급권자에 해당합니다(「의료급여법 시행령」제3조제3항).

4-5-3. 의료급여가 지급되는 경우

수급권자가 질병·부상·출산 등으로 다음과 같은 도움이 필요한 경우 의료급여가 지급됩니다(「의료급여법」제7조제1항).

1. 진찰·검사

2. 약제·치료재료의 지급

3. 처치·수술과 그 밖의 치료

4. 예방·재활

5. 입원

6. 간호

7. 이송(移送)과 그 밖의 의료목적 달성을 위한 조치

4-5-4. 의료비 중 본인부담금의 지급

① 본인부담금

ⓐ 의료급여비용의 전부 또는 일부는 의료급여기금에서 지급되지만, 의료급여기금에서 일부를 부담하는 경우 그 나머지 비용은 본인이 부담해야 합니다(「의료급여법」 제10조).

ⓑ 의료급여기금에서 부담하는 급여비용 외에 수급권자가 부담하는 본인부담금(이하 "급여대상 본인부담금"이라 함)은 수급권자가 직접 의료급여기관에 지급하면 됩니다(「의료급여법 시행령」 제13조제4항).

② 본인부담금의 지급

ⓐ 의료급여기관에 지급한 급여대상 본인부담금이 매 30일간 다음의 금액을 초과하는 경우에는 그 초과금액의 100분의 50에 해당하는 금액을 시장·군수·구청장이 수급권자에게 지급합니다. 다만, 지급금액이 2천원 미만인 경우에는 지급하지 않습니다(「의료급여법 시행령」 제13조제5항).

1) 1종 수급권자 : 2만원

2) 2종 수급권자 : 20만원

ⓑ (급여대상 본인부담금 - 위에 해당해 지급받은 금액)이 다음의 금액을 초과하면 그 초과금액은 의료급여기금에서 부담합니다. 다만, 초과금액이 2천원 미만인 경우에는 수급권자가 부담합니다(「의료급여법 시행령」 제13조제6항).

1) 1종 수급권자 : 매 30일간 5만원

2) 2종 수급권자 : 연간 80만원(다만, 요양병원에서 연간 240일을 초과하여 입원한 경우에는 연간 120만원으로 함)

ⓒ 수급권자가 본인부담금의 초과금액을 지급받고자 하는 경우 본인부담금의 일부지급 청구서를 시장·군수·구청장에게 제출하면 됩니다(「의료급여법 시행규칙」 제19조의2제1항 및 별지 제11호의2 서식).

■ 의료비 중 본인부담액은 얼마나 지급되나요?

Q 저는 1종 수급자인데 일을 하다가 다쳐 30일간 입원을 했습니다. 의료급여를 받고 있는데 본인부담액이 너무 많습니다. 30일 동안 본인부담금이 40만원이 나왔는데 이 중 일부를 다시 지원받을 수 있다고 하더군요. 얼마나 지원받을 수 있나요?

A ① 1종 수급자의 경우 본인부담금이 2만원을 초과하는 경우 그 초과금액의 100분의 50에 해당하는 금액을 지원받을 수 있습니다.
즉, (400,000 - 20,000) ÷ 2 = 190,000원입니다.

② 또한 1종 수급자의 경우 (급여대상 본인부담금 - 위에 해당해 지급받은 금액)이 30일 기준으로 5만원을 넘을 경우 다시 그 초과금액의 100분의 50에 해당하는 금액을 지원받을 수 있습니다.
(400,000 - 190,000 - 50,000) ÷ 2 = 80,000원을 더 지급받게 됩니다. 그러므로 총 지급받는 금액은 (190,000 + 80,000) = 270,000원이 됩니다.

4-5-5. 요양비의 지급

① 시장·군수·구청장은 수급권자가 긴급하거나 그 밖의 부득이한 사유로 의료급여기관과 동일한 기능을 수행하는 기관에서 질병·부상·출산 등에 대해 의료급여를 받거나, 의료급여기관이 아닌 장소에서 출산을 한 경우 그 의료급여에 상당하는 금액을 수급권자에게 요양비로 지급합니다(「의료급여법」 제12조제1항).

② 수급자는 의료급여를 실시한 기관으로부터 요양비명세서 또는 요양의 내역을 기재한 영수증을 발급받아 시장·군수·구청장에게 제출하면 요양비를 지급받을 수 있습니다(「의료급여법」 제12조제2항).

4-5-6. 장애인보장구에 대한 급여의 지급

① 시장·군수·구청장은 장애인인 수급권자에게 보장구(補裝具)에 대해 급여를 실시할 수 있습니다(「의료급여법」 제13조제1항).

② "장애인보장구"란 장애의 예방, 보완과 기능 향상을 위해 사용하는 기구로서 휠체어, 보청기, 의수족 등과 같이 장애인의 활동을 도와줍니다(「장애인복지법」 제65조제1항 참조).

③ 장애인보장구에 대한 의료급여를 받으려는 사람은 보장구 급여신청서에 보장구처방전(활동형 수동휠체어, 틸팅형 수동휠체어, 리클라이닝형 수동휠체어, 전동휠체어, 전동스쿠터 및 자세보조용구 및 이동식전동리프트의 처방전에는 해당 보장구의 처방을 위해 실시한 검사 결과 관련 서류 포함)을 첨부해 시장·군수·구청장에게 제출하면 됩니다(「의료급여법」 제13조제3항, 「의료급여법 시행규칙」 제25조제2항, 별지 제13호서식, 별지 제14호서식).

[서식 예] 보조기기 급여 신청서

보조기기 급여 신청서

※ 색상이 어두운 난은 신청인이 적지 않으며, [ ]에는 해당되는 곳에 V 표시를 합니다.

접수번호	접수일		처리기간	10일

보장기관명 (기호)		의료급여 종별	[ ] 1종 [ ] 2종

급여를 받으려는 사람	성명	주민(외국인)등록번호
	주소	신청 보조기기명

종합장애정도	주장애유형	주장애정도	부장애유형	부장애정도
[ ]심한 장애 [ ]심하지 않은 장애		[ ]심한 장애 [ ]심하지 않은 장애		[ ]심한 장애 [ ]심하지 않은 장애

「의료급여법」 제13조 및 같은 법 시행규칙 제25조제2항에 따라 위와 같이 보조기기 급여를 신청합니다.

년   월   일

신청인   (서명 또는 인)

급여를 받으려는 사람과의 관계

전화번호

시장·군수·구청장 귀하

첨부서류	「의료급여법 시행규칙」 별지 제14호서식 및 별지 제14호의2서식부터 별지 제14호의4서식까지에 따른 해당 보조기기 처방전 1부	수수료 없음

정보 이용 동의서

본인은 위 보조기기 급여비의 지급 관련 정보(급여비 지급 여부·품목, 사용 가능 기간 등)를 「사회보장기본법」 제37조에 따라 사회보장정보시스템에 제공하는 것에 동의합니다.

신청인   (서명 또는 인)

④ 장애인보장구(소모품 포함)에 대한 급여의 범위 및 기금의 부담금액은 다음과 같습니다.

1. 일반원칙

가. 보조기기는 제2호에서 정한 것으로서, 의지(義肢)·보조기는「장애인복지법」에 따라 의지·보조기 기사가 제조(팔보조기는「의료기사 등에 관한 법률」에 따라 의사의 지도를 받아 작업치료사가 제조한 것을 포함한다)·수리한 것이어야 하고, 의료기기는「의료기기법」에 따라 신고 또는 허가 받은 것이어야 하며, 자세보조용구는 공단이 정하는 품질 및 안전에 관한 기준을 충족하는 것이어야 하고, 그 밖의 보조기기는 관련 법령 등에 따라 제조·수입 또는 판매된 것이어야 한다.

나. 가목의 보조기기 중 수동휠체어, 보청기, 전동휠체어, 전동스쿠터, 자세보조용구, 욕창예방방석, 욕창예방매트리스, 이동식전동리프트 및 전·후방보행보조차는 공단에 등록한 품목이어야 한다. 이 경우 품목의 등록기준, 등록절차 및 등록취소 등에 필요한 사항은「국민건강보험법 시행규칙」제26조제7항에 따라 보건복지부장관이 정하여 고시한다.

다. 의지·보조기, 맞춤형 교정용 신발, 수동휠체어, 보청기, 전동휠체어, 전동스쿠터, 자세보조용구, 욕창예방방석, 욕창예방매트리스, 이동식전동리프트 및 전·후방보행보조차에 대해서는 공단에 등록한 보조기기 업소에서 구입한 경우에만 의료급여를 한다. 이 경우 보조기기 업소의 등록기준, 등록절차 및 등록취소 등에 필요한 사항은「국민건강보험법 시행규칙」제26조제7항에 따라 보건복지부장관이 정하여 고시한다.

라. 보조기기는 재료의 재질·형태·기능 및 종류에 관계없이 같은 보조기기의 유형별로 내구연한(耐久年限) 내에 1명당 한 번만 의료급여를 한다. 다만, 다음의 어느 하나에 해당하는 경우에는 각각을 1회로 본다.

1) 같은 유형의 팔 의지, 다리 의지, 팔 보조기, 다리 보조기, 의안(義眼) 또는 보청기를 양쪽에 장착하는 경우

2) 손가락 의지를 2개 이상 장착하는 경우

3) 몸통 및 골반 지지대를 다음 자세보조용구 중 하나 이상과 동시에 장착한 경우나 몸통 및 골반 지지대를 장착한 후 그 내구연한 내에서 다음 자세보조용구의 하나 이상을 추가로 장착한 경우

　가) 머리 및 목 지지대

　나) 팔 지지대 및 랩트레이(lap tray)

　다) 다리 및 발 지지대

마. 진료담당 의사가 훼손, 마모 또는 장애인의 성장·신체변형 등으로 계속 장착하기 부적절하거나 그 밖의 부득이한 사유로 교체해야 할 필요가 있다고 판단하여 별지 제14호서식 및 별지 제14호의2서식부터 별지 제14호의4서식까지의 보조기기 처방전을 발행한 경우에는 제2호에 따른 내구연한 내라도 의료급여를 할 수 있다. 다만, 제2호에 따른 의료급여 대상 소모품은 제외한다.

바. 보조기기 중 실리콘형 다리 의지는 절단 후 남아있는 신체부분(stump)이 불안정하여 실리콘형 소켓이 필요하다는 진료담당 의사의 의학적 소견이 있는 경우에만 의료급여를 한다.

사. 보조기기에 대한 의료급여는 해당 보조기기의 기준액(제2호에 따른 기준액을 말하며, 이하 이 표에서 같다), 고시금액(보건복지부장관이 공단의 급여평가 결과를 고려하여 제품별로 고시하는 금액을 말하며, 이하 이 표에서 같다) 또는 실구입금액 중에서 제3호에서 정하는 기준에 따라 실시한다.

아. 뇌병변장애인, 심장 및 호흡기 장애인에 대한 수동휠체어는 보행이 불가능하거나 현저하게 제한된 경우에만 의료급여를 한다.

자. 제2호에 따른 전동휠체어, 전동스쿠터, 자세보조용구, 수동휠체어, 보청기, 욕창예방방석, 욕창예방매트리스, 이동식전동리프트, 전·후방보행보조차 및 소모품(전동휠체어 및 전동스쿠터용 전지를 말한다)의 의료급여 대상자 및 기준에 관한 세부적인 사항은 보건복지부장관이 정하여 고시한다.

차. 보조기기 소모품 중 전동휠체어 및 전동스쿠터용 전지의 급여는 전동휠체어 또는 전동스쿠터에 대한 급여를 받은 사람이 해당 보조기기를 지속적으로 사용하고, 해당 보조기기를 구입한 날부터 1년 6개월이 지난 때부터 지급한다.

카. 「장애인복지법」에 따라 장애인 등록을 한 수급자가 그 장애인 등록 전 6개월 이내에 구입한 보조기기(해당 장애와 관련하여 해당 과목 전문의가 발행한 보조기기 처방전에 따라 구입한 것으로 한정한다)에 대해서도 의료급여를 한다. 다만, 활동형 수동휠체어, 틸팅형 수동휠체어, 리클라이닝형 수동휠체어, 전동휠체어, 전동스쿠터, 자세보조용구 및 이동식전동리프트는 제외한다.

타. 자세보조용구에 대한 의료급여는 스스로 앉기 어렵고 독립적으로 앉은 자세를 유지하지 못하는 장애인의 앉은 자세를 고정하거나 유지하기 위하여 해당 장애인의 체형에 맞게 제작된 몸통 및 골반 지지대에 대하여 실시한다. 이 경우 앉은 자세를 고정하거나 유지하기 위하여 머리, 팔 또는 다리를 고정할 필요가 있으면 다음의 자세보조용구에 대해서도 추가로 의료급여를 실

시할 수 있다.

1) 머리 및 목 지지대

2) 팔 지지대 및 랩트레이

3) 다리 및 발 지지대

파. 보청기에 대한 급여는 다음의 구분에 따라 실시한다.

1) 2019년 1월 1일부터 12월 31일까지 처방되는 보청기: 보청기 구입 후 그 보청기를 착용한 상태에서 청력개선 효과가 있다고 의사가 검수확인한 경우에 실시

2) 2020년 1월 1일부터 처방되는 보청기: 보청기 구입 후 그 보청기를 착용한 상태에서 음장검사한 결과 청력개선 효과가 있다고 의사가 검수확인한 경우에 실시

2. 의료급여 대상 보조기기의 유형·기준액 및 내구연한: 「국민건강보험법 시행규칙」 별표 7 제2호에 따른다.

3. 보조기기 구입비용의 부담

가. 보조기기 구입비용에 대한 기금의 부담금액은 다음과 같다.

1) 전동휠체어, 전동스쿠터 및 자세보조용구: 기준액, 고시금액 및 실구입금액 중 가장 낮은 금액

2) 그 밖의 보조기기: 기준액 및 실구입금액 중 가장 낮은 금액

나. 가목에서 정한 기금에서 부담하는 금액 외의 금액은 수급권자가 부담한다.

4. 그 밖의 사항

가. 보조기기의 제작 또는 장착 등을 위하여 의료급여기관에서 행한 진찰·검사·처치 등은 법 제7조에 따른 의료급여로 본다.

나. 보조기기의 사용에 소요되는 건전지 등 소모품의 구입비용과 수리비용에 대하여는 기금에서 부담하지 아니한다. 다만, 제2호에 따른 의료급여 대상 보조기기의 소모품은 제외한다.

다. 「국민건강보험법」 제5조에 따른 건강보험 가입자 또는 피부양자에서 의료급여 수급권자로 자격이 변동된 사람으로부터 보조기기 급여 신청을 받은 경우 제2호의 내구연한을 산정함에 있어서는 건강보험의 요양급여로 지급받은 보조기기의 급여내역과 연계하여 산정한다.

라. 「장애인복지법」 제65조에 따라 국가 또는 지방자치단체로부터 장애인보조기구를 교부받은 수급자에게 그 장애인보조기구와 같은 유형의 보조기기에 대한 의료급여를 실시하려면 해당 장애인보조기구의 내구연한이 지나야 한다. 이 경우 장애인보조기구의 내구연한이 별도로 정해지지 않은 경우에는 제2호에 따른 같은 유형의 보조기기의 내구연한을 해당 장애인보조기구의 내구연한으로 본다.

4-5-7. 의료급여의 지급중지

① 시장·군수·구청장은 다음 중 어느 하나에 해당하는 경우 수급권자에 대한 의료급여를 중지해야 합니다(「의료급여법」 제17조제1항).

   1. 수급권자에 대한 의료급여가 필요 없게 된 경우

   2. 수급권자가 의료급여를 거부한 경우

② 수급권자가 의료급여를 거부하는 경우 의료급여의 중지는 의료급여를 거부한 수급권자가 속한 가구원 전부에 대해 중지합니다(「의료급여법」 제17조제2항).

4-5-8. 지급중지의 통지

시장·군수·구청장은 의료급여를 중지한 경우 서면으로 그 이유를 기재해 수급권자에게 알려야 합니다(「의료급여법」 제17조제3항).

4-6. 해산급여 알아보기

4-6-1. 해산급여의 지급대상자

해산급여는 생계급여, 주거급여 및 의료급여 중 하나 이상의 급여를 받는 수급자 중 조산을 했거나 분만하기 전후로 조치와 보호가 필요한 기초생활보장수급자(이하 "수급자"라 함)에게 지급됩니다(「국민기초생활 보장법」 제13조제1항).

4-6-2. 해산급여의 지급

① 해산급여액

해산급여액은 1명당 600,000원이 현금으로 지급되고, 추가 출생영아 1명당 600,000원이 추가로 지급됩니다.

② 급여의 신청

   ⓐ 해산에 필요한 금품을 지급받으려는 사람은 해산급여지급신청서(전자문서로 된 신청서 포함)를 거주지를 관할하는 특별자치시장·특별자치도지사·시장·군수·구청장(자치구의 구청장을 말함, 이하 "시장·군수·구청장"이라 함)에게 제출하면 됩니다(「국민기초생활 보장법」 제13조제3항 및 「국민기초생활 보장법 시행규칙」 제17조제2항).

   ⓑ 해산급여지급신청서에는 출산의 경우에는 출생증명서를, 사산의 경우에는 의사·한의사 또는 조산사의 사실확인서나 사산을 증명할 수 있는 이웃주민의 확인서를 첨부해야 합니다(「국민기초생활 보장법 시행규칙」 제17조제3항).

[서식 예] 복지대상자 [해산급여, 장제급여] 지원 신청서

복지대상자 [□해산급여 □장제급여] 지원 신청서						처리기간 4일
신청인	성 명		주민등록번호 (외국인등록번호)		급여 대상자와의관계	
	주 소 (시설소재지)					
	전화번호		휴대전화		전자우편	
지급 계좌	금융 기관명		예금주		계좌번호	
해산자	성 명		주민등록번호 (외국인등록번호)			
	주 소 (시설소재지)					
	해산 (예정)일	년 월 일	해산원인	□ 출산 □ 사산		
			해산인원	( ) 명		
사망자	성 명		주민등록번호 (외국인등록번호)			
	주 소 (시설소재지)					
	사 망 일	년 월 일	사망원인			
통지 방법	□ 전자우편(E-mail) □ 문자메시지서비스(SMS) □ 서면 □ 기타( )					

복지대상자로서 해산급여, 장제급여를 위와 같이 신청합니다.

년 월 일

신청인 _____(서명 또는 인)

특별자치시장·특별자치도지사.시장.군수.구청장 귀하

구비서류	1. 해산급여 신청자 - 출생신고서(**주민등록상 출생신고가 되어 있으면 구비서류 없음**) - 사산시는 의사.한의사 또는 조산사의 사실확인서나 인우증명서 2. 장제급여 신청자 - 사망진단서 또는 사체검안서 또는 인우증명서 (**주민등록상 사망신고가 되어 있으면 구비서류 없음**) - 실제 장례 실시 여부 확인서류 (사체의 검안. 운반. 화장 및 매장 등 장제비용 지출 영수증 등)
유의사항	1. 해산.장제급여 지원신청으로 출생.사망신고를 갈음할 수 없으므로, 출생.사망신고 미실시로 인한 불이익을 받지 않도록 반드시 출생.사망신고를 해주시기 바랍니다. 2. 해산급여 신청자는 보건소에서 시행하는 산모.신생아 도우미 서비스는 중복 신청할 수 없습니다.

■ 해산급여를 받고 싶은데 어떻게 해야 하나요?

Q 해산급여를 받고 싶은데 어떻게 해야 하나요?

A ① 신청방법

해산급여 지원신청서를 출생증명서(출생신고로 대체 가능)와 함께 시장·군수·구청장에게 제출하시면 됩니다.

출산예정자는 출산예정일 4주 전부터 의사소견서 또는 의사 진단서, 산모수첩 등을 첨부해 신청을 할 수 있습니다.

사산의 경우에는 의사·한의사 또는 조산사의 사실확인서를 첨부해 신청하실 수 있습니다.

해산급여의 지급과 산모·신생아 도우미서비스(산후관리 바우처 제공서비스)는 중복 지원에 해당하므로 둘 중 하나만 신청하셔야 합니다.

② 지급방법

해산급여는 수급자나 그 세대주 또는 세대주에 준하는 사람에게 지급되는데 통장번호를 확인해 해산급여 지급신청일로부터 4일 이내에 처리합니다.

■ 기초생활보장 수급자로 집에서 아이를 낳으려고 합니다. 집에서 낳아도 해산급여를 받을 수 있나요?

Q 저는 기초생활보장 수급자로 집에서 아이를 낳으려고 합니다. 집에서 낳아도 해산급여를 받을 수 있나요?

A 네, 받으실 수 있습니다. 해산급여는 조산을 했거나 분만하기 전후로 조치와 보호가 필요한 수급자에게 지급됩니다.

◇ 해산급여의 신청방법

① 해산급여 지원 신청서를 출생증명서(출생신고로 대체 가능)와 함께 특별자치도지사·시장·군수·구청장에게 제출하시면 됩니다.

- 출산예정자는 출산예정일 4주 전부터 의사소견서 또는 의사 진단서, 산모수첩 등을 첨부해 신청을 할 수 있습니다.

- 사산의 경우에는 의사·한의사 또는 조산사의 사실확인서나 사산 사실을 증명할 수 있는 이웃주민의 확인서를 첨부해 신청하실 수 있습니다.

- 해산급여의 지급과 산모·신생아 도우미 서비스(산후관리 바우처 제공 서비스)는 중복 지원에 해당하므로 둘 중 하나만 신청하셔야 합니다.
② 해산급여는 수급자나 그 세대주 또는 세대주에 준하는 사람에게 지급되는데 통장번호를 확인해 해산급여 지급신청일로부터 4일 이내에 처리합니다.

4-7. 장제급여 알아보기

4-7-1. 장제급여의 지급대상자

① 장제급여는 생계급여, 주거급여 및 의료급여 중 하나 이상의 급여를 받는 수급자(이하 "수급자"라 함)가 사망해 사체의 검안(檢案)·운반·화장 또는 매장, 그 밖의 장제조치가 필요한 경우에 지급됩니다(「국민기초생활 보장법」 제14조제1항).

② 특별자치시장·특별자치도지사·시장·군수·구청장(자치구의 구청장을 말하며, 이하 "시장·군수·구청장"이라 함)은 단독가구주(單獨家口主)의 사망 등 불가피한 경우 장제를 실시할 수 있는 사람을 지정해 장제급여를 지급할 수 있습니다(「국민기초생활 보장법 시행규칙」 제18조제2항).

4-7-2. 장제급여의 지급

장제급여는 실제로 장제를 실시하는 사람에게 장제에 필요한 비용이 지급됩니다(「국민기초생활 보장법」 제14조제2항 본문).

4-7-3. 장제급여액

① 장제급여액은 1구당 750,000원이 현금으로 지급됩니다.

② 다만, 그 비용을 지급할 수 없거나 비용을 지급하는 것이 적당하지 않다고 인정되는 경우에는 물품으로 지급될 수 있습니다(「국민기초생활 보장법」 제14조제2항 단서).

4-7-4. 급여의 신청

장제에 필요한 비용을 지급받으려는 사람은 장제급여지급신청서(전자문서로 된 신청서 포함) 및 사망신고서(사망신고로 대체 가능)를 거주지를 관할하는 시장·군수·구청장에게 제출하면 됩니다(「국민기초생활 보장법」 제14조제2항, 「국민기초생활 보장법 시행규칙」 제18조제1항).

4-8. 교육급여 알아보기

4-8-1. 교육급여 지급대상자의 범위

① 교육급여는 학교나 시설에 입학해 입학금, 수업료, 학용품비, 그 밖의 수급품 등이 필요한 기초생활보장수급자(이하 "수급자"라 함)에게 지급됩니다(「국민기초생활 보장법」 제12조제1항).

② 다음 중 어느 하나에 해당하는 학교 또는 시설에 입학 또는 재학하는 사람에게 교육급여가 지급됩니다(「국민기초생활 보장법」 제12조제1항, 「국민기초생활 보장법 시행령」 제16조제1항 및 「초·중등교육법」 제2조).

1. 초등학교·공민학교

2. 중학교·고등공민학교

3. 고등학교·고등기술학교

4. 특수학교

5. 각종 학교(초등학교·공민학교·중학교·고등공민학교·고등학교·고등기술학교와 비슷한 학교)

6. 학교 형태의 평생교육시설(고등학교 졸업 이하의 학력이 인정되는 시설로 지정한 시설만 해당)

4-8-2. 교육급여 지급 제외대상

① 수급자가 중학교 의무교육을 받거나 다른 법령에 따라 학비를 감면 받는 경우(국가유공자 자녀, 북한이탈주민자녀 등)에는 그 감면의 범위에 해당하는 학비는 지원되지 않습니다(「국민기초생활 보장법 시행령」 제16조제2항 본문).

② 다만, 교육부장관이 정하는 장학(獎學)이 필요한 사람은 다른 법령에 따라 학비가 감면됨에도 불구하고 학비를 지원받을 수 있습니다(「국민기초생활 보장법 시행령」 제16조제2항).

4-8-3. 교육급여의 지급내용

지급내용	지급대상	지급금액
입학금·수업료	고등학생	연도별·급지별로 학교장이 고지한 금액 전부
교과서대금	고등학생	해당 학년의 정규 교육과정에 편성된 교과목의 교과서 전체
부교재비	초, 중, 고등학생	초등학생: 132,000원, 중·고등학생: 209,000원(연 1회)
학용품비	초, 중, 고등학생	초등학생: 71,000원, 중·고등학생: 81,000원(연 1회)

4-8-4. 급여의 신청

① 분기별로 교육비 지원을 신청하려는 학생 또는 그 학생을 법률상·사실상 보호하고 있는 사람(이하 "교육비신청자"라 함)은 다음의 서류를 거주지를 관할하는 특별자치시장·특별자치도지사·시장·군수·구청장(자치구의 구청장을 말함. 이하 "시장·군수·구청장"이라 함)에게 제출하면 됩니다(「국민기초생활 보장법」 제12조제4항, 「초·중등교육법」 제60조의5제3항, 「초·중등교육법 시행령」 제106조의2제3항 및 「초·중등교육법 시행규칙」 제91조제1항).

1. 교육비 지원 신청서(전자문서로 된 신청서 포함)

2. 소득·재산 신고서

3. 소득·재산신고서에 따른 소득·재산을 확인할 수 있는 서류[해당 특별자치시·특별자치도·시·군·구(자치구를 말함) 소속 공무원이 그 내용을 확인할 수 없는 경우나 신청서의 기재사항과 공부(公簿)상의 내용이 다른 경우만 해당]

4. 금융정보, 신용정보 또는 보험정보의 제공에 관한 지원 대상 학생 및 그 가구원의 동의서

5. 교육비신청자의 신분을 확인할 수 있는 다음의 어느 하나에 해당하는 신분증과 지원 대상 학생을 법률상·사실상 보호하고 있는 사람이 교육비신청자인 경우 보호자임을 증명하는 서류
   - 주민등록증
   - 운전면허증
   - 장애인등록증
   - 여권
   - 그 밖에 교육부장관이 정하는 신분증

② 학교의 장은 해당 학생이 재학 중인 학교의 장에게 해당 학생이 교육비 지원 대상에 해당하는지와 교육비 지원 내용을 교육비신청자에게 알려줘야 합니다(「초·중등교육법」 제60조의5제3항, 「초·중등교육법 시행령」 제106조의2제3항 및 「초·중등교육법 시행규칙」 제91조제5항).

4-8-5. 급여의 지급

① 고등학교 입학금, 수업료, 교과서대금은 시장·군수·구청장이 학교로 직접 직급하고, 그 외의 학비는 교육급여 수급자의 전용계좌에 입금됩니다.

② 입학금 및 수업료는 각 분기에 재학여부를 교육정보시스템을 통하여 조회한 후 그 결과에 따라 지급하고, 교과서대, 부교재비, 학용품비는 해당 지급 학기의 학비를

지급할 때 같이 지급합니다.

4-8-6. 교육급여의 지급중지

수급자가 휴학·자퇴 및 퇴학 등의 사유로 학업을 계속할 수 없는 경우 또는 급여 중지가 결정된 경우에는 그 사유 발생일 또는 급여중지 결정일이 속하는 학비 지급 분기의 다음 분기부터 학비의 지급이 중지됩니다.

■ **교육급여를 학교로 직접 받고 있습니다. 자퇴를 하고 이사를 가서 다른 학교를 다시 알아보려고 하는데 교육급여는 어떻게 지급받게 되나요?**

Q 교육급여를 학교로 직접 받고 있습니다. 자퇴를 하고 이사를 가서 다른 학교를 다시 알아보려고 하는데 교육급여는 어떻게 지급받게 되나요?

A 교육급여대상자가 휴학, 자퇴, 퇴학 등으로 학업을 계속할 수 없는 사유가 발생한 경우 그 사유가 발생한 다음날부터 교육급여 수급 자격이 정지되고 교육급여의 지급 중지됩니다.

구분	지원방법	내용
전입학	월할계산	전출하는 학교는 전출일이 속하는 달까지 지원하고, 전입하는 학교는 전입일이 속하는 다음 달부터 지원함 * 수업료 지원이 중단되지 않도록 관리 (예시) 4월 전출, 6월 전입 시 6월부터 전입하는 학교에서 지원함 * 시스템은 전입일을 기준으로 계산 (예시) 8월 전출, 9월 전입 시 전출하는 학교는 8월까지, 전입하는 학교는 9월부터 지급함
재취학, 재입학, 편입학	일할계산	수업료는 입학하는 날부터 지원
휴학 후 복학	일할계산	수업료는 복학하는 날부터 지원

4-9. 자활급여 알아보기

4-9-1. 자활급여 지급대상자의 범위

자활급여는 자활을 위해 도움이 필요한 기초생활보장수급자(이하 "수급자"라 함)에게 지급됩니다(『국민기초생활 보장법』 제15조제1항 참조).

4-9-2. 자활급여의 지급내용

수급권자의 자활을 돕기 위해 다음과 같은 명목으로 자활급여가 지급됩니다(『국민기초생활 보장법』 제15조제1항).

1. 자활에 필요한 금품의 지급 또는 대여
2. 자활에 필요한 근로능력의 향상 및 기능습득의 지원
3. 취업알선 등 정보의 제공
4. 자활을 위한 근로기회의 제공
5. 자활에 필요한 시설 및 장비의 대여
6. 창업교육, 기능훈련 및 기술·경영 지도 등 창업지원
7. 자활에 필요한 자산형성 지원
8. 그 밖에 자활을 위한 각종 지원

4-9-3. 자활근로사업급여의 지급

① 자활근로사업의 대상자

특별자치시장·특별자치도지사·시장·군수·구청장(자치구의 구청장을 말하며, 이하 "시장·군수·구청장"이라 함)은 생계급여의 조건이 자활근로인 조건부수급자를 우선적으로 자활근로 대상자로 선정해야 합니다. 자활근로를 공공기관, 민간기관, 공공단체 또는 민간단체에 위탁하여 실시하는 경우에도 같습니다(『국민기초생활 보장법 시행규칙』 제26조제1항).

② 자활근로의 대상사업

ⓐ 자활근로사업은 수급자의 자활을 위한 근로의 기회를 제공해 자활기반을 조성하는 사업입니다(『국민기초생활 보장법 시행령』 제20조제1항 참조).

ⓑ 다음과 같은 사업이 추진되어 수급자에게 근로의 기회가 제공됩니다(『국민기초생활 보장법 시행령』 제20조제2항 및 『국민기초생활 보장법 시행규칙』 제25조제1항).

  1) 주택의 점검 또는 수선을 위한 집수리도우미 사업
  2) 환경정비사업
  3) 재활용품 선별 등 환경관련사업
  4) 사회복지시설·학교 등의 시설물 정비사업

5) 노인·장애인·아동의 간병·보육·보호 등 사회복지사업

6) 숲 가꾸기 등 산림사업

7) 그 밖에 보건복지부장관, 특별시장·광역시장·도지사 및 시장·군수·구청장이 정하는 사업

4-9-4. 직업훈련

① 수급자의 기능습득의 지원을 위해 수급자 중 직업훈련이 가능한 사람을 직업훈련 기관에 위탁해 직업훈련을 받도록 하고, 그 훈련에 필요한 준비금·수당·식비 등을 지원합니다(「국민기초생활 보장법 시행령」 제18조제1항).

② 직업훈련에 필요한 준비금·수당·식비 및 취업준비금은 시장·군수·구청장이 직접 훈련자에게 지급하거나 해당 직업훈련기관의 장을 통해 훈련자에게 지급됩니다. 다만, 고용노동부장관이 지급방법을 달리 정한 경우에는 그에 따라 지급될 수 있습니다(「국민기초생활 보장법 시행령」 제18조제3항 및 「국민기초생활 보장법 시행규칙」 제22조).

4-9-5. 취업알선

국가 또는 지방자치단체는 수급자가 능력 및 적성에 맞는 직업에 취업할 수 있도록 직업상담 및 직업적성검사 등 적절한 직업지도와 취업알선 등을 수급자에게 직접 제공하거나 직업안정기관에 위탁해 제공할 수 있습니다(「국민기초생활 보장법 시행령」 제19조).

4-9-6. 자금대여

① 국가 및 지방자치단체는 수급자에게 자활에 필요한 다음에 해당하는 자금을 대여할 수 있습니다(「국민기초생활 보장법」 제15조제1항제1호 및 「국민기초생활 보장법 시행령」 제17조제1항).

1. 사업의 창업자금 및 운영자금

2. 취업에 필요한 기술훈련비

3. 그 밖에 보건복지부장관이 수급자의 자활에 필요하다고 인정하는 비용

② 자활에 필요한 자금을 대여하려는 수급자는 다음의 서류를 거주지를 관할하는 시장·군수·구청장 또는 지역자활센터의 장에게 제출하면 됩니다(「국민기초생활 보장법 시행규칙」 제19조제1항).

1. 자금대여신청서(전자문서로 된 신청서 포함)

2. 자금사용계획서(창업의 경우에는 사업계획서, 기술훈련비는 기술훈련계획서)

4-9-7. 창업지원

국가 및 지방자치단체는 수급자의 창업지원 등을 위해 다음과 같은 부분을 지원할 수 있습니다(「국민기초생활 보장법」 제15조제1항제6호 및 「국민기초생활 보장법 시행령」 제21조).

1. 창업 업종의 선정 및 사업계획 수립의 지도
2. 기능훈련, 제품개발 등의 지도
3. 세무, 회계, 법률 등 경영 관련 교육
4. 공공·민간 창업지원서비스의 연계 및 알선
5. 그 밖에 창업지원 및 경영개선에 관한 사항으로서 보건복지부장관이 정하는 사항

4-9-8. 자산형성지원(희망·내일키움통장)

① 국가 및 지방자치단체는 수급자가 자활에 필요한 자산을 형성할 수 있도록 재정적인 지원을 할 수 있습니다(「국민기초생활 보장법」 제18조의4제1항).

② 「희망키움통장」을 통한 지원(

ⓐ 국가 및 지방자치단체가 자산형성지원을 위한 일환으로 "희망·내일키움통장"제도를 시행하고 있는데, 이는 일하는 수급가구 및 비수급 근로빈곤층의 자활을 위한 자금으로써의 목돈 마련을 할 수 있도록 돕는 제도입니다.

ⓑ 희망키움통장과 내일키움통장은 공통적으로 본인이 매월 일정하게 저축한 금액에 정부와 지방자치단체가 지원금을 추가로 지원하려 자립을 위한 목돈을 마련할 수 있도록 지원해 줍니다.

③ 지원대상 및 지원내용

구분	희망키움통장 I	희망키움통장 II	내일키움통장
가입대상	소득인정액이 기준 중위소득의 40% 이하인 일하는 생계·의료수급 가구 중 신청당시 가구 전체의 총 근로사업소득이 기준 중위소득의 40%의 60%이상인 가구	주거·교육급여 수급가구 및 차상위계층 가구 중 소득인정액이 기준 중위소득 50% 이하로서 가입일 현재 근로활동을 하고 있는 가구	자활근로사업단에서 1개월 이상 성실하게 참여하고 있는 사람
월 본인 저축액	10만원	10만원	5만원 또는 10만원(선택)
정부 지원액	월 평균36만원 최대 50만원	월 10만원	내일키움장려금 본인저축액1:1 (시장진입형), 1:0.5(사회서비스 A형), 1:0.3(사회서비스 B형)/사화서비스 C형/ 인턴·도우미형 매칭 평균 1,368만원/최대 1,620만원 지원 가능
지원 조건	3년 만기 탈수급 조건 * 사용관계 증빙서류 제출	통장 3년 유지 및 사용용도 증빙서류 제출	3년 이내 일반시장 취·창업

Q 기초생활수급자로 얼마 전 희망키움통장 I에 가입을 했습니다. 탈수급은 언계되는 건가요?

A 희망키움통장 I은 일하는 수급자에게 근로를 통해 빈곤층에서 벗어날 수 있도록 지원하는 보건복지부의 자산형성지원제도입니다.

희망키움통장 I에 가입할 수 있는 대상은 소득인정액이 기준 중위소득의 40% 이하인 일하는 생계·의료수급 가구 중 신청당시 가구 전체의 총 근로사업소득이 기준 중위소득의 40%의 60%이상인 가구입니다. 모집 기간 내에 신청해 해당 지역별로 대상자로 선정되면 3년 동안 본인 소득에 따른 근로소득장려금 및 개인저축에 대한 민간 매칭금이 지원됩니다.

적립된 금액은 3년 이내 생계·의료급여 수급자에서 모두 벗어나는 경우에 한해 지급됩니다. 적립 기간 중 탈수급하였더라도 소득상한 이내에서는 최대근로소득장려금 적립이 가능합니다.

④ 근로장려금 지원과의 비교

ⓐ "근로장려금"이란 저소득자의 근로를 장려하고 소득을 지원하기 위해 국세청에서 실시하고 있는 지원정책입니다(「조세특례제한법」 제100조의2).

ⓑ 다음 중 어느 하나에 해당하는 사람은 근로장려금을 신청할 수 없습니다(「조세특례제한법」 제100조의3제2항).

 – 해당 소득세 과세기간 종료일 현재 대한민국 국적을 보유하지 않은 사람(다만, 대한민국 국적을 가진 사람과 혼인한 사람과 대한민국 국적의 부양자녀가 있는 사람 제외)

 – 해당 소득세 과세기간 종료일 현재 다른 거주자의 부양자녀인 사람

⑤ 근로장려금 신청자격

소득세 과세기간 중에 사업소득, 근로소득 또는 종교인소득이 있는 사람으로 다음에 해당하는 요건을 모두 갖추어야 합니다(「조세특례제한법」 제100조의3제1항).

1. 거주자의 연간 총소득 합계액이 거주자를 포함한 1세대(가구)의 구성원전원의 구성에 따라 정한 다음의 총소득기준금액 미만일 것

가구원 구성	총소득기준금액
단독가구	2천만원
홑벌이 가구	3천만원
맞벌이 가구	3천600만원

※ "연간 총소득의 합계액"이란 해당 연도의 다음의 소득을 모두 합한 금액을 말합니다(「조세특례제한법 시행령」 제100조의3제1항).

– 이자소득의 합계액

– 배당소득의 합계액

– 사업소득에 다음에 해당하는 율(이하 "조정률"이라 함)을 곱한 금액(다만, 2 이상의 사업소득이 있는 경우에는 각각의 사업소득에 조정률을 곱한 금액을 모두 합산함)

가. 도매업 : 100분의 20

나. 농업·임업 및 어업, 광업, 자동차 및 부품 판매업, 소매업, 부동산매매업, 그 밖에 다른 업종에 해당되지 않는 사업 : 100분의 30

다. 제조업, 음식점업, 전기·가스·증기 및 수도사업, 건설업(비주거용 건물건설업 제외, 주거용 건물 개발 및 공급업 포함) : 100분의 45

라. 상품중개업, 숙박업, 하수·폐기물처리·원료재생 및 환경복원업, 운수업, 출판·영상·방송통신 및 정보서비스업, 금융 및 보험업 : 100분의 60

마. 부동산 관련 서비스업, 전문·과학 및 기술서비스업, 사업시설관리 및 사업지원서비스업, 교육서비스업, 보건업 및 사회복지서비스업, 예술·스포츠 및 여가 관련 서비스업, 수리 및 기타 개인 서비스업[인적(人的)용역 : 100분의 75

바. 부동산임대업, 임대업(부동산 제외), 인적용역, 가구 내 고용활동 : 100분의 90

– 근로소득의 합계액

– 연금소득의 합계액

– 종교인소득의 합계액

– 그 밖의 소득금액

2. 가구원이 소유하고 있는 토지, 건물, 자동차, 예금 등 재산의 합계액이 2억원 미만일 것

⑥ 근로장려금 산정방법(「조세특례제한법」 제100조의5제1항)

1. 근로장려금은 총급여액 등을 고려하여 아래의 기준에 따라 계산한 금액으로 합니다. 다만 아래의 기준에 따라 계산된 근로장려금의 총급여액이 1만5천원 미만인 경우에는 지원을 받지 못하며, 1만5천원 이상 3만원 미만인 경우에는 3만원을 지원받을 수 있습니다(「조세특례제한법」 제100조의5제1항).

단독가구		홑벌이 가구		맞벌이 가구	
총급여액등	근로장려금	총급여액 등	근로장려금	총급여액 등	근로장려금
400만원 미만	총급여액 등× 150/400	700만원 미만	총급여액 등× 260/700	800만원 미만	총급여액 등× 300/800
400만원 이상 900만원 미만	150만원	700만원 이상 1,400만원 미만	260만원	800만원 이상 1,700만원 미만	300만원
900만원 이상 2,000만원 미만	150만원—(총급여액등—900만원)× 150/1100	1,400만원 이상 3,000만원 미만	260만원—(총급여액 등—1,400만원)× 260/1600	1,700만원 이상 3,600만원 미만	300만원—(총급여액 등—1,700만원)× 300/1,900

2. 반기(半期)동안 『조세특례제한법 시행령』에서 정하는 근로소득만 있는 거주자
   는 아래의 기준에 따라 계산한 금액의 100분의 35를 근로장려금으로 봅니다.
   - 1월 1일부터 6월30일까지 발생한 소득분(상반기 소득분): (해당기간 총급여액 등 ÷ 『조
     세특례제한법 시행령』제100조의6제3항으로 정하는 근무월수) × (『조세특례제한법 시
     행령』제100조의6제3항으로 정하는 근무월수 + 6)
   - 7월 1일부터 12월31일까지 발생한 소득분(하반기 소득분): 상반기 총급여액 등 + 하
     반기 총급여액 등
3. 거주자의 배우자가 사업소득, 근로소득 또는 종교인소득이 있는 경우에는 해
   당 거주자와 그 배우자 중 주된 소득자의 총급여액 등에 그 배우자의 총급여
   액을 합산해 총급여액으로 산정합니다(『조세특례제한법』제100조의5제3항).

■ 기초생활수급자로 얼마 전 희망키움통장 I 에 가입을 했습니다. 적립금은 언제 지급되나요?

Q 기초생활수급자로 얼마 전 희망키움통장 I 에 가입을 했습니다. 적립금은 언제 지급되나요?

A 국가 및 지방자치단체가 자산형성지원을 위한 일환으로 "희망·내일키움통장"제도
를 시행하고 있는데, 이는 일하는 수급가구 및 비수급 근로빈곤층의 자활을 위
한 자금으로써의 목돈 마련을 할 수 있도록 돕는 제도입니다.
희망키움통장 I 의 경우 적립된 금액은 3년 이내 생계·의료급여 수급자에서 모두
벗어난 경우에 한해 지급됩니다.

◇ 희망키움통장 I 의 가입 및 탈수급
① 희망키움통장 I 에 가입할 수 있는 대상은 소득인정액이 기준 중위소득의
40% 이하인 일하는 생계·의료수급 가구 중 신청당시 가구 전체의 총 근
로사업소득이 기준 중위소득의 40%의 60%이상인 가구입니다.
② 적립된 금액은 3년 이내 생계·의료급여 수급자에서 모두 벗어난 경우에 한
해 지급됩니다.
③ 소득인정액이 아닌 자격요건 상 근로·사업소득 기준으로 적립기간 중 탈수
급하였더라도 소득상한 이내에서는 최대근로소득장려금 적립이 가능합니
다. 다만, 최근 3월 평균 소득상한 초과 시 전월까지 적립된 금액이 모두
지급됩니다.

Q 근로장려금을 신청하려면 어떤 요건을 충족해야 하나요?

A ① 다음 요건을 모두 충족하는 근로소득 또는 사업소득(보험모집인, 방문판매원에 한함)이 있는 가구이어야 합니다.

  1. 배우자가 있고 18세 미만의 부양자녀가 없거나, 18세 미만의 부양자녀를 1인 이상 부양하여야 합니다.

  - 입양자를 포함하며, 부모가 없거나 부모가 자녀를 부양할 수 없는 일정한 경우에는 손자녀, 형제자매를 부양자녀의 범위에 포함됩니다.

  - 중증장애인의 경우에는 연령의 제한을 적용받지 않습니다.

  - 부양자녀의 연간 소득금액 합계액이 100만원 이하 이어야 합니다.

  2. 전년도 연간 부부합산 총소득이 부양자녀수에 따라 다음의 총소득기준금액 미만이어야 합니다.

  - 부양자녀수가 0명(배우자 있는 경우)인 경우 1,300만원, 1명인 경우 1,700만원, 2명인 경우 2,100만원, 3명 이상인 경우 2,500만원

  - 총소득기준금액이란 사업소득(보험모집인 및 방문판매원은 제외), 기타 소득은 소득금액을 합산하고, 이자, 배당, 근로, 연금소득과 사업소득 중 보험모집인 및 방문판매원 소득은 총수입금액을 합산한 금액을 말합니 다.

  3. 전년도 6.1 기준으로 세대원 전원이 무주택이거나 기준시가 6,000만원 이하의 소규모주택을 1채 보유한 세대이어야 합니다.

  4. 전년도 6.1 기준으로 세대원 전원이 소유하고 있는 재산합계액이 1억원 미만이어야 합니다.

  - 재산가액에는 부동산, 승용차, 전세금과 개인별 500만원 이상의 금융재산과 유가증권, 골프회원권, 부동산을 취득할 수 있는 권리 등이 모두 포함됩니다. 다만, 재산평가 시 부채는 고려되지 않는 점을 주의해야 합 니다.

② 이러한 신청요건을 모두 갖추더라도 국민기초생활보장 급여(생계, 주거, 교육)를 3개월 이상 받은 사람과 외국인(내국인과 혼인한 경우 제외), 다른 거주자의 부양자녀인 경우에는 근로장려금을 신청할 수 없습니다.

5. 기초생활보장절차

5-1. 수급자신청

5-1-1. 신청절차 및 방법 확인하기

◎ 절차도

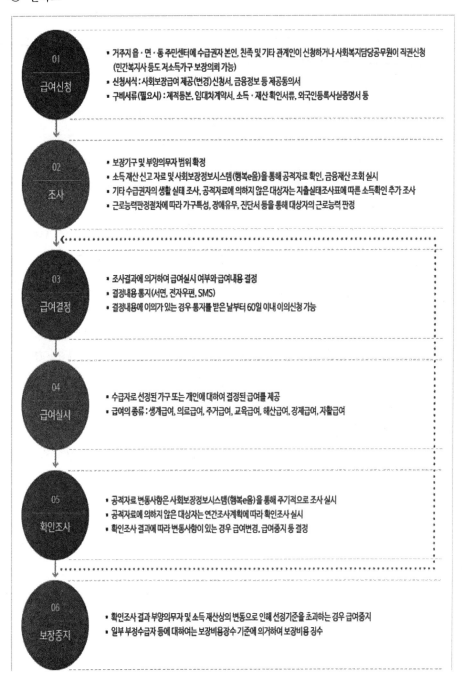

01 급여신청
- 거주지 읍·면·동 주민센터에 수급권자 본인, 친족 및 기타 관계인이 신청하거나 사회복지담당공무원이 직권신청 (민간복지사 등도 저소득가구 보장의뢰 가능)
- 신청서식 : 사회보장급여 제공(변경)신청서, 금융정보 등 제공동의서
- 구비서류(필요시) : 제적등본, 임대차계약서, 소득·재산 확인서류, 외국인등록사실증명서 등

02 조사
- 보장가구 및 부양의무자 범위 확정
- 소득재산 신고 자료 및 사회보장정보시스템(행복e음)을 통해 공적자료 확인, 금융재산 조회 실시
- 기타 수급권자의 생활 실태 조사, 공적자료에 의하지 않은 대상자는 지출실태조사표에 따른 소득확인 추가 조사
- 근로능력판정절차에 따라 가구특성, 장애유무, 진단서 등을 통해 대상자의 근로능력 판정

03 급여결정
- 조사결과에 의거하여 급여실시 여부와 급여내용 결정
- 결정내용 통지(서면, 전자우편, SMS)
- 결정내용에 이의가 있는 경우 통지를 받은 날부터 60일 이내 이의신청 가능

04 급여실시
- 수급자로 선정된 가구 또는 개인에 대하여 결정된 급여를 제공
- 급여의 종류 : 생계급여, 의료급여, 주거급여, 교육급여, 해산급여, 장제급여, 자활급여

05 확인조사
- 공적자료 변동사항은 사회보장정보시스템(행복e음)을 통해 주기적으로 조사 실시
- 공적자료에 의하지 않은 대상자는 연간조사계획에 따라 확인조사 실시
- 확인조사 결과에 따라 변동사항이 있는 경우 급여변경, 급여중지 등 결정

06 보장중지
- 확인조사 결과 부양의무자 및 소득 재산상의 변동으로 인해 선정기준을 초과하는 경우 급여중지
- 일부 부정수급자 등에 대하여는 보장비용징수 기준에 의거하여 보장비용 징수

5-1-2. 기초생활보장을 위한 급여신청

① 신청자

급여신청은 기초생활보장수급권자 본인, 친족 및 그 밖의 관계인 및 차상위자가 신청하거나 사회복지 전담공무원이 수급권자의 동의를 얻어 직권으로 신청할 수 있습니다(「국민기초생활 보장법」 제21조제1항 및 제2항).

② 신청서류

급여를 신청하려는 사람은 다음의 서류를 거주지를 관할하는 특별자치시장·특별자치도지사·시장·군수·구청장(자치구의 구청장을 말하며, 이하 "시장·군수·구청장"이라 함, 주거가 일정하지 않은 경우에는 실제 거주하는 지역을 관할하는 시장·군수·구청장을 말함)에게 제출하면 됩니다(「국민기초생활 보장법 시행규칙」 제34조제1항).

1. 급여신청서
2. 제적등본(가족관계증명서로 부양의무자를 확인할 수 없는 경우에 한정함)
3. 금융정보, 신용정보 또는 보험정보 제공 동의서

■ **기초생활보장 신청을 하려는데 어떻게 해야 하나요? 그리고 선정되기까지 얼마나 걸리나요?**

Q 기초생활보장 신청을 하려는데 어떻게 해야 하나요? 그리고 선정되기까지 얼마나 걸리나요?

A ① 신청방법

기초생활보장은 주민등록상 주소지 관할 읍·면·동에서 연중 신청이 가능합니다. 주거가 일정하지 않을 경우에는 실제 거주지역을 관할하는 시·군·구(읍·면·동)에 신청할 수 있습니다.

② 선정기간

일반적으로 신청일로부터 30일 이내에 선정되며 소득·재산 등의 조사에 시일이 걸리는 경우에는 60일 이내에 해당 기관(시·군·구)에서 서면으로 결과를 통지합니다.

5-2. 신청에 대한 조사

5-2-1. 보장여부에 대한 조사받기(차상위계층 포함)

① 조사내용

특별자치시장·특별자치도지사·시장·군수·구청장(자치구의 구청장을 말함)(이하 "시장·군수·구청장"이라 함)은 사회복지 전담공무원에게 급여의 결정 및 실시 등에 필요한 다음의 사항을 조사하게 하거나 기초생활보장수급권자(이하 "수급권자"라 함)에게 의료기관에서 검진을 받게 할 수 있습니다(「국민기초생활 보장법」 제22조제1항).

1. 부양의무자의 유무(有無) 및 부양능력 등 부양의무자와 관련된 사항
2. 수급권자 및 부양의무자의 소득·재산에 관한 사항
3. 수급권자의 근로능력·취업상태·자활욕구 등 자활지원계획 수립에 필요한 사항
4. 그 밖에 수급권자의 건강상태·가구 특성 등 생활실태에 관한 사항

② 기본적인 조사방법

기초생활보장 신청자에 대한 조사는 행복e음(사회복지통합관리망)을 통해 조회된 공적자료를 기준으로 합니다.

③ 실태조사

행복e음(사회복지통합관리망)을 통한 공적자료가 불충분한 경우 지출실태조사표에 의한 소득확인을 추가로 조사할 수 있습니다.

5-2-2. 소득 및 재산에 대한 조사

① 기초생활보장을 위한 신청을 받으면 사회복지 전담공무원은 수급권자 및 부양의무자의 소득 및 재산상태에 대해 조사를 하게 됩니다(「국민기초생활 보장법」 제22조제1항제2호).

② 조사방법

소득 및 재산에 대한 조사는 행복e음(사회복지통합관리망)을 통해 조회된 공적자료를 통해 이루어 집니다(「국민기초생활 보장법」 제22조제4항 참조).

③ 자료의 제출요구

시장·군수·구청장은 급여의 결정 또는 실시 등을 위해 필요한 경우 수급권자 또는 그 부양의무자의 고용주, 그 밖의 관계인에게 이에 관한 자료의 제출을 요청할 수 있습니다(「국민기초생활 보장법」 제22조제3항).

④ 신청의 각하

보장기관은 수급권자 또는 부양의무자가 조사 또는 자료제출 요구를 2회 이상 거

부·방해 또는 기피하거나 검진 지시에 따르지 않으면 급여신청을 각하(却下)할 수 있습니다(「국민기초생활 보장법」 제22조제8항).

5-2-3. 조사절차

◎ 조사절차

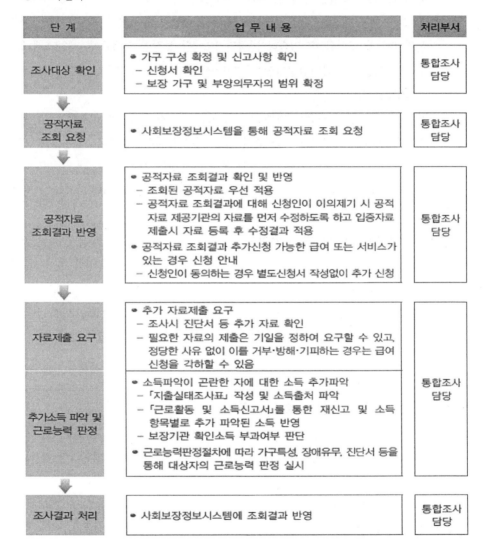

단 계	업 무 내 용	처리부서
조사대상 확인	● 가구 구성 확정 및 신고사항 확인 　– 신청서 확인 　– 보장 가구 및 부양의무자의 범위 확정	통합조사 담당
공적자료 조회 요청	● 사회보장정보시스템을 통해 공적자료 조회 요청	통합조사 담당
공적자료 조회결과 반영	● 공적자료 조회결과 확인 및 반영 　– 조회된 공적자료 우선 적용 　– 공적자료 조회결과에 대해 신청인이 이의제기 시 공적 　　자료 제공기관의 자료를 먼저 수정하도록 하고 입증자료 　　제출시 자료 등록 후 수정결과 적용 ● 공적자료 조회결과 추가신청 가능한 급여 또는 서비스가 　있는 경우 신청 안내 　– 신청인이 동의하는 경우 별도신청서 작성없이 추가 신청	통합조사 담당
자료제출 요구	● 추가 자료제출 요구 　– 조사시 진단서 등 추가 자료 확인 　– 필요한 자료의 제출은 기일을 정하여 요구할 수 있고, 　　정당한 사유 없이 이를 거부·방해·기피하는 경우는 급여 　　신청을 각하할 수 있음	통합조사 담당
추가소득 파악 및 근로능력 판정	● 소득파악이 곤란한 자에 대한 소득 추가파악 　– 「지출실태조사표」 작성 및 소득출처 파악 　– 「근로활동 및 소득신고서」를 통한 재신고 및 소득 　　항목별로 추가 파악된 소득 반영 　– 보장기관 확인소득 부과여부 판단 ● 근로능력판정절차에 따라 가구특성 장애유무, 진단서 등을 　통해 대상자의 근로능력 판정 실시	
조사결과 처리	● 사회보장정보시스템에 조회결과 반영	통합조사 담당

5-2-4. 차상위계층에 대한 조사

"차상위계층"이란 수급권자에 해당하지 않는 계층으로서 소득인정액이 기준 중위소득의 100분의 50 이하인 계층을 말합니다(「국민기초생활 보장법」 제2조제10호 및 「국민기초생활 보장법 시행령」 제3조).

5-2-5. 차상위계층에 대한 조사

① 시장·군수·구청장은 급여의 종류별 수급자 선정기준의 변경 등에 의하여 수급권 자의 범위가 변동함에 따라 다음 연도에 기초생활보장을 위한 급여가 필요할 것으 로 예측되는 수급권자의 규모를 조사하기 위해 차상위계층에 대하여 조사할 수 있 습니다(「국민기초생활 보장법」 제24조제1항).

② 시장·군수·구청장은 다음 중 어느 하나에 해당하는 사람이 차상위계층에 해당하 는지 여부를 조사할 수 있습니다(「국민기초생활 보장법 시행규칙」 제38조제1항).

   1. 기초생활보장 급여신청대장(「국민기초생활 보장법 시행규칙」별지 제2호서식)에 기재된 사람

   2. 생계곤란 등의 사유로 다른 법령에 따른 지원을 받고 있는 사람

   3. 생계곤란 등의 사유로 사회복지 관련 기관의 서비스를 받고 있는 사람

   4. 차상위계층에 해당하는지 여부의 조사를 신청한 사람

   5. 그 밖에 특별자치도지사·시장·군수·구청장이 급여가 필요하다고 판단한 사람 등

5-2-6. 조사에 대한 동의 및 급여신청

① 시장·군수·구청장은 조사를 하기 전 조사대상자의 동의를 받아야 합니다(「국민기 초생활 보장법」 제24조제2항 전단).

② 차상위계층에 대한 조사를 하기 전 조사에 대해동의를 한 사람은 다음 연도에 기 초생활보장을 위해 급여를 신청한 것으로 봅니다(「국민기초생활 보장법」 제24조제2 항 후단).

5-2-7. 차상위계층에 대한 근로기회 확대

차상위계층 중 근로능력이 있는 사람에 대해서는 자활사업 등에 참여할 수 있는 기회를 적극 부여합니다(「국민기초생활 보장법 시행령」 제5조의5제1항 참조).

5-3. 보장급여실시 결정 및 실시
5-3-1. 급여의 지급결정

① 급여의 지급결정

특별자치시장·특별자치도지사·시장·군수·구청장(자치구의 구청장을 말함)(이하 "시 장·군수·구청장"이라 함)은 신청에 따른 조사를 한 후 지체 없이 기초생활보장을 위한 급여 실시 여부와 급여의 내용을 결정해야 합니다(「국민기초생활 보장법」 제26 조제1항).

② 차상위계층에 대한 지급결정

ⓐ 시장·군수·구청장은 매년 1월에 보건복지부장관 또는 소관중앙행정기관의 장이 매년 결정·공표하는 급여의 종류별 수급자 선정기준을 기초로 차상위계층이 새로이 기초생활보장수급자(이하 "수급자"라 함)가 될 것인지 여부와 급여내용을 결정합니다(「국민기초생활보장법」 제27조제1항 단서 참조).

ⓑ 차상위계층이 수급자가 된다면 해당 연도의 1월 1일이 급여개시일입니다(「국민기초생활 보장법」 제27조제1항 단서).

5-3-2. 통지

① 시장·군수·구청장은 급여실시 여부와 급여내용을 결정하면 그 결정의 요지, 급여의 종류·방법 및 급여의 개시시기 등을 서면으로 수급권자 또는 신청인에게 통지해야 합니다(「국민기초생활 보장법」 제26조제3항).

② 통지기간

신청인에 대한 통지는 급여의 신청일부터 30일 이내에 해야 합니다(「국민기초생활 보장법」 제26조제4항 본문). 다만, 다음 중 어느 하나에 해당하는 경우에는 신청일부터 60일 이내에 통지할 수 있으나, 통지서에 그 사유를 명확히 기재해야 합니다(「국민기초생활 보장법」 제26조제4항 단서).

1. 부양의무자의 소득·재산 등의 조사에 시일이 걸리는 특별한 사유가 있는 경우
2. 수급권자 또는 부양의무자가 신청에 따른 조사나 자료제출 요구를 거부·방해 또는 기피하는 경우

5-4. 급여의 지급
5-4-1. 급여의 지급개시일

① 수급자에 대한 급여는 급여의 신청일부터 지급됩니다(「국민기초생활 보장법」 제27조제1항 본문).

② 지급방법

급여가 금전으로 지급될 경우에는 수급자의 신청에 따라 매월 20일(토요일이거나 공휴일인 경우에는 그 전날)에 금융회사 등의 지정 계좌(이하 "급여수급계좌"라 함)로 입금됩니다(「국민기초생활 보장법」 제27조의2제1항 본문 및 「국민기초생활 보장법 시행령」 제6조제1항 전단).

③ 수급자 외의 명의로 입금될 수 있는 경우

수급자가 다음 중 어느 하나에 해당하는 경우에는 수급자의 배우자, 직계혈족 또

는 3촌 이내의 방계혈족 명의의 계좌로 입금이 될 수 있습니다(「국민기초생활 보장법」 제27조의2제1항 단서 및 「국민기초생활 보장법 시행령」 제6조제1항 후단).

1. 성년후견 개시 심판이 확정된 경우
2. 채무불이행으로 금전채권이 압류된 경우
3. 치매 또는 보건복지부장관이 정하는 거동불가의 사유로 본인 명의의 계좌를 개설하기 어려운 경우

④ 계좌 입금이 어려운 경우

급여를 계좌로 입금받을 사람이 금융회사 등이 없는 지역에 거주하거나 정보통신 장애 등 부득이 한 사유가 있는 경우에는 해당 금전이 수급자나 수급자의 배우자, 직계혈족 또는 3촌 이내의 방계혈족에게 직접 지급될 수 있습니다(「국민기초생활 보장법 시행령」 제6조제4항).

5-4-2. 지급관리

① 시장·군수·구청장은 급여실시 여부 결정내용 및 수급품의 지급내역 등을 수급자 관리카드(전산파일 포함)에 기록·관리 합니다(「국민기초생활 보장법 시행규칙」 제39조제1항).

② 긴급급여의 지급

ⓐ "긴급급여"란 ?

급여신청에 대한 급여 실시 여부를 결정하기 전이라도 수급권자에게 급여를 실시해야 할 긴급한 필요가 있다고 인정되는 경우에 지급되는 급여를 "긴급급여"라고 합니다(「국민기초생활 보장법」 제27조제2항).

ⓑ 위기상황

1) 주소득자의 사망, 가출, 행방불명, 구금시설 수용 등으로 가구원 소득이 최저생계비 이하인 경우
2) 중한 질병 또는 부상을 당한 경우
3) 가구 구성원으로부터 방임·유기되거나 학대 등을 당한 경우
4) 가구 구성원으로부터 가정폭력 또는 성폭력을 당한 경우
5) 화재 등으로 거주하는 주택·건물에서 생활하기 곤란하게 된 경우
6) 소득활동 미미(가구원 간호 간병 양육), 기초수급 중지 미결정, 수도 가스 중단, 사회보험료 주택임차료 체납 등 지자체가 조례로 정한 사유가 발생한 경우
7) 그 밖에 보건복지부장관이 정해 고시하는 사유가 발생한 경우
- 주소득자와의 이혼으로 소득이 상실된 경우
- 주소득자 또는 부소득자의 휴·폐업 사업장의 화재 등 실질적인 영업곤란으로 생계가 곤란한 경우

- 단전된 경우
- 주소득자 또는 부소득자의 실직으로 생계가 곤란한 경우
- 출소 후(기초생활보장사업 우선 연계) 생계가 곤란한 경우
- 가족으로부터 방임 유기 또는 생계곤란 등으로 노숙을 하는 경우

③ 긴급급여기간

급여기간은 1개월로 하되, 필요한 경우에는 1개월의 범위에서 연장할 수 있습니다 (「국민기초생활 보장법 시행규칙」 제41조제1항).

④ 실시기관

거주지에서 신청한 경우에는 거주지 관할 시장·군수·구청장이 실시하고, 거주지 외의 지역에서 신청한 경우에는 실제 거주지를 관할하는 시장·군수·구청장이 실시합니다(「국민기초생활 보장법 시행규칙」 제41조제2항).

⑤ 긴급급여의 반환

시장·군수·구청장이 긴급급여를 실시하였으나 조사결과에 따라 급여를 실시하지 않기로 결정한 경우에는 급여비용의 반환을 명할 수 있습니다(「국민기초생활 보장법」 제47조제2항).

6. 보장급여 지급후 관리

6-1. 수급자에 대한 변동사항 확인방법 알아보기

6-1-1. 확인기간 및 확인내용

① 특별자치시장·특별자치도지사·시장·군수·구청장(자치구의 구청장을 말함)(이하 "시장·군수·구청장"이라 함)은 기초생활보장수급자(이하 "수급자"라 함)및 수급자에 대한 급여의 적정성을 확인하기 위해 관할 구역의 수급자를 대상으로 다음의 사항을 매년 1회 이상 정기적으로 조사해야 합니다(「국민기초생활 보장법」 제23조제1항 본문).

  1. 부양의무자의 유무(有無) 및 부양능력 등 부양의무자와 관련된 사항

  2. 수급권자 및 부양의무자의 소득·재산에 관한 사항

  3. 수급권자의 근로능력·취업상태·자활욕구 등 자활지원계획수립에 필요한 사항

  4. 그 밖에 수급권자의 건강상태·가구 특성 등 생활실태에 관한 사항

② 특히 필요하다고 인정하는 경우에는 의료기관에서 검진을 받게 할 수 있습니다(「국민기초생활 보장법」 제23조제1항 본문).

6-1-2. 확인방법

① 수급자의 신고에 의한 확인

  수급자는 다음의 내용에 변동이 있을 경우 지체 없이 관할 기관(시·군·구)에 신고해야 합니다(「국민기초생활 보장법」 제37조).

  1. 거주지역

  2. 세대의 구성원

  3. 임대차 계약내용

  4. 위의 확인내용(가구의 소득·재산, 건강상태 등)에서 현저하게 변동되는 사항

② 급여변경 신청을 통한 확인

  수급자, 그 친족 또는 그 밖의 관계인이 소득·재산·근로능력 등에 변동이 생겨 급여의 종류나 방법을 변경해 주도록 신청하면 수급자에 대한 변동사항을 확인할 수 있습니다(「국민기초생활 보장법」 제29조제1항).

③ 금융정보를 통한 확인

  보건복지부장관은 직권으로 변동사항의 확인을 위해 필요하다고 인정하는 경우 금융기관 등의 장에게 인적사항을 적은 문서 또는 정보통신망으로 수급자와 부양의무자의 금융정보 등을 제공하도록 요청해 확인할 수 있습니다(「국민기초생활 보장법」 제23조의2제2항).

④ 상담·가정방문 등을 통한 확인

사회복지 전담공무원은 상담·가정방문 등을 통해 다음의 사항을 확인할 수 있습니다.

1. 수급자의 거주 여부
2. 수급자의 가구구성원 일부 전출 시 동일 생계 여부와 동일보장가구 범위에 대한 판단
3. 수급자의 공적자료 이외의 소득·재산
4. 부양의무자의 부양여부
5. 수급자의 근로능력·가구의 특이사항 등
6. 수급자의 주거실태조사

■ 기초생활보장을 위해 지원을 받던 중 가구원이나 소득에 변동사항이 발생하면 어떻게 해야 하나요?

Q 기초생활보장을 위해 지원을 받던 중 가구원이나 소득에 변동사항이 발생하면 어떻게 해야 하나요?

A 네, 지체 없이 관할 시·군·구청에 신고를 하셔야 합니다.

국민기초생활보장제도는 수급자가 자신의 소득·재산 및 근로능력 등을 최대한 활용하는 것을 기본 전제로 보충급여를 실시하는 것이 원칙입니다.

따라서 수급자는 가구의 소득·재산·근로능력·가구원 변동 및 부양의무자의 부양능력에 대한 변경사항이 발생할 경우 수급자격에 변경이 있을 수 있으므로 지체 없이 해당 시·군·구청에 신고를 해야 합니다.

만약 이와 같은 변동사항을 신고하지 않고 급여를 받을 경우 이미 지급된 급여에 대한 징수 및 반환명령을 받을 수 있으며, 특히 부정수급 기간이 6개월 이상 되거나 부정수급 금액이 300만원 이상인 사람은 형사고발이 될 수도 있습니다.

6-1-3. 변동사항의 관리

① 행복e음(사회복지통합관리망)에의 등록 및 관리

수급자의 소득·재산, 가구원 등에 변동사항이 생기면 행복e음(사회복지통합관리망)에 등록이 되어 관리 됩니다(「국민기초생활 보장법」 제22조제7항 참조).

② 급여의 중지

수급자가 다음 중 어느 하나에 해당하는 경우 급여의 전부 또는 일부의 지급이 중지됩니다(「국민기초생활 보장법」 제30조제1항 및 제2항).

1. 수급자에게 급여의 전부 또는 일부가 필요 없게 된 경우

2. 수급자가 급여의 전부 또는 일부를 거부한 경우

3. 근로능력이 있는 수급자가 자활조건을 이행하지 않는 경우(조건을 이행할 때까지 한시적 중지)

6-2. 부정수급일 경우의 처벌규정 알아보기

6-2-1. 부정수급이 확인된 후의 처리방법

① 시·군·구(읍·면·동)는 부정·부적정 기초생활보장수급자(이하 "수급자"라 함)로 의심되는 중점관리대상자를 선별해 유형별로 등록한 후 관리합니다.

② 중점관리대상의 유형은 다음과 같습니다.

1. 사실혼 의심

2. 차량명의도용

3. 소득·재산은닉

4. 부양의무자 누락

5. 위장이혼

6. 취약계층 1인 단독가구

7. 보장기구 확인소득 산정자

8. 부양실태 부정소명 의심자(부양거부·기피, 취약계층 우선보장 대상 등)

9. 그 밖의 부정수급자

6-2-2. 중점관리대상자의 관리

① 중점관리대상자에 대해서는 조사, 확인 후 처리 내용(확인조사 시기 및 결과 등)을 사회보장정보시스템에 등록해 관리합니다.

② 확인조사 결과 부정수급자로 판단되는 경우에는 급여지급이 중지되고, 그동안 지급된 비용은 환수조치 됩니다.

6-2-3. 보장비용의 징수

① 징수대상자

수급자가 다음 중 어느 하나에 해당하는 경우 그간 지급한 보장비용의 전부 또는 일부를 징수할 수 있습니다(「국민기초생활 보장법」 제46조제1항 및 제2항).

1. 수급자에게 부양능력을 가진 부양의무자가 있음이 확인된 경우 그 부양의무자의 부양의무 범위 내에서 징수

2. 속임수나 그 밖의 부정한 방법으로 급여를 받거나 타인으로 하여금 급여를 받게 한 경우 그 급여를 받은 사람 또는 급여를 받게 한 사람(이하 "부정수급자"라 함)으로부터 징수

② 부양의무자가 있는 경우의 징수금액

ⓐ 부양능력을 가진 부양의무자로부터 보장비용을 징수하는 경우에는 그동안 지급된 급여실시비용(이하 "징수대상보장비용"이라 함)의 범위에서 다음의 구분에 따라 각각의 부양의무자로부터 징수합니다(「국민기초생활 보장법 시행령」 제41조제1항).

1) 부양의무자가 수급권자에게 정기적으로 금품을 지원하지 않는 경우 : 부양의무자의 차감된 소득에서 부양의무자 기준 중위소득에 해당하는 금액을 뺀 금액의 범위에서 보건복지부장관이 정하는 금액

2) 그 밖의 경우 : 징수대상보장비용 전액

ⓑ 부양의무자가 2명 이상으로 각각의 부양의무자에 대해 산출한 금액의 합계액이 징수대상보장비용을 초과하는 경우에는 산출한 금액 간의 비율에 따라 징수대상보장비용을 나눈 금액을 각각의 부양의무자로부터 징수합니다(「국민기초생활 보장법 시행령」 제41조제1항).

③ 부정수급자인 경우의 징수금액

부정수급자에게 징수하는 보장비용은 징수대상보장비용 전액으로 하되, 부정수급자가 2명 이상인 경우에는 부정수급자의 수로 나눈 금액을 각각 징수합니다(「국민기초생활 보장법 시행령」 제41조제2항).

6-2-4. 징수절차

① 보장비용의 징수는 30일 이상의 기한을 정해 납부통지를 합니다(「국민기초생활 보장법 시행령」 제41조제3항).

② 부양의무자 또는 부정수급자가 납부기한 내에 납부하지 않는 경우에는 30일 이상의 기한을 정해 납부를 독촉합니다(「국민기초생활 보장법 시행령」 제41조제3항).

6-2-5. 반환명령

① 급여의 변경 또는 급여의 정지·중지에 따라 수급자에게 이미 지급된 수급품 중

과잉지급분이 발생한 경우에는 즉시 수급자에게 그 전부 또는 일부를 반환하도록 할 수 있습니다(「국민기초생활 보장법」 제47조제1항 본문).

② 다만, 이미 이를 소비하였거나 천재지변, 화재, 부도 등 수급자에게 부득이한 사유가 있을 경우에는 반환을 면제할 수 있습니다(「국민기초생활 보장법」 제47조제1항 단서).

6-2-6. 형사고발

속임수나 그 밖의 부정한 방법으로 급여를 받거나 다른 사람으로 하여금 급여를 받게 한 사람은 1년 이하의 징역, 1천만원 이하의 벌금, 구류 또는 과료에 처해집니다(「국민기초생활 보장법」 제49조).

■ 기초생활수급자 중 부정하게 보장을 받은 경우 어떤 법적인 처리를 받게 되나요?

Q 기초생활수급자 중 부정하게 보장을 받은 경우 어떤 법적인 처리를 받게 되나요?

A ① 급여의 지급 정지 또는 변경

수급자가 부정수급을 한 것으로 결정된 경우에는

1. 수급자선정기준을 초과하는 자(급여종류별 중지자)에 대해서는 부정수급으로 결정된 달의 급여 전액을 중지하고(선정기준 초과 사유가 발생한 달의 급여는 지급)
2. 수급자격은 유지하나 급여를 변경해야 하는 자(급여변경자)에 대해서는 부정수급으로 결정된 달부터 변경된 금액 지급
3. 보장비용 징수대상 기간은 징수 사유가 발생한 달부터 사유가 종료한 달까지 입니다.

② 보장비용의 징수

수급자에게 직접 급여를 지급한 보장기관(시장·군수·구청장)이 부정수급을 확인하면 그간 지급한 보장비용의 전부 또는 일부를 징수하게 됩니다. 보장비용의 징수절차는 보장기관의 부정수급 여부 확인·보장비용 징수 여부 판단·보장비용 징수결정·징수의 순으로 이행됩니다.

③ 형사고발조치

부정수급자로 확인된 경우 그 부정수급기간이 6개월 이상 또는 부정수급금액이 300만원 이상인 사람에 대해서는 형사고발조치를 할 수 있습니다. 또한 그 기준에 미달하더라도 고의성이 농후하거나, 부정수급을 부인하여 보장비용징수를 거부하는 경우에도 고발조치 할 수 있으니 유의하시기 바랍니다.

7. 취약계층에 대한 특별보호

7-1. 취약계층의 범위 확인하기

7-1-1. 취약계층의 범위

① "취약계층"이란 거소 또는 주소가 불명 등록 되었거나, 확인이 불가능한 사람 또는 주민등록지와 실제거주지가 다른 사람 등과 같이 주민등록상의 문제로 신원확인이나 소득·재산조사가 곤란하고 잦은 이동 등의 이유로 최소한의 관리수단이 미흡해 기초생활보장에서 제외되는 계층을 말합니다.

② 비닐하우스, 판자촌, 쪽방 등에 거주하는 사람, 노숙인과 같이 주민등록상의 문제로 기초생활보장수급자(이하 "수급자"라 함)가 될 수 없는 사람이 취약계층에 포함됩니다.

7-1-2. 취약계층의 보호

① 보장기관

ⓐ "보장기관"이란 「국민기초생활 보장법」에 따라 급여를 실시하는 국가 또는 지방자치단체를 말합니다(「국민기초생활 보장법」 제2조제4호).

ⓑ 취약계층의 보장기관은 주거가 일정하지 않은 사람이 실제 거주하는 지역을 관할하는 특별자치시장·특별자치도지사·시장·군수·구청장(자치구의 구청장을 말함)입니다(「국민기초생활 보장법」 제19조제1항 단서).

② 보호요건

ⓐ 실제 거주 여부 확인 필요

주거가 일정하지 않은 사람이 실제 거주하는 지역에서 최소거주기간(1개월) 이상 지속적으로 거주하고 있는 것이 확인되면 수급자로서의 자격을 부여하고 급여를 지급하게 됩니다(「국민기초생활 보장법」 제19조제1항 참조).

ⓑ 지속적인 거주 필요

수급자로서 급여를 받게 되면 실제 거주지에서 지속적으로 거주를 해야 하고, 만약 지속적으로 거주하는 것으로 인정이 되지 않으면 급여의 일부 또는 전부가 중지됩니다.

7-1-3. 취약계층의 관리

① 주민등록번호로 관리

비닐하우스, 판자촌, 쪽방, 노숙인 자활시설에서 거주하는 사람이나 교정시설 출소자 중 주거가 없는 사람은 주민등록번호를 확인할 수 있으므로, 이를 통해 신원을 확인하고 소득·재산 등을 조사해 급여를 계속 지급할 것인지에 대한 여부를 결정합니다.

② 사회복지 전산관리번호로 관리

　주민등록번호가 확인되지 않는 사람은 사회복지 전산관리번호를 부여해 이를 통해 관리하게 됩니다.

7-2. 취약계층에 대한 보호방법 알아보기

7-2-1. 취약계층에 대한 보호방안

구 분		비닐하우스·판자촌거주자	쪽방 등 거주자	노숙인 자활시설 거주자			노숙인
				주민등록 설정자		주민등록 확인불가자	
				시설 소재	타지소재		
관리수단	실제거주요건(급여신청시)	최소 1개월거주	최소 1개월거주	-	최소 1개월 거주		-
	지속거주요건(수급기간중)	지속 거주 사실 확인	지속 거주 사실 확인	-	지속 거주 사실 확인		-
	관리방법	주민등록번호	주민등록번호	-	주민등록번호	사회복지 전산번호	-
급여	생 계	o	o	X	X		X
	주 거	o	o	X	X		X
	의 료	o	o	o	o		X
	교 육	o	o	o	o		X
	해 산	o	o	o	o		X
	장 제	o	o	o	o		X
	자활 조건부과	o	o	X	X		X
비고	생계급여방식	현금/물품/분할지급가능	현금/물품/분할지급가능	-	현금/물품/분할지급가능		이동시 긴급급여

7-2-2. 비닐하우스 및 판자촌 거주자에 대한 보호방안

① 보호대상

　주소설정이 어려운 비닐하우스, 판자촌 등에서 최소거주기간(1개월) 이상 거주하면서 급여종류별 선정기준 이하인 사람을 대상으로 합니다.

② 보장기관

ⓐ "보장기관"이란 「국민기초생활 보장법」에 따라 급여를 실시하는 국가 또는 지방자치단체를 말합니다(「국민기초생활 보장법」 제2조제4호).

ⓑ 비닐하우스 및 판자촌 소재지를 특별자치시장·특별자치도지사·시장 ·군수·구청장이 비닐하우스 및 판자촌 거주자의 보장기관이 됩니다.

7-2-3. 보호방법

① 비닐하우스 및 판자촌 거주자가 생계급여, 주거급여, 의료급여, 교육급여, 해산급여, 장제급여, 자활급여 등의 요건에 해당되면 해당 급여의 지급이 가능합니다.

② 사회복지 담당공무원은 수급자의 계좌가 존재하지 않거나 월 1회 지급하는 것이 적당하지 않다고 판단되면 계좌에 입금하지 않고 직접 지급하거나 주(週) 단위로 지급할 수 있습니다.

③ 돈이나 동일가치의 물품, 식권, 숙박시설이용권, 상품권 등으로 나누어 주단위로 지급하거나 분할지급하는 것도 가능합니다.

7-3. 쪽방 등 거주자에 대한 보호방안

① 보호대상

쪽방, 만화방, 목욕탕, 여인숙, 비디오방, 고시원, 독서실, 사회복지시설, 미신고 시설 및 일반 주거 등(병원 제외)에서 최소거주기간(1개월) 이상 거주하면서 급여 종류별 선정기준에 해당되는 사람을 대상으로 합니다.

② 보장기관

실제 거주지를 관할하는 특별자치시장·특별자치도지사·시장 ·군수·구청장이 쪽방 등거주자의 보장기관이 됩니다.

③ 보호방법

쪽방 등거주자가 생계급여, 주거급여, 의료급여, 교육급여, 해산급여, 장제급여, 자활급여 등의 요건에 해당되면 해당 급여의 지급이 가능합니다.

④ 보장시설 거주자에 대한 급여 지급

보장시설(미신고시설 제외)에 거주하는 경우에는 시설급여를 실시합니다.

⑤ 보장시설 알아보기

ⓐ "보장시설"이란 다음에 해당하는 시설을 말합니다(「국민기초생활 보장법」 제32조 및 「국민 기초생활 보장법 시행규칙」 제41조의2).

　1) 장애인 거주시설(「장애인복지법」 제58조제1항제1호)

　2) 노인주거복지시설 및 노인의료복지시설(「노인복지법」 제32조제1항 및 제34조제1항)

　3) 아동복지시설 및 통합 시설(「아동복지법」 제52조제1항 및 제2항)

　4) 정신요양시설 및 정신재활시설(「정신건강증진 및 정신질환자 복지서비스지원에 관한 법률」 제22조 및 제26조)

　5) 노숙인재활시설 및 노숙인요양시설(「노숙인 등의 복지 및 자립지원에 관한 법률」 제16조제1항제3호 및 제4호)

　6) 한부모가족복지시설(「한부모가족지원법」 제19조제1항)

7) 성매매피해자 등을 위한 지원시설(『성매매방지 및 피해자보호 등에 관한 법률』 제9조 제1항)

8) 성폭력피해자 보호시설(『성폭력방지 및 피해자보호 등에 관한 법률』 제12조)

9) 가정폭력피해자 보호시설(『가정폭력방지 및 피해자보호 등에 관한 법률』 제7조)

10) 사회복지시설 중 결핵 및 한센병 요양시설(『사회복지사업법』 제2조제4호)

ⓑ 위의 보장시설 중에서 아래에 해당하는 시설은 제외됩니다(『국민기초생활 보장법 시행규칙』 제41조의2).

1) 장애인 단기거주시설(『장애인복지법 시행규칙』 별표 4 제1호라목)

2) 노인복지주택(『노인복지법』 제32조제1항제3호)

3) 그 밖에 보건복지부장관이 시설의 운영목적, 종류 및 규모 등을 고려하여 보장시설로 서 적절하지 않다고 인정하는 시설

7-4. 노숙인 자활시설 거주자에 대한 보호방안

① 보호대상

ⓐ 국가 또는 지방자치단체의 운영비 지원을 받는 노숙인 자활시설(노숙인 쉼터 포함)에서 최소 거주기간(1개월) 이상 거주하면서 급여종류별 선정기준에 해당되는 사람을 대상으로 합니다.

ⓑ 노숙인 자활시설에 주민등록이 설정되어 있는 시설거주자 및 한국법무보호공단의 보호시설 거주자도 보호대상에 포함됩니다.

② 보장기관

노숙인 자활시설의 소재지를 관할하는 특별자치시장·특별자치도지사·시장 ·군수· 구청장이 노숙인 자활시설거주자의 보장기관이 됩니다.

③ 보호방법

ⓐ 노숙인 자활시설거주자가 의료급여, 교육급여, 해산급여, 장제급여, 자활급여 등의 요건에 해당되면 해당 급여의 지급이 가능합니다.

ⓑ 노숙인 자활시설에 거주하는 경우에는 국가 또는 지방자치단체가 운영비를 지원하거나 다 른 법령에 의해 숙식을 제공받는 곳에서 거주하는 것이므로 생계급여 및 주거급여를 제외 한 다른 급여를 요건에 맞게 지급받게 됩니다.

7-5. 노숙인 등에 대한 보호방안

① 보호대상

일정한 주거 없이 노숙생활을 하면서 노숙인 자활시설, 사회복지시설, 일반주거지, 쪽방 등으로 이동을 하는 사람을 대상으로 합니다.

② 보장기관

일정한 주거가 없으므로 이동을 전후로 확인된 거주지를 관할하는 특별자치시장·

특별자치도지사·시장 ·군수·구청장이 노숙인의 보장기관이 됩니다.

③ 보호방법

ⓐ 노숙인은 주거가 일정하지 않아 생계급여, 주거급여, 의료급여, 교육급여, 해산급여, 장제급여, 자활급여 등을 받을 수 없으므로 노숙인 자활시설, 사회복지시설, 일반주거지, 쪽방 등으로 이전하도록 해야 합니다.

ⓑ 노숙인에게 일정 주거지가 생기면 우선 긴급급여가 지급되고, 조사를 통해 수급자로서 확정이 되면 해당 기준에 따라 생계급여, 주거급여, 의료급여, 교육급여, 해산급여, 장제급여, 자활급여 등이 지급됩니다.

7-6. 교정시설 출소자에 대한 보호방안

① 보호대상

교정시설(교도소, 구치소)에서 출소하는 만기출소자, 가석방자, 형집행 정지자 등 출소자를 대상으로 합니다.

② 보장기관

ⓐ 주거가 있는 경우

출소자의 주거지를 관할하는 특별자치시장·특별자치도지사·시장 ·군수·구청장이 출소자의 보장기관이 됩니다.

ⓑ 주거가 없는 경우

출소자에게 일정한 주거가 없는 경우에는 실제 거주지를 관할하는 특별자치시장·특별자치도지사·시장 ·군수·구청장이 출소자의 보장기관이 됩니다.

③ 보호방법

ⓐ 가족과 함께 거주하는 경우

출소자가 가족이나 부양의무자의 주거에서 생활하는 경우에는 기초생활보장수급자로서 생계급여, 주거급여, 의료급여, 교육급여, 해산급여, 장제급여, 자활급여 등의 요건에 따라 해당 급여의 지급이 가능합니다.

ⓑ 보장시설 등에서 거주하는 경우

출소자에게 가족이나 부양의무자가 없는 경우 보장시설(사회복지시설, 법무보호공단, 노숙인 자활시설)에서 거주하도록 할 수 있습니다.

ⓒ 보장시설에서 거주하기를 원하는 출소자는 보장기관에 보장시설입소신청서를 제출하면 됩니다.

ⓓ 출소자가 보장시설에서 거주하는 경우에는 국가 또는 지방자치단체가 운영비를 지원하거나 다른 법령에 의해 숙식을 제공받는 곳에서 거주하는 것이므로 생계급여 및 주거급여를 제외한 다른 급여를 요건에 맞게 지급받게 됩니다.

7-7. 급여신청방법

출소자는 출소 후 10일 이내에 교정시설에서 발급한 출소증명서와 기초생활보장
급여 신청서를 보장기관을 방문해 제출하면 신청이 됩니다.

■ 교정시설 출소자에게는 어떤 지원이 있는지요?

Q 저는 오래 전 가족들과 헤어져 고아처럼 살았고 얼마 전엔 불행한 일로 교도소
까지 갔다 왔습니다. 출소를 했지만 갈 곳도 없고, 직장도 구하지 못하고 있습
니다. 돈이 없어 생활이 막막한데 나라에서 도와주는 것은 없습니까?

A 교정시설 출소자에 대한 특별지원을 받으실 수 있습니다.

기초생활보장제도는 사회취약계층 특별보호대책의 일환으로 교정시설 출소자에
대한 특별연계보호를 실시하고 있습니다.

교정시설 출소자 중 사실상 생활이 어려워 보호가 필요한 경우, 급여신청의 특
례가 적용됩니다. 출소 후 10일 이내 보장기관에 급여를 신청해 수급자로 선정
되면 출소일을 기준으로 출소일부터 보호를 받으실 수 있습니다. 출소 후 10일
이내 신청한 경우 출소일을 신청일로 보며 10일 이후 신고한 경우 신청일부터
보호가 시작됩니다.

특례제도의 취지상 교정시설 출소자 모두에게 특례자격을 부여하는 것은 아니며,
수급자선정기준에 해당하는 경우에만 특례가 적용되니 빠른 시일 내에 주민등록
지 관할 읍·면·동사무소에 방문해 사회복지담당공무원과 상담 후 기초생활수급자
신청을 하시기 바랍니다.

다문화가족에게는 어떤 복지혜택이 있나요?

제7장 다문화가족에게는 어떤 복지혜택이 있나요?

1. 다문화가족의 개념

1-1. 다문화가족이란?

① 다문화가족이란 다음의 어느 하나에 해당하는 가족을 말합니다(「다문화가족지원법」 제2조제1호).

   1. 결혼이민자와 대한민국 국민으로 이루어진 가족

   2. 「국적법」에 따라 인지 또는 귀화로 대한민국 국적을 취득한 자와 대한민국 국민으로 이루어진 가족

② 대한민국 국민과 사실혼 관계에서 출생한 자녀를 양육하고 있는 다문화가족 구성원에 대해서도 「다문화가족지원법」에 따른 다문화가족 지원 규정이 적용됩니다(「다문화가족지원법」 제14조).

1-2. 결혼이민자

① "결혼이민자"란 대한민국 국민과 혼인한 적이 있거나 혼인관계에 있는 재한외국인(대한민국의 국적을 가지지 않은 사람으로서 대한민국에 거주할 목적을 가지고 합법적으로 체류하고 있는 사람)을 말합니다(「재한외국인 처우 기본법」 제2조제3호·제1호).

② "결혼이민자 등"이란 다문화가족의 구성원으로서 결혼이민자와 귀화허가를 받은 사람을 말합니다(「다문화가족지원법」 제2조제2호).

1-3. 대한민국 국적 취득 방법

대한민국 국적을 취득하는 방법은 다음과 같습니다(「국적법」 제2조, 제3조 및 제4조).

구분	내용
출생	부(父) 또는 모(母)가 대한민국의 국민인 사람, 출생하기 전에 부(父)가 사망한 경우 그 사망 당시에 부(父)가 대한민국의 국민이었던 사람, 부모가 모두 분명하지 않은 경우나 국적이 없는 경우 대한민국에서 출생한 사람은 대한민국 국적을 취득함
인지	대한민국의 국민이 아닌 자로서 대한민국의 국민인 부 또는 모에 따라 인지(認知)된 자가 일정 요건을 모두 갖추면 법무부장관에게 신고함으로써 대한민국 국적을 취득할 수 있음
귀화	대한민국 국적을 취득한 사실이 없는 외국인은 법무부장관의 귀화허가(歸化許可)를 받아 대한민국 국적을 취득할 수 있음

■ 다문화가족의 범위는 어떻게 되나요?

Q 다문화가족의 범위는 어떻게 되나요?

A ① 다문화가족이란 다음 어느 하나에 해당하는 가족을 말합니다.

    1. 결혼이민자와 대한민국 국민으로 이루어진 가족

    2. 「국적법」에 따라 인지 또는 귀화로 대한민국 국적을 취득한 자와 대한 민국 국민으로 이루어진 가족

  ② 대한민국 국민과 사실혼 관계에서 출생한 자녀를 양육하고 있는 다문화가족 구성원에 대해서도 다문화가족 지원 규정이 적용됩니다.

■ 다문화가정의 범위는 어떻게 되나요?

Q 다문화가정의 범위는 어떻게 되나요?

A ① 국제결혼 증가, 외국인 근로자 유입 증가 등으로 우리 사회에 구성원이 다양 해지면서 다양한 인종, 국가 출신의 가족 구성원을 가진 다문화가정도 증가하고 있습니다.

② 다문화가정의 범위는 지원기관에 따라 다소 차이가 있으나, 교육과학기술부 에서는 국제결혼가정, 외국인근로자가정을 다문화가정으로 보고, 그 자녀들의 교 육과 성장에 관련된 지원을 추진하고 있습니다. 여기서, 국제결혼가정 자녀는 외 국인과 한국인 부모 사이에서 태어난 자녀이고, 외국인근로자가정 자녀는 부모 가 모두 외국인인 가정의 자녀를 의미합니다. 학계에서는 북한이탈주민가정도 다문화가정에 포함시켜 논의하고 있으나, 북한이탈주민의 특수성이 있으므로, 정 부에서는 이들을 다문화가정에 포함시키지 않고 별도의 지원방안을 마련하여 추 진하고 있습니다.

■ 다문화 가구 통계청에 보니 [내국인(출생)+다문화자녀] 이런 항목이 있는데, 이건 정확히 어떻게 이해하면 되나요?

Q 다문화 가구 통계청에 보니 [내국인(출생)+다문화자녀] 이런 항목이 있는데, 이건 정확히 어떻게 이해하면 되나요?

A ① 다문화가족이란, 결혼이민자와 대한민국 국민으로 이루어진 가족 또는 「국적법」에 따라 인지 또는 귀화로 대한민국 국적을 취득한 자와 대한민국 국민으로 이루어진 가족을 말합니다(「다문화가족지원법」 제2조제1호).

② 결혼이민자는 대한민국 국민과 혼인한 적이 있거나 혼인관계가 있는 재한외국인(대한민국의 국적을 가지지 않은 사람으로서 대한민국에 거주할 목적을 가지고 합법적으로 체류하고 있는 사람)을 말합니다(「다문화가족지원법」 제2조제2호 및 「재한외국인 처우 기본법」 제2조제3호·제1호).

③ 한편, 통계청 인구총조사 「다문화가구 구성 및 가구원수별 가구 - 시도」 자료 가운데 "내국인(출생)+다문화자녀 항목"의 의미는 내국인(출생)과 외국인 배우자가 혼인과 자녀출산 이후, 내국인(출생)과 외국인 배우자 간의 이혼 또는 외국인 배우자의 사망 등의 원인으로 내국인(출생)이 단독으로 자녀를 양육하고 있는 가구를 말합니다.

■ 우즈벡 여성과 결혼한 한국 남자입니다. 딸을 제 호적에 넣고 싶은데 어떤 방법이 있을까요?

Q 우즈벡 여성과 결혼한 37살 한국남자 입니다. 와이프가 재혼이라 8살 딸이 하나 있습니다. 그 딸을 제 호적에 넣고 싶은데 어떤 방법이 있을까요? 그리고 딸이 지금 우즈벡에 있습니다.

A ① 우리나라는 2008년 1월 1일부터 「민법」상의 호주제를 폐지하고, 호적제도를 대체하는 「가족관계의 등록 등에 관한 법률」을 시행하고 있습니다. 현행 「가족관계의 등록 등에 관한 법률」에 따른 외국인의 관한 신고는 등록기준지를 정하여 그 거주지 또는 신고인의 주소지나 현재지에서 할 수 있으며(「가족관계의 등록 등에 관한 법률」 제10조 및 제20조), 신고 후 가족관계등록부에는 성명·성별·출생연월일·국적 및 외국인등록번호가 기록됩니다(「가족관계의

등록 등에 관한 법률」 제9조제2항제4호). 다만, 전혼의 자녀는 혼인만으로 후혼 부의 가족관계등록부에 기록되지 않으며, 상속도 발생하지 않습니다. 따라서 후혼 부의 가족관계등록부에 전혼의 자녀를 기록하고자 하는 경우에는 「민법」상 일반입양이나 친양자입양을 이용하실 수 있습니다.

② "일반입양"을 통해 미성년자를 입양하고자 하는 경우에는 다음의 규정에 따릅니다.

1. 미성년자 입양에 대한 가정법원의 허가 및 부모의 동의

- 미성년자를 양자로 입양하려는 사람은 가정법원의 허가를 받아야 하며, 양자가 될 미성년자는 부모의 동의를 받아야 합니다. 다만, 양자가 될 사람이 ① 13세 미만의 미성년자로서 부모가 입양의 승낙을 한 경우, ② 부모가 친권상실의 선고를 받은 경우, ③ 부모의 소재를 알 수 없는 등의 사유로 동의를 받을 수 없는 경우에는 동의를 받지 않아도 됩니다(「민법」 제867조제1항 및 제870조제1항).

- 또한, 다음의 어느 하나에 해당하는 사유가 있는 경우에는 가정법원은 부모가 동의를 거부하더라도 입양의 허가를 할 수 있습니다. 이 경우 가정법원은 부모를 심문하여야 합니다(「민법」 제870조제2항).

  가. 부모가 3년 이상 자녀에 대한 부양의무를 이행하지 아니한 경우

  나. 부모가 자녀를 학대 또는 유기(遺棄)하거나 그 밖에 자녀의 복리를 현저히 해친 경우

2. 입양 당사자의 입양 의사표시

- 양자가 될 사람이 13세 미만인 경우에는 법정대리인이 그를 갈음하여 입양을 승낙합니다. 이 경우 법정대리인이 부모로서 입양을 승낙한 경우에는 부모의 동의를 받지 않아도 됩니다(「민법」 제869조제2항 및 제870조제1항제1호).

- 가정법원은 다음의 어느 하나에 해당하는 경우에는 위 규정에 따른 승낙이 없더라도 입양의 허가를 할 수 있습니다(「민법」 제869조제3항 및 제4항).

  가. 법정대리인이 정당한 이유 없이 동의 또는 승낙을 거부하는 경우. 다만, 법정대리인이 친권자인 경우에는 「민법」 제870조제2항의 사유가 있어야 합니다(이 경우 가정법원은 법정대리인을 심문하여야 함).

  나. 법정대리인의 소재를 알 수 없는 등의 사유로 동의 또는 승낙을 받을 수 없는 경우

③ "일반양자"는 입양된 때부터 양부모의 친생자와 같은 지위를 가지지만, 양자

의 입양 전의 친족관계는 존속하는 점(「민법」 제882조의2)에서 아래의 "친양자입양제도"와 구별됩니다.

④ "친양자입양"이란 자녀의 복리를 위해 양자(養子)를 부부의 혼인 중의 출생자로 보아 법률상 완전한 친생자(親生子)로 인정하는 제도를 말합니다(「민법」 제908조의3제1항). 친양자로 입양되면 입양 전의 친족관계는 친양자 입양이 확정된 때 종료하고, 새롭게 재혼 부부와 법률상 친생자관계를 형성하게 됩니다(「민법」 제908조의3제2항).

따라서 재혼 배우자와 전혼 자녀 사이에 부양(「민법」 제974조), 상속(「민법」 제1000조) 등의 권리·의무가 발생하고, 성과 본 역시 재혼 부부의 성과 본(새아버지의 성과 본을 따를 수도 있고, 협의에 따라 어머니의 성과 본을 따를 수도 있음)으로 변경할 수 있습니다[「민법」 제781조제1항 및 「친양자 입양재판에 따른 사무처리지침」(가족관계등록예규 제373호) 제4조].

다만, 혼인 중인 부부의 일방이 그 배우자의 친생자를 친양자로 입양하기 위해서는 다음의 요건을 갖추어 가정법원에 친양자 입양을 청구하여야 합니다(「민법」 제908조의2).

1. 3년이상 혼인 중인 부부로서 공동으로 입양할 것. 다만, 1년 이상 혼인 중인 부부의 한쪽이 그 배우자의 친생자를 친양자로 하는 경우에는 그렇지 않습니다.

2. 친양자가 될 사람이 미성년자일 것

3. 친양자가 될 사람의 친생부모가 친양자 입양에 동의할 것. 다만, 부모가 친권상실의 선고를 받거나 소재를 알 수 없거나 그 밖의 사유로 동의할 수 없는 경우에는 그렇지 않습니다.

4. 친양자가 될 사람이 13세 이상인 경우에는 법정대리인의 동의를 받아 입양을 승낙할 것

5. 친양자가 될 사람이 13세 미만인 경우에는 법정대리인이 그를 갈음하여 입양을 승낙할 것

1-4. 다문화가족 지원을 위한 기본계획

여성가족부장관은 다문화가족 지원을 위하여 관계 중앙행정기관의 장과 협의하여 5년마다 다음의 사항이 포함된 다문화가족정책에 관한 기본계획을 수립해야 합니다(「다문화가족지원법」 제3조의2제1항, 제2항 및 제3항).

1. 다문화가족 지원 정책의 기본 방향
2. 다문화가족 지원을 위한 분야별 발전시책과 평가에 관한 사항
3. 다문화가족 지원을 위한 제도 개선에 관한 사항
4. 다문화가족 구성원의 경제·사회·문화 등 각 분야에서 활동 증진에 관한 사항
5. 다문화가족 지원을 위한 재원 확보 및 배분에 관한 사항
6. 그 밖에 다문화가족 지원을 위해 필요한 사항

1-5. 다문화가족에 대한 지원

1-5-1. 다문화가족에 대한 이해 증진

① 국가와 지방자치단체는 다문화가족에 대한 사회적 차별 및 편견을 예방하고 사회구성원이 문화적 다양성을 인정하고 존중할 수 있도록 다문화 이해교육을 실시하고 홍보 등 필요한 조치를 해야 합니다(「다문화가족지원법」 제5조제1항).

② 여성가족부장관은 위에 따른 조치를 함에 있어 홍보영상을 제작하여 「방송법」 제2조제3호에 따른 방송사업자에게 배포해야 합니다(「다문화가족지원법」 제5조제2항).

③ 여성가족부장관은 「방송법」 제2조제3호가목의 지상파방송사업자(이하 이 조에서 "지상파방송사업자"라 함)에게 같은 법 제73조제4항에 따라 매월 전체 방송시간의 1000분의 2이상의 범위에서 위의 홍보영상을 채널별로 송출하도록 요청할 수 있습니다(「다문화가족지원법」 제5조제3항).

④ 지상파방송사업자는 위의 홍보영상 외에 독자적으로 홍보영상을 제작하여 송출할 수 있습니다. 이 경우 여성가족부장관에게 필요한 협조 및 지원을 요청할 수 있습니다(「다문화가족지원법」 제5조제4항).

⑤ 교육부 장관과 특별시·광역시·특별자치시·도·특별자치도의 교육감은 유치원 및 학교에서 다문화가족에 대한 이해를 돕는 교육을 실시하기 위한 시책을 수립·시행해야 합니다(「다문화가족지원법」 제5조제5항 전단).

1-5-2. 생활정보 제공 및 교육 지원

① 다문화가족 구성원은 대한민국에서 생활하는 데 필요한 기본적 정보(아동·청소년에 대한 학습 및 생활지도 관련 정보를 포함)를 제공받고, 사회적응교육과 직업교

육·훈련 및 언어소통 능력 향상을 위한 한국어교육 등을 받을 수 있습니다(「다문화가족지원법」 제6조제1항).

② 다문화가족 구성원은 결혼이민자 등의 출신, 국가 및 문화 등을 이해하는데 필요한 기본적 정보를 제공받고 관련 교육을 지원 받을 수 있습니다(「다문화가족지원법」 제6조제2항).

③ 교육을 실시함에 있어 거주지 및 가정환경 등에 따라 서비스에서 소외되는 결혼이민자 등과 배우자 및 그 가족구성원이 없도록 방문교육이나 원격교육 등 다양한 방법으로 교육을 지원 받을 수 있습니다(「다문화가족지원법」 제6조제3항).

④ 위 방문교육 비용은 다문화가족 구성원의 가구 소득수준, 교육의 종류 등 여성가족부장관이 정하여 고시하는 기준에 따라 차등지원 받을 수 있습니다(「다문화가족지원법」 제6조제4항).

1-5-3. 가정폭력 피해자에 대한 보호·지원

① 국가와 지방자치단체는 「가정폭력방지 및 피해자보호 등에 관한 법률」에 따라 다문화가족 내 가정폭력을 예방하기 위해 노력해야 합니다(「다문화가족지원법」 제8조제1항).

② 국가와 지방자치단체는 가정폭력으로 피해를 입은 결혼이민자 등을 보호·지원할 수 있습니다(「다문화가족지원법」 제8조제2항).

③ 국가와 지방자치단체는 가정폭력의 피해를 입은 결혼이민자 등에 대한 보호 및 지원을 위해 외국어 통역 서비스를 갖춘 가정폭력 상담소 및 보호시설의 설치를 확대하도록 노력해야 합니다(「다문화가족지원법」 제8조제3항).

④ 국가와 지방자치단체는 결혼이민자 등이 가정폭력으로 혼인관계를 종료하는 경우 의사소통의 어려움과 법률체계 등에 관한 정보의 부족 등으로 불리한 입장에 놓이지 않도록 의견진술 및 사실확인 등에 있어서 언어통역, 법률상담 및 행정지원 등 필요한 서비스를 제공할 수 있습니다(「다문화가족지원법」 제8조제4항).

1-5-4. 의료 및 건강관리 지원

① 다문화가족 구성원은 건강하게 생활할 수 있도록 영양·건강에 대한 교육, 산전·산후 도우미 파견, 건강 검진 등의 의료서비스를 제공받을 수 있습니다(「다문화가족지원법」 제9조제1항).

② 국가와 지방자치단체는 결혼이민자 등이 위에 따른 의료서비스를 제공받을 경우 외국어 통역 서비스를 제공할 수 있습니다(「다문화가족지원법」 제9조제2항).

1-5-5. 아동·청소년 보육·교육 지원

① 국가와 지방자치단체는 아동·청소년 보육·교육을 실시할 때 다문화가족 구성원인 아동·청소년을 차별해서는 안 됩니다(「다문화가족지원법」 제10조제1항).

② 다문화가족 구성원인 아동·청소년이 학교생활에 신속히 적응할 수 있도록 국가와 지방자치단체는 교육지원대책을 마련하고 있으며, 다문화가족 구성원인 아동·청소년은 학과 외 또는 방과 후 교육 프로그램 등을 지원받을 수 있습니다(「다문화가족지원법」 제10조제2항).

③ 아동·청소년이란 24세 이하인 사람을 말합니다(「다문화가족지원법」 제2조제3호).

④ 다문화가족 구성원인 18세 미만인 사람의 초등학교 취학 전 보육 및 교육을 위해 한국어 및 결혼이민자인 부 또는 모의 모국어 교육을 위한 교재지원 및 학습지원 등 언어능력 제고를 위해 필요한 지원을 받을 수 있습니다(「다문화가족지원법」 제10조제3항).

1-5-6. 다국어 서비스 제공

다문화가족의 의사소통의 어려움을 해소하고 다문화가족 지원 정책에 대한 서비스 접근성을 제고하기 위해 다국어 서비스를 제공받을 수 있습니다(「다문화가족지원법」 제11조).

1-6. 그 밖의 법령에서의 다문화가족 지원 제도
1-6-1. 농어촌 다문화가족의 복지증진 지원

국가와 지방자치단체는 농어촌에 거주하는 다문화가족의 복지를 증진하고 다문화가족이 안정적인 가족생활을 영위할 수 있도록 적극적으로 지원해야 합니다(「농어업인 삶의 질 향상 및 농어촌지역 개발촉진에 관한 특별법」 제18조의2).

1-6-2. 다문화에 대한 이해 증진

국가 및 지방자치단체는 국민과 재한외국인이 서로의 역사·문화 및 제도를 이해하고 존중할 수 있도록 교육, 홍보, 불합리한 제도의 시정이나 그 밖에 필요한 조치를 하기 위해 노력해야 합니다(「재한외국인 처우 기본법」 제18조).

1-6-3. 복권수익금 등에서의 지원

① 복권수익금과 복권기금 중 일부는 다문화가족 지원사업에 사용해야 합니다(「복권 및 복권기금법」 제23조제3항제3호).

② 다문화가족 포털사이트인 다누리는 복권기금의 지원으로 운영되며, 한국생활 정보, 다문화가족지원센터 정보 및 외국어 상담 등이 지원됩니다.

■ 다문화가족은 어떤 지원을 받을 수 있나요?

Q 다문화가족은 어떤 지원을 받을 수 있나요?

A 다문화가족은 지방자치단체 또는 다문화가족지원센터를 통해 다음과 같은 지원을 받을 수 있습니다.
  1. 다문화가족에 대한 이해 증진
  2. 생활정보 제공 및 교육 지원
  3. 가정폭력 피해자에 대한 보호·지원
  4. 의료 및 건강관리 지원
  5. 아동 보육·교육 지원
  6. 다국어 서비스 제공

■ 다문화가족의 영유아에 대한 보육에는 어떤 지원이 있나요?

Q 다문화가족의 영유아에 대한 보육에는 어떤 지원이 있나요?

A 다문화가족 아동에 대한 보육료는 해당가구의 소득수준에 따라 지원되고 있습니다. 한편, 모든 다문화가족은 아니지만, 의사소통 등의 곤란으로 자녀 보육, 교육에 어려움을 겪기도 합니다. 이러한 다문화가족 영유아의 특수한 상황을 반영하여, 보건복지부에서는 다문화가족 영유아가 많은 시간을 보낼 수 있는 보육시설에서 이들의 사회성 및 정서를 증진시킬 수 있도록 관련 프로그램을 보급하였습니다. 동 프로그램을 활용하여, 다문화가족 자녀를 포함한 모든 영유아가 건강하게 성장할 수 있도록 지원합니다.

Q 다문화에 관련되는 법령은 어떤 종류가 있나요?

A 다음과 같은 법령들이 있습니다.

① 결혼중개업의 관리에 관한 법률

결혼중개업을 건전하게 지도·육성하고 이용자를 보호함으로써 건전한 결혼문화 형성에 이바지함을 목적으로 합니다.

② 다문화가족지원법

다문화가족 구성원이 안정적인 가족생활을 영위할 수 있도록 함으로써 이들의 삶의 질 향상과 사회통합에 이바지함을 목적으로 합니다.

③ 출입국관리법

대한민국에 입국하거나 대한민국에서 출국하는 모든 국민 및 외국인의 출입국관리를 통한 안전한 국경관리와 대한민국에 체류하는 외국인의 체류관리 및 난민(難民)의 인정절차 등에 관한 사항을 규정함을 목적으로 합니다.

④ 국적법

출생에 의한 국적 취득, 인지(認知) 및 귀화로 인한 외국인의 국적 취득, 귀화의 요건과 허가, 배우자와 자녀의 국적 취득, 국적의 상실, 국적의 회복·재취득 등의 절차, 국적상실자의 처리 및 권리 변동 등에 이바지함을 목적으로 합니다.

⑤ 재한외국인 처우 기본법

재한외국인이 대한민국 사회에 적응하여 개인의 능력을 충분히 발휘할 수 있도록 하고, 대한민국 국민과 재한외국인이 서로를 이해하고 존중하는 사회환경을 만들어 대한민국의 발전과 사회통합에 이바지함을 목적으로 합니다.

■ 다문화가정 자녀 교육 지원에는 어떤 내용이 있나요?

Q 다문화가정 자녀 교육 지원에는 어떤 내용이 있나요?

A ① 첫째, 다문화가정 학생 맞춤형 교육 지원을 지원합니다.

교대생 등 대학생을 다문화가정 학생의 멘토로 연계하여 1:1 멘토링을 실시하고, 다문화가정 자녀가 많은 학교를 다문화교육 거점학교로 지정(60개교)하여 방과후 한국어 및 학습지도, 체험활동 등 프로그램을 운영하고, 방학 중 집중캠프 등을 지원합니다. 또한, 국제지도자 육성 프로그램(베트남 등 대상), 부모출신국 언어·문화 배우기 활동 등을 통해 다문화가정 자녀가 글로벌 인재로 성장할 수 있도록 지원합니다.

② 둘째, 교사의 다문화교육 전문성 제고를 지원합니다.

예비 교사의 다문화 이해를 위해 교대 및 국립대 사대에 '다문화교육 강좌'를 개설('09, 10개교, '10, 20개교)하고, 사립 교원양성기관에도 '다문화교육 강좌' 개설을 유도하고 있습니다. 또한, 교장·교감, 교사 연수(30시간 이상, 13백명)를 통해 학교 구성원의 다문화 인식 개선을 지원합니다.

③ 셋째, 다문화가정 학부모에 대한 교육 및 상담을 지원합니다.

가족 단위 한글·정보화 교육 및 평생교육을 지원하고, Wee 센터 등과 연계하여 학부모 상담 등을 지원합니다. 또한 이중언어를 구사하는 고학력 다문화가정 학부모를 이중언어 강사요원으로 양성('09년 70명, '10년 80명)할 계획입니다. 다문화 학부모 대상 '다문화 문해교육 강사요원 연수 프로그램'을 개발하여, 향후 다문화가정 구성원이 강사요원으로 활동할 수 있는 기회를 확대할 것입니다.

④ 넷째, 다문화가정 유아 및 동반·중도입국 자녀 교육을 지원합니다.

유아교육 관련 다언어 정보를 제공하고 다문화 유아 교육 프로그램(기초역량·정서 계발)을 개발합니다. 또한, 유치원 교사 다문화교육 연수를 실시하고, 역량 있는 다문화가정 학부모를 유치원 교육 현장에 활용할 계획입니다. 외국에서 출생 또는 성장하다가 중도에 한국에 들어오는 다문화가정의 동반·중도입국 자녀 교육 지원을 위해 1:1 교육·멘토링 지원(한국어·문화 등), 취학전 예비과정 운영(3개소), 학교 내 특별학급 운영 확대(5개교) 등을 추진합니다.

⑤ 다섯째, 다문화교육 기반 및 지원체제를 강화합니다.

학교 다문화 이해교육 강화(재량·특별활동, 다문화교육 연구학교 등 48개교)를 지원하고, 다문화 이해교육 콘텐츠 개발하여 학교 등에서 활용할 수 있도록 하고, 다문화교육 포털을 구축하여 관련 정보를 제공할 계획입니다.

1-7. 다문화가족지원센터

1-7-1. 다문화가족지원센터의 업무

① 다문화가족지원센터는 다음의 업무를 수행합니다(「다문화가족지원법」제12조제4항).

    1. 다문화가족을 위한 교육·상담 등 지원사업의 실시

    2. 결혼이민자 등에 대한 한국어교육

    3. 다문화가족 지원서비스 정보제공 및 홍보

    4. 다문화가족 지원 관련 기관·단체와의 서비스 연계

    5. 일자리에 관한 정보제공 및 일자리의 알선

    6. 다문화가족을 위한 통역·번역 지원 사업

    7. 그 밖에 다문화가족 지원을 위하여 필요한 사업

② 「다문화가족지원법」에 따른 지원센터가 아니면 다문화가족지원센터 또는 이와 유사한 명칭을 사용하지 못합니다. 이를 위반하면 300만원 이하의 과태료가 부과됩니다(「다문화가족지원법」제12조의3 및 제17조제1항).

1-7-2. 지역 다문화가족지원센터

① 교육 프로그램

다문화가족지원센터에서는 한국어교육, 다문화가족통합교육, 취업연계 및 교육지원, 개인·가족상담 등을 하며, 센터 내방 다문화가족을 위한 '집합교육'과 센터이용이 어려운 다문화가족에 대한 '방문교육'으로 진행됩니다.

② 다문화가족지원센터를 통한 각종 지원

    1. 생활정보 제공 및 교육 지원(「다문화가족지원법」제6조)

    2. 가정폭력 피해자에 대한 보호·지원(「다문화가족지원법」제8조)

    3. 의료 및 건강관리 지원(「다문화가족지원법」제9조)

    4. 아동 보육·교육 지원(「다문화가족지원법」제10조)

    5. 다국어 서비스 제공(「다문화가족지원법」제11조)

■ 지방자치단체의 다문화가족지원센터 설치·운영 업무를 자치사무로 볼 수 있는지요?

Q 「기다문화가족지원법」 제12조제1항에서는 국가와 지방자치단체는 다문화가족지원센터를 설치·운영할 수 있다고 규정하고 있는바, 지방자치단체가 하는 다문화가족지원센터의 설치·운영 업무를 자치사무로 볼 수 있는지요?

A ① 지방자치단체가 하는 다문화가족지원센터의 설치·운영 업무는 자치사무로 볼 수 있다고 할 것입니다.

「다문화가족지원법」 제12조제1항에서는 국가와 지방자치단체는 다문화가족지원센터(이하 "지원센터"라 함)를 설치·운영할 수 있다고 함으로써 지원센터를 설치·운영할 수 있는 주체로 국가와 지방자치단체 모두를 규정하고 있는바, 이 사안에서는 지방자치단체가 하는 다문화가족지원센터의 설치·운영 업무를 자치사무로 볼 수 있는지가 문제됩니다.

② 우선, 사무 구분을 판단하기 위해서는 법령의 규정형식을 우선적으로 고려하여야 할 것인데, 「다문화가족지원법」 제12조제1항에 따르면 국가와 동등하게 지방자치단체도 지원센터의 설치·운영 권한을 갖고 있는 점, 같은 법 제15조제1항에서 여성가족부장관이 이 법에 따른 권한의 일부를 대통령령으로 정하는 바에 따라 시·도지사 또는 시장·군수·구청장에게 위임할 수 있도록 하면서 같은 법 시행령 등에서 국가의 지원센터 설치·운영 업무를 지방자치단체의 장에게 위임하는 규정을 두지 않고 있는 점 등을 볼 때, 지방자치단체의 지원센터 설치·운영 업무는 국가로부터 위임받아서 하는 사무가 아니라 지방자치단체의 고유한 권한에 따른 자치사무로 볼 수 있다 할 것입니다.

③ 다음으로, 지원센터 설치·운영 사무의 성질을 살펴보면, 「다문화가족지원법」 제12조제4항에서는 지원센터의 업무로 다문화가족을 위한 교육·상담 등 지원사업의 실시(제1호), 결혼이민자등에 대한 한국어교육(제2호), 다문화가족지원서비스 정보제공 및 홍보(제3호), 다문화가족 지원 관련 기관·단체와의 서비스 연계(제4호), 일자리에 관한 정보제공 및 일자리의 알선(제5호), 다문화가족을 위한 통역·번역 지원사업(제6호) 등을 들고 있는데, 이러한 업무는 지방자치단체가 해당 지역의 다문화가족 거주 실태, 예산 규모, 예산 집행 상황 등의 실정을 고려하여 각 지역별로 상이하게 시행할 수 있는 업무로서, 반드시 전국적으로 통일적인 처리가 요구되는 성격의 사무라 보기 어렵다 할

것입니다.

④ 또한, 「지방자치법」 제9조제1항에서 지방자치단체는 관할 구역의 자치사무와 법령에 따라 지방자치단체에 속하는 사무를 처리한다고 하면서 같은 조 제2항에서 그 사무를 각 호로 예시하고 있는데, 지방자치단체의 지원센터 설치·운영은 다문화가족이 안정적으로 정착할 수 있도록 다문화가족에 대한 교육·상담 등의 지원업무를 하는 것으로서 「지방자치법」 제9조제2항제2호의 "주민의 복지증진에 관한 사무"에 해당하여 자치사무로 볼 수 있을 것입니다.

⑤ 한편, 지원센터 운영비 등을 기금으로 지원하고 여성가족부장관이 다문화가족지원정책에 관한 기본계획 등을 주관한다는 점에서 지원센터의 경비부담 및 최종적인 책임귀속 주체를 국가로 보아 지방자치단체의 지원센터 설치·운영 업무가 국가사무를 위임받은 것이라는 주장이 있을 수 있으나, 국비가 일부 지원된다고 하여 모두 국가사무로 볼 수는 없는 점, 특정 업무에 국비가 지원되어 이에 따른 국가의 지도·감독 책임이 발생하는 것과 해당 업무의 국가사무·자치사무 여부는 별개의 문제인 점, 여성가족부장관은 다문화가족정책의 방향 등 기본계획만을 수립하고 구체적인 시행계획은 시·도지사가 해당 지방자치단체의 필요에 따라 각자 수립하여 시행하는 점 등을 볼 때, 국가가 일부 비용을 부담하고 있다거나 여성가족부장관이 다문화가족지원정책을 주관한다는 이유만으로 지방자치단체의 지원센터 설치·운영을 국가사무를 위임받은 것으로 보기는 어렵다 할 것입니다.

따라서, 지방자치단체가 하는 다문화가족지원센터의 설치·운영 업무는 자치사무로 볼 수 있다고 할 것입니다.

2. 다문화가족의 성립

2-1. 결혼

2-1-1. 다문화가족의 구성

다문화가족이란 다음의 어느 하나에 해당하는 가족을 말합니다(「다문화가족지원법」 제2조제1호).

1. 결혼이민자와 대한민국 국민으로 이루어진 가족
2. 「국적법」에 따라 인지 또는 귀화로 대한민국 국적을 취득한 자와 대한민국 국민으로 이루어진 가족

2-1-2. 결혼이민자 등

① '결혼이민자 등'이란 다문화가족의 구성원으로서 다음의 어느 하나에 해당하는 자를 말합니다(「다문화가족지원법」 제2조제2호, 「재한외국인 처우 기본법」 제2조제3호·제1호 및 「국적법」 제4조제1항).

1. 결혼이민자: 대한민국 국민과 혼인한 적이 있거나 혼인관계에 있는 재한 외국인(대한민국의 국적을 가지지 않은 사람으로서 대한민국에 거주할 목적을 가지고 합법적으로 체류하고 있는 사람)
2. 귀화허가를 받은 사람: 대한민국 국적을 취득한 사실이 없는 외국인은 일정한 요건을 갖추어 법무부장관의 귀화허가(歸化許可)를 받아 대한민국국적을 취득한 사람

② 귀화허가에는 일반귀화, 간이귀화 및 특별귀화가 있습니다.

■ **국민의 배우자(F-6-1) 자격변경 관련 절차 및 필요서류는 어떤 절차와 서류가 필요한지요?**

Q E7비자 가지고 있는 중국 사람입니다. 현재 한 한국업체에서 정규직으로 기술영업 업무를 하고 있습니다. 내년 3월에 한국인 여자 친구와 결혼할 예정인데, 이번 달 한국에서 먼저 결혼 등록하려고 합니다. 한국에서 결혼 등록 후 지금의 E7비자가 F비자로 변경해야 하는 거로 들었는데, 혹시 변경절차와 준비서류들 등 뭐가 필요하는지 문의 드리고 싶습니다. 또한 현재 제가 화성시에서 근무하고 있고, 여자 친구 주소지 및 결혼 등록 지역은 세종시인데, 비자 변경 시 수원 아니면 대전 출입국으로 방문해야 하는지요?

A 귀하의 질의사항에 대해 검토한 답변은 다음과 같습니다.

① 국민의 배우자(F-6-1) 자격변경 신청을 위해서는 먼저 한국에서 혼인이 유효하게 성립되어 있어야 합니다. 따라서 가족관계등록관서에 혼인신고 후에 아래 준비서류를 가지고 관할 출입국외국인사무소(청)에 체류자격변경을 신청하시면 됩니다.

   1. 통합신청서 및 신원보증서, 수수료(자격변경 10만원+ 등록증 발급 3만원)
   2. 표준규격사진 1장, 외국인등록증, 여권
   3. 한국인 배우자의 기본증명서·혼인관계증명서(상세증명서로 발급)·가족관계증명서·주민등록등본 각 1통: 주민센터 발급(홈페이지 '민원24' 또는 직접 방문)
   4. 외국인 배우자 초청장 및 결혼배경 진술서
   5. 초청인의 소득금액증명원: 국세청 발급(해당 홈페이지 또는 직접 방문)
   6. 초청인의 신용정보조회서: 한국신용정보원 발급(해당 홈페이지 또는 직접방문)
   7. 소득 입증서류 : 근로소득 활용(근로소득원천징수영수증, 재직증명서, 사업자등록증) 사업소득 활용 (사업자등록증, 매출증명원 등 기타 소득입증서류)
   8. 주거요건 입증서류: 부동산 등기부등본 또는 본인명의 임대차계약서(타인명의 경우 계약서 및 제공자 신분 증 사본, 거주제공확인서) 등
   9. 의사소통 입증서류 (첨부 문서 참고)
   10. 국제결혼안내프로그램 이수증(+ 범죄경력증명서, 건강진단서)

② 자격변경 신청은 혼인 후 부부의 주된 생활 근거지를 관할하는 사무소(청)에 접수하시면 됩니다. 예를 들어, 일하는 곳(근무처)이 수원이라 하더라도 부부

가 세종에서 생활(주말부부 포함)하는 경우라면 대전출입국·외국인사무소 관할입니다. 만약 혼인 후 한국인 배우자가 결혼이민자가 일하는 곳으로 이사하여 생활하고자 한다면 이사하게 될 곳으로 가셔야 합니다. 주된 생활 근거지를 정하신 뒤 관할 사무소(청)에 신청 서류를 접수하시기 바랍니다.

③ 준비서류의 유효기간은 신청일로부터 3개월 내 발급받은 것이어야 하며 체류자격변경을 위한 심사 시, 신청자에 대한 정확한 자격 확인 후에 필요 서류의 일부를 가감할 수도 있으므로 관할 출입국·외국인 청(사무소) 체류 담당 직원과 먼저 상담하신 후 신청 절차를 진행하실 것을 안내드립니다.

④ 국민의 배우자(F-6-1) 체류자격변경 신청과 관련하여 위와 같은 항목에서 요약 안내해드렸으며, 절차 및 서류에 대한 자세한 안내사항은 외국인을 위한 전자정부 홈페이지 우측 빠른 메뉴 - 매뉴얼 - 1801101(하이코리아) 체류-자격별 안내매뉴얼.hwp에서 확인하실 수 있습니다.

2-2. 출입국

2-2-1. 외국인의 입국

외국인이 입국할 때에는 유효한 여권과 법무부장관이 발급한 사증(査證)을 가지고 있어야 합니다(「출입국관리법」 제7조제1항).

2-2-2. 결혼동거 목적의 외국인 초청절차

① 외국인이 다음의 어느 하나에 해당하는 결혼 동거 목적의 사증을 발급받기 위해서는 배우자의 초청이 있어야 합니다(「출입국관리법 시행규칙」 제9조의4제1항 전단).

　1. 국민의 미성년 외국인 자녀 또는 영주(F-5) 체류자격을 가지고 있는 사람의 배우자 및 그의 미성년 자녀(「출입국관리법 시행령」 별표 1의2 중 24. 거주(F-2) 가목)

　2. 국민의 배우자(「출입국관리법 시행령」 별표 1의2 중 27. 결혼이민(F-6)가목). 이 경우 초청인은 피초청인의 신원보증인이 됩니다(「출입국관리법시행규칙」 제9조의4제1항 후단).

② 결혼 동거 목적의 사증을 발급받으려는 외국인 중 일정한 요건에 해당하는 사람은 그의 배우자인 초청인이 국제결혼에 관한 안내프로그램을 이수하였다는 증명서를 첨부하거나 초청장에 국제결혼 안내프로그램 이수번호를 기재하여 사증 발급을 신청해야 합니다(「출입국관리법 시행규칙」 제9조의4제2항).

2-2-3. 국제결혼 안내 프로그램

① 국제결혼 안내프로그램 이수대상자의 범위

ⓐ 국제결혼 안내 프로그램 이수 대상

국제결혼자 중 중국, 베트남, 필리핀, 캄보디아, 몽골, 우즈베키스탄, 태국 국민을 결혼동거 목적으로 초청하려는 내국인 배우자

ⓑ 국제결혼 안내 프로그램 이수 면제대상

　1) 외국인 배우자의 국가 또는 제3국에서 유학, 파견근무 등으로 45일 이상 계속 체류하면서 교제한 경우

　2) 외국인 배우자가 대한민국에서 외국인등록을 하고 91일 이상 합법체류하면서 초청자와 교제한 경우

　3) 배우자 임신, 출산, 그 밖에 인도적인 고려가 필요하다고 인정하는 경우

ⓒ 프로그램 이수일로부터 5년 이내에 결혼사증 발급을 신청하지 않으면 그 효력을 잃게 되며, 기간이 경과 시 재이수해야 하니 주의하시기 바랍니다.

② 국제결혼 안내 프로그램

1. 국제결혼관련 현지 국가의 제도, 문화, 예절 등 소개

2. 결혼사증 발급절차 및 심사기준 등 정부정책 소개

3. 국제결혼 경험담, 상담사례의 소개

4. 인권교육(부부간 인권존중 및 갈등해소 노력, 가정폭력 방지, 홍익인간이념 등)

③ 신청방법

ⓐ 외국인 배우자 초청(사증 신청) 전까지 신청해야 합니다.

ⓑ 사회통합정보망 사이트를 통해 사전 신청 후 정해진 일자에 프로그램 참여합니다.

③ 프로그램 운영 일시 및 장소

1. 일시: 매주 또는 격주 (1~3주 또는 2~4주) 수요일

2. 장소: 전국 15개 출입국·외국인관서내 이민통합지원센터가 지정하는 장소(접수증 참조)

■ 국제결혼 안내프로그램은 어떻게 이수해야 하나요?

Q 지난 2010년 2월 중국인 부인과 혼인신고를 하고 애기를 낳고 중국에서 같이 거주하고 있습니다. 처음으로 결혼비자를 신청하여 애기와 같이 가족을 만나려 한국을 방문하려하는데 국제결혼프로그램이수증을 가져오라는데 어찌해야 합니까? 한국 가서 이수해야 하는 건가요? 저는 중국에서 회사도 없고 혼자 일하는 개인 기술자인데, 주재원 증명도 없고, 한번 다녀 오려면 시간과 경비가 많이 소요됩니다. 어찌 해야 하는지요?

A 중국인이 재외공관에 결혼동거 목적의 비자를 신청할 경우 제출서류 중 하나가 "국민 배우자의 국제결혼 안내 프로그램 이수증"입니다.

그런데 해외에서 45일 이상 교제한 경우 이 프로그램의 이수 면제 대상에 해당되므로 귀하께서도 면제 대상이십니다.

따라서 귀하의 경우 이수증 대신 면제 대상임을 입증하는 서류(중국에 거주함을 증명하는 서류 등)를 제출하시면 됩니다. 아마도 재외공관의 접수 창구에서 오해가 있었던 것으로 생각됩니다.

■ 외국인 배우자의 비자 신청은 어떻게 하나요?

Q 저의 아내는 몽골사람입니다. 한국과 몽골에 혼인신고는 다되어 있습니다. 이제 초청을 하려고 하는데 제가 출입국관리사무소가서 서류를 준비해서 접수를 하면 되는 건가요? 초청장, 신원보증서, 혼인관계증명서, 가족관계증명서, 재정관련 입증서류, 여권비자 찍힌 부분 복사해서 접수를 하면 되나요? 사증발급신청서는 아내가 몽골에서 접수 하는 걸로 알고 있는데자세한 서류 접수 절차를 알고 싶습니다. 국제결혼 안내 프로그램은 같은회사에서 3년 정도 근무했고 안산에서 3년 간 동거를 했습니다. 그럼 면제가 되나요? 아내 경력증명서는 회사에 신청하였고 휴대폰에 같이 찍은 사진도 있습니다.

A 귀하의 부인께서 먼저 주몽골한국대사관에 결혼동거 목적의 비자(F-2)를 신청하는데 필요한 서류들을 알아보셔야 합니다.

그러면 귀하의 부인이 준비할 서류들과 귀하께서 준비해야 할 서류들을 구분해서 귀하께서 서류를 부인께 보내드리면 부인이 모든 서류를 모아서 주몽골한국대사관에 비자를 신청하시는 것입니다.

귀하의 국제결혼 안내 프로그램 이수증도 비자 신청 시 필요한 서류들 중 하나인데, 귀하의 배우자께서 국내에서 합법적으로 외국인등록증을 소지하고 체류 중 91일 이상 귀하와 교제하였음을 입증한다면 본 이수증과 건강진단서, 범죄경력증명서, 신용정보조회서들은 제출하지 않으셔도 됩니다.(교제입증서류로는 귀하와 부인께서 같은 회사에 근무했음을 확인해주는 경력증명서, 인우확인서 등을 제출하여 귀하께서 국제결혼 안내 프로그램 면제 대상자임을 보여주시면 됩니다)

■ 중국인 배우자를 초청하는 방법은 어떻게 됩니까?

Q 중국인 신부를 얻었습니다. 그런데 서류기간이 너무 길어서 초청을 하려합니다. 방법이 있으면 가르쳐 주세요

A 귀하께서 중국인 배우자를 초청하신다는 것은 곧 귀하의 배우자께서 중국에 있는 우리나라 대사관(영사관)에 결혼동거 목적의 비자발급을 신청 시 귀하의 관련 서류를 함께 제출하셔야 하는 것입니다.

먼저 귀하의 배우자께서 비자를 신청하고자 하는 재외공관에서 필요한 서류를 안내받은 후 귀하께서 보내주셔야 할 서류들을 귀하의 배우자께 보내드리면, 귀하의 배우자께서는 재외공관에 비자발급을 신청하여 결혼동거 목적의 비자를 발급받아 입국하는 것입니다.

귀하께서 국제결혼 안내 프로그램을 이수하지 않으셨다면 면제 대상인 경우를 제외하고는 본 프로그램을 이수하여야 합니다.

2-3. 체류

2-3-1. 결혼이민자의 체류자격

① 국민의 배우자 자격

ⓐ 외국인이 대한민국 국민과 결혼하게 되면 국민의 배우자로서의 지위를 가지게 됩니다.

ⓑ 따라서, 외국인이 대한민국 국민과 대한민국에서 결혼한 경우에는 기존의 국내 체류자격을 국민의 배우자에게 주어지는 체류자격인 결혼이민(F-6)자격으로 변경신청할 수 있습니다. 다만, 외국에서 결혼한 경우에는 바로 결혼이민(F-6)자격 사증으로 입국하게 되므로 별도로 변경 신청이 필요 없습니다(「출입국관리법」 제24조 및 「출입국관리법 시행령」 별표1의2 제27호).

② 결혼이민(F-6)자격

결혼이민(F-6)자격을 가질 수 있는 사람은 다음과 같습니다(「출입국관리법 시행령」 제12조 및 별표 1의2 제27호).

1. 국민의 배우자

2. 국민과 혼인관계(사실상의 혼인관계를 포함)에서 출생한 자녀를 양육하고 있는 부 또는 모로서 법무부장관이 인정하는 사람

3. 국민인 배우자와 혼인한 상태로 국내에 체류하던 중 그 배우자의 사망이나 실종, 그 밖에 자신에게 책임이 없는 사유로 정상적인 혼인관계를 유지할 수 없는 사람으로서 법무부장관이 인정하는 사람

2-3-2. 대한민국 국민의 배우자로서의 체류자격 취득

① 결혼이민(F-6)자격의 의의

ⓐ 결혼이민(F-6)자격은 대한민국 국민과 결혼한 외국인이 가질 수 있는 체류자격입니다(「출입국관리법 시행령」 제12조 및 별표 1의2 제27호 가목).

ⓑ 결혼이민(F-6)자격은 취업활동에 제한이 없고, 결혼이민(F-6)자격으로 2년 이상 대한민국에 체류하면 영주(F-5)자격으로 변경신청을 할 수 있습니다(「출입국관리법 시행령」 제

12조 및 별표 1의3 제2호).

② 체류자격 변경허가의 신청

ⓐ 신청 기관

기존의 체류자격을 결혼이민(F-6)자격으로 변경하려는 경우 체류자격 변경허가의 신청은 본인 또는 대리인이 관할 지방출입국 또는 외국인관서에서 할 수 있습니다(「출입국관리법」 제24조제1항).

ⓑ 신청 서류

체류자격 변경허가를 받으려는 사람은 다음의 구분에 따라 체류자격변경허가신청서에 다음의 서류를 첨부해서 청장·사무소장 또는 출장소장에게 제출해야 합니다(「출입국관리법 시행령」 제30조제1항, 별표 1의2, 규제「출입국관리법 시행규칙」 제76조제2항, 제9조의4제2항 및 별표 5의2).

구분	첨부서류
국민의 배우자	1. 혼인성립 증명 서류 2. 한국인 배우자의 가족관계증명서 및 기본증명서 3. 소득요건 입증서류 4. 초청인의 신용정보조회서(한국신용정보원이 발행한 것을 말함) 5. 한국인 배우자의 신원보증서(최소 보증기간은 2년으로 함) 6. 외국인 배우자 초청장 7. 외국인 배우자의 결혼배경 진술서 8. 주거요건 입증서류 9. 한국어 구사요건 관련 입증서류 **※ 국제결혼 안내 프로그램 이수 대상자는 다음의 서류를 추가로 제출해야 함** 1. 국적국 또는 거주국의 관할 기관이 발급한 혼인당사자의 범죄경력에 관한 증명서 2. 혼인당사자의 건강진단서(후천성면역결핍증 및 성병감염, 결핵감염 및 정상적인 결혼생활에 지장을 초래할 수 있는 정신질환 여부 등에 대한 사항 포함)
국민과 혼인관계(사실상의 혼인관계를 포함)에서 출생한 자녀를 양육하고 있는 부 또는 모로서 법무부장관이 인정하는 사람	1. 가족관계기록에 관한 증명서(국민과 사실상 혼인관계임을 증명할 수 있는 서류 포함) 2. 자녀양육을 증명할 수 있는 서류
국민인 배우자와 혼인한 상태로 국내에 체류하던 중 그 배우자의 사망이나 실종, 그 밖에 자신에게 책임이 없는 사유로 정상적인 혼인관계를 유지할 수 없는 사람으로서 법무부장관이 인정하는 사람	사망·실종 사실을 증명할 수 있는 서류 또는 그 밖에 본인의 귀책사유 없이 혼인관계가 단절되었음을 증명할 수 있는 서류

2-3-3. 영주(F-5) 체류자격의 취득

① 결혼이민(F-6)자격을 가지고 있던 외국인이 결혼 후 2년이 지나면 귀화절차를 밟아 대한민국의 국적을 취득할 수 있지만, 본인의 국적을 계속 유지하고 싶은 경우 대한민국 국적을 취득하지 않고 대한민국 국민의 지위에 가장 가까운 체류자격인 영주(F-5)자격으로 체류자격을 변경할 수 있습니다(「출입국관리법」 제24조 및 「출입국관리법 시행령」 별표 1의3).

② 영주(F-5)자격을 가지면 다음과 같은 혜택이 있습니다.

1. 영주(F-5)자격 존속기간까지 체류기간 연장허가 신청을 하지 않아도 됩니다.

2. 출국한 날부터 2년 이내에 재입국하려는 사람은 재입국허가 신청이 면제됩니다(「출입국관리법」 제30조제1항 단서 및 「출입국관리법 시행규칙」 제44조의2제1항제1호).

3. 영주(F-5)자격 취득 후 3년이 경과한 19세 이상의 외국인으로 선거인명부작성기준일 현재 해당 지방자치단체의 외국인등록대장에 등재된 자는 그 구역에서 선거하는 지방자치단체의 의회의원 및 지방자치단체장의 선거권이 있습니다(「공직선거법」 제15조제2항제3호).

4. 아래에 해당되는 경우를 제외하고는 대한민국에서 강제퇴거를 당하지 않습니다(「출입국관리법」 제46조제2항).

  가. 「형법」상 내란의 죄 또는 외환의 죄를 범한 경우

  나. 5년 이상의 징역 또는 금고의 형을 선고 받고 석방된 경우

  다. 영리목적으로 외국인을 불법으로 집단 입국시키거나 대한민국으로부터 불법으로 집단 출국시키는 행위를 한 사람 또는 이를 알선하거나 교사 또는 방조한 사람

5. 취업에 제한이 없고, 대한민국 내에서 자유로운 경제활동을 보장받습니다.

2-3-4. 영주(F-5)자격의 신청

① 다문화가족 구성원 중 다음에 해당하는 사람은 영주(F-5)의 자격을 신청 할 수 있습니다(「출입국관리법 시행령」 별표 1의3 제1호·제2호)

1. 대한민국 「민법」에 따른 성년으로서 주재(D-7)부터 특정활동(E-7)까지의 체류자격이나 거주(F-2) 체류자격으로 5년 이상 대한민국에 체류하고 있는 사람

2. 국민 또는 영주자격(F-5)을 가진 사람의 배우자 또는 미성년 자녀로서 대한민국에 2년 이상 체류하고 있는 사람

3. 대한민국에서 출생한 것을 이유로 체류자격 부여 신청을 한 사람으로서 출생 당시 그의 부 또는 모가 영주자격(F-5)으로 대한민국에 체류하고 있는 사람

중 법무부장관이 인정하는 사람

② 신청 서류

체류자격 변경허가를 신청하려면 체류자격변경허가신청서에 다음의 서류를 첨부해서 법무부장관에게 변경허가 신청을 해야 합니다(「출입국관리법 시행령」 제30조제1항, 「출입국관리법 시행규칙」 제76조제2항제6호 및 별표 5의2).

1. 영주(F-5) 체류자격에 해당됨을 증명하는 서류
2. 국적국의 권한 있는 기관이 발급한 공적 문서
3. 국적국 내에서의 범죄경력이 포함되어 있는 증명서

③ 영주(F-5)자격 부여 제한 대상

「출입국관리법」 제46조제1항에 해당하는 사람은 영주자격 신청을 할 수 없습니다(「출입국관리법 시행령」 별표 1의3).

2-3-5. 그 밖에 체류 관련 사항

① 외국인등록

ⓐ 외국인등록 대상자

외국인이 입국한 날부터 90일을 초과해서 대한민국에 체류하게 되는 경우에는 입국한 날부터 90일 이내에 그의 체류지를 관할하는 지방출입국 또는 외국인관서에 가서 외국인등록을 해야 합니다(「출입국관리법」 제31조제1항 본문).

ⓑ 외국인등록증 휴대 및 제시

대한민국에 체류하는 외국인은 항상 여권 또는 외국인등록증을 휴대해야 합니다(「출입국관리법」 제27조제1항). 외국인은 출입국관리공무원 또는 권한 있는 공무원으로부터 여권 또는 외국인등록증의 제시를 요구받는 경우에는 이를 제시해야 합니다(「출입국관리법」 제27조제2항).

ⓒ 외국인등록증의 반납

㉠ 외국인등록을 한 외국인은 다음의 어느 하나에 해당하는 경우를 제외하고는, 출국하는 때에 출입국관리공무원에게 외국인등록증을 반납해야 합니다(「출입국관리법」 제37조제1항).

1) 재입국허가를 받고 일시 출국했다가 그 허가기간 내에 다시 입국하는 경우
2) 복수사증소지자 또는 재입국허가 면제대상 국가의 국민으로서 일시 출국했다가 허가된 체류기간 내에 다시 입국하는 경우
3) 난민여행증명서를 발급받고 일시 출국했다가 그 유효기간 내에 다시 입국하는 경우

㉡ 또한 외국인등록을 한 외국인이 대한민국 국민으로 되거나 사망한 경우 또는 「출입국관리법」 제31조제1항의 외국인등록 면제대상이 된 경우(「출입국관리법」 제2항에 따라 외국인등록을 한 경우는 제외함)에는 체류지 관할 지방출입국 또는 외국인관서에 외

국인등록증을 반납해야 합니다(「출입국관리법」 제37조제2항 및 「출입국관리법 시행령」 제46조제2항).

ⓓ 외국인등록사항의 말소

지방출입국·외국인관서의 장은 외국인등록을 한 외국인이 다음의 어느 하나에 해당하는 경우에는 「출입국관리법」 제32조에 따른 외국인등록사항을 말소할 수 있습니다(「출입국관리법」 제37조의2제1항).

1) 외국인등록증을 반납한 경우

2) 출국 후 재입국허가기간(재입국허가를 면제받은 경우에는 면제받은 기간 또는 체류허가기간) 내에 입국하지 않은 경우

3) 그 밖에 출입국관리공무원이 직무수행 중 위에 준하는 말소 사유를 발견한 경우

2-3-6. 체류기간 연장허가

① 외국인이 체류자격별로 정해진 체류기간을 초과해서 계속 체류하려는 경우에는 체류기간이 끝나기 전에 체류기간연장허가신청서와 다음의 서류를 지방출입국 또는 외국인관서에 제출함으로써 법무부장관의 허가를 받아야 합니다(「출입국관리법」 제25조, 「출입국관리법 시행령」 제31조제1항 및 「출입국관리법 시행규칙」 별지 제42호서식).

1. 여권 및 외국인등록증

2. 혼인관계증명서

3. 배우자의 주민등록등본

4. 배우자의 신원보증서

② 「가정폭력범죄의 처벌 등에 관한 특례법」 제2조제1호의 가정폭력을 이유로 법원의 재판, 수사기관의 수사 또는 그 밖의 법률에 따른 권리구제 절차가 진행 중인 대한민국 국민의 배우자인 외국인이 체류기간 연장허가를 신청한 경우에는 그 권리구제 절차가 종료할 때까지 법무부장관으로부터 체류기간 연장을 허가받을 수 있습니다(「출입국관리법」 제25조의2제1항).

③ 위 규정에 따른 체류 연장기간 만료 이후에도 피해 회복 등을 위하여 필요하다고 인정되는 경우에는 법무부장관으로부터 체류기간 연장허가를 받을 수 있습니다(「출입국관리법」 제25조의2제2항).

2-3-7. 체류지 변경신고

외국인등록을 한 외국인이 체류지를 변경한 경우에는 새로운 체류지로 전입한 날부터 14일 이내에 새로운 체류지를 관할하는 시·군·구 또는 읍·면·동의 장이나

지방출입국 또는 외국인관서에 가서 전입신고를 해야 합니다(「출입국관리법」 제36조제1항).

■ 국외 체류 중인 외국인 배우자의 체류기간 연장은 어떻게 하나요?

Q 외국인 와이프를 두고 있는 사람입니다. 와이프는 지난 4월 F-2 비자로 필러핀에서 입국하여 거주하고 있는 상태입니다. 제가 다니고 있는 회사에서 인도네시아로 발령을 내서 오는 1월에 출국 예정입니다. 다시 비자를 반환하고 다시 신청을 해야 할지, 이 비자를 유지할 수 있는 방법이 있는지, 확인 부탁드립니다. F-2비자를 반환하고 추후 입국 시 다시 받기 위해서는 기존에 필요했던 서류 그대로, 필러핀 주재 한국대사관에서 받아야 하는 건지요? 아니면 인도네시아 주재 한국 대사관에서 할 수 있는 간략한 방법이 있는 건지요? 참고로 2년 이상 거주 예정입니다.

A 방법은 두 가지입니다. 한 가지 방법은 체류기간 만료일 이전에 귀하의 배우자가 입국하여 거주지 관할 출입국관리사무소(출장소)에 체류기간 연장허가를 신청하여 허가를 받는 방법이고, 다른 방법은 체류기간 만료 후 입국하고자 할 때 다시 재외공관(본국인 필리핀 또는 거주국인 인도네시아 주재 공관)에서 결혼동거 목적의 비자를 받고 입국하여 다시 외국인등록을 하는 것입니다. 어느 방법이든 귀하와 배우자께서 판단해서 선택하시면 됩니다.

■ 외국인 배우자의 체류기간 연장허가는 어떻게 신청하나요?

Q 저의 집사람 체류연장에 관하여 글을 적습니다. 체류기간 만료일은 2012년 2월이고 현재 임신 중입니다. 연장서류는 무엇을 준비해야 하고 언제부터 접수가 가능한지요. 또한 집사람과 꼭 동행을 해야 하는지요?

A 체류기간 연장허가 신청은 귀하의 배우자께서 하시는 것입니다. 간혹 심사에 필요 시 배우자의 동반이 요구되기도 합니다. 출산 등으로 신청하기가 어려우신 경우 위임장 등을 가지고 귀하께서 대리로 신청하실 수도 있습니다.

신청 시 필요한 서류로는 여권, 외국인등록증, 주민등록등본, 혼인관계증명서, 수수료 2만원이며, 필요한 경우 제출서류는 가감될 수 있습니다.

신청시기는 체류기간 만료일 2개월 전부터 만료일까지 신청하시면 되고, 출산 등의 사유를 입증하면 그보다 미리 신청하실 수도 있습니다.

■ 단기 비자로 입국한 외국인 배우자의 체류기간 연장은 어떻게 하나요?

Q 영국인과 결혼을 했는데 영국인 배우자가 한국에서 생활하려면 어떻게 어떤 절차를 거쳐야 하는지 알고 싶습니다. 지금은 그냥 단기 비자로 한국에 와 있고요, 혼인신고까지 해 놓은 상태입니다. 이후에는 어떻게 해야 하는지요? 영국에 가서 한국대사관에서 결혼비자로 받고 입국해야한다고 하는데, 한국에서 할 수 있는 방법은 없나요? 만약 한국대사관에 가야한다면, 어떤 서류를 준비해서 가야 하는지 구체적으로 알고 싶습니다. 처음 접하는 일이라 뭘 어떻게 해야 할지 도무지 모르겠어요.

A 귀하의 배우자께서 결혼동거 목적으로 국내에서 장기 체류하기 위해서는 재외공관에서 결혼동거 목의 비자를 받아 입국 후 거주지 관할 출입국관리사무소(출장소)에서 체류기간 연장허가 및 외국인등록을 신청하셔야 합니다.

비자발급 신청은 영국 주재 한국대사관이 아닌 가까운 재외공관에서도 신청이 가능할 수 있으니 신청하시고자 하는 재외공관에 문의하셔서 필요한 서류 등을 안내받으시기 바랍니다.

2-4. 국적 취득

2-4-1. 국적 취득

대한민국 국적을 취득한 사실이 없는 외국인은 법무부장관의 귀화허가(歸化許可)를 받아 대한민국 국적을 취득할 수 있고, 귀화허가에는 일반귀화, 간이귀화 및 특별귀화가 있습니다(「국적법」 제4조제1항, 제5조, 제6조 및 제7조).

2-4-2. 일반귀화

외국인이 귀화허가를 받기 위해서는 다음의 요건을 갖추어야 합니다(「국적법」 제5조).

1. 5년 이상 계속하여 대한민국에 주소가 있을 것
2. 성년(만 19세 이상) 일 것
3. 법령을 준수하는 등 「국적법 시행령」 제5조의2에서 정하는 품행 단정의 요건을 갖출 것
4. 자신의 자산(資産)이나 기능(技能)에 의하거나 생계를 같이하는 가족에 의존하여 생계를 유지할 능력이 있을 것
5. 국어능력과 대한민국의 풍습에 대한 이해 등 대한민국 국민으로서의 기본 소양(素養)을 갖추고 있을 것
6. 대한민국에서 영주할 수 있는 체류자격을 가지고 있을 것
7. 귀화를 허가하는 것이 국가안전보장·질서유지 또는 공공복리를 해치지 않는다고 법무부장관이 인정할 것

2-4-3. 간이귀화

① 대한민국에 3년 이상 계속하여 주소가 있는 외국인이 다음의 어느 하나에 해당하면 5년 이상 계속하여 대한민국에 주소가 있지 않아도 귀화허가를 받을 수 있습니다(「국적법」 제6조제1항).

1. 부(父) 또는 모(母)가 대한민국의 국민이었던 사람
2. 대한민국에서 출생한 자로서 부 또는 모가 대한민국에서 출생한 사람
3. 대한민국 국민의 양자(養子)로서 입양 당시 성년이었던 사람

② 배우자가 대한민국의 국민인 외국인이 다음의 어느 하나에 해당하면 5년 이상 계속하여 대한민국에 주소가 있지 않거나 대한민국에서 영주할 수 있는 체류자격을 가지고 있지 않아도 귀화허가를 받을 수 있습니다(「국적법」 제6조제2항 및 제5조제1호·제1호의2).

1. 그 배우자와 혼인한 상태로 대한민국에 2년 이상 계속하여 주소가 있는 사람

2. 그 배우자와 혼인한 후 3년이 지나고 혼인한 상태로 대한민국에 1년 이상 계속하여 주소가 있는 사람

3. 1.이나 2.의 기간을 채우지 못하였으나, 그 배우자와 혼인한 상태로 대한민국에 주소를 두고 있던 중 그 배우자의 사망이나 실종 또는 그 밖에 자신에게 책임이 없는 사유로 정상적인 혼인 생활을 할 수 없었던 사람으로서 위의 잔여기간을 채웠고 법무부장관이 상당(相當)하다고 인정하는 사람

4. 1.이나 2.의 요건을 충족하지 못하였으나, 그 배우자와의 혼인에 따라 출생한 미성년의 자(子)를 양육하고 있거나 양육해야 할 사람으로서 위의 기간을 채웠고 법무부장관이 상당하다고 인정하는 사람

2-4-4. 특별귀화

다음의 어느 하나에 해당하는 외국인이 대한민국에 주소가 있는 경우는 ① 5년 이상 계속하여 대한민국에 주소가 있을 것, ② 대한민국에서 영주할 수 있는 체류자격을 가지고 있을 것 ③ 성년일 것 또는 ④ 자신의 자산(資産)이나 기능(技能)에 의하거나 생계를 같이하는 가족에 의존하여 생계를 유지할 능력이 있을 것의 요건을 갖추지 않아도 귀화허가를 받을 수 있습니다(「국적법」 제7조제1항, 제5조제1호·제1호의2·제2호·제4호).

1. 부 또는 모가 대한민국의 국민인 사람(다만, 양자로서 대한민국의 성년이 된 후에 입양된 사람은 제외)

2. 대한민국에 특별한 공로가 있는 사람

3. 과학·경제·문화·체육 등 특정 분야에서 매우 우수한 능력을 보유한 사람으로서 대한민국의 국익에 기여할 것으로 인정되는 사람

4. 특별귀화 요건에 해당하는 사람은 귀화를 허가받으려면 대통령의 승인을 받아야 합니다(「국적법」 제7조제2항).

2-4-5. 신청절차와 심사 등

① 귀화허가의 신청

외국인이 귀화허가를 받으려면 귀화허가 신청서를 작성하여 출입국·외국인청장, 출입국·외국인사무소장, 출입국·외국인청 출장소장 또는 출입국·외국인사무소 출장소장에게 제출해야 합니다(「국적법」 제4조제5항, 「국적법 시행령」 제3조 및 「국적법 시행규칙」 별지 제2호서식).

② 귀화허가 신청에 대한 심사

ⓐ 법무부장관은 간이귀화 요건에 관한 다음의 구분에 따른 사항을 심사하기 위해 증명서류를 제출하게 하거나 거주지를 현지 조사하는 등 적절한 방법으로 귀화 요건을 갖추었는지 확인해야 합니다(「국적법」 제4조제5항 및 「국적법 시행령」 제4조제2항).

구 분	요 건
① 그 배우자와 혼인한 상태로 대한민국에 2년 이상 계속하여 주소가 있는 자	배우자와 정상적인 혼인관계를 유지하고 있는지 여부
② 그 배우자와 혼인한 후 3년이 지나고 혼인한 상태로 대한민국에 1년 이상 계속하여 주소가 있는 자	배우자와 정상적인 혼인관계를 유지하고 있는지 여부
①과 ②의 기간을 채우지 못하였으나, 그 배우자와 혼인한 상태로 대한민국에 주소를 두고 있던 중 그 배우자의 사망이나 실종 또는 그 밖에 자신에게 책임이 없는 사유로 정상적인 혼인 생활을 할 수 없었던 자로서 위의 잔여기간을 채웠고 법무부장관이 상당(相當)하다고 인정하는 자	정상적인 혼인생활을 유지할 수 없었던 사유
①과 ②의 요건을 충족하지 못하였으나, 그 배우자와의 혼인에 따라 출생한 미성년의 자(子)를 양육하고 있거나 양육해야 할 자로서 ①과 ②의 기간을 채웠고 법무부장관이 상당하다고 인정하는 자	자녀의 양육에 관한 사항

ⓑ 귀화적격심사는 「출입국관리법 시행령」 제48조제2항제3호에 따른 종합평가와 면접심사로 시행합니다(「국적법 시행령」 제4조제3항본문).

ⓒ 면접심사에서는 국어능력 및 대한민국 국민으로서의 자세와 자유민주적 기본질서에 대한 신념 등 대한민국 국민으로서 갖춰야 할 기본요건을 심사합니다(「국적법 시행규칙」 제4조제4항).

ⓓ 다만, 다음의 사람에 대해서는 종합평가 또는 면접심사를 면제할 수 있습니다(「국적법 시행령」 제4조제3항단서 및 「국적법 시행규칙」 제4조제1항·제3항).

구 분	요 건
종합평가 면제	·미성년자 ·만 60세 이상인 사람 ·대한민국에 특별한 공로가 있는 사람 또는 과학·경제·문화·체육 등 특정 분야에서 매우 우수한 능력을 보유한 자로서 대한민국의 국익에 기여할 것으로 인정되는 사람 ·사회통합프로그램을 이수한 사람 ·귀화허가 신청일을 기준으로 최근 3년 이내에 귀화허가 종합평가에서 100점을 만점으로 하여 60점 이상을 득점한 사람 ·그 밖에 법무부장관이 인정하는 특별한 사유가 있는 사람

면접심사 면제	·국적을 회복한 사람의 배우자로서 만 60세 이상인 사람 ·귀화허가 신청 당시 만 15세 미만인 사람 ·사회통합프로그램을 이수한 사람 중 종합평가에서 100점을 만점으로 하여 60점 이상을 득점한 사람 ·그 밖에 법무부장관이 인정하는 특별한 사유가 있는 사람

ⓔ 귀화허가 신청자는 귀화허가 신청일부터 1년 이내에 종합평가에 응시하여 그 결과를 제출(정보통신망에 따른 제출을 포함)해야 합니다(『국적법 시행령』 제4조제4항).

ⓕ 귀화허가 신청자에 대한 조회·조사·확인 결과 및 귀화허가 신청 시 제출 서류 등의 심사 결과 귀화 요건을 갖추지 못한 것으로 인정되는 신청자에 대해서는 종합평가와 면접심사를 실시하지 않을 수 있습니다(『국적법 시행령』 제4조제5항).

ⓖ 귀화허가 신청자가 다음의 어느 하나에 해당하는 경우에는 귀화허가를 받을 수 없습니다(『국적법 시행령』 제4조제6항).

1) 종합평가나 면접심사의 실시·면제 여부를 불문하고, 신청자에 대한 조회·조사·확인 결과 및 귀화허가 신청 시 제출 서류 등의 심사 결과 귀화 요건을 갖추지 못한 것으로 인정되는 경우

2) 종합평가에서 100점을 만점으로 하여 60점 미만을 득점하거나, 귀화허가 신청일부터 1년 이내에 종합평가 결과를 제출하지 않은 경우

3) 면접심사에서 부적합평가를 받은 경우

■ 대한민국으로 시집 온 지 4년이 지났습니다. 대한민국 국적을 취득하려면 어떻게 해야 하나요?

Q 대한민국으로 시집 온 지 4년이 지났습니다. 대한민국 국적을 취득하려면 어떻게 해야 하나요?

A 대한민국 국적을 취득한 사실이 없는 외국인은 법무부장관의 귀화허가(歸化許可)를 받아 대한민국 국적을 취득할 수 있습니다. 귀화방법에는 일반귀화, 간이귀화 및 특별귀화가 있는데 질문자의 경우 간이귀화의 방법으로 보다 용이하게 대한민국 국적을 취득할 수 있습니다.

◇ 간이귀화 요건

배우자가 대한민국의 국민인 외국인이 다음 어느 하나에 해당하면 5년 이상 계속하여 대한민국에 주소가 있지 않아도 귀화허가를 받을 수 있습니다.

1. 그 배우자와 혼인한 상태로 대한민국에 2년 이상 계속하여 주소가 있는 사람

2. 그 배우자와 혼인한 후 3년이 지나고 혼인한 상태로 대한민국에 1년 이상 계속하여 주소가 있는 사람

3. 1.이나 2.의 기간을 채우지 못하였으나, 그 배우자와 혼인한 상태로 대한민국에 주소를 두고 있던 중 그 배우자의 사망이나 실종 또는 그 밖에 자신에게 책임이 없는 사유로 정상적인 혼인 생활을 할 수 없었던 사람으로서 1.이나 2.의 잔여기간을 채웠고 법무부장관이 상당(相當)하다고 인정하는 사람

4. 1.이나 2.의 요건을 충족하지 못하였으나, 그 배우자와의 혼인에 따라 출생한 미성년의 자(子)를 양육하고 있거나 양육해야 할 사람으로서 1.이나 2.의 기간을 채웠고 법무부장관이 상당하다고 인정하는 사람

■ 귀화신청을 하려면 한국에 들어가서 1년 이상 체류해야 자격이 되는지 아니면 이전의 체류 기간으로 인정이 되는지요?

Q 외국인 남편과 2005년 결혼해서 한국에서 3년 2개월을 살다가 현재 외국에 체류 중 입니다. 남편의 귀화신청을 하려면 다시 한국에 들어가서 1년 이상 체류해야 자격이 되는지 아니면 이전의 체류 기간으로 인정이 되는지요?

A 간이귀화(혼인동거) 거주요건은 배우자와 혼인한 상태로 대한민국에 2년이상 계속하여 주소가 있는 자, 또는 배우자와 혼인한 후 3년이 지나고 혼인한 상태로 대한민국에 1년 이상 계속하여 주소가 있는 자 입니다. 현재 체류와는 상관없이 혼인 후 거주기간 요건이 되시면 국적신청이 가능합니다.

대한민국 국민과 혼인하여 귀화허가를 신청한 사람에 대하여는 관계법령 국적법 시행령 제4조(귀화허가 신청에 대한 심사)에 따라 자격요건조사(서류심사 및 출입국관리사무소 체류동향조사)와 귀화허가 여부 결정을 위한 적격심사(범죄경력 조회 등)을 거쳐 허가 여부를 결정하게 되며 이러한 일련의 심사를 진행하는데 현재 혼인귀화(유자녀)의 경우 11개월~14개월, 혼인귀화(무자녀)의 경우 26개월~30개월이 소요되고 있습니다.

3. 다문화가족생활

3-1. 국내정착

3-1-1. 사회적응 지원

3-1-1-1. 다문화에 대한 이해 증진

국가 및 지방자치단체는 국민과 재한외국인이 서로의 역사·문화 및 제도를 이해하고 존중할 수 있도록 교육, 홍보, 불합리한 제도의 시정이나 그 밖에 필요한 조치를 하기 위해 노력해야 합니다(『재한외국인 처우 기본법』 제18조).

3-1-1-2. 사회적응 지원

① 재한외국인은 대한민국에서 생활하는데 필요한 기본적 소양과 지식에 관한 교육·정보제공 및 상담 등의 지원을 받을 수 있습니다(『재한외국인 처우 기본법』 제11조).

② 국적취득 후 사회적응

재한외국인이 대한민국의 국적을 취득한 경우에는 국적을 취득한 날부터 3년이 경과하는 날까지 다음의 혜택을 받을 수 있습니다(『재한외국인 처우 기본법』 제12조 제1항·제3항 및 제15조).

1. 결혼이민자에 대한 국어교육
2. 대한민국의 제도·문화에 대한 교육
3. 결혼이민자의 자녀에 대한 보육 및 교육 지원
4. 의료 지원
5. 건강검진

③ 대한민국 국민과 사실혼(事實婚) 관계에서 출생한 자녀를 양육하고 있는 재한외국인 및 그 자녀도 위의 혜택을 받을 수 있습니다(『재한외국인 처우 기본법』 제12조 제2항).

④ 사회통합 프로그램

이민자가 국내생활에 필요한 정보들을 체계적으로 습득할 수 있도록 한국어과정, 한국사회이해과정 등으로 구성되어 있습니다. 지정된 기관에서 이를 이수 시 국적취득 필기·면접시험 면제 등의 편의를 제공합니다.

⑤ 정보통신제품의 지원

국가기관과 지방자치단체는 경제적, 지역적, 신체적 또는 사회적 제약에 따라 정보를 이용하기 어려운 사람으로서 결혼이민자 등에게 다음의 사항을 종합적으로 고려하여 유상 또는 무상으로 정보통신제품을 제공할 수 있습니다(『국가정보화 기본법」 제34조제3호, 「국가정보화 기본법 시행령」 제33조제1항제3호 및 제2항).

1. 정보통신제품의 활용성
2. 지원대상자의 정보통신제품 활용 능력
3. 지원대상자의 경제적 여건

⑥ 외국인에 대한 민원 안내 및 상담

전화 또는 전자통신망을 이용하여 재한외국인과 대한민국에 체류하는 외국인은 외국인종합안내센터를 통해 외국어로 민원을 안내·상담을 받을 수 있습니다(「재한외국인 처우 기본법」 제20조제2항 및 「재한외국인 처우 기본법 시행령」 제16조).

3-1-2. 다문화가족 지원 정보 제공

대한민국에서 생활하는데 필요한 기본적 정보(아동·청소년에 대한 학습 및 생활지도 관련 정보를 포함)를 다문화가족지원 관련 정책정보, 이민자 정착 성공사례, 어린이집 등의 기관 소개, 한국문화 소개 등을 수록한 생활안내책자 등을 통해 제공받을 수 있습니다(「다문화가족지원법」 제6조제1항 및 「다문화가족지원법 시행령」 제11조제1항).

3-1-3. 교육지원
3-1-3-1. 한국어 교육

① 결혼이민자 등은 언어소통 능력 향상을 위한 한국어교육 등을 지원 받을 수 있습니다 (「다문화가족지원법」 제6조제1항).

② 거주지 및 가정환경 등에 따라 교육 서비스에서 소외되는 결혼이민자 등과 배우자 및 그 가족 구성원은 방문교육이나 원격교육 등 다양한 방법으로 교육을 지원 받을 수 있습니다 (「다문화가족지원법」 제6조제3항).

③ 한국생활을 원활하게 하고 한국문화를 이해하기 위해서는 한국어를 배우는 것이 필수적입니다. 외국인들이 한국어를 무료로 배울 수 있는 기관들이 많이 있으며, 온라인 한국어 교육 프로그램도 늘어나고 있어 원하는 시간에 집에서도 손쉽게 한국어 교육을 받을 수 있습니다.

④ 온라인 교육

1. 누리세종학당 한국어 교육 동영상, 교재 제공
2. 고려사이버대학교 배움 캠페인
3. 재외동포재단 한국어 학습, 한국문화 등 제공
4. 국립국제교육원 KBS, 배재대, 서강대 등 한국어 사이트 안내

⑤ 오프라인 교육

1. 하이코리아 홈페이지에서 전국 지역별 오프라인 한국어 교육기관을 찾아보실 수 있습니다.

2. 해당 지역 다문화가족지원센터 홈페이지에서 한국어교실 수강모집 참고하시기 바랍니다.

3-1-3-2. 그 밖의 교육

① 가족교육

1. 이중언어 환경조성프로그램과 다문화가족 학령기 자녀입학 및 입시 정보제공

2. 가족의사소통프로그램, 가족관계향상 프로그램, 결혼과 가족의 이해, 가족의 의미와 역할, 아버지 교육, 부모-자녀관계 및 자긍심향상프로그램, 자녀교육프로그램, 부모역할교육, 자녀건강지도, 자녀생활지도 및 자녀성장지원사업 등

② 성평등·인권 교육

1. 이주여성 대상 프로그램

2. 이주여성과 한국인 배우자 대상 프로그램 등

3. 다문화가족 관련법과 제도, 이주민과 인권

③ 사회통합교육

1. 취업기초소양교육과 취업훈련 전문기관 연계(워크넷, 새일센터)

2. 다문화가족 나눔봉사단 소양교육과 다문화가족 나눔봉사단 활동

④ 상담교육

1. 가족상담

2. 개인상담, 집단상담, 사례관리, 위기가족 긴급지원, 외부상담기관 연계 등

3-1-3-3. 정보격차해소교육

국가기관과 지방자치단체는 국가의 부담으로 정보격차해소교육을 할 필요가 있는 결혼이민자 등에 대한 정보격차해소교육 비용의 전부 또는 일부를 부담할 수 있습니다(「국가정보화 기본법」 제35조제2항제4호·제4항 및 「국가정보화 기본법 시행령」 제34조제2항제3호·제4항).

1. 컴퓨터와 인터넷 등에 대한 기본교육

2. 컴퓨터와 인터넷 등을 활용하여 필요한 정보를 검색·가공 및 생산하는 방법에 관한 교육

3. 그 밖에 국가기관이나 지방자치단체가 필요하다고 인정하는 교육

3-1-4. 결혼이민자 통번역서비스사업

3-1-4-1. 주요사업내용

① 한국말이 서툰 결혼이민자의 가족·사회생활에 필요한 의사소통을 지원하기 위한 통·번역서비스 제공

② 베트남어, 중국어, 필리핀어(영어, 따갈로그어), 몽골어, 태국어, 러시아어, 인도네시아어, 캄보디아어, 일본어, 네팔어 등의 통번역서비스 제공합니다.

③ 다문화가족지원센터 내 통번역서비스

   1. 가족생활 및 국가 간 문화차이 등 입국초기 상담

   2. 결혼이민자 정착지원, 국적·체류 관련 정보 제공 및 사업 안내

   3. 임신·출산·양육 등 생활정보 안내 및 상담내용

   4. 교육과정 통역 지원

   5. 가족 간 의사소통 통역

   6. 행정·사법기관 이용 시 통번역

   7. 병원, 보건소, 경찰서, 학교 등 공공기관 이용 시 통번역

   8. 위기 상황 시 긴급 지원

   9. 그 밖에 다문화가족을 직·간접적으로 지원하는 개인 또는 기관에서 의뢰하는 업무 등

④ 모든 서비스는 무료지원을 원칙으로 합니다.

3-1-4-2. 외국인 상담 및 통역 서비스 안내

① 한국건강가정진흥원 ☎02-3479-7600

② 한국외국인노동자지원센터 ☎1644-0644

③ 이주여성긴급지원센터 ☎1577-1366

3-1-5. 기초생활보장제도

① 지원 대상

외국인 등록을 한 사람으로서 다음의 어느 하나에 해당하는 외국인 중 「국민기초생활 보장법」에 따른 급여를 받을 수 있는 자격을 가진 경우에는 수급권자가 될 수 있습니다(「국민기초생활 보장법」 제5조의2 및 「국민기초생활 보장법 시행령」 제4조).

   1. 대한민국 국민과 혼인 중인 사람으로서 다음의 어느 하나에 해당하는 사람

    - 본인 또는 대한민국 국적의 배우자가 임신 중인 사람

- 대한민국 국적의 미성년 자녀(계부자·계모자 관계와 양친자관계 포함)를 양육하고 있는 사람
- 배우자의 대한민국 국적인 직계존속과 생계나 주거를 같이 하는 사람
2. 대한민국 국민인 배우자와 이혼하거나 그 배우자가 사망한 사람으로서 대한민국 국적의 미성년 자녀를 양육하고 있는 사람 또는 사망한 배우자의 태아를 임신하고 있는 사람

② 신청 방법

1. 해당 지역 읍·면 사무소 및 주민센터에서 신청할 수 있습니다.
2. 제출 서류 : 사회복지서비스 및 급여 제공(변경)신청서, 소득재산 신고서, 금융정보 등 제공동의서

3-1-6. 긴급지원 사업

① 긴급지원 사업

본인의 귀책사유 없는 화재, 범죄, 천재지변의 피해자로 국내에 체류하고 있는 외국인 중 긴급지원대상자에 해당하는 사람은 생계지원, 의료지원, 주거지원, 사회복지시설 이용지원, 교육지원, 동절기 연료비 지원, 해산·장제·연료비 지원 등 긴급지원을 받을 수 있습니다.

② 지원 대상

다음의 어느 하나에 해당하는 사람은 긴급지원대상자가 될 수 있습니다(「긴급복지지원법」 제5조의2 및 「긴급복지지원법 시행령」 제1조의2).

1. 대한민국 국민과 혼인 중인 사람
2. 대한민국 국민인 배우자와 이혼하거나 그 배우자가 사망한 사람으로서 대한민국 국적을 가진 직계존비속(直系尊卑屬)을 돌보고 있는 사람
3. 「난민법」 제2조제2호에 따른 난민(難民)으로 인정된 사람
4. 본인의 귀책사유 없이 화재, 범죄, 천재지변으로 피해를 입은 사람
5. 그 밖에 보건복지부장관이 긴급한 지원이 필요하다고 인정하는 사람

③ 신청 방법

시·군·구 및 보건복지콜센터129에서 신청할 수 있습니다.

3-1-7. 생활지원 전화

기관	전화번호	내용
다누리 콜센터	1577-5432	다문화가족 관련 정보 제공 기관안내 및 연계 생활통역 서비스(10개국어) 월~금 09:00 18:00 야간, 주말 및 공휴일에는 이주여성긴급지원센 터 1577-1366으로 자동 연결
국민건강 보험상담	1577-1000	건강보험에 관한 문의 및 상담 서비스 제공 평일 09:00 16:00
대한법률 구조공단	132	무료 법률 상담 서비스 제공 평일 09:00 16:00
한국가정법률 상담소	1644-7077	민사·형사·가사·사건 상담 서비스 제공 평일 10:00 17:00
통역봉사서비스 (bbb코리아)	1588-5644	서비스의뢰인, 외국인, BBB봉사자의 3각 통화 로 이루어지는 24시간 통역 서비스
KT Together 콜센터	080-008-0100	유·무선 통신 서비스 불편사항 처리 및 생활상 담 등 제공 평일 09:00 - 19:00
120 다산콜센터	120	생활정보, 관광정보, 대중교통, 예약서비스 등 상담 서비스 제공 365일 09:00 22:00

3-2. 주택 지원

3-2-1. 국민주택 등 특별공급

① 다문화가족의 구성원으로서 배우자와 3년 이상 같은 주소지에서 거주한 자로서 입주자모집공고일 현재 무주택세대구성원인 자는 관련 기관의 장이 정하는 우선순위 기준에 따라 한 차례에 한정하여 1세대 1주택의 기준으로 국민주택 건설량의 10%의 범위에서 특별공급 받을 수 있습니다. 다만, 시·도지사의 승인을 받은 경우에는 10%를 초과하여 특별공급 받을 수 있습니다(「주택공급에 관한 규칙」 제35조제1항제18호).

② 국민주택의 특별공급에서 무주택세대구성원에 해당되지 않는 사람(「주택공급에 관한 규칙」 제35조제1항제27호의2 참조).

   1. 특별시장·광역시장·특별자치시장·시장·군수 또는 공공주택사업자가 「국가균형발전특별법」에 따른 도시활력증진지역 개발사업 또는 「도시재생 활성화 및 지원에 관한 특별법」 제2조제1항제7호의 도시재생사업과 관련하여 공공임대주

택 또는 도시재생기반시설(「도시재생 활성화 및 지원에 관한 특별법」 제2조제1
항제10호의 시설을 말함)을 공급할 목적으로 취득하는 토지 또는 건축물(이하
이 호에서 "토지 등"이라 함)의 소유자로서 다음의 요건을 모두 충족하는 사람

2. 입주자모집공고일 현재 취득 대상 토지 등 외에 다른 주택을 소유하고 있지
않거나 주거전용면적 85제곱미터 이하 주택 1호 또는 1세대를 소유한 경우

3. 매매계약일 현재 취득 대상 토지 등을 3년 이상 소유한 경우

3-2-2. 신청방법

국민주택 등을 특별공급 받으려는 자는 해당 공동주택의 특별공고문에 명시된 기
준 등을 참고하여, 다음의 서류를 제출하여 신청해야 합니다.

1. 지원신청서1부

2. 개인정보 수집·이용 동의서 1부

3. 무주택 입증서류: 현거주지(전 거주지에서도 무주택이었던 자는 전 거주지 포함)
가옥의 건물 등기부등본 또는 건축물관리대장 등본 1부 또는 무허가건물 확인서

4. 가족관계증명서

5. 주민등록등본

6. 국적취득 확인 서류(주민등록증 사본)

3-3. 취업 지원

3-3-1. 다문화가족 직업교육

① 다문화가족은 대한민국에서 생활하는데 필요한 직업교육·훈련 및 언어소통 능력
향상을 위한 한국어교육 등을 다문화가족지원센터별로 지역환경 및 결혼이민자의
특성 등에 따라 직업교육과 관련한 프로그램을 제공받을 수 있습니다(「다문화가족
지원법」 제6조제1항).

② 다문화가족 취업연계 및 교육지원

- 다문화가족지원센터에서는 결혼이민자, 귀화자와 대한민국 국적취득자로 이루어진
가족을 대상으로 취업기초소양교육을 운영합니다.

- 취업을 위한 자격증, 면허증 등 준비반을 운영하고, 취업관련 기관 간 연계를 지원
합니다.

- 다문화가족지원센터에서는 취업연계 중심의 프로그램을 운영하고 있고, 여성가족부
새로일하기센터에서 결혼이민자의 체계적인 직업훈련을 지원하고 있습니다.

3-3-2. 여성 결혼이민자 취업 지원 사업

구분	대상	신청방법
결혼이민여성 인턴	다문화가족, 여성결혼이민자와 자녀, 한부모가족, 조손가족 등 취약가족의 자녀와 그 보호자	여성새로일하기센터로 신청 (1544-1199)
결혼이민여성 직업교육	여성새로일하기센터에 등록된 구직희망 여성결혼이민자	
새일센터 인턴	취업을 희망하는 여성결혼이민자중 여성새로일하기센터에 구직등록한 자	
세일센터 직업교육훈련	취업을 희망하는 여성결혼이민자 중 여성새로일하기센터에 구직 등록한 자 출산, 육아 등 경력이 단절된 여성을 대상으로 운영하는 직업교육훈련 과정이나, 여성 결혼이민자 등 취업 취약계층에게 직업교육 훈련생 선발 시 우선권을 부여함	
결혼이민자 취업지원 사업	결혼이민자 구인구직등록 후 상담 등을 통하여 취업 알선	고용센터, 다문화 가족지원센터에 신청(국번없이 1350)
여성결혼이민자 지도자 양성교육	여성결혼이민자와 새마을부녀회원간의 멘토결연 추진 및 지도자 양성교육	지역 새마을부녀회로 신청02-2100-3647
국내거주 외국의료인 진료코디네이터 양성 사업	국내거주 외국인 의료관련 인력으로 한국어 구사가 가능한 자(중국·몽골·베트남 등) 외국인환자유치및응대에필요한진료코디네이터양성교육(중국·몽골·베트남 등)	한국보건복지인력개발원 (http://www.kohi.or.kr) 02-3299-1420

■ 필리핀에서 시집 온 주부입니다. 영어를 가르치는 일을 하여 가계에 도움이 되고 싶은데 어떤 방법이 있는지요?

Q 기필러핀에서 시집 온 주부입니다. 영어를 가르치는 일을 하여 가계에 도움이 되고 싶은데 방법을 알려주세요.

A 다문화가족은 대한민국에서 생활하는데 필요한 직업교육·훈련 및 언어소통 능력 향상을 위한 한국어교육 등을 다문화가족지원센터별로 지역환경 및 결혼이민자의 특성 등에 따라 직업교육과 관련한 프로그램을 제공받을 수 있습니다. 다문화가족은 다문화가족지원센터 및 새로일하기센터 등을 통해 취업연계, 교육지원 및 직업훈련 등을 받을 수 있습니다.

구분	내용
다문화가족지원센터	- 취업기초소양교육 운영 - 취업을 위한 자격증 및 면허증 등 준비반 운영 - 취업관련 기관 간 취업연계 중심의 프로그램 운영
새로일하기센터	- 체계적인 직업훈련 지원

4. 자녀양육

4-1. 임신 및 출산

4-1-1. 다문화가족의 임신과 출산

① 모든 국민은 혼인과 출산의 사회적 중요성을 인식해야 합니다. 따라서 다문화가족의 구성원도 대한민국 국민으로서 혼인과 출산의 사회적 중요성을 인식해야 합니다(『건강가정기본법』 제8조제1항).

② 국가 및 지방자치단체는 출산과 육아에 대한 사회적 책임을 인식하고 모·부성권 보호 및 태아의 건강보장 등 적절한 출산·육아환경을 조성하기 위해 적극적으로 지원해야 합니다(『건강가정기본법』 제8조제2항).

③ 국가 및 지방자치단체는 가족구성원에게 건강한 가정생활을 영위하는데 도움이 되는 정보를 최대한 제공하고 가정생활에 관한 정보관리체계를 확립해야 합니다(『건강가정기본법』 제11조).

4-1-2. 임신·출산 서비스

① 다문화가족은 임신·출산 지원 서비스를 받을 수 있습니다.

② 결혼이민자 등은 건강한 생활을 위해 영양·건강에 대한 교육, 산전·산후 도우미 파견, 건강검진 등의 의료서비스를 지원받을 수 있으며, 이에 따른 의료서비스를 받을 경우에 외국어 통역 서비스를 제공받을 수 있습니다(『다문화가족지원법』 제9조).

4-2. 출생

4-2-1. 출생신고

① 출생의 신고는 출생 후 1개월 이내에 해야 합니다(『가족관계의 등록 등에 관한 법률』 제44조제1항).

② 자녀의 이름에는 한글 또는 통상 사용되는 한자를 사용해야 합니다. 통상 사용되는 한자는 『가족관계의 등록 등에 관한 규칙』 별표 1 및 별표 2에서 정하고 있습니다(『가족관계의 등록 등에 관한 법률』 제44조제3항 및 『가족관계의 등록 등에 관한 규칙』 제37조).

③ 출생신고서에는 의사, 조산사가 작성한 출생증명서를 첨부해야 합니다. 다만, 다음의 어느 하나에 해당하는 서면을 첨부하는 경우에는 그러하지 않습니다(『가족관계의 등록 등에 관한 법률』 제44조제4항).

1. 분만에 직접 관여한 자가 모의 출산사실을 증명할 수 있는 자료 등을 첨부하

여 작성한 출생사실을 증명하는 서면

2. 국내 또는 외국의 권한 있는 기관에서 발행한 출생사실을 증명하는 서면

④ 출생증명서 또는 서면을 첨부할 수 없는 경우에는 가정법원의 출생확인을 받고 그
확인서를 받은 날부터 1개월 이내에 출생의 신고를 해야 합니다(『가족관계의 등록
등에 관한 법률』 제44조의2제1항).

⑤ 출생의 신고 전에 자녀가 사망한 때에는 출생의 신고와 동시에 사망의 신고를 해
야 합니다(『가족관계의 등록 등에 관한 법률』 제51조).

4-2-2. 출생신고의 장소

① 출생의 신고는 출생지에서 할 수 있습니다(『가족관계의 등록 등에 관한 법률』 제
45조제1항).

② 기차나 그 밖의 교통기관 안에서 출생한 때에는 모가 교통기관에서 내린 곳, 항해
일지가 비치되지 않은 선박 안에서 출생한 때에는 그 선박이 최초로 입항한 곳에
서 신고할 수 있습니다(『가족관계의 등록 등에 관한 법률』 제45조제2항).

4-2-3. 신고의무자

① 혼인 중 출생자의 출생의 신고는 부 또는 모가 해야 합니다(『가족관계의 등록 등
에 관한 법률』 제46조제1항).

② 혼인 외 출생자의 신고는 모가 해야 합니다(『가족관계의 등록 등에 관한 법률』 제
46조제2항).

③ 출생 신고를 해야 할 사람이 신고를 할 수 없는 경우에는 다음의 어느 하나에 해
당하는 사람이 다음의 순위에 따라 신고를 해야 합니다(『가족관계의 등록 등에 관
한 법률』 제46조제3항).

1. 동거하는 친족

2. 분만에 관여한 의사·조산사 또는 그 밖의 사람

④ 신고의무자가 출생 후 1개월 내에 신고를 하지 않아 자녀의 복리가 위태롭게 될
우려가 있는 경우에는 검사 또는 지방자치단체의 장이 출생의 신고를 할 수 있습
니다(『가족관계의 등록 등에 관한 법률』 제46조제4항 및 제44조제1항).

■ 아이의 출생신고는 어떻게 해야 하나요?

Q 곧 출산합니다. 아이의 출생신고는 어떻게 해야 하나요?

A 출생의 신고는 출생 후 1개월 이내에 해야 합니다. 출생신고를 할 때는 부득이한 사유가 있는 경우를 제외하고는 의사·조산사 그 밖에 분만에 관여한 사람이 작성한 출생증명서를 첨부해야 합니다.

혼인 중 출생자인 경우에 출생신고는 부 또는 모가 해야 하지만, 사실혼 등 혼인 외 출생자의 출생신고는 모가 해야 합니다.

◇ 한국인 여자와 외국인 남자 사이의 혼인 외 자의 성과 본

한국인인 모의 혼인 외의 자는 한국인이므로 그 모가 부(父)라고 인정하는 사람이 외국인인 경우 그 부가 인지하기 전에는 모의 성과 본을 따라 기록해야 합니다.

4-3. 보육

4-3-1. 다문화가족 구성원인 아동의 보육

① 아동·청소년 보육·교육을 실시할 때 다문화가족 구성원인 아동·청소년은 차별을 받아서는 안 됩니다(「다문화가족지원법」 제10조제1항).

② 다문화가족 구성원인 18세 미만인 사람의 초등학교 취학 전 보육 및 교육을 위해 한국어 및 결혼이민자인 부 또는 모의 모국어 교육을 위한 교재지원 및 학습지원 등 언어능력 제고를 위해 필요한 지원을 받을 수 있습니다(「다문화가족지원법」 제10조제3항).

4-3-2. 무상보육의 특례

국가와 지방자치단체는 다문화가족의 자녀 중 다음의 어느 하나에 해당하는 영유아를 대상으로 무상교육을 실시 합니다(「영유아보육법」 제34조제2항 및 「영유아보육법 시행령」 제22조제1항).

1. 매년 1월 1일 현재 만 3세 이상인 영유아: 어린이집에서 공통과정을 제공받는 경우(1월 2일 부터 3월 1일까지의 기간 중에 만 3세가 된 영유아로서 어린이집에서 공통과정을 제공받는 경우 포함)

2. 매년 1월 1일 현재 만 3세 미만인 영유아: 어린이집에서 보육과정(공통과정은 제외)을 제공받는 경우

3. 국가와 지방자치단체는 무상보육을 받으려는 다문화가족의 자녀를 보육하기 위해 필요한 어린이집을 설치·운영해야 합니다(「영유아보육법」 제34조제6항).

4-3-3. 아이돌봄서비스

① "아이돌봄 서비스"란 만 12세 이하 아동의 주거지 등에서 개별적으로 제공하는 보호 및 양육 등의 서비스를 말합니다(「아이돌봄 지원법」 제2조제1호 및 제3호).

② 예산부족이나 아이돌보미 수급이 원활하지 않는 등 정당한 사유가 있는 경우를 제외하고 다문화가족의 자녀는 우선적으로 아이돌봄 서비스를 이용할 수 있습니다(「아이돌봄 지원법」 제13조의2제5호).

③ 다문화가족이 이혼 등의 사유로 해체된 경우에도 그 구성원이었던 자녀에 대해서는 위 내용을 적용합니다(「다문화가족지원법」 제14조의2).

■ **언어, 생활습관의 차이 등으로 아이 양육에 어려움을 겪고 있어요. 아이 양육에 관해 도움을 받을 수 있나요?**

Q 언어, 생활습관의 차이 등으로 아이 양육에 어려움을 겪고 있어요. 아이 양육에 관해 도움을 받을 수 있나요?

A ① 언어·문화차이 등으로 자녀양육에 어려움을 겪고 있는 만 12세 미만의 자녀를 양육하고 있는 다문화가족은 자녀양육전반에 걸친 교육 및 상담 서비스를 제공 받을 수 있습니다.

② 지원 내용은 다음과 같습니다.
  1. 자녀양육 관련 상담 및 정보제공
  2. 자녀양육 역량강화 교육
  3. 가족상담 등 상담 지원
  4. 그 밖에 한국에 필요한 기본정보제공

③ 다문화가족 구성원인 아동은 초등학교 취학 전 양육 및 교육 지원, 한국어교육을 위한 교재지원 및 학습지원 등 언어능력 제고를 위해 필요한 지원을 받을 수 있습니다. 또한, 다문화가족 구성원인 아동은 학교생활에 신속히 적응할 수 있도록 학과 외 또는 방과 후 교육 프로그램 등을 지원받을 수 있습니다.

4-4. 교육

4-4-1. 다문화가족 구성원인 아동의 교육

① 다문화가족 아동 차별 금지

아동·청소년 보육·교육을 실시할 때 다문화가족 구성원인 아동은 차별을 받아서는 안 됩니다(「다문화가족지원법」 제10조제1항).

② 교육 프로그램 지원

다문화가족 구성원인 아동·청소년이 학교생활에 신속히 적응할 수 있도록 학과 외 또는 방과 후 교육 프로그램 등을 지원받을 수 있습니다(「다문화가족지원법」 제10조제2항).

③ 이주배경청소년에 대한 지원

ⓐ 국가 및 지방자치단체는 다문화가족의 청소년 또는 국내로 이주하여 사회 적응 및 학업 수행에 어려움을 겪는 청소년의 사회 적응 및 학습능력 향상을 위해 상담 및 교육 등 필요한 시책을 마련하고 시행해야 합니다(「청소년복지 지원법」 제18조).

ⓑ 여성가족부장관과 시·도지사 및 시장·군수·구청장은 청소년의 방과 후 활동을 지원하는 청소년 방과 후 활동 종합지원사업을 실시할 수 있습니다. 이 경우 방과 후 사업은 다문화청소년 등 특별한 교육 및 활동이 필요한 청소년을 대상으로 할 수 있습니다(「청소년기본법 시행령」 제33조의4제1항).

4-4-2. 다문화가족 자녀 언어발달지원사업

① 다문화가족 자녀 언어발달지원사업은 체계적이고 전문적인 언어발달지원 서비스 제공을 통해 다문화가족 자녀들이 건강한 사회 구성원, 나아가 글로벌 인재로 성장할 수 있도록 합니다.

② 다문화가족 자녀의 언어발달 상태를 평가하고, 의사소통에 어려움을 가진 아동에게 적절한 언어교육을 실시함으로써 원만한 발달이 이루어지도록 합니다.

③ 다문화가족 자녀의 언어교육과 더불어 다문화 부모에게 상담 및 교육 방법을 제공함으로써 일상생활에서도 아동의 언어발달 촉진을 도모합니다.

4-4-3. 대상자 선정 기준

① 언어평가 및 언어교육이 필요한 다문화가족 자녀(만 12세 이하)

② 우선 선정 대상

1. 국민기초생활보장 수급자

2. 기준 중위소득 52% 이하인 가정

3. 한부모가정, 조손가정, 맞벌이가정, 다자녀가정(3자녀 이상), 가구원에 장애가

있거나 요양이 필요한 질병이 있는 경우

　　4. 도서·벽지 지역 거주가정

　　5. 위의 우선지원 기준을 초과하더라도 시·군·구청장이 필요하다고 판단되는 경우

　③ 지원 제외 대상

　　1. 중앙 및 지자체가 실시하는 유사 사업 대상자로 선정되어 지원받고 있는 다문화가족 자녀

　　2. 다문화가족 방문교육서비스 중 자녀생활서비스와 중복지원 불가

4-4-4. 주요사업 내용

　① 다문화가족 자녀 언어평가

　　대상 아동에게 적합한 평가도구를 활용하여 아동의 언어발달 정도를 평가

　② 다문화가족 자녀 언어교육

　　언어발달 평가 결과 교육이 필요한 아동을 대상으로 어휘·구문 발달 촉진, 대화·사회적 의사소통 능력 향상, 읽기 및 이야기하기 등의 발달 촉진을 위한 언어 교육 실시

　③ 부모상담 및 교육

　　대상 아동 부모와의 공감대 형성을 위한 부모상담 및 자녀의 언어발달을 지원하기 위한 부모교육

4-4-5. 다문화학생의 학교 생활

　① 다문화학생 특별학급

　　「다문화가족지원법」 제2조제1호에 따른 다문화가족의 구성원인 아동이나 학생(이하 '다문화학생'이라 함)은 교육감이 정하는 바에 따라 다문화학생 특별학급이 설치된 초등학교나 중학교에 입학하거나 전학할 수 있습니다(「초·중등교육법 시행령」 제19조제4항 및 제75조제4항).

　② 다문화학생의 학력 인정

　　입학 또는 전학 시 학력증명서를 제출해야 하는 경우 학력증명서를 발급받기 곤란한 다문화가족의 학생은 학력심의위원회의 심의를 거쳐 학력을 인정받을 수 있습니다(「초·중등교육법 시행령」 제98조의2제1항제2호).

　③ 다문화언어 강사

　　ⓐ 다문화가족의 학생에게는 언어 교육을 실시하고 다문화가족의 학생이 아닌 일반 학생에게는 다문화가족에 대한 이해를 높일 수 있는 교육을 실시할 수 있도록 학교에 다문화언어

강사를 둘 수 있습니다(『초·중등교육법 시행령』 제42조제1항).

ⓑ 다문화언어 강사는 다음의 어느 하나에 해당하는 자격을 갖춰야 합니다(『초·중등교육법 시행령』 제42조제1항 및 별표2).

1) 표시과목이 영어 외의 외국어인 중등학교 2급 정교사 이상 자격증을 가진 사람

2) 학사학위 소지자 또는 이와 같은 수준 이상의 학력이 있는 사람 중 영어 외의 외국어 능력에 관하여 교육감이 정하는 기준에 해당하는 사람. 다만, 교육감이 관할 구역 안의 인력 수급 여건상 부득이하다고 인정하는 경우에는 고등학교 졸업자 또는 이와 같은 수준 이상의 학력이 인정되는 사람 중 영어 외의 외국어능력에 관하여 교육감이 정하는 기준에 해당하는 사람으로 할 수 있습니다.

ⓒ 다문화가족이 이혼 등의 사유로 해체된 경우에도 그 구성원이었던 자녀에 대해서는 위 내용을 적용합니다(『다문화가족지원법』 제14조의2).

■ 다문화학생의 취학 및 입학절차가 궁금합니다.

Q 다문화학생의 취학 및 입학절차가 궁금합니다

A 다문화학생의 입학은 다음과 같이 분류됩니다

1. 초등학교 입학
   가. 취학통지서 수령: 관할 읍·면·동사무소에서 통지(매년 12월)
   나. 학교 예비소집: 학교·입학 안내(1~2월)
   다. 입학식:3월

2. 중학교 입학
   가. 중학교 입학 추첨 배정:1월 중순
   나. 중학교 배정자 발표, 예비소집: 2월 초순
   다. 재배정, 추가배정 신청, 반배치고사 실시:2월 중순
   라. 추가 배정 결과 통보:2월 중순~말
   마. 입학식: 3월 초순

3. 고등학교 입학
   가. 평준화 지역(추첨방식): 일반고, 자율형공립고(후기입학(12~1월경)
   나. 비평준화 지역: 선발고사 실시
   다. 1개 학교 선택 지원: 특수목적고, 특성화고, 자율형 사립고
   (전기입학:10~11월경)

4. 대학교 입학(18세 이상)

Q 다문화 가정 자녀에게 지원해주는 제도가 있나요?

A ① 다문화가정이란?
  - 부부의 한쪽, 혹은 둘 다 외국인으로 구성된 가정으로 한 가족 내에 다양한 문화가 함께 있는 가정

② 다문화교육이란?
  - 우리 사회에 언어, 생김새, 문화적 배경이 다른 구성원이 증가함으로써, 민족이나 인종, 사회적 지위, 문화적 특징에 관계없이 사람들은 평등하며 서로가 공동체의 중요한 일원임을 알게 하는 교육

③ 우리청의 맞춤형 다문화가정 학생 교육 지원?
  - 학력향상을 위한 맞춤식교육 ☞ 찾아가는 1:1맞춤학습, 외국인 문화교실 운영
  - 의사소통교육 ☞ 한국어교재 수정·보완 후 보급
  - 생활적응교육 ☞ 학부모도우미 결연, 너나들이 운영
  - 기타교육 ☞ 국제이해체험교육장, 정책연구학교 운영

④ 학생 교육 지원 신청 방법은?
  자녀가 취학 중인 학교에 개별로 신청

⑤ 다문화가족 자녀의 취학 관련 신청서류?
  - 「출입국관리법」제88조 출입국에 관한 사실증명, 외국인등록사실증명
  - 「초중등교육법시행령 제19조 제2항」임대차계약서, 거주사실에 대한 인우보증서 등 거주 사실을 확인할 수 있는 서류

4-5. 병역

4-5-1. 다문화가정 자녀 동반입대 복무제도

다문화가정 자녀 동반입대 복무제도란 다문화가정 자녀 2~3명이 함께 입영하여 함께 훈련을 받고 같은 내무생활권 단위 부대로 배치되어 전역 시까지 서로 의지하며 군복무를 할 수 있는 제도입니다. 이 제도는 다문화 가정 자녀가 든든한 동반자와 함께 군생활을 함으로써 입대 후 군생활의 조기적응, 복무의욕을 고취시켜 군의 전투력 향상에 기여하도록 2011년 1월부터 도입, 시행되고 있습니다.

4-5-2. 지원 요건

① 지원 대상은 다문화가정 자녀로서 다음의 기준에 해당하는 자입니다.

  1. 연령/학력: 18세 이상~28세 이하(접수년도기준)로 중학교 졸업 학력 이상

  2. 신체요건 : 신체등위 1~3급의 현역병입영대상자

  3. 아시아계 다문화가정 자녀들간 지원

  4. 외관상 식별이 명백한 다문화가정 자녀와 일반가정 자녀간 지원

  5. 외관상 식별이 명백한 다문화가정 자녀들간 지원

② 선발제외 대상

범죄경력조회결과 아래 사항에 해당되는 사람은 선발에서 제외됩니다.

  1. 징역 또는 금고 이상의 형(집행유예 포함)을 선고받은 사람(다만, 폭행 등 강력범죄의 경우 벌금 이상의 형을 선고받은 사람)

  2. 강력범죄 : 살인, 강도, 방화, 성폭력, 폭행, 상해, 공갈, 약취·유인, 체포·감금, 폭력행위 등 처벌에 관한 법률 위반

  3. 수사·재판 중에 있는 사람으로서 합격자 발표일 10일전까지 기소유예·혐의없음 등의 수사종결처분·결정 또는 재판이 확정되지 않은 사람

  4. 처분미상으로 범죄경력이 통보된 사람으로서 합격자 발표일 10일전까지 처분 결과가 판명되지 않은 사람

  5. 그 밖에 지원자격 요건에 해당되지 않는 사람

4-5-3. 선발 절차

① 구체적인 일정은 병무청 모집계획에 별도 공고합니다.

② 병무청 홈페이지 → 병무민원포털 → 군지원 → 지원서 작성·수정·취소 → 통합지원서 작성

③ 동반입대할 2~3명이 함께 지원서 작성(1부)하여 제출합니다.

④ 다문화가족이 이혼 등의 사유로 해체된 경우에도 그 구성원이었던 자녀에 대해서는 위 내용을 적용합니다(「다문화가족지원법」 제14조의2).

4-6. 취업

4-6-1. 다문화가족 취업연계 및 교육지원

① 결혼이민자, 귀화자와 대한민국 국적취득자로 이루어진 다문화가족은 다문화가족지원센터에서 취업기초소양교육 등 취업 연계 프로그램에 참여할 수 있습니다.

② 각 지역별 취업연계 준비 프로그램은 해당 지역 다문화가족지원센터에서 확인할 수 있습니다.

4-6-2. 실업자 등에 대한 직업능력개발훈련 지원

다문화가족의 구성원은 국가와 지방자치단체에서 운영하는 직업능력개발훈련에 참여할 수 있습니다(「근로자직업능력 개발법」 제12조제1항제6호).

5. 가족간 법률문제

5-1. 평등한 가족관계

5-1-1. 가족해체 예방 등

① 다문화가족의 구성원을 비롯한 가족구성원 모두는 가족해체를 예방하기 위해 노력해야 합니다(「건강가정기본법」 제9조제1항).

② 국가 및 지방자치단체는 가족해체를 예방하기 위해 필요한 제도와 시책을 마련해야 합니다(「건강가정기본법」 제9조제2항).

5-1-2. 다문화가족에 대한 이해증진

국가와 지방자치단체는 다문화가족에 대한 사회적 차별 및 편견을 예방하고 사회구성원이 문화적 다양성을 인정하고 존중할 수 있도록 다문화 이해교육을 실시하고 홍보 등 필요한 조치를 해야 합니다(「다문화가족지원법」 제5조제1항).

5-1-3. 평등한 가족관계의 유지를 위한 조치

① 국가와 지방자치단체는 다문화가족이 민주적이고 양성평등한 가족관계를 누릴 수 있도록 가족상담, 부부교육, 부모교육, 가족생활교육 등을 추진해야 합니다. 이 경

우 문화의 차이 등을 고려한 전문적인 서비스가 제공될 수 있도록 노력해야 합니다(「다문화가족지원법」 제7조).

② 다문화가족지원센터에서는 다문화가족구성원 간 가족 내 역할 및 가족문화에 대한 이해 향상교육, 가족 배우자 부부 자녀 등 대상을 세분화한 가족관계 증진교육 등 다문화가족통합교육을 운영하고 있습니다.

③ 국가와 지방자치단체는 「가정폭력방지 및 피해자보호 등에 관한 법률」에 따라 다문화가족 내 가정폭력을 예방하기 위하여 노력해야 합니다(「다문화가족지원법」 제8조제1항).

5-2. 가정폭력 피해자 보호
5-2-1. 가정폭력 피해자에 대한 보호·지원

가정폭력으로 피해를 입은 결혼이민자 등은 국가와 지방자치단체로부터 다음과 같은 보호·지원을 받을 수 있습니다(「다문화가족지원법」 제8조제3항·제4항).

1. 외국어 통역 서비스를 갖춘 가정폭력 상담소 및 보호시설의 이용
2. 가정폭력으로 혼인관계를 종료하는 경우 의사소통의 어려움과 법률체계 등에 관한 정보의 부족 등으로 불리한 입장에 놓이지 않도록 의견진술 및 사실확인 등에 있어서 언어통역, 법률상담 및 행정지원 등 필요한 서비스

5-2-2. 가정폭력 신고

① 다문화가족지원센터의 전문인력과 그 장 또는 「결혼중개업의 관리에 관한 법률」에 따른 국제결혼중개업자와 그 종사자는 직무를 수행하면서 가정폭력범죄를 알게 된 경우에는 정당한 사유가 없으면 즉시 수사기관에 신고해야 합니다(「가정폭력범죄의 처벌 등에 관한 특례법」 제4조제2항제4호·제5호).

② 위의 어느 하나에 해당하는 사람이 정당한 사유 없이 그 직무를 수행하면서 가정폭력범죄를 알게 된 경우에도 신고를 하지 않으면 300만원 이하의 과태료가 부과됩니다(「가정폭력범죄의 처벌 등에 관한 특례법」 제66조제1호).

③ 누구든지 위에 따라 가정폭력범죄를 신고한 사람에게 그 신고행위를 이유로 불이익을 주어서는 안 됩니다(「가정폭력범죄의 처벌 등에 관한 특례법」 제4조제4항).

5-2-3. 가해자에 대한 고소

① 가정폭력피해자(이하 '피해자'라 함) 또는 그 법정대리인은 가정폭력행위자를 고소할 수 있습니다. 피해자의 법정대리인이 가정폭력행위자인 경우 또는 가정폭력행위

자와 공동하여 가정폭력범죄를 범한 경우에는 피해자의 친족이 고소할 수 있습니다(「가정폭력범죄의 처벌 등에 관한 특례법」 제6조제1항).

② 피해자는 가정폭력행위자가 자기 또는 배우자의 직계존속(直系尊屬)인 경우에도 고소할 수 있습니다. 법정대리인이 고소하는 경우에도 같습니다(「가정폭력범죄의 처벌 등에 관한 특례법」 제6조제2항).

③ 피해자에게 고소할 법정대리인이나 친족이 없는 경우에 이해관계인이 신청하면 검사는 10일 이내에 고소할 수 있는 사람을 지정해야 합니다(「가정폭력범죄의 처벌 등에 관한 특례법」 제6조제3항).

5-2-4. 가정폭력 피해자 아동의 취학 지원

① 피해자나 피해자가 동반한 가정구성원(「가정폭력범죄의 처벌 등에 관한 특례법」 제2조제2호의 자 중 피해자의 보호나 양육을 받고 있는 사람. 이하 '피해자 등'이라 함)이 아동인 경우 주소지 외의 지역에서 취학(입학·재입학·전학 및 편입학 포함)할 필요가 있을 때에는 지원을 받을 수 있습니다(「가정폭력방지 및 피해자보호 등에 관한 법률」 제4조의4제1항).

② 아동은 18세 미만인 자를 말합니다(「가정폭력방지 및 피해자보호 등에 관한 법률」 제2조제4호).

5-2-5. 피해자에 대한 불이익처분의 금지

피해자를 고용하고 있는 자는 누구든지 「가정폭력범죄의 처벌 등에 관한 특례법」에 따른 가정폭력범죄와 관련하여 피해자를 해고하거나 그 밖의 불이익을 주어서는 안 됩니다(「가정폭력방지 및 피해자보호 등에 관한 법률」 제4조의5).

5-2-6. 체류기간 연장

법무부장관은 「가정폭력범죄의 처벌 등에 관한 특례법」 제2조제1호의 가정폭력을 이유로 법원의 재판, 수사기관의 수사 또는 그 밖의 법률에 따른 권리구제 절차가 진행 중인 대한민국 국민의 배우자인 외국인이 체류기간 연장허가를 신청한 경우에는 그 권리구제 절차가 종료할 때까지 체류기간 연장을 허가할 수 있으며, 이 체류 연장기간이 만료한 후에도 피해 회복 등을 위해 필요하다고 인정하는 경우에 체류기간 연장허가를 할 수 있습니다(「출입국관리법」 제25조의2).

5-3. 가정폭력상담소 및 보호시설 이용

① 피해자는 가정폭력상담소에서 다음의 사항에 대한 도움을 받을 수 있습니다(「가정폭력방지 및 피해자보호 등에 관한 법률」 제6조).

   1. 가정폭력에 관한 상담

   2. 가정폭력으로 정상적인 가정생활과 사회생활이 어렵거나 그 밖에 긴급히 보호가 필요한 피해자 등은 임시로 보호받거나 의료기관 또는 가정폭력피해자 보호시설로 인도

   3. 가해자에 대한 고발 등 법적 사항에 관해 자문하기 위한 대한변호사협회 또는 지방변호사회 및 「법률구조법」에 따른 법률 구조법인 등의 협조와 지원

   4. 경찰관서 등으로부터 인도받은 피해자 등의 임시 보호

   5. 가정폭력을 신고하거나 이에 관한 상담을 요청한 사람과 그 가족에 대한 상담

② 피해자는 다음의 가정폭력보호시설에서 아래와 같은 보호 및 지원을 받을 수 있습니다(「가정폭력방지 및 피해자보호 등에 관한 법률」 제7조의2제1항).

구분	내용
단기보호시설	피해자 등을 6개월의 범위에서 보호하는 시설
장기보호시설	피해자 등에 대해 2년의 범위에서 자립을 위한 주거편의 등을 제공하는 시설
외국인보호시설	배우자가 대한민국 국민인 외국인 피해자 등을 2년의 범위에서 보호하는 시설
장애인보호시설	「장애인복지법」의 적용을 받는 장애인인 피해자 등을 2년의 범위에서 보호하는 시설

③ 가정폭력 피해자가 가정폭력보호시설에서 지원받을 수 있는 사항은 다음과 같습니다(「가정폭력방지 및 피해자보호 등에 관한 법률」 제8조제1항).

   1. 숙식의 제공

   2. 심리적 안정과 사회적응을 위한 상담 및 치료

   3. 질병치료와 건강관리(입소 후 1개월 이내의 건강검진 포함)를 위한 의료기관에의 인도 등 의료지원

   4. 수사·재판과정에 필요한 지원 및 서비스 연계

   5. 법률구조기관 등에 필요한 협조와 지원의 요청

   6. 자립자활교육의 실시와 취업정보의 제공

   7. 다른 법률에 따라 보호시설에 위탁된 사항

   8. 그 밖에 피해자 등의 보호를 위해 필요한 사항

5-4. 치료보호

5-4-1. 치료보호

피해자 본인·가족·친지(親知) 또는 상담소나 보호시설의 장 등이 요청하면 다음의 치료보호를 받을 수 있습니다.

1. 보건에 관한 상담 및 지도
2. 신체적·정신적 피해에 대한 치료
3. 임산부의 심리적 안정을 위한 각종 치료 프로그램의 실시 등 정신치료
4. 임산부와 태아를 보호하기 위한 검사나 치료
5. 가정폭력피해자 가정의 신생아에 대한 의료

5-4-2. 비용부담

① 치료보호에 필요한 일체의 비용은 가정폭력행위자가 부담합니다(제「가정폭력방지 및 피해자보호 등에 관한 법률」제18조제2항).

② 가정폭력행위자가 비용을 지불함에도 피해자가 치료보호비를 신청하는 경우에는 국가나 지방자치단체는 가정폭력행위자를 대신하여 치료보호에 필요한 비용을 의료기관에 지급해야 합니다(「가정폭력방지 및 피해자보호 등에 관한 법률」제18조제3항).

③ 국가나 지방자치단체가 비용을 지급한 경우에는 가정폭력행위자에 대해 구상권(求償權)을 행사할 수 있습니다. 다만, 피해자가 보호시설 입소 중에 치료보호를 받은 경우나 가정폭력행위자가 다음의 어느 하나에 해당하는 경우에는 구상권을 행사하지 않습니다(「가정폭력방지 및 피해자보호 등에 관한 법률」제18조제4항).

1. 「국민기초생활 보장법」제2조에 따른 수급자
2. 「장애인복지법」제32조에 따라 등록된 장애인

■ 가정폭력을 당하고 있는 경우 어떻게 해결해야 하나요?

Q 가정폭력을 당하고 있는 경우 어떻게 해결해야 하나요?

A 가정폭력의 피해를 입은 경우에는 가정폭력상담소에서 상담 또는 임시보호를 받거나 가정폭력보호시설에서 보호받을 수 있습니다.

또한, 피해자 본인·가족·친지 또는 상담소나 보호시설의 장 등이 요청하면 치료보호를 받을 수 있습니다.

가정폭력가해자를 고소할 수 있음은 물론입니다.

◇ 체류기간 연장허가의 특례

법무부장관은 가정폭력을 이유로 법원의 재판, 수사기관의 수사 또는 그 밖의 법률에 따른 권리구제 절차가 진행 중인 대한민국 국민의 배우자인 외국인이 체류기간 연장허가를 신청한 경우에는 그 권리구제 절차가 종료할 때까지 체류기간 연장을 허가할 수 있으며, 이 체류 연장기간이 만료한 후에도 피해 회복 등을 위해 필요하다고 인정하는 경우에 체류기간 연장허가를 할 수 있습니다(「출입국관리법」 제25조의2제2항).

■ 결혼식만 올리고 혼인신고는 하지 않은 상태입니다. 남편의 폭력이 심해 헤어지려고 하는데 어떻게 해야 하나요?

Q 결혼식만 올리고 혼인신고는 하지 않은 상태입니다. 남편의 폭력이 심해 헤어지려고 하는데 어떻게 해야 하나요?

A 결혼식만 올리고 혼인신고를 하지 않은 사실혼 부부는 헤어지는 데 특별한 절차가 요구되지 않습니다.

따라서 이혼절차를 거칠 필요 없이 당사자 간 합의나 일방적 통보의 방법으로 형식에 구애 없이 사실혼 관계를 해소시킬 수 있습니다.

5-5. 이혼 등

5-5-1. 이혼의 일반적 효력

① 이혼에 관해서는 다음에서 정한 법의 순위에 따라 준거법이 결정됩니다. 다만, 부부 중 일방이 대한민국에 상거소(常居所: 상시 거주하는 곳)가 있는 대한민국 국민인 경우의 이혼은 대한민국 「민법」에 따릅니다(「국제사법」 제39조).

   1. 부부의 동일한 상거소지법(상거소가 있는 국가의 법)

   2. 부부와 가장 밀접한 관련이 있는 곳의 법

② 준거법이란 국제사법에 의하여 법률관계에 적용되는 법률을 말합니다.

5-5-2. 대한민국 「민법」이 준거법인 경우의 협의이혼

① 내용적 요건

   협의이혼을 하려면 다음의 요건을 갖추어야 합니다(「민법」 제834조).

   1. 부부간에 이혼의사가 합치되어야 합니다.

   2. 이혼의사는 이혼신고서 작성 시는 물론 신고서가 수리되는 때에도 존재해야 합니다(대법원 1993. 6. 11. 선고 93므171 판결).

   3. 이혼의사의 합치에는 의사능력이 필요하므로, 피성년후견인의 경우 부모 또는 성년후견인의 동의를 얻어야 합니다(「민법」 제835조, 제808조제2항).

② 절차적 요건

  ⓐ 이혼안내절차와 숙려기간(「민법」 제834조)

   – 협의이혼을 하려면 가정법원이 제공하는 이혼에 관한 안내를 받아야 하고, 가정법원으로부터 필요한 경우 전문적인 지식과 경험을 갖춘 전문상담원의 상담을 받을 것을 권고 받을 수 있습니다(「민법」 제836조의2제1항).

   – 양육할 자녀가 있는 경우에는 3개월, 그렇지 않은 경우에는 1개월의 이혼숙려기간이 지나야 이혼의사의 확인을 받을 수 있으며(「민법」 제836조 의2제2항), 자녀의 양육 및 친권자의 지정에 대한 합의 또는 그에 갈음하는 가정법원의 심판을 받아야 합니다(「민법」 제836조의2제4항).

   – 다만, 폭력으로 인해 당사자 일방에게 참을 수 없는 고통이 예상되는 등 이혼을 해야 할 급박한 사정이 있는 경우에 가정법원은 위 기간을 단축 또는 면제할 수 있습니다(「민법」 제836조의2제3항).

  ⓑ 이혼신고

   협의이혼은 가정법원의 확인을 받아 「가족관계의 등록 등에 관한 법률」에 따라 신고해야만 이혼의 효력이 발생합니다(「민법」 제836조제1항).

5-5-3. 이혼에 따른 법률효과
5-5-3-1. 재산분할 청구

① 부부가 이혼하면 혼인 중 공동으로 형성한 재산을 나누게 됩니다. 이 때 재산의 명의에 상관없이 상대방에게 부부 공유재산에 대해 분할을 청구할 수 있습니다(「민법」 제839조의2 및 제830조제2항). 부부가 공동으로 형성한 재산에는 부부가 협력해서 취득한 부동산, 부부공동생활을 위해 저축한 예금, 부부공동생활을 위해 구입한 가재도구 등이 해당될 것입니다.

② 재산분할의 비율은 부부가 합의해서 정할 수 있으며, 합의가 이루어지지 않으면 법원이 재산형성에 대한 기여도, 혼인파탄의 원인과 책임정도, 혼인기간 및 생활정도, 학력·직업·연령 등 신분사항, 자녀 양육관계, 위자료 등의 사항을 고려해서 산정하게 됩니다(대법원 1998. 2. 13. 선고 97므1486 판결, 대법원 1993. 5. 25. 선고 92므501 판결 등).

5-5-3-2. 위자료 청구

① 부부가 이혼하는 경우 부부 중 일방은 혼인파탄에 책임이 있는 배우자에 대해 손해배상을 청구할 수 있습니다. 손해에는 재산상 손해와 정신상 손해가 모두 포함됩니다(「민법」 제806조 및 「민법」 제843조).

② 판례는 혼인파탄의 책임성에 대해 혼인파탄의 원인이 된 사실에 기초해서 평가할 일이며 혼인관계가 완전히 파탄된 뒤에 있었던 일을 가지고 따질 것은 아니라고 보고 있습니다(대법원 2004. 2. 27. 선고 2003므1890 판결).

③ 특히, 정신적 고통에 대한 손해배상, 즉 위자료의 액수를 산정하는 경우에는 혼인파탄의 원인과 책임정도, 재산상태, 혼인기간 및 생활정도, 학력·직업·연령 등 신분사항, 자녀 양육관계 등의 사항을 고려해서 정하게 되며(대법원 1981. 10 13. 선고 80므100 판결), 혼인파탄의 원인이 부부 모두에게 있는 경우에는 부부 쌍방이 받은 정신적 고통의 정도, 즉 불법행위책임의 비율에 따라 위자료 액수가 정해집니다(대법원 1994. 4. 26. 선고 93므1273 판결).

5-5-3-3. 자녀 친권 및 양육

① 친권자의 지정

ⓐ 협의이혼하는 경우

- 협의이혼을 하는 경우 부부가 합의해서 친권자를 지정해야 하고, 합의할 수 없거나 합의가 이루어지지 않는 경우에는 가정법원이 직권으로 또는 당사자의 청구에 따라 친권자를

지정합니다[「민법」 제909조제4항 및 「가사소송법」 제2조제1항제2호나목 5)].

- 친권자가 지정된 후에도 자녀의 복리를 위해 필요한 경우에는 자녀의 4촌 이내의 친족의 청구에 따라 가정법원이 친권자를 변경할 수 있습니다[「민법」 제909조제6항 및 「가사소송법」 제2조제1항제2호나목 5)].

ⓑ 재판상 이혼하는 경우

- 재판상 이혼을 하는 경우 가정법원은 직권으로 친권자를 정합니다(「민법」 제909조제5항).
- 친권자가 지정된 후에도 자녀의 복리를 위해 필요한 경우에는 자녀의 4촌 이내의 친족의 청구에 따라 가정법원이 친권자를 변경할 수 있습니다[「민법」 제909조제6항 및 「가사소송법」 제2조제1항제2호나목 5)].

② 양육자의 지정

ⓐ 양육에 관한 사항의 결정

이혼을 하는 경우 부부가 합의해서 다음과 같은 자녀의 양육에 관한 사항을 결정해야 하고, 합의할 수 없거나 합의가 이루어지지 않는 경우에는 가정법원이 직권으로 또는 당사자의 청구에 따라 양육에 관한 사항을 결정합니다(「민법」 제837조제1항, 제2항 및 제4항).

1) 양육자의 결정
2) 양육비용의 부담
3) 면접교섭권의 행사 여부 및 그 방법

ⓑ 양육에 관한 사항의 변경

양육에 관한 사항이 결정된 후에도 자녀의 복지를 위해 필요한 경우에는 직권 또는 부(父), 모(母), 자녀 및 검사의 청구에 따라 가정법원이 양육에 관한 사항을 변경할 수 있습니다(「민법」 제837조제5항).

ⓒ 양육권 없는 부모의 지위

이혼으로 양육에 관한 사항이 정해진다고 해서 부모와 자녀 사이의 권리의무에 변화가 있는 것은 아닙니다(「민법」 제837조제6항). 즉, 부모와 자녀 사이에 혈족관계(「민법」 제768조)가 지속되며, 미성년자인 자녀의 혼인에 대한 동의권(「민법」 제808조제1항), 부양의무(「민법」 제974조제1호), 상속권(「민법」 제1000조제1항) 등도 그대로 존속합니다.

5-5-4. 체류기간 연장허가 신청

① 국민인 배우자가 사망 또는 실종 등

대한민국 국민인 배우자와 혼인한 상태로 국내에 체류하던 중 그 배우자의 사망이나 실종, 그 밖에 자신에게 책임이 없는 사유로 정상적인 혼인관계를 유지할 수 없는 경우 결혼 이민(F-6)자격의 체류기간 연장허가를 신청할 때 제출해야 할 서류는 다음과 같습니다(「출입국관리법 시행령」 제31조, 「출입국관리법 시행규칙」 제76조제2항제6호 및 별표 5의2).

1. 체류기간연장허가신청서(「출입국관리법 시행규칙」 별지 제42호서식)
2. 사망·실종 사실을 증명할 수 있는 서류 또는 그 밖에 본인의 귀책사유 없이 혼인관계가 단절되었음을 증명할 수 있는 서류

② 허가 내용

심사를 거쳐 결혼 이민(F-6)자격으로 체류기간 연장이 허가됩니다.

5-6. 상속

5-6-1. 준거법의 결정

① 상속은 사망 당시 상속을 하는 사람(사망한 사람), 즉 피상속인(상속을 받을 사람)의 본국법에 따릅니다(「국제사법」 제49조제1항).

② 다만, 피상속인이 유언에 적용되는 방식에 의해 명시적으로 다음의 법 중 어느 것을 지정한 경우에는 그 법에 따라 상속이 이루어집니다(「국제사법」 제49조제2항).

   1. 지정 당시 피상속인의 상거소(常居所: 상시 거주하는 곳)가 있는 국가의 법. 다만, 그 지정은 피상속인이 사망 시까지 그 국가에 상거소를 유지한 경우에만 효력이 있습니다.
   2. 부동산에 관한 상속에 대해서는 그 부동산의 소재지법

5-6-2. 대한민국 「민법」이 준거법인 경우 사망한 배우자의 재산 상속

① 상속 순위

상속은 다음의 순위에 따라 이루어지는데, 배우자는 항상 상속인이 됩니다(「민법」 제1000조제1항).

   1. 피상속인의 직계비속(자기로부터 직계로 이어져 내려가는 혈족으로서 아들, 딸, 손자, 증손 등을 말함)
   2. 피상속인의 직계존속(조상으로부터 직계로 내려와 자기에 이르는 사이의 혈족으로서 부모, 조부모 등을 말함)
   3. 피상속인의 형제자매
   4. 피상속인의 4촌 이내의 방계혈족

② 위의 1.과 3.의 상속인이 될 직계비속 또는 형제자매가 상속 시작 전에 사망하거나 결격자가 된 경우에 그 직계비속이 있으면 그 직계비속이 사망하거나 결격된 자의 순위를 대신해서 상속인이 됩니다(「민법」 제1001조).

③ 생존한 배우자는 항상 상속인이 되는데, 피상속인에게 직계비속과 직계존속이 있는 경우에는 그 상속인과 같은 순위로 공동상속인이 되고, 그 상속인이 없을 때에는

단독상속인이 됩니다(「민법」 제1003조제1항).

④ 다음 어느 하나에 해당하는 자는 상속을 받을 수 없습니다(「민법」 제1004조).

    1. 고의로 직계존속·피상속인과 그 배우자 또는 상속의 선순위자나 동순위자를 살해하거나 살해하려 한 경우

    2. 고의로 직계존속·피상속인과 그 배우자에게 상해를 가해 사망에 이르게 한 경우

    3. 사기·강박으로 피상속인의 상속에 관한 유언 또는 그 철회를 방해한 경우

    4. 사기·강박으로 피상속인의 상속에 관한 유언을 하게 한 경우

    5. 피상속인의 상속에 관한 유언서를 위조·변조·파기 또는 은닉한 경우

5-6-3. 법정상속분

① 같은 순위의 상속인이 여러 명인 경우에는 그 상속분은 균등하게 분할합니다(「민법」 제1009조제1항).

② 피상속인의 배우자의 상속분은 직계비속과 공동으로 상속하는 경우에는 직계비속의 상속분의 5할을 가산하고, 피상속인의 직계존속과 공동으로 상속하는 경우에는 직계존속 상속분의 5할을 가산합니다(「민법」 제1009조제2항).

③ 재산상속·보험금 강제서명 방지 등 결혼이주여성 대상 금융사고 예방을 위한 교재 및 결혼이주여성의 재산상속상 불이익 방지를 위해 상속 관련 외국어 안내문을 제작하여 법원 및 전국의 다문화가족지원센터를 통해 결혼이주여성들에게 배포하고 있습니다.

한부모가족에게는 어떤 복지혜택이 있나요?

제8장 한부모가족에게는 어떤 복지혜택이 있나요?

1. 한부모가족의 의의

1-1. 한부모가족의 개념

① "한부모가족"이란 모자가족 또는 부자가족을 말합니다(「한부모가족지원법」제4조제2호).

② 모자가족이란 모가 세대주(세대주가 아니더라도 세대원을 사실상 부양하는 자 포함)인 가족을 말합니다(「한부모가족지원법」제4조제3호).

③ 부자가족이란 부가 세대주(세대주가 아니더라도 세대원을 사실상 부양하는 자 포함)인 가족을 말합니다(「한부모가족지원법」제4조제4호).

1-2. 한부모가족 지원대상자의 범위

① 만 18세 미만(취학 시 만 22세 미만을 말하되, 「병역법」에 따른 병역의무를 이행하고 취학 중인 경우에는 병역의무를 이행한 기간을 가산한 연령 미만의 자)의 아동을 양육하고 소득인정액이 다음에 해당하는 경우 「한부모가족지원법」에 따른 한부모가족 지원대상자로 선정됩니다.

  1. 한부모가족 및 조손가족(부 또는 모의 연령이 만 25세 이상)

   – 선정기준(한부모가족증명서 발급대상): 기준 중위소득 60% 이하

   – 복지급여 지급기준: 기준 중위소득 52% 이하

  2. 청소년한부모 가족(부 또는 모의 연령이 만 24세 이하)

   – 선정기준(한부모가족증명서 발급대상): 기준 중위소득 72% 이하

   – 복지급여 지급기준: 기준 중위소득 60% 이하

1-3. 한부모가족 지원대상자선정자의 각종 지원

1-3-1. 경제적 지원

① 복지급여

  ⓐ 한부모가족 지원대상자는 생계비, 아동교육지원비(고등학교의 입학금·수업료, 학용품비와 그 밖에 교육에 필요한 비용), 아동양육비 등의 복지 급여를 받을 수 있습니다(「한부모가족지원법」제12조제1항 본문 및 「한부모가족지원법 시행령」제13조제2항).

  ⓑ 청소년 한부모가족은 아동양육비 외에도 청소년 한부모가 학업을 할 수 있도록 교육비를 지원받을 수 있습니다(「한부모가족지원법」제17조의2제1항).

② 복지자금 대여

  저소득 한부모가족은 생활안정과 자립을 위해 사업운영 등에 필요한 자금을 대여

할 수 있습니다(「한부모가족지원법」 제13조).

③ 그 밖의 지원

한부모가족 지원대상자는 이동통신 요금 감면, 민원서류 발급 수수료 면제, 과태료 경감, 통합문화이용권 지급 등의 지원을 받을 수 있습니다.

1-3-2. 주거지원

① 주택분양·임대

한부모가족은 「주택법」에서 정하는 바에 따라 국민주택을 분양하거나 임대할 때 우선 분양받을 수 있습니다(「한부모가족지원법」 제18조).

② 한부모가족복지시설

한부모가족은 일정기간 주거와 생계를 지원해주는 한부모가족복지시설을 이용할 수 있으며, 입소대상별로 모자가족복지시설, 부자가족복지시설, 미혼모자가족복지시설, 일시지원복지시설 등에 입소할 수 있습니다(「한부모가족지원법」 제19조제1항).

1-3-3. 법률지원

아동을 양육하고 있는 이혼가족, 별거가족, 미혼모·미혼부 가족 등 한부모가족 및 조손가족은 인지청구 및 자녀양육비 청구 등을 위한 법률상담, 소송대리 등 법률구조서비스를 받을 수 있습니다(「한부모가족지원법」 제17조제5호).

1-3-4. 상담 및 정서지원

① 가족지원서비스

한부모가족은 가족기능 회복과 정서적 자립 강화를 위한 다음과 같은 가족지원서비스를 제공하고 있습니다(「한부모가족지원법」 제17조 및 「한부모가족지원법 시행령」 제17조의2).

1. 아동의 양육 및 교육 서비스
2. 장애인, 노인, 만성질환자 등의 부양 서비스
3. 취사, 청소, 세탁 등 가사 서비스
4. 교육·상담 등 가족 관계 증진 서비스
5. 한부모가족에 대한 상담·심리치료

② 상담전화서비스

한부모가족은 한부모가족 상담전화를 통해 한부모가족 지원에 관한 종합정보의 제공과 지원기관 및 시설의 연계 등에 관한 전문적이고 체계적인 상담서비스를 제공받을 수 있습니다(「한부모가족지원법」 제18조의2제1항).

2. 한부모가족지원대상자

2-1. 한부모가족이란?

① "한부모가족"이란 모자가족 또는 부자가족으로서 만 18세 미만(취학 중인 경우에는 만 22세 미만을 말하되, 「병역법」에 따른 병역의무를 이행하고 취학 중인 경우에는 병역의무를 이행한 기간을 가산한 연령 미만의 자)의 아동을 양육하는 가족으로 소득인정액이 기준 중위소득 60%이하(복지급여 지급기준은 기준 중위소득 52% 이하)에 부합하는 경우를 말합니다[「한부모가족지원법」 제4조제2호·제5호, 「한부모가족지원법 시행규칙」 제3조,].

② 모자가족이란 모가 세대주(세대주가 아니더라도 세대원을 사실상 부양하는 자 포함)인 가족을 말합니다(「한부모가족지원법」 제4조제3호).

③ 부자가족이란 부가 세대주(세대주가 아니더라도 세대원을 사실상 부양하는 자 포함)인 가족을 말합니다(「한부모가족지원법」 제4조제4호).

④ 한부모가족은 지원대상 가구원이 생계와 주거를 같이 하는 경우(주민등록상 주소와 세대가 동일한 경우)여야 함이 원칙입니다.

⑤ 다만, 모(부)와 자녀가 주민등록상 주소와 세대가 다른 경우에도 양육의 연장선상에 있는 자녀로 인정되는 경우에는 한부모가족으로서 지원이 가능합니다.

⑥ 주거가 없어 부모, 친척, 지인 등의 주택에서 떨어져 사는 경우

「한부모가족지원법」에 따른 한부모가족은 가구 단위로 선정되므로, 주거가 없어 부모, 친척, 지인 등의 주택에서 거주하는 한부모 가구는 별도가구로 지원됩니다. 다만, 교통사고로 부모가 모두 사망한 아동이 고모집에서 거주하는 경우와 같이 고모와 아동은 모자가족 또는 부자가족이 아니기 때문에 한부모가족으로서 지원을 받을 수 없습니다. 이러한 경우에는 가정위탁제도(아동은 별도가구로 기초생활보장 수급권자가 될 수 있음)로 지원받을 수 있습니다.

■ 여동생에게 아이를 맡겼을 경우 부자가정으로 선정이 가능한가요?

Q 초등학생 자녀가 있고, 야간 대리운전 기사를 직업으로 하는 父가 직장과 육아를 병행하기 어려워, 여동생에게 아이를 맡겼을 경우 부자가정으로 선정이 가능한가요?

A 원칙적으로 부 또는 모와 그의 자녀가 주소와 세대를 같이 하고 있는 경우에 한부모가족으로 인정되지만 직업의 특수성 등으로 자녀를 직접 양육할 수 없어 부득이하게 친지 등에게 보내어 주소와 세대를 달리할 경우에는 양육에 대한 의지와 의사(예를 들어 보호자의 정기적·간헐적인 양육비 원조 또는 만남 등)가 있음을 확인 한 후 지원이 가능합니다.

2-2. 한부모가족의 모 또는 부의 범위

한부모가족의 "모" 또는 "부"란 다음의 어느 하나에 해당하는 사람으로서 아동인 자녀를 양육하는 사람을 말합니다(「한부모가족지원법」 제4조제1호).

1. 배우자와 사별 또는 이혼했거나 배우자로부터 유기(遺棄)된 사람

   ※ 유기란 대법원 판례에 따라 "배우자가 정당한 이유 없이 서로 동거, 부양, 협조해야 할 부부 로서의 의무를 포기하고 다른 일방을 버린 경우(대법원 1998.4.10. 선고 96 므 1434 판결)"를 말합니다.

2. 정신 또는 신체장애로 인해 6개월 이상 장기간 근로(노동)능력을 상실한 배우자를 가진 사람(경제활동으로 소득이 있는 경우는 제외)

3. 미혼모 또는 미혼부[사실혼(事實婚) 관계에 있는 자는 제외]

4. 배우자의 생사가 분명하지 않은 사람

  - 배우자의 실종선고 절차가 진행 중인 자, 관할 시·군·구청장이 가출 또는 행방불명 사실을 확인한 경우(거주불명등록자, 주민등록 직권말소 등)

5. 가정폭력 등에 의한 배우자 또는 배우자 가족과의 불화 등으로 인해 가출한 사람

6. 배우자의 군복무로 인해 부양을 받을 수 없는 사람

7. 배우자의 장기복역으로 인해 부양을 받을 수 없는 사람

8. 국내에 체류하고 있는 외국인(「출입국관리법」 제31조에 따른 외국인 등록을 마친 사람) 중 대한민국 국민과 혼인하여 대한민국 국적의 아동을 양육하고 있는 경우로서 위의 조건을 갖춘 사람(미혼모 또는 미혼부 제외)

■ 현재 남편과 이혼이 확정되었으나, 그 사실이 가족관계등록부에 기재되기 전입니다. 이혼 판결문만으로도 지원이 가능한가요?

Q 현재 남편과 이혼이 확정되었으나, 그 사실이 가족관계등록부에 기재되기 전입니다. 이혼 판결문만으로도 지원이 가능한가요?

A 네, 지원이 가능합니다. 공부상 정리가 완료되지 않더라도, 법원의 판결문에 친권 및 양육권 지정 등 한부모가족 선정을 위한 개요가 명시되어 있습니다. 따라서 이를 근거로 한부모가족으로 선정이 될 수 있습니다.

■ 배우자를 유기한 경우 한부모가족으로 지원이 가능한가요?

Q 현재 남편은 지방을 다니며 건축일을 하고 있습니다. 한번 공사가 시작되면 몇 달씩 있기는 하지만 이번에는 6개월 전에 떠난 뒤 휴대전화도 끊고 집에도 전혀 오지 않으며 생활비도 보내지 않고 있습니다. 이 경우, 지원이 가능한가요?

A 네, 지원이 가능합니다. 남편이 직업상 지방으로 다니는 경우에는 고의로 부인을 버려둔 것은 아니라고 볼 수 있습니다. 그러나 남편이 계획적으로 부인과 살기 싫어 행방을 감추고 연락을 끊고 생활비도 보내지 않는다면 고의로 동거, 협조, 부양 의무를 저버린 것이고 이는 악의의 유기에 해당합니다.

■ 우울증 등을 이유로 한 한부모가족으로 선정될 수 있나요?

Q 저희 어머니는 현재 무척으로 우울증을 앓고 있어, 저는 할머니의 집으로 주소를 이전하여 생활하고 있습니다. 한부모가족으로 선정될 수 있나요?

A 모 또는 부가 우울증을 앓고 있다는 이유만으로 자녀를 양육할 수 없다고 볼 수 없으며, 실질적으로 아동을 양육할 의지와 의사가 충분히 있는 경우에는 모자가구 또는 부자가구로 선정되어 지원을 받을 수 있습니다. 다만, 심리적인 문제 등으로 아동을 양육할 수 없다는 것이 객관적으로 판명이 된 경우에는 조손가구로 지원이 가능합니다.

■ 미혼모가 자녀 양육하는 경우 한부모가족으로 지원 받을 수 있나요?

Q 미혼모의 자녀를 친부의 가족관계등록부에 올림으로써, 모자관계가 가족관계증명서상 나타나지 않으나, 본인이 양육하고 있을 한부모가족으로 지원 받을 수 있나요?

A 먼저, 가족관계등록부 및 주민등록 등·초본 등의 공적자료를 통해 친부와 친모의 혼인관계 없음이 확인되고, 방문조사를 통해 사실혼 관계가 아님을 확인받아야 합니다. 또한, 출생증명서상의 "母"를 최종 확인 후 인정할 수 있습니다. 출생증명서가 없을 경우, 법원 판결을 거치지 않은 단순 유전자 검사 결과는 법적 효력이 없으므로 유의하시기 바랍니다.

2-3. 다문화 한부모가족

국내에 체류하고 있는 외국인(외국인 등록을 마친 자) 중 대한민국 국민과 혼인하여 대한민국 국적의 아동을 양육하고 있는 경우로 위의 한부모가족의 모 또는 부의 범위에 해당하면 한부모가족으로 지원받을 수 있습니다(「한부모가족지원법」 제5조의2제3항 및 「한부모가족지원법 시행령」 제10조).

2-4. 청소년 한부모가족

한부모가족의 부 또는 모가 만 24세 이하인 경우 청소년 한부모가족에 해당하며, 한부모가족 지원 외에도 청소년 한부모를 위한 교육지원, 자립지원 등의 추가적인 지원을 받을 수 있습니다(「한부모가족지원법」 제4조제1호의2).

2-5. 한부모가족은 만 18세 미만의 아동을 양육하는 경우에만 해당
2-5-1. 지원대상 아동(자녀)의 범위

지원대상 아동은 만 18세 미만의 자를 말하며, 고등학교 또는 대학 등에 재학 중인 경우에는 만 22세 미만을 말하되, 「병역법」에 따른 병역의무를 이행하고 취학중인 경우에는 병역의무를 이행한 기간을 가산한 연령 미만의 자를 말합니다(「한부모가족지원법」 제4조제5호).

2-5-2. 연령산정 기준

① 지원대상 아동의 나이는 만나이 기준으로 만 나이로 산정하며, 지원대상 연령은 다음과 같습니다.

    1. 만 18세미만의 경우: 만 18세가 되는 생일이 도래하는 달의 전 달까지(다만, 만18세를 넘었으나 고등학교를 재학 중인 경우에는 고등학교 졸업일이 속한 달까지)

    2. 만 22세 미만의 경우: 만 22세가 되는 생일이 도래하는 달의 전 달까지

② 지원대상자 중 아동의 연령을 초과하는 자녀가 있는 한부모가족의 경우에는 연령초과 자녀를 제외한 나머지 가족구성원이 지원대상자가 됩니다(「한부모가족지원법」 제5조제2항).

③ 나머지 가족구성원의 경우에도 양육하는 지원대상 아동이 있어야 하며, 연령초과 아동으로 더 이상 양육해야 할 지원대상 아동이 없는 경우에는 한부모가족으로서 지원대상에서 제외되게 됩니다.

2-5-3. 취학 인정 기준

① 고등학교 또는 대학 등에 재학 중인 경우 만 22세 미만까지 지원받을 수 있습니다.

    1. 대학, 산업대학, 교육대학, 전문대학, 방송대학·통신대학·방송통신대학 및 사이버 대학 등 원격대학, 기술대학, 한국폴리텍대학, 정보통신기능대학 또는 평생교육 시설(전문대학 이상의 학력이 인정되는 시설에 한함)등에 재학하는 경우(「고등교육법」 제2조 및 「평생교육법」 제31조)

    – 휴학·복학 여부와 상관없이 만 22세 연도말까지 지원됩니다.

    – 취학한 만 22세 미만의 자녀가 현역, 공익근무요원, 상근예비역 형태로 근무 중인 경우에 지원가구원으로 지원됩니다.

    2. 고등학교에 재학하는 경우(「초·중등교육법」 제2조 및 「평생교육법」 제31조)

    3. 외국 대학에 재학 중인 경우(이 경우 재학을 증명할 수 있는 공증된 번역서류 반드시 첨부해야 합니다.)

② 고등학교 또는 대학 등에 재학 중이면서 병역의무를 이행하고 취학 중인 경우에는 병역의무를 이행한 기간을 가산한 연령 미만까지 지원대상자에 해당합니다(「한부모가족지원법」 제4조제5호).

– 휴·복학 여부와 상관없이 만 22세 연도 말까지 지원한 후 중단하고, 군복무 후 복학하는 시점부터 병역의무 이행기간을 연장함. 이 경우 병역의무 이행기간 연장은 최대 만 25세 연도말까지 가능.

③ 재수, 검정고시, 취업준비 학원 수강 시는 만 18세 미만까지 지원됩니다.

■ 고등학교를 중퇴하여 현재 취업중인 첫째 아이가 만 17세일 경우 한부모 가족 선정 가능한가요?

Q 고등학교를 중퇴하여 현재 취업중인 첫째 아이가 만 17세일 경우 한부모가족 선정 가능한가요?

A 한부모가족 선정 여부는 자녀 연령을 기준으로 지원하고 있으므로, 취업한 경우에도 연령초과(만 18세, 취학 시 만 22세) 전까지 지원가구원에 포함하여 지원 가능합니다. 다만, 첫째 아이 본인에 대한 학비지원은 받을 수 없으며, 자녀의 소득 또한 모두 조회하여 소득기준에 적용하게 됩니다.

■ 저는 어머니와 둘이 살고 있고, 집안 형편이 어려워 고등학교를 중퇴하고 아르바이트를 하고 있습니다. 한부모가족으로 지원받을 수 있나요?

Q 저는 어머니와 둘이 살고 있고, 집안 형편이 어려워 고등학교를 중퇴하고 아르바이트를 하고 있습니다. 한부모가족으로 지원받을 수 있나요?

A ◇ 한부모가족 지원대상자

① 한부모가족이란 모자가족 또는 부자가족으로서 18세 미만(취학 중인 경우에는 22세 미만, 병역의무를 이행하고 취학 중인 경우에는 병역의무를 이행한 기간을 가산한 연령 미만)의 아동을 양육하는 가족으로 매년 여성가족부장관이 고시하는 소득기준에 부합하는 가족을 말합니다.

② 한부모가족 및 조손가족은 기준 중위소득 60% 이하, 청소년 한부모가족은 기준 중위소득 72% 이하의 소득인정액 기준을 충족한 경우 지원대상자에 선정됩니다.

③ 한부모가족 및 조손가족은 기준 중위소득 52% 이하, 청소년한부모 가족은 기준 중위소득 60% 이하의 소득인정액 기준을 충족한 경우 아동양육비, 아동교육지원비, 생활보조금, 자립촉진수당 등 복지급여 지원 여부가 결정됩니다.

④ 한부모가족 지원대상자로 선정되면 복지 급여, 복지 자금의 대여, 국민주택의 분양·임대 시 일정 비율의 우선 분양 및 한부모가족지원시설의 입소 등의 지원을 받을 수 있습니다.

◇ 한부모가족의 모 또는 부의 범위

한부모가족의 "모" 또는 "부"란 다음의 어느 하나에 해당하는 사람으로서 아동인 자녀를 양육하는 사람을 말합니다.

1. 배우자와 사별 또는 이혼했거나 배우자로부터 유기(遺棄)된 사람
2. 정신 또는 신체장애로 인하여 6개월 이상 장기간 근로(노동)능력을 상실한 배우자를 가진 사람(경제활동으로 소득이 있는 경우는 제외)
3. 미혼모 또는 미혼부[사실혼(事實婚) 관계에 있는 자는 제외]
4. 배우자의 생사가 분명하지 않은 사람
5. 가정폭력 등에 의한 배우자 또는 배우자 가족과의 불화 등으로 인하여 가출한 사람
6. 배우자의 군복무로 인하여 부양을 받을 수 없는 사람
7. 배우자의 장기복역으로 인하여 부양을 받을 수 없는 사람
8. 국내에 체류하고 있는 외국인(「출입국관리법」 제31조에 따른 외국인 등록을 마친 사람) 중 대한민국 국민과 혼인하여 대한민국 국적의 아동을 양육하고 있는 경우로서 위의 조건을 갖춘 사람(미혼모 또는 미혼부 제외

◇ 지원대상 아동(자녀)의 범위

지원대상 아동은 만 18세 미만의 자를 말하며, 고등학교 또는 대학 등에 재학 중인 경우에는 만 22세 미만을 말하되, 「병역법」에 따른 병역의무를 이행하고 취학 중인 경우에는 병역의무를 이행한 기간을 가산한 연령 미만의 자를 말합니다.

■ 지원대상 한부모가족의 경우에 해당되나요?

Q 저희 부모님은 이혼하셨고, 저와 제 동생은 현재 엄마와 아저씨와 함께 살고 있습니다. 엄마는 아저씨와 재혼하신 건 아니고, 현재 등본을 떼면 저희 3명은 아저씨의 동거인으로 되어 있습니다. 저는 성인 여자 직장인이고, 동생은 중학교 3학년입니다. 저희 집에서 소득이 있는 건 아저씨를 제외하면 저 뿐입니다. 세후 173만원가량의 월급을 받고 있는데, 이 경우 지원대상 한부모가족의 경우에 해당되나요?

A 「한부모가족지원법」에 따라 지원을 받을 수 있는 "한부모가족"은 모자가족 또는 부자가족으로서 만 18세 미만(취학 중인 경우에는 만 22세 미만을 말하되, 「병역법」에 따른 병역의무를 이행하고 취학 중인 경우에는 병역의무를 이행한 기간을 가산한 연령 미만의 자)의 아동을 양육하는 가족으로 소득인정액이 기준 중위소득 60% 이하(복지급여 지급기준은 기준 중위소득 52% 이하)에 부합하는 경우를 말합니다[「한부모가족지원법」 제4조제2호·제5호, 「한부모가족지원법 시행규칙」 제3조].

한부모가족의 "소득인정액"은 지원가구에 포함되는 가구원의 소득재산만을 고려하는 것이 원칙입니다. 다만, 연령을 초과하는 자녀가 있는 경우에는 연령 초과 자녀를 지원하지는 않으나 소득인정액 산정 시에는 해당자녀를 포함한 가구규모의 소득인정액 기준을 적용하되, 자립지원 별도가구 특례대상 자녀의 경우에는 가구원 수에 포함하지 않습니다.

한편, "소득인정액"은 소득평가액과 재산소득환산액을 합한 것을 말하며, 소득평가액은 실제소득에서 가구특성별 지출비용, 근로소득공제 등을 차감하고 남은 금액(소득평가액 = ① 실제소득 - ② 가구특성별 지출비용 - ③ 근로소득공제), 재산 소득환산액은 재산에서 기본재산액, 부채 등을 차감한 금액에 소득환산율을 적용한 금액[재산 소득환산액 = (① 재산의 종류별 가액 - ② 기본재산액 - ③ 부채) × ④ 재산의 종류별 소득환산율]을 말합니다.

■ 한부모가정 혜택을 언제까지 받을 수 있나요?

Q 1993년 6월생이고 군대는 2014년 2월에 다녀왔는데 그럼 한부모가정 혜택을 언제까지 받을 수 있나요? 그리고 제가 휴학상태인데 저랑 어머니 동생해서 3인 가구인데 학교 휴학 여부와 상관없이 한부모 가정 3인가구로 인정이 되나요?? 3인가구시 자동차 소유를 해도 되는지도 궁금합니다.

A 취학한 만 22세 미만의 자녀가 군복무를 하는 경우 휴·복학 여부와 상관없이 만 22세가 되는 연도 말까지 지원된 후 중단되고, 제대 후 복학하는 시점부터 군 복무기간을 가산하여 해당 기간만큼 한부모가족 지원이 연장됩니다. 이 경우 지원 연장은 최대 만 25세 연도말까지만 가능합니다. 또한, 한부모가족 지원 가구 대상자는 소득평가액과 재산 소득환산액을 합한 가구별 소득인정액을 기준으로 선정합니다. 참고로, 복지로 홈페이지에서 간단한 소득·재산항목 등을 입력하면 한부모가족 지원대상자인지 자가진단이 가능합니다.

2-6. 조손가족

2-6-1. 조손가족

모자가족 또는 부자가족 외에도 부모의 사망 등으로 (외)조부 또는 (외)조모가 만 18세 미만(취학 시 만22세)의 다음의 어느 하나에 해당하는 아동을 양육하는 경우로서 매년 여성가족부장관이 고시하는 소득기준에 부합하는 때에는 한부모가족 지원대상자가 됩니다(「한부모가족지원법」 제5조의2제2항, 「한부모가족지원법 시행규칙」 제3조, 제3조의2).

1. 부모가 사망하거나 생사가 분명하지 않은 아동
2. 부모가 정신 또는 신체의 장애·질병으로 장기간 노동능력을 상실하여 부양을 받을 수 없는 아동
3. 부모의 6개월 이상 장기복역 등으로 인해 부양을 받을 수 없는 아동
4. 부모가 이혼하거나 유기하여 부양을 받을 수 없는 아동
5. 부모가 가정의 불화 등으로 가출하여 부모의 부양을 받을 수 없는 아동
6. 그 밖에 부모가 실직 등으로 장기간 경제적 능력을 상실하여 부양을 받을 수 없는 아동

2-6-2. 지원대상 아동의 범위

지원대상 아동은 만 18세 미만의 자, 고등학교 또는 대학 등에 재학 중인 경우에는 만 22세 미만을 말하되, 「병역법」에 따른 병역의무를 이행하고 취학 중인 경우에는 병역의무를 이행한 기간을 가산한 연령 미만의 자를 말합니다(「한부모가족지원법」 제4조제5호).

■ **저희 아버지는 일찍 돌아가시고 어머니는 가출하여 저는 지금 할머니와 함께 살며 중학교에 다니고 있습니다. 저도 한부모가족 지원을 받을 수 있나요?**

Q 저희 아버지는 일찍 돌아가시고 어머니는 가출하여 저는 지금 할머니와 함께 살며 중학교에 다니고 있습니다. 저도 한부모가족 지원을 받을 수 있나요?

A 부모의 사망, 가출 등으로 할아버지·할머니가 만 18세 미만의 자, 고등학교 또는 대학 등에 재학 중인 경우에는 만 22세 미만을 말하되, 「병역법」에 따른 병역의무를 이행하고 취학 중인 경우에는 병역의무를 이행한 기간을 가산한 연령 미만의 자를 양육하는 경우에도 한부모가족으로 지원을 받을 수 있습니다.

◇ 조손가족

모자가족 또는 부자가족 외에도 부모의 사망 등으로 (외)조부 또는 (외)조모가 만18세 미만(취학 시 만22세, 「병역법」에 따른 병역의무를 이행하고 취학 중인 경우에는 병역의무를 이행한 기간을 가산한 연령 미만)의 다음의 어느 하나에 해당하는 아동을 양육하는 경우로서 매년 여성가족부장관이 고시하는 소득기준에 부합하는 때에는 한부모가족 지원대상자가 됩니다.

1. 부모가 사망하거나 생사가 분명하지 않은 아동
2. 부모가 정신 또는 신체의 장애·질병으로 장기간 노동능력을 상실하여 부양을 받을 수 없는 아동
3. 부모의 장기복역 등으로 부양을 받을 수 없는 아동
4. 부모가 이혼하거나 유기하여 부양을 받을 수 없는 아동
5. 부모가 가정의 불화 등으로 가출하여 부모의 부양을 받을 수 없는 아동
6. 그 밖에 부모가 실직 등으로 장기간 경제적 능력을 상실하여 부양을 받을 수 없는 아동

2-7. 아동을 양육하지 않는 미혼모

2-7-1. 지원 아동이 없는 미혼모에 대한 특례

지원대상 자녀가 없는 경우에는 한부모가족 지원대상에서 제외됨이 원칙이지만, 혼인 관계에 있지 않은 사람으로서 출산 전 임신부와 출산 후 아동을 양육하지 않는 모가 미혼모자가족복지시설을 이용할 때에는 한부모가족 지원대상자 범위에 대한 특례로서 한부모가족 지원대상자가 됩니다(「한부모가족지원법」 제5조 및 제5조의2제1항).

2-7-2. 한부모가족복지시설 이용

① 출산 후 해당 아동을 양육하지 않는 미혼모는 미혼모자가족복지시설에 입소하여 일정기간 주거 등을 지원받을 수 있습니다(「한부모가족지원법」 제19조제1항).

② 한부모가족복지시설에 입소하려는 사람은 입소하고자 하는 시설의 관할 자치단체(시·군·구청) 한부모가족 담당자의 상담을 거쳐 입소신청서를 입소하려는 시설의 관할 시·군·구에 제출합니다(「한부모가족지원법 시행규칙」 제9조의6제1항).

3. 한부모가족지원 신청

3-1. 소득 기준

3-1-1. 지원대상자의 범위

지원대상자의 범위는 여성가족부장관이 매년 「국민기초생활 보장법」 제2조제11호에 따른 기준 중위소득, 지원대상자의 소득수준 및 재산정도 등을 고려하여 지원의 종류별로 정하는 기준에 해당하는 한부모가족으로 합니다(「한부모가족지원법」 제5조 및 「한부모가족지원법 시행규칙」 제3조).

3-1-2. 소득인정액 산정 범위

① 한부모가구는 별도가구로 보장하므로 지원가구에 포함되는 가구원의 소득재산만 가구 소득인정액 산정 시 고려하는 것이 원칙입니다.

② 한부모 본인 명의의 주거에 함께 살고 있는 부모, 형제자매가 있는 경우에도 부모, 형제자매의 소득 재산을 파악하지 않고 한부모가구의 소득재산만 파악합니다.

③ 한부모가족이 부모, 형제자매, 지인 등의 집에서 세대를 구성하지 않고 동거인으로 거주하는 경우에도 한부모가구의 소득재산만 파악합니다.

3-1-3. 지원대상 가구 소득인정액 기준

① 한부모가족은 소득인정액이 가구규모별 기준 중위소득과 비교하여 다음에 해당하는 경우 지원대상자 선정 및 급여지급 여부가 결정됩니다.

1. 한부모가족 및 조손가족(부 또는 모의 연령이 만 25세 이상)
   - 선정기준(한부모가족증명서 발급대상): 기준 중위소득 60% 이하
   - 복지급여 지급기준: 기준 중위소득 52% 이하

2. 청소년한부모 가족(부 또는 모의 연령이 만 24세 이하)
   - 선정기준(한부모가족증명서 발급대상): 기준 중위소득 72% 이하
   - 복지급여 지급기준: 기준 중위소득 60% 이하

② 2019년 지원가구별 소득인정액 기준은 다음과 같습니다.

(단위: 원)

구분		2명	3명	4명	5명	6명
한부모 및 조손가족	기준 중위소득의 52%	1,511,395	1,955,217	2,399,039	2,842,861	3,286,683
	기준 중위소득의 60%	1,743,917	2,256,020	2,768,122	3,280,224	3,792,327
청소년 한부모가족	기준 중위소득의 60%	1,743,917	2,256,020	2,768,122	3,280,224	3,792,327
	기준 중위소득의 72%	2,092,701	2,707,224	3,321,746	3,936,269	4,550,792

3-1-4. 농어촌 한부모가족 선정기준의 특례

① 농어촌의 한부모가족을 선정하려는 경우에는 「한부모가족지원법 시행규칙」 제3조에 따라 여성가족부장관이 매년 정하는 소득수준 및 재산정도에 관한 기준을 예산의 범위에서 달리 적용할 수 있습니다(「농어촌주민의 보건복지 증진을 위한 특별법」 제26조 및 「농어촌주민의 보건복지 증진을 위한 특별법 시행규칙」 제10조).

② 이에 대한 자세한 내용은 각 거주지역 주민센터에서 확인하시길 바랍니다.

3-1-5. 조손가구의 소득액 산정기준

① 부모로부터 사실상 부양을 받지 못하는 아동(군복무, 이혼, 유기, 행방불명, 실종, 사망, 부모 실직 등 장기간 경제적 능력상실 등)을 조부 또는 조모가 양육하는 경우에는 ⓐ 부모의 소득인정액이 기준 중위소득 52% 이하 이고, ⓑ 조부 또는 조모의 소득인정액(다만, 일반재산 중에서 토지와 실거주용 주택은 재산 파악시 제외하고 포함하지 않음)이 기준 중위소득 52% 이하인 경우에 선정합니다.

② 주택의 경우 생계용으로 실제 거주하는 경우에 한하여 제외하고, 실거주용 이외의

주택은 재산으로 산정합니다.

③ 자녀의 친권자인 부 또는 모에 대해서는 소득과 재산 등 선정기준을 적용합니다.

④ 장기간 경제적 능력을 상실한 경우에는 양쪽 부모가 모두 있는 경우라도 가구원수 산정은 1명으로 하되, 양쪽 부모 모두의 소득과 재산을 합산하여 소득인정액을 확인합니다.

3-1-6. 친권을 가진 부(父)의 자녀 1명을 (외)조모가 양육할 경우

① 주민등록등본에 개별 가구로 되어 있으나 부(父)는 자(子)에 대한 부양 의무자이므로 부의 소득은 2명 가구를 적용합니다(자녀가 2명인 경우 3명 가구 적용).

② 위 부(父)의 소득이 기준 중위소득의 52% 이하이면 같은 가구인 (외)조모의 기준 중위소득의 52% 이하(일반재산 중에서 토지와 주택은 재산에 포함하지 않음)인 경우에 확인(2명 가구) 후 선정합니다.

3-1-7. 6개월 이상 실직한 상태인 친권을 가진 부모의 자녀 3명을 (외)조부가 양육할 경우

① 주민등록등본의 개별 가구로 되어 있는 부모의 소득을 확인합니다(부모 1명, 자녀 3명일 경우 4명 가구 적용).

② 위 부모의 소득이 기준 중위소득의 52% 이하이면 같은 가구인 조부의 소득인정액이 기준 중위소득의 52%(4명 가구)(일반재산 중에서 토지와 주택은 재산에 포함하지 않음) 이하인 경우에 확인 후 선정합니다. 이는 급여 목적을 위한 부모의 단순 주소이전을 사전에 방지하기 위함입니다.

3-1-8. 연령초과 자녀가 있는 경우의 소득액 산정 기준

① 한부모가족의 모 또는 부와 만 18세 미만(취학 시 만 22세 미만, 군복무후 취학시 병역의무기간을 가산한 연령 미만) 자녀만 지원대상자로 선정하되, 연령초과 자녀 (결혼한 자녀 제외)의 소득·재산을 가구 소득에 합산하고, 소득인정액이 기준 중위소득의 52% 이하인 경우에 한부모가족으로 선정됩니다.

② 미혼의 연령 초과 자녀의 소득·재산은 생계나 주거를 같이 하는지 여부와 무관하게 가구소득에 합산합니다(자립지원 별도가구 특례대상은 제외).

③ 결혼한 자녀의 소득·재산은 한부모가족 선정에서 고려하지 않습니다.

④ 연령초과 자녀가 현역, 상근예비역, 공익근무요원 등으로 군복무중인 경우에는 소득인정액 산정을 위한 가구원수에 포함합니다.

⑤ 연령초과 자녀의 실종선고 절차가 진행 중이거나 관할 시·군·구청장이 가출 또는 행방불
명 사실을 확인한 경우(거주불명등록자, 주민등록 직권말소 등) 소득산정 시 제외됩니다.

⑥ 지원대상 가구원 및 소득인정액 산정을 위한 가구원수에 포함되지 않는 자녀의 소
득·재산의 경우에도 한부모가족이 사용하거나 수익하고 있는 경우에는 한부모가족
의 소득·재산으로 처리됩니다.

3-1-9. 배우자의 군복무, 복역 등의 경우 소득액 산정 기준

① 정신 또는 지체장애로 인하여 6개월 이상 장기간 근로능력을 상실한 배우자의 경
우 지원대상 가구원에 포함하고, 해당 배우자의 재산을 가구 소득인정액 산정 시
합산하여 처리합니다.

② 배우자가 다음의 어느 하나에 해당하는 경우에는 소득인정액 산정을 위한 가구원
수에 포함하지 않습니다. 다만, 해당 배우자의 소득·재산을 한부모가족이 사용하
거나 수익하고 있는 경우에는 한부모가족의 소득·재산으로 처리합니다.

1. 군복무(공익근무요원, 상근예비역 포함) 중인 배우자
2. 법원의 실종선고 절차가 진행 중이거나 실종선고를 받은 배우자
3. 교도소, 구치소, 지원감호시설 등에 6개월 이상 장기복역 중인 배우자

3-1-10. 소득인정액은 소득평가액과 보유한 재산의 소득환산액을 합산

> 소득인정액 = 소득평가액 + 재산 소득환산액
> * 소득평가액 = ①실제소득-②가구특성별 지출비용-③근로소득공제
> * 재산 소득 환산액 = (①재산-②기본재산액-③부채)×④소득환산율

① 소득평가액

ⓐ 소득평가액은 실제소득에서 가구특성별 지출비용, 근로소득공제 등을 차감하고 남은 금액
(소득평가액 = ①실제소득-②가구특성별 지출비용-③근로소득공제)을 말합니다.

ⓑ 한부모가구의 특성을 감안하여 부양의무자의 소득은 조사하지 않습니다. 다만 조손가구
중 아동의 부모가 장기간 경제적 능력을 상실한 경우에 한하여 아동 부모에 대한 소득과
재산을 조사합니다.

② 실제소득

1. 근로소득

상시근로자 소득, 일용근로자 소득, 자활근로소득, 공공일자리 소득 등

2. 사업소득

농업소득, 임업소득, 어업소득, 그 밖에 사업소득

3. 재산소득

임대소득, 이자소득, 연금소득

4. 이전소득

사적이전소득, 부양비, 공적이전소득

5. 지원기관 확인소득

정기적으로 지급되는 것으로 볼 수 없는 금품(퇴직금, 현상금, 보상금 등 비정기적으로 지급되는 금품 또는 「조세특례제한법」에 따른 근로장려금 및 자녀장려금), 보육·교육 그 밖에 이와 유사한 성질의 서비스 이용을 전제로 제공받는 보육료·학자금, 그 밖에 이와 유사한 금품, 조례에 따라 지방자치단체가 수급(권)자 또는 생활이 어려운 저소득층에게 지급하는 금품 등은 실제소득 산정에서 제외합니다.

③ 가구특성별 지출비용

1. 장애요인으로 인한 다음의 금품

- 장애수당, 장애아동 수당 및 보호수당

- 장애인연금 기초급여액 및 부가급여액

- 「고엽제후유의증 등 환자지원 및 단체설립에 관한 법률」 제7조제7항에 따른 수당 중 「장애인연금법」에 따른 기초급여액 및 부가급여액에 해당하는 금액

- 「자동차손해배상 보장법」에 따른 재활보조금[재활보조금을 지급받는 사람이 재활(치료·요양 포함)에 지출하는 비용 중 동 재활 보조금을 초과하는 금액은 "만성질환 등의 치료·요양·재활로 인하여 6개월 이상 지속적으로 지출하는 의료비"로 인정하여 차감함]

- 대한장애인체육회의 가맹 경기단체에 등록된 사람으로서 「국민체육진흥법 시행령」에서 정한 국제경기대회에서 입상한 사람이 국민체육공단으로부터 받은 경기력향상연구연금

2. 질병요인으로 인한 다음의 금품

- 만성질환 등의 치료·요양·재활로 인하여 6개월 이상 지속적으로 지출하는 의료비

- 희귀 난치성질환자 의료비 지원사업에 따른 의료비 중 호흡보조기 대여료, 기침 유발기 대여료 및 간병비, 특수식이구입비

- 한센인 생활지원금(월 15만원)

3. 양육요인으로 인한 다음의 금품

- 「한부모가족지원법」에 따른 아동양육비 및 추가아동양육비

- 청소년 한부모 자립지원촉진수당
- 소년소녀가정(18세 미만의 아동이 실질적으로 생계를 이끌어 가는 경우) 부가급여
- 「자동차손해배상 보장법」에 따른 피부양보조금(월 20만원)
- 「입양특례법」에 따른 양육보조금
- 농어민 가구의 보육시설 이용자 부담(15만원 이내)

4. 국가유공요인으로 인한 다음의 금품
- 국가유공자, 독립유공자, 보훈대상자, 체육유공자 등에 대한 생활조정수당
- 참전명예수당 중 1인 가구 기준 중위소득의 20% 이하에해당하는 금액
- 「독립유공자예우에 관한 법률」제30조제1호에 따라 2018년부터 신설되는 독립유공자 (손)자녀 생활지원금(기준 중위소득 70% 이하 월 335,000원, 기준 중위소득 50% 이하 월 468,000원)

④ 근로소득공제

한부모가구 지원대상자가 근로 및 사업 등 일을 통해 얻은 소득 중 일정비율을 고려하여 한부모가구 소득 산정 시 공제에 반영합니다.

공제대상 수급(권)자	공제대상 소득	공제방법 및 공제율
○ 등록장애인	장애인 직업재활사업·정신질환자 직업재활사업 참여소득	50%
○ 만 24세 이하에 해당하는 가구원(1995년 1월 1일 이후 출생자부터 적용) ○ 만 25세 이상 초·중·고등학생(1994년 12월 31일 이전 출생자가 초·중·고등학생인 경우)	근로·사업소득	40만원을 공제하고, 나머지 금액에 대해 30% 추가공제
○ 대학생	근로·사업소득	40만원을 공제하고, 나머지 금액에 대해 30% 추가공제
○ 만 65세 이상 노인 ○ 등록장애인 ○ 북한이탈주민 ○ 임신중에 있거나 분만 후 6개월 미만의 여성 ○ 사회복무요원, 상근예비역	근로·사업소득	30%
○ 일용근로자	근로소득	30%
○ 행정기관 및 공공기관의 행정인턴 참여자	행정인턴 참여소득	10%

3-1-11. 재산 소득 환산액

재산 소득 환산액은 재산에서 기본재산액, 부채 등을 차감한 금액에 소득환산율을 적용한 금액[재산 소득 환산액 = (①재산−②기본재산액−③부채)×④소득환산율]을 말합니다.

① 재산 : 일반재산, 금융재산, 자동차

　1. 일반재산

　− 토지(논, 밭, 임야 등), 건축물(건물, 시설물 등) 및 주택

　− 주택·상가 등에 대한 임차보증금(전세금 포함)

　− 선박 및 항공기

　− 100만원 이상의 가축·종묘 등 동산(장애인 재활보조기구 등은 제외)

　− 입목재산

　− 어업권

　− 주택 조합원 입주권, 건물 분양권, 회원권(골프회원권, 콘도미니엄 회원권, 종합체육시설 회원권, 승마회원권, 요트회원권 등), 어업권 등

　− 「지방세법」 제124조에 따른 자동차 중 일반재산의 소득환산율인 월 4.17%를 적용하는 자동차

　2. 주거용 재산

　− 단독주택, 공동주택, 준주택(기숙사, 고시원, 노인복지주택, 오피스텔) 및 그 부속토지, 단독주택, 공동주택, 준주택에 대한 임차보증금(전세금 포함), 소매점, 미용원 등 해당 재산이 거주를 목적으로 하며, 거주하는 것으로 시장·군수·구청장이 인정하는 경우

　− 한부모가족으로 지원받으려는 자가 해당 재산에 거주하는 경우 대도시는 1억원, 중소도시는 6,800만원, 농어촌은 3,800만원까지만 주거용재산으로 인정합니다.

　− 부양의무자(조손가족에 한함)는 적용한도 없이 주거용재산 범위에 해당하는 재산은 모두 주거용재산으로 인정합니다.

　3. 금융재산

　− 현금 및 「금융실명거래 및 비밀보장에 관한 법률」 제2조에 따른 금융자산

　− 「보험업법」 제2조에 따른 보험상품

　4. 자동차

　− 승용자동차, 승합자동차, 화물자동차, 특수자동차, 이륜자동차

② 기본재산액

ⓐ 보장가구의 기본적 생활 유지에 필요하다고 인정되어 소득환산에서 제외되는 재산가액입니다.

대도시	5,400만원
중소도시	3,400만원
농어촌	2,900만원

ⓑ 주거용재산, 일반재산, 금융재산의 순서로 공제하고, 공제결과 기본재산액이 남는 경우에도 수급자는 100% 재산의 소득환산율이 적용되는 자동차가액에서는 공제를 하지 않습니다.

(예시) 대도시 거주 수급자의 재산이 주거용 재산 1억2천만원과 일반재산 3천만원을 보유한 경우
1) 대도시 주거용 재산 한도액 1억을 초과하는 2천만원과 일반재산 3천만원은 우선 일반재산 소득환산율 월 4.17% 적용
2) 대도시 주거용 재산 한도액 1억원에서 대도시 기본재산액 5,400만원 공제
3) 주거용 재산에서 기본재산액 공제 후 차액 4,600만원은 주거용재산소득환산율 월 1.04% 적용

③ 부채

부채란 임대보증금 및 금융회사 등으로부터 받은 대출금 및 주택연금과 농지연금의 누적액, 그 밖에 보건복지부장관이 정하여 고시하는 금융회사 외 기관 대출금, 법에근거한 공제회 대출금, 법원에 의해 확인된 사채 중 미상환액을 말합니다.

- 임대보증금 부채, 금융회사 대출금, 주택연금 및 농지연금 누적액: 전액차감
- 금융회사 외 기관 대출금, 법에 근거한 공제회 대출금, 법원에 의하여 확인된 부채: 부채의 용도를 확인하여 사용처가 확인된 부채를 차감

④ 소득환산율

구분	월소득환산율	
	수급(권)자	부양의무자
주거용재산	월 1.04%	월 1.04%
일반재산	월 4.17%	월 4.17%
금융재산	월 6.26%	
소득환산율이 100% 적용되는 자동차	월 100%	

3-2. 한부모가족 지원 신청

3-2-1. 한부모가족 지원 신청

① 한부모가족 지원대상자에 해당하여 한부모가족으로 복지급여 등의 지원을 받으려면 다음에 해당하는 사람이 거주지역 주민센터에 신청을 해야 합니다(「한부모가족지원법」제11조제1항 및 「한부모가족지원법 시행령」제12조제1항).

1. 지원대상자 또는 그 친족
2. 한부모가족복지시설의 종사자
3. 사회복지 전담 공무원
4. 지원대상자의 자녀가 재학하는 학교의 교사

② 사회복지전담공무원은 지원을 필요로 하는 자가 누락되지 않도록 관할 지역 내에 거주하는 지원대상 가구에 대한 지원결정을 본인의 동의를 얻어 직권으로 신청할 수 있습니다.

③ 한부모가족 지원 대상 여부는 신청을 한 날로부터 30일 이내에 통지받을 수 있습니다(「한부모가족지원법 시행령」제12조제4항).

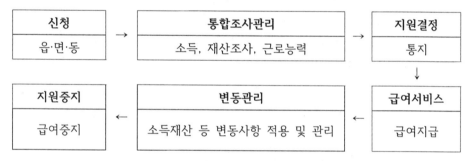

3-2-2. 제출 서류

한부모가족 지원을 신청하려는 사람은 다음의 서류(전자문서를 포함)를 거주지역 주민센터 한부모가족 담당공무원에게 제출하여 신청합니다(「한부모가족지원법 시행령」제12조제2항, 「한부모가족지원법 시행규칙」제12조).

1. 사회복지서비스 및 급여 제공(변경) 신청서
2. 소득·재산 신고서
   * 소득·재산 항목 중 공적자료가 자동반영 되는 이자소득, 연금소득, 토지, 건축물, 선박, 입목재산, 항공기, 어업권, 금융재산, 금융부채 등은 기재하지 않습니다.
3. 금융정보 등의 제공 동의서

4. 배우자의 건강진단서(배우자가 있지만 한부모가족 지원대상자 기준에 해당하는 경우)

5. 가족관계기록에 관한 증명서(다만, 가족관계기록사항에 관한 증명서로 부양의무자를 확인할 수 없는 경우에는 제적등본)

6. 임대차계약서(해당자에 한하여 제출)

7. 외국인등록사실증명서(해당자에 한하여 제출)

3-2-3. 복지급여수급계좌 지정

① 국가나 지방자치단체는 한부모가족 복지 급여를 받는 지원대상자의 신청이 있는 경우에는 복지 급여를 지원대상자 명의의 복지급여수급계좌로 입금합니다(「한부모가족지원법」 제12조의5제1항 본문).

② 다만, 정보통신장애나 지원대상자가 금융회사나 우편관서가 없는 지역에 거주하는 경우로 복지급여수급계좌로 이체할 수 없을 때에는 해당 금전을 지원대상자가 직접 현금으로 받을 수 있습니다(「한부모가족지원법」 제12조의5제1항 단서, 「한부모가족지원법 시행령」 제14조의2 제2항 및 제3항).

③ 복지 급여를 복지급여수급계좌로 받으려는 사람은 다음의 서류를 관할 특별자치시장·특별자치도지사·시장·군수·구청장에게 제출하여 신청합니다(「한부모가족지원법 시행령」 제14조의2제1항 및 「한부모가족지원법 시행규칙」 제7조).

1. 복지급여수급계좌 입금 신청서(전자문서로 된 신청서 포함)(「한부모가족 지원법 시행규칙」 별지 제3호서식)

2. 예금통장(계좌번호가 기록되어 있는 면) 사본

■ 한부모가정의 신청자격의 기준은 어떻게 되나요?

Q 이혼 후 초등학생 1명, 중학생 1명의 두 자녀를 친정엄마를 모시며 홀로 양육하며 살고 있습니다. 현재는 제가 직장을 그만 둔 상태이며 하루하루 식당알바를 다니며 취직자리를 알아보고 있습니다. 제 명의의 차는 없구요. 1억5천의 전세임대아파트를 전세대출 1억2천을 받아 살고 있습니다. 이런 경우 한부모가정의 신청자격이 가능한가요?

A "한부모가족"이란 모자가족 또는 부자가족으로서 18세 미만의 아동을 양육하고, 소득인정액이 기준 중위소득 60% 이하(복지급여 지급기준은 기준 중위소득 52% 이하)에 해당해야 합니다(「한부모가족지원법」 제4조제2호·제5호, 「한부모가족지원법 시행규칙」 제3조). 2019년 소득인정액 기준 중위소득 60%는 2,256,020원(3인 가족), 기준 중위소득의 52%는 1,955,217원(3인 가족)입니다.

소득인정액은 소득평가액과 재산소득환산액을 합한 것을 말하며, 소득평가액은 실제소득에서 가구특성별 지출비용, 근로소득공제 등을 차감하고 남은 금액(소득평가액 = ① 실제소득 - ② 가구특성별 지출비용 - ③ 근로소득공제), 재산 소득환산액은 재산에서 기본재산액, 부채 등을 차감한 금액에 소득환산율을 적용한 금액[재산 소득환산액 = (① 재산의 종류별 가액 - ② 기본재산액 - ③ 부채) × ④ 재산의 종류별 소득환산율]을 말합니다.

4. 한부모가족 지원

4-1. 경제적 지원

4-1-1. 저소득 한부모가족 및 조손가족 복지급여

① 복지급여

저소득 한부모가족 및 조손가족은 다음의 복지급여를 받을 수 있습니다. 다만, 지원대
상자가 「국민기초생활 보장법」 등 다른 법령에 따라 지원을 받고 있는 경우에는 그
범위에서 「한부모가족지원법」에 따른 급여를 받을 수 없습니다[「한부모가족지원법」
제12조제1항, 「한부모가족지원법 시행령」 제13조제1항, 「한부모가족지원법 시행규
칙」 제6조].

지원종류	지원대상	지원금액
아동양육비	소득인정액이 기준 중위소득 52% 이하인 가족의 만 18세 미만 자녀	자녀 1명당 월 20만원
추가 아동양육비	소득인정액이 기준 중위소득 52% 이하인 조손 및 만 25세 이상 미혼 한부모가족의 만 5세 이하 아동	자녀 1명당 월 5만원
학용품비	소득인정액이 기준 중위소득 52% 이하인 가족의 중·고등학생 자녀	자녀 1명당 연 5.41만원
생계비 (생활보조금)	한부모가족복지시설에 입소한 가족 중 소득인정액이 기준 중위소득 52% 이하인 가족	가구당 월 5만원

② 복지급여의 지급

복지급여의 신청절차에 따라 결정된 복지 급여는 급여 신청일이 포함된 달부터 지
급받을 수 있습니다(「한부모가족지원법 시행령」 제12조제5항).

③ 복지급여의 압류 금지

ⓐ 「한부모가족지원법」에 따라 지급된 복지급여와 이를 받을 권리는 다른 사람에게 양도하거
나 담보로 제공할 수 없으며, 다른 사람은 이를 압류할 수 없습니다(「한부모가족지원법」
제27조제1항).

ⓑ 복지급여수급계좌로 지정된 계좌의 예금에 관한 채권은 압류할 수 없습니다(「한부모가족
지원법」 제27조제2항).

④ 부정수급자에 대한 벌칙

ⓐ 거짓이나 그 밖의 부정한 방법으로 복지 급여를 받거나 타인으로 하여금 복지 급여를 받
게 한 자(이하 "부정수급자"라 함)는 1년 이하의 징역, 1천만원 이하의 벌금, 구류 또는
과료에 처해집니다(「한부모가족지원법」 제29조제4항).

ⓑ 거짓이나 그 밖의 부정한 방법으로 복지 급여를 받거나 타인으로 하여금 복지 급여를 받게 한 경우에 복지 급여를 지급한 지원기관은 그 비용의 전부 또는 일부를 그 복지 급여를 받은 사람 또는 복지 급여를 받게 한 사람으로부터 징수할 수 있습니다(「한부모가족지원법」 제25조의2제1항).

4-1-2. 아동 양육비

① 저소득 한부모가족 및 조손가족의 만 18세 미만의 아동에게 1명당 월 20만원의 급여가 지급됩니다(「한부모가족지원법」 제12조제1항제4호).

② 다음의 경우에는 지원 대상에서 제외됩니다(「한부모가족지원법」 제12조제1항).

1. 「국민기초생활 보장법」에 따른 생계급여 수급자
2. 「긴급복지지원법」에 따른 생계지원을 받는 경우
3. 「아동복지법」에 따른 가정위탁 양육보조금을 받는 경우

4-1-3. 추가 아동 양육비

① 조손가족 및 미혼모나 미혼부가 만 5세 이하의 아동을 양육하는 경우 자녀 1명당 5만원이 지원됩니다(「한부모가족지원법」 제12조제2항).

② 다음의 경우에는 지원 대상에서 제외됩니다(「한부모가족지원법」 제12조제1항).

1. 청소년 한부모가족(모 또는 부의 연령이 만 24세 이하)의 5세 이하 아동은 제외(청소년 한부모가족의 아동에게는 월 35만원의 양육비를 지원)
2. 「국민기초생활 보장법」에 따른 생계급여 수급자
3. 「긴급복지지원법」에 따른 생계지원을 받는 경우
4. 「아동복지법」에 따른 가정위탁 양육보조금을 받는 경우

4-1-4. 아동교육지원비(중·고등학생 학용품비)

① 저소득 한부모가족 및 조손가족의 중고등학생 자녀의 학습지원 강화를 위해 중학생 및 고등학생 자녀에게 1명당 연 54,100원이 지원됩니다(「한부모가족지원법」 제12조제1항제2호).

② 다음의 경우에는 지원 대상에서 제외됩니다(「한부모가족지원법」 제12조제1항).

1. 「국민기초생활 보장법」에 따른 교육급여를 지원받는 가구
2. 「긴급복지지원법」에 따른 교육지원을 받는 가구
3. 「장애인복지법」에 따른 교육비 지원을 받는 가구

4-2. 복지시설에 입소한 한부모가족에게 생활보조금 지원

① 한부모가족 복지시설에 입소한 가족으로서, 저소득 한부모가족 및 조손가족은 가구당 월 5만원을 지원 받습니다(「한부모가족지원법」 제12조제1항).

② 다음의 경우에는 지원 대상에서 제외됩니다(「한부모가족지원법」 제12조제1항).

　　1. 「국민기초생활 보장법」에 따른 생계급여 수급자

　　2. 「긴급복지지원법」에 따른 생계지원을 받는 경우

　　3. 기준 중위소득 52% 초과 ～ 60% 이하 구간의 청소년 한부모가구

　　4. 미혼모공동생활가정 입소 가구(자녀 미양육 사유)

4-3. 청소년한부모 지원

4-3-1. 청소년 한부모 복지급여

청소년 한부모가족(부 또는 모가 만 24세 이하인 경우)은 다음의 복지급여를 받을 수 있습니다[「한부모가족지원법」 제4조제1호의2, 제12조, 제17조의2, 「한부모가족지원법 시행규칙」 제9조의2].

지원종류	지원대상	지원금액
아동양육비	소득인정액이 기준 중위소득 60% 이하인 가족의 자녀	자녀 1명당 월 35만원
아동교육지원비 (학용품비)	소득인정액이 기준 중위소득 50초과 52% 이하인 가족의 중학생·고등학생 자녀 ※ 소득인정액이 기준 중위소득 52% 이하인 청소년한부모가족도 중·고등학생 자녀가 있을 경우 지원대상에 포함됩니다.	자녀 1명당 연 5.41만원
생활보조금	한부모가족복지시설에 입소한 가족 중 소득인정액이 기준 중위소득 52% 이하인 가족	가구당 월 5만원
검정고시 학습비	소득인정액이 기준 중위소득 60% 이하인 가족으로서, "부" 또는 "모"가 검정고시 학원을 수강하는 경우	가구당 연 154만원 이내
고등학생 교육비	소득인정액이 기준 중위소득 52%초과~60% 구간의 가족으로서, "부" 또는 "모"가 고등학교에 재학하는 경우	실비 (수업료, 입학금, 교과서대)
자립지원촉진수당	소득인정액이 기준 중위소득 60% 이하인 가족으로서, "부" 또는 "모"가 학업이나 취업활동을 하는 경우 ※ 청소년한부모 자립지원은 소득인정액 수준별 지원내용이 상이하므로 예산지원 시 주의가 필요합니다.	가구당 월 10만원

4-3-2. 청소년 한부모가족 아동 양육비

① 청소년 한부모가구의 자녀 1명당 월 35만원을 지원 받습니다(「한부모가족지원법」 제12조).

② 「한부모가족지원법」상 아동양육비로 월 20만원을 받고 있는 가구의 경우에는 차액으로 월 15만원만 지급됩니다. 다만, 청소년 한부모가족 중 국민기초생활보장 수급자로서 생계비를 지원 받는 가구는 지원 대상에서 제외됩니다(「한부모가족지원법」 제12조제1항).

4-3-3. 청소년 한부모에 대한 교육 지원

청소년 한부모가 학업을 할 수 있도록 본인의 선택에 따라 다음의 어느 하나에 해당하는 지원을 받을 수 있습니다(「한부모가족지원법」 제17조의2제1항 및 「한부모가족지원법 시행규칙」 제9조의2).

1. 학교에서의 학적 유지를 위한 지원 및 교육비 지원 또는 검정고시 지원
2. 학력인정 평생교육시설에 대한 교육비 지원
3. 학습부진아 등에 대한 교육 지원
4. 청소년 한부모가 학업을 하는 기간 중 해당 청소년 한부모가 양육하고 있는 자녀를 돌보는 내용의 지원

4-3-4. 검정고시 학습비

① 학업이 단절된 청소년 한부모 가구의 가구주로서, 검정고시 학원 등에 등록한 경우 연 154만원 한도 내에서(최대 2년간 지원) 학원등록비, 교재비, 학용품비(교육비 및 한부모가족 중·고생 학용품비가 미지급되었음이 확인된 경우 지급)등을 지원 받을 수 있습니다(「한부모가족지원법」 제17조의2제1항, 「한부모가족지원법 시행규칙」 제9조의2).

② 전국의 지역교육청에 등록된 검정고시 학원(온·오프라인 방법으로 학습을 제공하는 학원), 대안학교 또는 원격평생교육시설로 신고된 온라인 학원강좌 수강 시 지원받을 수 있습니다.

4-3-5. 고등학생 교육비

① 고등학교 (특수목적고 및 자율형사립고 포함)·고등기술학교, 평생교육시설의 교육을 이수하는 청소년 한부모는 입학금, 수업료 및 교과서대를 실비로 지원 받을 수 있습니다(「한부모가족지원법」 제17조의2제1항 및 「한부모가족지원법 시행규칙」 제9조의2).

② 국민기초생활보장 수급권자인 청소년 한부모는 교육급여 대상으로 관리하고, 기준
중위소득 52%~60% 구간의 청소년 한부모는 한부모가족 교육비 지원대상(교육부
소관)에 해당합니다.

4-3-6. 자립지원촉진 수당

① 청소년 한부모가 자녀를 양육하면서 자립기반을 마련할 수 있도록 학업, 취업활동
등을 하는 경우 월 10만원을 지원 받습니다(「한부모가족지원법」 제17조의2제1항,
「한부모가족지원법 시행규칙」 제9조의2).

② 학업의 경우 신청일 기준 최근 1년 내 초·중·고·대학교·대학원 등의 학교에 재
학, 검정고시 학습, 비인가 대안학교 학습 등을 증명할 재학증명서 등을 제출해야
합니다.

③ 취업훈련 등을 위한 학원 등록 시 학원 등록(수강기간 포함)을 증빙할 수 있는 관
련서류를 제출해야 합니다.

④ 취업자[회사, 인턴, 아르바이트(1일 3시간 이상 월 10일 이상) 등 포함]의 경우에
는 취업 중임을 확인할 수 있는 재직(근로) 증명서 또는 급여입금통장 등을 제출
해야 합니다.

4-3-7. 어린이집 이용 지원

청소년 한부모는 학업과 양육의 병행을 위해 그 자녀가 청소년 한부모가 속한
「고등교육법」 제2조에 따른 학교에 설치된 직장어린이집을 이용할 수 있습니다
(「한부모가족지원법」 제17조의2제3항).

4-3-8. 청소년 한부모 자립지원의 신청 및 방법

청소년 한부모가 주거마련 등 자립에 필요한 자산형성을 위한 재정적인 지원을
받으려면 다음의 서류(전자문서 포함)를 관할 특별자치시장·특별자치도지사·시
장·군수·구청장에게 제출하여 신청합니다(「한부모가족지원법」 제4조제1호나목, 제
17조의4 및 「한부모가족지원법 시행규칙」 제9조의3).

1. 복지 급여 신청서
2. 소득·재산 신고서
3. 금융정보등의 제공 동의서
4. 배우자의 건강진단서(정신이나 신체의 장애로 장기간 노동능력을 상실한 배우
   자를 가진 자가 아동을 양육하는 경우에 한정)

4-3-9. 청소년 한부모 건강진단 및 대상자

① 청소년 한부모는 건강증진을 위해 건강진단을 받을 수 있습니다(「한부모가족지원법」 제17조의5제1항).

② 건강진단은 한부모가족 지원대상자(「한부모가족지원법」 제5조 및 제5조의2)로서 「국민기초생활 보장법」 제2조제11호의 기준 중위소득에 여성가족부장관이 정하는 비율을 곱한 금액 이하에 해당하는 청소년 한부모를 대상으로 실시합니다(「한부모가족지원법 시행령」 제17조의4).

4-3-10. 건강진단 신청 및 실시

① 건강진단을 받으려는 청소년 한부모는 청소년 한부모 건강진단 신청서(「한부모가족지원법 시행규칙」 별지 제3호의2서식)를 관할 특별자치시장·특별자치도지사·시장·군수·구청장에게 제출해야 합니다(「한부모가족지원법 시행규칙」 제9조의4제1항).

[서식 예] 청소년 한부모 건강진단 신청서

청소년 한부모 건강진단 신청서				
※ [ ] 에는 해당되는 곳에 ∨표를 합니다.				
접수번호		접수일		처리기간　30일
수급자	성명			생년월일
	주소(시설 소재지)			
	세대주 성명(시설명)			세대주와의 관계
「국민기초생활 보장법」상 수급권자 또는 「한부모가족지원법」상 아동양육비 등 지원 수혜 여부 ① 현재 기초수급권자 가구로 지원받고 있음 [ ] ② 현재 「한부모가족지원법」상 아동양육비 등을 지원받고 있음 [ ]				
「한부모가족지원법」 제17조의5 및 같은 법 시행규칙 제9조의4에 따라 청소년 한부모 건강진단을 신청합니다. 　　　　　　　　　　　　　　　　　　　　　　　　　년　　　월　　　일 　　　　　　신청인(담당자)　　　　　　　　　　(서명 또는 인) 　　　　　　대상자와의 관계 **특별자치시장·특별자치도지사·시장·군수·구청장**　귀하				
첨부서류	없음			수수료 없음

② 청소년 한부모는 특별자치시장·특별자치도지사·시장·군수·구청장이 신청을 받은 날부터 30일 이내에 건강진단의 실시 여부를 통지받으며, 건강진단 실시에 따른 비용을 지원받습니다(「한부모가족지원법 시행규칙」 제9조의4 제2항 및 제3항).

■ 검정고시라도 준비하고 싶은데 지원받을 수 있는 방법이 있나요?

Q 저는 현재 22살이고 고등학교때 아이가 생겨 학교를 그만두고 결혼을 하였습니다. 그런데 남편과 이혼을 하게 되면서 홀로 아이를 키우기 위해선 취업을 해야 하는데 고등학교 중퇴의 학력으로는 취업이 쉽지 않습니다. 검정고시라도 준비하고 싶은데 지원받을 수 있는 방법이 있나요?

A 한부모가족의 부 또는 모가 만 24세 이하인 경우 청소년한부모라 하며 아동양육비 등의 복지급여 외에도 부 또는 모의 자립지원 등을 위한 검정고시 학습비, 고등학생 부모의 교육비 지원 등의 도움을 받을 수 있습니다.

◇ 청소년 한부모 복지급여

청소년 한부모가족(부 또는 모가 만 24세 이하인 경우)에게는 소득인정액에 따라 다음의 복지급여가 지급됩니다.

지원종류	지원대상	지원금액
청소년 한부모 아동양육비	기준 중위소득 60%이하인 청소년 한부모가족의 자녀	자녀 1명당 월 35만원
검정고시 학습비	기준 중위소득 60%이하인청소년 한부모가족으로서, "부" 또는 "모"가 검정고시 학원을 수강하는 경우	가구당 학원비 연 154만원 이내
고등학생 교육비	기준 중위소득 52%~60% 구간인 청소년 한부모가족으로서, "부" 또는 "모"가 고등학교에 재학하는 경우	실비(수업료, 입학금, 교과서대)
자립지원 촉진수당	기준 중위소득 60%이하인 자립활동에 참여한 청소년 한부모	가구당 월 10만원

4-4. 복지자금 대여

4-4-1. 복지지금의 대여

한부모가족은 생활안정과 자립을 위해 다음의 자금을 대여할 수 있습니다(「한부모 가족지원법」제13조제1항).

1. 사업에 필요한 자금
2. 아동교육비
3. 의료비
4. 주택자금

4-4-2. 대여 대상자

① 저소득 한부모가족은 생활안정과 자립을 위하여 창업 및 사업운영 등에 필요한 자금을 대여할 수 있습니다.

② "자영업자 관련 대출 자금"이란 제도권 금융이용이 곤란한 금융소외계층을 대상으로 창업·운영자금 등 자활자금을 무담보·무보증으로 지원하는 소액대출사업을 말합니다.

③ 자금을 대출받으려면 ⓐ 신용등급 7등급 이하 자(무등급, 0등급 포함) 또는 ⓑ 수급권자 및 차상위계층 이하 자 또는 ⓒ 근로장려금 신청자격 요건에 해당해야 합니다.

③ 그러나 ⓐ 전국은행연합회 신용정보전산망에 신용도 판단정보 및 공공정보가 등재된 자, ⓑ 제조업(5인미만제외), 금융·보험업, 사치성향적 업종, ⓒ 채무면탈죄, 재산은닉, 도피, 기타 책임재산 감소 행위를 초래한 경력이 있는 자, ⓓ 재산에 가등기, (가)압류, 가처분, 경매진행 등 법적절차가 진행중인 것으로 확인되는 경우에는 대출을 받을 수 없습니다(다만, 신용회복지원자 중 1년이상 성실 납입자, 개인회생 신청자 중 면책 결정된 자, 개인파산 면책결정일로부터 5년 이상 경과한 자는 대출 가능).

상품	사업운영자금	창업자금
대출한도	2천만원	7천만원
대출기간 및 상환방법	최대 5년, 원리금 균등 분할상환	최대 5년, 원리금 균등 분할상환
대출금리	연 4.5% 이내	

4-4-3. 대여 신청

① 복지 자금의 대여를 받으려는 사람은 다음의 서류를 거주지 관할 읍·면·동장을 거쳐 특별자치시장·특별자치도지사·시장·군수·구청장에게 제출해야 합니다(「한부모가족지원법」 제13조제2항,「한부모가족지원법 시행령」 제16조제1항 및 「한부모가족지원법 시행규칙」 제8조).

구분		제출서류
공통서류		복지자금대여신청서
추가서류	사업에 필요한 자금	사업계획서
	아동교육비	재학증명서
	의료비	의사의 진단서
	주택자금	매매·전세 또는 임대차계약서 사본

② 시장·군수·구청장은 복지 자금의 대여 신청이 있으면 지체 없이 대여 여부를 결정하여 신청인에게 통지하고 대여 대상자로 선정된 사람에 대한 대여 내용을 복지 자금의 대여를 취급하는 금융기관에 통지해야 합니다(「한부모가족지원법」 제13조제2항 및 「한부모가족지원법 시행령」 제16조제2항).

③ 한국여성경제인협회 : 저소득 여성가장이면서 생계형 창업을 희망하는 사람(기준 중위소득 60% 이하, 근로장려금 신청요건을 갖춘 가구의 여성, 예비 창업자, 사업 개시일로부터 1년 미만의 사업을 영위하고 있는 기창업자)에게 1인당 1억원 이내의 점포 임대보증금을 대여할 수 있습니다.

④ 아름다운 재단 : 맏자녀 기준 25세 이하 자녀의 부양을 책임지고 있으며, 가구소득이 중위소득 70% 이하인 한부모가족의 여성 가구주는 창업교육 및 컨설팅, 기술교육비 200만원, 창업자금 최대 4천만원을 대출(8년 상환 고정이율 1% 이자) 받을 수 있습니다.

> ■ 남편과 이혼하고 초등학생 두 아이를 키우고 있습니다. 아이들을 키우기
> 위해 작은 가게라도 운영하고 싶은데 창업 자금을 대출받을 수 있을까요?

Q 저는 남편과 이혼하고 초등학생 두 아이를 키우고 있습니다. 아이들을 키우기
위해 작은 가게라도 운영하고 싶은데 창업 자금을 대출받을 수 있을까요?

A 한부모가족은 생활안정과 자립을 촉진하기 위해 사업에 필요한 자금 등 복지 자
금을 저리로 융자받을 수 있습니다.

◇ 복지지금의 대여

저소득 한부모가족은 생활안정과 자립을 위하여 창업 및 사업운영 등에 필요
한 자금을 장기저리로 대여할 수 있습니다.

복지 자금의 대여를 받으려는 사람은 복지자금대여신청서 및 사업계획서 등을
거주지 관할 읍·면·동장을 거쳐 특별자치시장·특별자치도지사·시장·군수·구청장
에게 제출해야 합니다.

4-5. 그 밖의 지원

4-5-1. 한부모가족은 이동통신 요금·전기요금 등이 감면

① 이동통신요금 감면

저소득 한부모가족 지원대상자(소득 인정액이 기준 중위소득의 52% 이하인 사람을
포함)의 경우 이동전화 서비스, 개인 휴대통신 서비스, 아이엠티이천 서비스, 엘티
이 서비스 및 아이엠티이천이십 서비스 요금이 감면됩니다(「전기통신사업법 시행
령」 제2조제3항제8호).

② 전기요금 감면

저소득 한부모가족은 주거용 주택에서 사용한 전기요금을 감면받을 수 있습니다.

③ 도시가스요금 경감

한부모가족은 한부모가족증명서를 제출하는 경우 도시가스 요금이 경감됩니다. 할
인율은 각 지역 도시가스 업체에 따라 다르므로 해당지역 도시가스 업체 고객센터
로 문의하시가 바랍니다.

4-5-2. 한부모가족은 각종 수수료가 면제

① 주민등록 수수료 면제

한부모가족 지원대상자가 주민등록표를 열람하거나 그 등본 또는 초본의 교부를

받으려는 경우 수수료가 면제됩니다(「주민등록법 시행규칙」 제18조제1항제11호).

② 인감증명 수수료 면제

한부모가족 지원대상자가 인감증명 발급 및 인감변경신고를 하는 경우 수수료가 면제됩니다(「인감증명법 시행령」 제19조제2항제14호).

③ 본인서명사실확인서 발급 수수료 면제

한부모가족 지원대상자가 본인서명사실확인서를 발급받거나 발급시스템을 이용하여 전자본인서명확인서를 발급하려는 경우 수수료가 면제됩니다(「본인서명사실 확인 등에 관한 법률」 제14조 및 「본인서명사실 확인 등에 관한 법률 시행령」 제14조제2항제13호).

④ 공증인 수수료 면제

저소득 한부모가족 지원대상자는 공증인 수수료, 일당 및 여비의 지급을 면제됩니다(「공증인 수수료 규칙」 제34조제2호).

⑤ 확정일자 수수료 면제

저소득 한부모가족 지원대상자가 확정일자의 부여를 청구하는 경우에 수수료가 면제됩니다(「주택임대차보호법 시행령」 제7조제2항 및 「주택임대차계약증서상의 확정일자 부여 및 임대차 정보제공에 관한 규칙」 제8조제3항제9호).

⑥ 자동차 검사 수수료 감면

저소득 한부모가족 및 조손가족이 본인명의의 자동차 정기검사 및 종합검사 시 검사 수수료가 감면됩니다.

4-5-3. 한부모가족은 과태료가 감경

한부모가족 지원대상자(다문화 한부모가족 제외)가 과태료 처분을 받은 경우에는 해당 과태료 금액의 100분의 50의 범위에서 과태료를 감경받을 수 있습니다. 다만, 과태료를 체납하고 있는 경우에는 감경되지 않습니다(「질서위반행위규제법 시행령」 제2조의2제1항제2호).

4-5-4. 한부모가족은 우선적으로 보육 관련 서비스를 이용

① 아이돌봄서비스의 우선 제공

저소득 한부모가족 지원대상자의 자녀는 예산부족이나 아이돌보미 수급이 원활하지 않는 경우를 제외하고 우선적으로 아이돌봄서비스를 이용할 수 있습니다(「아이돌봄 지원법」 제13조의2제3호).

② 보육의 우선 제공

국가나 지방자치단체, 사회복지법인, 그 밖의 비영리법인이 설치한 어린이집과 법인·단체 등 어린이집, 가정어린이집 및 민간어린이집의 원장은 저소득 한부모가족 지원대상자의 자녀가 우선적으로 어린이집을 이용할 수 있도록 해야 합니다(「영유아보육법」 제28조제1항제2호 및 「영유아보육법 시행령」 제21조의4).

4-5-5. 한부모가족에게 취업지원

① 고용의 촉진

ⓐ 국가 또는 지방자치단체는 한부모가족의 모 또는 부와 아동의 직업능력을 개발하기 위하여 능력 및 적성 등을 고려한 직업능력개발훈련을 실시해야 합니다(「한부모가족지원법」 제14조제1항).

ⓑ 국가 또는 지방자치단체는 한부모가족의 모 또는 부와 아동의 고용을 촉진하기 위해 적합한 직업을 알선하고 각종 사업장에 모 또는 부와 아동이 우선 고용되도록 노력해야 합니다(「한부모가족지원법」 제14조제2항).

※ 고용촉진장려금

직업안정기관 등에 구직등록을 한 사람으로서 한부모가족 지원대상자에 해당하고 1개월 이상 실업상태에 있는 사람을 6개월 이상 고용한 사업주는 고용촉진장려금을 받습니다(「고용보험법 시행령」 제26조제1항제3호 및 제2항).

② 공무원 시험 응시수수료 면제

시험실시기관의 응시원서 접수 당시 저소득 한부모가족 지원대상자인 사람에 대해서는 응시수수료를 면제할 수 있습니다(「공무원임용시험령」 제35조제3항).

③ 공공시설에 매점 및 시설 설치 시 우선 허가

국가나 지방자치단체가 운영하는 공공시설의 장은 그 공공시설에 각종 매점 및 시설의 설치를 허가하는 경우 이를 한부모가족 또는 한부모가족복지단체에 우선적으로 허가할 수 있습니다(「한부모가족지원법」 제15조).

④ 복권판매업 우선계약

복권사업자는 저소득 한부모가족 지원대상자인 한부모가족의 세대주가 온라인복권을 판매하려는 경우에는 우선적으로 계약을 체결하도록 해야합니다(「복권 및 복권기금법」 제30조제3호).

4-5-6. 한부모가족은 통합문화이용권을 지급

① 통합문화이용권 지원

저소득 한부모가족 지원대상자는 문화이용권을 지급받을 수 있습니다(「문화예술진흥법」 제15조의4제1항 및 「문화예술진흥법 시행령」 제23조의2제3호).

② 통합문화이용권은 경제적 여건 등으로 문화생활이 어려운 분들에게 문화 향유, 여행, 스포츠 관람 등을 이용할 수 있는 문화누리카드를 발급하여 문화활동을 지원하는 프로그램입니다.

③ 통합문화이용권은 카드 형태로 발급되며, 카드 1장당 8만원 상당의 금액이 부여되어 공연 영화 전시 관람을 비롯해 국내 여행, 4대 프로스포츠 관람(축구, 농구, 야구, 배구) 등 문화예술 여행 체육의 다양한 분야에서 신용카드처럼 결제할 수 있습니다.

■ 한부모가족 지원대상자는 전기요금이나 가스요금 등이 할인된다던데 어떻게 하면 할인을 받을 수 있나요?

Q 저희 가족은 한부모가족 지원대상자로 선정되며 복지급여를 받고 있습니다. 한부모가족 지원대상자는 전기요금이나 가스요금 등이 할인된다던데 어떻게 하면 할인을 받을 수 있나요?

A 저소득 한부모가족 지원대상자(소득인정액이 기준 중위소득의 100분의 52 이하인 사람을 포함)의 경우 휴대폰 요금 전기요금 도시가스요금 등이 할인되며, 각종 민원수수료 발급 수수료도 감면됩니다,

◇ 이동통신 요금·전기요금 등의 감면

① 저소득 한부모가족 지원대상자(소득인정액이 기준 중위소득의 100분의 52 이하인 사람을 포함)의 경우 휴대폰요금이 감면되며, 신청은 본인이 사용하는 각 이동통신사에서 할 수 있습니다.

② 저소득 한부모가족은 주거용 주택에서 사용한 전기요금을 감면받을 수 있으며, 신청은 한국전력공사(전화 123)에서 할 수 있습니다.

③ 한부모가족은 한부모가족증명서를 제출하는 경우 도시가스 요금이 경감됩니다. 할인율은 각 지역 도시가스 업체에 따라 다르고, 해당지역 도시가스 업체 고객센터에서 신청할 수 있습니다.

◇ 민원서류 발급 수수료 면제

한부모가족 지원대상자가 주민등록표를 열람하거나 그 등본 또는 초본의 교부를 받으려는 경우 또는 인감증명 발급 및 인감변경신고를 하는 경우 수수료가 면제됩니다.

5. 주거지원

5-1. 주택분양·임대

5-1-1. 국민주택 우선 분양

국가나 지방자치단체는 「주택법」에 따라 국민주택을 분양할 때에는 한부모가족에게 일정 비율한도에서 우선 분양될 수 있도록 하고 있습니다(「한부모가족지원법」제18조).

5-1-2. 임대주택 특별공급

특별시장·광역시장·특별자치시장·도지사 또는 특별자치도지사는 관할 지역 내의 5년·10년 공공건설임대주택 건설량의 10% 범위에서 한부모가족을 선정하고, 특별공급대상을 추천할 수 있습니다(「주택공급에 관한 규칙」 제35조제1항제27호).

5-1-3. 특별공급 대상

① 특별공급 임대주택 입주대상은 한부모가족으로 입주자모집공고일 기준 무주택세대구성원(세대주 및 세대주와 동일 주민등록표등본에 등재되어 있는 직계존·비속인 세대원)이어야 합니다.

② 특별공급 분양대상에는 한국토지주택공사 및 민간 주택사업자 등의 임대주택이 있습니다.

    1. 한국토지주택공사: 각 지역본부와 협의하여 공급 물량 파악

    2. 민간 주택사업자 등: 사업계획 수립 및 승인 단계에서 공급 물량 파악

5-1-4. 신청 및 접수

① 읍·면·동장이 임대주택의 공급 계획 등을 공고하면, 한부모가족은 임대주택 특별공급 신청서에 개인정보 수집·이용 동의서, 한부모가족 증명서, 장애인 증명서(해당자) 등을 첨부해서 특별공급 분양을 신청합니다.

② 주거지원 입주자 모집공고는 SH서울주택도시공사) 또는 한국토지주택공사로 문의하셔서 문자상담 서비스신청을 하시면 공고가 나올때마다 문자서비스를 받으실 수 있습니다.

5-1-5. 장기공공임대주택 임대료 지원

① 국가는 사업주체가 소득수준별로 임대료를 차등 부과할 경우 예산의 범위에서 표준 임대조건을 적용하여 산출한 임대료 총액과 입주자에게 차등 부과한 임대료 총

액의 차액을 사업주체에게 지원할 수 있습니다(「장기공공임대주택 입주자 삶의 질 향상 지원법」제5조).

② 임대료를 차등 부과하는 경우에는 다음의 순위에 따라 지원합니다(「장기공공임대주택 입주자 삶의 질 향상 지원법 시행령」제4조제1항).

1. 「국민기초생활 보장법」제7조제1항제1호 및 제3호에 따른 생계급여 및 의료급여 수급권자에 대한 임대료 총액의 차액

2. 「국민기초생활 보장법」제7조제1항제2호 및 제4호에 따른 주거급여 및 교육급여만을 받을 수 있는 수급권자 또는 「국민기초생활 보장법」제2조제10호에 따른 차상위계층에 대한 임대료 총액의 차액

3. 한부모가족 등 사회취약계층에 대한 임대료 총액의 차액

4. 소득이 국민임대주택 입주자격 기준소득 이하인 자에 대한 임대료 총액의 차액

5-2. 한부모가족은 일정기간 주거와 생계를 지원

5-2-1. 한부모가족복지시설

한부모가족은 일정기간 주거와 생계를 지원해주는 한부모가족복지시설을 이용할 수 있으며, 입소대상별로 모자가족복지시설, 부자가족복지시설, 미혼모자가족복지시설, 일시지원복지시설에 입소할 수 있습니다(「한부모가족지원법」제19조제1항, 「한부모가족지원법 시행규칙」제9조의7, 별표 1).

시설 유형		입소대상	입소기간 (연장가능기간)
모자가족복지시설	기본생활지원	만 18세 미만의 자녀를 양육하는 무주택 저소득 모자가족	3년(2년)
	공동생활지원	독립적인 가정생활이 어렵고 일정기간 공동으로 가정을 이루어 생활하면서 자립을 준비하고자 하는 모자가족	2년(1년)
	자립생활지원	만 18세 미만의 자녀를 양육하는 무주택 저소득 모자가족, 기본생활지원형에서 퇴소한 모자세대로써 자립준비가 미흡한 모자가족	3년(2년)
부자가족복지시설	기본생활지원	만 18세 미만의 자녀를 양육하는 무주택 저소득 부자가족	3년(2년)
	공동생활지원	독립적인 가정생활이 어렵고 일정기간 공동으로 가정을 이루어 생활하면서 자립을 준비하고자 하는 부자가족	2년(1년)
미혼모자가족복지시설	기본생활지원	이혼·사별 또는 미혼의 임신여성 및 출산 후(6개월 미만) 입소를 요하는 여성	1년(6개월)
	공동생활지원	3세 미만의 영유아를 양육하는 미혼모	2년(1년)
		출산 후 해당아동을 양육하지 않는 미혼모	2년(6개월)
일시지원복지시설		배우자의 학대로 아동의 건전 양육과 모의 건강에 지장을 초래할 우려가 있는 모와 아동	6개월(6개월)

5-2-2. 입소절차

① 한부모가족복지시설에 입소하려는 사람은 입소하고자 하는 시설의 관할 자치단체 (시·군·구청) 한부모가족 담당자의 상담을 거쳐 입소신청서를 입소하려는 시설의 관할 시·군·구에 제출합니다(「한부모가족지원법 시행규칙」 제9조의6제1항).

② 주소지에 따른 입소제한은 두지 않습니다.

③ 시·군·구 한부모가족 담당자가 입소대상자를 상담 후 입소 신청을 받은 날로부터 14일 이내 입소여부를 결정하여 신청인에게 통지하고 해당 시설에 입소 의뢰합니다(「한부모가족지원법 시행규칙」 제9조의6제3항).

④ 입소기간 중 아동의 연령이 만 18세 미만(취학 시 만 22세 미만)을 초과할 경우 입소대상에서 제외되므로 해당 세대는 퇴소조치됩니다.

5-2-3. 한부모가족복지시설에 입소한 한부모가족의 지원

① 생활보조금 지원

한부모가족복지시설에 입소한 한부모가족은 저소득 한부모가족 복지급여를 동일하게 지원 받으며, 추가로 생활보조금(월5만원)을 지원받습니다(「한부모가족지원법」 제12조제1항).

② 시설별 지원 내용

한부모가족복지시설별 지원내용은 다음과 같습니다.

구분	지원내용
모자가족복지시설 기본생활지원	·방과후 아동지도, 아동급식비 지급(자립시설 제외) ·심리·정서적 전문상담 및 심리치료 지원 ·직업교육 연계, 양육·가사교육 등 자립준비 지원 ·그 밖에 국가 또는 지방자치단체가 정하는 경비 지원(연계 또는 정보제공)
부자가족복지시설 기본생활지원	
모자가족복지시설 자립생활지원	
모자가족복지시설 공동생활지원형	·주거 제공 ·자립프로그램 실시(직업교육, 양육교육, 교양교육, 상담지도 등) ·그 밖에 국가 또는 지방자치단체가 정하는 경비 지원(연계 또는 정보제공)
부자가족복지시설 공동생활지원형	
미혼모자가족 복지시설 기본생활지원형	·숙식무료 제공 ·분만의료 혜택 ⅴ 의료급여 대상자로 관리 ⅴ 지역내 병원·보건소 등을 지정하여 산전·분만·산후에 필요한 검진을 받을 수 있음 ⅴ 임신 및 출산 관련, 분만을 위한 병원 진료, 진료를 위한 병원

	이용료로서 의료급여항목으로 적용되지 않는 사항에 대해 미혼모 특수치료비 지원 ∨ 미숙아를 분만하였을 경우 임산부·영유아·미숙아 등의 건강관리 등에 따른 의료지원을 받을 수 있도록 조치 ∨ 입원 · 예방접종비 등 모와 아이의 건강을 위해 필요한 의료비 ∨ 보장시설 수급자로 지정되었을 경우 해산급여, 장제급여 등 지급 가능 ·자립지원(직업교육, 교양교육, 상담지도) ·그 밖에 국가 또는 지방자치단체가 정하는 경비 지원(연계 또는 정보제공)
미혼모자가족 복지시설 공동생활지원형	·저소득 한부모가족 아동양육비 지원 ·숙식무료 제공 ·자립프로그램 실시(직업교육, 양육교육, 교양교육, 상담지도 등) ·그 밖에 국가 또는 지방자치단체가 정하는 경비 지원(연계 또는 정보제공)
일시지원 복지시설	·숙식 무료제공, 생활보조금 지원 ·의료혜택(의료급여 대상자로 관리) ·법률상담, 심리상담 ·퇴소 후의 자립을 위하여 시설 외에서 근로를 희망하는 경우 적극 지원 ·입소사실에 대한 비밀보장과 특별지원 ·자녀의 방과후 지도, 아동급식비 지급 ·그 밖에 국가 또는 지방자치단체가 정하는 경비 지원(연계 또는 정보제공) ·학령아동이 인근학교에 출석을 원하는 경우에는 관련 교육기관과 협의, 수업에 참가할 수 있도록 조치(시설입소자 아동의 전·입학 문제 등) ·주민등록표의 열람 또는 등·초본 교부제한 신청 가능

Q 갑작스런 교통사고로 남편을 잃고 아이와 단둘이 남았는데, 당장 머물 곳이 없습니다. 당분간 아이와 함께 지낼 수 있는 곳이 없을까요?

A 한부모가족은 한부모가족복지시설을 통해 일정기간 동안 주거 또는 생계를 지원받을 수 있습니다.

◇ 보호시설 입소 대상

시설 유형		입소대상	입소기간 (연장가능기간)
모자가족 복지시설	기본생활지원	만 18세 미만의 자녀를 양육하는 무주택 저소득 모자가족	3년(2년)
	공동생활지원	독립적인 가정생활이 어렵고 일정기간 공동으로 가정을 이루어 생활하면서 자립을 준비하고자 하는 모자가족	2년(1년)
	자립생활지원	만 18세 미만의 자녀를 양육하는 무주택 저소득 모자가족, 기본생활지원형에서 퇴소한 모자세대로써 자립준비가 미흡한 모자가족	3년(2년)
부자가족 복지시설	기본생활지원	만 18세 미만의 자녀를 양육하는 무주택 저소득 부자가족	3년(2년)
	공동생활지원	독립적인 가정생활이 어렵고 일정기간 공동으로 가정을 이루어 생활하면서 자립을 준비하고자 하는 부자가족	2년(1년)
미혼모자 가족복지 시설	기본생활지원	이혼·사별 또는 미혼의 임신여성 및 출산 후(6개월 미만) 입소를 요하는 여성	1년(6개월)
	공동생활지원	3세 미만의 영유아를 양육하는 미혼모	2년(1년)
		출산 후 해당아동을 양육하지 않는 미혼모	2년(6개월)
일시지원복지시설		배우자의 학대로 아동의 건전 양육과 모의 건강에 지장을 초래할 우려가 있는 모와 아동	6개월(6개월)

◇ 입소신청

한부모가족복지시설에 입소하려는 사람은 입소하고자 하는 시설의 관할 자치단체(시·군·구청) 한부모가족 담당자의 상담을 거쳐 입소신청서를 입소하려는 시설의 관할 시·군·구에 제출합니다.

◇ 생활보조금 지원

한부모가족복지시설에 입소한 한부모가족은 저소득 한부모가족 복지급여를 동일하게 지원 받으며, 추가로 생활보조금을 지원받습니다.

6. 한부모가족 자녀양육비 이행확보 무료법률 구조 지원

① 아동을 양육하고 있는 이혼가족, 별거가족, 미혼모·미혼부 가족 등 한부모가족 및 조손가족은 인지청구 및 자녀양육비 청구 등을 위한 법률상담, 소송대리 등 법률구조서비스를 받을 수 있습니다(「한부모가족지원법」 제17조제5호).

구분	지원내용
한부모가족 자녀양육비 청구소송	이혼가족 등 한부모가족의 자녀양육비 확보가 가능하도록 법률상담, 소송서류 작성, 화해권유, 소송대리 등 법률적 지원
미혼부를 상대로 하는 자녀 인지청구(認知請求) 소송	친자관계 입증을 위한 법률상담, 유전자 검사 및 소송 지원
자녀양육비 이행 확보	상대방이 자녀양육비 지급의무를 이행하지 않을 경우 양육비 확보에 필요한 법률적 지원(강제집행, 과태료, 이행명령, 직접지급명령, 담보제공명령, 감치처분 신청 등)

② 법률구조를 신청한 한부모가족 지원대상자는 소송비용과 변호사보수를 지원받을 수 있습니다(「법률구조법」 제7조제2항제8호).

③ 한부모가족 자녀양육비 이행확보 무료법률 구조 지원은 대한법률구조공단, 한국가정법률상담소, 대한변협법률구조재단에서 수행하고 있습니다.

7. 상담 및 정서지원

7-1. 가족지원서비스

국가나 지방자치단체는 한부모가족에게 다음과 같은 가족지원서비스를 제공하고 있습니다(「한부모가족지원법」 제17조 및 「한부모가족지원법 시행령」 제17조의2).

1. 아동의 양육 및 교육 서비스
2. 장애인, 노인, 만성질환자 등의 부양 서비스
3. 취사, 청소, 세탁 등 가사 서비스
4. 교육·상담 등 가족 관계 증진 서비스
5. 한부모가족에 대한 상담·심리치료

7-2. 한부모가족 역량강화(취약위기 가족 지원)

취약위기 가족 지원이란 기준 중위소득이 72% 이하인 저소득 한부모가족·조손가족 등이 가진 복합적 문제해결 및 욕구해소를 위해 지속적인 사례관리를 통한 가족기능 회복과 정서·경제적 자립역량 강화를 도모하기 위한 지원을 말합니다.

1. 심리·경제적 자립, 역량강화를 위한 지속적인 사례관리
2. 정보제공 및 지역사회 자원 활용·연계
3. 부모교육, 가족관계, 자녀양육교육 등 프로그램 및 자조모임
4. 자녀 학습·정서지원(배움지도사 파견)
5. 생활도움서비스(키움보듬이 파견)
6. 긴급위기지원(지지리더, 키움듬이 파견)

■ 한부모가족에 대한 양육비는 어떻게 지원되나요?

Q 저는 배우자와 이혼한 뒤 만 10세의 미성년 자녀를 키우며 경제적 어려움을 겪고 있습니다. 이혼과정에서 파악한 바로는 배우자였던 아이 아버지 역시 별다른 소득이나 재산이 없는 것으로 알고 있습니다. 이러한 경우 양육비를 지원받을 수 있는 제도가 없는지 알고 싶습니다.

A 한부모가족지원법 제11조, 제12조에 의하여 최저생계비, 소득수준 등에 따라 복지 급여 신청이 가능합니다. 이러한 복지 급여에는 아동양육비가 포함됩니다.

한부모가족 지원대상자로서 복지 급여 등 지원을 받기 위해서는 지원대상자 또는 그 친족, 한부모가족복지시설의 종사자, 사회복지 전담 공무원, 지원대상자의 자녀가 재학하는 학교의 교사 중 해당하는 사람이 거주지역 주민센터에 관련 서류를 구비하여 신청하여야 합니다. (한부모가족지원법 제11조 제1항, 제3항, 동법 시행령 제12조 제2항)

복지급여의 종류에는 아동양육비로 만12세 미만 아동을 양육하는 한부모가족 아동 1인당 월 10만원, 추가 아동양육비로 만5세 이하 아동을 양육하는 조손가족 및 만25세 이상 미혼 한부모가족 아동 1인당 월5만원, 아동교육지원비로 중고등학생 자녀를 양육하는 한부모가족 아동 1인당 연5만원, 생활보조금으로 한부모가족복지시설 입소 한부모가족 월 5만원의 급여를 지원받을 수 있습니다. (한부모가족지원법 제5조, 제5조의2 제2항 및 제12조 및 동법 시행규칙 제3조, 제3조의2 및 제6조에 의한 여성가족부 고시 제2015 -74호)

부록　관련법령

- 긴급복지지원법
- 노인복지법
- 기초생활보장법
- 다문화가족지원법
- 한부모가족지원법

긴급복지지원법

[시행 2019. 6. 12] [법률 제15878호, 2018. 12. 11, 일부개정]

제1조(목적) 이 법은 생계곤란 등의 위기상황에 처하여 도움이 필요한 사람을 신속하게 지원함으로써 이들이 위기상황에서 벗어나 건강하고 인간다운 생활을 하게 함을 목적으로 한다.
[전문개정 2009. 5. 28.]

제2조(정의) 이 법에서 "위기상황"이란 본인 또는 본인과 생계 및 주거를 같이 하고 있는 가구구성원이 다음 각 호의 어느 하나에 해당하는 사유로 인하여 생계유지 등이 어렵게 된 것을 말한다. <개정 2010. 1. 18., 2012. 10. 22., 2014. 12. 30., 2018. 12. 11.>

1. 주소득자(主所得者)가 사망, 가출, 행방불명, 구금시설에 수용되는 등의 사유로 소득을 상실한 경우
2. 중한 질병 또는 부상을 당한 경우
3. 가구구성원으로부터 방임(放任) 또는 유기(遺棄)되거나 학대 등을 당한 경우
4. 가정폭력을 당하여 가구구성원과 함께 원만한 가정생활을 하기 곤란하거나 가구구성원으로부터 성폭력을 당한 경우
5. 화재 또는 자연재해 등으로 인하여 거주하는 주택 또는 건물에서 생활하기 곤란하게 된 경우
6. 주소득자 또는 부소득자(副所得者)의 휴업, 폐업 또는 사업장의 화재 등으로 인하여 실질적인 영업이 곤란하게 된 경우
7. 주소득자 또는 부소득자의 실직으로 소득을 상실한 경우
8. 보건복지부령으로 정하는 기준에 따라 지방자치단체의 조례로 정한 사유가 발생한 경우
9. 그 밖에 보건복지부장관이 정하여 고시하는 사유가 발생한 경우
[전문개정 2009. 5. 28.]

제3조(기본원칙) ① 이 법에 따른 지원은 위기상황에 처한 사람에게 일시적으로 신속하게 지원하는 것을 기본원칙으로 한다.
② 「재해구호법」, 「국민기초생활 보장법」, 「의료급여법」, 「사회복지사업법」, 「가정폭력방지 및 피해자보호 등에 관한 법률」, 「성폭력방지 및 피해자보호 등에

관한 법률」 등 다른 법률에 따라 이 법에 따른 지원 내용과 동일한 내용의 구호·보호 또는 지원을 받고 있는 경우에는 이 법에 따른 지원을 하지 아니한다. <개정 2010. 4. 15.>

[전문개정 2009. 5. 28.]

제4조(국가 및 지방자치단체의 책무) ① 국가 및 지방자치단체는 위기상황에 처한 사람을 찾아 내어 최대한 신속하게 필요한 지원을 하도록 노력하여야 하며, 긴급지원의 지원대상 및 소득 또는 재산 기준, 지원 종류·내용·절차와 그 밖에 필요한 사항 등 긴급지원사업에 관하여 적극적으로 안내하여야 한다. <개정 2014. 12. 30.>

② 국가 및 지방자치단체는 이 법에 따른 지원 후에도 위기상황이 해소되지 아니하여 계속 지원이 필요한 것으로 판단되는 사람에게는 다른 법률에 따른 구호·보호 또는 지원을 받을 수 있도록 노력하여야 한다.

③ 국가 및 지방자치단체는 제2항에 따른 구호·보호 또는 지원이 어렵다고 판단되는 경우에는 민간기관·단체와의 연계를 통하여 구호·보호 또는 지원을 받을 수 있도록 노력하여야 한다.

[전문개정 2009. 5. 28.]

제5조(긴급지원대상자) 이 법에 따른 지원대상자는 위기상황에 처한 사람으로서 이 법에 따른 지원이 긴급하게 필요한 사람(이하 "긴급지원대상자"라 한다)으로 한다.

[전문개정 2009. 5. 28.]

제5조의2(외국인에 대한 특례) 국내에 체류하고 있는 외국인 중 대통령령으로 정하는 사람이 제5조에 해당하는 경우에는 긴급지원대상자가 된다.

[본조신설 2009. 5. 28.]

제6조(긴급지원기관) ① 이 법에 따른 지원은 긴급지원대상자의 거주지를 관할하는 시장(「제주특별자치도 설치 및 국제자유도시 조성을 위한 특별법」 제11조제2항에 따른 행정시장을 포함한다. 이하 같다)·군수·구청장(자치구의 구청장을 말한다. 이하 같다)이 한다. 다만, 긴급지원대상자의 거주지가 분명하지 아니한 경우에는 제7조에 따른 지원요청 또는 신고를 받은 시장·군수·구청장이 한다. <개정 2015. 7. 24.>

② 제1항 단서에도 불구하고 거주지가 분명하지 아니한 사람에게 제7조에 따른 지원요청 또는 신고가 특정지역에 집중되는 경우에는 보건복지부령으로 정하는 바에 따라 긴급지원기관을 달리 정할 수 있다. <개정 2010. 1. 18.>

③ 시장·군수·구청장은 이 법에 따른 긴급지원사업을 수행할 담당공무원(이하 "긴급지원담당공무원"이라 한다)을 지정하여야 한다. 이 경우 긴급지원담당공무원은 긴급지원사업을 포함한 복지 관련 교육훈련을 받은 사람으로 한다. <개정 2018. 12. 11.>

[전문개정 2009. 5. 28.]

제7조(지원요청 및 신고) ① 긴급지원대상자와 친족, 그 밖의 관계인은 구술 또는 서면 등으로 관할 시장·군수·구청장에게 이 법에 따른 지원을 요청할 수 있다.

② 누구든지 긴급지원대상자를 발견한 경우에는 관할 시장·군수·구청장에게 신고하여야 한다.

③ 다음 각 호의 어느 하나에 해당하는 사람은 진료·상담 등 직무수행 과정에서 긴급지원대상자가 있음을 알게 된 경우에는 관할 시장·군수·구청장에게 이를 신고하고, 긴급지원대상자가 신속하게 지원을 받을 수 있도록 노력하여야 한다. <개정 2014. 12. 30., 2018. 12. 11.>

1. 「의료법」에 따른 의료기관의 종사자
2. 「유아교육법」, 「초·중등교육법」 및 「고등교육법」에 따른 교원, 직원, 산학겸임교사, 강사
3. 「사회복지사업법」에 따른 사회복지시설의 종사자
4. 「국가공무원법」 및 「지방공무원법」에 따른 공무원
5. 「장애인활동 지원에 관한 법률」 제20조에 따른 활동지원기관의 장 및 그 종사자와 같은 법 제26조에 따른 활동지원인력
6. 「학원의 설립·운영 및 과외교습에 관한 법률」 제6조에 따른 학원의 운영자·강사·직원 및 같은 법 제14조에 따른 교습소의 교습자·직원
7. 「건강가정기본법」 제35조에 따른 건강가정지원센터의 장과 그 종사자
8. 「청소년 기본법」 제3조제6호에 따른 청소년시설 및 같은 조 제8호에 따른 청소년단체의 장과 그 종사자
9. 「청소년 보호법」 제35조에 따른 청소년 보호·재활센터의 장과 그 종사자
10. 「평생교육법」 제2조에 따른 평생교육기관의 장과 그 종사자
11. 그 밖에 긴급지원대상자를 발견할 수 있는 자로서 보건복지부령으로 정하는 자

④ 관계 중앙행정기관의 장은 제3항 각 호의 어느 하나에 해당하는 사람의 자격 취득 또는 보수교육 과정에 긴급지원사업의 신고와 관련된 교육 내용을 포함하도록 하여야 하며, 긴급복지 신고의무자가 소속된 기관·시설 등의 장은 소속 긴

급복지 신고의무자에게 신고의무 교육을 실시하고, 그 결과를 관계 중앙행정기관의 장에게 제출하여야 한다. <신설 2018. 12. 11.>

⑤ 제4항에 따른 교육의 내용, 시간, 방법, 그 밖에 필요한 사항은 보건복지부령으로 정한다. <신설 2018. 12. 11.>

⑥ 국가 및 지방자치단체는 제3항 각 호의 어느 하나에 해당하는 사람에게 긴급지원사업에 관한 홍보를 실시하여야 한다. <신설 2018. 12. 11.>

[전문개정 2009. 5. 28.]

제7조의2(위기상황의 발굴) ① 국가 및 지방자치단체는 위기상황에 처한 사람에 대한 발굴조사를 연 1회 이상 정기적으로 실시하여야 한다.

② 국가 및 지방자치단체는 제1항에 따른 정기 발굴조사 또는 수시 발굴조사를 위하여 필요한 경우 관계 기관·법인·단체 등의 장에게 자료의 제출, 위기상황에 처한 사람의 거주지 등 현장조사 시 소속 직원의 동행 등 협조를 요청할 수 있다. 이 경우 관계 기관·법인·단체 등의 장은 정당한 사유가 없으면 이에 따라야 한다.

③ 국가 및 지방자치단체는 위기상황에 처한 사람에 대한 발굴체계의 운영 실태를 정기적으로 점검하고 개선방안을 수립하여야 한다.

[본조신설 2014. 12. 30.]

제8조(현장 확인 및 지원) ① 시장·군수·구청장은 제7조에 따른 지원요청 또는 신고를 받거나 위기상황에 처한 사람을 찾아낸 경우에는 지체 없이 긴급지원담당공무원으로 하여금 긴급지원대상자의 거주지 등을 방문하여 위기상황을 확인하여야 한다.

② 시장·군수·구청장은 위기상황을 확인하기 위하여 필요한 경우에는 관할 경찰관서, 소방관서 등 관계 행정기관의 장에게 협조를 요청할 수 있다. 이 경우 관계 행정기관의 장은 정당한 사유가 없으면 그 요청에 따라야 한다.

③ 시장·군수·구청장은 제1항에 따른 현장 확인 결과 위기상황의 발생이 확인된 사람에 대하여는 지체 없이 제9조에 따른 지원의 종류 및 내용을 결정하여 지원을 하여야 한다. 이 경우 긴급지원대상자에게 신속히 지원할 필요가 있다고 판단되는 경우 긴급지원담당공무원으로 하여금 우선 필요한 지원을 하도록 할 수 있다. <개정 2014. 12. 30.>

④ 제1항에 따라 현장을 확인하는 긴급지원담당공무원은 권한을 표시하는 증표 및 조사기간, 조사범위, 조사담당자, 관계 법령 등 보건복지부령으로 정하는 사

항이 기재된 서류를 지니고 이를 관계인에게 내보여야 한다. <개정 2015. 12. 29.>

⑤ 제1항에 따른 조사의 내용·절차·방법 등에 관하여 이 법에서 정하는 사항을 제외하고는 「행정조사기본법」에서 정하는 바를 따른다. <신설 2015. 12. 29.>

[전문개정 2009. 5. 28.]

제8조의2(금융정보 등의 제공동의서 제출) 제7조제1항에 따라 지원을 요청할 때 또는 제8조제1항에 따라 긴급지원담당공무원이 위기상황을 확인할 때에 그 긴급지원대상자 및 가구구성원은 다음 각 호의 자료 또는 정보의 제공에 대하여 동의한다는 서면을 제출하여야 한다. 다만, 긴급지원대상자가 의식불명 등 대통령령으로 정하는 사유에 해당하여 서면 제출이 사실상 불가능하다고 긴급지원담당공무원이 확인한 경우에는 제8조제3항에 따른 지원을 받은 후에 제출할 수 있다. <개정 2014. 12. 30.>

1. 「금융실명거래 및 비밀보장에 관한 법률」 제2조제2호 및 제3호에 따른 금융자산 및 금융거래의 내용에 대한 자료 또는 정보 중 예금의 평균잔액과 그 밖에 대통령령으로 정하는 자료 또는 정보(이하 "금융정보"라 한다)

2. 「신용정보의 이용 및 보호에 관한 법률」 제2조제1호에 따른 신용정보 중 채무액과 그 밖에 대통령령으로 정하는 자료 또는 정보(이하 "신용정보"라 한다)

3. 「보험업법」 제4조제1항 각 호에 따른 보험에 가입하여 납부한 보험료와 그 밖에 대통령령으로 정하는 자료 또는 정보(이하 "보험정보"라 한다)

[본조신설 2009. 5. 28.]

제9조(긴급지원의 종류 및 내용) ① 이 법에 따른 지원의 종류 및 내용은 다음과 같다.

1. 금전 또는 현물(現物) 등의 직접지원

　가. 생계지원: 식료품비·의복비 등 생계유지에 필요한 비용 또는 현물 지원

　나. 의료지원: 각종 검사 및 치료 등 의료서비스 지원

　다. 주거지원: 임시거소(臨時居所) 제공 또는 이에 해당하는 비용 지원

　라. 사회복지시설 이용 지원: 「사회복지사업법」에 따른 사회복지시설 입소(入所) 또는 이용 서비스 제공이나 이에 필요한 비용 지원

　마. 교육지원: 초·중·고등학생의 수업료, 입학금, 학교운영지원비 및 학용품비 등 필요한 비용 지원

　바. 그 밖의 지원: 연료비나 그 밖에 위기상황의 극복에 필요한 비용 또는 현

물 지원

2. 민간기관·단체와의 연계 등의 지원

　　가. 「대한적십자사 조직법」에 따른 대한적십자사, 「사회복지공동모금회법」에 따른 사회복지공동모금회 등의 사회복지기관·단체와의 연계 지원

　　나. 상담·정보제공, 그 밖의 지원

② 제1항의 구체적인 지원기준·방법 및 절차 등에 관하여 필요한 사항은 대통령령으로 정한다. 이 경우 제1항제1호가목 및 다목의 지원은 「국민기초생활 보장법」 제2조제11호에 따른 기준 중위소득의 100분의 40을 각각 한도로 한다. <개정 2012. 10. 22., 2015. 12. 29.>

③ 시장·군수·구청장은 제1항제1호라목에 따른 사회복지시설 이용 지원을 하는 경우 관할 사회복지시설의 장에게 지원을 요청할 수 있다. 이 경우 지원요청을 받은 사회복지시설의 장은 정당한 사유가 없으면 해당 시설의 입소기준에도 불구하고 긴급지원대상자가 제10조에 따른 기간에 그 시설을 이용할 수 있도록 조치하여야 한다.

[전문개정 2009. 5. 28.]

제9조의2(긴급지원수급계좌) ① 시장·군수·구청장은 긴급지원대상자의 신청이 있는 경우에는 긴급지원대상자에게 지급하는 금전(이하 "긴급지원금"이라 한다)을 긴급지원대상자 명의의 지정된 계좌(이하 "긴급지원수급계좌"라 한다)로 입금하여야 한다. 다만, 정보통신장애나 그 밖에 대통령령으로 정하는 불가피한 사유로 긴급지원수급계좌로 이체할 수 없을 때에는 현금 지급 등 대통령령으로 정하는 바에 따라 지급할 수 있다.

② 긴급지원수급계좌가 개설된 금융기관은 긴급지원금만이 긴급지원수급계좌에 입금되도록 하고, 이를 관리하여야 한다.

③ 긴급지원수급계좌의 신청 방법·절차와 관리 등에 필요한 사항은 대통령령으로 정한다.

[본조신설 2014. 12. 30.]

제10조(긴급지원의 기간 등) ① 제9조제1항제1호가목·다목·라목 및 바목에 따른 긴급지원은 1개월간의 생계유지 등에 필요한 지원으로 한다. 다만, 시장·군수·구청장이 긴급지원대상자의 위기상황이 계속된다고 판단하는 경우에는 1개월씩 두 번의 범위에서 기간을 연장할 수 있다.

② 제9조제1항제1호나목에 따른 지원은 위기상황의 원인이 되는 질병 또는 부상

을 검사·치료하기 위한 범위에서 한 번 실시하며, 같은 호 마목에 따른 지원도 한 번 실시한다.

③ 시장·군수·구청장은 제1항 및 제2항에 따른 지원에도 불구하고 위기상황이 계속되는 경우에는 제12조에 따른 긴급지원심의위원회의 심의를 거쳐 지원을 연장할 수 있다. 이 경우 제9조제1항제1호가목·라목 및 바목에 따른 지원은 제1항에 따른 지원기간을 합하여 총 6개월을 초과하여서는 아니 되고, 같은 호 다목에 따른 지원은 제1항에 따른 지원기간을 합하여 총 12개월을 초과하여서는 아니 되며, 같은 호 나목에 따른 지원은 제2항에 따른 지원횟수를 합하여 총 두 번, 같은 호 마목에 따른 지원은 제2항에 따른 지원횟수를 합하여 총 네 번을 초과하여서는 아니 된다. <개정 2012. 10. 22., 2014. 12. 30.>

④ 제3항에 따른 지원연장에 관한 긴급지원심의위원회의 심의 시기 및 절차는 보건복지부령으로 정한다. <개정 2010. 1. 18.>

[전문개정 2009. 5. 28.]

제11조(담당기구 설치 등) ① 보건복지부장관은 위기상황에 처한 사람에게 상담·정보제공 및 관련 기관·단체 등과의 연계서비스를 제공하기 위하여 담당기구를 설치·운영할 수 있다. <개정 2010. 1. 18.>

② 삭제 <2012. 10. 22.>

③ 시장·군수·구청장은 긴급지원사업을 원활하게 수행하기 위하여 「사회복지사업법」 제7조의2에 따른 지역사회복지협의체를 통하여 사회복지·보건의료 관련 기관·단체 간의 연계·협력을 강화하여야 한다.

[전문개정 2009. 5. 28.]

제12조(긴급지원심의위원회) ① 다음 각 호의 사항을 심의·의결하기 위하여 시(「제주특별자치도 설치 및 국제자유도시 조성을 위한 특별법」 제10조제2항에 따른 행정시를 포함한다. 이하 같다)·군·구(자치구를 말한다. 이하 같다)에 긴급지원심의위원회를 둔다. <개정 2015. 7. 24.>

1. 제10조제3항에 따른 긴급지원연장 결정

2. 제14조제1항에 따른 긴급지원의 적정성 심사

3. 제15조제1항에 따른 긴급지원의 중단 또는 지원비용의 환수 결정

4. 그 밖에 긴급지원심의위원회의 위원장이 회의에 부치는 사항

② 긴급지원심의위원회는 위원장 1명을 포함한 15명 이내의 위원으로 구성한다.

③ 위원장은 시장·군수·구청장이 되고, 위원은 다음 각 호의 어느 하나에 해당

하는 사람 중에서 시장·군수·구청장이 임명하거나 위촉한다. 이 경우 제1호 및 제2호에 해당하는 사람이 2분의 1 이상 되도록 구성하여야 한다.

1. 사회보장에 관한 학식과 경험이 있는 사람
2. 「비영리민간단체 지원법」 제2조에 따른 비영리민간단체에서 추천한 사람
3. 해당 시·군·구 또는 관계 행정기관 소속의 공무원
4. 해당 시·군·구 지방의회가 추천하는 사람

④ 시·군·구에 「국민기초생활 보장법」 제20조제1항 본문에 따른 생활보장위원회가 있는 경우 그 위원회는 조례로 정하는 바에 따라 긴급지원심의위원회의 기능을 대신할 수 있다.

[전문개정 2009. 5. 28.]

제13조(사후조사) ① 시장·군수·구청장은 제8조제3항에 따라 지원을 받았거나 받고 있는 긴급지원대상자에 대하여 소득 또는 재산 등 대통령령으로 정하는 기준에 따라 긴급지원이 적정한지를 조사하여야 한다.

② 시장·군수·구청장은 제1항에 따른 조사를 위하여 금융·국세·지방세·건강보험·국민연금 및 고용보험 등 관련 전산망을 이용하려는 경우에는 해당 법률에서 정하는 바에 따라 관계 기관의 장에게 협조를 요청할 수 있다. 이 경우 관계 기관의 장은 정당한 사유가 없으면 그 요청에 따라야 한다.

③ 보건복지부장관은 제1항에 따른 조사를 위하여 「금융실명거래 및 비밀보장에 관한 법률」 제4조제1항과 「신용정보의 이용 및 보호에 관한 법률」 제32조제1항에도 불구하고 긴급지원대상자 및 가구구성원이 제8조의2에 따라 제출한 동의서면을 전자적 형태로 바꾼 문서에 따라 금융기관등(「금융실명거래 및 비밀보장에 관한 법률」 제2조제1호에 따른 금융회사등, 「신용정보의 이용 및 보호에 관한 법률」 제25조에 따른 신용정보집중기관을 말한다. 이하 같다)의 장에게 금융정보·신용정보 또는 보험정보(이하 "금융정보등"이라 한다)의 제공을 요청할 수 있다. <개정 2010. 1. 18., 2011. 7. 14.>

④ 제3항에 따라 금융정보등의 제공을 요청받은 금융기관등의 장은 「금융실명거래 및 비밀보장에 관한 법률」 제4조와 「신용정보의 이용 및 보호에 관한 법률」 제32조에도 불구하고 명의인의 금융정보등을 제공하여야 한다.

⑤ 제4항에 따라 금융정보 또는 보험정보를 제공한 「금융실명거래 및 비밀보장에 관한 법률」 제2조제1호에 따른 금융회사등의 장은 그 정보의 제공사실을 명의인에게 통보하여야 한다. 다만, 명의인의 동의가 있는 경우에는 같은 법 제4조

의2제1항에도 불구하고 통보하지 아니할 수 있다. <개정 2011. 7. 14.>

⑥ 제3항 및 제4항에 따른 금융정보등의 제공요청 및 제공은 「정보통신망 이용촉진 및 정보보호 등에 관한 법률」 제2조제1항제1호에 따른 정보통신망을 이용하여야 한다. 다만, 정보통신망의 손상 등 불가피한 경우에는 그러하지 아니하다.

⑦ 긴급지원담당공무원 또는 긴급지원담당공무원이었던 사람은 제2항 또는 제3항에 따라 얻은 정보와 자료를 이 법에서 정한 지원 목적 외에 다른 용도로 사용하거나 다른 사람 또는 기관에 제공하여서는 아니 된다.

⑧ 제3항·제4항 및 제6항에 따른 금융정보등의 제공요청 등에 관하여 필요한 사항은 대통령령으로 정한다.

[전문개정 2009. 5. 28.]

제14조(긴급지원의 적정성 심사) ① 제12조에 따른 긴급지원심의위원회는 제13조제1항에 따라 시장·군수·구청장이 한 사후조사 결과를 참고하여 긴급지원의 적정성을 심사한다.

② 긴급지원심의위원회는 긴급지원대상자가 「국민기초생활 보장법」 또는 「의료급여법」에 따른 수급권자로 결정된 경우에는 제1항에 따른 심사를 하지 아니할 수 있다.

③ 시장·군수·구청장은 제1항에 따른 심사결과 긴급지원대상자에 대한 지원이 적정하지 아니한 것으로 결정된 경우에도 긴급지원담당공무원의 고의 또는 중대한 과실이 없으면 이를 이유로 긴급지원담당공무원에 대하여 불리한 처분이나 대우를 하여서는 아니 된다.

[전문개정 2009. 5. 28.]

제15조(지원중단 또는 비용환수) ① 시장·군수·구청장은 제14조제1항에 따른 심사결과 거짓이나 그 밖의 부정한 방법으로 제8조제3항에 따른 지원을 받은 것으로 결정된 사람에게는 긴급지원심의위원회의 결정에 따라 지체 없이 지원을 중단하고 지원한 비용의 전부 또는 일부를 반환하게 하여야 한다.

② 시장·군수·구청장은 제14조제1항에 따른 심사결과 긴급지원이 적정하지 아니한 것으로 결정된 사람에게는 지원을 중단하고 지원한 비용의 전부 또는 일부를 반환하게 할 수 있다.

③ 시장·군수·구청장은 제9조제2항에 따른 지원기준을 초과하여 지원받은 사람에게는 그 초과 지원 상당분을 반환하게 할 수 있다.

④ 시장·군수·구청장은 제1항 또는 제2항에 따른 반환명령에 따르지 아니하는 사람에게는 지방세 체납처분의 예에 따라 징수한다.

[전문개정 2009. 5. 28.]

제16조(이의신청) ① 제8조제3항에 따른 결정이나 제15조제1항 또는 제2항에 따른 반환명령에 이의가 있는 사람은 그 처분을 고지받은 날부터 30일 이내에 해당 시장·군수·구청장을 거쳐 특별시장·광역시장·도지사·특별자치도지사(이하 "시·도지사"라 한다)에게 서면으로 이의신청할 수 있다. 이 경우 시장·군수·구청장은 이의신청을 받은 날부터 10일 이내에 의견서와 관련 서류를 첨부하여 시·도지사에게 송부하여야 한다.

② 시·도지사는 제1항에 따른 송부를 받은 날부터 15일 이내에 이를 검토하고 처분이 위법·부당하다고 인정되는 때는 시정, 그 밖에 필요한 조치를 하여야 한다.

[전문개정 2009. 5. 28.]

제17조(예산분담) 국가 및 지방자치단체는 긴급지원 업무를 수행하기 위하여 필요한 비용을 분담하여야 한다.

[전문개정 2009. 5. 28.]

제18조(압류 등의 금지) ① 이 법에 따라 긴급지원대상자에게 지급되는 금전 또는 현물은 압류할 수 없다.

② 긴급지원수급계좌의 긴급지원금과 이에 관한 채권은 압류할 수 없다. <신설 2014. 12. 30.>

③ 긴급지원대상자는 이 법에 따라 지급되는 금전 또는 현물을 생계유지 등의 목적 외의 다른 용도로 사용하기 위하여 양도하거나 담보로 제공할 수 없다. <개정 2014. 12. 30.>

[전문개정 2009. 5. 28.]

제19조(벌칙) 제13조제7항을 위반한 사람은 3년 이하의 징역 또는 3천만원 이하의 벌금에 처한다. <개정 2016. 12. 2.>

[전문개정 2009. 5. 28.]

　　부칙 <제15878호, 2018. 12. 11.>
이 법은 공포 후 6개월이 경과한 날부터 시행한다.

노인복지법

[시행 2019. 7. 16] [법률 제16243호, 2019. 1. 15, 일부개정]

제1장 총칙

제1조(목적) 이 법은 노인의 질환을 사전예방 또는 조기발견하고 질환상태에 따른 적절한 치료·요양으로 심신의 건강을 유지하고, 노후의 생활안정을 위하여 필요한 조치를 강구함으로써 노인의 보건복지증진에 기여함을 목적으로 한다.

제1조의2(정의) 이 법에서 사용하는 용어의 정의는 다음과 같다. <개정 2007. 1. 3., 2011. 8. 4., 2015. 12. 29., 2016. 12. 2.>

1. "부양의무자"라 함은 배우자(사실상의 혼인관계에 있는 자를 포함한다)와 직계 비속 및 그 배우자(사실상의 혼인관계에 있는 자를 포함한다)를 말한다.
2. "보호자"라 함은 부양의무자 또는 업무·고용 등의 관계로 사실상 노인을 보호 하는 자를 말한다.
3. "치매"란 「치매관리법」 제2조제1호에 따른 치매를 말한다.
4. "노인학대"라 함은 노인에 대하여 신체적·정신적·정서적·성적 폭력 및 경제적 착취 또는 가혹행위를 하거나 유기 또는 방임을 하는 것을 말한다.
5. "노인학대관련범죄"란 보호자에 의한 65세 이상 노인에 대한 노인학대로서 다 음 각 목의 어느 하나에 해당되는 죄를 말한다.
   가. 「형법」 제2편제25장 상해와 폭행의 죄 중 제257조(상해, 존속상해), 제 258조(중상해, 존속중상해), 제260조(폭행, 존속폭행)제1항·제2항, 제261조 (특수폭행) 및 제264조(상습범)의 죄
   나. 「형법」 제2편제28장 유기와 학대의 죄 중 제271조(유기, 존속유기)제1항· 제2항, 제273조(학대, 존속학대)의 죄
   다. 「형법」 제2편제29장 체포와 감금의 죄 중 제276조(체포, 감금, 존속체포, 존속감금), 제277조(중체포, 중감금, 존속중체포, 존속중감금), 제278조(특수 체포, 특수감금), 제279조(상습범), 제280조(미수범) 및 제281조(체포·감금등 의 치사상)(상해에 이르게 한 때에만 해당한다)의 죄
   라. 「형법」 제2편제30장 협박의 죄 중 제283조(협박, 존속협박)제1항·제2항, 제284조(특수협박), 제285조(상습범)(제283조의 죄에만 해당한다) 및 제286 조(미수범)의 죄

마. 「형법」 제2편제32장 강간과 추행의 죄 중 제297조(강간), 제297조의2(유사강간), 제298조(강제추행), 제299조(준강간, 준강제추행), 제300조(미수범), 제301조(강간등 상해·치상), 제301조의2(강간등 살인·치사), 제305조의2(상습범)(제297조, 제297조의2, 제298조부터 제300조까지의 죄에 한정한다)의 죄

바. 「형법」 제2편제33장 명예에 관한 죄 중 제307조(명예훼손), 제309조(출판물등에 의한 명예훼손) 및 제311조(모욕)의 죄

사. 「형법」 제2편제36장 주거침입의 죄 중 제321조(주거·신체 수색)의 죄

아. 「형법」 제2편제37장 권리행사를 방해하는 죄 중 제324조(강요) 및 제324조의5(미수범)(제324조의 죄에만 해당한다)의 죄

자. 「형법」 제2편제39장 사기와 공갈의 죄 중 제350조(공갈) 및 제352조(미수범)(제350조의 죄에만 해당한다)의 죄

차. 「형법」 제2편제42장 손괴의 죄 중 제366조(재물손괴등)의 죄

카. 제55조의2, 제55조의3제1항제2호, 제55조의4제1호, 제59조의2의 죄

타. 가목부터 차목까지의 죄로서 다른 법률에 따라 가중처벌되는 죄

[본조신설 2004. 1. 29.]

제2조(기본이념) ①노인은 후손의 양육과 국가 및 사회의 발전에 기여하여 온 자로서 존경받으며 건전하고 안정된 생활을 보장받는다.

②노인은 그 능력에 따라 적당한 일에 종사하고 사회적 활동에 참여할 기회를 보장 받는다.

③노인은 노령에 따르는 심신의 변화를 자각하여 항상 심신의 건강을 유지하고 그 지식과 경험을 활용하여 사회의 발전에 기여하도록 노력하여야 한다.

제3조(가족제도의 유지·발전) 국가와 국민은 경로효친의 미풍양속에 따른 건전한 가족제도가 유지·발전되도록 노력하여야 한다.

제4조(보건복지증진의 책임) ①국가와 지방자치단체는 노인의 보건 및 복지증진의 책임이 있으며, 이를 위한 시책을 강구하여 추진하여야 한다.

②국가와 지방자치단체는 제1항의 규정에 의한 시책을 강구함에 있어 제2조에 규정된 기본이념이 구현되도록 노력하여야 한다.

③노인의 일상생활에 관련되는 사업을 경영하는 자는 그 사업을 경영함에 있어 노인의 보건복지가 증진되도록 노력하여야 한다.

제4조의2(안전사고 예방) ① 국가와 지방자치단체는 노인의 안전을 보장하고 낙상

사고 등 노인에게 치명적인 사고를 예방하기 위하여 필요한 시책을 수립·시행하여야 한다. 이 경우 안전사고 예방 시책은 「재난 및 안전관리 기본법」에 따른 국가안전관리기본계획, 시·도안전관리계획 및 시·군·구안전관리계획과 연계되어야 한다.

② 제1항에 따른 안전사고 예방 시책의 수립·시행에 필요한 사항은 대통령령으로 정한다.

[본조신설 2018. 12. 11.]

제5조(노인실태조사) ①보건복지부장관은 노인의 보건 및 복지에 관한 실태조사를 3년마다 실시하고 그 결과를 공표하여야 한다. <개정 2008. 2. 29., 2010. 1. 18.>

② 보건복지부장관은 제1항에 따른 실태조사를 위하여 관계 기관·법인·단체·시설의 장에게 필요한 자료의 제출 또는 의견의 진술을 요청할 수 있다. 이 경우 관계 기관·법인·단체·시설의 장은 정당한 사유가 없으면 그 요청에 따라야 한다. <신설 2015. 1. 28.>

③제1항의 규정에 따른 조사의 방법과 내용 등에 관하여 필요한 사항은 보건복지부령으로 정한다. <개정 2008. 2. 29., 2010. 1. 18., 2015. 1. 28.>

[본조신설 2007. 1. 3.]

제6조(노인의 날 등) ①노인에 대한 사회적 관심과 공경의식을 높이기 위하여 매년 10월 2일을 노인의 날로, 매년 10월을 경로의 달로 한다.

②부모에 대한 효사상을 앙양하기 위하여 매년 5월 8일을 어버이날로 한다.

③ 삭제 <2011. 8. 4.>

④ 범국민적으로 노인학대에 대한 인식을 높이고 관심을 유도하기 위하여 매년 6월 15일을 노인학대예방의 날로 지정하고, 국가와 지방자치단체는 노인학대예방의 날의 취지에 맞는 행사와 홍보를 실시하도록 노력하여야 한다. <신설 2015. 12. 29.>

제6조의2(홍보영상의 제작·배포·송출) ① 보건복지부장관은 노인학대의 예방과 방지, 노인학대의 위해성, 신고방법 등에 관한 홍보영상을 제작하여 「방송법」 제2조제23호의 방송편성책임자에게 배포하여야 한다.

② 보건복지부장관은 「방송법」 제2조제3호가목의 지상파방송사업자에게 같은 법 제73조제4항에 따라 대통령령으로 정하는 비상업적 공익광고 편성비율의 범위에서 제1항의 홍보영상을 채널별로 송출하도록 요청할 수 있다.

③ 보건복지부장관은 「방송법」 제2조제12호의 전광판방송사업자에게 같은 법 제73조제4항에 따라 대통령령으로 정하는 비상업적 공익광고 편성비율의 범위에서 제1항의 홍보영상을 전광판으로 송출하도록 요청할 수 있다.

④ 제2항에 따른 지상파방송사업자와 제3항에 따른 전광판방송사업자는 제1항의 홍보영상 외에 독자적인 홍보영상을 제작하여 송출할 수 있다. 이 경우 보건복지부장관에게 필요한 협조 및 지원을 요청할 수 있다.

[본조신설 2015. 12. 29.]

제6조의3(인권교육) ① 제31조의 노인복지시설 중 대통령령으로 정하는 시설을 설치·운영하는 자와 그 종사자는 인권에 관한 교육(이하 이 조에서 "인권교육"이라 한다)을 받아야 한다.

② 제31조의 노인복지시설 중 대통령령으로 정하는 시설을 설치·운영하는 자는 해당 시설을 이용하고 있는 노인들에게 인권교육을 실시할 수 있다.

③ 보건복지부장관은 제1항 및 제2항에 따른 인권교육을 효율적으로 실시하기 위하여 인권교육기관을 지정할 수 있다. 이 경우 예산의 범위에서 인권교육에 소요되는 비용을 지원할 수 있으며, 지정을 받은 인권교육기관은 보건복지부장관의 승인을 받아 인권교육에 필요한 비용을 교육대상자로부터 징수할 수 있다.

④ 보건복지부장관은 제3항에 따라 지정을 받은 인권교육기관이 다음 각 호의 어느 하나에 해당하면 그 지정을 취소하거나 6개월 이내의 기간을 정하여 업무를 정지할 수 있다. 다만, 제1호에 해당하면 그 지정을 취소하여야 한다.

1. 거짓이나 그 밖의 부정한 방법으로 지정을 받은 경우
2. 제5항에 따라 보건복지부령으로 정하는 지정요건을 갖추지 못하게 된 경우
3. 인권교육의 수행능력이 현저히 부족하다고 인정되는 경우

⑤ 제1항 및 제2항에 따른 인권교육의 대상·내용·방법, 제3항에 따른 인권교육기관의 지정 및 제4항에 따른 인권교육기관의 지정취소·업무정지 처분의 기준 등에 필요한 사항은 보건복지부령으로 정한다.

[본조신설 2017. 10. 24.]

제7조(노인복지상담원) ①노인의 복지를 담당하게 하기 위하여 특별자치도와 시·군·구(자치구를 말한다. 이하 같다)에 노인복지상담원을 둔다. <개정 2007. 8. 3.>

②노인복지상담원의 임용 또는 위촉, 직무 및 보수 등에 관하여 필요한 사항은 대통령령으로 정한다. <개정 1999. 2. 8.>

제8조(노인전용주거시설) 국가 또는 지방자치단체는 노인의 주거에 적합한 기능 및

설비를 갖춘 주거용시설의 공급을 조장하여야 하며, 그 주거용시설의 공급자에 대하여 적절한 지원을 할 수 있다.

제2장 삭제 <2007. 4. 25.>

제9조 ~ 제22조 삭제 <2007. 4. 25.>

제3장 보건·복지조치

제23조(노인사회참여 지원) ①국가 또는 지방자치단체는 노인의 사회참여 확대를 위하여 노인의 지역봉사 활동기회를 넓히고 노인에게 적합한 직종의 개발과 그 보급을 위한 시책을 강구하며 근로능력있는 노인에게 일할 기회를 우선적으로 제공하도록 노력하여야 한다.

②국가 또는 지방자치단체는 노인의 지역봉사 활동 및 취업의 활성화를 기하기 위하여 노인지역봉사기관, 노인취업알선기관 등 노인복지관계기관에 대하여 필요한 지원을 할 수 있다.

제23조의2(노인일자리전담기관의 설치·운영 등) ① 노인의 능력과 적성에 맞는 일자리지원사업을 전문적·체계적으로 수행하기 위한 전담기관(이하 "노인일자리전담기관"이라 한다)은 다음 각 호의 기관으로 한다. <개정 2011. 4. 7.>

1. 노인인력개발기관: 노인일자리개발·보급사업, 조사사업, 교육·홍보 및 협력사업, 프로그램인증·평가사업 등을 지원하는 기관

2. 노인일자리지원기관: 지역사회 등에서 노인일자리의 개발·지원, 창업·육성 및 노인에 의한 재화의 생산·판매 등을 직접 담당하는 기관

3. 노인취업알선기관: 노인에게 취업 상담 및 정보를 제공하거나 노인일자리를 알선하는 기관

② 국가 또는 지방자치단체는 노인일자리전담기관을 설치·운영하거나 그 운영의 전부 또는 일부를 법인·단체 등에 위탁할 수 있다. <신설 2011. 4. 7.>

③노인일자리전담기관의 설치·운영 또는 위탁에 관하여 필요한 사항은 대통령령으로 정한다. <개정 2011. 4. 7.>

④ 제1항제2호의 노인일자리지원기관의 시설 및 인력에 관한 기준 등은 보건복지부령으로 정한다. <신설 2013. 6. 4.>

[본조신설 2005. 7. 13.]

제23조의3(생산품 우선구매) 국가, 지방자치단체 및 그 밖의 공공단체는 제23조의 2제1항제2호의 노인일자리지원기관에서 생산한 물품의 우선구매에 필요한 조치를 마련하여야 한다.

[본조신설 2019. 1. 15.]

제24조(지역봉사지도원 위촉 및 업무) ①국가 또는 지방자치단체는 사회적 신망과 경험이 있는 노인으로서 지역봉사를 희망하는 경우에는 이를 지역봉사지도원으로 위촉할 수 있다.

②제1항의 규정에 의한 지역봉사지도원의 업무는 다음 각호와 같다. <개정 2015. 1. 28.>

1. 국가 또는 지방자치단체가 행하는 업무중 민원인에 대한 상담 및 조언

2. 도로의 교통정리, 주·정차단속의 보조, 자연보호 및 환경침해 행위단속의 보조와 청소년 선도

3. 충효사상, 전통의례 등 전통문화의 전수교육

4. 문화재의 보호 및 안내

4의2. 노인에 대한 교통안전 및 교통사고예방 교육

5. 기타 대통령령이 정하는 업무

제25조(생업지원) ① 국가, 지방자치단체, 그 밖의 공공단체 중 대통령령으로 정하는 기관은 소관 공공시설에 식료품·사무용품·신문 등 일상생활용품의 판매를 위한 매점이나 자동판매기의 설치를 허가 또는 위탁할 때에는 65세 이상 노인의 신청이 있는 경우 이를 우선적으로 반영하여야 한다. <개정 2018. 3. 13.>

② 국가, 지방자치단체, 그 밖의 공공단체 중 대통령령으로 정하는 기관은 소관 공공시설에 청소, 주차관리, 매표 등의 사업을 위탁하는 경우에는 65세 이상 노인을 100분의 20 이상 채용한 사업체를 우선적으로 고려할 수 있다. <신설 2018. 3. 13.>

③ 제2항에 따른 위탁사업의 종류 및 절차 등에 필요한 사항은 대통령령으로 정한다. <신설 2018. 3. 13.>

[제목개정 2018. 3. 13.]

제26조(경로우대) ①국가 또는 지방자치단체는 65세 이상의 자에 대하여 대통령령이 정하는 바에 의하여 국가 또는 지방자치단체의 수송시설 및 고궁·능원·박물관·공원 등의 공공시설을 무료로 또는 그 이용요금을 할인하여 이용하게 할 수 있다.

②국가 또는 지방자치단체는 노인의 일상생활에 관련된 사업을 경영하는 자에게 65세 이상의 자에 대하여 그 이용요금을 할인하여 주도록 권유할 수 있다.

③국가 또는 지방자치단체는 제2항의 규정에 의하여 노인에게 이용요금을 할인하여 주는 자에 대하여 적절한 지원을 할 수 있다.

제27조(건강진단 등) ①국가 또는 지방자치단체는 대통령령이 정하는 바에 의하여 65세 이상의 자에 대하여 건강진단과 보건교육을 실시할 수 있다. 이 경우 보건복지부령으로 정하는 바에 따라 성별 다빈도질환 등을 반영하여야 한다. <개정 2015. 1. 28.>

②국가 또는 지방자치단체는 제1항의 규정에 의한 건강진단 결과 필요하다고 인정한 때에는 그 건강진단을 받은 자에 대하여 필요한 지도를 하여야 한다.

제27조의2(홀로 사는 노인에 대한 지원) ①국가 또는 지방자치단체는 홀로 사는 노인에 대하여 방문요양과 돌봄 등의 서비스와 안전확인 등의 보호조치를 취하여야 한다. <개정 2017. 10. 24.>

② 국가 또는 지방자치단체는 제1항에 따른 사업을 노인 관련 기관·단체에 위탁할 수 있으며, 예산의 범위에서 그 사업 및 운영에 필요한 비용을 지원할 수 있다. <신설 2017. 10. 24.>

③제1항의 서비스 및 보호조치의 구체적인 내용 등에 관하여는 보건복지부장관이 정한다. <개정 2017. 10. 24.>

[본조신설 2007. 8. 3.]

제27조의3(독거노인종합지원센터) ① 보건복지부장관은 홀로 사는 노인에 대한 돌봄과 관련된 다음 각 호의 사업을 수행하기 위하여 독거노인종합지원센터를 설치·운영할 수 있다.

1. 홀로 사는 노인에 대한 정책 연구 및 프로그램의 개발
2. 홀로 사는 노인에 대한 현황조사 및 관리
3. 홀로 사는 노인 돌봄사업 종사자에 대한 교육
4. 홀로 사는 노인에 대한 돌봄사업의 홍보, 교육교재 개발 및 보급
5. 홀로 사는 노인에 대한 돌봄사업의 수행기관 지원 및 평가
6. 관련 기관 협력체계의 구축 및 교류
7. 홀로 사는 노인에 대한 기부문화 조성을 위한 기부금품의 모집, 접수 및 배부
8. 그 밖에 홀로 사는 노인의 돌봄을 위하여 보건복지부장관이 위탁하는 업무

② 보건복지부장관은 제1항에 따른 독거노인종합지원센터의 운영을 전문 인력과

시설을 갖춘 법인 또는 단체에 위탁할 수 있다.

③ 그 밖에 독거노인종합지원센터의 설치·운영 등에 필요한 사항은 보건복지부령으로 정한다.

[본조신설 2017. 10. 24.]

제27조의4(노인성 질환에 대한 의료지원) ① 국가 또는 지방자치단체는 노인성 질환자의 경제적 부담능력 등을 고려하여 노인성 질환의 예방교육, 조기발견 및 치료 등에 필요한 비용의 전부 또는 일부를 지원할 수 있다.

② 제1항에 따른 노인성 질환의 범위, 지원의 대상·기준 및 방법 등에 필요한 사항은 대통령령으로 정한다.

[본조신설 2017. 10. 24.]

제28조(상담·입소 등의 조치) ①보건복지부장관, 특별시장·광역시장·특별자치시장·도지사·특별자치도지사(이하 "시·도지사"라 한다), 시장·군수·구청장(자치구의 구청장을 말한다. 이하 같다)은 노인에 대한 복지를 도모하기 위하여 필요하다고 인정한 때에는 다음 각 호의 조치를 하여야 한다. <개정 1999. 2. 8., 2007. 8. 3., 2008. 2. 29., 2010. 1. 18., 2018. 3. 13.>

1. 65세 이상의 자 또는 그를 보호하고 있는 자를 관계공무원 또는 노인복지상담원으로 하여금 상담·지도하게 하는 것

2. 65세 이상의 자로서 신체적·정신적·경제적 이유 또는 환경상의 이유로 거택에서 보호받기가 곤란한 자를 노인주거복지시설 또는 재가노인복지시설에 입소시키거나 입소를 위탁하는 것

3. 65세 이상의 자로서 신체 또는 정신상의 현저한 결함으로 인하여 항상 보호를 필요로 하고 경제적 이유로 거택에서 보호받기가 곤란한 자를 노인의료복지시설에 입소시키거나 입소를 위탁하는 것

②보건복지부장관, 시·도지사 또는 시장·군수·구청장(이하 "福祉實施機關"이라 한다)은 65세 미만의 자에 대하여도 그 노쇠현상이 현저하여 특별히 보호할 필요가 있다고 인정할 때에는 제1항 각호의 조치를 할 수 있다. <개정 2008. 2. 29., 2010. 1. 18.>

③ 복지실시기관은 제1항 또는 제2항에 따라 입소조치된 자가 사망한 경우에 그 자에 대한 장례를 행할 자가 없을 때에는 그 장례를 행하거나 해당 시설의 장으로 하여금 그 장례를 행하게 할 수 있다. <개정 2019. 1. 15.>

[제목개정 2019. 1. 15.]

제29조 삭제 <2011. 8. 4.>

제29조의2 삭제 <2011. 8. 4.>

제30조(노인재활요양사업) ①국가 또는 지방자치단체는 신체적·정신적으로 재활요
양을 필요로 하는 노인을 위한 재활요양사업을 실시할 수 있다.

②제1항의 노인재활요양사업의 내용 및 기타 필요한 사항은 보건복지부령으로
정한다. <개정 2008. 2. 29., 2010. 1. 18.>

제4장 노인복지시설의 설치·운영

제31조(노인복지시설의 종류) 노인복지시설의 종류는 다음 각호와 같다. <개정
2004. 1. 29., 2013. 6. 4., 2017. 3. 14.>

1. 노인주거복지시설

2. 노인의료복지시설

3. 노인여가복지시설

4. 재가노인복지시설

5. 노인보호전문기관

6. 제23조의2제1항제2호의 노인일자리지원기관

7. 제39조의19에 따른 학대피해노인 전용쉼터

제31조의2(「사회복지사업법」에 따른 신고와의 관계) 제33조제2항, 제35조제2항,
제37조제2항 및 제39조제2항에 따라 노인복지시설의 설치신고를 한 경우 「사회
복지사업법」 제34조제2항에 따른 사회복지시설 설치신고를 한 것으로 본다. <개
정 2011. 6. 7.>

[본조신설 2007. 8. 3.]

제32조(노인주거복지시설) ①노인주거복지시설은 다음 각 호의 시설로 한다. <개정
2007. 8. 3., 2015. 1. 28.>

1. 양로시설 : 노인을 입소시켜 급식과 그 밖에 일상생활에 필요한 편의를 제공
   함을 목적으로 하는 시설

2. 노인공동생활가정 : 노인들에게 가정과 같은 주거여건과 급식, 그 밖에 일상
   생활에 필요한 편의를 제공함을 목적으로 하는 시설

3. 노인복지주택 : 노인에게 주거시설을 임대하여 주거의 편의·생활지도·상담 및
   안전관리 등 일상생활에 필요한 편의를 제공함을 목적으로 하는 시설

②노인주거복지시설의 입소대상·입소절차·입소비용 및 임대 등에 관하여 필요한 사항은 보건복지부령으로 정한다. <개정 2007. 8. 3., 2008. 2. 29., 2010. 1. 18., 2015. 1. 28.>

③노인복지주택의 설치·관리 및 공급 등에 관하여 이 법에서 규정된 사항을 제외하고는 「주택법」 및 「공동주택관리법」의 관련규정을 준용한다. <신설 1999. 2. 8., 2003. 5. 29., 2007. 8. 3., 2015. 8. 11.>

제33조(노인주거복지시설의 설치) ①국가 또는 지방자치단체는 노인주거복지시설을 설치할 수 있다.

②국가 또는 지방자치단체외의 자가 노인주거복지시설을 설치하고자 하는 경우에는 특별자치시장·특별자치도지사·시장·군수·구청장(이하 "시장·군수·구청장"이라 한다)에게 신고하여야 한다. <개정 2005. 3. 31., 2007. 8. 3., 2018. 3. 13.>

③ 시장·군수·구청장은 제2항에 따른 신고를 받은 경우 그 내용을 검토하여 이 법에 적합하면 신고를 수리하여야 한다. <신설 2018. 3. 13.>

④노인주거복지시설의 시설, 인력 및 운영에 관한 기준과 설치신고, 설치·운영자가 준수하여야 할 사항, 그 밖에 필요한 사항은 보건복지부령으로 정한다. <개정 1999. 2. 8., 2007. 8. 3., 2008. 2. 29., 2010. 1. 18., 2018. 3. 13.>

제33조의2(노인복지주택의 입소자격 등) ①노인복지주택에 입소할 수 있는 자는 60세 이상의 노인(이하 "입소자격자"라 한다)으로 한다. 다만, 다음 각 호의 어느 하나에 해당하는 경우에는 입소자격자와 함께 입소할 수 있다. <개정 2015. 1. 28.>

1. 입소자격자의 배우자

2. 입소자격자가 부양을 책임지고 있는 19세 미만의 자녀·손자녀

② 노인복지주택을 설치하거나 설치하려는 자는 노인복지주택을 입소자격자에게 임대하여야 한다. <개정 2015. 1. 28.>

③제2항에 따라 노인복지주택을 임차한 자는 해당 노인주거시설을 입소자격자가 아닌 자에게 다시 임대할 수 없다. <개정 2015. 1. 28.>

④ 삭제 <2015. 1. 28.>

⑤시장·군수·구청장은 지역 내 노인 인구, 노인주거복지시설의 수요와 공급실태 및 노인복지주택의 효율적인 이용 등을 고려하여 노인복지주택의 공급가구수와 가구별 건축면적(주거의 용도로만 쓰이는 면적에 한한다)을 일정규모 이하로 제한할 수 있다.

⑥제33조제2항에 따라 노인복지주택을 설치한 자는 해당 노인복지주택의 전부 또는 일부 시설을 시장·군수·구청장의 확인을 받아 대통령령으로 정하는 자에게 위탁하여 운영할 수 있다. <개정 2019. 1. 15.>

⑦ 입소자격자가 사망하거나 노인복지주택에 거주하지 아니하는 경우 제1항에 따라 노인복지주택에 입소한 입소자격자의 배우자 및 자녀·손자녀는 보건복지부령으로 정하는 기간 내에 퇴소하여야 한다. 다만, 입소자격자의 해외 체류 등 보건복지부령으로 정하는 부득이한 사유가 있는 경우에는 그러하지 아니하다. <신설 2017. 10. 24.>

⑧ 시장·군수·구청장은 필요한 경우 제1항에 따른 입소자격 여부 및 제7항에 따른 입소자격자의 사망 또는 실제 거주 여부를 조사할 수 있다. <신설 2017. 10. 24.>

⑨ 시장·군수·구청장은 제8항에 따른 조사 결과 입소부자격자가 발견되면 퇴소하도록 하는 등 적절한 조치를 취하여야 한다. <신설 2017. 10. 24.>

[본조신설 2007. 8. 3.]

제33조의3 삭제 <2015. 1. 28.>

제34조(노인의료복지시설) ①노인의료복지시설은 다음 각 호의 시설로 한다. <개정 2007. 8. 3.>

1. 노인요양시설 : 치매·중풍 등 노인성질환 등으로 심신에 상당한 장애가 발생하여 도움을 필요로 하는 노인을 입소시켜 급식·요양과 그 밖에 일상생활에 필요한 편의를 제공함을 목적으로 하는 시설

2. 노인요양공동생활가정 : 치매·중풍 등 노인성질환 등으로 심신에 상당한 장애가 발생하여 도움을 필요로 하는 노인에게 가정과 같은 주거여건과 급식·요양, 그 밖에 일상생활에 필요한 편의를 제공함을 목적으로 하는 시설

3. 삭제 <2011. 6. 7.>

②노인의료복지시설의 입소대상·입소비용 및 입소절차와 설치·운영자의 준수사항 등에 관하여 필요한 사항은 보건복지부령으로 정한다. <개정 2007. 8. 3., 2008. 2. 29., 2010. 1. 18.>

제35조(노인의료복지시설의 설치) ①국가 또는 지방자치단체는 노인의료복지시설을 설치할 수 있다.

②국가 또는 지방자치단체외의 자가 노인의료복지시설을 설치하고자 하는 경우에는 시장·군수·구청장에게 신고하여야 한다. <개정 2005. 3. 31., 2011. 6. 7.>

③ 시장·군수·구청장은 제2항에 따른 신고를 받은 경우 그 내용을 검토하여 이 법에 적합하면 신고를 수리하여야 한다. <신설 2018. 3. 13.>

④노인의료복지시설의 시설, 인력 및 운영에 관한 기준과 설치신고 및 설치허가 등에 관하여 필요한 사항은 보건복지부령으로 정한다. <개정 1999. 2. 8., 2007. 4. 11., 2008. 2. 29., 2010. 1. 18., 2011. 6. 7., 2018. 3. 13.>

제36조(노인여가복지시설) ①노인여가복지시설은 다음 각 호의 시설로 한다. <개정 2007. 8. 3.>

1. 노인복지관 : 노인의 교양·취미생활 및 사회참여활동 등에 대한 각종 정보와 서비스를 제공하고, 건강증진 및 질병예방과 소득보장·재가복지, 그 밖에 노인의 복지증진에 필요한 서비스를 제공함을 목적으로 하는 시설

2. 경로당 : 지역노인들이 자율적으로 친목도모·취미활동·공동작업장 운영 및 각종 정보교환과 기타 여가활동을 할 수 있도록 하는 장소를 제공함을 목적으로 하는 시설

3. 노인교실 : 노인들에 대하여 사회활동 참여욕구를 충족시키기 위하여 건전한 취미생활·노인건강유지·소득보장 기타 일상생활과 관련한 학습프로그램을 제공함을 목적으로 하는 시설

4. 삭제 <2011. 6. 7.>

②노인여가복지시설의 이용대상 및 이용절차 등에 관하여 필요한 사항은 보건복지부령으로 정한다. <개정 2008. 2. 29., 2010. 1. 18.>

제37조(노인여가복지시설의 설치) ①국가 또는 지방자치단체는 노인여가복지시설을 설치할 수 있다.

②국가 또는 지방자치단체외의 자가 노인여가복지시설을 설치하고자 하는 경우에는 시장·군수·구청장에게 신고하여야 한다.

③ 시장·군수·구청장은 제2항에 따른 신고를 받은 경우 그 내용을 검토하여 이 법에 적합하면 신고를 수리하여야 한다. <신설 2018. 3. 13.>

④ 국가 또는 지방자치단체는 경로당의 활성화를 위하여 지역별·기능별 특성을 갖춘 표준 모델 및 프로그램을 개발·보급하여야 한다. <신설 2011. 6. 7., 2018. 3. 13.>

⑤노인여가복지시설의 시설, 인력 및 운영에 관한 기준과 설치신고 등에 관하여 필요한 사항은 보건복지부령으로 정한다. <개정 1999. 2. 8., 2008. 2. 29., 2010. 1. 18., 2011. 6. 7., 2018. 3. 13.>

제37조의2(경로당에 대한 양곡구입비 등의 보조) ① 국가 또는 지방자치단체는 경로당에 대하여 예산의 범위에서 양곡(「양곡관리법」에 따른 정부관리양곡을 포함한다)구입비의 전부 또는 일부를 보조할 수 있다. <개정 2018. 12. 11.>

② 국가 또는 지방자치단체는 예산의 범위에서 경로당의 냉난방 비용의 전부 또는 일부를 보조할 수 있다.

[본조신설 2012. 2. 1.]

제37조의3(경로당에 대한 공과금 감면) ① 「전기사업법」에 따른 전기판매사업자, 「전기통신사업법」에 따른 전기통신사업자 및 「도시가스사업법」에 따른 도시가스사업자는 경로당에 대하여 각각 전기요금·전기통신요금 및 도시가스요금을 감면할 수 있다.

② 「수도법」에 따른 수도사업자(수도사업자가 지방자치단체인 경우에는 해당 지방자치단체의 장을 말한다)는 경로당에 대하여 수도요금을 감면할 수 있다.

[본조신설 2012. 2. 1.]

제38조(재가노인복지시설) ①재가노인복지시설은 다음 각 호의 어느 하나 이상의 서비스를 제공함을 목적으로 하는 시설을 말한다.

1. 방문요양서비스 : 가정에서 일상생활을 영위하고 있는 노인(이하 "재가노인"이라 한다)으로서 신체적·정신적 장애로 어려움을 겪고 있는 노인에게 필요한 각종 편의를 제공하여 지역사회안에서 건전하고 안정된 노후를 영위하도록 하는 서비스

2. 주·야간보호서비스 : 부득이한 사유로 가족의 보호를 받을 수 없는 심신이 허약한 노인과 장애노인을 주간 또는 야간 동안 보호시설에 입소시켜 필요한 각종 편의를 제공하여 이들의 생활안정과 심신기능의 유지·향상을 도모하고, 그 가족의 신체적·정신적 부담을 덜어주기 위한 서비스

3. 단기보호서비스 : 부득이한 사유로 가족의 보호를 받을 수 없어 일시적으로 보호가 필요한 심신이 허약한 노인과 장애노인을 보호시설에 단기간 입소시켜 보호함으로써 노인 및 노인가정의 복지증진을 도모하기 위한 서비스

4. 방문 목욕서비스 : 목욕장비를 갖추고 재가노인을 방문하여 목욕을 제공하는 서비스

5. 그 밖의 서비스 : 그 밖에 재가노인에게 제공하는 서비스로서 보건복지부령이 정하는 서비스

②제1항에 따른 재가노인복지시설의 이용대상·비용부담 및 이용절차 등에 관하

여 필요한 사항은 보건복지부령으로 정한다. <개정 2010. 1. 18.>

[전문개정 2007. 8. 3.]

제39조(재가노인복지시설의 설치) ①국가 또는 지방자치단체는 재가노인복지시설을 설치할 수 있다.

②국가 또는 지방자치단체외의 자가 재가노인복지시설을 설치하고자 하는 경우에는 시장·군수·구청장에게 신고하여야 한다.

③ 시장·군수·구청장은 제2항에 따른 신고를 받은 경우 그 내용을 검토하여 이 법에 적합하면 신고를 수리하여야 한다. <신설 2018. 3. 13.>

④재가노인복지시설의 시설, 인력 및 운영에 관한 기준과 설치신고 등에 관하여 필요한 사항은 보건복지부령으로 정한다. <개정 1999. 2. 8., 2008. 2. 29., 2010. 1. 18., 2018. 3. 13.>

제39조의2(요양보호사의 직무·자격증의 교부 등) ①노인복지시설의 설치·운영자는 보건복지부령으로 정하는 바에 따라 노인 등의 신체활동 또는 가사활동 지원 등의 업무를 전문적으로 수행하는 요양보호사를 두어야 한다. <개정 2008. 2. 29., 2010. 1. 18.>

② 요양보호사가 되려는 사람은 제39조의3에 따라 요양보호사를 교육하는 기관(이하 "요양보호사교육기관"이라 한다)에서 교육과정을 마치고 시·도지사가 실시하는 요양보호사 자격시험에 합격하여야 한다. <개정 2010. 1. 25.>

③ 시·도지사는제2항에 따라 요양보호사 자격시험에 합격한 사람에게 요양보호사 자격증을 교부하여야 한다. <개정 2010. 1. 25.>

④ 시·도지사는 제2항에 따라 요양보호사 자격시험에 응시하고자 하는 사람과 제3항에 따라 자격증을 교부 또는 재교부 받고자 하는 사람에게 보건복지부령으로 정하는 바에 따라 수수료를 납부하게 할 수 있다. <신설 2010. 1. 25.>

⑤ 요양보호사의 교육과정, 요양보호사 자격시험 실시 및 자격증 교부 등에 관하여 필요한 사항은 보건복지부령으로 정한다. <개정 2010. 1. 25.>

[전문개정 2007. 8. 3.]

제39조의3(요양보호사교육기관의 지정 등) ① 시·도지사는 요양보호사의 양성을 위하여 보건복지부령으로 정하는 지정기준에 적합한 시설을 요양보호사교육기관으로 지정·운영하여야 한다. <개정 2010. 1. 25.>

② 시·도지사는 요양보호사교육기관이 다음 각 호의 어느 하나에 해당하는 경우 사업의 정지를 명하거나 그 지정을 취소할 수 있다. 다만, 제1호에 해당하는 경

우 지정을 취소하여야 한다. <신설 2010. 1. 25., 2019. 4. 30.>

1. 거짓이나 그 밖의 부정한 방법으로 요양보호사교육기관으로 지정을 받은 경우

2. 제1항에 따른 지정기준에 적합하지 아니하게 된 경우

3. 교육과정을 1년 이상 운영하지 아니하는 경우

4. 정당한 사유 없이 제42조에 따른 보고 또는 자료제출을 하지 아니하거나 거
  짓으로 한 경우 또는 조사·검사를 거부·방해하거나 기피한 경우

5. 요양보호사교육기관을 설치·운영하는 자가 교육 이수 관련 서류를 거짓으로
  작성한 경우

③ 시·도지사는 제2항에 따라 지정취소를 하는 경우 청문을 실시하여야 한다.
<신설 2010. 1. 25.>

④ 제1항에 따른 요양보호사교육기관의 지정절차, 제2항에 따른 행정처분의 세
부적인 기준 및 절차 등에 관하여 필요한 사항은 보건복지부령으로 정한다. <개
정 2010. 1. 25.>

[전문개정 2007. 8. 3.]

[제목개정 2010. 1. 25.]

제39조의4(긴급전화의 설치 등) ①국가및 지방자치단체는 노인학대를 예방하고 수
시로 신고를 받을 수 있도록 긴급전화를 설치하여야 한다.

②제1항의 규정에 의한 긴급전화의 설치·운영에 관하여 필요한 사항은 대통령령
으로 정한다.

[본조신설 2004. 1. 29.]

제39조의5(노인보호전문기관의 설치 등) ① 국가는 지역 간의 연계체계를 구축하
고 노인학대를 예방하기 위하여 다음 각 호의 업무를 담당하는 중앙노인보호전
문기관을 설치·운영하여야 한다. <개정 2015. 12. 29.>

1. 노인인권보호 관련 정책제안

2. 노인인권보호를 위한 연구 및 프로그램의 개발

3. 노인학대 예방의 홍보, 교육자료의 제작 및 보급

4. 노인보호전문사업 관련 실적 취합, 관리 및 대외자료 제공

5. 지역노인보호전문기관의 관리 및 업무지원

6. 지역노인보호전문기관 상담원의 심화교육

7. 관련 기관 협력체계의 구축 및 교류

8. 노인학대 분쟁사례 조정을 위한 중앙노인학대사례판정위원회 운영

9. 그 밖에 노인의 보호를 위하여 대통령령으로 정하는 사항

② 학대받는 노인의 발견·보호·치료 등을 신속히 처리하고 노인학대를 예방하기 위하여 다음 각 호의 업무를 담당하는 지역노인보호전문기관을 특별시·광역시·도·특별자치도(이하 "시·도"라 한다)에 둔다. <개정 2015. 12. 29.>

1. 노인학대 신고전화의 운영 및 사례접수

2. 노인학대 의심사례에 대한 현장조사

3. 피해노인 및 노인학대자에 대한 상담

4. 피해노인가족 관련자와 관련 기관에 대한 상담

5. 상담 및 서비스제공에 따른 기록과 보관

6. 일반인을 대상으로 한 노인학대 예방교육

7. 노인학대행위자를 대상으로 한 재발방지 교육

8. 노인학대사례 판정을 위한 지역노인학대사례판정위원회 운영 및 자체사례회의 운영

9. 그 밖에 노인의 보호를 위하여 보건복지부령으로 정하는 사항

③ 보건복지부장관 및 시·도지사는 노인학대예방사업을 목적으로 하는 비영리법인을 지정하여 제1항에 따른 중앙노인보호전문기관과 제2항에 따른 지역노인보호전문기관의 운영을 위탁할 수 있다.

④ 제1항에 따른 중앙노인보호전문기관과 제2항에 따른 지역노인보호전문기관의 설치기준과 운영, 상담원의 자격과 배치기준 및 제3항에 따른 위탁기관의 지정 등에 필요한 사항은 대통령령으로 정한다.

[전문개정 2011. 6. 7.]

제39조의6(노인학대 신고의무와 절차 등) ①누구든지 노인학대를 알게 된 때에는 노인보호전문기관 또는 수사기관에 신고할 수 있다. <개정 2007. 4. 11.>

②다음 각 호의 어느 하나에 해당하는 자는 그 직무상 65세 이상의 사람에 대한 노인학대를 알게 된 때에는 즉시 노인보호전문기관 또는 수사기관에 신고하여야 한다. <개정 2011. 6. 7., 2015. 12. 29., 2016. 12. 2., 2017. 10. 24., 2018. 3. 13., 2018. 12. 11.>

1. 의료법 제3조제1항의 의료기관에서 의료업을 행하는 의료인 및 의료기관의 장

2. 제27조의2에 따른 방문요양과 돌봄이나 안전확인 등의 서비스 종사자, 제31조에 따른 노인복지시설의 장과 그 종사자 및 제7조에 따른 노인복지상담원

3. 「장애인복지법」 제58조의 규정에 의한 장애인복지시설에서 장애노인에 대한

상담·치료·훈련 또는 요양업무를 수행하는 사람

4. 「가정폭력방지 및 피해자보호 등에 관한 법률」제5조 및 제7조에 따른 가정폭력 관련 상담소 및 가정폭력피해자 보호시설의 장과 그 종사자

5. 「사회복지사업법」제14조에 따른 사회복지전담공무원 및 같은 법 제34조에 따른 사회복지관, 부랑인 및 노숙인보호를 위한 시설의 장과 그 종사자

6. 「노인장기요양보험법」제31조에 따른 장기요양기관의 장과 그 종사자

7. 「119구조·구급에 관한 법률」제10조에 따른 119구급대의 구급대원

8. 「건강가정기본법」제35조에 따른 건강가정지원센터의 장과 그 종사자

9. 「다문화가족지원법」제12조에 따른 다문화가족지원센터의 장과 그 종사자

10. 「성폭력방지 및 피해자보호 등에 관한 법률」제10조에 따른 성폭력피해상담소 및 같은 법 제12조에 따른 성폭력피해자보호시설의 장과 그 종사자

11. 「응급의료에 관한 법률」제36조에 따른 응급구조사

12. 「의료기사 등에 관한 법률」제1조의2제1호에 따른 의료기사

13. 「국민건강보험법」에 따른 국민건강보험공단 소속 요양직 직원

14. 「지역보건법」제2조에 따른 지역보건의료기관의 장과 종사자

15. 제31조에 따른 노인복지시설 설치 및 관리 업무 담당 공무원

③신고인의 신분은 보장되어야 하며 그 의사에 반하여 신분이 노출되어서는 아니된다.

④ 관계 중앙행정기관의 장은 제2항 각 호의 어느 하나에 해당하는 사람의 자격취득 교육과정이나 보수교육 과정에 노인학대 예방 및 신고의무와 관련된 교육내용을 포함하도록 하여야 하며, 그 결과를 보건복지부장관에게 제출하여야 한다. <신설 2012. 10. 22., 2018. 3. 13.>

⑤ 제2항에 따른 노인학대 신고의무자가 소속된 다음 각 호의 기관의 장은 소속 노인학대 신고의무자에게 노인학대예방 및 신고의무에 관한 교육을 실시하고 그 결과를 보건복지부장관에게 제출하여야 한다. <신설 2018. 3. 13.>

1. 제31조에 따른 노인복지시설

2. 「의료법」제3조제2항제3호라목 및 마목에 따른 요양병원 및 종합병원

3. 「노인장기요양보험법」제2조제4호에 따른 장기요양기관

⑥ 제4항 및 제5항에 따른 교육 내용·시간 및 방법 등에 관하여 필요한 사항은 보건복지부령으로 정한다. <신설 2012. 10. 22., 2018. 3. 13.>

[본조신설 2004. 1. 29.]

[제목개정 2012. 10. 22.]

제39조의7(응급조치의무 등) ① 제39조의6의 규정에 의하여 노인학대신고를 접수한 노인보호전문기관의 직원이나 사법경찰관리는 지체없이 노인학대의 현장에 출동하여야 한다. 이 경우 노인보호전문기관의 장이나 수사기관의 장은 서로 동행하여 줄 것을 요청할 수 있고, 그 요청을 받은 때에는 정당한 사유가 없으면 소속 직원이나 사법경찰관리를 현장에 동행하도록 하여야 한다. <개정 2015. 1. 28.>

② 제1항에 따라 출동한 노인보호전문기관의 직원이나 사법경찰관리는 피해자를 보호하기 위하여 신고된 현장에 출입하여 관계인에 대하여 조사를 하거나 질문을 할 수 있다. 이 경우 노인보호전문기관의 직원은 피해노인의 보호를 위한 범위에서만 조사 또는 질문을 할 수 있다. <신설 2015. 1. 28.>

③ 제2항에 따라 출입, 조사 또는 질문을 하는 노인보호전문기관의 직원이나 사법경찰관리는 그 권한을 표시하는 증표를 지니고 이를 관계인에게 보여주어야 한다. <신설 2015. 1. 28.>

④ 제2항에 따라 조사 또는 질문을 하는 노인보호전문기관의 직원이나 사법경찰관리는 피해자·신고자·목격자 등이 자유롭게 진술할 수 있도록 노인학대행위자로부터 분리된 곳에서 조사하는 등 필요한 조치를 하여야 한다. <신설 2015. 1. 28.>

⑤ 제1항의 규정에 의하여 현장에 출동한 자는 학대받은 노인을 노인학대행위자로부터 분리하거나 치료가 필요하다고 인정할 때에는 노인보호전문기관 또는 의료기관에 인도하여야 한다. <개정 2015. 1. 28.>

⑥ 누구든지 정당한 사유 없이 노인학대 현장에 출동한 자에 대하여 현장조사를 거부하거나 업무를 방해하여서는 아니 된다. <신설 2011. 6. 7., 2015. 1. 28.>

⑦ 국가 및 지방자치단체는 제39조의5에 따른 노인보호전문기관의 장이 학대받은 노인의 보호, 치료 등의 업무를 수행함에 있어서 피해노인, 그 보호자 또는 노인학대행위자에 대한 신분조회 등 필요한 조치의 협조를 요청할 경우 정당한 사유가 없으면 이에 적극 협조하여야 한다. <신설 2015. 12. 29.>

⑧ 제7항의 신분조회 요청 절차·범위 등에 관한 사항은 대통령령으로 정한다. <신설 2015. 12. 29.>

[본조신설 2004. 1. 29.]

제39조의8(보조인의 선임 등) ①학대받은 노인의 법정대리인, 직계친족, 형제자매, 노인보호전문기관의 상담원 또는 변호사는 노인학대사건의 심리에 있어서 보조

인이 될 수 있다. 다만, 변호사가 아닌 경우에는 법원의 허가를 받아야 한다.

②법원은 학대받은 노인을 증인으로 신문하는 경우 본인·검사 또는 노인보호전문기관의 신청이 있는 때에는 본인과 신뢰관계에 있는 자의 동석을 허가할 수 있다.

③수사기관이 학대받은 노인을 조사하는 경우에도 제1항 및 제2항의 절차를 준용한다.

[본조신설 2004. 1. 29.]

제39조의9(금지행위) 누구든지 65세 이상의 사람(이하 이 조에서 "노인"이라 한다)에 대하여 다음 각 호의 어느 하나에 해당하는 행위를 하여서는 아니된다. <개정 2016. 12. 2.>

1. 노인의 신체에 폭행을 가하거나 상해를 입히는 행위

2. 노인에게 성적 수치심을 주는 성폭행·성희롱 등의 행위

3. 자신의 보호·감독을 받는 노인을 유기하거나 의식주를 포함한 기본적 보호 및 치료를 소홀히 하는 방임행위

4. 노인에게 구걸을 하게 하거나 노인을 이용하여 구걸하는 행위

5. 노인을 위하여 증여 또는 급여된 금품을 그 목적외의 용도에 사용하는 행위

6. 폭언, 협박, 위협 등으로 노인의 정신건강에 해를 끼치는 정서적 학대행위

[본조신설 2004. 1. 29.]

제39조의10(실종노인에 관한 신고의무 등) ①누구든지 정당한 사유 없이 사고 등의 사유로 인하여 보호자로부터 이탈된 노인(이하 "실종노인"이라 한다)을 경찰관서 또는 지방자치단체의 장에게 신고하지 아니하고 보호하여서는 아니 된다. <개정 2013. 6. 4.>

②제31조에 따른 노인복지시설(「사회복지사업법」 제2조제4호에 따른 사회복지시설 및 사회복지시설에 준하는 시설로서 인가·신고 등을 하지 아니하고 노인을 보호하는 시설을 포함한다. 이하 "보호시설"이라 한다)의 장 또는 그 종사자는 그 직무를 수행하면서 실종노인임을 알게 된 때에는 지체 없이 보건복지부령으로 정하는 신상카드를 작성하여 지방자치단체의 장과 제3항제2호의 업무를 수행하는 기관의 장에게 제출하여야 한다. <개정 2011. 8. 4.>

③보건복지부장관은 실종노인의 발생예방, 조속한 발견과 복귀를 위하여 다음 각 호의 업무를 수행하여야 한다. 이 경우 보건복지부장관은 노인복지 관련 법인이나 단체에 그 업무의 전부 또는 일부를 위탁할 수 있다.

1. 실종노인과 관련된 조사 및 연구

2. 실종노인의 데이터베이스 구축·운영

3. 그 밖에 실종노인의 보호 및 지원에 필요한 사항

④ 경찰청장은 실종노인의 조속한 발견과 복귀를 위하여 다음 각 호의 사항을 시행하여야 한다. <신설 2011. 6. 7., 2013. 6. 4.>

1. 실종노인에 대한 신고체계의 구축 및 운영

2. 그 밖에 실종노인의 발견과 복귀를 위하여 필요한 사항

3. 삭제 <2013. 6. 4.>

⑤ 삭제 <2013. 6. 4.>

[본조신설 2007. 8. 3.]

[종전 제39조의10은 제39조의11로 이동 <2007. 8. 3.>]

제39조의11(조사 등) ①보건복지부장관, 시·도지사 또는 시장·군수·구청장은 필요하다고 인정하는 때에는 관계공무원 또는 노인복지상담원으로 하여금 노인복지시설과 노인의 주소·거소, 노인의 고용장소 또는 제39조의9의 금지행위를 위반할 우려가 있는 장소에 출입하여 노인 또는 관계인에 대하여 필요한 조사를 하거나 질문을 하게 할 수 있다.

②경찰청장, 시·도지사 또는 시장·군수·구청장은 실종노인의 발견을 위하여 필요한 때에는 보호시설의 장 또는 그 종사자에게 필요한 보고 또는 자료제출을 명하거나 소속 공무원으로 하여금 보호시설에 출입하여 관계인 또는 노인에 대하여 필요한 조사 또는 질문을 하게 할 수 있다. <신설 2007. 8. 3.>

③제1항 및 제2항의 경우 관계공무원, 노인복지상담원은 그 권한을 표시하는 증표 및 조사기간, 조사범위, 조사담당자, 관계 법령 등 보건복지부령으로 정하는 사항이 기재된 서류를 지니고 이를 노인 또는 관계인에게 내보여야 한다. <개정 2007. 8. 3., 2015. 12. 29.>

④ 제1항 및 제2항에 따른 조사 또는 질문의 절차·방법 등에 관하여는 이 법에서 정하는 사항을 제외하고는 「행정조사기본법」에서 정하는 바에 따른다. <개정 2015. 12. 29.>

[본조신설 2004. 1. 29.]

[제39조의10에서 이동, 종전의 제39조의11은 제39조의12로 이동 <2007. 8. 3.>]

제39조의12(비밀누설의 금지) 이 법에 의한 학대노인의 보호와 관련된 업무에 종사하였거나 종사하는 자는 그 직무상 알게 된 비밀을 누설하지 못한다.

제39조의13(요양보호사의 결격사유) 다음 각 호의 어느 하나에 해당하는 사람은 요양보호사가 될 수 없다. <개정 2015. 1. 28., 2018. 3. 13., 2018. 12. 11.>

1. 「정신건강증진 및 정신질환자 복지서비스 지원에 관한 법률」 제3조제1호에 따른 정신질환자. 다만, 전문의가 요양보호사로서 적합하다고 인정하는 사람은 그러하지 아니하다.

2. 마약·대마 또는 향정신성의약품 중독자

3. 피성년후견인

4. 금고 이상의 형을 선고받고 그 형의 집행이 종료되지 아니하였거나 그 집행을 받지 아니하기로 확정되지 아니한 사람

5. 법원의 판결에 따라 자격이 정지 또는 상실된 사람

6. 제39조의14에 따라 요양보호사의 자격이 취소(이 조 제3호에 해당하여 자격이 취소된 경우는 제외한다)된 날부터 1년이 경과되지 아니한 사람

[본조신설 2010. 1. 25.]

제39조의14(요양보호사 자격의 취소) ① 시·도지사는 요양보호사가 다음 각 호의 어느 하나에 해당하는 경우 그 자격을 취소할 수 있다. 다만, 제1호부터 제3호까지의 경우 자격을 취소하여야 한다.

1. 제39조의13 각 호의 어느 하나에 해당하게 된 경우

2. 제39조의9를 위반하여 제55조의2부터 제55조의4까지의 규정에 따른 처벌을 받은 경우

3. 거짓이나 그 밖의 부정한 방법으로 자격증을 취득한 경우

4. 영리를 목적으로 노인 등에게 불필요한 요양서비스를 알선·유인하거나 이를 조장한 경우

5. 자격증을 대여·양도 또는 위조·변조한 경우

② 시·도지사는 제1항에 따라 요양보호사의 자격을 취소하는 경우청문을실시하여야한다.

③ 제1항의 자격취소의 절차 등에 관하여 필요한 사항은 보건복지부령으로정한다.

[본조신설 2010. 1. 25.]

제39조의15(노인학대 등의 통보) ① 사법경찰관리는 노인 사망 및 상해사건, 가정폭력 사건 등에 관한 직무를 행하는 경우 노인학대가 있었다고 의심할만한 사유

가 있는 때에는 노인보호전문기관에 그 사실을 통보하여야 한다.

② 제1항의 통보를 받은 노인보호전문기관은 피해노인 보호조치 등 필요한 조치를 하여야 한다.

[본조신설 2015. 12. 29.]

제39조의16(노인학대행위자에 대한 상담·교육 등의 권고) ① 노인보호전문기관의 장은 노인학대행위자에 대하여 상담·교육 및 심리적 치료 등 필요한 지원을 받을 것을 권고할 수 있다. <개정 2017. 3. 14.>

② 노인학대행위자는 노인보호전문기관의 장이 제1항에 따른 상담·교육 및 심리적 치료 등을 권고하는 경우에는 이에 협조하여 상담·교육 및 심리적 치료 등을 성실히 받아야 한다. <신설 2017. 3. 14.>

[본조신설 2015. 12. 29.]

제39조의17(노인관련기관의 취업제한 등) ① 법원은 노인학대관련범죄로 형 또는 치료감호를 선고하는 경우에는 판결(약식명령을 포함한다. 이하 같다)로 그 형 또는 치료감호의 전부 또는 일부의 집행을 종료하거나 집행이 유예·면제된 날(벌금형을 선고받은 경우에는 그 형이 확정된 날을 말한다)부터 일정기간(이하 "취업제한기간"이라 한다) 동안 다음 각 호에 따른 시설 또는 기관(이하 "노인관련기관"이라 한다)을 운영하거나 노인관련기관에 취업 또는 사실상 노무를 제공할 수 없도록 하는 명령(이하 "취업제한명령"이라 한다)을 판결과 동시에 선고(약식명령의 경우에는 고지를 말한다)하여야 한다. 다만, 재범의 위험성이 현저히 낮은 경우, 그 밖에 취업을 제한하여서는 아니 되는 특별한 사정이 있다고 판단하는 경우에는 그러하지 아니하다. <개정 2016. 5. 29., 2018. 12. 11.>

1. 제31조의 노인복지시설

2. 「노인장기요양보험법」 제31조에 따른 장기요양기관

3. 「가정폭력방지 및 피해자보호 등에 관한 법률」 제4조의6의 긴급전화센터, 같은 법 제5조의 가정폭력 관련 상담소 및 같은 법 제7조의2의 가정폭력피해자보호시설

4. 「건강가정기본법」 제35조의 건강가정지원센터

5. 「다문화가족지원법」 제12조의 다문화가족지원센터

6. 「성폭력방지 및 피해자보호 등에 관한 법률」 제10조의 성폭력피해상담소 및 같은 법 제12조의 성폭력피해자보호시설 및 같은 법 제18조의 성폭력피해자통합지원센터

7.「의료법」제3조의 의료기관

8.「장애인복지법」제58조의 장애인복지시설

9.「정신건강증진 및 정신질환자 복지서비스 지원에 관한 법률」제3조에 따른 정신건강복지센터 및 정신건강증진시설

② 제1항에 따른 취업제한기간은 10년을 초과하지 못한다. <신설 2018. 12. 11.>

③ 법원은 제1항에 따라 취업제한명령을 선고하려는 경우에는 정신건강의학과 의사, 심리학자, 사회복지학자, 노인학대 관련 전문가, 그 밖의 관련 전문가로부터 취업제한명령 대상자의 재범 위험성 등에 관한 의견을 들을 수 있다. <신설 2018. 12. 11.>

④ 제1항 각 호의 노인관련기관의 설치 신고·인가·허가 등을 관할하는 행정기관의 장(이하 이 조에서 "관할행정기관의 장"이라 한다)은 노인관련기관을 운영하려는 자에 대하여 본인의 동의를 받아 관계 기관의 장에게 노인학대관련범죄 경력 조회를 요청하여야 한다. 다만, 노인관련기관을 운영하려는 자가 노인학대관련범죄 경력 조회 회신서를 관할행정기관의 장에게 직접 제출한 경우에는 노인학대관련범죄 경력 조회를 한 것으로 본다. <개정 2018. 12. 11.>

⑤ 노인관련기관의 장은 그 기관에 취업 중이거나 사실상 노무를 제공 중인 사람 또는 취업하려 하거나 사실상 노무를 제공하려는 사람(이하 "취업자등"이라 한다)에 대하여 노인학대관련범죄 경력을 확인하여야 하며, 이 경우 본인의 동의를 받아 관계 기관의 장에게 노인학대관련범죄 경력 조회를 요청하여야 한다. 다만, 취업자등이 노인학대관련범죄 경력 조회 회신서를 노인관련기관의 장에게 직접 제출한 경우에는 노인학대관련범죄 경력 조회를 한 것으로 본다. <개정 2018. 12. 11.>

⑥ 관할행정기관의 장은 취업제한명령을 선고받은 사람이 노인관련기관을 운영하거나 노인관련기관에 취업 또는 사실상 노무를 제공하고 있는지를 직접 또는 관계 기관 조회 등의 방법으로 연 1회 이상 점검·확인하고 그 결과를 관계 중앙행정기관의 장에게 제출하여야 한다. <개정 2018. 12. 11.>

⑦ 관할행정기관의 장은 제6항에 따른 점검·확인을 위하여 필요한 경우에는 노인관련기관의 장에게 관련 자료의 제출을 요구할 수 있다. <신설 2018. 12. 11.>

⑧ 노인관련기관의 장은 취업제한명령을 선고받은 사람이 노인관련기관에 취업 또는 사실상 노무를 제공하고 있는 것을 알게 된 때에는 즉시 해임하여야 한다. <신설 2018. 12. 11.>

⑨ 관할행정기관의 장은 취업제한명령을 위반하여 노인관련기관을 운영 중인 노

인관련기관의 장에게 운영 중인 노인관련기관의 폐쇄를 요구하여야 하며, 취업제한명령을 위반하여 노인관련기관에 취업하거나 사실상 노무를 제공하고 있는 사람이 있으면 해당 노인관련기관의 장에게 그의 해임을 요구하여야 한다. <개정 2018. 12. 11.>

⑩ 관할행정기관의 장은 노인관련기관의 장이 정당한 사유 없이 제9항에 따른 폐쇄요구를 거부하거나 3개월 이내에 요구사항을 이행하지 아니하는 경우에는 대통령령으로 정하는 바에 따라 해당 노인관련기관을 폐쇄하거나 그 허가·인가 등을 취소하거나 관계 행정기관의 장에게 이를 요구할 수 있다. <개정 2018. 12. 11.>

⑪ 제4항부터 제6항까지에 따라 노인학대관련범죄 경력 조회 요청을 받은 관계기관의 장은 노인학대관련범죄 경력 조회 회신서를 발급하여야 한다. <개정 2018. 12. 11.>

⑫ 제4항부터 제6항까지에 따른 노인학대관련범죄 경력 조회의 요청 절차·범위 및 확인·점검 결과의 제출방법 등에 필요한 사항은 대통령령으로 정한다. <개정 2018. 12. 11.>

[본조신설 2015. 12. 29.]

[시행일 : 2019.12.12.]

제39조의18(위반사실의 공표) ① 보건복지부장관, 시·도지사 또는 시장·군수·구청장은 제39조의9의 금지행위로 제60조에 따른 처벌을 받은 법인 등이 운영하는 시설에 대하여 그 위반행위, 처벌내용, 해당 법인 또는 시설의 명칭, 대표자 성명, 시설장 성명(대표자와 동일인이 아닌 경우만 해당한다) 및 그 밖에 다른 시설과의 구별에 필요한 사항으로서 대통령령으로 정하는 사항을 공표할 수 있다. 이 경우 공표 여부를 결정할 때에는 그 위반행위의 동기, 정도, 횟수 및 결과 등을 고려하여야 한다.

② 보건복지부장관, 시·도지사 또는 시장·군수·구청장은 제39조의14에 따른 처분을 받거나 제55조의2·제55조의3제1항제2호 또는 제55조의4제1호에 따른 처벌을 받은 자로서 제39조의9에 따른 금지행위로 노인의 생명을 해치거나 신체 또는 정신에 중대한 피해를 입힌 노인복지시설의 장과 종사자에 대하여 법 위반 이력과 명단, 그 밖에 대통령령으로 정하는 사항을 공표할 수 있다. 이 경우 공표여부를 결정할 때에는 그 위반행위의 동기, 정도, 횟수 및 결과 등을 고려하여야 한다. <개정 2016. 12. 2.>

③ 보건복지부장관, 시·도지사 또는 시장·군수·구청장은 제1항 및 제2항에 따른 공표를 실시하기 전에 공표대상자에게 그 사실을 통지하여 소명자료를 제출하거나 출석하여 의견진술을 할 수 있는 기회를 부여하여야 한다.

④ 제1항 및 제2항에 따른 공표의 절차·방법, 그 밖에 필요한 사항은 대통령령으로 정한다.

[본조신설 2015. 12. 29.]

제39조의19(학대피해노인 전용쉼터의 설치) ① 국가와 지방자치단체는 노인학대로 인하여 피해를 입은 노인(이하 이 조에서 "학대피해노인"이라 한다)을 일정기간 보호하고 심신 치유 프로그램을 제공하기 위하여 학대피해노인 전용쉼터(이하 "쉼터"라 한다)를 설치·운영할 수 있다.

② 쉼터의 업무는 다음 각 호와 같다.

1. 학대피해노인의 보호와 숙식제공 등의 쉼터생활 지원
2. 학대피해노인의 심리적 안정을 위한 전문심리상담 등 치유프로그램 제공
3. 학대피해노인에게 학대로 인한 신체적, 정신적 치료를 위한 기본적인 의료비 지원
4. 학대 재발 방지와 원가정 회복을 위하여 노인학대행위자 등에게 전문상담서비스 제공
5. 그 밖에 쉼터에 입소하거나 쉼터를 이용하는 학대피해노인을 위하여 보건복지부령으로 정하는 사항

③ 국가와 지방자치단체는 쉼터의 운영업무를 제39조의5제1항 및 제2항에 따른 노인보호전문기관에 위탁할 수 있다. 이 경우 국가와 지방자치단체는 위탁에 소요되는 비용을 지원할 수 있다.

④ 제3항에 따른 쉼터 운영의 위탁과 위탁비용 지원에 관한 사항은 대통령령으로 정한다.

⑤ 쉼터의 설치기준·운영 및 인력에 관한 사항과 쉼터의 입소·이용 대상, 기간 및 절차 등에 관한 사항은 보건복지부령으로 정한다.

[본조신설 2017. 3. 14.]

제39조의20(노인학대의 사후관리 등) ① 노인보호전문기관의 장은 노인학대가 종료된 후에도 가정방문, 시설방문, 전화상담 등을 통하여 노인학대의 재발 여부를 확인하여야 한다.

② 노인보호전문기관의 장은 노인학대가 종료된 후에도 노인학대의 재발 방지를

위하여 필요하다고 인정하는 경우 피해노인 및 보호자를 포함한 피해노인의 가족에게 상담, 교육 및 의료적·심리적 치료 등의 지원을 하여야 한다.

③ 노인보호전문기관의 장은 제2항에 따른 지원을 하기 위하여 관계 기관·법인·단체·시설에 협조를 요청할 수 있다.

④ 피해노인의 보호자·가족은 제2항에 따른 노인보호전문기관의 지원에 성실히 참여하여야 한다.

[본조신설 2018. 3. 13.]

제40조(변경·폐지 등) ①제33조제2항의 규정에 의하여 노인주거복지시설을 설치한 자 또는 제35조제2항의 규정에 의하여 노인의료복지시설을 설치한 자가 그 설치신고사항중 보건복지부령이 정하는 사항을 변경하거나 그 시설을 폐지 또는 휴지하고자 할 때에는 대통령령이 정하는 바에 의하여 시장·군수·구청장에게 미리 신고하여야 한다. <개정 1999. 2. 8., 2005. 3. 31., 2008. 2. 29., 2010. 1. 18., 2011. 6. 7.>

② 삭제 <2011. 6. 7.>

③제37조제2항에 의하여 노인여가복지시설을 설치한 자 또는 제39조제2항의 규정에 의하여 재가노인복지시설을 설치한 자가 그 설치신고사항중 보건복지부령이 정하는 사항을 변경하거나 그 시설을 폐지 또는 휴지하고자 할 때에는 대통령령이 정하는 바에 의하여 시장·군수·구청장에게 미리 신고하여야 한다. <개정 1999. 2. 8., 2008. 2. 29., 2010. 1. 18.>

④ 시장·군수·구청장은 제1항 또는 제3항에 따른 변경신고를 받은 경우 그 내용을 검토하여 이 법에 적합하면 신고를 수리하여야 한다. <신설 2018. 3. 13.>

⑤ 노인주거복지시설의 장, 노인의료복지시설의 장, 노인여가복지시설의 장 또는 재가노인복지시설의 장은 해당 시설을 폐지 또는 휴지하는 경우에는 보건복지부령으로 정하는 바에 따라 해당 시설을 이용하는 사람이 다른 시설을 이용할 수 있도록 조치계획을 수립하고 이행하는 등 시설 이용자의 권익을 보호하기 위한 조치를 취하여야 한다. <신설 2015. 12. 29.>

⑥ 시장·군수·구청장은 제1항 또는 제3항에 따라 노인복지시설의 폐지 또는 휴지의 신고를 받은 경우 해당 시설의 장이 제5항에 따른 시설 이용자의 권익을 보호하기 위한 조치를 취하였는지 여부를 확인하는 등 보건복지부령으로 정하는 조치를 하고, 신고 내용이 이 법에 적합하면 신고를 수리하여야 한다. <신설 2015. 12. 29., 2018. 3. 13.>

[제목개정 1999. 2. 8.]

제41조(수탁의무) 제32조제1항의 규정에 의한 양로시설, 노인공동생활가정 및 노인

복지주택, 제34조제1항의 규정에 의한 노인요양시설 및 노인요양공동생활가정 또는 제38조제1항의 규정에 의한 재가노인복지시설을 설치·운영하는 자가 복지실시기관으로부터 제28조제1항제2호 및 제3호, 동조제2항 또는 제3항의 규정에 의하여 노인의 입소·장례를 위탁받은 때에는 정당한 이유없이 이를 거부하여서는 아니된다. <개정 2007. 8. 3.>

제42조(감독) ① 복지실시기관은 제31조에 따른 노인복지시설 또는 제39조의3제1항에 따른 요양보호사교육기관을 설치·운영하는 자로 하여금 해당 시설 또는 사업에 관하여 필요한 보고를 하게 하거나 관계공무원으로 하여금 해당 시설 또는 사업의 운영상황을 조사하게 하거나 장부, 그 밖의 관계서류를 검사하게 할 수 있다. <개정 2019. 1. 15.>

②제31조의 규정에 의한 노인복지시설을 설치·운영하는 자는 보건복지부령이 정하는 바에 따라 매년도 입소자 또는 이용자 현황 등에 관한 자료를 복지실시기관에 제출하여야 한다. <신설 1999. 2. 8., 2008. 2. 29., 2010. 1. 18.>

③제1항의 규정에 의하여 조사·검사를 행하는 자는 그 권한을 표시하는 증표를 지니고 이를 관계인에게 내보여야 한다.

[제목개정 2019. 1. 15.]

제43조(사업의 정지 등) ①시·도지사 또는 시장·군수·구청장은 노인주거복지시설, 노인의료복지시설 또는 제23조의2제1항제2호의 노인일자리지원기관이 다음 각 호의 어느 하나에 해당하는 때에는 1개월의 범위에서 사업의 정지 또는 폐지를 명할 수 있다. <개정 1999. 2. 8., 2005. 3. 31., 2007. 8. 3., 2010. 1. 25., 2013. 6. 4., 2013. 8. 13., 2018. 3. 13., 2019. 4. 30.>

1. 제23조의2제4항, 제33조제4항 또는 제35조제4항에 따른 시설 등에 관한 기준에 미달하게 된 때

2. 제41조의 규정에 위반하여 수탁을 거부한 때

3. 정당한 이유없이 제42조의 규정에 의한 보고 또는 자료제출을 하지 아니하거나 허위로 한 때 또는 조사·검사를 거부·방해하거나 기피한 때

4. 제46조제5항의 규정에 위반한 때

5. 해당 시설이나 기관을 설치·운영하는 자 또는 그 종사자가 입소자나 이용자를 학대한 때

②시장·군수·구청장은 노인여가복지시설 또는 재가노인복지시설이 다음 각 호의 어느 하나에 해당하는 때에는 1개월의 범위에서 사업의 정지 또는 폐지를 명할

수 있다. <개정 1999. 2. 8., 2007. 8. 3., 2013. 8. 13., 2018. 3. 13., 2019. 4. 30.>

1. 제37조제4항 또는 제39조제4항의 시설 등에 관한 기준에 미달하게 된 때

2. 제41조의 규정에 위반하여 수탁을 거부한 때(재가노인복지시설의 경우로 한정한다)

3. 정당한 이유없이 제42조의 규정에 의한 보고 또는 자료제출을 하지 아니하거나 허위로 한 때 또는 조사·검사를 거부·방해하거나 기피한 때

4. 제46조제7항의 규정에 위반한 때

5. 해당 시설을 설치·운영하는 자 또는 그 종사자가 입소자나 이용자를 학대한 때

③ 시·도지사 또는 시장·군수·구청장은 노인주거복지시설 또는 노인의료복지시설이 제1항에 따라 사업이 정지 또는 폐지되거나 노인여가복지시설 또는 재가노인복지시설이 제2항에 따라 사업이 정지 또는 폐지되는 경우에는 해당 시설의 이용자를 다른 시설로 옮기도록 하는 등 시설 이용자의 권익을 보호하기 위하여 필요한 조치를 하여야 한다. <신설 2015. 12. 29.>

④제1항 및 제2항에 따른 행정처분의 세부적인 기준은 위반의 정도 등을 참작하여 보건복지부령으로 정한다. <개정 2008. 2. 29., 2010. 1. 18., 2015. 12. 29., 2018. 3. 13.>

제44조(청문) 시장·군수·구청장은 제43조의 규정에 의한 사업의 폐지를 명하고자 하는 경우에는 청문을 실시하여야 한다. <개정 2005. 3. 31.>

제5장 비용

제45조(비용의 부담) ① 삭제 <2007. 4. 25.>

②다음 각 호의 어느 하나에 해당하는 비용은 대통령령이 정하는 바에 따라 국가 또는 지방자치단체가 부담한다. <개정 2005. 7. 13., 2011. 4. 7.>

1. 제23조의2제2항에 따른 노인일자리전담기관의 설치·운영 또는 위탁에 소요되는 비용

2. 제27조 및 제28조의 규정에 따른 건강진단 등과 상담·입소 등의 조치에 소요되는 비용

3. 제33조제1항·제35조제1항·제37조제1항 및 제39조제1항의 규정에 따른 노인복지시설의 설치·운영에 소요되는 비용

제46조(비용의 수납 및 청구) ① 제27조 및 제28조에 따른 복지조치에 필요한 비

용을 부담한 복지실시기관은 해당 노인 또는 그 부양의무자로부터 대통령령으로 정하는 바에 따라 그 부담한 비용의 전부 또는 일부를 수납하거나 청구할 수 있다. <개정 2019. 1. 15.>

②부양의무가 없는 자가 제28조의 규정에 의한 복지조치에 준하는 보호를 행하는 경우 즉시 그 사실을 부양의무자 및 복지실시기관에 알려야 한다.

③제2항의 보호를 행한 자는 부양의무자에게 보호비용의 전부 또는 일부를 청구할 수 있다.

④제1항 또는 제3항의 규정에 의한 부담비용의 청구 등에 관하여 필요한 사항은 보건복지부령으로 정한다. <개정 2008. 2. 29., 2010. 1. 18.>

⑤제32조제1항에 따른 양로시설, 노인공동생활가정 및 노인복지주택, 제34조제1항에 따른 노인요양시설 및 노인요양공동생활가정을 설치한 자는 그 시설에 입소하거나 그 시설을 이용하는 「국민기초생활 보장법」 제7조제1항제1호에 따른 생계급여 수급자 또는 같은 항 제3호에 따른 의료급여 수급자외의 자로부터 그에 소요되는 비용을 수납하고자 할 때에는 시장·군수·구청장에게 신고하여야 한다. 다만, 보건복지부령이 정한 비용수납 한도액의 범위 안에서 수납할 때에는 그러하지 아니하다. <개정 1999. 2. 8., 2005. 3. 31., 2007. 8. 3., 2008. 2. 29., 2010. 1. 18., 2015. 12. 29.>

⑥ 삭제 <1999. 2. 8.>

⑦제36조제1항의 규정에 의한 노인여가복지시설 또는 제38조제1항의 규정에 의하여 재가노인복지시설을 설치한 자 또는 편의를 제공하는 자가 그 시설을 이용하는 자로부터 그에 소요되는 비용을 수납하고자 할 때에는 미리 시장·군수·구청장에게 신고하여야 한다.

[제목개정 2019. 1. 15.]

제47조(비용의 보조) 국가 또는 지방자치단체는 대통령령이 정하는 바에 의하여 노인복지시설의 설치·운영에 필요한 비용을 보조할 수 있다.

제48조(유류물품의 처분) 복지실시기관 또는 노인복지시설의 장은 제28조제3항의 규정에 의한 장례를 행함에 있어서 사망자가 유류한 금전 또는 유가증권을 그 장례에 필요한 비용에 충당할 수 있으며, 부족이 있을 때에는 유류물품을 처분하여 그 대금을 이에 충당할 수 있다.

제49조(조세감면) 제31조의 규정에 의한 노인복지시설에서 노인을 위하여 사용하는 건물·토지 등에 대하여는 조세감면규제법 등 관계법령이 정하는 바에 의하여

조세 기타 공과금을 감면할 수 있다. <개정 2007. 4. 25.>

제6장 보칙

제50조(이의신청 등) ① 노인 또는 그 부양의무자는 이 법에 따른 복지조치에 대하여 이의가 있을 때에는 해당 복지실시기관에 이의를 신청할 수 있다. <개정 2017. 10. 24.>

② 제1항에 따른 이의신청은 해당 복지조치가 있음을 안 날부터 90일 이내에 문서로 하여야 한다. 다만, 정당한 사유로 인하여 그 기간 이내에 이의신청을 할 수 없었음을 증명한 때에는 그 사유가 소멸한 날부터 60일 이내에 이의신청을 할 수 있다. <신설 2017. 10. 24.>

③ 제1항의 이의신청을 받은 복지실시기관은 그 신청을 받은 날부터 30일 이내에 이를 심사·결정하여 청구인에게 통보하여야 한다. <개정 2017. 10. 24.>

④제3항의 심사·결정에 이의가 있는 자는 그 통보를 받은 날부터 90일 이내에 행정심판을 제기할 수 있다. <개정 1999. 2. 8., 2017. 10. 24.>

⑤제46조제3항의 규정에 의하여 부양의무자가 부담하여야 할 보호비용에 대하여 보호를 행한 자와 부양의무자 사이에 합의가 이루어지지 아니하는 경우로서 시장·군수·구청장은 당사자로부터 조정요청을 받은 경우에는 이를 조정할 수 있다. <개정 2004. 1. 29., 2017. 10. 24.>

⑥시장·군수·구청장은 제5항의 조정을 위하여 필요하다고 인정하는 경우 부양의무자에게 소득·재산 등에 관한 자료의 제출을 요구할 수 있다. <개정 2017. 10. 24.>
[제목개정 2017. 10. 24.]

제51조(노인복지명예지도원) ①복지실시기관은 양로시설, 노인공동생활가정, 노인복지주택, 노인요양시설 및 노인요양공동생활가정의 입소노인의 보호를 위하여 노인복지명예지도원을 둘 수 있다. <개정 2007. 8. 3.>

②노인복지명예지도원의 위촉방법·업무범위 등 기타 필요한 사항은 대통령령으로 정한다.

제52조 삭제 <1999. 2. 8.>

제53조(권한의 위임·위탁) ①보건복지부장관 또는 시·도지사는 이 법에 의한 권한의 일부를 대통령령이 정하는 바에 의하여 각각 시·도지사 또는 시장·군수·구청장에게 위임할 수 있다. <개정 2008. 2. 29., 2010. 1. 18.>

②보건복지부장관, 시·도지사 또는 시장·군수·구청장은 이 법에 의한 업무의 일부를 대통령령이 정하는 바에 의하여 법인 또는 단체에 위탁할 수 있다. <개정 2008. 2. 29., 2010. 1. 18.>

제54조(국·공유재산의 대부 등) 국가 또는 지방자치단체는 노인보건복지관련 연구시설이나 사업의 육성을 위하여 필요하다고 인정하는 경우에는 국유재산법 또는 지방재정법의 규정에 불구하고 국·공유재산을 무상으로 대부하거나 사용·수익하게 할 수 있다.

제55조(「건축법」에 대한 특례) ①이 법에 의한 재가노인복지시설, 노인공동생활가정, 노인요양공동생활가정 및 학대피해노인 전용쉼터는 「건축법」 제19조의 규정에 불구하고 단독주택 또는 공동주택에 설치할 수 있다. <개정 2007. 8. 3., 2008. 3. 21., 2018. 3. 13.>

②이 법에 의한 노인복지주택의 건축물의 용도는 건축관계법령에 불구하고 노유자시설로 본다. <신설 1999. 2. 8., 2007. 8. 3.>

[제목개정 2007. 8. 3.]

제7장 벌칙

제55조의2(벌칙) 제39조의9제1호(상해에 한한다)의 행위를 한 자는 7년 이하의 징역 또는 7천만원 이하의 벌금에 처한다. <개정 2016. 12. 2.>

[본조신설 2004. 1. 29.]

제55조의3(벌칙) ① 다음 각 호의 어느 하나에 해당하는 자는 5년 이하의 징역 또는 5천만원 이하의 벌금에 처한다. <개정 2016. 12. 2.>

1. 제39조의7제2항 또는 제5항에 따른 업무를 수행 중인 노인보호전문기관의 직원에 대하여 폭행 또는 협박하거나 위계 또는 위력으로써 그 업무를 방해한 자

2. 제39조의9제1호(폭행에 한정한다)부터 제4호까지 또는 같은 조 제6호에 해당하는 행위를 한 자

② 삭제 <2016. 12. 2.>

③ 단체 또는 다중의 위력을 보이거나 위험한 물건을 휴대하고 제1항제1호의 죄를 범하여 노인보호전문기관의 직원을 상해에 이르게 한 때에는 3년 이상의 유기징역에 처한다. 사망에 이르게 한 때에는 무기 또는 5년 이상의 징역에 처한다. <개정 2016. 12. 2.>

[전문개정 2015. 12. 29.]

제55조의4(벌칙) 다음 각 호의 어느 하나에 해당하는 자는 3년 이하의 징역 또는 3천만원 이하의 벌금에 처한다. <개정 2016. 12. 2.>

1. 제39조의9제5호에 해당하는 행위를 한 자

1의2. 제39조의10제1항을 위반하여 정당한 사유 없이 신고하지 아니하고 실종노인을 보호한 자

2. 위계 또는 위력을 행사하여 제39조의11제2항에 따른 관계 공무원의 출입 또는 조사를 거부하거나 방해한 자

[전문개정 2007. 8. 3.]

제56조(벌칙) ①제33조의2제2항을 위반하여 입소자격자 아닌 자에게 노인복지주택을 임대한 자는 2년 이하의 징역에 처하거나 위법하게 임대한 세대의 수에 1천만원을 곱한 금액 이하의 벌금에 처한다. <개정 2015. 1. 28.>

② 삭제 <2015. 1. 28.>

[전문개정 2007. 8. 3.]

제56조의2 삭제 <2016. 12. 2.>

제57조(벌칙) 다음 각 호의 어느 하나에 해당하는 자는 1년 이하의 징역 또는 1천만원 이하의 벌금에 처한다.

1. 제33조제2항, 제35조제2항, 제37조제2항 또는 제39조제2항에 따른 신고를 하지 아니하고 양로시설·노인공동생활가정·노인복지주택·노인요양시설·노인요양공동생활가정·노인여가복지시설 또는 재가노인복지시설을 설치하거나 운영한 자

2. 제33조의2제3항을 위반하여 임대한 자

3. 제39조의3제1항에 따른 지정을 받지 아니하고 요양보호사교육기관을 설치하거나 운영한 자

4. 제39조의6제3항에 따른 신고인의 신분 보호 및 신원 노출 금지 의무를 위반한 자

5. 제39조의12를 위반하여 직무상 알게 된 비밀을 누설한 자

6. 정당한 사유 없이 제40조제5항에 따라 권익보호조치를 하지 아니한 자

[전문개정 2016. 12. 2.]

제58조(벌칙 적용에서 공무원 의제) 제53조제2항에 따라 위탁받은 법인 또는 단체의 임직원은 「형법」 제129조부터 제132조까지의 규정에 따른 벌칙을 적용할 때에는 공무원으로 본다.

[본조신설 2018. 12. 11.]

제59조(벌칙) 제41조를 위반하여 수탁을 거부한 자는 50만원 이하의 벌금에 처한다. <개정 2007. 8. 3.>

1. 삭제 <2007. 8. 3.>
2. 삭제 <2007. 8. 3.>

제59조의2(가중처벌) 상습적으로 또는 제31조에 따른 노인복지시설 종사자가 제55조의2, 제55조의3제1항제2호 또는 제55조의4제1호의 죄를 범한 경우 각 그 죄에서 정한 형의 2분의 1까지 가중한다. <개정 2016. 12. 2.>
[본조신설 2015. 12. 29.]

제60조(양벌규정) 법인의 대표자나 법인 또는 개인의 대리인, 사용인, 그 밖의 종업원이 그 법인 또는 개인의 업무에 관하여 제55조의2, 제55조의3, 제55조의4제1호의2, 제56조, 제57조(같은 조 제2호는 제외한다) 또는 제59조의 위반행위를 하면 그 행위자를 벌하는 외에 그 법인 또는 개인에게도 해당 조문의 벌금형을 과(科)한다. 다만, 법인 또는 개인이 그 위반행위를 방지하기 위하여 해당 업무에 관하여 상당한 주의와 감독을 게을리하지 아니한 경우에는 그러하지 아니하다. <개정 2015. 1. 28., 2016. 12. 2.>
[전문개정 2010. 1. 25.]

제61조 삭제 <2007. 4. 25.>

제61조의2(과태료) ① 제39조의17제9항에 따른 해임요구를 정당한 사유 없이 거부하거나 1개월 이내에 이행하지 아니하는 노인관련기관의 장에게는 1천만원 이하의 과태료를 부과한다. <신설 2018. 12. 11.>

② 다음 각 호의 어느 하나에 해당하는 자에게는 500만원 이하의 과태료를 부과한다. <개정 2015. 12. 29., 2018. 12. 11.>

1. 제39조의11제2항에 따른 명령을 위반하여 보고 또는 자료제출을 하지 아니하거나 거짓으로 보고하거나 거짓 자료를 제출한 자
2. 제39조의6제2항을 위반하여 노인학대를 신고하지 아니한 사람
3. 제39조의17제5항을 위반하여 취업자등에 대하여 노인학대관련범죄 경력을 확인하지 아니한 노인관련기관의 장

③다음 각 호의 어느 하나에 해당하는 자는 200만원 이하의 과태료를 부과한다. <개정 2011. 6. 7., 2012. 10. 22., 2015. 1. 28.>

1. 삭제 <2015. 12. 29.>

2. 제39조의10제2항을 위반하여 신상카드를 제출하지 아니한 자

3. 제40조를 위반하여 신고하지 아니하고 노인복지시설을 폐지 또는 휴지한 자

④제1항부터 제3항까지의 규정에 따른 과태료는 대통령령으로 정하는 바에 따라 보건복지부장관, 시·도지사, 시장·군수·구청장이 부과·징수한다. <개정 2012. 10. 22.>

⑤ 삭제 <2012. 10. 22.>

⑥ 삭제 <2012. 10. 22.>

[본조신설 2007. 8. 3.]

제62조 삭제 <2015. 1. 28.>

　　부칙 <제16403호, 2019. 4. 30.>

이 법은 공포한 날부터 시행한다.

국민기초생활 보장법 (약칭: 기초생활보장법)

[시행 2019. 10. 24] [법률 제16367호, 2019. 4. 23, 일부개정]

제1장 총칙 <개정 2012. 2. 1.>

제1조(목적) 이 법은 생활이 어려운 사람에게 필요한 급여를 실시하여 이들의 최저 생활을 보장하고 자활을 돕는 것을 목적으로 한다.

[전문개정 2012. 2. 1.]

제2조(정의) 이 법에서 사용하는 용어의 뜻은 다음과 같다. <개정 2014. 12. 30.>

1. "수급권자"란 이 법에 따른 급여를 받을 수 있는 자격을 가진 사람을 말한다.

2. "수급자"란 이 법에 따른 급여를 받는 사람을 말한다.

3. "수급품"이란 이 법에 따라 수급자에게 지급하거나 대여하는 금전 또는 물품을 말한다.

4. "보장기관"이란 이 법에 따른 급여를 실시하는 국가 또는 지방자치단체를 말한다.

5. "부양의무자"란 수급권자를 부양할 책임이 있는 사람으로서 수급권자의 1촌의 직계혈족 및 그 배우자를 말한다. 다만, 사망한 1촌의 직계혈족의 배우자는 제외한다.

6. "최저보장수준"이란 국민의 소득·지출 수준과 수급권자의 가구 유형 등 생활 실태, 물가상승률 등을 고려하여 제6조에 따라 급여의 종류별로 공표하는 금액이나 보장수준을 말한다.

7. "최저생계비"란 국민이 건강하고 문화적인 생활을 유지하기 위하여 필요한 최소한의 비용으로서 제20조의2제4항에 따라 보건복지부장관이 계측하는 금액을 말한다.

8. "개별가구"란 이 법에 따른 급여를 받거나 이 법에 따른 자격요건에 부합하는 지에 관한 조사를 받는 기본단위로서 수급자 또는 수급권자로 구성된 가구를 말한다. 이 경우 개별가구의 범위 등 구체적인 사항은 대통령령으로 정한다.

9. "소득인정액"이란 보장기관이 급여의 결정 및 실시 등에 사용하기 위하여 산출한 개별가구의 소득평가액과 재산의 소득환산액을 합산한 금액을 말한다.

10. "차상위계층"이란 수급권자(제14조의2에 따라 수급권자로 보는 사람은 제외한다)에 해당하지 아니하는 계층으로서 소득인정액이 대통령령으로 정하는 기

준 이하인 계층을 말한다.

11. "기준 중위소득"이란 보건복지부장관이 급여의 기준 등에 활용하기 위하여 제20조제2항에 따른 중앙생활보장위원회의 심의·의결을 거쳐 고시하는 국민 가구소득의 중위값을 말한다.

[전문개정 2012. 2. 1.]

제3조(급여의 기본원칙) ① 이 법에 따른 급여는 수급자가 자신의 생활의 유지·향상을 위하여 그의 소득, 재산, 근로능력 등을 활용하여 최대한 노력하는 것을 전제로 이를 보충·발전시키는 것을 기본원칙으로 한다.

② 부양의무자의 부양과 다른 법령에 따른 보호는 이 법에 따른 급여에 우선하여 행하여지는 것으로 한다. 다만, 다른 법령에 따른 보호의 수준이 이 법에서 정하는 수준에 이르지 아니하는 경우에는 나머지 부분에 관하여 이 법에 따른 급여를 받을 권리를 잃지 아니한다.

[전문개정 2012. 2. 1.]

제4조(급여의 기준 등) ① 이 법에 따른 급여는 건강하고 문화적인 최저생활을 유지할 수 있는 것이어야 한다.

② 이 법에 따른 급여의 기준은 수급자의 연령, 가구 규모, 거주지역, 그 밖의 생활여건 등을 고려하여 급여의 종류별로 보건복지부장관이 정하거나 급여를 지급하는 중앙행정기관의 장(이하 "소관 중앙행정기관의 장"이라 한다)이 보건복지부장관과 협의하여 정한다. <개정 2014. 12. 30.>

③ 보장기관은 이 법에 따른 급여를 개별가구 단위로 실시하되, 특히 필요하다고 인정하는 경우에는 개인 단위로 실시할 수 있다.

④ 지방자치단체인 보장기관은 해당 지방자치단체의 조례로 정하는 바에 따라 이 법에 따른 급여의 범위 및 수준을 초과하여 급여를 실시할 수 있다. 이 경우 해당 보장기관은 보건복지부장관 및 소관 중앙행정기관의 장에게 알려야 한다. <신설 2014. 12. 30.>

[전문개정 2012. 2. 1.]

제4조의2(다른 법률과의 관계) 제11조 및 제12조의3에 따른 급여와 관련하여 다른 법률에 특별한 규정이 있는 경우를 제외하고는 이 법이 정하는 바에 따른다.

[본조신설 2014. 12. 30.]

제5조 삭제 <2014. 12. 30.>

제5조의2(외국인에 대한 특례) 국내에 체류하고 있는 외국인 중 대한민국 국민과 혼인하여 본인 또는 배우자가 임신 중이거나 대한민국 국적의 미성년 자녀를 양육하고 있거나 배우자의 대한민국 국적인 직계존속(直系尊屬)과 생계나 주거를 같이하고 있는 사람으로서 대통령령으로 정하는 사람이 이 법에 따른 급여를 받을 수 있는 자격을 가진 경우에는 수급권자가 된다. <개정 2014. 12. 30.>
[전문개정 2012. 2. 1.]

제6조(최저보장수준의 결정 등) ① 보건복지부장관 또는 소관 중앙행정기관의 장은 급여의 종류별 수급자 선정기준 및 최저보장수준을 결정하여야 한다. <개정 2014. 12. 30.>
② 보건복지부장관 또는 소관 중앙행정기관의 장은 매년 8월 1일까지 제20조제2항에 따른 중앙생활보장위원회의 심의·의결을 거쳐 다음 연도의 급여의 종류별 수급자 선정기준 및 최저보장수준을 공표하여야 한다. <개정 2014. 12. 30.>
③ 삭제 <2014. 12. 30.>
[전문개정 2012. 2. 1.]
[제목개정 2014. 12. 30.]

제6조의2(기준 중위소득의 산정) ① 기준 중위소득은 「통계법」 제27조에 따라 통계청이 공표하는 통계자료의 가구 경상소득(근로소득, 사업소득, 재산소득, 이전소득을 합산한 소득을 말한다)의 중간값에 최근 가구소득 평균 증가율, 가구규모에 따른 소득수준의 차이 등을 반영하여 가구규모별로 산정한다.
② 그 밖에 가구규모별 소득수준 반영 방법 등 기준 중위소득의 산정에 필요한 사항은 제20조제2항에 따른 중앙생활보장위원회에서 정한다.
[본조신설 2014. 12. 30.]

제6조의3(소득인정액의 산정) ① 제2조제9호에 따른 개별가구의 소득평가액은 개별가구의 실제소득에도 불구하고 보장기관이 급여의 결정 및 실시 등에 사용하기 위하여 산출한 금액으로 다음 각 호의 소득을 합한 개별가구의 실제소득에서 장애·질병·양육 등 가구 특성에 따른 지출요인, 근로를 유인하기 위한 요인, 그 밖에 추가적인 지출요인에 해당하는 금액을 감하여 산정한다.
1. 근로소득
2. 사업소득
3. 재산소득
4. 이전소득

② 제2조제9호에 따른 재산의 소득환산액은 개별가구의 재산가액에서 기본재산액(기초생활의 유지에 필요하다고 보건복지부장관이 정하여 고시하는 재산액을 말한다) 및 부채를 공제한 금액에 소득환산율을 곱하여 산정한다. 이 경우 소득으로 환산하는 재산의 범위는 다음 각 호와 같다.

1. 일반재산(금융재산 및 자동차를 제외한 재산을 말한다)

2. 금융재산

3. 자동차

③ 실제소득, 소득평가액 및 재산의 소득환산액의 산정을 위한 구체적인 범위·기준 등은 대통령령으로 정한다.

[본조신설 2014. 12. 30.]

제2장 급여의 종류와 방법

제7조(급여의 종류) ① 이 법에 따른 급여의 종류는 다음 각 호와 같다.

1. 생계급여

2. 주거급여

3. 의료급여

4. 교육급여

5. 해산급여(解産給與)

6. 장제급여(葬祭給與)

7. 자활급여

② 수급권자에 대한 급여는 수급자의 필요에 따라 제1항제1호부터 제7호까지의 급여의 전부 또는 일부를 실시하는 것으로 한다. <개정 2014. 12. 30.>

③ 차상위계층에 속하는 사람(이하 "차상위자"라 한다)에 대한 급여는 보장기관이 차상위자의 가구별 생활여건을 고려하여 예산의 범위에서 제1항제2호부터 제4호까지, 제6호 및 제7호에 따른 급여의 전부 또는 일부를 실시할 수 있다. 이 경우 차상위자에 대한 급여의 기준 및 절차 등에 관하여 필요한 사항은 대통령령으로 정한다.

④ 삭제 <2014. 12. 30.>

[전문개정 2012. 2. 1.]

제8조(생계급여의 내용 등) ① 생계급여는 수급자에게 의복, 음식물 및 연료비와 그 밖에 일상생활에 기본적으로 필요한 금품을 지급하여 그 생계를 유지하게 하

는 것으로 한다. <개정 2014. 12. 30.>

② 생계급여 수급권자는 부양의무자가 없거나, 부양의무자가 있어도 부양능력이 없거나 부양을 받을 수 없는 사람으로서 그 소득인정액이 제20조제2항에 따른 중앙생활보장위원회의 심의·의결을 거쳐 결정하는 금액(이하 이 조에서 "생계급여 선정기준"이라 한다) 이하인 사람으로 한다. 이 경우 생계급여 선정기준은 기준 중위소득의 100분의 30 이상으로 한다. <신설 2014. 12. 30.>

③ 생계급여 최저보장수준은 생계급여와 소득인정액을 포함하여 생계급여 선정기준 이상이 되도록 하여야 한다. <신설 2014. 12. 30.>

④ 제2항 및 제3항에도 불구하고 제10조제1항 단서에 따라 제32조에 따른 보장시설에 위탁하여 생계급여를 실시하는 경우에는 보건복지부장관이 정하는 고시에 따라 그 선정기준 등을 달리 정할 수 있다. <신설 2014. 12. 30.>

[전문개정 2012. 2. 1.]

[제목개정 2014. 12. 30.]

제8조의2(부양능력 등) ① 부양의무자가 다음 각 호의 어느 하나에 해당하는 경우에는 제8조제2항, 제12조제3항, 제12조의3제2항에 따른 부양능력이 없는 것으로 본다.

1. 기준 중위소득 수준을 고려하여 대통령령으로 정하는 소득·재산 기준 미만인 경우

2. 직계존속 또는 「장애인연금법」 제2조제1호의 중증장애인인 직계비속을 자신의 주거에서 부양하는 경우로서 보건복지부장관이 정하여 고시하는 경우

3. 그 밖에 질병, 교육, 가구 특성 등으로 부양능력이 없다고 보건복지부장관이 정하는 경우

② 부양의무자가 다음 각 호의 어느 하나에 해당하는 경우에는 제8조제2항, 제12조제3항, 제12조의3제2항에 따른 부양을 받을 수 없는 것으로 본다.

1. 부양의무자가 「병역법」에 따라 징집되거나 소집된 경우

2. 부양의무자가 「해외이주법」 제2조의 해외이주자에 해당하는 경우

3. 부양의무자가 「형의 집행 및 수용자의 처우에 관한 법률」 및 「치료감호법」 등에 따른 교도소, 구치소, 치료감호시설 등에 수용 중인 경우

4. 부양의무자에 대하여 실종선고 절차가 진행 중인 경우

5. 부양의무자가 제32조의 보장시설에서 급여를 받고 있는 경우

6. 부양의무자의 가출 또는 행방불명으로 경찰서 등 행정관청에 신고된 후 1개

월이 지났거나 가출 또는 행방불명 사실을 특별자치시장·특별자치도지사·시장·군수·구청장(자치구의 구청장을 말한다. 이하 "시장·군수·구청장"이라 한다)이 확인한 경우

7. 부양의무자가 부양을 기피하거나 거부하는 경우

8. 그 밖에 부양을 받을 수 없는 것으로 보건복지부장관이 정하는 경우

③ 「아동복지법」제15조제1항제2호부터 제4호까지(제2호의 경우 친권자인 보호자는 제외한다)에 따라 부양 대상 아동이 보호조치된 경우에는 제8조제2항, 제12조제3항, 제12조의3제2항에 따른 부양을 받을 수 없는 것으로 본다. <신설 2019. 4. 23.>

[본조신설 2014. 12. 30.]

제9조(생계급여의 방법) ① 생계급여는 금전을 지급하는 것으로 한다. 다만, 금전으로 지급할 수 없거나 금전으로 지급하는 것이 적당하지 아니하다고 인정하는 경우에는 물품을 지급할 수 있다.

② 제1항의 수급품은 대통령령으로 정하는 바에 따라 매월 정기적으로 지급하여야 한다. 다만, 특별한 사정이 있는 경우에는 그 지급방법을 다르게 정하여 지급할 수 있다.

③ 제1항의 수급품은 수급자에게 직접 지급한다. 다만, 제10조제1항 단서에 따라 제32조에 따른 보장시설이나 타인의 가정에 위탁하여 생계급여를 실시하는 경우에는 그 위탁받은 사람에게 이를 지급할 수 있다. 이 경우 보장기관은 보건복지부장관이 정하는 바에 따라 정기적으로 수급자의 수급 여부를 확인하여야 한다.

④ 생계급여는 보건복지부장관이 정하는 바에 따라 수급자의 소득인정액 등을 고려하여 차등지급할 수 있다.

⑤ 보장기관은 대통령령으로 정하는 바에 따라 근로능력이 있는 수급자에게 자활에 필요한 사업에 참가할 것을 조건으로 하여 생계급여를 실시할 수 있다. 이 경우 보장기관은 제28조에 따른 자활지원계획을 고려하여 조건을 제시하여야 한다.

[전문개정 2012. 2. 1.]

제10조(생계급여를 실시할 장소) ① 생계급여는 수급자의 주거에서 실시한다. 다만, 수급자가 주거가 없거나 주거가 있어도 그곳에서는 급여의 목적을 달성할 수 없는 경우 또는 수급자가 희망하는 경우에는 수급자를 제32조에 따른 보장시설이나 타인의 가정에 위탁하여 급여를 실시할 수 있다.

② 제1항에 따라 수급자에 대한 생계급여를 타인의 가정에 위탁하여 실시하는 경우에는 거실의 임차료와 그 밖에 거실의 유지에 필요한 비용은 수급품에 가산하여 지급한다. 이 경우 제7조제1항제2호의 주거급여가 실시된 것으로 본다.
[전문개정 2012. 2. 1.]

제11조(주거급여) ① 주거급여는 수급자에게 주거 안정에 필요한 임차료, 수선유지비, 그 밖의 수급품을 지급하는 것으로 한다. <개정 2014. 12. 30.>
② 주거급여에 관하여 필요한 사항은 따로 법률에서 정한다. <개정 2014. 12. 30.>
[전문개정 2012. 2. 1.]

제12조(교육급여) ① 교육급여는 수급자에게 입학금, 수업료, 학용품비, 그 밖의 수급품을 지급하는 것으로 하되, 학교의 종류·범위 등에 관하여 필요한 사항은 대통령령으로 정한다.
② 교육급여는 교육부장관의 소관으로 한다. <개정 2014. 12. 30.>
③ 교육급여 수급권자는 부양의무자가 없거나, 부양의무자가 있어도 부양능력이 없거나 부양을 받을 수 없는 사람으로서 그 소득인정액이 제20조제2항에 따른 중앙생활보장위원회의 심의·의결을 거쳐 결정하는 금액(이하 "교육급여 선정기준"이라 한다) 이하인 사람으로 한다. 이 경우 교육급여 선정기준은 기준 중위소득의 100분의 50 이상으로 한다. <신설 2014. 12. 30.>
④ 교육급여의 신청 및 지급 등에 대하여는 「초·중등교육법」 제60조의4부터 제60조의9까지 및 제62조제3항에 따른 교육비 지원절차를 준용한다. <신설 2014. 12. 30.>
[전문개정 2012. 2. 1.]

제12조의2(교육급여의 적용특례) 교육급여 수급권자를 선정하는 경우에는 제12조제1항의 교육급여와 「초·중등교육법」 제60조의4에 따른 교육비 지원과의 연계·통합을 위하여 제3조제2항 및 제12조제3항에도 불구하고 소득인정액이 교육급여 선정기준 이하인 사람을 수급권자로 본다.
[본조신설 2014. 12. 30.]

제12조의3(의료급여) ① 의료급여는 수급자에게 건강한 생활을 유지하는 데 필요한 각종 검사 및 치료 등을 지급하는 것으로 한다.
② 의료급여 수급권자는 부양의무자가 없거나, 부양의무자가 있어도 부양능력이 없거나 부양을 받을 수 없는 사람으로서 그 소득인정액이 제20조제2항에 따른 중앙생활보장위원회의 심의·의결을 거쳐 결정하는 금액(이하 이 항에서 "의료급

여 선정기준"이라 한다) 이하인 사람으로 한다. 이 경우 의료급여 선정기준은 기준 중위소득의 100분의 40 이상으로 한다.

③ 의료급여에 필요한 사항은 따로 법률에서 정한다.

[본조신설 2014. 12. 30.]

제13조(해산급여) ① 해산급여는 제7조제1항제1호부터 제3호까지의 급여 중 하나 이상의 급여를 받는 수급자에게 다음 각 호의 급여를 실시하는 것으로 한다. <개정 2014. 12. 30.>

1. 조산(助産)

2. 분만 전과 분만 후에 필요한 조치와 보호

② 해산급여는 보건복지부령으로 정하는 바에 따라 보장기관이 지정하는 의료기관에 위탁하여 실시할 수 있다.

③ 해산급여에 필요한 수급품은 보건복지부령으로 정하는 바에 따라 수급자나 그 세대주 또는 세대주에 준하는 사람에게 지급한다. 다만, 제2항에 따라 그 급여를 의료기관에 위탁하는 경우에는 수급품을 그 의료기관에 지급할 수 있다.

[전문개정 2012. 2. 1.]

제14조(장제급여) ① 장제급여는 제7조제1항제1호부터 제3호까지의 급여 중 하나 이상의 급여를 받는 수급자가 사망한 경우 사체의 검안(檢案)·운반·화장 또는 매장, 그 밖의 장제조치를 하는 것으로 한다. <개정 2014. 12. 30.>

② 장제급여는 보건복지부령으로 정하는 바에 따라 실제로 장제를 실시하는 사람에게 장제에 필요한 비용을 지급하는 것으로 한다. 다만, 그 비용을 지급할 수 없거나 비용을 지급하는 것이 적당하지 아니하다고 인정하는 경우에는 물품을 지급할 수 있다.

[전문개정 2012. 2. 1.]

제14조의2(급여의 특례) 제8조, 제11조, 제12조, 제12조의3, 제13조, 제14조 및 제15조에 따른 수급권자에 해당하지 아니하여도 생활이 어려운 사람으로서 일정 기간 동안 이 법에서 정하는 급여의 전부 또는 일부가 필요하다고 보건복지부장관 또는 소관 중앙행정기관의 장이 정하는 사람은 수급권자로 본다.

[본조신설 2014. 12. 30.]

제15조(자활급여) ① 자활급여는 수급자의 자활을 돕기 위하여 다음 각 호의 급여를 실시하는 것으로 한다.

1. 자활에 필요한 금품의 지급 또는 대여

2. 자활에 필요한 근로능력의 향상 및 기능습득의 지원

3. 취업알선 등 정보의 제공

4. 자활을 위한 근로기회의 제공

5. 자활에 필요한 시설 및 장비의 대여

6. 창업교육, 기능훈련 및 기술·경영 지도 등 창업지원

7. 자활에 필요한 자산형성 지원

8. 그 밖에 대통령령으로 정하는 자활을 위한 각종 지원

② 제1항의 자활급여는 관련 공공기관·비영리법인·시설과 그 밖에 대통령령으로 정하는 기관에 위탁하여 실시할 수 있다. 이 경우 그에 드는 비용은 보장기관이 부담한다.

[전문개정 2012. 2. 1.]

제2장의2 자활 지원 <개정 2012. 2. 1.>

제15조의2(한국자활복지개발원) ① 수급자 및 차상위자의 자활촉진에 필요한 사업을 수행하기 위하여 한국자활복지개발원(이하 "자활복지개발원"이라 한다)을 설립한다.

② 자활복지개발원은 법인으로 한다.

③ 자활복지개발원은 그 주된 사무소의 소재지에서 설립등기를 함으로써 성립한다.

④ 보건복지부장관은 자활복지개발원을 지도·감독하며 자활복지개발원에 대하여 업무·회계 및 재산에 관하여 필요한 사항을 보고하게 하거나 소속 공무원에게 자활복지개발원에 출입하여 장부, 서류, 그 밖의 물건을 검사하게 할 수 있다.

⑤ 제1항에서 제4항까지에서 규정한 사항 외에 자활복지개발원의 정관, 이사회, 회계, 그 밖에 자활복지개발원의 설립·운영에 필요한 사항은 대통령령으로 정한다.

[전문개정 2019. 1. 15.]

제15조의3(자활복지개발원의 업무) ① 자활복지개발원은 다음 각 호의 사업을 수행한다.

1. 자활 지원을 위한 사업(이하 "자활지원사업"이라 한다)의 개발 및 평가

2. 자활 지원을 위한 조사·연구 및 홍보

3. 제15조의10에 따른 광역자활센터, 제16조에 따른 지역자활센터 및 제18조에 따른 자활기업의 기술·경영 지도 및 평가

4. 자활 관련 기관 간의 협력체계 구축·운영

5. 자활 관련 기관 간의 정보네트워크 구축·운영

6. 취업·창업을 위한 자활촉진 프로그램 개발 및 지원

7. 제18조의2제2항 및 제3항에 따른 고용지원서비스의 연계 및 사회복지서비스의 지원 대상자 관리

8. 수급자 및 차상위자의 자활촉진을 위한 교육·훈련, 제15조의10에 따른 광역자활센터 등 자활 관련 기관의 종사자 및 참여자에 대한 교육·훈련 및 지원

9. 국가 또는 지방자치단체로부터 위탁받은 자활 관련 사업

10. 그 밖에 자활촉진에 필요한 사업으로서 보건복지부장관이 정하는 사업

② 제1항제5호 및 제7호에 따라 구축·운영되는 정보시스템은 「사회복지사업법」 제6조의2제1항에 따른 정보시스템 및 「사회보장기본법」 제37조제2항에 따른 사회보장정보시스템과 연계할 수 있다.

③ 자활복지개발원장은 제1항제8호에 따른 교육·훈련을 위하여 자활복지개발원에 한국자활연수원을 둔다.

[본조신설 2019. 1. 15.]

[종전 제15조의3은 제15조의10으로 이동 <2019. 1. 15.>]

제15조의4(임원) ① 자활복지개발원에 원장 1명을 포함한 11명 이내의 이사와 감사 1명을 두며, 원장을 제외한 이사와 감사는 비상임으로 한다.

② 원장과 감사는 정관으로 정하는 바에 따라 구성된 임원추천위원회가 복수로 추천한 사람 중에서 보건복지부장관이 임명한다.

③ 원장의 임기는 3년으로 하되, 1년을 단위로 연임할 수 있다.

④ 이사는 다음 각 호의 어느 하나에 해당하는 사람 중에서 보건복지부장관이 임명하되, 제1호 및 제2호의 경우에는 임원추천위원회의 추천을 받아 임명한다.

1. 자활지원사업·사회복지 분야에 학식과 경험이 풍부한 사람

2. 정보통신·교육훈련·경영·경제·금융 분야 중 어느 하나 이상의 분야에 학식과 경험이 풍부한 사람

3. 보건복지부의 자활지원사업을 담당하는 공무원 또는 지방자치단체의 공무원

⑤ 원장 및 제4항제3호의 이사를 제외한 임원의 임기는 2년으로 하되, 1년을 단위로 연임할 수 있다.

⑥ 그 밖에 임원의 자격, 선임, 직무에 관하여 필요한 사항은 정관으로 정한다.

[본조신설 2019. 1. 15.]

제15조의5(직원의 파견 등) ① 자활복지개발원은 그 목적의 달성과 전문성의 향상

을 위하여 필요한 경우에는 보건복지부장관을 거쳐 국가기관·지방자치단체·연구기관 또는 공공단체에 직원의 파견을 요청할 수 있다.

② 직원의 파견을 요청받은 국가기관 등의 장은 그 소속 직원을 자활복지개발원에 파견할 수 있다.

[본조신설 2019. 1. 15.]

제15조의6(국가의 보조 등) ① 국가는 자활복지개발원의 설립·운영에 필요한 경비의 전부 또는 일부를 보조하거나 출연할 수 있다.

② 국가는 자활복지개발원의 설립·운영을 위하여 필요하다고 인정하는 경우 「국유재산특례제한법」에 따라 국유재산을 자활복지개발원에 무상으로 대부·양여하거나 사용·수익하게 할 수 있다.

[본조신설 2019. 1. 15.]

제15조의7(「민법」의 준용) 자활복지개발원에 관하여 이 법에서 규정한 것을 제외하고는 「민법」 중 재단법인에 관한 규정을 준용한다.

[본조신설 2019. 1. 15.]

제15조의8(비밀누설 등의 금지) 자활복지개발원의 임직원 또는 임직원이었던 자는 직무상 알게 된 비밀을 누설하거나 다른 용도로 사용해서는 아니 된다.

[본조신설 2019. 1. 15.]

제15조의9(벌칙 적용에서 공무원 의제) 자활복지개발원의 임직원은 「형법」 제129조부터 제132조까지의 규정을 적용할 때에는 공무원으로 본다.

[본조신설 2019. 1. 15.]

제15조의10(광역자활센터) ① 보장기관은 수급자 및 차상위자의 자활촉진에 필요한 다음 각 호의 사업을 수행하게 하기 위하여 사회복지법인, 사회적협동조합 등 비영리법인과 단체(이하 이 조에서 "법인등"이라 한다)를 법인등의 신청을 받아 특별시·광역시·특별자치시·도·특별자치도(이하 "시·도"라 한다) 단위의 광역자활센터로 지정한다. 이 경우 보장기관은 법인등의 지역사회복지사업 및 자활지원사업의 수행 능력·경험 등을 고려하여야 한다.

1. 시·도 단위의 자활기업 창업지원
2. 시·도 단위의 수급자 및 차상위자에 대한 취업·창업 지원 및 알선
3. 제16조에 따른 지역자활센터 종사자 및 참여자에 대한 교육훈련 및 지원
4. 지역특화형 자활프로그램 개발·보급 및 사업개발 지원

5. 제16조에 따른 지역자활센터 및 제18조에 따른 자활기업에 대한 기술·경영 지도

6. 그 밖에 자활촉진에 필요한 사업으로서 보건복지부장관이 정하는 사업

② 보장기관은 광역자활센터의 설치 및 운영에 필요한 경비의 전부 또는 일부를 보조할 수 있다.

③ 보장기관은 광역자활센터에 대하여 정기적으로 사업실적 및 운영실태를 평가하고 수급자의 자활촉진을 달성하지 못하는 광역자활센터에 대해서는 그 지정을 취소할 수 있다.

④ 제1항부터 제3항까지에서 규정한 사항 외에 광역자활센터의 신청·지정 및 취소 절차와 평가, 그 밖에 운영에 필요한 사항은 보건복지부령으로 정한다.

[전문개정 2019. 1. 15.]

[제15조의3에서 이동 <2019. 1. 15.>]

제16조(지역자활센터 등) ① 보장기관은 수급자 및 차상위자의 자활 촉진에 필요한 다음 각 호의 사업을 수행하게 하기 위하여 사회복지법인, 사회적협동조합 등 비영리법인과 단체(이하 이 조에서 "법인등"이라 한다)를 법인등의 신청을 받아 지역자활센터로 지정할 수 있다. 이 경우 보장기관은 법인등의 지역사회복지사업 및 자활지원사업 수행능력·경험 등을 고려하여야 한다. <개정 2014. 12. 30.>

1. 자활의욕 고취를 위한 교육

2. 자활을 위한 정보제공, 상담, 직업교육 및 취업알선

3. 생업을 위한 자금융자 알선

4. 자영창업 지원 및 기술·경영 지도

5. 제18조에 따른 자활기업의 설립·운영 지원

6. 그 밖에 자활을 위한 각종 사업

② 보장기관은 제1항에 따라 지정을 받은 지역자활센터에 대하여 다음 각 호의 지원을 할 수 있다.

1. 지역자활센터의 설립·운영 비용 또는 제1항 각 호의 사업수행 비용의 전부 또는 일부

2. 국유·공유 재산의 무상임대

3. 보장기관이 실시하는 사업의 우선 위탁

③ 보장기관은 지역자활센터에 대하여 정기적으로 사업실적 및 운영실태를 평가하고 수급자의 자활촉진을 달성하지 못하는 지역자활센터에 대하여는 그 지정을

취소할 수 있다.

④ 지역자활센터는 수급자 및 차상위자에 대한 효과적인 자활 지원과 지역자활센터의 발전을 공동으로 도모하기 위하여 지역자활센터협회를 설립할 수 있다.

⑤ 제1항부터 제3항까지에서 규정한 사항 외에 지역자활센터의 신청·지정 및 취소 절차와 평가, 그 밖에 운영 등에 필요한 사항은 보건복지부령으로 정한다.

[전문개정 2012. 2. 1.]

제17조(자활기관협의체) ① 시장·군수·구청장은 자활지원사업의 효율적인 추진을 위하여 제16조에 따른 지역자활센터, 「직업안정법」 제2조의2제1호의 직업안정기관, 「사회복지사업법」 제2조제4호의 사회복지시설의 장 등과 상시적인 협의체계(이하 "자활기관협의체"라 한다)를 구축하여야 한다. <개정 2014. 12. 30.>

② 자활기관협의체의 구성 및 운영 등에 필요한 사항은 보건복지부령으로 정한다.

[전문개정 2012. 2. 1.]

제18조(자활기업) ① 수급자 및 차상위자는 상호 협력하여 자활기업을 설립·운영할 수 있다.

② 자활기업은 조합 또는 「부가가치세법」상의 사업자로 한다.

③ 보장기관은 자활기업에게 직접 또는 자활복지개발원, 제15조의10에 따른 광역자활센터 및 제16조에 따른 지역자활센터를 통하여 다음 각 호의 지원을 할 수 있다. <개정 2019. 1. 15.>

1. 자활을 위한 사업자금 융자

2. 국유지·공유지 우선 임대

3. 국가나 지방자치단체가 실시하는 사업의 우선 위탁

4. 국가나 지방자치단체의 조달구매 시 자활기업 생산품의 우선 구매

5. 그 밖에 수급자의 자활촉진을 위한 각종 사업

④ 그 밖에 자활기업의 설립·운영 및 지원에 필요한 사항은 보건복지부령으로 정한다.

[전문개정 2012. 2. 1.]

제18조의2(고용촉진) ① 보장기관은 수급자 및 차상위자의 고용을 촉진하기 위하여 상시근로자의 일정비율 이상을 수급자 및 차상위자로 채용하는 기업에 대하여는 대통령령으로 정하는 바에 따라 제18조제3항 각 호에 해당하는 지원을 할 수 있다. <개정 2012. 2. 1., 2014. 12. 30.>

② 시장·군수·구청장은 수급자 및 차상위자에게 가구별 특성을 감안하여 관련

기관의 고용지원서비스를 연계할 수 있다. <신설 2011. 6. 7., 2014. 12. 30.>

③ 시장·군수·구청장은 수급자 및 차상위자의 취업활동으로 인하여 지원이 필요하게 된 해당 가구의 아동·노인 등에게 사회복지서비스를 지원할 수 있다. <신설 2011. 6. 7., 2014. 12. 30.>

[본조신설 2006. 12. 28.]

[제목개정 2014. 12. 30.]

제18조의3(자활기금의 적립) ① 보장기관은 이 법에 따른 자활지원사업의 원활한 추진을 위하여 자활기금을 적립한다. <개정 2019. 1. 15.>

② 보장기관은 자활지원사업의 효율적 추진을 위하여 필요하다고 인정하는 경우에는 자활기금의 관리·운영을 자활복지개발원 또는 자활지원사업을 수행하는 비영리법인에 위탁할 수 있다. 이 경우 그에 드는 비용은 보장기관이 부담한다. <개정 2019. 1. 15.>

③ 제1항에 따른 자활기금의 적립에 필요한 사항은 대통령령으로 정한다.

[전문개정 2012. 2. 1.]

제18조의4(자산형성지원) ① 보장기관은 수급자 및 차상위자가 자활에 필요한 자산을 형성할 수 있도록 재정적인 지원을 할 수 있다. <개정 2014. 12. 30.>

② 보장기관은 수급자 및 차상위자가 자활에 필요한 자산을 형성하는 데 필요한 교육을 실시할 수 있다. <개정 2014. 12. 30.>

③ 제1항에 따른 지원으로 형성된 자산은 대통령령으로 정하는 바에 따라 수급자의 재산의 소득환산액 산정 시 이를 포함하지 아니한다. <개정 2014. 12. 30.>

④ 보장기관은 제1항 및 제2항에 따른 자산형성지원과 그 교육에 관한 업무의 전부 또는 일부를 자활복지개발원 등의 법인 또는 단체 등에 위탁할 수 있다. <개정 2019. 1. 15.>

⑤ 제1항에 따른 자산형성지원의 대상과 기준 및 제2항에 따른 교육의 내용은 대통령령으로 정하고, 자산형성지원의 신청, 방법 및 지원금의 반환절차 등에 필요한 사항은 보건복지부령으로 정한다. <신설 2019. 1. 15.>

[본조신설 2011. 6. 7.]

제18조의5(자활의 교육 등) ① 보건복지부장관, 특별시장·광역시장·특별자치시장·도지사·특별자치도지사(이하 "시·도지사"라 한다), 시장·군수·구청장은 수급자 및 차상위자의 자활촉진을 위하여 교육을 실시할 수 있다.

② 보건복지부장관은 제1항에 따른 교육의 전부 또는 일부를 법인·단체 등에 위

탁할 수 있다. <개정 2019. 1. 15.>

③ 보건복지부장관은 제2항에 따른 교육을 위탁받은 법인·단체 등에 대하여 그 운영에 필요한 비용을 지원할 수 있다. <개정 2019. 1. 15.>

④ 제1항부터 제3항까지에 따른 교육과 교육기관의 조직·운영 등에 필요한 사항은 보건복지부장관이 정한다.

[본조신설 2014. 12. 30.]

제18조의6(자활지원사업 통합정보전산망의 구축·운영 등) ① 보건복지부장관은 근로능력이 있는 수급자 등 자활지원사업 참여자의 수급이력 및 근로활동 현황 등 자활지원사업의 수행·관리 및 효과분석에 필요한 각종 자료 및 정보를 효율적으로 처리하고 기록·관리하는 자활지원사업 통합정보전산망(이하 "통합정보전산망"이라 한다)을 구축·운영할 수 있다.

② 보건복지부장관은 통합정보전산망의 구축·운영을 위하여 고용노동부, 국가보훈처, 국세청 등 국가기관과 지방자치단체의 장 및 관련 기관·단체의 장에게 다음 각 호의 자료 제공 및 관계 전산망의 이용을 요청할 수 있다. 이 경우 자료의 제공 등을 요청받은 기관의 장은 정당한 사유가 없으면 그 요청에 따라야 한다.

1. 사업자등록부

2. 국민건강보험·국민연금·고용보험·산업재해보상보험·보훈급여·공무원연금·군인연금·사립학교교직원연금·별정우체국연금의 가입 여부, 소득정보, 가입종별, 부과액 및 수급액

3. 사회보장급여 수급이력

4. 국가기술자격 취득 정보

③ 보건복지부장관은 제2항에 따른 자료 및 관계 전산망의 이용 등 통합정보전산망의 구축·운영에 필요한 자료의 조사를 위하여 「사회보장기본법」 제37조제2항에 따른 사회보장정보시스템을 연계하여 사용할 수 있다.

④ 자활지원사업을 수행하는 중앙행정기관, 지방자치단체 및 위탁받은 기관·단체의 장과 자활복지개발원의 원장은 자활지원사업의 수행·관리 및 효과분석을 위하여 제2항 각 호의 정보를 활용하고자 하는 경우 보건복지부장관에게 통합정보전산망의 사용을 요청할 수 있다.

⑤ 보건복지부장관은 통합정보전산망 구축·운영에 관한 업무의 전부 또는 일부를 자활복지개발원에 위탁할 수 있다.

⑥ 제2항부터 제4항까지에 따른 자료 또는 관계 전산망의 이용 및 제공에 대해

서는 수수료·사용료 등을 면제한다.

[본조신설 2019. 1. 15.]

제18조의7(개인정보의 보호) ① 보건복지부장관은 제18조의6제4항에 따른 수행기관의 통합정보전산망 사용 요청에 대하여 같은 조 제2항 각 호의 정보 중 업무에 필요한 최소한의 정보만 제공하여야 한다.

② 수행기관은 제18조의6제4항에 따라 보건복지부장관에게 통합정보전산망 사용을 요청하는 경우 보안교육 등 자활지원사업 참여자의 개인정보에 대한 보호대책을 마련하여야 한다.

③ 수행기관은 제18조의6제2항부터 제4항까지에 따른 자료 및 관계 전산망을 이용하고자 하는 경우에는 사전에 정보주체의 동의를 받아야 한다.

④ 수행기관은 제18조의6제2항부터 제4항까지에 따른 자료 및 관계 전산망을 이용함에 있어 다음 각 호의 개인정보를 제외한 정보는 참여자의 수급이력 및 근로활동현황 등 자활지원사업의 수행·관리 및 효과분석 목적을 달성한 경우 지체 없이 파기하여야 한다.

1. 자활지원사업 신청자 및 참여자의 특성
2. 자활지원사업 참여자의 사업 참여 이력
3. 자활지원사업 참여자의 사업종료 이후 취업 이력

⑤ 제18조의6제2항 각 호의 개인정보는 수행기관에서 자활지원사업을 담당하는 자 중 해당 기관의 장으로부터 개인정보 취급승인을 받은 자만 취급할 수 있다.

⑥ 자활지원사업 업무에 종사하거나 종사하였던 자는 자활지원사업 업무 수행과 관련하여 알게 된 개인·법인 또는 단체의 정보를 누설하거나 다른 용도로 사용해서는 아니 된다.

⑦ 제1항부터 제5항까지에서 정한 개인정보 보호대책, 정보주체에 대한 사전 동의 방법, 목적을 달성한 정보의 파기 시기 및 방법, 개인정보 취급승인의 절차, 보안교육 등에 관한 세부적인 사항은 보건복지부장관이 정한다.

[본조신설 2019. 1. 15.]

제3장 보장기관

제19조(보장기관) ① 이 법에 따른 급여는 수급권자 또는 수급자의 거주지를 관할하는 시·도지사와 시장·군수·구청장[제7조제1항제4호의 교육급여인 경우에는 특별시·광역시·특별자치시·도·특별자치도의 교육감(이하 "시·도교육감"이라 한다)을

말한다. 이하 같다]이 실시한다. 다만, 주거가 일정하지 아니한 경우에는 수급권자 또는 수급자가 실제 거주하는 지역을 관할하는 시장·군수·구청장이 실시한다. <개정 2014. 12. 30.>

② 제1항에도 불구하고 보건복지부장관, 소관 중앙행정기관의 장과 시·도지사는 수급자를 각각 국가나 해당 지방자치단체가 경영하는 보장시설에 입소하게 하거나 다른 보장시설에 위탁하여 급여를 실시할 수 있다. <개정 2014. 12. 30.>

③ 수급권자나 수급자가 거주지를 변경하는 경우의 처리방법과 보장기관 간의 협조, 그 밖에 업무처리에 필요한 사항은 보건복지부령으로 정한다.

④ 보장기관은 수급권자·수급자·차상위계층에 대한 조사와 수급자 결정 및 급여의 실시 등 이 법에 따른 보장업무를 수행하게 하기 위하여 「사회복지사업법」제14조에 따른 사회복지 전담공무원(이하 "사회복지 전담공무원"이라 한다)을 배치하여야 한다. 이 경우 제15조에 따른 자활급여 업무를 수행하는 사회복지 전담공무원은 따로 배치하여야 한다.

[전문개정 2012. 2. 1.]

제20조(생활보장위원회) ① 이 법에 따른 생활보장사업의 기획·조사·실시 등에 관한 사항을 심의·의결하기 위하여 보건복지부와 시·도 및 시·군·구(자치구를 말한다. 이하 같다)에 각각 생활보장위원회를 둔다. 다만, 시·도 및 시·군·구에 두는 생활보장위원회는 그 기능을 담당하기에 적합한 다른 위원회가 있고 그 위원회의 위원이 제4항에 규정된 자격을 갖춘 경우에는 시·도 또는 시·군·구의 조례로 정하는 바에 따라 그 위원회가 생활보장위원회의 기능을 대신할 수 있다.

② 보건복지부에 두는 생활보장위원회(이하 "중앙생활보장위원회"라 한다)는 다음 각 호의 사항을 심의·의결한다. <개정 2014. 12. 30.>

1. 제20조의2제3항에 따른 기초생활보장 종합계획의 수립
2. 소득인정액 산정방식과 기준 중위소득의 결정
3. 급여의 종류별 수급자 선정기준과 최저보장수준의 결정
4. 제20조의2제2항 및 제4항에 따른 급여기준의 적정성 등 평가 및 실태조사에 관한 사항
5. 급여의 종류별 누락·중복, 차상위계층의 지원사업 등에 대한 조정
6. 제18조의3에 따른 자활기금의 적립·관리 및 사용에 관한 지침의 수립
7. 그 밖에 위원장이 회의에 부치는 사항

③ 중앙생활보장위원회는 위원장을 포함하여 16명 이내의 위원으로 구성하고 위

원은 보건복지부장관이 다음 각 호의 어느 하나에 해당하는 사람 중에서 위촉·지명하며 위원장은 보건복지부장관으로 한다. <개정 2014. 12. 30.>

1. 공공부조 또는 사회복지와 관련된 학문을 전공한 전문가로서 대학의 조교수 이상인 사람 또는 연구기관의 연구원으로 재직 중인 사람 5명 이내

2. 공익을 대표하는 사람 5명 이내

3. 관계 행정기관 소속 3급 이상 공무원 또는 고위공무원단에 속하는 일반직공무원 5명 이내

④ 제1항에 따른 시·도 및 시·군·구 생활보장위원회의 위원은 시·도지사 또는 시장·군수·구청장이 다음 각 호의 어느 하나에 해당하는 사람 중에서 위촉·지명하며 위원장은 해당 시·도지사 또는 시장·군수·구청장으로 한다. 다만, 제1항 단서에 따라 다른 위원회가 생활보장위원회의 기능을 대신하는 경우 위원장은 조례로 정한다.

1. 사회보장에 관한 학식과 경험이 있는 사람

2. 공익을 대표하는 사람

3. 관계 행정기관 소속 공무원

⑤ 제1항에 따른 생활보장위원회는 심의·의결과 관련하여 필요한 경우 보장기관에 대하여 그 소속 공무원의 출석이나 자료의 제출을 요청할 수 있다. 이 경우 해당 보장기관은 정당한 사유가 없으면 요청에 따라야 한다.

⑥ 시·도 및 시·군·구 생활보장위원회의 기능과 각 생활보장위원회의 구성·운영 등에 필요한 사항은 대통령령으로 정한다.

[전문개정 2012. 2. 1.]

제20조의2(기초생활보장 계획의 수립 및 평가) ① 소관 중앙행정기관의 장은 수급자의 최저생활을 보장하기 위하여 3년마다 소관별로 기초생활보장 기본계획을 수립하여 보건복지부장관에게 제출하여야 한다.

② 보건복지부장관 및 소관 중앙행정기관의 장은 제4항에 따른 실태조사 결과를 고려하여 급여기준의 적정성 등에 대한 평가를 실시할 수 있으며, 이와 관련하여 전문적인 조사·연구 등을 「공공기관의 운영에 관한 법률」에 따른 공공기관 또는 민간 법인·단체 등에 위탁할 수 있다.

③ 보건복지부장관은 제1항에 따른 기초생활보장 기본계획 및 제2항에 따른 평가결과를 종합하여 기초생활보장 종합계획을 수립하여 중앙생활보장위원회의 심의를 받아야 한다.

④ 보건복지부장관은 수급권자, 수급자 및 차상위계층 등의 규모·생활실태 파악, 최저생계비 계측 등을 위하여 3년마다 실태조사를 실시·공표하여야 한다.

⑤ 보건복지부장관 및 소관 중앙행정기관의 장은 관계 행정기관, 지방자치단체, 「공공기관의 운영에 관한 법률」에 따른 공공기관 등에 대하여 평가에 관한 의견 또는 자료의 제출을 요구할 수 있다. 이 경우 관계 행정기관 등은 특별한 사유가 없으면 이에 따라야 한다.

[본조신설 2014. 12. 30.]

제4장 급여의 실시

제21조(급여의 신청) ① 수급권자와 그 친족, 그 밖의 관계인은 관할 시장·군수·구청장에게 수급권자에 대한 급여를 신청할 수 있다. 차상위자가 급여를 신청하려는 경우에도 같으며, 이 경우 신청방법과 절차 및 조사 등에 관하여는 제2항부터 제5항까지, 제22조, 제23조 및 제23조의2를 준용한다. <개정 2014. 12. 30.>

② 사회복지 전담공무원은 이 법에 따른 급여를 필요로 하는 사람이 누락되지 아니하도록 하기 위하여 관할지역에 거주하는 수급권자에 대한 급여를 직권으로 신청할 수 있다. 이 경우 수급권자의 동의를 구하여야 하며 수급권자의 동의는 수급권자의 신청으로 볼 수 있다.

③ 제1항에 따라 급여신청을 할 때나 제2항에 따라 사회복지 전담공무원이 급여신청을 하는 것에 수급권자가 동의하였을 때에는 수급권자와 부양의무자는 다음 각 호의 자료 또는 정보의 제공에 대하여 동의한다는 서면을 제출하여야 한다.

1. 「금융실명거래 및 비밀보장에 관한 법률」 제2조제2호 및 제3호에 따른 금융자산 및 금융거래의 내용에 대한 자료 또는 정보 중 예금의 평균잔액과 그 밖에 대통령령으로 정하는 자료 또는 정보(이하 "금융정보"라 한다)

2. 「신용정보의 이용 및 보호에 관한 법률」 제2조제1호에 따른 신용정보 중 채무액과 그 밖에 대통령령으로 정하는 자료 또는 정보(이하 "신용정보"라 한다)

3. 「보험업법」 제4조제1항 각 호에 따른 보험에 가입하여 낸 보험료와 그 밖에 대통령령으로 정하는 자료 또는 정보(이하 "보험정보"라 한다)

④ 제1항에 따라 수급권자 등이 급여를 신청할 경우 사회복지 전담공무원은 신청한 사람이 급여에 관한 정보의 부족 등으로 불리한 입장에 놓이지 아니하도록 수급권자의 선정기준, 급여의 내용 및 신청방법 등을 알기 쉽게 설명하여야 한다. <신설 2016. 2. 3.>

⑤ 시장·군수·구청장은 신청자에게 급여 신청의 철회나 포기를 유도하는 행위를 하여서는 아니 된다. <신설 2016. 2. 3.>

⑥ 제1항 및 제2항에 따른 급여의 신청 방법 및 절차 등에 관하여 필요한 사항은 보건복지부령으로 정한다. <개정 2016. 2. 3.>

⑦ 제3항에 따른 동의의 방법·절차 등에 관하여 필요한 사항은 대통령령으로 정한다. <개정 2016. 2. 3.>

[전문개정 2012. 2. 1.]

제22조(신청에 의한 조사) ① 시장·군수·구청장은 제21조에 따른 급여신청이 있는 경우에는 사회복지 전담공무원으로 하여금 급여의 결정 및 실시 등에 필요한 다음 각 호의 사항을 조사하게 하거나 수급권자에게 보장기관이 지정하는 의료기관에서 검진을 받게 할 수 있다. <개정 2014. 12. 30.>

1. 부양의무자의 유무 및 부양능력 등 부양의무자와 관련된 사항

2. 수급권자 및 부양의무자의 소득·재산에 관한 사항

3. 수급권자의 근로능력, 취업상태, 자활욕구 등 제28조에 따른 자활지원계획 수립에 필요한 사항

4. 그 밖에 수급권자의 건강상태, 가구 특성 등 생활실태에 관한 사항

② 시장·군수·구청장은 제1항에 따라 신청한 수급권자 또는 그 부양의무자의 소득, 재산 및 건강상태 등을 확인하기 위하여 필요한 자료를 확보하기 곤란한 경우 보건복지부령으로 정하는 바에 따라 수급권자 또는 부양의무자에게 필요한 자료의 제출을 요구할 수 있다. <개정 2014. 12. 30.>

③ 시장·군수·구청장은 급여의 결정 또는 실시 등을 위하여 필요한 경우에는 제1항 각 호의 조사를 관계 기관에 위촉하거나 수급권자 또는 그 부양의무자의 고용주, 그 밖의 관계인에게 이에 관한 자료의 제출을 요청할 수 있다. <개정 2014. 12. 30.>

④ 보장기관이 제1항 각 호의 조사를 하기 위하여 금융·국세·지방세·토지·건물·자동차·건강보험·국민연금·고용보험·출입국·병무·교정 등 관련 전산망 또는 자료를 이용하려는 경우에는 관계 기관의 장에게 협조를 요청할 수 있다. 이 경우 관계 기관의 장은 정당한 사유가 없으면 협조하여야 한다. <개정 2017. 12. 12.>

⑤ 제1항에 따라 조사를 하는 사회복지 전담공무원은 그 권한을 표시하는 증표 및 조사기간, 조사범위, 조사담당자, 관계 법령 등 보건복지부령으로 정하는 사항이 기재된 서류를 지니고 이를 관계인에게 보여주어야 한다. <개정 2016. 2. 3.>

⑥ 보장기관의 공무원 또는 공무원이었던 사람은 제1항부터 제4항까지의 규정에 따라 얻은 정보와 자료를 이 법에서 정한 보장목적 외에 다른 용도로 사용하거나 다른 사람 또는 기관에 제공하여서는 아니 된다.

⑦ 보장기관은 제1항부터 제4항까지의 규정에 따른 조사 결과를 대장으로 작성하여 갖추어 두어야 하며 그 밖에 조사에 필요한 사항은 보건복지부장관이 정한다. 다만, 전산정보처리조직에 의하여 관리되는 경우에는 전산 파일로 대체할 수 있다.

⑧ 보장기관은 수급권자 또는 부양의무자가 제1항 및 제2항에 따른 조사 또는 자료제출 요구를 2회 이상 거부·방해 또는 기피하거나 검진 지시에 따르지 아니하면 급여신청을 각하(却下)할 수 있다. 이 경우 제29조제2항을 준용한다.

⑨ 제1항에 따른 조사의 내용·절차·방법 등에 관하여 이 법에서 정하는 사항을 제외하고는 「행정조사기본법」에서 정하는 바를 따른다. <신설 2016. 2. 3.>

[전문개정 2012. 2. 1.]

제23조(확인조사) ① 시장·군수·구청장은 수급자 및 수급자에 대한 급여의 적정성을 확인하기 위하여 매년 연간조사계획을 수립하고 관할구역의 수급자를 대상으로 제22조제1항 각 호의 사항을 매년 1회 이상 정기적으로 조사하여야 하며, 특히 필요하다고 인정하는 경우에는 보장기관이 지정하는 의료기관에서 검진을 받게 할 수 있다. 다만, 보건복지부장관이 정하는 사항은 분기마다 조사하여야 한다. <개정 2014. 12. 30.>

② 수급자의 자료제출, 조사의 위촉, 관련 전산망의 이용, 그 밖에 확인조사를 위하여 필요한 사항에 관하여는 제22조제2항부터 제7항까지의 규정을 준용한다.

③ 보장기관은 수급자 또는 부양의무자가 제1항에 따른 조사나 제2항에 따라 준용되는 제22조제2항에 따른 자료제출 요구를 2회 이상 거부·방해 또는 기피하거나 검진 지시에 따르지 아니하면 수급자에 대한 급여 결정을 취소하거나 급여를 정지 또는 중지할 수 있다. 이 경우 제29조제2항을 준용한다.

[전문개정 2012. 2. 1.]

제23조의2(금융정보등의 제공) ① 보건복지부장관은 「금융실명거래 및 비밀보장에 관한 법률」 제4조제1항과 「신용정보의 이용 및 보호에 관한 법률」 제32조제1항에도 불구하고 수급권자와 그 부양의무자가 제21조제3항에 따라 제출한 동의 서면을 전자적 형태로 바꾼 문서에 의하여 금융기관등(「금융실명거래 및 비밀보장에 관한 법률」 제2조제1호에 따른 금융회사등, 「신용정보의 이용 및 보호에 관

한 법률」제25조에 따른 신용정보집중기관을 말한다. 이하 같다)의 장에게 금융정보·신용정보 또는 보험정보(이하 "금융정보등" 이라 한다)의 제공을 요청할 수 있다.

② 보건복지부장관은 제23조에 따른 확인조사를 위하여 필요하다고 인정하는 경우「금융실명거래 및 비밀보장에 관한 법률」제4조제1항과「신용정보의 이용 및 보호에 관한 법률」제32조제1항에도 불구하고 대통령령으로 정하는 기준에 따라 인적사항을 적은 문서 또는 정보통신망으로 금융기관등의 장에게 수급자와 부양의무자의 금융정보등을 제공하도록 요청할 수 있다.

③ 제1항 및 제2항에 따라 금융정보등의 제공을 요청받은 금융기관등의 장은「금융실명거래 및 비밀보장에 관한 법률」제4조와「신용정보의 이용 및 보호에 관한 법률」제32조에도 불구하고 명의인의 금융정보등을 제공하여야 한다.

④ 제3항에 따라 금융정보등을 제공한 금융기관등의 장은 금융정보등의 제공 사실을 명의인에게 통보하여야 한다. 다만, 명의인이 동의한 경우에는「금융실명거래 및 비밀보장에 관한 법률」제4조의2제1항과「신용정보의 이용 및 보호에 관한 법률」제35조에도 불구하고 통보하지 아니할 수 있다.

⑤ 제1항부터 제3항까지의 규정에 따른 금융정보등의 제공요청 및 제공은「정보통신망 이용촉진 및 정보보호 등에 관한 법률」제2조제1항제1호에 따른 정보통신망을 이용하여야 한다. 다만, 정보통신망의 손상 등 불가피한 사유가 있는 경우에는 그러하지 아니하다.

⑥ 제1항부터 제3항까지의 규정에 따른 업무에 종사하고 있거나 종사하였던 사람은 업무를 수행하면서 취득한 금융정보등을 이 법에서 정한 목적 외의 다른 용도로 사용하거나 다른 사람 또는 기관에 제공하거나 누설하여서는 아니 된다.

⑦ 제1항부터 제3항까지와 제5항에 따른 금융정보등의 제공요청 및 제공 등에 필요한 사항은 대통령령으로 정한다.

[전문개정 2012. 2. 1.]

제24조(차상위계층에 대한 조사) ① 시장·군수·구청장은 급여의 종류별 수급자 선정기준의 변경 등에 의하여 수급권자의 범위가 변동함에 따라 다음 연도에 이 법에 따른 급여가 필요할 것으로 예측되는 수급권자의 규모를 조사하기 위하여 보건복지부령으로 정하는 바에 따라 차상위계층에 대하여 조사할 수 있다. <개정 2014. 12. 30.>

② 시장·군수·구청장은 제1항에 따른 조사를 하려는 경우 조사대상자의 동의를

받아야 한다. 이 경우 조사대상자의 동의는 다음 연도의 급여신청으로 본다. <개정 2014. 12. 30.>

③ 조사대상자의 자료제출, 조사의 위촉, 관련 전산망의 이용, 그 밖에 차상위계층에 대한 조사를 위하여 필요한 사항에 관하여는 제22조제2항부터 제7항까지의 규정을 준용한다.

[전문개정 2012. 2. 1.]

제25조(조사 결과의 보고 등) 제22조, 제23조, 제23조의2 및 제24조에 따라 시장·군수·구청장이 수급권자, 수급자, 부양의무자 및 차상위계층을 조사하였을 때에는 보건복지부령으로 정하는 바에 따라 관할 시·도지사에게 보고하여야 하며 보고를 받은 시·도지사는 이를 보건복지부장관 및 소관 중앙행정기관의 장에게 보고하여야 한다. 시·도지사가 조사하였을 때에도 또한 같다. <개정 2014. 12. 30.>

[전문개정 2012. 2. 1.]

제26조(급여의 결정 등) ① 시장·군수·구청장은 제22조에 따라 조사를 하였을 때에는 지체 없이 급여 실시 여부와 급여의 내용을 결정하여야 한다. <개정 2014. 12. 30.>

② 제24조에 따라 차상위계층을 조사한 시장·군수·구청장은 제27조제1항 단서에 규정된 급여개시일이 속하는 달에 급여 실시 여부와 급여 내용을 결정하여야 한다. <개정 2014. 12. 30.>

③ 시장·군수·구청장은 제1항 및 제2항에 따라 급여 실시 여부와 급여 내용을 결정하였을 때에는 그 결정의 요지, 급여의 종류·방법 및 급여의 개시 시기 등을 서면으로 수급권자 또는 신청인에게 통지하여야 한다. <개정 2014. 12. 30.>

④ 신청인에 대한 제3항의 통지는 제21조에 따른 급여의 신청일부터 30일 이내에 하여야 한다. 다만, 다음 각 호의 어느 하나에 해당하는 경우에는 신청일부터 60일 이내에 통지할 수 있다. 이 경우 통지서에 그 사유를 구체적으로 밝혀야 한다. <개정 2014. 12. 30.>

1. 부양의무자의 소득·재산 등의 조사에 시일이 걸리는 특별한 사유가 있는 경우
2. 수급권자 또는 부양의무자가 제22조제1항·제2항 및 관계 법률에 따른 조사나 자료제출 요구를 거부·방해 또는 기피하는 경우

[전문개정 2012. 2. 1.]

제27조(급여의 실시 등) ① 제26조제1항에 따라 급여 실시 및 급여 내용이 결정된 수급자에 대한 급여는 제21조에 따른 급여의 신청일부터 시작한다. 다만, 제6조

에 따라 보건복지부장관 또는 소관중앙행정기관의 장이 매년 결정·공표하는 급여의 종류별 수급자 선정기준의 변경으로 인하여 매년 1월에 새로 수급자로 결정되는 사람에 대한 급여는 해당 연도의 1월 1일을 그 급여개시일로 한다. <개정 2014. 12. 30.>

② 시장·군수·구청장은 제26조제1항에 따른 급여 실시 여부의 결정을 하기 전이라도 수급권자에게 급여를 실시하여야 할 긴급한 필요가 있다고 인정할 때에는 제7조제1항 각 호에 규정된 급여의 일부를 실시할 수 있다. <개정 2014. 12. 30.>

[전문개정 2012. 2. 1.]

제27조의2(급여의 지급방법 등) ① 보장기관이 급여를 금전으로 지급할 때에는 수급자의 신청에 따라 수급자 명의의 지정된 계좌(이하 "급여수급계좌"라 한다)로 입금하여야 한다. 다만, 정보통신장애나 그 밖에 대통령령으로 정하는 불가피한 사유로 급여수급계좌로 이체할 수 없을 때에는 대통령령으로 정하는 바에 따라 급여를 지급할 수 있다.

② 급여수급계좌의 해당 금융기관은 이 법에 따른 급여와 제4조제4항에 따라 지방자치단체가 실시하는 급여만이 급여수급계좌에 입금되도록 관리하여야 한다. <개정 2018. 12. 11.>

③ 제1항에 따른 계좌 입금이나 현금 지급 등의 방법·절차와 제2항에 따른 급여수급계좌의 관리에 필요한 사항은 대통령령으로 정한다.

[본조신설 2011. 6. 7.]

제27조의3(급여의 대리수령 등) ① 보장기관은 수급자가 다음 각 호의 어느 하나에 해당하는 경우에는 제27조의2제1항 본문에도 불구하고 수급자 또는 후견인의 동의를 받아 급여를 수급자의 배우자, 직계혈족 또는 3촌 이내의 방계혈족(이하 "배우자등"이라 한다) 명의의 계좌에 입금할 수 있다.

1. 피성년후견인인 경우
2. 채무불이행으로 금전채권이 압류된 경우
3. 그 밖에 대통령령으로 정하는 사유로 본인 명의의 계좌를 개설하기 어려운 경우

② 제1항에 따라 배우자등 명의의 계좌로 급여를 지급하려는 보장기관은 미리 그 사유, 입금할 급여의 사용 목적 및 다른 용도 사용금지 등에 관한 사항을 배우자등에게 안내하여야 한다.

③ 제1항에 따라 급여를 지급받은 배우자등은 해당 급여를 목적 외의 용도로 사

용하여서는 아니 된다.

④ 제1항에 따른 배우자등에 대한 급여 지급 절차 및 방법 등에 필요한 사항은 대통령령으로 정한다.

[본조신설 2019. 4. 23.]

제28조(자활지원계획의 수립) ① 시장·군수·구청장은 수급자의 자활을 체계적으로 지원하기 위하여 보건복지부장관이 정하는 바에 따라 제22조, 제23조, 제23조의 2 및 제24조에 따른 조사 결과를 고려하여 수급자 가구별로 자활지원계획을 수립하고 그에 따라 이 법에 따른 급여를 실시하여야 한다. <개정 2014. 12. 30.>

② 보장기관은 수급자의 자활을 위하여 필요한 경우에는 「사회복지사업법」 등 다른 법률에 따라 보장기관이 제공할 수 있는 급여가 있거나 민간기관 등이 후원을 제공하는 경우 제1항의 자활지원계획에 따라 급여를 지급하거나 후원을 연계할 수 있다.

③ 시장·군수·구청장은 수급자의 자활여건 변화와 급여 실시 결과를 정기적으로 평가하고 필요한 경우 자활지원계획을 변경할 수 있다. <개정 2014. 12. 30.>

[전문개정 2012. 2. 1.]

제29조(급여의 변경) ① 보장기관은 수급자의 소득·재산·근로능력 등이 변동된 경우에는 직권으로 또는 수급자나 그 친족, 그 밖의 관계인의 신청에 의하여 그에 대한 급여의 종류·방법 등을 변경할 수 있다.

② 제1항에 따른 급여의 변경은 서면으로 그 이유를 구체적으로 밝혀 수급자에게 통지하여야 한다.

[전문개정 2012. 2. 1.]

제30조(급여의 중지 등) ① 보장기관은 수급자가 다음 각 호의 어느 하나에 해당하는 경우에는 급여의 전부 또는 일부를 중지하여야 한다.

1. 수급자에 대한 급여의 전부 또는 일부가 필요 없게 된 경우

2. 수급자가 급여의 전부 또는 일부를 거부한 경우

② 근로능력이 있는 수급자가 제9조제5항의 조건을 이행하지 아니하는 경우 조건을 이행할 때까지 제7조제2항에도 불구하고 근로능력이 있는 수급자 본인의 생계급여의 전부 또는 일부를 지급하지 아니할 수 있다.

③ 제1항 및 제2항에 따른 급여의 중지 등에 관하여는 제29조제2항을 준용한다.

[전문개정 2012. 2. 1.]

제31조(청문) 보장기관은 제16조제3항에 따라 지역자활센터의 지정을 취소하려는

경우와 제23조제3항에 따라 급여의 결정을 취소하려는 경우에는 청문을 하여야 한다.

[전문개정 2012. 2. 1.]

제5장 보장시설

제32조(보장시설) 이 법에서 "보장시설"이란 제7조에 규정된 급여를 실시하는 「사회복지사업법」에 따른 사회복지시설로서 다음 각 호의 시설 중 보건복지부령으로 정하는 시설을 말한다. <개정 2014. 12. 30., 2016. 5. 29.>

1. 「장애인복지법」 제58조제1항제1호의 장애인 거주시설
2. 「노인복지법」 제32조제1항의 노인주거복지시설 및 같은 법 제34조제1항의 노인의료복지시설
3. 「아동복지법」 제52조제1항 및 제2항에 따른 아동복지시설 및 통합 시설
4. 「정신건강증진 및 정신질환자 복지서비스 지원에 관한 법률」 제22조에 따른 정신요양시설 및 같은 법 제26조에 따른 정신재활시설
5. 「노숙인 등의 복지 및 자립지원에 관한 법률」 제16조제1항제3호 및 제4호의 노숙인재활시설 및 노숙인요양시설
6. 「가정폭력방지 및 피해자보호 등에 관한 법률」 제7조에 따른 가정폭력피해자보호시설
7. 「성매매방지 및 피해자보호 등에 관한 법률」 제9조제1항에 따른 성매매피해자등을 위한 지원시설
8. 「성폭력방지 및 피해자보호 등에 관한 법률」 제12조에 따른 성폭력피해자보호시설
9. 「한부모가족지원법」 제19조제1항의 한부모가족복지시설
10. 「사회복지사업법」 제2조제4호의 사회복지시설 중 결핵 및 한센병요양시설
11. 그 밖에 보건복지부령으로 정하는 시설

[전문개정 2012. 2. 1.]

제33조(보장시설의 장의 의무) ① 보장시설의 장은 보장기관으로부터 수급자에 대한 급여를 위탁받은 경우에는 정당한 사유 없이 이를 거부하여서는 아니 된다.

② 보장시설의 장은 위탁받은 수급자에게 보건복지부장관 및 소관 중앙행정기관의 장이 정하는 최저기준 이상의 급여를 실시하여야 한다. <개정 2014. 12. 30.>

③ 보장시설의 장은 위탁받은 수급자에게 급여를 실시할 때 성별·신앙 또는 사

회적 신분 등을 이유로 차별대우를 하여서는 아니 된다.

④ 보장시설의 장은 위탁받은 수급자에게 급여를 실시할 때 수급자의 자유로운 생활을 보장하여야 한다.

⑤ 보장시설의 장은 위탁받은 수급자에게 종교상의 행위를 강제하여서는 아니 된다.

[전문개정 2012. 2. 1.]

제6장 수급자의 권리와 의무

제34조(급여 변경의 금지) 수급자에 대한 급여는 정당한 사유 없이 수급자에게 불리하게 변경할 수 없다.

[전문개정 2012. 2. 1.]

제35조(압류금지) ①수급자에게 지급된 수급품(제4조제4항에 따라 지방자치단체가 실시하는 급여를 포함한다)과 이를 받을 권리는 압류할 수 없다. <개정 2011. 6. 7., 2018. 12. 11.>

② 제27조의2제1항에 따라 지정된 급여수급계좌의 예금에 관한 채권은 압류할 수 없다. <신설 2011. 6. 7.>

제36조(양도금지) 수급자는 급여를 받을 권리를 타인에게 양도할 수 없다.

제37조(신고의 의무) 수급자는 거주지역, 세대의 구성 또는 임대차 계약내용이 변동되거나 제22조제1항 각 호의 사항이 현저하게 변동되었을 때에는 지체 없이 관할 보장기관에 신고하여야 한다. <개정 2014. 12. 30.>

[전문개정 2012. 2. 1.]

제7장 이의신청

제38조(시·도지사에 대한 이의신청) ① 수급자나 급여 또는 급여 변경을 신청한 사람은 시장·군수·구청장(제7조제1항제4호의 교육급여인 경우에는 시·도교육감을 말한다)의 처분에 대하여 이의가 있는 경우에는 그 결정의 통지를 받은 날부터 90일 이내에 해당 보장기관을 거쳐 시·도지사(특별자치시장·특별자치도지사 및 시·도교육감의 처분에 이의가 있는 경우에는 해당 특별자치시장·특별자치도지사 및 시·도교육감을 말한다)에게 서면 또는 구두로 이의를 신청할 수 있다. 이 경우 구두로 이의신청을 접수한 보장기관의 공무원은 이의신청서를 작성할

수 있도록 협조하여야 한다. <개정 2014. 12. 30., 2017. 12. 12.>

② 제1항에 따른 이의신청을 받은 시장·군수·구청장은 10일 이내에 의견서와 관계 서류를 첨부하여 시·도지사에게 보내야 한다.

[전문개정 2012. 2. 1.]

제39조(시·도지사의 처분 등) ① 시·도지사가 제38조제2항에 따라 시장·군수·구청장으로부터 이의신청서를 받았을 때(특별자치시장·특별자치도지사 및 시·도교육감의 경우에는 직접 이의신청을 받았을 때를 말한다)에는 30일 이내에 필요한 심사를 하고 이의신청을 각하 또는 기각하거나 해당 처분을 변경 또는 취소하거나 그 밖에 필요한 급여를 명하여야 한다. <개정 2014. 12. 30.>

② 시·도지사는 제1항에 따른 처분 등을 하였을 때에는 지체 없이 신청인과 해당 시장·군수·구청장에게 각각 서면으로 통지하여야 한다.

[전문개정 2012. 2. 1.]

제40조(보건복지부장관 등에 대한 이의신청) ① 제39조에 따른 처분 등에 대하여 이의가 있는 사람은 그 처분 등의 통지를 받은 날부터 90일 이내에 시·도지사를 거쳐 보건복지부장관(제7조제1항제2호 또는 제4호의 주거급여 또는 교육급여인 경우에는 소관 중앙행정기관의 장을 말하며, 보건복지부장관에게 한 이의신청은 소관 중앙행정기관의 장에게 한 것으로 본다)에게 서면 또는 구두로 이의를 신청할 수 있다. 이 경우 구두로 이의신청을 접수한 보장기관의 공무원은 이의신청서를 작성할 수 있도록 협조하여야 한다. <개정 2014. 12. 30., 2017. 12. 12.>

② 시·도지사는 제1항에 따른 이의신청을 받으면 10일 이내에 의견서와 관계 서류를 첨부하여 보건복지부장관 또는 소관 중앙행정기관의 장(제7조제1항제2호 또는 제4호의 주거급여 또는 교육급여인 경우에 한정한다)에게 보내야 한다. <개정 2014. 12. 30.>

③ 제1항 및 제2항에 규정된 사항 외에 이의신청의 방법 등은 대통령령으로 정한다. <신설 2014. 12. 30.>

[전문개정 2012. 2. 1.]

[제목개정 2014. 12. 30.]

제41조(이의신청의 결정 및 통지) ① 보건복지부장관 또는 소관 중앙행정기관의 장은 제40조제2항에 따라 이의신청서를 받았을 때에는 30일 이내에 필요한 심사를 하고 이의신청을 각하 또는 기각하거나 해당 처분의 변경 또는 취소의 결정을 하여야 한다. <개정 2014. 12. 30.>

② 보건복지부장관 또는 소관 중앙행정기관의 장은 제1항에 따른 결정을 하였을 때에는 지체 없이 시·도지사 및 신청인에게 각각 서면으로 결정 내용을 통지하여야 한다. 이 경우 소관 중앙행정기관의 장이 결정 내용을 통지하는 때에는 그 사실을 보건복지부장관에게 알려야 한다. <개정 2014. 12. 30.>

[전문개정 2012. 2. 1.]

[제목개정 2014. 12. 30.]

제8장 보장비용

제42조(보장비용) 이 법에서 "보장비용"이란 다음 각 호의 비용을 말한다. <개정 2014. 12. 30., 2019. 1. 15.>

1. 이 법에 따른 보장업무에 드는 인건비와 사무비

2. 제20조에 따른 생활보장위원회의 운영에 드는 비용

3. 제8조, 제11조, 제12조, 제12조의3, 제13조, 제14조, 제15조, 제15조의2, 제15조의3, 제15조의10 및 제16조부터 제18조까지의 규정에 따른 급여 실시 비용

4. 그 밖에 이 법에 따른 보장업무에 드는 비용

[전문개정 2012. 2. 1.]

제43조(보장비용의 부담 구분) ① 보장비용의 부담은 다음 각 호의 구분에 따른다. <개정 2014. 12. 30.>

1. 국가 또는 시·도가 직접 수행하는 보장업무에 드는 비용은 국가 또는 해당 시·도가 부담한다.

2. 제19조제2항에 따른 급여의 실시 비용은 국가 또는 해당 시·도가 부담한다.

3. 시·군·구가 수행하는 보장업무에 드는 비용 중 제42조제1호 및 제2호의 비용은 해당 시·군·구가 부담한다.

4. 시·군·구가 수행하는 보장업무에 드는 비용 중 제42조제3호 및 제4호의 비용(이하 이 호에서 "시·군·구 보장비용"이라 한다)은 시·군·구의 재정여건, 사회보장비 지출 등을 고려하여 국가, 시·도 및 시·군·구가 다음 각 목에 따라 차등하여 분담한다.

　가. 국가는 시·군·구 보장비용의 총액 중 100분의 40 이상 100분의 90 이하를 부담한다.

　나. 시·도는 시·군·구 보장비용의 총액에서 가목의 국가부담분을 뺀 금액 중 100분의 30 이상 100분의 70 이하를 부담하고, 시·군·구는 시·군·구 보장

비용의 총액 중에서 국가와 시·도가 부담하는 금액을 뺀 금액을 부담한다. 다만, 특별자치시·특별자치도는 시·군·구 보장비용의 총액 중에서 국가가 부담하는 금액을 뺀 금액을 부담한다.

② 국가는 매년 이 법에 따른 보장비용 중 국가부담 예정 합계액을 각각 보조금으로 지급하고, 그 과부족(過不足) 금액은 정산하여 추가로 지급하거나 반납하게 한다.

③ 시·도는 매년 시·군·구에 대하여 제2항에 따른 국가의 보조금에, 제1항제4호에 따른 시·도의 부담예정액을 합하여 보조금으로 지급하고 그 과부족 금액은 정산하여 추가로 지급하거나 반납하게 한다.

④ 제2항 및 제3항에 따른 보조금의 산출 및 정산 방법 등에 관하여 필요한 사항은 대통령령으로 정한다.

⑤ 지방자치단체의 조례에 따라 이 법에 따른 급여 범위 및 수준을 초과하여 급여를 실시하는 경우 그 초과 보장비용은 해당 지방자치단체가 부담한다.

[전문개정 2012. 2. 1.]

제43조의2(교육급여 보장비용 부담의 특례) 제43조제1항에도 불구하고 제12조 및 제12조의2에 따라 시·도교육감이 수행하는 보장업무에 드는 비용은 다음 각 호에 따라 차등하여 분담한다.

1. 소득인정액이 기준 중위소득의 100분의 40 이상인 수급자에 대한 입학금 및 수업료의 지원은 「초·중등교육법」 제60조의4에 따른다.

2. 소득인정액이 기준 중위소득의 100분의 40 이상인 수급자에 대한 학용품비와 그 밖의 수급품은 국가, 시·도, 시·군·구가 부담하며, 구체적인 부담비율에 관한 사항은 제43조제1항제4호 각 목에 따른다.

3. 소득인정액이 기준 중위소득의 100분의 40 미만인 수급자에 대한 보장비용은 국가, 시·도, 시·군·구가 제43조제1항제4호 각 목에 따라 부담하되, 제12조의2에 따라 추가적으로 적용되는 기준에 따른 수급자에 대한 입학금 및 수업료의 지원은 「초·중등교육법」 제60조의4에 따른다.

[본조신설 2014. 12. 30.]

제44조 삭제 <2006. 12. 28.>

제45조(유류금품의 처분) 제14조에 따른 장제급여를 실시하는 경우에 사망자에게 부양의무자가 없을 때에는 시장·군수·구청장은 사망자가 유류(遺留)한 금전 또는 유가증권으로 그 비용에 충당하고, 그 부족액은 유류물품의 매각대금으로 충당

할 수 있다. <개정 2014. 12. 30.>

[전문개정 2012. 2. 1.]

제46조(비용의 징수) ① 수급자에게 부양능력을 가진 부양의무자가 있음이 확인된 경우에는 보장비용을 지급한 보장기관은 제20조에 따른 생활보장위원회의 심의·의결을 거쳐 그 비용의 전부 또는 일부를 그 부양의무자로부터 부양의무의 범위에서 징수할 수 있다.

② 속임수나 그 밖의 부정한 방법으로 급여를 받거나 타인으로 하여금 급여를 받게 한 경우에는 보장비용을 지급한 보장기관은 그 비용의 전부 또는 일부를 그 급여를 받은 사람 또는 급여를 받게 한 자(이하 "부정수급자"라 한다)로부터 징수할 수 있다.

③ 제1항 또는 제2항에 따라 징수할 금액은 각각 부양의무자 또는 부정수급자에게 통지하여 징수하고, 부양의무자 또는 부정수급자가 이에 응하지 아니하는 경우 국세 또는 지방세 체납처분의 예에 따라 징수한다.

[전문개정 2012. 2. 1.]

제47조(반환명령) ① 보장기관은 급여의 변경 또는 급여의 정지·중지에 따라 수급자에게 이미 지급한 수급품 중 과잉지급분이 발생한 경우에는 즉시 수급자에 대하여 그 전부 또는 일부의 반환을 명하여야 한다. 다만, 이미 이를 소비하였거나 그 밖에 수급자에게 부득이한 사유가 있을 때에는 그 반환을 면제할 수 있다.

② 제27조제2항에 따라 시장·군수·구청장이 긴급급여를 실시하였으나 조사 결과에 따라 급여를 실시하지 아니하기로 결정한 경우 급여비용의 반환을 명할 수 있다. <개정 2014. 12. 30.>

[전문개정 2012. 2. 1.]

제9장 벌칙 <개정 2012. 2. 1.>

제48조(벌칙) ① 제23조의2제6항을 위반하여 금융정보등을 사용·제공 또는 누설한 자는 5년 이하의 징역 또는 5천만원 이하의 벌금에 처한다. <개정 2017. 9. 19.>

② 제22조제6항(제23조제2항에서 준용하는 경우를 포함한다)을 위반하여 정보 또는 자료를 사용하거나 제공한 자는 3년 이하의 징역 또는 3천만원 이하의 벌금에 처한다. <개정 2017. 9. 19.>

1. 삭제 <2017. 9. 19.>

2. 삭제 <2017. 9. 19.>

[전문개정 2012. 2. 1.]

제49조(벌칙) 다음 각 호의 어느 하나에 해당하는 자는 1년 이하의 징역, 1천만원 이하의 벌금, 구류 또는 과료에 처한다. <개정 2014. 12. 30., 2019. 4. 23.>

1. 거짓이나 그 밖의 부정한 방법으로 급여를 받거나 다른 사람으로 하여금 급여를 받게 한 자

2. 제27조의3제3항을 위반하여 지급받은 급여를 목적 외의 용도로 사용한 자

[전문개정 2012. 2. 1.]

제49조의2(벌칙) 제15조의8을 위반하여 직무상 알게 된 비밀을 누설하거나 다른 용도로 사용한 자는 1년 이하의 징역 또는 1천만원 이하의 벌금에 처한다.

[본조신설 2019. 1. 15.]

제50조(벌칙) 제33조제1항 또는 제5항을 위반하여 수급자의 급여 위탁을 정당한 사유 없이 거부한 자나 종교상의 행위를 강제한 자는 300만원 이하의 벌금, 구류 또는 과료에 처한다.

[전문개정 2012. 2. 1.]

제51조(양벌규정) 법인의 대표자나 법인 또는 개인의 대리인, 사용인, 그 밖의 종업원이 그 법인 또는 개인의 업무에 관하여 제48조 또는 제49조의 위반행위를 하면 그 행위자를 벌하는 외에 그 법인 또는 개인에게도 각 해당 조문의 벌금 또는 과료의 형을 과(科)한다. 다만, 법인 또는 개인이 그 위반행위를 방지하기 위하여 해당 업무에 관하여 상당한 주의와 감독을 게을리하지 아니한 경우에는 그러하지 아니하다.

[전문개정 2012. 2. 1.]

　　부칙　　<제16367호, 2019. 4. 23.>

이 법은 공포 후 6개월이 경과한 날부터 시행한다.

다문화가족지원법 (약칭: 다문화가족법)

[시행 2018. 6. 13] [법률 제15204호, 2017. 12. 12, 일부개정]

제1조(목적) 이 법은 다문화가족 구성원이 안정적인 가족생활을 영위하고 사회구성원으로서의 역할과 책임을 다할 수 있도록 함으로써 이들의 삶의 질 향상과 사회통합에 이바지함을 목적으로 한다. <개정 2015. 12. 22.>

제2조(정의) 이 법에서 사용하는 용어의 뜻은 다음과 같다. <개정 2011. 4. 4., 2015. 12. 1.>

1. "다문화가족"이란 다음 각 목의 어느 하나에 해당하는 가족을 말한다.
   가. 「재한외국인 처우 기본법」 제2조제3호의 결혼이민자와 「국적법」 제2조부터 제4조까지의 규정에 따라 대한민국 국적을 취득한 자로 이루어진 가족
   나. 「국적법」 제3조 및 제4조에 따라 대한민국 국적을 취득한 자와 같은 법 제2조부터 제4조까지의 규정에 따라 대한민국 국적을 취득한 자로 이루어진 가족
2. "결혼이민자등"이란 다문화가족의 구성원으로서 다음 각 목의 어느 하나에 해당하는 자를 말한다.
   가. 「재한외국인 처우 기본법」 제2조제3호의 결혼이민자
   나. 「국적법」 제4조에 따라 귀화허가를 받은 자
3. "아동·청소년"이란 24세 이하인 사람을 말한다.

제3조(국가와 지방자치단체의 책무) ① 국가와 지방자치단체는 다문화가족 구성원이 안정적인 가족생활을 영위하고 경제·사회·문화 등 각 분야에서 사회구성원으로서의 역할과 책임을 다할 수 있도록 필요한 제도와 여건을 조성하고 이를 위한 시책을 수립·시행하여야 한다. <개정 2015. 12. 22.>

② 특별시·광역시·특별자치시·도·특별자치도 및 시·군·구(자치구를 말한다. 이하 같다)에는 다문화가족 지원을 담당할 기구와 공무원을 두어야 한다. <신설 2012. 2. 1., 2015. 12. 1.>

③ 국가와 지방자치단체는 이 법에 따른 시책 중 외국인정책 관련 사항에 대하여는 「재한외국인 처우 기본법」 제5조부터 제9조까지의 규정에 따른다. <개정 2012. 2. 1.>

제3조의2(다문화가족 지원을 위한 기본계획의 수립) ① 여성가족부장관은 다문화가

족 지원을 위하여 5년마다 다문화가족정책에 관한 기본계획(이하 "기본계획"이라 한다)을 수립하여야 한다.

② 기본계획에는 다음 각 호의 사항을 포함하여야 한다. <개정 2015. 12. 22.>

1. 다문화가족 지원 정책의 기본 방향

2. 다문화가족 지원을 위한 분야별 발전시책과 평가에 관한 사항

3. 다문화가족 지원을 위한 제도 개선에 관한 사항

3의2. 다문화가족 구성원의 경제·사회·문화 등 각 분야에서 활동 증진에 관한 사항

4. 다문화가족 지원을 위한 재원 확보 및 배분에 관한 사항

5. 그 밖에 다문화가족 지원을 위하여 필요한 사항

③ 여성가족부장관은 기본계획을 수립할 때에는 미리 관계 중앙행정기관의 장과 협의하여야 한다.

④ 기본계획은 제3조의4에 따른 다문화가족정책위원회의 심의를 거쳐 확정한다. 이 경우 여성가족부장관은 확정된 기본계획을 관계 중앙행정기관의 장과 특별시장·광역시장·특별자치시장·도지사·특별자치도지사(이하 "시·도지사"라 한다)에게 알려야 한다. <개정 2015. 12. 1.>

⑤ 여성가족부장관은 기본계획을 수립하기 위하여 필요하다고 인정하는 경우 관계 기관의 장에게 기본계획의 수립에 필요한 자료의 제출을 요구할 수 있다.

⑥ 제5항에 따라 자료의 제출을 요구받은 관계 기관의 장은 정당한 사유가 없으면 이에 따라야 한다.

[본조신설 2011. 4. 4.]

제3조의3(연도별 시행계획의 수립·시행) ① 여성가족부장관, 관계 중앙행정기관의 장과 시·도지사는 매년 기본계획에 따라 다문화가족정책에 관한 시행계획(이하 "시행계획"이라 한다)을 수립·시행하여야 한다.

② 관계 중앙행정기관의 장과 시·도지사는 전년도의 시행계획에 따른 추진실적 및 다음 연도의 시행계획을 대통령령으로 정하는 바에 따라 매년 여성가족부장관에게 제출하여야 한다.

③ 시행계획의 수립·시행 및 추진실적의 평가 등에 필요한 사항은 대통령령으로 정한다.

[본조신설 2011. 4. 4.]

제3조의4(다문화가족정책위원회의 설치) ① 다문화가족의 삶의 질 향상과 사회통합

에 관한 중요 사항을 심의·조정하기 위하여 국무총리 소속으로 다문화가족정책 위원회(이하 "정책위원회"라 한다)를 둔다.

② 정책위원회는 다음 각 호의 사항을 심의·조정한다.

1. 제3조의2에 따른 다문화가족정책에 관한 기본계획의 수립 및 추진에 관한 사항

2. 제3조의3에 따른 다문화가족정책의 시행계획의 수립, 추진실적 점검 및 평가 에 관한 사항

3. 다문화가족과 관련된 각종 조사, 연구 및 정책의 분석·평가에 관한 사항

4. 각종 다문화가족 지원 관련 사업의 조정 및 협력에 관한 사항

5. 다문화가족정책과 관련된 국가 간 협력에 관한 사항

6. 그 밖에 다문화가족의 사회통합에 관한 중요 사항으로 위원장이 필요하다고 인정하는 사항

③ 정책위원회는 위원장 1명을 포함한 20명 이내의 위원으로 구성하고, 위원장 은 국무총리가 되며, 위원은 다음 각 호의 사람이 된다.

1. 대통령령으로 정하는 중앙행정기관의 장

2. 다문화가족정책에 관하여 학식과 경험이 풍부한 사람 중에서 위원장이 위촉 하는 사람

④ 정책위원회에서 심의·조정할 사항을 미리 검토하고 대통령령에 따라 위임된 사항을 다루기 위하여 정책위원회에 실무위원회를 둔다.

⑤ 그 밖에 정책위원회 및 실무위원회의 구성 및 운영 등에 필요한 사항은 대통 령령으로 정한다.

[본조신설 2011. 4. 4.]

제4조(실태조사 등) ① 여성가족부장관은 다문화가족의 현황 및 실태를 파악하고 다문화가족 지원을 위한 정책수립에 활용하기 위하여 3년마다 다문화가족에 대 한 실태조사를 실시하고 그 결과를 공표하여야 한다. <개정 2010. 1. 18.>

② 여성가족부장관은 제1항에 따른 실태조사를 위하여 관계 공공기관 또는 관련 법인·단체에 대하여 필요한 자료의 제출 등 협조를 요청할 수 있다. 이 경우 자 료의 제출 등 협조를 요청받은 관계 공공기관 또는 관련 법인·단체 등은 특별한 사유가 없는 한 이에 협조하여야 한다. <개정 2010. 1. 18.>

③ 여성가족부장관은 제1항에 따른 실태조사를 실시함에 있어서 외국인정책 관 련 사항에 대하여는 법무부장관과, 다문화가족 구성원인 아동·청소년의 교육현 황 및 아동·청소년의 다문화가족에 대한 인식 등에 관한 사항에 대하여는 교육

부장관과 협의를 거쳐 실시한다. <개정 2010. 1. 18., 2011. 4. 4., 2013. 3. 23., 2015. 12. 1., 2017. 3. 21.>

④ 제1항에 따른 실태조사의 대상 및 방법 등에 필요한 사항은 여성가족부령으로 정한다. <개정 2010. 1. 18.>

제5조(다문화가족에 대한 이해증진) ①국가와 지방자치단체는 다문화가족에 대한 사회적 차별 및 편견을 예방하고 사회구성원이 문화적 다양성을 인정하고 존중할 수 있도록 다문화 이해교육을 실시하고 홍보 등 필요한 조치를 하여야 한다. <개정 2011. 4. 4., 2013. 3. 22.>

② 여성가족부장관은 제1항에 따른 조치를 함에 있어 홍보영상을 제작하여 「방송법」 제2조제3호에 따른 방송사업자에게 배포하여야 한다. <신설 2015. 12. 1.>

③ 여성가족부장관은 「방송법」 제2조제3호가목의 지상파방송사업자(이하 이 조에서 "지상파방송사업자"라 한다)에게 같은 법 제73조제4항에 따라 대통령령으로 정하는 비상업적 공익광고 편성비율의 범위에서 제2항의 홍보영상을 채널별로 송출하도록 요청할 수 있다. <신설 2015. 12. 1.>

④ 지상파방송사업자는 제2항의 홍보영상 외에 독자적으로 홍보영상을 제작하여 송출할 수 있다. 이 경우 여성가족부장관에게 필요한 협조 및 지원을 요청할 수 있다. <신설 2015. 12. 1.>

⑤ 교육부장관과 특별시·광역시·특별자치시·도·특별자치도의 교육감은 「유아교육법」 제2조, 「초·중등교육법」 제2조 또는「고등교육법」 제2조에 따른 학교에서 다문화가족에 대한 이해를 돕는 교육을 실시하기 위한 시책을 수립·시행하여야 한다. 이 경우 제4조에 따른 실태조사의 결과 중 다문화가족 구성원인 아동·청소년의 교육현황 및 아동·청소년의 다문화가족에 대한 인식 등에 관한 사항을 반영하여야 한다. <신설 2011. 4. 4., 2013. 3. 23., 2015. 12. 1., 2017. 3. 21.>

⑥ 교육부장관과 특별시·광역시·특별자치시·도·특별자치도의 교육감은 「유아교육법」 제2조 및 「초·중등교육법」 제2조에 따른 학교의 교원에 대하여 대통령령으로 정하는 바에 따라 다문화 이해교육 관련 연수를 실시하여야 한다. <신설 2017. 12. 12.>

제6조(생활정보 제공 및 교육 지원) ① 국가와 지방자치단체는 결혼이민자등이 대한민국에서 생활하는데 필요한 기본적 정보(아동·청소년에 대한 학습 및 생활지도 관련 정보를 포함한다)를 제공하고, 사회적응교육과 직업교육·훈련 및 언어소통 능력 향상을 위한 한국어교육 등을 받을 수 있도록 필요한 지원을 할 수 있

다. <개정 2011. 4. 4., 2016. 3. 2.>

② 국가와 지방자치단체는 결혼이민자등의 배우자 및 가족구성원이 결혼이민자등의 출신 국가 및 문화 등을 이해하는 데 필요한 기본적 정보를 제공하고 관련 교육을 지원할 수 있다. <신설 2017. 12. 12.>

③ 국가와 지방자치단체는 제1항 및 제2항에 따른 교육을 실시함에 있어 거주지 및 가정환경 등으로 인하여 서비스에서 소외되는 결혼이민자등과 배우자 및 그 가족구성원이 없도록 방문교육이나 원격교육 등 다양한 방법으로 교육을 지원하고, 교재와 강사 등의 전문성을 강화하기 위한 시책을 수립·시행하여야 한다. <신설 2011. 4. 4., 2017. 12. 12.>

④ 국가와 지방자치단체는 제3항의 방문교육의 비용을 결혼이민자등의 가구 소득수준, 교육의 종류 등 여성가족부장관이 정하여 고시하는 기준에 따라 차등지원할 수 있다. <신설 2015. 12. 1., 2017. 12. 12.>

⑤ 국가와 지방자치단체가 제4항에 따른 비용을 지원함에 있어 비용 지원의 신청, 금융정보 등의 제공, 조사·질문 등은 「아이돌봄 지원법」 제22조부터 제25조까지의 규정을 준용한다. <신설 2015. 12. 1., 2017. 12. 12.>

⑥ 결혼이민자등의 배우자 등 다문화가족 구성원은 결혼이민자등이 한국어교육 등 사회적응에 필요한 다양한 교육을 받을 수 있도록 노력하여야 한다. <신설 2015. 12. 1., 2017. 12. 12.>

⑦ 그 밖에 제1항 및 제2항에 따른 정보제공 및 교육에 필요한 사항은 대통령령으로 정한다. <개정 2011. 4. 4., 2015. 12. 1., 2017. 12. 12.>

제7조(평등한 가족관계의 유지를 위한 조치) 국가와 지방자치단체는 다문화가족이 민주적이고 양성평등한 가족관계를 누릴 수 있도록 가족상담, 부부교육, 부모교육, 가족생활교육 등을 추진하여야 한다. 이 경우 문화의 차이 등을 고려한 전문적인 서비스가 제공될 수 있도록 노력하여야 한다.

제8조(가정폭력 피해자에 대한 보호·지원) ① 국가와 지방자치단체는 「가정폭력방지 및 피해자보호 등에 관한 법률」에 따라 다문화가족 내 가정폭력을 예방하기 위하여 노력하여야 한다. <개정 2011. 4. 4.>

② 국가와 지방자치단체는 가정폭력으로 피해를 입은 결혼이민자등을 보호·지원할 수 있다. <신설 2011. 4. 4.>

③ 국가와 지방자치단체는 가정폭력의 피해를 입은 결혼이민자등에 대한 보호 및 지원을 위하여 외국어 통역 서비스를 갖춘 가정폭력 상담소 및 보호시설의

설치를 확대하도록 노력하여야 한다. <개정 2011. 4. 4.>

④ 국가와 지방자치단체는 결혼이민자등이 가정폭력으로 혼인관계를 종료하는 경우 의사소통의 어려움과 법률체계 등에 관한 정보의 부족 등으로 불리한 입장에 놓이지 아니하도록 의견진술 및 사실확인 등에 있어서 언어통역, 법률상담 및 행정지원 등 필요한 서비스를 제공할 수 있다. <개정 2011. 4. 4.>

제9조(의료 및 건강관리를 위한 지원) ①국가와 지방자치단체는 결혼이민자등이 건강하게 생활할 수 있도록 영양·건강에 대한 교육, 산전·산후 도우미 파견, 건강검진 등의 의료서비스를 지원할 수 있다. <개정 2011. 4. 4.>

② 국가와 지방자치단체는 결혼이민자등이 제1항에 따른 의료서비스를 제공받을 경우 외국어 통역 서비스를 제공할 수 있다. <신설 2011. 4. 4.>

[제목개정 2011. 4. 4.]

제10조(아동·청소년 보육·교육) ① 국가와 지방자치단체는 아동·청소년 보육·교육을 실시함에 있어서 다문화가족 구성원인 아동·청소년을 차별하여서는 아니 된다. <개정 2015. 12. 1.>

② 국가와 지방자치단체는 다문화가족 구성원인 아동·청소년이 학교생활에 신속히 적응할 수 있도록 교육지원대책을 마련하여야 하고, 특별시·광역시·특별자치시·도·특별자치도의 교육감은 다문화가족 구성원인 아동·청소년에 대하여 학과외 또는 방과 후 교육 프로그램 등을 지원할 수 있다. <개정 2015. 12. 1.>

③ 국가와 지방자치단체는 다문화가족 구성원인 18세 미만인 사람의 초등학교 취학 전 보육 및 교육 지원을 위하여 노력하고, 그 구성원의 언어발달을 위하여 한국어 및 결혼이민자등인 부 또는 모의 모국어 교육을 위한 교재지원 및 학습지원 등 언어능력 제고를 위하여 필요한 지원을 할 수 있다. <개정 2013. 3. 22., 2015. 12. 1.>

④ 「영유아보육법」 제10조에 따른 어린이집의 원장, 「유아교육법」 제7조에 따른 유치원의 장, 「초·중등교육법」 제2조에 따른 각급 학교의 장, 그 밖에 대통령령으로 정하는 기관의 장은 아동·청소년 보육·교육을 실시함에 있어 다문화가족 구성원인 아동·청소년이 차별을 받지 아니하도록 필요한 조치를 하여야 한다. <신설 2015. 12. 1.>

[제목개정 2015. 12. 1.]

제11조(다국어에 의한 서비스 제공) 국가와 지방자치단체는 제5조부터 제10조까지의 규정에 따른 지원정책을 추진함에 있어서 결혼이민자등의 의사소통의 어려움

을 해소하고 서비스 접근성을 제고하기 위하여 다국어에 의한 서비스 제공이 이루어지도록 노력하여야 한다.

제11조의2(다문화가족 종합정보 전화센터의 설치·운영 등) ① 여성가족부장관은 다국어에 의한 상담·통역 서비스 등을 결혼이민자등에게 제공하기 위하여 다문화가족 종합정보 전화센터(이하 "전화센터"라 한다)를 설치·운영할 수 있다. 이 경우 「가정폭력방지 및 피해자보호 등에 관한 법률」 제4조의6제1항 후단에 따른 외국어 서비스를 제공하는 긴급전화센터와 통합하여 운영할 수 있다.

② 여성가족부장관은 전화센터의 설치·운영을 대통령령으로 정하는 기관 또는 단체에 위탁할 수 있다.

③ 여성가족부장관은 전화센터의 설치·운영을 위탁할 경우 예산의 범위에서 그에 필요한 비용의 전부 또는 일부를 지원할 수 있다.

④ 전화센터의 설치·운영에 필요한 사항은 여성가족부령으로 정한다.

[본조신설 2013. 8. 13.]

제12조(다문화가족지원센터의 설치·운영 등) ① 국가와 지방자치단체는 다문화가족지원센터(이하 "지원센터"라 한다)를 설치·운영할 수 있다.

② 국가 또는 지방자치단체는 지원센터의 설치·운영을 대통령령으로 정하는 법인이나 단체에 위탁할 수 있다.

③ 국가 또는 지방자치단체 아닌 자가 지원센터를 설치·운영하고자 할 때에는 미리 시·도지사 또는 시장·군수·구청장(자치구의 구청장을 말한다. 이하 같다)의 지정을 받아야 한다.

④ 지원센터는 다음 각 호의 업무를 수행한다.

1. 다문화가족을 위한 교육·상담 등 지원사업의 실시
2. 결혼이민자등에 대한 한국어교육
3. 다문화가족 지원서비스 정보제공 및 홍보
4. 다문화가족 지원 관련 기관·단체와의 서비스 연계
5. 일자리에 관한 정보제공 및 일자리의 알선
6. 다문화가족을 위한 통역·번역 지원사업
7. 그 밖에 다문화가족 지원을 위하여 필요한 사업

⑤ 지원센터에는 다문화가족에 대한 교육·상담 등의 업무를 수행하기 위하여 관련 분야에 대한 학식과 경험을 가진 전문인력을 두어야 한다.

⑥ 국가와 지방자치단체는 제3항에 따라 지정한 지원센터에 대하여 예산의 범위

에서 제4항 각 호의 업무를 수행하는 데에 필요한 비용 및 지원센터의 운영에 드는 비용의 전부 또는 일부를 보조할 수 있다. <개정 2016. 3. 2.>

⑦ 제1항, 제2항 및 제3항에 따른 지원센터의 설치·운영 기준, 위탁·지정 기간 및 절차 등에 필요한 사항은 대통령령으로 정하고, 제5항에 따른 전문인력의 기준 등에 필요한 사항은 여성가족부령으로 정한다.

[전문개정 2012. 2. 1.]

제12조의2(보수교육의 실시) ① 여성가족부장관 또는 시·도지사는 지원센터에 두는 전문인력의 자질과 능력을 향상시키기 위하여 보수교육을 실시하여야 한다.

② 제1항에 따른 보수교육의 내용·기간 및 방법 등은 여성가족부령으로 정한다.

[본조신설 2012. 2. 1.]

제12조의3(유사명칭 사용 금지) 이 법에 따른 지원센터가 아니면 다문화가족지원센터 또는 이와 유사한 명칭을 사용하지 못한다.

[본조신설 2013. 8. 13.]

제13조(다문화가족 지원업무 관련 공무원의 교육) 국가와 지방자치단체는 다문화가족 지원 관련 업무에 종사하는 공무원의 다문화가족에 대한 이해증진과 전문성 향상을 위하여 교육을 실시할 수 있다.

제13조의2(다문화가족지원사업 전문인력 양성) ① 국가 또는 지방자치단체는 다문화가족지원 및 다문화 이해교육 등의 사업 추진에 필요한 전문인력을 양성하는 데 노력하여야 한다.

② 여성가족부장관은 제1항에 따른 전문인력을 양성하기 위하여 대통령령으로 정하는 바에 따라 대학이나 연구소 등 적절한 인력과 시설 등을 갖춘 기관이나 단체를 전문인력 양성기관으로 지정하여 관리할 수 있다.

③ 국가 또는 지방자치단체는 제2항에 따라 지정된 전문인력 양성기관에 대하여 예산의 범위에서 필요한 경비의 전부 또는 일부를 지원할 수 있다.

④ 제2항에 따른 전문인력 양성기관의 지정 기준 및 절차 등은 대통령령으로 정한다.

[본조신설 2012. 2. 1.]

제14조(사실혼 배우자 및 자녀의 처우) 제5조부터 제12조까지의 규정은 대한민국 국민과 사실혼 관계에서 출생한 자녀를 양육하고 있는 다문화가족 구성원에 대하여 준용한다.

제14조의2(다문화가족 자녀에 대한 적용 특례) 다문화가족이 이혼 등의 사유로 해체된 경우에도 그 구성원이었던 자녀에 대하여는 이 법을 적용한다.

[본조신설 2013. 8. 13.]

제15조(권한의 위임과 위탁) ① 여성가족부장관은 이 법에 따른 권한의 일부를 대통령령으로 정하는 바에 따라 시·도지사 또는 시장·군수·구청장에게 위임할 수 있다. <개정 2010. 1. 18., 2011. 4. 4., 2012. 2. 1.>

② 국가와 지방자치단체는 이 법에 따른 업무의 일부를 대통령령으로 정하는 바에 따라 비영리법인이나 단체에 위탁할 수 있다.

제15조의2(정보 제공의 요청) ① 여성가족부장관 또는 지방자치단체의 장은 이 법의 시행을 위하여 필요한 경우에는 법무부장관에게 다음 각 호의 정보 중 결혼이민자등의 현황 파악을 위한 정보로서 대통령령으로 정하는 정보의 제공을 요청할 수 있다. 이 경우 지방자치단체의 장은 해당 관할구역의 결혼이민자등에 관한 정보에 한정하여 요청할 수 있다.

1. 「재한외국인 처우 기본법」 제2조제3호에 따른 결혼이민자의 외국인 등록 정보
2. 「국적법」 제6조제2항에 따라 귀화허가를 받은 사람의 귀화허가 신청 정보

② 제1항에 따라 정보의 제공을 요청받은 법무부장관은 정당한 사유가 없으면 이에 따라야 한다.

③ 제1항에 따라 정보를 제공받은 여성가족부장관 또는 지방자치단체의 장은 제공받은 정보를 제12조제1항·제3항에 따른 지원센터에 제공할 수 있다.

[본조신설 2012. 2. 1.]

제16조(민간단체 등의 지원) ① 국가와 지방자치단체는 다문화가족 지원 사업을 수행하는 단체나 개인에 대하여 필요한 비용의 전부 또는 일부를 보조하거나 그 업무수행에 필요한 행정적 지원을 할 수 있다.

② 국가와 지방자치단체는 결혼이민자등이 상부상조하기 위한 단체의 구성·운영 등을 지원할 수 있다.

제17조(과태료) ① 제12조의3을 위반한 자에게는 300만원 이하의 과태료를 부과한다.

② 제1항에 따른 과태료는 대통령령으로 정하는 바에 따라 여성가족부장관 또는 지방자치단체의 장이 부과·징수한다.

[본조신설 2013. 8. 13.]

부칙 <제15204호, 2017. 12. 12.>

이 법은 공포 후 6개월이 경과한 날부터 시행한다.

한부모가족지원법 (약칭: 한부모가족법)

[시행 2019. 6. 19] [법률 제15989호, 2018. 12. 18, 일부개정]

제1장 총칙 <개정 2007. 10. 17.>

제1조(목적) 이 법은 한부모가족이 안정적인 가족 기능을 유지하고 자립할 수 있도록 지원함으로써 한부모가족의 생활 안정과 복지 증진에 이바지함을 목적으로 한다. <개정 2018. 1. 16.>
[전문개정 2007. 10. 17.]

제2조(국가 등의 책임) ① 국가와 지방자치단체는 한부모가족의 복지를 증진할 책임을 진다.

② 국가와 지방자치단체는 한부모가족의 권익과 자립을 지원하기 위한 여건을 조성하고 이를 위한 시책을 수립·시행하여야 한다. <신설 2011. 4. 12., 2014. 1. 21., 2018. 1. 16.>

③ 국가와 지방자치단체는 한부모가족에 대한 사회적 편견과 차별을 예방하고, 사회구성원이 한부모가족을 이해하고 존중할 수 있도록 교육 및 홍보 등 필요한 조치를 하여야 한다. <신설 2013. 3. 22., 2016. 12. 20.>

④ 교육부장관과 특별시·광역시·특별자치시·도·특별자치도의 교육감은 「유아교육법」 제2조제2호의 유치원, 「초·중등교육법」 제2조 및 「고등교육법」 제2조의 학교에서 한부모가족에 대한 이해를 돕는 교육을 실시하기 위한 시책을 수립·시행하여야 한다. <신설 2016. 12. 20.>

⑤ 국가와 지방자치단체는 청소년 한부모가족의 자립을 위하여 노력하여야 한다. <신설 2014. 1. 21., 2016. 12. 20.>

⑥ 모든 국민은 한부모가족의 복지 증진에 협력하여야 한다. <개정 2011. 4. 12., 2013. 3. 22., 2014. 1. 21., 2016. 12. 20.>
[전문개정 2007. 10. 17.]

제3조(한부모가족의 권리와 책임) ① 한부모가족의 모(母) 또는 부(父)는 임신과 출산 및 양육을 사유로 합리적인 이유 없이 교육·고용 등에서 차별을 받지 아니한다. <신설 2011. 4. 12.>

② 한부모가족의 모 또는 부와 아동은 한부모가족 관련 정책결정과정에 참여할

권리가 있다. <신설 2018. 1. 16.>

③ 한부모가족의 모 또는 부와 아동은 그가 가지고 있는 자산과 노동능력 등을 최대한으로 활용하여 자립과 생활 향상을 위하여 노력하여야 한다. <개정 2011. 4. 12., 2018. 1. 16.>

[전문개정 2007. 10. 17.]

[제목개정 2011. 4. 12.]

제4조(정의) 이 법에서 사용하는 용어의 뜻은 다음과 같다. <개정 2008. 2. 29., 2010. 1. 18., 2011. 4. 12., 2012. 2. 1., 2014. 1. 21.>

1. "모" 또는 "부"란 다음 각 목의 어느 하나에 해당하는 자로서 아동인 자녀를 양육하는 자를 말한다.

　가. 배우자와 사별 또는 이혼하거나 배우자로부터 유기(遺棄)된 자

　나. 정신이나 신체의 장애로 장기간 노동능력을 상실한 배우자를 가진 자

　다. 교정시설·치료감호시설에 입소한 배우자 또는 병역복무 중인 배우자를 가진 사람

　라. 미혼자{ 사실혼(事實婚) 관계에 있는 자는 제외한다}

　마. 가목부터 라목까지에 규정된 자에 준하는 자로서 여성가족부령으로 정하는 자

1의2. "청소년 한부모"란 24세 이하의 모 또는 부를 말한다.

2. "한부모가족"이란 모자가족 또는 부자가족을 말한다.

3. "모자가족"이란 모가 세대주{세대주가 아니더라도 세대원(世代員)을 사실상 부양하는 자를 포함한다}인 가족을 말한다.

4. "부자가족"이란 부가 세대주{세대주가 아니더라도 세대원을 사실상 부양하는 자를 포함한다}인 가족을 말한다.

5. "아동"이란 18세 미만(취학 중인 경우에는 22세 미만을 말하되, 「병역법」에 따른 병역의무를 이행하고 취학 중인 경우에는 병역의무를 이행한 기간을 가산한 연령 미만을 말한다)의 자를 말한다.

6. "지원기관"이란 이 법에 따른 지원을 행하는 국가나 지방자치단체를 말한다.

7. "한부모가족복지단체"란 한부모가족의 복지 증진을 목적으로 설립된 기관이나 단체를 말한다.

[전문개정 2007. 10. 17.]

제5조(지원대상자의 범위) ① 이 법에 따른 지원대상자는 제4조제1호·제1호의2 및

제2호부터 제5호까지의 규정에 해당하는 자로서 여성가족부령으로 정하는 자로 한다. <개정 2008. 2. 29., 2010. 1. 18., 2011. 4. 12., 2014. 1. 21.>

② 제1항에 따른 지원대상자 중 아동의 연령을 초과하는 자녀가 있는 한부모가족의 경우 그 자녀를 제외한 나머지 가족구성원을 지원대상자로 한다. <신설 2011. 4. 12., 2014. 1. 21.>

[전문개정 2007. 10. 17.]

[제목개정 2014. 1. 21.]

제5조의2(지원대상자의 범위에 대한 특례) ① 혼인 관계에 있지 아니한 자로서 출산 전 임신부와 출산 후 해당 아동을 양육하지 아니하는 모는 제5조에도 불구하고 제19조제1항제3호의 미혼모자가족복지시설을 이용할 때에는 이 법에 따른 지원대상자가 된다. <개정 2011. 4. 12., 2014. 1. 21., 2018. 1. 16.>

② 다음 각 호의 어느 하나에 해당하는 아동과 그 아동을 양육하는 조부 또는 조모로서 여성가족부령으로 정하는 자는 제5조에도 불구하고 이 법에 따른 지원대상자가 된다. <개정 2008. 2. 29., 2010. 1. 18., 2011. 4. 12., 2014. 1. 21.>

1. 부모가 사망하거나 생사가 분명하지 아니한 아동

2. 부모가 정신 또는 신체의 장애·질병으로 장기간 노동능력을 상실한 아동

3. 부모의 장기복역 등으로 부양을 받을 수 없는 아동

4. 부모가 이혼하거나 유기하여 부양을 받을 수 없는 아동

5. 제1호부터 제4호까지에 규정된 자에 준하는 자로서 여성가족부령으로 정하는 아동

③ 국내에 체류하고 있는 외국인 중 대한민국 국민과 혼인하여 대한민국 국적의 아동을 양육하고 있는 사람으로서 대통령령으로 정하는 사람이 제5조에 해당하면 이 법에 따른 지원대상자가 된다. <개정 2014. 1. 21.>

[전문개정 2007. 10. 17.]

[제목개정 2014. 1. 21.]

제5조의3(자료 또는 정보의 제공과 홍보) 국가와 지방자치단체는 이 법에 따른 지원대상자를 발굴하기 위하여 필요한 자료 또는 정보의 제공과 홍보에 노력하여야 한다.

[본조신설 2018. 1. 16.]

제5조의4(한부모가족의 날) ① 한부모가족에 대한 국민의 이해와 관심을 제고하기 위하여 매년 5월 10일을 한부모가족의 날로 한다.

② 국가와 지방자치단체는 한부모가족의 날의 취지에 맞는 행사 등 사업을 실시할 수 있다.

[본조신설 2018. 1. 16.]

제6조(실태조사 등) ① 여성가족부장관은 한부모가족 지원을 위한 정책수립에 활용하기 위하여 3년마다 한부모가족에 대한 실태조사를 실시하고 그 결과를 공표하여야 한다. 또한, 여성가족부장관은 필요한 경우 여성가족부령으로 정하는 바에 따라 청소년 한부모 등에 대한 실태를 조사·연구할 수 있다. <개정 2017. 12. 12.>
② 여성가족부장관은 제1항에 따른 실태조사를 위하여 관계 공공기관 또는 관련 법인·단체에 대하여 필요한 자료의 제출 등 협조를 요청할 수 있으며, 요청받은 관계 공공기관 또는 관련 법인·단체는 특별한 사유가 없으면 이에 협조하여야 한다.
③ 제1항에 따른 실태조사의 대상 및 방법, 그 밖에 필요한 사항은 여성가족부령으로 정한다.

[본조신설 2011. 4. 12.]

제6조의2(한부모가족 지원업무 관련 공무원의 교육) 국가와 지방자치단체는 한부모가족 지원 관련 업무에 종사하는 공무원의 한부모가족에 대한 이해 증진과 전문성 향상을 위하여 교육을 실시할 수 있다.

[본조신설 2016. 12. 20.]

제7조 삭제 <2011. 4. 12.>

제8조 삭제 <2011. 4. 12.>

제9조(한부모가족복지단체에 대한 지원 등) ① 국가와 지방자치단체는 한부모가족복지단체에 대하여 필요한 비용의 전부 또는 일부를 보조하거나 그 업무수행에 필요한 행정적 지원을 할 수 있다.
② 국가와 지방자치단체는 한부모가족 간의 정보 공유와 상부상조 등을 위한 자조모임 단체의 사업 등을 지원할 수 있다.

[전문개정 2018. 1. 16.]

제2장 복지의 내용과 실시 <개정 2007. 10. 17.>

제10조(지원대상자의 조사 등) ① 특별자치시장·특별자치도지사·시장·군수·구청장(자치구의 구청장을 말한다. 이하 같다)은 매년 1회 이상 관할구역 지원대상자의 가족상황, 생활실태 등을 조사하여야 한다. <개정 2010. 5. 17., 2011. 4. 12.,

2014. 1. 21.>

② 특별자치시장·특별자치도지사·시장·군수·구청장은 제1항에 따른 조사 결과를 대장(臺帳)으로 작성·비치하여야 한다. 다만, 「사회복지사업법」 제6조의2제2항에 따른 정보시스템을 활용할 때에는 전자적으로 작성하여 관리할 수 있다. <개정 2011. 4. 12., 2014. 1. 21.>

③ 제1항 및 제2항에 따른 조사 및 대장의 작성·관리에 필요한 사항은 여성가족부령으로 정한다. <개정 2011. 4. 12.>

④ 삭제 <2011. 4. 12.>

⑤ 삭제 <2011. 4. 12.>

[전문개정 2007. 10. 17.]

[제목개정 2011. 4. 12., 2014. 1. 21.]

제11조(복지 급여의 신청) ① 지원대상자 또는 그 친족이나 그 밖의 이해관계인은 제12조에 따른 복지 급여를 관할 특별자치시장·특별자치도지사·시장·군수·구청장에게 신청할 수 있다. <개정 2010. 5. 17., 2014. 1. 21.>

② 제1항에 따라 복지 급여 신청을 할 때에는 다음 각 호에 따른 자료 또는 정보의 제공에 대한 지원대상자의 동의 서면을 제출하여야 한다. <개정 2012. 2. 1., 2014. 1. 21.>

1. 「금융실명거래 및 비밀보장에 관한 법률」 제2조제2호 및 제3호에 따른 금융자산 및 금융거래의 내용에 대한 자료 또는 정보 중 예금의 평균잔액과 그 밖에 대통령령으로 정하는 자료 또는 정보(이하 "금융정보"라 한다)

2. 「신용정보의 이용 및 보호에 관한 법률」 제2조제1호에 따른 신용정보 중 채무액과 그 밖에 대통령령으로 정하는 자료 또는 정보(이하 "신용정보"라 한다)

3. 「보험업법」 제4조제1항 각 호에 따른 보험에 가입하여 납부한 보험료와 그 밖에 대통령령으로 정하는 자료 또는 정보(이하 "보험정보"라 한다)

③ 제1항에 따른 급여의 신청 방법·절차와 제2항에 따른 동의의 방법·절차 등 필요한 사항은 대통령령으로 정한다. <신설 2012. 2. 1.>

[전문개정 2007. 10. 17.]

제12조(복지 급여의 내용) ① 국가나 지방자치단체는 제11조에 따른 복지 급여의 신청이 있으면 다음 각 호의 복지 급여를 실시하여야 한다. 다만, 이 법에 따른 지원대상자가 「국민기초생활 보장법」 등 다른 법령에 따라 지원을 받고 있는 경우에는 그 범위에서 이 법에 따른 급여를 하지 아니한다. <개정 2011. 4. 12.,

2014. 1. 21.>

1. 생계비

2. 아동교육지원비

3. 삭제 <2011. 4. 12.>

4. 아동양육비

5. 그 밖에 대통령령으로 정하는 비용

② 제1항제4호의 아동양육비를 지급할 때에 미혼모나 미혼부가 5세 이하의 아동을 양육하거나 청소년 한부모가 아동을 양육하면 예산의 범위에서 추가적인 복지 급여를 실시하여야 한다. 이 경우 모 또는 부의 직계존속이 5세 이하의 아동을 양육하는 경우에도 또한 같다. <개정 2011. 4. 12.>

③ 국가나 지방자치단체는 이 법에 따른 지원대상자의 신청이 있는 경우에는 예산의 범위에서 직업훈련비와 훈련기간 중 생계비를 추가적으로 지급할 수 있다. <신설 2011. 4. 12., 2014. 1. 21.>

④ 제1항부터 제3항까지의 규정에 따른 복지 급여의 기준 및 절차, 그 밖에 필요한 사항은 여성가족부령으로 정한다. <개정 2011. 4. 12.>

[전문개정 2007. 10. 17.]

제12조의2(복지 급여 사유의 확인 등) ① 여성가족부장관 또는 특별자치시장·특별자치도지사·시장·군수·구청장은 제11조에 따라 복지 급여를 신청한 지원대상자 또는 제12조에 따른 복지 급여를 받고 있는 지원대상자에 대하여 급여 사유의 발생·변경 또는 상실을 확인하기 위하여 필요한 소득·재산 등에 관한 자료의 제출을 요구할 수 있으며, 소속 공무원으로 하여금 지원대상자의 주거 등에 출입하여 생활환경 및 소득자료 등을 조사하게 하거나 지원대상자의 고용주 등 관계인에게 필요한 질문을 하게 할 수 있다. <개정 2014. 1. 21.>

② 여성가족부장관 또는 특별자치시장·특별자치도지사·시장·군수·구청장은 제1항에 따른 확인을 위하여 필요한 국세·지방세, 토지·건물, 건강보험·고용보험·국민연금, 출국·입국, 교정시설·치료감호시설의 입소·출소, 병무, 주민등록·가족관계등록 등에 관한 자료의 제공을 관계 기관의 장에게 요청할 수 있다. 이 경우 자료의 제공을 요청받은 관계 기관의 장은 정당한 사유가 없으면 이에 응하여야 한다. <개정 2014. 1. 21.>

③ 제1항에 따라 출입·조사·질문을 하는 공무원은 그 권한을 표시하는 증표를 지니고 이를 관계인에게 보여주어야 한다.

④ 제1항 또는 제2항에 따른 업무에 종사하거나 종사하였던 사람은 업무를 수행하면서 받은 자료와 그 밖에 알게 된 사실을 이 법에서 정한 목적과 다르게 사용하거나 누설하여서는 아니 된다.

[본조신설 2012. 2. 1.]

제12조의3(금융정보등의 제공) ① 여성가족부장관은 제11조에 따라 복지 급여를 신청한 지원대상자의 급여 사유의 발생을 확인하기 위하여 필요하다고 인정하는 경우 「금융실명거래 및 비밀보장에 관한 법률」 제4조제1항과 「신용정보의 이용 및 보호에 관한 법률」 제32조제2항에도 불구하고 지원대상자가 제11조제2항에 따라 제출한 동의 서면을 전자적 형태로 바꾼 문서에 의하여 금융기관등(「금융실명거래 및 비밀보장에 관한 법률」 제2조제1호에 따른 금융회사등 및 「신용정보의 이용 및 보호에 관한 법률」 제2조제6호에 따른 신용정보집중기관을 말한다. 이하 같다)의 장에게 금융정보, 신용정보 또는 보험정보(이하 "금융정보등"이라 한다)의 제공을 요청할 수 있다. <개정 2014. 1. 21.>

② 여성가족부장관은 제12조에 따라 복지 급여를 받고 있는 지원대상자의 급여 사유의 변경·상실을 확인하기 위하여 필요하다고 인정하는 경우 「금융실명거래 및 비밀보장에 관한 법률」 제4조제1항과 「신용정보의 이용 및 보호에 관한 법률」 제32조제2항에도 불구하고 대통령령으로 정하는 기준에 따라 인적사항을 적은 문서 또는 정보통신망으로 금융기관등의 장에게 금융정보등을 제공하도록 요청할 수 있다. <개정 2014. 1. 21.>

③ 제1항 및 제2항에 따라 금융정보등의 제공을 요청받은 금융기관등의 장은 「금융실명거래 및 비밀보장에 관한 법률」 제4조제1항과 「신용정보의 이용 및 보호에 관한 법률」 제32조에도 불구하고 명의인의 금융정보등을 제공하여야 한다.

④ 제3항에 따라 금융정보등을 제공한 금융기관등의 장은 금융정보등의 제공사실을 명의인에게 통보하여야 한다. 다만, 명의인의 동의가 있는 경우에는 「금융실명거래 및 비밀보장에 관한 법률」 제4조의2제1항과 「신용정보의 이용 및 보호에 관한 법률」 제32조제7항에도 불구하고 통보하지 아니할 수 있다. <개정 2015. 3. 11.>

⑤ 제1항부터 제3항까지의 규정에 따른 금융정보등의 제공 요청과 제공은 「정보통신망 이용촉진 및 정보보호 등에 관한 법률」 제2조제1항제1호에 따른 정보통신망을 이용하여야 한다. 다만, 정보통신망의 손상 등 불가피한 경우에는 그러하지 아니하다.

⑥ 제1항부터 제3항까지의 규정에 따른 업무에 종사하거나 종사하였던 사람은 업무를 수행하면서 취득한 금융정보등을 이 법에서 정한 목적 외의 다른 용도로 사용하거나 다른 사람 또는 기관에 제공하거나 누설하여서는 아니 된다.

⑦ 제1항부터 제3항까지의 규정 및 제5항에 따른 금융정보등의 제공 요청과 제공 등 필요한 사항은 대통령령으로 정한다.

[본조신설 2012. 2. 1.]

제12조의4(복지 급여의 거절·변경 등) ① 여성가족부장관 또는 특별자치시장·특별자치도지사·시장·군수·구청장은 제11조에 따라 복지 급여를 신청한 지원대상자가 제12조의2제1항에 따른 자료의 제출을 거부하거나 조사·질문을 거부·방해 또는 기피하는 경우에는 복지 급여의 지급을 거절할 수 있다. <개정 2014. 1. 21.>

② 여성가족부장관 또는 특별자치시장·특별자치도지사·시장·군수·구청장은 제12조에 따른 복지 급여를 받고 있는 지원대상자에 대하여 다음 각 호의 구분에 따른 조치를 할 수 있다. <개정 2014. 1. 21.>

1. 지원대상자가 제12조의2제1항에 따른 자료의 제출을 거부하거나 조사·질문을 거부·방해 또는 기피하는 경우: 복지 급여 지급의 정지

2. 지원대상자의 복지 급여 사유가 변경되거나 상실된 경우: 복지 급여의 변경 또는 지급 중지

[본조신설 2012. 2. 1.]

제12조의5(복지급여수급계좌) ① 국가나 지방자치단체는 제12조에 따른 복지 급여를 받는 지원대상자의 신청이 있는 경우에는 복지 급여를 지원대상자 명의의 지정된 계좌(이하 "복지급여수급계좌"라 한다)로 입금하여야 한다. 다만, 정보통신장애나 그 밖에 대통령령으로 정하는 불가피한 사유로 복지급여수급계좌로 이체할 수 없을 때에는 현금 지급 등 대통령령으로 정하는 바에 따라 복지 급여를 지급할 수 있다.

② 복지급여수급계좌의 해당 금융기관은 이 법에 따른 복지 급여만이 복지급여수급계좌에 입금되도록 관리하여야 한다.

③ 제1항에 따른 신청 방법·절차와 제2항에 따른 복지급여수급계좌의 관리에 필요한 사항은 대통령령으로 정한다.

[본조신설 2014. 1. 21.]

제13조(복지 자금의 대여) ① 국가나 지방자치단체는 한부모가족의 생활안정과 자립을 촉진하기 위하여 다음 각 호의 어느 하나의 자금을 대여할 수 있다.

1. 사업에 필요한 자금

2. 아동교육비

3. 의료비

4. 주택자금

5. 그 밖에 대통령령으로 정하는 한부모가족의 복지를 위하여 필요한 자금

② 제1항에 따른 대여 자금의 한도, 대여 방법 및 절차, 그 밖에 필요한 사항은 대통령령으로 정한다.

[전문개정 2007. 10. 17.]

제14조(고용의 촉진) ① 국가 또는 지방자치단체는 한부모가족의 모 또는 부와 아동의 직업능력을 개발하기 위하여 능력 및 적성 등을 고려한 직업능력개발훈련을 실시하여야 한다.

② 국가 또는 지방자치단체는 한부모가족의 모 또는 부와 아동의 고용을 촉진하기 위하여 적합한 직업을 알선하고 각종 사업장에 모 또는 부와 아동이 우선 고용되도록 노력하여야 한다.

[전문개정 2007. 10. 17.]

제14조의2(고용지원 연계) ① 국가 및 지방자치단체는 한부모가족의 모 또는 부와 아동의 취업기회를 확대하기 위하여 한부모가족 관련 시설 및 기관과 「직업안정법」 제2조의2제1호에 따른 직업안정기관간 효율적인 연계를 도모하여야 한다. <개정 2009. 10. 9.>

② 고용노동부장관은 한부모가족의 모 또는 부와 아동을 위한 취업지원사업 등이 효율적으로 추진될 수 있도록 여성가족부장관과 긴밀히 협조하여야 한다. <개정 2008. 2. 29., 2010. 1. 18., 2010. 6. 4.>

[본조신설 2007. 10. 17.]

제15조(공공시설에 매점 및 시설 설치) 국가나 지방자치단체가 운영하는 공공시설의 장은 그 공공시설에 각종 매점 및 시설의 설치를 허가하는 경우 이를 한부모가족 또는 한부모가족복지단체에 우선적으로 허가할 수 있다.

[전문개정 2007. 10. 17.]

제16조(시설 우선이용) 국가나 지방자치단체는 한부모가족의 아동이 공공의 아동 편의시설과 그 밖의 공공시설을 우선적으로 이용할 수 있도록 노력하여야 한다.

[전문개정 2007. 10. 17.]

제17조(가족지원서비스) 국가나 지방자치단체는 한부모가족에게 다음 각 호의 가족지원서비스를 제공하도록 노력하여야 한다. <개정 2011. 4. 12.>

1. 아동의 양육 및 교육 서비스

2. 장애인, 노인, 만성질환자 등의 부양 서비스

3. 취사, 청소, 세탁 등 가사 서비스

4. 교육·상담 등 가족 관계 증진 서비스

5. 인지청구 및 자녀양육비 청구 등을 위한 법률상담, 소송대리 등 법률구조서비스

6. 그 밖에 대통령령으로 정하는 한부모가족에 대한 가족지원서비스

[전문개정 2007. 10. 17.]

제17조의2(청소년 한부모에 대한 교육 지원) ① 국가나 지방자치단체는 청소년 한부모가 학업을 할 수 있도록 청소년 한부모의 선택에 따라 다음 각 호의 어느 하나에 해당하는 지원을 할 수 있다.

1. 「초·중등교육법」 제2조에 따른 학교에서의 학적 유지를 위한 지원 및 교육비 지원 또는 검정고시 지원

2. 「평생교육법」 제31조제2항에 따른 학력인정 평생교육시설에 대한 교육비 지원

3. 「초·중등교육법」 제28조에 따른 교육 지원

4. 그 밖에 청소년 한부모의 교육 지원을 위하여 여성가족부령으로 정하는 사항

② 제1항제3호에 따른 교육 지원을 위하여 특별시·광역시·특별자치시·도·특별자치도의 교육감은 제19조에 따른 한부모가족복지시설에 순회교육 실시를 위한 지원을 할 수 있다. <개정 2014. 1. 21.>

③ 국가와 지방자치단체는 청소년 한부모의 학업과 양육의 병행을 위하여 그 자녀가 청소년 한부모가 속한 「고등교육법」 제2조에 따른 학교에 설치된 직장어린이집을 이용할 수 있도록 지원할 수 있다. <신설 2018. 1. 16.>

④ 여성가족부장관은 청소년 한부모가 학업을 계속할 수 있도록 교육부장관에게 협조를 요청하여야 한다. <개정 2013. 3. 23., 2018. 1. 16.>

[본조신설 2011. 4. 12.]

제17조의3(자녀양육비 이행지원) 여성가족부장관은 자녀양육비 산정을 위한 자녀양육비 가이드라인을 마련하여 법원이 이혼 판결 시 적극 활용할 수 있도록 노력하여야 한다.

[본조신설 2012. 2. 1.]

제17조의4(청소년 한부모의 자립지원) ① 국가나 지방자치단체는 청소년 한부모가

주거마련 등 자립에 필요한 자산을 형성할 수 있도록 재정적인 지원을 할 수 있다.

② 제1항에 따른 지원으로 형성된 자산은 청소년 한부모가 이 법에 따른 지원대상자에 해당하는지 여부를 조사·확인할 때 이를 포함하지 아니한다.

③ 제1항에 따른 자립 지원의 대상과 기준은 대통령령으로 정하고, 자립 지원의 신청, 방법 및 지원금의 반환절차 등에 필요한 사항은 여성가족부령으로 정한다.

[본조신설 2014. 1. 21.]

제17조의5(청소년 한부모의 건강진단) ① 국가와 지방자치단체는 청소년 한부모의 건강증진을 위하여 건강진단을 실시할 수 있다.

② 국가와 지방자치단체는 제1항에 따른 건강진단의 결과를 청소년 한부모 본인에게 알려주어야 한다.

③ 국가와 지방자치단체는 제1항과 제2항에 따른 건강진단의 실시와 그 결과 통보를 전문기관 또는 단체에 위탁할 수 있다.

④ 제1항에 따른 건강진단의 대상과 기준은 대통령령으로 정하고, 건강진단의 신청, 방법 및 제2항에 따른 결과의 통보 등에 필요한 사항은 여성가족부령으로 정한다.

[본조신설 2017. 12. 12.]

[종전 제17조의5는 제17조의6으로 이동 <2017. 12. 12.>]

제17조의6(미혼모 등의 건강관리 등 지원) ① 국가와 지방자치단체는 미혼모 또는 미혼부와 그 자녀가 건강하게 생활할 수 있도록 산전(産前)·분만·산후(産後)관리, 질병의 예방·상담·치료, 영양·건강에 관한 교육 등 건강관리를 위한 지원을 할 수 있다.

② 국가와 지방자치단체는 제19조제1항제3호가목의 기본생활지원 미혼모자가족복지시설에 입소한 미혼모 등의 신청이 있는 경우에는 미혼모 등 본인 및 함께 생활하는 자녀에 대한 의료비를 추가적으로 지원할 수 있다.

③ 제1항에 따른 건강관리와 제2항에 따른 의료비 지원의 기준 및 절차, 그 밖에 필요한 사항은 대통령령 또는 조례로 정한다.

[본조신설 2018. 12. 18.]

[종전 제17조의6은 제17조의7로 이동 <2018. 12. 18.>]

제17조의7(아동·청소년 보육·교육) 국가와 지방자치단체는 아동·청소년 보육·교육을 실시함에 있어서 한부모가족 구성원인 아동·청소년을 차별하여서는 아니 된다.

[본조신설 2016. 12. 20.]

[제17조의6에서 이동 <2018. 12. 18.>]

제18조(국민주택의 분양 및 임대) 국가나 지방자치단체는 「주택법」에서 정하는 바에 따라 국민주택을 분양하거나 임대할 때에는 한부모가족에게 일정 비율이 우선 분양될 수 있도록 노력하여야 한다.

[전문개정 2007. 10. 17.]

제18조의2(한부모가족 상담전화의 설치) ① 여성가족부장관은 한부모가족 지원에 관한 종합정보의 제공과 지원기관 및 시설의 연계 등에 관한 전문적이고 체계적인 상담서비스를 제공하기 위하여 한부모가족 상담전화를 설치·운영할 수 있다.
② 제1항에 따른 한부모가족 상담전화의 설치·운영에 필요한 사항은 여성가족부령으로 정한다.

[본조신설 2018. 1. 16.]

제3장 한부모가족복지시설 <개정 2007. 10. 17.>

제19조(한부모가족복지시설) ① 한부모가족복지시설은 다음 각 호의 시설로 한다. <개정 2018. 1. 16.>

  1. 모자가족복지시설: 모자가족에게 다음 각 목의 어느 하나 이상의 편의를 제공하는 시설
    가. 기본생활지원: 생계가 어려운 모자가족에게 일정 기간 동안 주거와 생계를 지원
    나. 공동생활지원: 독립적인 생활이 어려운 모자가족에게 일정 기간 동안 공동생활을 통하여 자립을 준비할 수 있도록 주거 등을 지원
    다. 자립생활지원: 자립욕구가 강한 모자가족에게 일정 기간 동안 주거를 지원
  2. 부자가족복지시설: 부자가족에게 다음 각 목의 어느 하나 이상의 편의를 제공하는 시설
    가. 기본생활지원: 생계가 어려운 부자가족에게 일정 기간 동안 주거와 생계를 지원
    나. 공동생활지원: 독립적인 생활이 어려운 부자가족에게 일정 기간 동안 공동생활을 통하여 자립을 준비할 수 있도록 주거 등을 지원
    다. 자립생활지원: 자립욕구가 강한 부자가족에게 일정 기간 동안 주거를 지원
  3. 미혼모자가족복지시설: 미혼모자가족과 출산 미혼모 등에게 다음 각 목의 어느 하나 이상의 편의를 제공하는 시설

가. 기본생활지원: 미혼 여성의 임신·출산 시 안전 분만 및 심신의 건강 회복과 출산 후의 아동의 양육 지원을 위하여 일정 기간 동안 주거와 생계를 지원(제5조에 따른 지원대상자 중 미혼이 아닌 여성의 임신·출산 시 안전 분만과 출산 후 양육 지원을 포함한다)

나. 공동생활지원: 출산 후 해당 아동을 양육하지 아니하는 미혼모 또는 미혼모와 그 출산 아동으로 구성된 미혼모자가족에게 일정 기간 동안 공동생활을 통하여 자립을 준비할 수 있도록 주거 등을 지원

4. 일시지원복지시설: 배우자(사실혼 관계에 있는 사람을 포함한다)가 있으나 배우자의 물리적·정신적 학대로 아동의 건전한 양육이나 모의 건강에 지장을 초래할 우려가 있을 경우 일시적 또는 일정 기간 동안 모와 아동 또는 모에게 주거와 생계를 지원하는 시설

5. 한부모가족복지상담소: 한부모가족에 대한 위기·자립 상담 또는 문제해결 지원 등을 목적으로 하는 시설

② 제1항제1호부터 제4호까지의 규정에 따른 복지시설의 입소기간 및 그 기간의 연장 등에 필요한 사항은 여성가족부령으로 정한다. <개정 2014. 1. 21.>

[전문개정 2011. 4. 12.]

제20조(한부모가족복지시설의 설치) ① 국가나 지방자치단체는 한부모가족복지시설을 설치할 수 있다.

② 제19조에 따른 한부모가족복지시설의 장은 청소년 한부모가 입소를 요청하는 경우에는 우선 입소를 위한 조치를 취하여야 한다. <신설 2011. 4. 12.>

③ 국가나 지방자치단체 외의 자가 한부모가족복지시설을 설치·운영하려면 특별자치시장·특별자치도지사·시장·군수·구청장에게 신고하여야 한다. 신고한 사항 중 여성가족부령으로 정하는 중요 사항을 변경하려는 경우에도 또한 같다. <개정 2010. 5. 17., 2011. 4. 12., 2014. 1. 21.>

④ 「입양특례법」 제20조에 따른 입양기관을 운영하는 자는 제19조제1항제3호가목에 해당하는 편의제공시설을 설치·운영할 수 없다. <신설 2011. 4. 12., 2018. 12. 18.>

⑤ 한부모가족복지시설의 시설 설치·운영 기준, 시설 종사자의 직종(職種)과 수(數) 및 자격기준, 그 밖에 설치신고에 필요한 사항은 여성가족부령으로 정한다. <개정 2011. 4. 12.>

[전문개정 2007. 10. 17.]

제21조(폐지 또는 휴지) ① 제20조제3항에 따라 한부모가족복지시설의 설치 신고를 한 자가 그 시설을 폐지하거나 그 시설의 운영을 일시적으로 중단하려면 여성가족부령으로 정하는 바에 따라 미리 특별자치시장·특별자치도지사·시장·군수·구청장에게 신고하여야 한다. <개정 2008. 2. 29., 2010. 1. 18., 2010. 5. 17., 2011. 4. 12., 2014. 1. 21., 2016. 3. 2.>

② 한부모가족복지시설의 장은 한부모가족복지시설을 폐지하거나 그 시설의 운영을 일시적으로 중단하는 경우에는 여성가족부령으로 정하는 바에 따라 그 시설에 입소하고 있는 사람이 다른 한부모가족복지시설로 옮길 수 있도록 하는 등 입소자의 권익을 보호하기 위한 조치를 하여야 한다. <신설 2016. 3. 2.>

③ 특별자치시장·특별자치도지사·시장·군수·구청장은 제1항에 따른 신고를 받은 경우 한부모가족복지시설의 장이 제2항에 따른 입소자의 권익을 보호하기 위한 조치를 하였는지 여부를 확인하는 등 여성가족부령으로 정하는 조치를 하여야 한다. <신설 2016. 3. 2.>

[전문개정 2007. 10. 17.]

제22조(수탁 의무) 한부모가족복지시설을 설치·운영하는 자는 특별시장·광역시장·특별자치시장·도지사·특별자치도지사(이하 "시·도지사"라 한다) 또는 시장·군수·구청장으로부터 한부모가족복지시설에 한부모가족을 입소하도록 위탁받으면 정당한 사유 없이 이를 거부하지 못한다. <개정 2014. 1. 21.>

[전문개정 2007. 10. 17.]

제23조(감독) ① 여성가족부장관, 시·도지사 또는 시장·군수·구청장은 한부모가족복지시설을 설치·운영하는 자에게 그 시설에 관하여 필요한 보고를 하게 하거나, 관계 공무원에게 시설의 운영 상황을 조사하게 하거나 장부 등 그 밖의 서류를 검사하게 할 수 있다. <개정 2008. 2. 29., 2010. 1. 18.>

② 제1항에 따라 그 직무를 수행하는 관계 공무원은 그 권한을 표시하는 증표를 지니고 이를 관계인에게 내보여야 한다.

[전문개정 2007. 10. 17.]

제24조(시설 폐쇄 등) ① 특별자치시장·특별자치도지사·시장·군수·구청장은 한부모가족복지시설이 다음 각 호의 어느 하나에 해당하면 그 사업의 정지나 폐지를 명하거나 시설을 폐쇄할 수 있다. <개정 2010. 5. 17., 2011. 4. 12., 2014. 1. 21., 2016. 3. 2.>

1. 제20조제5항의 시설 기준에 미달하게 된 경우

2. 제22조를 위반한 경우

3. 정당한 이유 없이 제23조제1항에 따른 보고를 하지 아니하거나 거짓으로 한 경우 또는 조사·검사를 거부하거나 기피한 경우

② 특별자치시장·특별자치도지사·시장·군수·구청장은 한부모가족복지시설이 제1항에 따라 그 사업이 정지 또는 폐지되거나 시설이 폐쇄되는 경우에는 해당 시설에 입소하고 있는 사람이 다른 한부모가족복지시설로 옮길 수 있도록 하는 등 여성가족부령으로 정하는 바에 따라 입소자의 권익을 보호하기 위하여 필요한 조치를 하여야 한다. <신설 2016. 3. 2.>

[전문개정 2007. 10. 17.]

제24조의2(청문) 특별자치시장·특별자치도지사·시장·군수·구청장은 제24조제1항에 따라 사업의 폐지를 명하거나 시설을 폐쇄하려면 청문을 하여야 한다. <개정 2010. 5. 17., 2014. 1. 21., 2016. 3. 2.>

[전문개정 2007. 10. 17.]

제4장 비용 <개정 2007. 10. 17.>

제25조(비용의 보조) 국가나 지방자치단체는 대통령령으로 정하는 바에 따라 한부모가족복지사업에 드는 비용을 보조할 수 있다.

[전문개정 2007. 10. 17.]

제25조의2(부정수급자에 대한 비용의 징수) ① 거짓이나 그 밖의 부정한 방법으로 복지 급여를 받거나 타인으로 하여금 복지 급여를 받게 한 경우 복지 급여를 지급한 지원기관은 그 비용의 전부 또는 일부를 그 복지 급여를 받은 자 또는 복지 급여를 받게 한 자(이하 "부정수급자"라 한다)로부터 징수할 수 있다. <개정 2014. 1. 21.>

② 제1항에 따라 징수할 금액은 부정수급자에게 통지하여 징수하고, 부정수급자가 이에 응하지 아니하는 경우 국세 또는 지방세 체납처분의 예에 따라 징수한다.

[본조신설 2007. 10. 17.]

제26조(보조금 등의 반환명령) ① 국가나 지방자치단체는 한부모가족복지시설의 장이나 한부모가족복지단체의 장이 다음 각 호의 어느 하나에 해당하면 이미 내준 보조금의 전부 또는 일부의 반환을 명할 수 있다.

1. 보조금의 교부 조건을 위반한 경우

2. 거짓이나 그 밖의 부정한 방법으로 보조금을 받은 경우

3. 한부모가족복지시설을 경영하면서 개인의 영리를 도모하는 행위를 한 경우

4. 이 법 또는 이 법에 따른 명령을 위반한 경우

② 지원기관은 복지 급여의 변경 또는 복지 급여의 정지·중지에 따라 지원대상자에게 이미 지급한 복지 급여 중 과잉지급분이 발생한 경우에는 즉시 지원대상자에 대하여 그 전부 또는 일부의 반환을 명하여야 한다. 다만, 이를 소비하였거나 그 밖에 지원대상자에게 부득이한 사유가 있는 경우에는 그 반환을 면제할 수 있다. <개정 2014. 1. 21.>

[전문개정 2007. 10. 17.]

제5장 보칙 <개정 2007. 10. 17.>

제27조(양도·담보 및 압류 금지) ① 이 법에 따라 지급된 복지급여와 이를 받을 권리는 다른 사람에게 양도하거나 담보로 제공할 수 없으며, 다른 사람은 이를 압류할 수 없다. <개정 2014. 1. 21.>

② 제12조의5제1항에 따라 지정된 복지급여수급계좌의 예금에 관한 채권은 압류할 수 없다. <신설 2014. 1. 21.>

[전문개정 2011. 4. 12.]

제28조(심사 청구) ① 지원대상자 또는 그 친족이나 그 밖의 이해관계인은 이 법에 따른 복지 급여 등에 대하여 이의가 있으면 그 결정을 통지받은 날부터 90일 이내에 서면으로 해당 복지실시기관에 심사를 청구할 수 있다. <개정 2014. 1. 21.>

② 복지실시기관은 제1항의 심사 청구를 받으면 30일 이내에 이를 심사·결정하여 청구인에게 통보하여야 한다.

[전문개정 2007. 10. 17.]

제29조(벌칙) ① 제12조의3제6항을 위반하여 금융정보등을 사용 또는 누설한 사람은 5년 이하의 징역 또는 5천만원 이하의 벌금에 처한다. <신설 2012. 2. 1., 2014. 1. 21.>

② 제12조의2제4항을 위반하여 자료 등을 사용 또는 누설한 사람은 3년 이하의 징역 또는 3천만원 이하의 벌금에 처한다. <신설 2012. 2. 1., 2014. 1. 21.>

③ 다음 각 호의 어느 하나에 해당하는 자는 1년 이하의 징역 또는 1천만원 이하의 벌금에 처한다. <개정 2011. 4. 12., 2012. 2. 1., 2014. 1. 21., 2016. 3. 2.>

1. 제20조제3항에 따른 신고를 하지 아니하고 한부모가족복지시설을 설치한 자

2. 제24조제1항에 따라 시설의 폐쇄, 사업의 정지 또는 폐지의 명령을 받고 사업을 계속한 자

④ 거짓이나 그 밖의 부정한 방법으로 복지 급여를 받거나 타인으로 하여금 복지 급여를 받게 한 자는 1년 이하의 징역, 1천만원 이하의 벌금, 구류 또는 과료에 처한다. <개정 2012. 2. 1., 2014. 1. 21.>

[전문개정 2007. 10. 17.]

제30조(양벌규정) 법인의 대표자나 법인 또는 개인의 대리인, 사용인, 그 밖의 종업원이 그 법인 또는 개인의 업무에 관하여 제29조의 위반행위를 하면 그 행위자를 벌하는 외에 그 법인 또는 개인에게도 해당 조문의 벌금 또는 과료의 형을 과(科)한다. 다만, 법인 또는 개인이 그 위반행위를 방지하기 위하여 해당 업무에 관하여 상당한 주의와 감독을 게을리하지 아니한 경우에는 그러하지 아니하다.

[전문개정 2010. 5. 17.]

제30조의2(과태료) ① 다음 각 호의 어느 하나에 해당하는 자에게는 300만원 이하의 과태료를 부과할 수 있다. <개정 2011. 4. 12.>

1. 제22조를 위반하여 정당한 사유 없이 수탁을 거부한 자

2. 정당한 이유 없이 제23조제1항에 따른 보고를 하지 아니하거나 거짓으로 한 자 또는 조사·검사를 거부하거나 기피한 자

② 제1항에 따른 과태료는 대통령령으로 정하는 바에 따라 여성가족부장관이 부과·징수한다.

[본조신설 2010. 5. 17.]

제31조(권한의 위임) 여성가족부장관이나 시·도지사는 대통령령으로 정하는 바에 따라 이 법에 따른 권한의 일부를 시장·군수·구청장에게 위임할 수 있다. <개정 2008. 2. 29., 2010. 1. 18.>

[전문개정 2007. 10. 17.]

　부칙 <제15989호, 2018. 12. 18.>

이 법은 공포 후 6개월이 경과한 날부터 시행한다.

◪ 편저 김종석 ◪

• 대한실무법률편찬연구회 회장

• 저서 : 소법전
　　　　계약서작성 처음부터 끝까지(공저)
　　　　이것도 모르면 대부업체 이용하지마세요
　　　　민법지식법전
　　　　산업재해 이렇게 해결하라
　　　　근로자인 당신 이것만이라도 꼭 알아 둡시다.
　　　　계약서 작성방법, 여기 다 있습니다.
　　　　생활법률백과
　　　　이혼절차와 재산분할의 이해

알아두면 유익한
사회복지제도와 정보와 실제

초판 1쇄 인쇄　2020년　3월　15일
초판 1쇄 발행　2020년　3월　20일

편　저　김종석
발행인　김현호
발행처　법문북스
공급처　법률미디어

주소　서울 구로구 경인로 54길4(구로동 636-62)
전화　02)2636-2911~2,　**팩스**　02)2636-3012
홈페이지　www.lawb.co.kr

등록일자　1979년 8월 27일
등록번호　제5-22호

ISBN　978-89-7535-825-8 (13360)

정가　28,000원

법문북스 & 법률미디어 <법률전문서적>

홈페이지 http://www.lawb.co.kr
전화 02-2636-2911 / 팩스 02-2636-3012

도 서 명	저 자	정 가
스마트한 공탁신청절차와 방법	이창범	70,000
환경 공해 법규 정보지식총람	대한실무법률편찬연구회	70,000
친족 상속 라이브러리	이기옥	48,000
정석 법인등기실무	김만길	180,000
판례사례 형사소송 실제	김창범	180,000
사이버범죄 수사총람	이창복	160,000
계약법 서식 사례 대전	김만기	120,000
범죄수사규칙	신현덕	160,000
병의원 약국 법규총람	대한의료법령편찬연구회	90,000
법정증언의 이해	박병종 외	120,000
(증보판)수사·형사 서류작성 실무	이창범	150,000
여성 청소년 범죄 수사실무총서	박태곤	160,000
형사특별법 수사실무총서	박태곤	160,000
형법 수사실무총서	박태곤	160,000
수사서류 작성과 요령 실무총서	박태곤	160,000
신부동산등기실무	최돈호	180,000
(사례별)종합법률 서식대전	김만기	180,000
민사소송 집행 실무총람	김만기	180,000
민법백과사전(3권)	대한민사법실무연구회	90,000
민법백과사전(2권)	대한민사법실무연구회	90,000
민법백과사전(1권)	대한민사법실무연구회	90,000
민법백과사전(전3권세트)	대한민사법실무연구회	270,000
부동산등기소송정해	최돈호	60,000
여성 청소년 범죄 수사실무총서	박태곤	160,000
정석 형벌법 실무정해(형사특별법)	김창범	160,000
정석 형벌법 실무정해(형법)	김창범	160,000
정석 형벌법 실무정해(전2권)	김창범	320,000
나홀로 가압류 가처분 개시부터 종결까지	김만기	70,000
종합 건설 대법전	대한건축건설법령연구회	80,000
나홀로 민사소송 개시에서 종결까지	김만기	70,000
수사 형사 서류작성 실무	이창범 /감수 신현덕	150,000
의료분쟁 사고소송총람	이창범 외	180,000
정통형사소송법실무	대한법률실무연구회	180,000
정통상업등기실무	김만기	180,000
정통부동산등기 실무	김만기	180,000

복지(福祉,welfare)란 사전적인 의미로 '행복한 삶'을 말합니다. 보통 국가가 국민 전체의 삶의 기준을 높혀 행복 증진을 위해 직접적인 정책을 실시하는 것을 뜻합니다.
복지제도가 잘 정착되고 있는 나라를 복지국가라고 합니다. 현대의 복지 개념은 서구권에서 들여온 것이지만 복지에 대한 개념은 고대부터 존재했습니다. 한국사에서는 고구려 을파소의 진대법이 있었고, 신라 유리 이사금은 사회적 약자를 구휼하는 체계를 만들어 초기 국가 성장의 요인이 되었습니다.

13360
ISBN 978-89-7535-825-8
28,000원